Informatik-Fachberichte 286

Herausgeber: W. Brauer
im Auftrag der Gesellschaft für Informatik (GI)

Axel Lehmann Fritz Lehmann (Hrsg.)

Messung, Modellierung und Bewertung von Rechensystemen

6. GI/ITG-Fachtagung
Neubiberg, 18.-20. September 1991

Proceedings

Springer-Verlag

Berlin Heidelberg New York London Paris
Tokyo Hong Kong Barcelona Budapest

Herausgeber

Axel Lehmann
Fritz Lehmann
Fakultät für Informatik
Universität der Bundeswehr München
Werner-Heisenberg-Weg 39, W-8014 Neubiberg

CR Subject Classification (1991): C.4

ISBN-13: 978-3-540-54550-7   e-ISBN-13: 978-3-642-76934-4
DOI: 10.1007/978-3-642-76934-4

2133/3140-543210 – Gedruckt auf säurefreiem Papier

Vorwort / Preface

Die Fachtagung "Messung, Modellierung und Bewertung von Rechensystemen" fand in der Vergangenheit alle zwei Jahre an wechselnden Orten in Deutschland statt. Sie wird von der gleichnamigen Interessengruppe des Fachbereichs 3 der Gesellschaft für Informatik (GI) und des Fachbereichs 4 der Informationstechnischen Gesellschaft (ITG) veranstaltet.

Die 6. Fachtagung findet vom 18. bis zum 20. September an der Universität der Bundeswehr München unter Beteiligung der Fakultät für Informatik statt. Ein eintägiges Tutorium, das gemeinsam mit der Deutschen Informatik Akademie (DIA) veranstaltet wird, geht ihr voraus, eine Ausstellung von Werkzeugen zur Messung und Modellierung wird sie begleiten.

Die Zahl und die Qualität der eingereichten Vorträge waren sehr erfreulich. Mehr als 50 Beiträge üblicher Länge (full papers) wurden eingereicht. Daraus wurden 19 nach anonymer Begutachtung für das wissenschaftliche Programm der Fachtagung und zur Publikation in diesem Tagungsband ausgewählt. Außerdem war um Beiträge über aktuelle Ergebnisse und Erfahrungen aus der Praxis als Kurzberichte (short papers) gebeten worden. Hierzu gingen 18 Beiträge ein, von denen 12 für zwei Sitzungen ausgewählt wurden. Die angenommenen Kurzbeiträge und die Beschreibung der ausgestellten Werkzeuge werden als Sammelband der Universität der Bundeswehr München, Fakultät für Informatik, und der Fachgruppe "Messung, Modellierung und Bewertung von Rechensystemen" herausgegeben. Drei eingeladene Vorträge über Statistik, Leistungsbewertung von ISDN-Vermittlungsknoten und Benchmarking vervollständigen das Programm.

Die Themen der eingereichten und angenommenen Beiträge umfassen einen weiten Bereich. Neben Untersuchungen zur Methodik, denen zwei Sitzungen mit üblichen Beiträgen und eine mit Kurzbeiträgen gewidmet sind, werden Leistungsaspekte bei Datenbanksystemen, Kommunikationsnetzen, Mobilfunk-Protokollen, Benchmarks und anderen Anwendungen behandelt.

An der Vorbereitung und Durchführung einer wissenschaftlichen Tagung sind viele Helfer beteiligt. Hier ist vor allem die Arbeit der Mitglieder des Programmkomitees und weiterer Gutachter zu erwähnen. Auch das Entgegenkommen und die Unterstützung der Universität der Bundeswehr München, insbesondere die Dienste der Druckerei, und des Springer-Verlages waren hilfreich. Bei der lokalen Organisation gibt es viele Helferinnen und Helfer, deren namentliche Nennung den Rahmen sprengen würde. Stellvertretend sei deshalb nur Frau E. Luftensteiner genannt, die das Tagungssekretariat mit großem Engagement geführt hat. Allen Helferinnen und Helfern sei herzlich gedankt.

Neubiberg, im Juli 1991

Axel Lehmann
Fritz Lehmann

Programmkomitee / Program Committee

H. Beilner,	Universität Dortmund
R. Bordewisch,	Siemens-Nixdorf Paderborn
W. Gürich,	KFA Jülich
U. Herzog,	Universität Erlangen
E. Jessen,	TU München
R. Klar,	Universität Erlangen
P. Kühn,	Universität Stuttgart
A. Lehmann,	UniBw München
F. Lehmann,	UniBw München
R. Lehnert,	Philips Nürnberg
R. Schaßberger,	TU Braunschweig
B. Schmidt,	Universität Passau
H. Schmutz,	IBM Heidelberg
O. Spaniol,	RWTH Aachen
P. Spies,	Universität Oldenburg
G. Stiege,	Universität Hildesheim
C. Strelen,	Universität Bonn
P. Tran Gia,	Universität Würzburg
B. Walke,	RWTH Aachen
S. Zorn,	Siemens München
W. Zorn,	Universität Karlsruhe

Inhaltsverzeichnis / Table of Contents

Methodik I / Methodology I

Leistungsaspekte bei Datenbanksystemen / Performance Aspects of Data Base Systems

Leistungsbewertung von Kommunikationsnetzen / Performance Evaluation of Communication Networks

Analyse von Mobilfunk-Protokollen / Analysis of Mobile Radio Protocols

Anwendungen / Applications

Benchmarking / Benchmarking

Methodik II / Methodology II

Schlüsselwörter / Key Words

Statistik – Fehler, Fallen, Schwindel

Norbert Schmitz
Westfälische Wilhelms-Universität Münster
Institut für Mathematische Statistik
Einsteinstr. 62
D-4400 Münster
Germany

Zusammenfassung:

Anhand von (übersimplifizierten) Beispielen wird vor Fehlern/Fehlinterpretationen gewarnt, die in der deskriptiven Statistik (Darstellung und Aufbereitung von Meßdaten), der stochastischen Modellierung (wahrscheinlichkeitstheoretische Beschreibung quantitativer Experimente) und der statistischen Inferenz (Auswertung von Meßdaten, Bewertung von Systemen) zu falschen Resultaten führen können.

Schlüsselwörter

Arithmetisches/geometrisches Mittel, Diagramm, Piktogramm, Erfolgswahrscheinlichkeit, bedingte Wahrscheinlichkeit, Zufallszahlengenerator, ein-/zweiseitige Testprobleme, Korrelation.

Dem englischen Staatsman B. Disraeli[1] wird das Bonmot „There are three kinds of lies: lies, damned lies and statistics" zugeschrieben, und viele von Ihnen kennen den Stoßseufzer „Mit Statistik kann man alles beweisen". Tatsächlich gibt es im Umgang mit statistischen Problemen etliche Fehler, die in immer neuen Varianten begangen und in Diskussionen eingebracht werden, es gibt Fallen, in die man stolpern und die man geschickt aufstellen kann – und es gibt viele Arten von vorsätzlichem Schwindel[2].

Einige solcher Fehler, Fallen und Schwindeleien seien im folgenden vorgestellt – vielleicht kann das helfen, derartige Fehler zu vermeiden, solchen Fallen aus dem Weg zu gehen und einige Schwindeleien zu durchschauen.

---

[1]Benjamin Disraeli (1804-1881); britischer Schriftsteller und Politiker.
[2]Amüsante Variationen dieses Themas stammen von Huff [Hu73] und von Krämer [Kr91].

1. Deskriptive Statistik

Seit altersher werden von Regierungen und Administrationen Daten erhoben[3] und zur Grundlage von Entscheidungen und Aktivitäten gemacht. Die Natur- und Ingenieurwissenschaften haben quantitative Experimente zur wissenschaftlichen Methode entwickelt. Diese wird u.a. auch bei der Analyse/dem Vergleich von Rechensystemen verwendet – die Leistungsmessungen (Benchmarks) von Rechnern sind ein Beispiel.

Die Erhebung von Daten ist (i.a.) kein Selbstzweck; die Daten sollen vielmehr für Bewertungen, Vergleiche und Entscheidungen genutzt werden. Da i.a. sehr viele Einzeldaten erhoben werden, müssen diese aufbereitet („verdichtet") und übersichtlich dargestellt werden, um eine sinnvolle Basis für Bewertungen abgeben zu können.

Zur Veranschaulichung seien im folgenden jeweils Benchmark-Ergebnisse genannt: Für den Vergleich von r verschiedenen Rechnern werden für s verschiedene Typen von Benchmarks (z.B. Integer-, Floating-Point- oder System-Benchmarks) t Leistungsmessungen durchgeführt; als Resultat erhält man $r \cdot s \cdot t$ Daten $x_{i,j,k}, 1 \leq i \leq r,\ 1 \leq j \leq s,\ 1 \leq k \leq t$. Als Basis für einen Vergleich der Rechner wird man aus diesem – i.a. sehr umfangreichen – Datenmaterial wichtige Kenngrößen herausziehen wollen.

Eine wohlbekannte derartige Kenngröße ist „der Mittelwert" – und schon beginnen die Probleme; es gibt nämlich verschiedene „Mittelwerte":

(i) In der Umgangssprache versteht man unter „Mittelwert"/„Durchschnitt" zumeist das *arithmetische Mittel*; in unserem Beispiel etwa

$$\overline{x}_{ij} := \frac{1}{t} \sum_{k=1}^{t} x_{ijk}$$

als „Mittelwert" der Messungen bei Rechner i und Benchmark-Typ j, oder

$$\overline{x}_{i} := \frac{1}{s \cdot t} \sum_{j=1}^{s} \sum_{k=1}^{t} x_{ijk}$$

als „Mittelwert" der Messungen bei Rechner i. Das arithmetische Mittel hat jedoch (mindestens) zwei Nachteile. Zum einen reagiert es sehr empfindlich auf extreme Werte/Ausreißer; zur Illustration sei ein übersimplifiziertes Beispiel gewählt: Bei 10 Benchmarks ergeben sich bei den Rechnern A und B die

---

[3] Bereits das neue Testament beginnt mit der Schilderung einer solchen Datenerhebung – „In jenen Tagen erließ Kaiser Augustus den Befehl, alle Bewohner des Reiches in Steuerlisten einzutragen" (Lukas 2,1) – und hierauf geht auch die Entstehung des Wortes „Statistik" zurück – es wurde gegen Ende des 17. Jahrhunderts geprägt und bedeutete lange Zeit die (quantitative) Beschreibung eines Staates (das neulateinische Wort „status" kann „Staat", „Zustand" etc. bedeuten), in einer Formulierung des 18. Jahrhunderts den „Inbegriff der Staatsmerkwürdigkeiten eines Landes und Volkes" (Achenwall).

Werte

Benchmark	A	B
1	12,3	23,4
2	9,7	19,3
3	13,4	17,7
4	14,0	16,5
5	8,4	16,9
6	11,2	18,8
7	10,9	19,1
8	89,4	15,2
9	9,5	21,7
10	16,2	21,4
	$\overline{x}_A = 19,5$	$\overline{x}_B = 19,0$

d.h. durch das (evtl. auf den Rechner A „zugeschnittene") Benchmark 8 werden alle anderen Werte „zugedeckt". Zum zweiten nimmt das arithmetische
Mittel keinerlei Rücksicht darauf, wie die Daten zustandegekommen sind. Das
ist besonders gravierend, wenn die Daten – wie zumeist bei Leistungsmessungen
– Quotienten sind. Sehen wir uns zur Illustration wieder die o.g. Daten an:
Nimmt man einerseits den Rechner A als Basis, andererseits den Rechner B, so
erhält man

Benchmark	A	B	A	B
1	1	1,90	0,53	1
2	1	1,99	0,50	1
3	1	1,32	0,76	1
4	1	1,18	0,85	1
5	1	2,01	0,50	1
6	1	1,68	0,60	1
7	1	1,75	0,57	1
8	1	0,17	5,89	1
9	1	2,28	0,44	1
10	1	1,32	0,76	1
arith. Mittel	1	1,56	1,14	1

bei A als Basis   bei B als Basis.

Ist man also an hohen Werten „interessiert" (Durchsatz, MIPS), so wird man
die Daten des Opponenten als Basis nehmen, ist man an niedrigen Werten „interessiert" (CPU- oder Response-Zeiten), wird man die eigenen Daten als Basis
wählen – die Möglichkeiten zu „Schwindel" werden evident.

Daraufhin benutzt man häufig auch andere „Mittelwerte" (z.B. *Median, geometrisches* oder *harmonisches Mittel*).

(ii) Gerade für Daten, die als Quotienten entstehen, wird oft das *geometrische Mittel* verwendet, in unserem Beispiel etwa

$$\tilde{y}_{ij} := (\prod_{k=1}^{t} x_{ijk})^{1/t}$$

als „Mittel" der Messungen bei Rechner i und Benchmark-Typ j oder

$$\tilde{y}_{i} := (\prod_{j=1}^{s} \prod_{k=1}^{t} x_{ijk})^{1/s \cdot t}$$

als „Mittel" der Messungen bei Rechner i. Nach dieser Methode werden beispielsweise die SPEC-Benchmarks „gemittelt". Dieses „Mittel" ist u.a. sehr empfindlich gegenüber „Aufteilungen" der Daten. Das folgende übersimplifizierte Beispiel zeigt dies recht deutlich: Bei einer Messung habe man

200 Übertragungen in 2 Sekunden, d.h. 100 Übertr./sec

erhalten; teilt man diese Messung in zwei (Teil-) Messungen auf, bei denen sich

180 Übertragungen in der 1. Sekunde, d.h. 180 Übertr./sec,

und

20 Übertragungen in der 2. Sekunde, d.h. 20 Übertr./sec,

ergeben, so liefert das geometrische Mittel nunmehr[4]

$$(180 \cdot 20)^{1/2} = 60 \text{ Übertr./sec;}$$

– wieviele Übertragungen erhält man bei 60 Übertragungen/sec in 2 Sekunden? Darüber hinaus hat das geometrische Mittel – ebenso wie alle anderen „Mittel" – etliche weitere möglicherweise unerwünschte Eigenschaften.

Es scheint (mir) aber auch nicht überraschend zu sein, daß es keine „Patentlösung" für die „Verdichtung" eines umfangreichen Datenmaterials auf *eine* reellwertige Kenngröße gibt. In jedem Falle zeigen bereits diese elementaren Bemerkungen, daß es bei der Angabe von „Bewertungsgrößen" wichtig ist zu wissen, mit welcher Art von Meßwerten (Quotienten/Prozentwerten, skalenbereinigten Daten,...) und mit welchem „Mittel" man es zu tun hat.

Etliche weitere Fehler, Fallen und Möglichkeiten zu Schwindeleien in der deskriptiven Statistik sind von den o.g. Autoren D. Huff und W. Krämer in amüsanter Weise dargestellt. Hier soll nur noch ein weiterer Aspekt aus diesem Bereich genannt werden: Bei der Aufbereitung und Darstellung von Daten verwendet man häufig Graphiken – „ein Bild sagt mehr als 1000 Worte". Um zu illustrieren, daß man auch hier vor Fallen/Schwindel auf der Hut sein sollte, sei wiederum ein kleines Beispiel angegeben: Bei drei Weiterentwicklungen eines Rechners,

---

[4] Während das arithmetische Mittel weiterhin 100 Übertr./sec beträgt.

der zunächst ein Benchmark-Ergebnis von 9,3 hatte, wurden die Ergebnisse 9,9, 10,3 bzw. 10,4 erzielt – keine sehr überzeugende Bilanz:

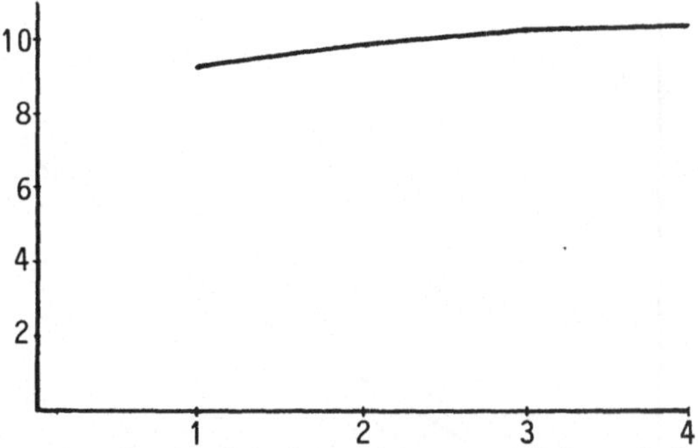

Dieses Bild kann man nun auf verschiedene Arten „schönen" (und für Prospekte geeignet machen): Um „Platz zu sparen", schneidet man den „ohnehin nicht benötigten" unteren Teil der Ordinate ab und erhält damit schon ein deutlich freundlicheres Bild:

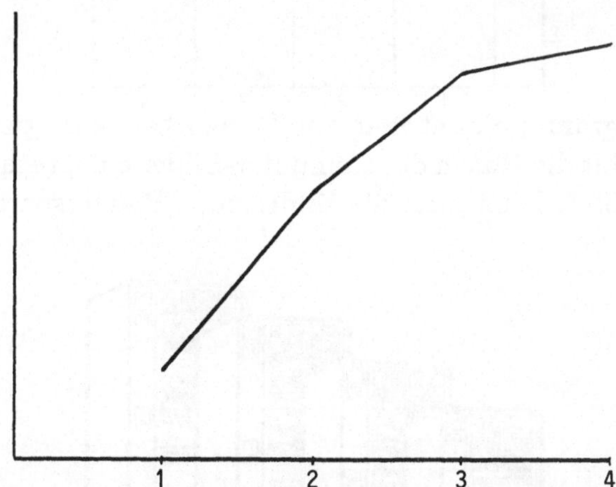

Diesen Effekt kann man noch dadurch verstärken, daß man die Ordinate streckt:

Um die Darstellung nicht mit „unnötigen Details zu überfrachten", läßt man jetzt noch die Beschriftung der Ordinate weg (und hat damit die prospektübliche Dynamik erreicht). Wenn zwischen dem „Erscheinen" der (nahezu ebenbürtigen) Versionen 3 und 4 nicht viel Zeit vergangen ist (und man kann „Erscheinen" ja verschieden interpretieren) benutzt man auf der Abszisse die Zeit und gelangt damit „endgültig" zu einer eindrucksvollen optischen „Erfolgsbilanz" („ein Bild sagt mehr als 1000 Worte"):

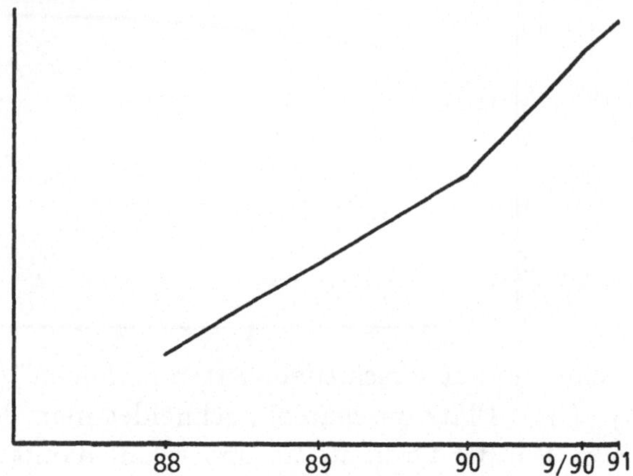

Wenn man nicht so dreist schwindeln will, hat man mit dem Piktogramm noch eine andere Möglichkeit des „Schönens": Man veranschaulicht die Benchmark-Ergebnisse durch Bilder in der „entsprechenden" Größe. Bei einem einfachen Balkendiagramm hätte man die ursprünglichen (wenig erfreulichen) Werte

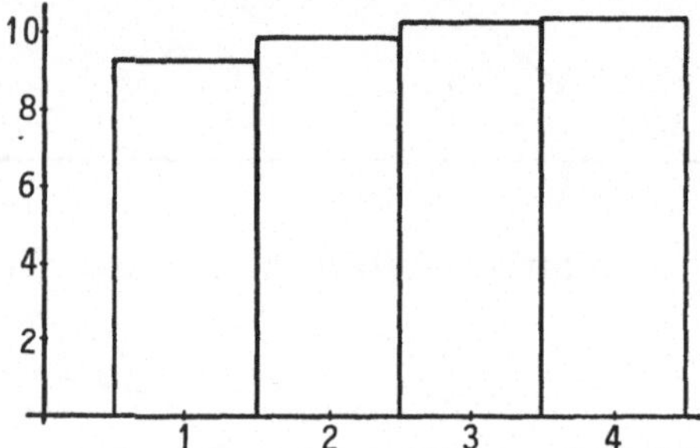

Bei dem Piktogramm nimmt man zur Veranschaulichung z.B. Bilder von Computern und wählt die Höhen der Computer-Bilder entsprechend den Benchmark-Werten; schließlich kann man die Bilder zur „Platzersparnis" etwas hintereinander stellen:

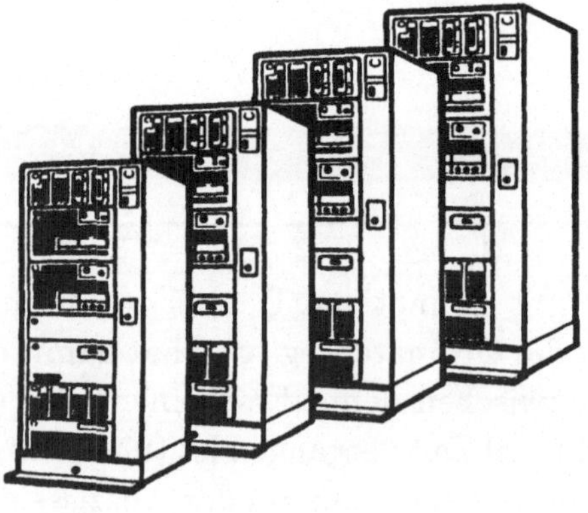

Dies hat gleich zwei Effekte: Wenn die *Ränder* eines Kastens um einen Faktor $d(> 1)$ gestreckt werden, vergrößert sich das *Volumen* um den Faktor d^3 (von der Version 1 zu Version 4 also, bei einem tatsächlichen Wachstum von 11,8 %, um 39,8 %) – und das Auge registriert gerade das Volumen. Außerdem wird durch das „Hintereinanderstellen" der Eindruck der Perspektive suggeriert – und weiter entfernte Gegenstände müßten dann kleiner erscheinen, wirken bei gleichem Format also größer.

2. Stochastische Modellierung

In vielen Situationen lassen sich aus den Meßdaten keine zwingenden Schlüsse für die anstehenden Entscheidungen ziehen, weil die Messungen mit Fehlern behaftet sind, die Werte stark von den speziellen „Versuchsbedingungen" abhängen oder nur Einzelkonstellationen untersucht werden konnten – es dürfte beispielsweise kaum möglich sein, aufgrund von 10 Benchmark-Resultaten eine allgemeingültige Aussage über die Leistungsfähigkeit eines Rechners zu machen. In nahezu allen Bereichen, in denen quantitative Messungen eine Rolle spielen, hat es sich als zweckmäßig erwiesen, die Meßdaten als Realisierungen von Zufallsgrößen zu modellieren – z.B. Laufzeiten/Lebensdauern als Realisierungen von exponentialverteilten, Meßfehler als Realisierungen von normalverteilten oder Ankunftszahlen als Realisierungen von Poisson-verteilten Zufallsgrößen.

Basis für derartige stochastische Modellierungen ist die Wahrscheinlichkeitstheorie. Anhand von einigen Beispielen soll nun vor der Gefahr gewarnt werden, aus anschaulichen Interpretationen von wahrscheinlichkeitstheoretischen Begriffen und Aussagen falsche „Folgerungen" zu ziehen.

(i) Wenn ein System A in mehr als „der Hälfte der Fälle" eine bessere Performance als ein System B und dieses wiederum in „mehr als der Hälfte der Fälle" eine bessere Performance als ein System C besitzt, so wird man ohne weiteres Nachdenken das System A für das beste halten. Sehen wir uns dazu das folgende (wieder übersimplifizierte) Beispiel an: A,B,C seien drei Netzwerke, die sich jeweils in einer von drei Belastungsstufen I, II, III befinden können; dabei seien die (relativen) Antwortzeiten durch die folgende Tabelle gegeben

	I	II	III
A	2	9	4
B	7	5	3
C	6	1	8.

Nimmt man nun an, daß sich die Netzwerke unabhängig voneinander jeweils mit der Wahrscheinlichkeit 1/3 in einem der Belastungszustände befinden, so erhält man

P (A hat kürzere Antwortzeit als B) $= 5/9 > 1/2$,

P (B hat kürzere Antwortzeit als C) $= 5/9 > 1/2$,

aber auch

P (C hat kürzere Antwortzeit als A) $= 5/9 > 1/2$.

Die durch „A hat eine bessere Performance als B wenn A in mehr als der Hälfte aller Fälle eine kürzere Antwortzeit als B hat" definierte zweistellige Relation ist also (trotz der suggestiven Interpretation) *nicht* transitiv[5] – allgemein sind Relationen wie „höhere Erfolgswahrscheinlichkeit", „größere Zuverlässigkeit"/„geringeres Risiko", „höhere Verfügbarkeit" *nicht notwendig transitiv.*

(ii) Ein „klassischer" Fehler im Zusammenhang mit *bedingten Wahrscheinlichkeiten* sei wieder anhand eines kleinen Beispiels erläutert: Man möchte wissen, ob eine neue Komponente positive Auswirkungen auf die Verfügbarkeit eines Rechnernetzes hat; deshalb stellt man eine Untersuchung an und zwar aus organisatorischen Gründen im Tag- und im Nachtbetrieb getrennt. Treten nun die Kombinationen von Verfügbarkeit (A), Einsatz der neuen Komponente (B) und Tagbetrieb (C) mit den folgenden Wahrscheinlichkeiten auf

---

[5]Auch ohne die stochastische Modellierung erhält man

C ist in 2 von 3 Belastungszuständen besser als B,

B ist in 2 von 3 Belastungszuständen besser als A

und

A ist in 2 von 3 Belastungszuständen besser als C.

An diesem Beispiel läßt sich auch nochmals der in Abschnitt 1 erläuterte Effekt der "geschickten Mittelbildung" demonstrieren: Haben sich bei jeweils 3 Messungen die in der Tabelle angegebenen Werte ergeben, und will man die Netzwerke aufgrund dieser Daten vergleichen, so liefern die arithmetischen Mittel keine Unterschiede. Geht man aber zu relativen Werten über und vergleicht diese mit Hilfe des arithmetischen Mittels, so erhält man

– mit C als Basiswert

	I	II	III	arithm. Mittel
C	100 %	100 %	100 %	100
B	117 %	500 %	38 %	218
A	33 %	900 %	50 %	328

d.h. "C ist "besser" als B und B ist "besser" als A",

– mit B als Basiswert

	I	II	III	arithm. Mittel
C	86 %	20 %	267 %	124
B	100 %	100 %	100 %	100
A	29 %	180 %	133 %	114

d.h. "B ist "besser" als A und A ist "besser" als C",

– mit A als Basiswert

	I	II	III	arithm. Mittel
C	300 %	11 %	200 %	170
B	350 %	56 %	75 %	160
A	100 %	100 %	100 %	100

d.h. "A ist "besser" als B und B ist "besser" als C".

$$P(A \cap B \cap C) = 2\%; \; P(A \cap B \cap C^c) = 2\%; \; P(A \cap B^c \cap C) = 4\%; \; P(A \cap B^c \cap C^c) = 24\%;$$
$$P(A^c \cap B \cap C) = 11\%; \; P(A^c \cap B \cap C^c) = 2\%; \; P(A^c \cap B^c \cap C) = 23\%; \; P(A^c \cap B^c \cap C^c) = 32\%,$$

so erhält man daraus die bedingten Wahrscheinlichkeiten

$$P(A \mid B \cap C) \;=\; \frac{2}{13} > \frac{4}{27} = P(A \mid B^c \cap C),$$
$$P(A \mid B \cap C^c) \;=\; \frac{1}{2} > \frac{3}{7} = P(A \mid B^c \cap C^c),$$

d.h. sowohl im Tag- als auch im Nachtbetrieb ist das Netz bei Einsatz der neuen Komponente mit höherer Wahrscheinlichkeit verfügbar als ohne diese Komponente. Daraus wird man „natürlich" folgern, daß insgesamt (Tag- und Nachtbetrieb zusammen) die neue Komponente die Verfügbarkeit erhöht. Rechnet man dies „vorsichtshalber" nach, so erlebt man die Überraschung

$$P(A \mid B) = \frac{4}{17} < \frac{28}{83} = P(A \mid B^c),$$

d.h. *insgesamt* ist die Verfügbarkeit bei Einsatz der neuen Komponente *schlechter* als ohne diese – wieder hat man sich durch eine suggestive Interpretation zu einem Fehlschluß verleiten lassen.

Aus Platzgründen werde auf die Angabe weiterer Fehler dieses Typs (Fehlinterpretation von Wahrscheinlichkeiten/durchschnittlichen Wartezeiten, stochastischer Unabhängigkeit/Nichtbeeinflussung u.a.m.) verzichtet; es seien vielmehr noch einige Anmerkungen zum „Zufall aus dem Computer" gemacht.

(iii) Bei allen mathematischen Simulationen benötigt man zur Modellierung der Zufallseffekte *Standardzufallszahlen*; das sind unabhängige, im Einheitsintervall [0;1] gleichverteilte Zufallsgrößen U_i. Bereits seit dem Beginn des „Computerzeitalters" verwendet man dabei keine „echten" Zufallszahlen, sondern läßt den Rechner algorithmisch „Zufallszahlen" produzieren[6]. Diese Zahlen sind aufgrund ihrer deterministischen Erzeugung natürlich nur „Pseudozufallszahlen"; dennoch werden die Erzeugungsmethoden (i.a.) *Zufallszahlengeneratoren* genannt. Heute sind in nahezu jedem Programmpaket derartige Routinen enthalten. Die meisten derartigen Routinen (z.B. RANDU im früheren SSP, GØ5CAF im NAG, GGUBS im IMSL,...) sind – nicht zuletzt wegen ihrer Schnelligkeit – *lineare Kongruenzgeneratoren*

„Bilde sukzessive

$$y_i \equiv a\, y_{i-1} + r \pmod{m} \; \text{ mit } \; 0 \le y_i < m$$

und benutze $u_i := y_i/m$ als Standardzufallszahl";
beispielsweise sind RANDU durch $m = 2^{31}$, $a = 2^{16} + 3$, $r = 0$ und GØ5CAF durch $m = 2^{59}$, $a = 13^{13}$, $r = 0$ festgelegt.

---

[6] Von John von Neumann stammt einerseits der Satz „Anyone who considers arithmetical methods for producing random digits is, of course, in a state of sin" (1951), andererseits aber auch der erste derartige Algorithmus (mid square method).

Daß bei diesem deterministischen „Zufall" Fehler „vorprogrammiert" sind, erscheint naheliegend; einige Fehlerquellen seien anhand des (ohnehin überholten) Generators RANDU skizziert:

Wenngleich das Anfangsglied $y_0 = 65539$ in der Beschreibung von RANDU nur als *ein* möglicher Startwert genannt wird, so interpretieren und wählen jedoch viele Anwender diesen Wert als „richtigen" Anfangswert. Dies führt dann dazu, daß alle Rechnungen mit *denselben* (als zufällig unterstellten!) Zahlen durchgeführt werden – und daraufhin völlig falsche Sicherheitswahrscheinlichkeiten angegeben und manche (möglicherweise besonders wichtige) Effekte überhaupt nicht bemerkt werden. Ähnliche Probleme treten auf, wenn man bei verschiedenen Simulationsläufen zwar verschiedene Anfangswerte verwendet, diese jedoch in der Periode der y_i „nahe" aufeinander folgen – dann stimmen nämlich die verwendeten Pseudozufallszahlen in großen Teilen der Simulationsläufe exakt überein. Immer dann, wenn in einer Simulationsstudie eines komplizierten (stochastischen) Systems *kleine Stichprobenstreuungen* auftreten und somit *hohe Sicherheitsniveaus* angegeben werden, liegt der Verdacht einer fehlerhaften Verwendung des Zufallszahlengenerators nahe – womit dann in vielen Fällen die gesamte Simulationsstudie wertlos ist.

Eine weitere Fehlerquelle liegt in der Struktur der Zufallszahlengeneratoren – zur Illustration sei wieder ein kleines Beispiel angegeben: A sei ein nur mit der Wahrscheinlichkeit $1,5 \cdot 10^{-5}$ eintretendes, aber sehr folgenschweres Ereignis. Stellt man A bei einer Simulationsstudie in naheliegender Weise durch das Intervall $[0; 1,5 \cdot 10^{-5}]$ dar, so ergibt sich bei RANDU zwar als Anteil der in einer vollen Periode erzeugten Pseudozufallszahlen aus diesem Intervall der „richtige" Wert $1,5 \cdot 10^{-5}$, da jedoch für die zugehörigen y_i gilt $1 \leq y_i < 2^{15} - 2^9$ und somit

$$2^{16} + 3 \leq y_{i+1} < 2^{31}, \quad \text{d.h. } u_{i+1} = y_{i+1}/2^{31} \notin [0; 1,5 \cdot 10^{-5}],$$

tritt das Ereignis in der Simulationsstudie – so umfangreich diese auch ist – *niemals* zweimal direkt nacheinander auf. Dies kann also z.B. bei Zuverlässigkeitsuntersuchungen dazu führen, daß recht unwahrscheinliche, aber äußerst gefährliche Situationen wie das zweimalige Eintreten einer Extremsituation *niemals* simuliert werden – insbesondere *seltene Ereignisse* erhalten bei Simulationsstudien oft völlig falsche Wahrscheinlichkeiten.

Einige weitere Fehlerquellen bei Simulationsstudien sind in [Sch80] aufgezeigt.

3. Schließende Statistik

Durch die stochastische Modellierung wird die situationsbedingte „Unsicherheit" (zufällige Störungen, unvollständige Daten, Meßfehler,...) natürlich nicht aufgehoben, sondern nur (bestenfalls) quantifizierbar. Die Bewertungen und Entscheidungen, die man im Rahmen stochastischer Modelle vornimmt (Schätzungen von Systemparametern, Entscheidungen über Hypothesen, Angabe von Konfidenzbereichen für Kenngrößen, Formulierung kausaler Zusammenhänge,...) sind daher in der Regel nicht *sicher* (im Sinne logischer Deduktionen), sondern durch den Einfluß der zufallsabhängigen Daten nur *wahrscheinlichkeitstheoretisch* zu beurteilen.

Bereits dieser grundlegende Aspekt jeglicher statistischer Inferenz führt leicht zu Fehlschlüssen:

(i) Die Fehler/Fallen beginnen bereits bei den verbalen Formulierungen/Interpretationen statistischer Aussagen; zur Veranschaulichung sei wieder ein (extrem) einfaches Beispiel gewählt: Bei einer Untersuchung, ob die Zwischenankunftszeiten von Jobs an einem Netzanschlußrechner im Mittel oberhalb eines kritischen Werts $a_0 = 2,5$ min bleiben, werden 100 Messungen durchgeführt; es ergibt sich als (arithmetisches) Mittel

$$\overline{x}_{100} := \frac{1}{100} \sum_{i=1}^{100} x_i = 2,975.$$

Modelliert man diese Situation als Alternativtestproblem mit den Hypothesen

$$H : a \leq a_0, \ K : a > a_0,$$

über den Parameter $\frac{1}{a}$ von 100 stochastisch unabhängigen, exponentialverteilten Zufallsgrößen, und gibt man das Fehlerniveau $\alpha = 0,05$ für einen Fehler 1. Art (Entscheidung zugunsten von K, obwohl H richtig ist) vor, so ist

$$\varphi_1^*(\overline{x}_{100}) = \begin{cases} d_H : a \leq a_0 & \leq \\ & \text{falls } \overline{x}_{100} \quad \frac{a_0}{2 \cdot 100}\gamma = 2,925 \\ d_K : a > a_0 & > \end{cases}$$

(wobei $\gamma = 234$ das α-Fraktil der $\Gamma_{1/2;100}$-Verteilung ist) ein gleichmäßig bester Test zum Niveau α. Dieser Test liefert hier die Entscheidung $d_K : a > a_0$, d.h. „die mittlere Zwischenankunftszeit ist größer als $a_0 = 2,5$ min". Korrekte Formulierungen dieses Ergebnisses wären z.B.

„Die Daten haben bei einem Sicherheitsniveau von 95 % zu der Entscheidung $a > a_0$ geführt"

oder auch (noch)

„Durch die Messungen ist bei dem Irrtumsniveau 5 % *statistisch* gesichert, daß die mittlere Zwischenankunftszeit a größer als 2,5 min ist".

Bereits die gerne verwendete Formulierung

„Mit einer Wahrscheinlichkeit von über 95 % ist die mittlere Zwischenankunftszeit größer als 2,5 min" ist jedoch Unsinn: Die mittlere Zwischenankunftszeit ist *entweder* $\leq a_0$ *oder* $> a_0$; man hat nur in einer zufallsabhängigen Situation ein „Werkzeug" mit einer „Präzision" von 95 % benutzt, um herauszufinden, welcher der beiden Fälle vorliegt. In der o.a. Formulierung zeigt sich außerdem eine unzulässige Vermischung/Verwechselung von objektiven Wahrscheinlichkeiten mit subjektiven „Überzeugtheitsmaßen". Die Gefahr einer solchen Fehlinterpretation wird noch größer bei der Angabe des „p-Wertes", d.h. des Fehlerniveaus, bei dem der aktuelle Beobachtungswert (noch) zur Entscheidung d_K geführt hätte – dieser wäre im o.g. Beispiel $p \simeq 0,035$.

Wenn man aufgrund der Meßdaten „statistisch gesichert hat, daß die mittlere Ankunftszeit *größer als* a_0 ist", so liegt der Schluß sehr nahe, daß man damit erst recht „statistisch nachgewiesen" hat, daß die mittlere Ankunftszeit *ungleich* a_0 ist – diese Folgerung erscheint wegen der logischen Implikation

$$a > a_0 \Rightarrow a \neq a_0$$

geradezu zwingend, ist jedoch falsch: Für das Alternativtestproblem

$$H : a = a_0, \ K : a \neq a_0$$

bzgl. des o.g. Parameters a ist

$$\varphi_2^\star(\overline{x}_{100}) = \begin{cases} d_H : a = a_0 & \text{falls } 2,038 \leq \overline{x}_{100} \leq 3,018 \\ d_K : a \neq a_0 & \text{sonst} \end{cases}$$

ein gleichmäßig bester unverfälschter Test zum Irrtumsniveau $\alpha = 0,05$; für $\overline{x}_{100} = 2,975$ liefert dieser die Entscheidung $d_H : a = a_0$. Dieser „Widerspruch" erklärt sich daraus, daß das „Werkzeug" (der Test) $\varphi_1^\star$ nur auf eine einseitige Abweichung von a_0 – nämlich $a > a_0$ – „achten"/reagieren soll, der Test $\varphi_2^\star$ jedoch auch noch auf Abweichungen zur anderen Seite reagieren soll (und damit notwendig für $a > a_0$ „unempfindlicher" wird).

Die Formulierung dieses Resultats birgt neue Gefahren in sich: Während die Aussagen

„Bei dem Irrtumsniveau 5 % haben die Messungen nicht zur Entscheidung $a \neq a_0$ geführt."

oder

„Aufgrund der Meßdaten konnte keine (zum Sicherheitsniveau 95 %) signifikante Abweichung der mittleren Zwischenankunftszeit vom Wert a_0 nachgewiesen werden."

korrekt sind, bedeuten die Resumées

„Bei dem Irrtumsniveau 5 % haben die Messungen zur Entscheidung $a = a_0$ geführt."

bzw.

> „Durch die Meßdaten wurde statistisch nachgewiesen, daß es keine Abweichung vom Wert a_0 gibt."

eine (vorsätzliche?) Falle bzw. einen ausgemachten Schwindel. Bei der ersten Formulierung suggeriert man nämlich, daß die Entscheidung zugunsten von H durch das Irrtumsniveau α abgesichert sei – in Wahrheit ist jedoch nur eine Entscheidung zugunsten von K durch α abgesichert und die *Fehlerwahrscheinlichkeit 2. Art* beträgt bis zu 95 %. Bei der zweiten Formulierung wird gerade diese fehlerhafte Aussage gemacht.

(ii) Eine „beliebte" Quelle von Fehlern und Schwindeleien ist die Fehlinterpretation von (positiver) *Korrelation:* Die Kovarianz

$$\mathrm{Cov}(X, Y) := E((X - EX)(Y - EY))$$

zweier Zufallsgrößen X und Y bzw. der (auf das Intervall $[-1; 1]$ normierte) Korrelationskoeffizient

$$\rho(X, Y) = \mathrm{Cov}(X, Y)/\sqrt{\mathrm{Var}(X)\mathrm{Var}(Y)}$$

ist ein Maß für die (lineare) stochastische Abhängigkeit von X und Y. Sind zwei Zufallsgrößen X, Y *positiv korreliert*, d.h. gilt $\mathrm{Cov}(X, Y) > 0$ bzw. $\rho(X, Y) > 0$, so treten bei „großen" Werten von X im Mittel auch „große" Werte von Y auf. In etlichen Fällen beruht das auf einem kausalen Zusammenhang: Eine positive Korrelation zwischen der Anzahl von aktiven Terminals und den Response-Zeiten eines Rechners tritt auf, *weil* mehr Nutzer zu einer höheren Auslastung führen; eine positive Korrelation zwischen Rauchen und Lungenkrebs resultiert aus einem *kausalen* Zusammenhang. Es ist jedoch i.a. falsch, aus positiver Korrelation auf einen kausalen Zusammenhang zu schließen – zur Illustration sei wieder ein übersimplifiziertes Beispiel gewählt: Aus einem File mit Verkaufs- und Preisdaten eines Warenhauses aus den letzten 15 Jahren werden für 100 (zufällig ausgewählte) Verkaufstage die Leistungsfähigkeit X (gemessen z.B. in MIPS) der in der Elektronik-Abteilung angebotenen PC's und der Preis Y der in der Lebensmittelabteilung verkauften Brötchen abgerufen. Zweifellos wird man dann eine positive Korrelation zwischen X und Y sichern können – daraus jedoch schließen zu wollen, man könne durch Heraufsetzen der Brötchenpreise die Leistungsfähigkeit von PC's steigern, ist offensichtlich absurd. Kausal für die positive Korrelation ist vielmehr die Hintergrundvariable „Zeit" – im Laufe der Zeit sind die PC's leistungsfähiger und die Brötchen teurer geworden. Viele durch die falsche Interpretation von (positiver) Korrelation als Kausalität begangene Fehler sind jedoch nicht so offensichtlich wie in diesem Beispiel – Huff [Hu73], Ch. 8, und Krämer [Kr91], Ch. 12, geben etliche amüsante (positive Korrelation zwischen der Zahl der Klapperstörche und der Geburten in Deutschland, zwischen Schuhgröße und Handschrift von Schulkindern: negative

Korrelation zwischen Haaren auf dem Kopf und Geld auf dem Konto), aber auch bedenkliche Fehler dieser Art an (positive Korrelation zwischen Ausländeranteil und Kriminalität, Volkseinkommen und Ehescheidungen). Wenn aus einer positiven Korrelation auf einen kausalen Zusammenhang „geschlossen" wird, sollte man daher stets mißtrauisch werden und fragen, ob nicht eine Hintergrundvariable (z.B. die Zeit) der wahre Grund für die Korrelation ist.

Literatur

[Hu73]   Huff, D.: How to Lie with Statistics.
         Penguin Books Ltd., Middlesex; 2. Aufl. 1973
[Kr91]   Krämer, W.: So lügt man mit Statistik.
         Campus Verlag, Frankfurt/New York, 1991
[Le86]   Lehmann, E.: Testing Statistical Hypotheses.
         J. Wiley, New York, 2. Aufl. 1986
[Mo78]   Morgenstern, D.: Didaktische Schwierigkeiten der Stochastik.
         Math.-Phys. Semesterberichte 25(1978), 31-51
[Sch80] Schmitz, N.: Einige Fehlerquellen bei Simulationsstudien.
         In: Quantitative Wirtschafts- und Unternehmensforschung.
         Springer-Verlag, 1980; S. 101-113

Herrn Dipl.-Math. Thomas Meyerthole sei für die Mitwirkung bei der Ausarbeitung der Beispiele gedankt.

Modellierung offener Warteschlangennetzwerke durch Erneuerungsprozesse im diskreten Zeitbereich

Gerhard Haßlinger   Erik S. Rieger

Technische Hochschule Darmstadt
Fachbereich Informatik
Institut für Theoretische Informatik

Frankfurterstr. 69a, 6100 Darmstadt

Zusammenfassung

Es wird ein Ansatz zur Berechnung der Verteilungen der Wartezeit und der Kundenanzahl an den Stationen eines offenen Netzes mit beliebig gegebenen Verzweigungswahrscheinlichkeiten vorgestellt. Die Analyse erfolgt durch ein Iterationsverfahren und geht von einer Dekomposition des Netzwerks in einzelne Knoten aus, wobei insbesondere Einbedienerstationen (GI/G/1-Systeme) betrachtet werden. Die Ankünfte und Abgänge an den Netzknoten werden dabei als Erneuerungsprozesse im diskreten Zeitbereich beschrieben. Allgemein können beliebige Netzknoten oder aggregierte Teile eines Netzes mit einbezogen werden, wenn zu gegebenen Ankunftsprozessen auch ihre Abgangsprozesse zumindest näherungsweise in der Form unabhängiger Erneuerungsprozesse darstellbar sind.

Schlüsselwörter

Warteschlangennetzwerke, approximative Analyse, Dekomposition, Erneuerungsprozesse, Diskretisierung

1   Einleitung und Überblick

Die exakte Analyse von Warteschlangennetzen ist nur unter starken Einschränkungen für die Ankunfts- und Bedienvorgänge der Kunden an den Knoten des Netzes möglich, so in BCMP-Netzwerken mit Hilfe zustandsabhängiger Poisson-Prozesse [Bo, Da].

Wenn die Knoten als Einbedienerstationen mit allgemeiner Bedienzeitverteilung modelliert werden, so ist man bei der Ermittlung der stationären Verteilungen der Wartezeit oder der Kundenzahl an den Stationen auf Näherungsverfahren angewiesen. Kühn [Kü] schlägt eine iterative Näherungsmethode für offene Netze vor, wobei die Stationen isoliert als GI/G/1-Warteschlangensysteme behandelt werden, deren Kunden unabhängige und identisch verteilte Zwischenankunfts- und Bedienzeiten haben. Die an einer Station anwesenden Kunden werden dabei ohne Unterbrechung in einer Reihenfolge bedient, die nicht von ihren einzelnen Bedienzeiten abhängen soll (z.B. FCFS).

Zur Analyse einer Bedienstation wird in dem Verfahren die mittlere Wartezeit mit Hilfe einer Heuristik [KL] eingeschätzt. Dieses Ergebnis gibt weiterhin Aufschluß über die Zwischenabgangszeiten an der Station [Ma]. Die Verteilungen von Ankunftsabständen, Bedienzeiten und Abgangsabständen werden dabei durch den Mittelwert und den Variationskoeffizienten charakterisiert. Zur Analyse der Übergänge im Netzwerk wird jeder Abgangsprozeß in Teilströme aufgespalten, die zu den einzelnen Stationen beziehungsweise aus dem Netz führen. Anschließend werden alle zu einer Station hinführenden Teilströme als unabhängige Erneuerungsprozesse überlagert zu einem Ankunftsprozeß für den betrachteten Netzknoten.

Auch die vorliegende Arbeit orientiert sich an dieser Methode und betreibt eine Verfeinerung, indem die Berechnung in vollem Umfang für diskrete Verteilungsfunktionen mit einer endlichen Stufenzahl durchgeführt wird [Ri].

Im Vergleich zur Darstellung der Verteilungen durch Mittelwert und Variationskoeffizient ist hier ein erhöhter Rechenaufwand erforderlich. Dafür können einige Schritte des Verfahrens für diskrete Verteilungsfunktionen, anders als bei der Einbeziehung von nur zwei Momenten, präzise durchgeführt werden, so zum Beispiel die GI/G/1-Warteschlangenanalyse oder die Bestimmung der stationären Verteilung der Rekurrenzzeit für die Überlagerung unabhängiger Erneuerungsprozesse.

Diskrete Verteilungen eignen sich besonders zur Modellierung einer paketisierten Nachrichtenübertragung, wenn die Übertragungszeiten konstant oder Vielfache einer Zeiteinheit sind. Eine Diskretisierung ist aber auch für beliebige Verteilungsfunktionen im kontinuierlichen Zeitbereich auf einfache Weise erreichbar, vergleiche Abschnitt 2.2. Die Genauigkeit einer solchen Darstellung kann durch die Erweiterung der Zustandsmenge verbessert werden auf Kosten eines steigenden Aufwands für das Berechnungsverfahren.

Für die Analyse des GI/G/1-Wartesystems im diskreten Zeitbereich sind auch in neueren Arbeiten verschiedliche Vorgehensweisen entwickelt worden. Neben iterativen Methoden [Ac, Kl, Tr] unter Verwendung der schnellen Fouriertransformation (FFT) für Faltungsoperationen, siehe Abschnitt 5.2, werden auch direkte Ansätze verfolgt [Ac, As, GJ, Ha, Po, Pw], zum Beispiel mit Hilfe der Spektral-Analyse oder einer Wiener-Hopf-Faktorisierung. Dabei kann man die stationären Verteilungen sowohl für die Wartezeit und die Anzahl der Kunden im System gewinnen, als auch für die Leerzeiten zwischen den Bedienperioden und für die durch Bedien- und Leerzeiten gegebenen Zwischenabgangszeiten. Dies führt zu einer Charakterisierung der Abgangsprozesse in Form von Erneuerungsprozessen, die allerdings vernachlässigt, daß Abhängigkeiten unter aufeinanderfolgenden Zwischenabgangszeiten einer GI/G/1-Bedienstation bestehen.

Bei der Analyse des gesamten Netzwerks wird umgekehrt ein Zusammenhang zwischen Abgängen und den daraus gemäß einer Übergangsmatrix resultierenden Ankünften an den einzelnen Netzknoten hergestellt, vergleiche Abbildung 1. Die Verzweigung des Abgangsstroms eines Knotens wird in der Darstellung durch Erneuerungsprozesse als entsprechende „Ausdünnungen" des Prozesses in einzelne Teilströme vorgenommen.

Danach wird die Überlagerung der verschiedenen als unabhängig angenommenen Teilströme zu Ankunftsprozessen für jeden Knoten durchgeführt, unter Berücksichtigung der Zuflüsse von außen ins Netz.

Wenn die Übergänge im Warteschlangennetzwerk auch Rückkopplungen einschließen, so

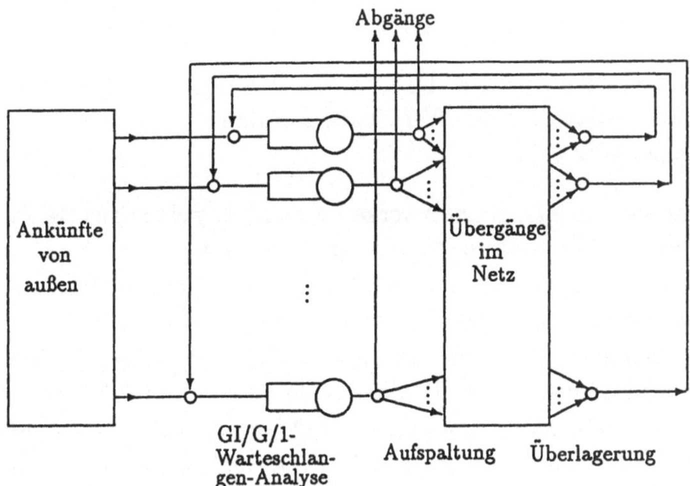

Abbildung 1: Schematische Darstellung eines offenen Warteschlangennetzes

sind die Ankunftsprozesse an den Knoten zunächst nicht in vollem Umfang bekannt. Dann kommt ein Iterationsverfahren zum Einsatz, das im ersten Schritt nur Ankünfte von außen erfaßt und mit jedem neuen Schritt zudem alle Ankünfte, die aus den im vorigen Schritt ermittelten Abgangsprozessen resultieren. Die Iteration weist unter allgemeinen Stabilitätsbedingungen für die Warteschlangen an den einzelnen Netzknoten ein lineares Konvergenzverhalten auf mit interpretierbaren Zwischenergebnissen nach jedem Schritt, siehe Abschnitt 6.2.

Wir gehen zunächst auf die Notation zur Darstellung des Warteschlangennetzes ein und beschreiben dann Algorithmen für die Ausdünnung sowie die Überlagerung von Erneuerungsprozessen im diskreten Zeitbereich. Die darauffolgenden Abschnitte befassen sich mit den Methoden zur GI/G/1-Warteschlangenanalyse und mit den Möglichkeiten zum Einsatz der schnellen Fouriertransformation bei der Nachbildung des Verzweigungsprozesses. Schließlich wird der Ablauf des gesamten Iterationsverfahrens dargelegt, wobei das Konvergenzverhalten erörtert und ein Implementationsbeispiel angeführt wird.

2 Beschreibung des Netzes

2.1 Grundlegende Notationen

X sei eine Zufallsvariable mit der Verteilungsfunktion $F(x)$, im Zeichen $X \sim F$, und $\mathcal{F}_X(z)$ sei die zugehörige Fourier-Stiltjes-Transformation

$$\mathcal{F}_X(z) = \int_{-\infty}^{\infty} e^{-ixz} \, dF(x)$$

mit $i \stackrel{\text{def}}{=} \sqrt{-1}$ als imaginäre Einheit. Wie in der Signaltheorie üblich bezeichnen wir die Sprungfunktion mit $u(x)$:

$$u(x) = \begin{cases} 0 & \text{falls } x < 0, \\ 1 & \text{falls } x \geq 0. \end{cases}$$

In Anlehnung an [Kn] wird weiterhin folgende Schreibweise verwendet:

> Sei P eine beliebige Aussage. Dann nimmt $[P]$ den Wert 1 an, falls die Aussage P wahr ist, ansonsten wird der Wert 0 angenommen.
>
> *Beispiel:* $u(x) = [x \geq 0]$.

Es werden offene Warteschlangennetzwerke betrachtet, welche aus M Einbedienerstationen mit unbegrenztem Warteraum zusammengesetzt sind.

$\mathbf{P} = (p_{ij})$, $i = 1, \ldots, M$, $j = 1, \ldots, M$ bildet die Übergangsmatrix, deren Einträge p_{ij} jeweils die Wahrscheinlichkeit dafür angeben, daß ein Kunde nach dem Verlassen des Bedieners i den Bediener j aufsucht. Dann ist $p_i \overset{\text{def}}{=} 1 - \sum_{j=1}^{M} p_{ij}$ die Wahrscheinlichkeit, daß ein Kunde nach dem Ende der Bedienung an der Station i das System verläßt.

Für die Station i bezeichne λ_{0i} die externe Ankunftsrate, λ_i die gesamte Ankunftsrate einschließlich der Übergänge im Netz, sowie μ_i die Bedienrate. Aus Gründen des Flußerhalts im Netz ergibt sich ein lineares Gleichungssystem für die Ankunftsraten [Kl, Kü]:

$$\lambda_i = \lambda_{0i} + \sum_{j=1}^{M} \lambda_j p_{ji} \qquad i = 1, \ldots, M.$$

Wir betrachten das Netz im stationären Zustand, wobei als notwendige Stabilitätsbedingung die Überlastung einzelner Stationen auszuschließen ist:

$$\forall_{i \in \{1, \ldots, M\}} \quad \rho_i = \frac{\lambda_i}{\mu_i} < 1.$$

Für die Stationen, an denen Kunden ins Netz eintreten, seien die externen Ankunftsprozesse durch diskrete Verteilungsfunktionen $A_i(x) = \sum_{k=0}^{N_A - 1} a_{ik}\, u(x - kT)$ der Zwischenankunftszeiten gegeben. a_{ik} ist dabei die Wahrscheinlichkeit, daß eine externe Zwischenankunftszeit an der Station i genau k Zeiteinheiten der Länge T ($T \in I\!\!R^+$) beträgt. Entsprechend sei die Bedienzeitverteilung an jeder Station i durch $B_i(x) = \sum_{k=0}^{N_B - 1} b_{ik}\, u(x - kT)$ gegeben. $N_A, N_B \in I\!\!N$ geben die maximalen Stufenzahlen bei der Diskretisierung der Zwischenankunfts- und Bedienzeitverteilungen an.

2.2 Diskretisierung von Verteilungsfunktionen

Die Darstellung der Ankunfts- und Bedienprozesse mit Hilfe diskreter Verteilungen erlaubt den Einsatz effizienter Verfahren zur Warteschlangenanalyse. Auch Verteilungen mit kontinuierlichem Zeitparameter können näherungsweise in diskreter Form dargestellt werden.

Zur Verteilungsfunktion $F(x)$ erhält man als einfache und naheliegende Möglichkeit einer Diskretisierung

$$\tilde{F}(x) = \sum_{i=0}^{N-1} f_i u(x - iT) \quad \text{mit}$$

$$f_i = F((i+0.5) \cdot T)[i < N-1] + 1 \cdot [i = N-1] - F((i-0.5) \cdot T)[i \geq 1], \quad i = 0, \ldots, N-1.$$

Die Diskretisierung berücksichtigt also $N - 1$ Stellen im endlichen Bereich $0 \leq x \leq (N - 1)T$, wobei $\sum_{i=0}^{N-1} f_i = 1$ gilt. Die Stufenzahl N und die Länge T einer Zeiteinheit sind für eine gegebene Verteilung geeignet anzupassen.

Mit wachsender Stufenzahl N kann die Genauigkeit der diskreten Approximation verbessert werden bei gleichzeitig steigendem Berechnungsaufwand für die Warteschlangenanalyse. Es sind auch Varianten der Diskretisierung möglich, die den Mittelwert oder mehrere vorgegebene Momente der betrachteten Verteilung erhalten, siehe [Pw].

Als alternatives Konzept zur näherungsweisen Darstellung von Verteilungen in einer für die Warteschlangenanalyse geeigneten Form wird auch die Phasenmethode verbreitet eingesetzt [Ne], die auf Kombinationen von exponentiell verteilten Phasen basiert. Zur Konstruktion von approximierenden Phasenverteilungen werden im Vergleich zur Diskretisierung aufwendigere Verfahren eingesetzt [Sc].

3 Verzweigung von Erneuerungsprozessen

Betrachtet man Ereigniszeitpunkte, deren Abstände durch voneinander unabhängige, identisch verteilte Zufallsvariablen beschrieben werden, so generieren diese Ereignisse einen *Erneuerungsprozeß*, [CI, Fe, Kl].

3.1 Ausdünnung von Erneuerungsprozessen

Die *Ausdünnung* eines Erneuerungsprozesses erhält man, indem die Ankunftsereignisse voneinander unabhängig mit Wahrscheinlichkeit q im ausgedünnten Prozeß übernommen beziehungsweise mit Wahrscheinlichkeit $1 - q$ entfernt werden. Damit kann man die Aufspaltung eines Kundenstroms in Teilströme gemäß den Verzweigungswahrscheinlichkeiten im Netz nachbilden. Durch Ausdünnung entsteht wiederum ein Erneuerungsprozeß.

Sei Z eine Zufallsvariable zur Beschreibung der Zwischenankunftszeiten eines Ankunftsprozesses $\{Z_k,\ k = 1, 2, \ldots\}$ mit $Z \sim A$ sowie $\forall_{k=1,2,\ldots}\ Z_k \sim A$ und Y die entsprechende Zufallsvariable für den ausgedünnten Prozeß. Dann gilt nach [Kl, Kü] die Beziehung

$$\mathcal{F}_Y(z) = \frac{q\mathcal{F}_Z(z)}{1 - (1 - q)\mathcal{F}_Z(z)} \tag{1}$$

für die zugehörigen Fouriertransformierten.

Nun betrachten wir die Ausdünnung für eine diskrete Verteilung von der Form

$$A(x) = \sum_{i=0}^{N_A-1} a_i\, u(x - iT),$$

wobei a_i die Wahrscheinlichkeit dafür angibt, daß i Zeiteinheiten zwischen zwei Ankünften verstreichen. Die Wahrscheinlichkeiten d_i für die Dauer der Ankunftsabstände im ausgedünnten Prozeß erhält man dazu aus folgender rekursiven Beziehung mit $a_j \stackrel{\text{def}}{=} 0$ für $j \geq N_A$:

$$d_i = qa_i + (1-q)\sum_{j=0}^{i} a_j d_{i-j} = (1-q)a_0 d_i + qa_i + (1-q)\sum_{j=1}^{i} a_j d_{i-j}$$

$$\Leftrightarrow \quad d_i = \frac{qa_i + (1-q)\sum_{j=1}^{i} a_j d_{i-j}}{1-(1-q)a_0} \tag{2}$$

Die Verteilung muß nach einer gewissen Anzahl N_D von Stellen abgeschnitten werden, wobei auf Grund der Normierung $d_{N_D-1} = 1 - \sum_{j=0}^{N_D-2} d_j$ gesetzt wird, obwohl die Zwischenankunftszeiten im ausgedünnten Prozeß in ihrer Dauer nicht beschränkt sind.

Zur direkten Berechnung von $d_0, \ldots, d_{N_D-1}$ sind somit größenordnungsmäßig $O(N_D^2)$ Multiplikationen erforderlich.

Einen größenordnungsmäßig günstigeren Rechenaufwand von $O(N_D \log N_D)$ kann man mit Hilfe der schnellen Fouriertransformation unter Anwendung der Gleichung 1 im Transformationsbereich erzielen (siehe Abschnitt 5), was im Vergleich zur direkten Berechnung aber erst ab $N_D > 300$ zu einem wesentlichen Zeitgewinn führt. Zudem sind mit der Beschränkung auf N_D Stellen für die Darstellung der Verteilungen beim Weg über die Transformation Ungenauigkeiten für die Werte $d_0, \ldots, d_{N_D-1}$ verbunden.

3.2 Überlagerung unabhängiger Erneuerungsprozesse

Es seien M unabhängige Erneuerungsprozesse mit diskreten Verteilungen ihrer Zwischenankunftszeiten

$$F_i(x) = \sum_{j=0}^{N-1} f_{ij} u(x-j), \quad i = 1, \ldots, M,$$

gegeben, wobei ohne Beschränkung der Allgemeinheit als Zeiteinheit $T = 1$ gesetzt ist. Die zugehörigen Mittelwerte seien $\eta_i = \sum_{j=0}^{N-1} j f_{ij}$.

Die Überlagerung der unabhängigen Erneuerungsprozesse zu einem Prozeß, der alle Ankünfte zusammenfaßt, ergibt im allgemeinen *keinen* Erneuerungsprozeß [CI, Wh]. Dennoch kann man die stationäre Verteilung der Zwischenankunftszeiten für den Überlagerungsprozeß mit einem Umweg über die Rekurrenzzeitverteilungen bestimmen.

Zunächst gilt für die zu $F_i(x)$ gehörige Verteilungen $F_i^{Rek}(x)$ der Rekurrenzzeit, die von einem zufällig gewählten Zeitpunkt bis zur nächsten Ankunft vergeht:

$$F_i^{Rek}(x) = 1 - \frac{1}{\eta_i} \sum_{j=0}^{N-2} \Big(\eta_i - \sum_{k=1}^{j} k f_{ik} - \big(1 - \sum_{k=0}^{j} f_{ik}\big)x\Big)[j \leq x < j+1].$$

Die Rekurrenzzeit des Überlagerungsprozesses entspricht dann dem Minimum der Rekurrenzzeiten der beteiligten Prozesse, so daß für ihre Verteilung $F_{Ges}^{Rek}(x)$ folgt:

$$1 - F_{Ges}^{Rek}(x) = \prod_{i=1}^{M} \big(1 - F_i^{Rek}(x)\big).$$

Aus der Rekurrenzzeit kann man umgekehrt wieder die Verteilungsfunktion $F_{Ges}(x)$ der Zwischenankunftszeiten des Überlagerungsprozesses gewinnen, die ihn näherungsweise als Erneuerungsprozeß charakterisiert. Insgesamt erhält man, vergleiche [Ri]:

$$F_{Ges}(x) \; = \; 1 + \frac{\eta_{Ges}}{\eta_P} \sum_{j=0}^{N-2} \left(\sum_{i-1}^{M} i\gamma_{ij} x^{i-1} \right) [j \leq x < j+1], \qquad \text{mit} \tag{3}$$

$$\eta_P \; = \; \prod_{i=1}^{M} \eta_i \quad \text{und}$$

$$\gamma_{ij} \; = \; [x^i]\left(\prod_{l=1}^{M}\left(\eta_l - \sum_{k=1}^{j} k f_{lk} - \left(1 - \sum_{k=0}^{j} f_{lk}\right)x \right) \right), \; i = 0,\ldots,M, \; j = 0,\ldots,N-2,$$

wobei $[x^i]\, p(x)$ für den Faktor von x^i im Polynom $p(x)$ steht. Da der Gesamtfluß erhalten bleibt, gilt für den Erwartungswert bei der Überlagerung:

$$\eta_{Ges} = \frac{1}{\sum_{i=1}^{M} \eta_i^{-1}}.$$

Die direkte Berechnung der Parameter γ_{ij} durch Ausmultiplizieren wird mit wachsenden M sehr aufwendig. Für große M empfiehlt es sich daher, ein effizienteres Verfahren zur Polynommultiplikation einzusetzen; unter Anwendung der FFT, siehe Abschnitt 5.1, läßt sich die Bestimmung der γ_{ij} mit einem ordnungsmäßigen Aufwand von $O(N \cdot M^2 \log M)$ erreichen.
Man kann die Überlagerung von M Prozessen auch auf $M-1$ Überlagerungen von je zwei Prozessen zurückführen, wobei der Aufwand nur noch linear mit M wächst. Die dazu notwendige Diskretisierung der Zwischenergebnisse nach jedem der $M-1$ Zwischenschritte bringt allerdings gewisse zusätzliche Verfälschungen mit sich.

4 Die Analyse von GI/G/1-Wartesystemen

Für das in Abschnitt 6.1 beschriebene Iterationsverfahren benötigt man die Möglichkeit, ein mit diskreter Zwischenankunfts- und Bedienzeitverteilung gegebenes GI/G/1-System in der Form zu analysieren, daß die stationäre Verteilung der Zwischenabgangszeiten und als Leistungsbewertungskriterien die Wartezeit- oder die Warteschlangenlängenverteilung bestimmt werden.

4.1 Iterative und direkte Lösungsmethoden

Die Bestimmung der stationären Verteilung der Wartezeit kann durch die Lösung der Lindley'schen Integralgleichung für den diskreten Fall erfolgen [Kl,Ac,Tr]. Ein Lösungansatz besteht darin, die Wartezeitverteilung mittels einer iterierten Durchführung von Faltungsoperationen zu ermitteln [Ac], welche sich wiederum effizient durch die schnelle Fouriertransformation berechnen lassen. In [Tr] wird gezeigt, wie man dabei gleichzeitig über die

Betrachtung der virtuellen Arbeitslast im System die diskrete Verteilung der Leerzeiten zwischen den Bedienperioden bestimmen kann.

Ein wesentlicher Nachteil der iterativen Analysemethoden mit Hilfe von Faltungen ist das Ansteigen des Rechenaufwands bei hoher Systemauslastung beziehungsweise großer mittlerer Wartezeit. Andererseits werden direkte Lösungsansätze für die Wartezeitverteilung angewendet, darunter auch das in [Ac] vorgestellte *cepstrum*-Verfahren.

In [GJ] ist eine direkte Methode beschrieben, die die Wartezeitverteilung über eine Wiener-Hopf-Faktorisierung bestimmt, die mit einem schnell konvergierenden numerischen Verfahren ermittelt wird. Der Berechnungsaufwand hängt hier nahezu ausschließlich von den Stufenanzahlen N_A und N_B bei der Darstellung der diskreten Zwischenankunfts- und Bedienzeitverteilung ab und beträgt $O(N_A \cdot N_B)$.

Einen weiteren direkten Lösungsansatz, der auch bei der hier vorgenommenen Implementierung genutzt wird, bietet die Spektralanalyse. Die erzeugende Funktion $W(z) = \sum_i w_i z^i$ ($w_i \in I\!R_0^+$) der Verteilung der Wartezeit im GI/G/1-System mit diskretem Zeitbereich wird in [GJ] in der Form $W(z) = w_0/(1 - A(z))$ bestimmt, wobei $A(z)$ ein Polynom vom Grad N_B ist, während die Spektralanalyse auf eine äquivalente Darstellung $W(z) = \sum_{i=1}^{N_B} \alpha_i (1 - \beta_i z)^{-1}$ mit $\alpha_i, \beta_i \in \mathbb{C}$ führt. In [Ha] wurde dazu ein Verfahren entwickelt, das die Verteilung der Warteschlangenlänge und auch der Leerzeiten des Systems berechnet. Hierzu wird ein aktueller Systemzustand durch mehrere Komponenten beschrieben, die neben der Kundenzahl auch Informationen über die seit der letzten Ankunft (bzw. dem letzten Abgang) eines Kunden vergangene Zeit enthalten.

Der grundlegende und auch für den Rechenaufwand des Spektralansatzes entscheidende Schritt ist die Bestimmung von $N_B - 1$ Nullstellen des charakteristischen Polynoms vom Grad $N_A + N_B - 1$. Der größenordnungsmäßige Gesamtaufwand beträgt $O\big(N_B(N_A + N_B)\big)$.

Zumindest die beiden letztgenannten direkten Verfahren erlauben die Analyse von GI/G/1-Systemen selbst für $N_A = N_B = 1000$ Diskretisierungsstufen.

Weiterhin ist es möglich, die Lösungsverfahren auch auf Varianten des GI/G/1-Systems auszudehnen, z.B. für Verlustsysteme mit beschränktem Warteraum (GI/G/1/N-Systeme) oder GI/G/1-Vacation-Systeme mit zusätzlichen Pausen- oder Aufwärmzeiten am Anfang oder am Ende von Bedienperioden.

4.2 Die Verteilung von Zwischenabgangszeiten

Die Zwischenabgangszeiten einer Einbediener-Station sind bestimmt über einen einfachen Zusammenhang aus vorliegenden diskreten Verteilungsfunktionen für die Ankunftsabstände, Bedienzeiten und Leerphasen:

$$F_{Arrival}(x) = \sum_{j=0}^{N_A-1} a_j \cdot u(x - jT), \qquad F_{Service}(x) = \sum_{j=0}^{N_B-1} b_j \cdot u(x - jT),$$

$$F_{Idle}(x) = \sum_{j=1}^{N_A-1} l_j \cdot u(x - jT),$$

mit den Zufallsvariablen $A \sim F_{Arrival}$, $B \sim F_{Service}$ und $I \sim F_{Idle}$. Zunächst gilt für die Wahrscheinlichkeit q, daß ein Bediener beim Abgang eines Kunden leer wird [Kl, Tr]:

$$q = \frac{E\{A\} - E\{B\}}{E\{I\}}.$$

Die Zwischenabgangszeiten haben dann ebenfalls eine diskrete Verteilung ($D \sim F_{Departure}$)

$$F_{Departure}(x) = \sum_{j=0}^{N_A+N_B-2} d_j \cdot u(x - jT)$$

und entsprechen entweder jeweils einer Bedienzeit oder der Summe aus einer Leerzeit und der anschließenden Bedienzeit. Wegen der Unabhängigkeit zwischen einer Leerzeit und der nachfolgenden Bedienzeit ist die stationäre Verteilung der Zwischenabgangszeiten durch die Beziehungen

$$\mathcal{F}_D(z) = q\mathcal{F}_I(z)\mathcal{F}_z B(z) + (1-q)\mathcal{F}_B(z) \quad \text{und} \quad d_j = q\sum_{i=1}^{j} l_i \cdot b_{j-i} + (1-q)\cdot b_j$$

für die Fourier-Transformierten und im direkten Berechnungsansatz gegeben (mit $b_j \overset{\text{def}}{=} 0$ für $j \geq N_B$, $l_j \overset{\text{def}}{=} 0$ für $j \geq N_A$).

Man beachte, daß die Annahme von Erneuerungsprozessen bei den Zwischenabgangszeiten im allgemeinen nicht zutrifft, da eine Leerzeit von den Bedienzeiten der vorangegangenen Bedienperiode abhängt, und da die Wahrscheinlichkeiten, daß aufeinanderfolgende Kunden das System leer zurücklassen, abhängig sind.

5 Verwendung der Fouriertransformation

Für diese Arbeit ist der Spezialfall der diskreten Fouriertransformation und deren schnelle Berechnung von Bedeutung, da Faltungen und die Ausdünnung von Erneuerungsprozessen sich damit *ordnungsmäßig* günstiger als durch eine direkte Berechnung ermitteln lassen. Allerdings zeigt sich, daß die im Rahmen der ordnungsmäßigen Aufwandsabschätzung vernachlässigten konstanten Faktoren, in praxi durchaus eine Rolle spielen.

5.1 Die schnelle Fouriertransformation

Sei $x(m)$, $x : \{0, \ldots, N-1\} \to \mathbb{C}$ eine komplexwertige diskrete Funktion. Dann gilt für ihre Fouriertransformierte $X(m)$, $X : \{0, \ldots, N-1\} \to \mathbb{C}$ folgende Gleichung:

$$X(m) = \sum_{k=0}^{N-1} x(k)e^{-\frac{2\pi i}{N}km}, \quad m = 0, \ldots, N-1.$$

Die entsprechende Rücktransformation erfolgt gemäß

$$x(m) = \frac{1}{N}\sum_{k=0}^{N-1} X(k)e^{\frac{2\pi i}{N}km}, \quad m = 0, \ldots, N-1.$$

Man erkennt, daß zur Berechnung der diskreten Fouriertransformation (DFT) mit den angegebenen Summenformeln ein Aufwand von N^2 komplexen Multiplikationen erforderlich ist.

Durch Ausnutzung von Symmetrieeigenschaften ist es möglich, die DFT mit einem ordnungsmäßigen Aufwand von $O(N \log N)$ durchzuführen, vergleiche [OS]. Man spricht dann von der schnellen Fouriertransformation (FFT).

5.2　Faltung und Fouriertransformation

Seien $x(m)$, $x : \{0, \ldots, N-1\} \to \mathbb{C}$ und $y(m)$, $y : \{0, \ldots, N-1\} \to \mathbb{C}$ komplexwertige diskrete Funktionen. Dann kann man für diese Funktionen eine Faltungsoperation wie folgt definieren:

$$x \star y(m) \stackrel{\text{def}}{=} \sum_{k=0}^{N-1} x(k)y(m-k), \quad m = 0, \ldots, N-1. \tag{4}$$

Dabei wird davon ausgegangen, daß die Funktionen toroidal fortgesetzt sind, i.e. es gilt

$$x(m + zN) \stackrel{\text{def}}{=} x(m), \quad m = 0, \ldots, N-1, \ z \in \mathbb{Z},$$

und analog für $y(m)$.

Bezeichnet man die Fouriertransformierten von $x(m)$ respektive $y(m)$ mit $X(m)$ respektive $Y(m)$, so gilt:

$$x \star y(m) = \frac{1}{N} \sum_{k=0}^{N-1} X(k)Y(k)e^{\frac{2\pi i}{N}km}, \quad m = 0, \ldots, N-1.$$

Dies bedeutet, daß die Faltung durch eine Multiplikation im Frequenzraum bestimmt werden kann.

Anstatt die Faltung mit N^2 Multiplikationen gemäß der Definition (4) direkt auszurechnen, kann man die Fouriertransformierte der zu faltenden diskreten Funktionen bilden ($O(N \log N)$ Multiplikationen), diese dann miteinander multiplizieren (N Multiplikationen) und die Rücktransformation durchführen ($O(N \log N)$ Multiplikationen und N Divisionen).

Neben der Definition der Faltung gemäß (4) gibt es eine weitere Möglichkeit die Faltung zu definieren:

$$x * y(m) \stackrel{\text{def}}{=} \sum_{k=0}^{m} x(k)y(m-k), \quad m = 0, \ldots, N-1. \tag{5}$$

Diese Faltung entsteht unter anderem bei der Multiplikation erzeugender Funktionen, wie beispielsweise bei der Addition von Zufallsvariablen mit diskreter Verteilung im Abschnitt 4.2.

Berechnet man diese Faltung direkt gemäß Definition (5), so sind insgesamt $N(N-1)/2$ komplexe Multiplikationen erforderlich. Möchte man statt dessen das ordnungsmäßig günstigere Multiplizieren im Frequenzraum durchführen, so sind die folgenden erweiterten diskreten Funktionen zu verwenden:

$$\tilde{x}(m) = \begin{cases} x(m) & 0 \le m \le N-1 \\ 0 & N \le m \le 2N-1, \end{cases}$$

$$\tilde{y}(m) = \begin{cases} y(m) & 0 \le m \le N-1 \\ 0 & N \le m \le 2N-1. \end{cases}$$

Das Berechnen der gemäß (5) definierten Faltung benötigt unter Verwendung der FFT einen ordnungsmäßigen Aufwand von $O(N \log N)$ komplexen Multiplikationen.

Man kann generell sagen, daß die FFT in den betrachteten Fällen bei geringer Problemgröße N zunächst ungünstiger ist als die direkten Verfahren und sich erst oberhalb einer gewissen Problemgröße (typischerweise etwa ab $N > 200$) auszahlt.

6 Das Iterationsverfahren

6.1 Prinzipielles Vorgehen

Im Rahmen dieses Abschnittes wollen wir den Ablauf des Iterationsverfahrens erläutern. Das Verfahren orientiert sich an dem von Kühn in [Kü] beschriebenen Algorithmus, beschränkt sich jedoch nicht nur auf die Bestimmung der ersten beiden Momente, sondern berücksichtigt diskrete Verteilungsfunktionen.

- Zunächst werden die Daten zur Beschreibung des Verzweigungsprozesses im Netz, sowie der externen Ankünfte und der Bedienzeiten an jeder Station eingelesen.

- Für den ersten Durchlauf des Iterationsschrittes initialisieren wir die aktuellen Ankünfte an allen Bedienern mit den entsprechenden externen Ankünften.

- Wiederholtes Ausführen des Iterationsschrittes:

  - Unter Verwendung eines der in Abschnitt 4 beschriebenen Verfahren bestimmt man die stationäre Verteilung der Dauer der Leerphasen sowie der Warteschlangenlänge oder der Wartezeit für jeden Bediener. Durch Vergleich mit den im vorherigen Iterationsschritt ermittelten Werten wird festgestellt, ob eine geforderte Stabilität der Werte eingetreten ist, und die Iteration beendet werden kann.

  - Mittels Leerphasen- und Bedienzeitverteilung wird für jeden Bediener die stationäre Verteilung des Abgangsprozesses berechnet, siehe Abschnitt 4.2.

  - Nun ermittelt man für jede Station j die Verteilungsfunktion der Ankünfte von Bediener i durch Ausdünnung der Abgangsabstandsverteilung von Knoten i mit der Übergangswahrscheinlichkeit p_{ij}, vergleiche Abschnitt 3.1.

  - Für jeden Knoten berechnet man dann die stationäre Verteilung der Zwischenankunftszeiten durch Überlagerung der im vorherigen Teilschritt errechneten

Teilströme von anderen Knoten, sowie der Zwischenankunftsverteilung des externen Ankunftsprozesses. Unter der vereinfachenden Annahme, daß es sich hierbei um voneinander unabhängige Erneuerungsprozesse handelt, läßt sich dazu das in Abschnitt 3.2 beschriebene Verfahren verwenden.

- Am Ende der Iteration erfolgt schließlich die Ausgabe der Verteilungsfunktionen für Warteschlangenlänge oder Wartezeit an den Knoten.

6.2 Konvergenz des Iterationsverfahrens

Im ersten Iterationsschritt werden nur die Ankünfte von außen beachtet und damit nur die Kunden, die zuvor noch keine Station des Netzes besucht haben. Im zweiten Iterationsschritt kommen Übergänge im Netz hinzu, die aus den Abgangsprozessen des ersten Schrittes resultieren. Damit erfassen die Ankunftsprozesse an den Knoten im zweiten Schritt genau die Kunden, die höchstens eine Station besucht haben. Allgemein berücksichtigen die Ankunftsprozesse des i-ten Schrittes alle Kunden, die bei ihrem Aufenthalt im Netz höchstens $i-1$ Bedienungen an den Knoten durchlaufen haben.

Die Wahrscheinlichkeiten b_{il}, daß ein Kunde, der das Netz an der Station i betritt, genau l Übergänge im Netz unternimmt, können wie folgt aus den Übergangswahrscheinlichkeiten p_{ij} bestimmt werden:

$$\forall_{i \in \{1,...,M\};\ l \geq 1} \quad b_{il} = \sum_{j=1}^{M} p_{ij} \cdot b_{j\,l-1}; \quad b_{i0} \stackrel{\text{def}}{=} 1 - \sum_{j=1}^{M} p_{ij} = p_i.$$

In vektorieller Schreibweise erhält man:

$$\vec{b}_{l+1} = \mathbf{P} \cdot \vec{b}_l \qquad \text{mit } \vec{b}_l \stackrel{\text{def}}{=} \begin{pmatrix} b_{1l} \\ \vdots \\ b_{Ml} \end{pmatrix}$$
$$\vec{b}_l = \mathbf{P}^l \cdot \vec{b}_0$$

Das Iterationsverfahren konvergiert unter der Voraussetzung, daß die Übergangsmatrix $\mathbf{P}$ transient ist, das heißt wenn für die Determinante $|\mathbf{I}-\mathbf{P}| \neq 0$ gilt mit $\mathbf{I}$ als Einheitsmatrix (siehe [Ko]). In einem rückkopplungsfreien Netzwerk ist nur eine Warteschlangenanalyse pro Knoten erforderlich.

6.3 Beispiel zur Implementierung

Zur Demonstration des Iterationsverfahrens soll das in Abbildung 2 dargestellte offene Warteschlangennetzwerk mit $M = 6$ Bedienstationen analysiert werden. An Station 1 respektive 2 treffen poissonverteilte respektive deterministische externe Ankünfte mit Ankunftsraten $\lambda_1 = \lambda_2 = \lambda$ ein. Dazu liegen die Bedienzeitverteilungen $F_1(t), \cdots, F_6(t)$ an den Stationen vor:

$$\begin{aligned}
F_1(t) &= (1 - e^{-t}) \cdot [0 \leq t]; & F_2(t) &= 0.5 \cdot [0.2 \leq t < 2] + 1 \cdot [2 \leq t]; \\
F_3(t) &= (t/4) \cdot [0 \leq t \leq 4] + 1 \cdot [4 < t]; & F_4(t) &= 1 \cdot [2 \leq t]; \\
F_5(t) &= F_3(t); & F_6(t) &= (1 - e^{-2t}) \cdot [0 \leq t].
\end{aligned}$$

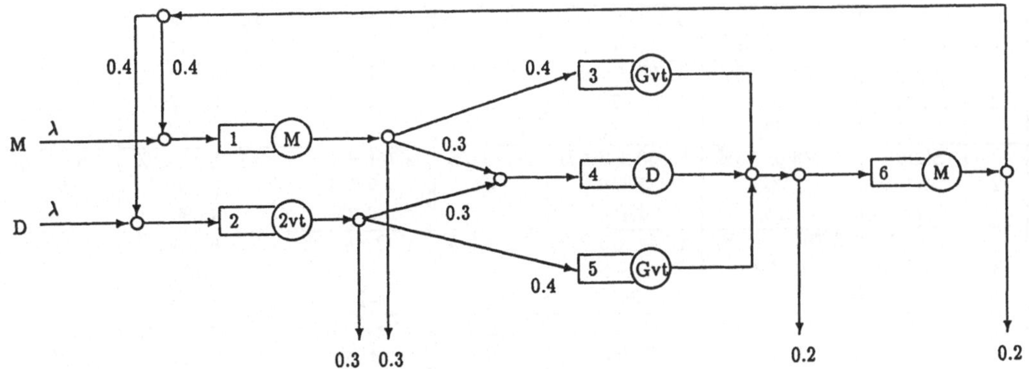

Abbildung 2: Das Beispielnetzwerk

Die Ankunftsprozesse sowie die Erneuerungsprozesse zur Beschreibung der Übergänge im Netz sind mit $N_A = 300$ Stufen, die Bedienprozesse mit $N_B = 80$ Schritten diskretisiert mit einer einheitlichen Schrittweite $T = 0.1$. Mit diesen Parameterwerten ist auf Kosten einer hohen Rechenzeit sichergestellt, daß Diskretisierungsfehler im nachfolgenden Vergleich mit Simulationsergebnissen von untergeordneter Bedeutung sind.

Das Warteschlangennetzwerk wurde für $\lambda = 1/3$ respektive $\lambda = 1/2.4$ mit dem vorgestellten Verfahren ohne Verwendung der FFT analysiert. Wir geben in der Tabelle die Ergebnisse für das 1. und 2. Moment der Kundenanzahl in jeder Station an, sowie die Anzahl $x_{0.95}$ an Kunden in einer Bedienstation, die mit Wahrscheinlichkeit 0.95 nicht überschritten wird. Für $\lambda = 1/3$ ($\lambda = 1/2.4$) wurden auf einer Siemens XS-Zentraleinheit vom Typ 7562-B (H60-B) für die erforderlichen 27 (24) Iterationsschritte 1350 (1220) CPU-Sekunden benötigt.

Zur Kontrolle der iterativen Analyse wurden Simulationen durchgeführt, deren Resultate mit Schranken für das 95%-Konfidenzintervall in der Tabelle angegeben sind. Zum Vergleich sind die prozentualen Abweichungen der Iterationsergebnisse von den gemessenen Mittelwerten der Simulation aufgeführt.

6.4   Schlußbemerkungen

Das vorgestellte Verfahren zur Analyse offener Warteschlangennetze basiert auf der Darstellung der Ankunfts- und Abgangsprozesse durch diskretisierte Erneuerungsprozesse, die eine isolierte Betrachtung der Knoten ermöglicht. Abgesehen von möglichen Abweichungen infolge der Diskretisierung treten Ungenauigkeiten vor allem dadurch auf, daß die Annahme von unabhängigen Erneuerungsprozessen im allgemeinen nicht gerechtfertigt ist.

Knoten mit niedriger oder hoher Auslastung, näherungsweise exponentiell verteilte Zwischenankunfts- und Bedienzeiten, sowie eine Zusammensetzung der Ankunftsprozesse aus einer Vielzahl von Teilströmen mit annähernd gleichen Raten tragen zur Rechtfertigung der Annahme und damit zu größerer Genauigkeit bei (vergleiche [Kü]).

Andererseits bieten sich durchaus Möglichkeiten, die Darstellung der Ankunfts- und Ab-

Station		$\lambda = 1/3$			$\lambda = 1/2.4$		
		1. Moment	2. Moment	$x_{0.95}$	1. Moment	2. Moment	$x_{0.95}$
1	Simul.	$1.476 \pm 1.3\%$	$5.755 \pm 3.0\%$	5 ± 0	$2.990 \pm 4.4\%$	$20.98 \pm 11\%$	9 ± 1
	Analyse	1.494	5.876	5	2.919	19.64	9
	Δ	1.2%	2.1%		−2.4%	−6.4%	
2	Simul.	$1.278 \pm 1.3\%$	$3.400 \pm 3.4\%$	3.5 ± 0.5	$2.786 \pm 2.3\%$	$14.73 \pm 5.1\%$	7.5 ± 0.5
	Analyse	1.293	3.559	4	2.791	15.26	8
	Δ	1.2%	4.7%		0.2%	3.6%	
3	Simul.	$0.787 \pm 1.5\%$	$1.744 \pm 3.0\%$	2.5 ± 0.5	$1.227 \pm 2.0\%$	$3.628 \pm 4.8\%$	3.5 ± 0.5
	Analyse	0.779	1.685	2	1.195	3.438	3
	Δ	−1.0%	−3.4%		−2.6%	−5.2%	
4	Simul.	$1.631 \pm 1.5\%$	$5.520 \pm 3.4\%$	4.5 ± 0.5	$5.254 \pm 9.7\%$	$54.86 \pm 22\%$	16 ± 2
	Analyse	1.615	5.369	5	4.809	45.38	14
	Δ	1.0%	−2.7%		−8.5%	−17.3%	
5	Simul.	$0.704 \pm 1.2\%$	$1.309 \pm 2.3\%$	2 ± 0	$1.096 \pm 1.4\%$	$2.784 \pm 3.7\%$	3 ± 0
	Analyse	0.723	1.409	2	1.119	2.949	3
	Δ	2.7%	7.6%		2.1 %	5.9%	
6	Simul.	$0.454 \pm 0.9\%$	$0.750 \pm 1.6\%$	2 ± 0	$0.628 \pm 1.0\%$	$1.214 \pm 1.8\%$	2 ± 0
	Analyse	0.471	0.821	2	0.650	1.332	2
	Δ	3.7%	9.5%		3.5%	9.7 %	

Tabelle 1: Vergleich der Ergebnisse für Iteration und Simulation

berücksichtigt werden (z.B. in der Form von Semi-Markoffprozessen). Allerdings sind der damit verbundenen Ausdehnung der Zustandsmenge enge Grenzen gesetzt im Hinblick auf die Analyse von Einbedienerstationen und vor allem die Überlagerung von Prozessen, die im allgemeinen nicht ohne vereinfachende Annahmen respektive einer Zustandsraumreduktion realisierbar ist.

Literatur

[Ac] Martin H. Ackroyd: **Computing the Waiting Time Distribution for the G/G/1 Queue by Signal Processing Methods.** IEEE Trans. on Com. 28 (1) 1980, pp. 52–58.

[As] Sören Assmusen: **Applied Probability and Queues.** John Wiley, New York 1987.

[Bo] Gunter Bolch: **Leistungsbewertung von Rechensystemen mittels analytischer Warteschlangenmodelle.** Teubner, Stuttgart 1989.

[Ch] P. Chylla: **Zur Modellierung und approximativen Leistungsanalyse von Vielteilnehmer-Rechensystemen.** Dissertation an der Fakultät für Mathematik und Informatik der TU München, 1986.

[CI] David R. Cox, Valerie Isham: **Point Processes.** Chapman and Hall, London 1980.

[Da] Yves Dallery: **Approximate Analysis of General Open Queueing Networks with Restricted Capacity.** Performance Evaluation 11 1990, pp. 209–222.

[Fe] William Feller: **An Introduction to Probability Theory and Its Applications.** Vol. I and II. John Wiley, New York 1957/66.

[GJ] Winfried K. Grassmann, Joti L. Jain: **Numerical Solutions of the Waiting Time Distribution and Idle Time Distribution of the Arithmetic GI/G/1 Queue.** Operations Research 37 1989, pp. 141–150.

[Ha] Gerhard Haßlinger: **The Stationary Queue Length Distribution of a GI/GI/1/(N)-Service-System.** Interner Bericht des Instituts für Theoretische Informatik, Technische Hochschule Darmstadt, 1987, eingereicht bei Performance Evaluation.

[Kl] Leonard Kleinrock: **Queueing Systems.** Vol. I and II. John Wiley, New York 1975/76.

[Kn] Donald E. Knuth: **Concrete Mathematics.** Addison-Wesley, Reading 1989.

[Ko] Jürg Kohlas: **Stochastische Methoden des Operations Research.** Teubner, Stuttgart 1977

[KL] W. Krämer, M. Langenbach-Belz: **Approximate Formulae for General Single Server Systems with Single and Batch Arrivals.** Angewandte Informatik 1978, pp. 396–402.

[Kü] Paul J. Kühn: **Approximate Analysis of General Queueing Networks by Decomposition.** IEEE Trans. on Com. 27 (1) 1979, pp. 113–126.

[Ma] K. T. Marshall: **Some inequalities in queueing.** Operations Research 16 1968, pp. 651–655.

[Ne] Marcel F. Neuts: **Structured Stochastic Matrices of M/G/1 Type and their Applications.** Dekker, New York 1989

[OS] Alan V. Oppenheim, Ronald W. Schäfer: **Digital Signal Processing.** Prentice Hall, Inc., Englewood Cliffs 1975.

[Po] J. Ponstein: **Theory and Numerical Solution of a Discrete Queueing Problem.** Statistica Neerlandica 20 1974, pp. 139–152.

[Pw] Warren B. Powell: **Iterative Algorithms for Bulk Arrival, Bulk Service Queues with Poisson and Non-Poisson Arrivals.** Transportation Science 20 (2) 1986, pp. 65–79

[Ri] Erik S. Rieger: **Analyse offener Warteschlangennetzwerke mit Erneuerungsprozessen für Ankünfte und Abgänge.** Diplomarbeit am Institut für Theoretische Informatik, Technische Hochschule Darmstadt D-17, 1990.

[Sc] Leonhard Schmickler: **Approximation von emprischen Verteilungsfunktionen mit Erlangmischverteilungen und Coxverteilungen.** Messung, Modellierung und Bewertung von Rechensystemen, IFB 154, Springer-Verlag, Heidelberg 1987, pp. 118–133.

[Tr] Phuoc Tran-Gia: **Discrete Time Analysis for the Interdeparture Distribution of GI/G/1 Queues.** ITG-Tagung: Stochastische Modelle und Methoden in der Informationstechnik, 1989.

[Wh] Ward Whitt: **Approximating a Point Process by a Renewal Process, I: Two Basic Methods.** Operations Research 30 1982, pp. 125–147.

THE NUMERICAL ANALYSIS OF HIERARCHICAL QUEUEING NETWORK MODELS

Peter Buchholz

Universität Dortmund, Informatik IV

P.O. Box 50 05 00, D-4600 Dortmund 50, F.R.G.

e-mail: buchholz@rolf.ls4.informatik.uni-dortmund.de

Abstract

Queueing network models are often analysed by the solution of the global balance equations. In this paper a class of hierarchically structured queueing network models is considered and it is shown that the hierarchical model structure is directly reflected in the state space and the generator matrix of the underlying Markov process. Iterative solution techniques can be modified to make use of the model structure, which allows the efficient numerical analysis of large, up to now not solvable queueing network models.

Keywords: Modelling techniques, hierarchical modelling, numerical analysis, steady state solution

1 Introduction

Performance analysis of dynamic systems (computer systems, communication networks, manufacturing plants ..) is often done by means of extended queueing networks (QNs), which can be mapped on Markov processes. The class of QNs is not as uniquely defined as for example GSPNs [1], several extensions have been proposed in the literature [13,15]. Based on extended QN models a number of software tools have been developed (e.g. [14,16,18]), which allow a comfortable and often graphical specification and subsequent analysis of QN models. However, often a single flat model is not adequate to describe a highly structured system. Therefore techniques have been developed and integrated in different tools to specify hierarchical models [3,11].

QNs are the only paradigm allowing an efficient product form solution for a well defined subclass of models [2]. Nevertheless, many realistic models can not be solved by means of product form techniques, simulation or numerical techniques have to be used. Simulation requires a high methodological and computational effort, whereas numerical techniques are faced with an explosive growth of the state space, which prohibits the analysis of larger models.

Although hierarchical model specification techniques have become available, the hierarchical structure is only very rarely used for model analysis. Recently it has been noticed that the model structure influences directly the structure of the state space and the generator matrix of the underlying Markov process and that this structure can be used for numerical solution purposes (see [4]). These new techniques are very efficient, especially for the analysis of large models, and extend the class of solvable models on a given hardware significantly. First results have been published in a more theoretical paper [5] for a general class of Markov models. In this paper we present a practical introduction and extend the results in several ways by using the techniques for a class of hierarchically structured QNs.

The paper is structured as follows: In section 2 the class of QNs is introduced. Section 3 describes the state space and the generator matrix structure. Afterwards, in section 4, numerical solution techniques, making direct use of the model structure, are presented. In section 5 the advantages of the new techniques are shown by means of an example.

Throughout the paper vectors are denoted by underlined small letters, matrices by underlined capital letters. All vectors are row vectors, $\underline{a}^T$ ($\underline{A}^T$) describes the transposed vector $\underline{a}$ (matrix $\underline{A}$). $\underline{I}$ is the identity matrix and $\underline{e}$ the vector with 1.0 in every position. $\|..\|$ denotes the cardinality of a set.

2 A hierarchical description of QNs

Models are described by a two level hierarchy (see figure 1). J low level submodels ($LLMs$) are specified as ordinary (extended) QNs and are numbered from 1 to J. The $LLMs$ are connected via a high level model (HLM). Although the hierarchy includes only two levels, it is, of course, straightforward to extend the description to an arbitrary number of levels. The techniques can be used as long as the models are structured like a tree.

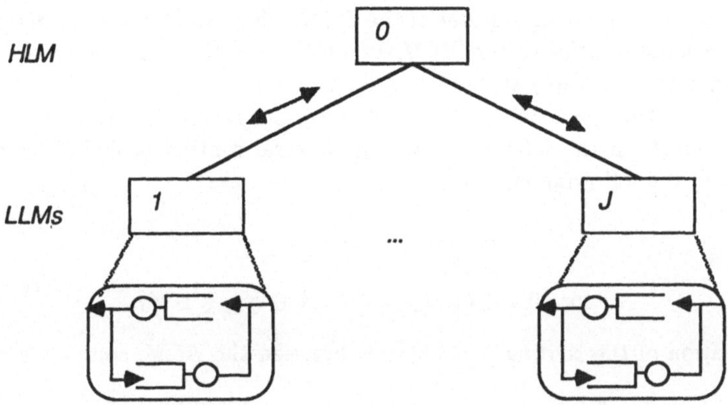

Figure 1. Hierarchical model structure

2.1 *HLM* specifications

A *HLM* specifies the connection of *LLMs*. The dynamic in the model is realized by the movement of entities belonging to classes k from a set K. Subsets of communicating classes are combined as chains. Let C be the set of chains and K_c be the set of classes belonging to chain c (i.e. $K = \cup K_c$, $K_c \cap K_{c'} = \emptyset$ for all $c \neq c'$). Since the overall model will be analysed by the numerical solution of the global balance equations, the state space has to be finite, which implies a finite population in the model. Let N_c be the number of chain c entities.

All movements of entities in the *HLM* occure in zero time, time consumption is introduced only in the *LLMs*. The structure of the *HLM* is given by the connection of the *LLMs* (see figure 2). Since one goal of hierarchical modelling is the hiding of information among the levels, the *HLM* is not aware of the internal *LLM* structure. The only available information about the state

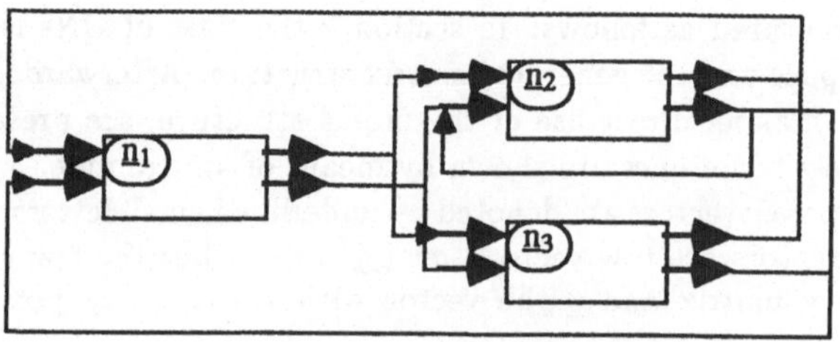

Figure 2. HLM description

of a specific *LLM j* is the population of entities in this *LLM* described by a vector $\underline{n}_j \in \mathbf{N}^{\|K\|}$. A state of the *HLM* is given by a vector $\underline{n}$, as specified in the following equation.

$$\underline{n} = (\underline{n}_1...\underline{n}_J), \quad \underline{n}_j \in \mathbf{N}^{\|K\|} \quad (1 \le j \le J)$$
$$\sum_{j=1}^{J} \sum_{k \in K_c} n_j(k) = N_c \quad \text{for all } c \in C \tag{1}$$

Let Z_0 be the set of all possible states of the *HLM*, which will be further described in section 3.1. The movement of entities in the *HLM* is quantified with routing probabilities, which are allowed to depend on the whole state of the *HLM*. $r(i,k,j,l,\underline{n})$ $(1 \le i,j \le J,\ k,l \in K_c,\ c \in C,\ \underline{n} \in Z_0)$ is the routing probability of class k entity leaving *LLM i* and entering immediately *LLM j* as class l entity, if the *HLM* is in state $\underline{n}$. Several routing probabilities have to sum up to 1.0 as shown in the following equation.

$$\sum_{j=1}^{J} \sum_{l \in K_c} r(i,k,j,l,\underline{n}) = 1.0 \tag{2}$$
$$\text{for all } i \in \{1..J\},\ c \in C,\ k \in K_c,\ \underline{n} \in Z_0$$

The specification of the routing probabilities between the *LLMs* completes the *HLM* specification.

2.2 *LLM* specifications

LLMs are specified as extended QNs. The possible specification elements depend on the used tool. We have practical experience with QNAP2 [18] and Macom [16], both providing a very general class of QNs.

A *LLM j* has to provide a clearly defined interface to its environment realized by sets of input and output ports, one input and one output port belong to exactly one entity type. To specify j in isolation and to generate the state space (see section 3.2), j is specified in combination with a pseudo environment (see figure 3). The pseudo environment consists, independent from the real environment, of a single station with one exponential server with service rate λ and one waiting queue per entity type. When j is embedded in a *HLM*, the entity types of the *LLM* are related to the classes of the *HLM*, one entity class is mapped exclusively on exactly one entity type (i.e. the behaviour of an entity inside a *LLM* is determined by its type identity, the behaviour in the *HLM* is determined by its class identity. One *HLM* class belongs exactly to one entity type in each *LLM* and vice versa.). Inside j, an entity type k is interpreted as an entity chain including

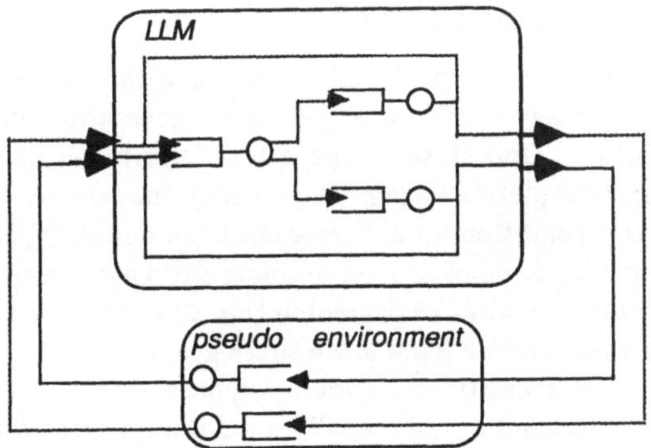

Figure 3. LLM description

the classes $\{k_1..k_X\}$. Let k be one entity type in j. After leaving the environment station a type k entity enters j through the input port for type k. Inside j the entities of type k belong to classes from $\{k_1..k_X\}$. After leaving j through the output port for type k, entities of type k change their identity to k and enter the pseudo environment. The population $N_{j,k}$ of type k in j is calculated as shown in equation (3), if the *HLM* state space Z_0 is known a priori. Otherwise the population is set to an arbitrary value and j can be embedded in any environment, where the possible population of type k entities in j does not exceed the population used for the isolated specification.

$$N_{j,k} = \max_{\underline{n} \in Z_0}(n_j(k)) \tag{3}$$

Additionally, j might include internal entity types (resp. chains for the isolated *LLM*), which do not leave j and contain a finite number of entities. The internal description of j might include all constructs provided by the used tool. Two restrictions are made here for notational convenience; firstly, only a single entity departs at one time from j, secondly, an entity is not allowed to arrive and depart instantaneously in j. We assume that the state space of j, in combination with the pseudo environment, generated starting from a state with all non-internal entities in the pseudo environment, is irreducible.

3   State space and generator matrix structure

Like the model, the state space is decomposed into the state space of the *HLM* and the state spaces of the *J LLMs*. The dynamic behaviour of the *HLM* and the *LLMs* can be described by several transition matrices. However, to analyse the overall model, the overall generator matrix has to be known. Fortunately, the generator matrix has a structure similar to the model structure and can be generated from the isolated descriptions of *HLM* and *LLMs* by means of tensor operations.

3.1 The *HLM* state space and transition matrix

The *HLM* is specified by the routing probabilities between the *LLMs*. The state space Z_0 can be constructed starting from any initial state $\underline{n} \in Z_0$ by generation all successor states defined by the routing probabilities. One state of the *HLM* describes a fixed population inside the *LLMs*. It is in general not completely known which entity classes can depart from a *LLM* j with population $\underline{n}_j$. A necessary condition for a class k entity to depart is, of course, $n_j(k) > 0$. This condition is not sufficient, and it is, of course, necessary to know all possible transitions for the generation of Z_0. There are two ways to overcome this difficulty, the first is to use information about the internal *LLM* structure for *HLM* state space generation, the second is to assume that, whenever $n_j(k) > 0$, a class k entity can possibly depart. In the latter case states might be generated which are never reached in the overall model (e.g. if the *LLM* is a single station with priority preemptive scheduling, only entities with the highest priority can depart. Assuming that all entities can possibly depart might yield non-reachable *HLM* states). This does not matter much, since usually not many of these states are generated and an efficient algorithm for the functional analysis of hierarchical models has been developed (see [6]) and can also be used to delete non-reachable states. We assume here that Z_0 forms an irreducible state space.

Transitions between the states of the *HLM* are quantified with routing probabilities. Two states $\underline{n}$ and $\underline{n}'$ from Z_0 can potentially communicate via one transition, if they are equal or distinct in two positions by one entity. This is expressed by a measure $\Delta(\underline{n}, \underline{n}')$.

$$\Delta(\underline{n}, \underline{n}') = \begin{cases} (0,0,0,0) & \text{if } \underline{n} = \underline{n}' \\ (i,k,j,l) & \text{if } \underline{n} = \underline{n}' + \underline{e}_{i,k} - \underline{e}_{j,l} \\ (\infty, \infty, \infty, \infty) & \text{else} \end{cases} \tag{4}$$

where $\underline{e}_{i,k}$ describes the situation with one additional entity of class k in i

States from Z_0 should be ordered in a well defined way (e.g. lexicographically), let $f(\underline{n})$ be a function assigning a unique number from $\{1..\|Z_0\|\}$ to state $\underline{n}$. The transition probabilities of the *HLM* are collected in a matrix $\underline{P} \in \mathbf{R}^{\|Z_0\| \times \|Z_0\|}$, each element $p(f(\underline{n}), f(\underline{n}'))$ with $\underline{n} \neq \underline{n}'$ is uniquely defined by a fixed routing probability or equal to zero.

$$p(f(\underline{n}), f(\underline{n}')) = \begin{cases} 0.0 & \text{if } \Delta(\underline{n}, \underline{n}') = (\infty, \infty, \infty, \infty) \\ r(i,k,j,l,\underline{n}) & \text{if } \Delta(\underline{n}, \underline{n}') = (i,k,j,l) \end{cases} \tag{5}$$

The diagonal elements $p(f(\underline{n}), f(\underline{n}))$, unfortunately, are given by the sum of the probabilities $r(i,k,i,k,\underline{n})$ (for all $k \in K$ and $1 \leq i \leq J$). Since the single values are needed for generator matrix construction, we define $p_{i,k}(f(\underline{n}), f(\underline{n}))$ as $r(i,k,i,k,\underline{n})$. To avoid this construct, if possible, cycle probabilities depending only on the state of the *LLM* should be defined internally in the *LLM*.

3.2 The *LLM* state spaces and transition matrices

The state space and transition matrices of *LLM* j are generated from the closed model with the pseudo environment defined in section 2.2. Let $\underline{N}_j = (N_{j,1}...N_{j,\|K\|})$ be the population vector and Z_j the state space of this model. The set of possible populations inside j can be defined as follows

$$NM_j = \{\underline{n}_j \in \mathbf{N}^{\|K\|} \mid \underline{0} \leq \underline{n}_j \leq \underline{N}_j\} \tag{6}$$

According to the population in j, the state space Z_j is decomposed into disjoint subspaces $Z_j(\underline{n}_j)$ ($\underline{n}_j \in NM_j$), including all states with population $\underline{n}_j$ in j.

$$Z_j = \cup_{\underline{n}_j \in NM_j} Z_j(\underline{n}_j) \tag{7}$$

Let $\underline{Q}_j$ be the generator matrix of j in combination with the pseudo environment, where the states of one subspace are grouped together and the subspaces are ordered according to the lexicographical ordering of the population vector $\underline{n}_j$. For single type $LLMs$ $\underline{Q}_j$ has the following structure

$$\underline{Q}_j = \begin{pmatrix} \underline{Q}_j^0 - \lambda\underline{I} & \lambda\underline{U}_j^{1-1} & & & \\ \underline{S}_j^{1-1} & \underline{Q}_j^1 - \lambda\underline{I} & \lambda\underline{U}_j^{2-1} & & \\ & & \ddots & & \\ & & \underline{S}_j^{(N-1)-1} & \underline{Q}_j^{N-1} - \lambda\underline{I} & \lambda\underline{U}_j^{N-1} \\ & & & \underline{S}_j^{N-1} & \underline{Q}_j^N \end{pmatrix} \tag{8}$$

where λ is the service rate of the environment station

For $LLMs$ including more than one type, the matrix is no longer block triangular, but the structure is quite similar. All $\underline{Q}$-submatrices are situated in the main diagonal, the $\underline{S}$-submatrices are located in the lower triangle and the $\underline{U}$-submatrices in the upper triangle. The three different types of matrices define the behaviour of $LLM\ j$.

The matrices $\underline{Q}_j^{\underline{n}_j}$ include all transitions inside j (e.g. an entity travels from one station to another without leaving j) and in the main diagonal the negative rates out of a state caused by transitions in j.

$$\underline{Q}_j^{\underline{n}_j} \in \mathbf{R}^{\|Z_j(\underline{n}_j)\| \times \|Z_j(\underline{n}_j)\|} \qquad \underline{Q}_j^{\underline{n}_j} \underline{e}^T \leq \underline{0} \tag{9}$$

The matrices $\underline{S}_j^{\underline{n}_j, \underline{k}}$ include the departure rates of type k entities from j.

$$\underline{S}_j^{\underline{n}_j, \underline{k}} \in \mathbf{R}_+^{\|Z_j(\underline{n}_j)\| \times \|Z_j(\underline{n}_j - \underline{e}_k)\|} \qquad \text{for all } \underline{n}_j, \underline{n}_j - \underline{e}_k \in NM_j \tag{10}$$

where $\mathbf{R}_+$ is the set of non-negative real numbers

The third matrix type $\underline{U}_j^{\underline{n}_j, \underline{k}}$ describes the arrival of type k entities. This matrices are different from the former two, since the arrival of an entity is something passive from the $LLMs$ viewpoint. Therefore, we can not define arrival rates independently from the environment. However, the behaviour of j under the condition of a type k arrival can be quantified by conditional probabilities.

$$\underline{U}_j^{\underline{n}_j, \underline{k}} \in \mathbf{R}_+^{\|Z_j(\underline{n}_j - \underline{e}_k)\| \times \|Z_j(\underline{n}_j)\|} \qquad \underline{U}_j^{\underline{n}_j, \underline{k}} \underline{e}^T = \underline{e}^T \tag{11}$$
$$\text{for all } \underline{n}_j, \underline{n}_j - \underline{e}_k \in NM_j$$

3.3 The combination of both levels

Let Z_G be the state space of the overall model, a single state $z \in Z_G$ is given by the states of all *LLMs* according to one state of the *HLM* (i.e. one distribution of the entities among the *LLMs*). Z_G can be decomposed into subspaces $Z_G(\underline{n})$ ($\underline{n} \in Z_0$), which include all states with population $\underline{n}_j$ in *LLM j*.

$$Z_G = \cup_{\underline{n} \in Z_0} Z_G(\underline{n}) \quad Z_G(\underline{n}) = \times_{j=1}^{J} Z_j(\underline{n}_j) \tag{12}$$

It is worthwhile to mention that the number of states in Z_G is enormous even for rather small *LLM* state spaces. Z_G is structured according to the model structure, the same holds for the generator matrix of the overall model $\underline{Q}_G$. Before we introduce the structure of $\underline{Q}_G$, tensor operations, building a base for the matrix generation, have to be introduced briefly. Since the tensor operations are associative, the following definition can be extended easily to more than two matrices (complementary information can be found in [10,17]).

Definition 1 *The tensor product of two matrices* $\underline{A}_1 \in \mathbf{R}^{r_1 \times c_1}$ *and* $\underline{A}_2 \in \mathbf{R}^{r_2 \times c_2}$ *is defined as* $\underline{C} = \underline{A}_1 \otimes \underline{A}_2$, $\underline{C} \in \mathbf{R}^{r_1 r_2 \times c_1 c_2}$,
where
$c((i_1 - 1) * r_2 + i_2, (j_1 - 1) * c_2 + j_2) = a_1(i_1, j_1)a_2(i_2, j_2)$
$(1 \leq i_x \leq r_x, 1 \leq j_x \leq c_x, x \in \{1, 2\})$.
The tensor sum of two matrices $\underline{B}_1 \in \mathbf{R}^{n_1 \times n_1}$ *and* $\underline{B}_2 \in \mathbf{R}^{n_2 \times n_2}$ *is defined as*
$\underline{D} = \underline{B}_1 \oplus \underline{B}_2 = \underline{B}_1 \otimes \underline{I}_{n_2} + \underline{I}_{n_1} \otimes \underline{B}_2$,
where $\underline{I}_n$ *is the* $n \times n$ *identity matrix.*

Transitions in the overall model can be distinguished by the fact that they are internal or external to the *LLMs*. Internal transitions describe the movement of one entity inside one *LLM* and are collected in a matrix $\underline{Q}_{IG}$. External transitions describe the movement of an entity leaving one *LLM* and entering another or the same one.

$$\underline{Q}_G = \begin{pmatrix} \underline{Q}_{IG}^1 & & \\ & \ddots & \\ & & \underline{Q}_{IG}^{\|Z_0\|} \end{pmatrix} + \begin{pmatrix} \underline{Q}_{EG}^{1,1} & \cdots & \underline{Q}_{EG}^{1,\|Z_0\|} \\ \vdots & & \vdots \\ \underline{Q}_{EG}^{\|Z_0\|,1} & \cdots & \underline{Q}_{EG}^{\|Z_0\|,\|Z_0\|} \end{pmatrix} \tag{13}$$

The submatrices of $\underline{Q}_{IG}$ include all transitions in the *LLMs* with a fixed population in each *LLM j*. Since the transitions inside the *LLMs* are independent from one another, the submatrices can be expressed by the tensor sum of the *LLM*-matrices describing internal transitions.

$$\underline{Q}_{IG}^{f(\underline{n})} = \oplus_{j=1}^{J} \underline{Q}_j^{n_j} \tag{14}$$

The submatrices of $\underline{Q}_{EG}$ include transition rates between *LLMs* which are visible in the *HLM*. An entity leaves one *LLM* and enters another or the same one immediately. All submatrices have a similar structure. A $\underline{S}$-matrix describes the transition in the *LLM* where the entity departs, a $\underline{U}$-matrix describes the transition in the *LLM* where the entity arrives, and identity matrices show that the states of the remaining *LLMs* do not change. Since the departure and arrival of an entity are directly dependent, the resulting submatrices are built using the tensor product (resp. the ordinary product if the source and destination *LLM* are identical) for submatrix construction (see [4,5]). In particular the order of the different matrix operations depends on the numbers of the involved *LLMs*.

$$\underline{Q}_{EG}^{f(\underline{n}),f(\underline{n}')} =$$
$$\begin{cases} \sum_{j=1}^{J} \underline{L}_{j(\underline{n})} \otimes (\sum_{k \in K} p_{j,k}(f(\underline{n}),f(\underline{n})) \underline{S}_{j}^{n_j,-k} \underline{U}_{j}^{n_j,-k}) \otimes \underline{L}_{u_j(\underline{n})} & \text{if } \underline{n} = \underline{n}' \\ p(f(\underline{n}),f(\underline{n}')) \underline{L}_{i(\underline{n})} \otimes \underline{S}_{i}^{n_i,-k} \otimes \underline{L}_{d_{j,i}(\underline{n})} \otimes \underline{U}_{j}^{n',-l} \otimes \underline{L}_{u_j(\underline{n})} & \text{if } \underline{n}' \in \Gamma_{-}(\underline{n}) \\ p(f(\underline{n}),f(\underline{n}')) \underline{L}_{j(\underline{n})} \otimes \underline{U}_{j}^{n',-l} \otimes \underline{L}_{d_{i,j}(\underline{n})} \otimes \underline{S}_{i}^{n_i,-k} \otimes \underline{L}_{u_i(\underline{n})} & \text{if } \underline{n}' \in \Gamma_{+}(\underline{n}) \\ p(f(\underline{n}),f(\underline{n}')) \underline{L}_{i(\underline{n})} \otimes \underline{S}_{i}^{n_i,-k} \underline{U}_{i}^{n',-l} \otimes \underline{L}_{u_i(\underline{n})} & \text{if } \underline{n}' \in \Gamma_{\pm}(\underline{n}) \end{cases}$$
$$(15)$$

where $\quad l_i(\underline{n}) = \prod_{j=1}^{i-1} \|Z_j(\underline{n}_j)\| \quad u_i(\underline{n}) = \prod_{j=i+1}^{J} \|Z_i(\underline{n}_j)\| \quad d_{ij}(\underline{n}) = l_i(\underline{n}) - u_j(\underline{n})$

$$\Gamma_{\pm}(\underline{n}) = \{\underline{n}' | \Delta(\underline{n},\underline{n}') = (i,k,j,l) \text{ and } i = j, k \neq l\}$$
$$\Gamma_{-}(\underline{n}) = \{\underline{n}' | \Delta(\underline{n},\underline{n}') = (i,k,j,l) \text{ and } i < j\}$$
$$\Gamma_{+}(\underline{n}) = \{\underline{n}' | \Delta(\underline{n},\underline{n}') = (i,k,j,l) \text{ and } i > j\}$$

$\underline{Q}_G$ has, indeed, a structure, which is related to the model structure and easy operations to generate the matrix from the isolated descriptions of the *LLMs* and the *HLM* are available. We assume $\underline{Q}_G$ to be irreducible.

4   The numerical analysis

The analysis of the model is performed by solving the set of global balance equations to determine the stationary solution vector $\underline{\pi}$.

$$\underline{\pi}\underline{Q}_G = \underline{0} \qquad \underline{\pi}\underline{e}^T = 1.0 \tag{16}$$

$\underline{\pi}$ can be decomposed into subvectors $(\underline{\pi}_1 ... \underline{\pi}_{\|Z_0\|})$. Each subvector includes the stationary probabilities of states belonging to one state of the *HLM*. Since $\underline{Q}_G$ is normally very sparse and large, direct solution techniques like Gaussian elimination are not usable for the solution of (16), iterative techniques are more adequate. Many iterative or quasi iterative solution techniques are known from linear algebra and have been partially modified for performance analysis purposes (for an overview see [12]). In the remainder of this section some techniques are integrated with the special structure of our models. The main idea is to avoid the generation of the huge generator matrix by integration of the vector matrix multiplication, which is the basic operation for all iterative techniques, directly in tensor operations.

4.1   Point iteration methods

The point iteration methods considered here are the power method, the Jacobi method and a modified version of the Gauss-Seidel method (see [12]). The idea behind all iterative solution techniques is to start with an arbitrary initial vector $\underline{\pi}^0$ ($\underline{\pi}^0 \geq \underline{0}$, $\underline{\pi}^0 \underline{e}^T = 1.0$) and to multiply this vector with an iteration matrix $\underline{T}_G$, resulting from a transformation of $\underline{Q}_G$, until $\underline{\pi}^k$ ($= \underline{\pi}^{k-1}\underline{T}_G$) is sufficient close to $\underline{\pi}$. Instead of introducing the construction of the iteration matrices for the different techniques, we describe here a single iteration step to determine a subvector $\underline{\pi}^k_{f(\underline{n})}$ from

$\underline{\pi}^{k-1}$ using the structure of $\underline{Q}_G$. The following equation shows the iteration step of the power method.

$$\underline{\pi}^k_{f(\underline{n})} = \underline{\pi}^{k-1}_{f(\underline{n})} + 1.0/\alpha(\sum_{\underline{n}'\in\Gamma(\underline{n})\cup\underline{n}} \underline{\pi}^{k-1}_{f(\underline{n}')}\underline{Q}^{f(\underline{n}'),f(\underline{n})}_{EG} + \underline{\pi}^{k-1}_{f(\underline{n})}\underline{Q}^{f(\underline{n})}_{IG})$$

$$\text{where} \quad \Gamma(\underline{n}) = \Gamma_+(\underline{n}) \cup \Gamma_-(\underline{n}) \cup \Gamma_\pm(\underline{n})$$
$$\alpha \geq \max_{z\in\mathcal{Z}_G} |q_{IG}(z,z) + q_{EG}(z,z)|$$

$$(17)$$

The iteration step of the Jacobi method is given in equation (18).

$$\underline{\pi}^k_{f(\underline{n})} = (\sum_{\underline{n}'\in\Gamma(\underline{n})} \underline{\pi}^{k-1}_{f(\underline{n}')}\underline{Q}^{f(\underline{n}'),f(\underline{n})}_{EG} + \underline{\pi}^{k-1}_{f(\underline{n})}(\tilde{\underline{Q}}^{f(\underline{n})}_{IG} + \tilde{\underline{Q}}^{f(\underline{n}),f(\underline{n})}_{EG}))\underline{D}^{-1}_{f(\underline{n})}$$

$$(18)$$

$$\text{where} \quad \tilde{\underline{Q}} = \underline{Q} \text{ with the diagonal elements set to } 0.0$$
$$\underline{D}_{f(\underline{n})} \text{ is a diagonal matrix including the diagonal elements of } \underline{Q}_G$$

The Gauss-Seidel method has to be modified slightly to be used with the structured model description. In a conventional Gauss-Seidel iteration step, one element of the solution vector is calculated using elements with smaller indices from the solution vector and elements with larger indices from the iteration vector. Due to the modification of the iteration procedure, the elements of the solution vector inside the same block are not completely determined during the calculation. Therefore only elements belonging to a block with a smaller index $f(..)$ are taken from the actual solution vector. The modified Gauss-Seidel iteration is, in some way, similar to the block Gauss-Seidel iteration.

$$\underline{\pi}^k_{f(\underline{n})} = (\sum_{\underline{n}'\in\Gamma(\underline{n}),\underline{n}'>\underline{n}} \underline{\pi}^{k-1}_{f(\underline{n}')}\underline{Q}^{f(\underline{n}'),f(\underline{n})}_{EG} + \sum_{\underline{n}'\in\Gamma(\underline{n}),\underline{n}'<\underline{n}} \underline{\pi}^k_{f(\underline{n}')}\underline{Q}^{f(\underline{n}'),f(\underline{n})}_{EG} +$$
$$\underline{\pi}^{k-1}_{f(\underline{n})}(\tilde{\underline{Q}}^{f(\underline{n})}_{IG} + \tilde{\underline{Q}}^{f(\underline{n}),f(\underline{n})}_{EG}))\underline{D}^{-1}_{f(\underline{n})}$$

$$(19)$$

Before we include the structure of the matrices in the iteration steps, two properties of tensor operations are introduced, which are very useful for the following steps. The properties (see also [10,17]) describe the compatibility of tensor sums/products with regular matrix sums/products.

$$\oplus^J_{j=1}\underline{Q}_j = \sum_{j=1}^J \underline{I}_{c_{j-1}} \otimes \underline{Q}_j \otimes \underline{I}_{r_{j+1}} \qquad \otimes^J_{j=1}\underline{Q}_j = \prod_{j=1}^J \underline{I}_{c_{j-1}} \otimes \underline{Q}_j \otimes \underline{I}_{r_{j+1}}$$

$$\text{where} \quad c_j = \prod_{i=1}^j col(\underline{Q}_j) \qquad r_j = \prod_{i=j}^J row(\underline{Q}_j)$$

$$(20)$$

$$col(\underline{Q}_j) \, (row(\underline{Q}_j)) \text{ is the number of columns (rows) of } \underline{Q}_j$$

A single matrix $\underline{I}_l \otimes \underline{Q} \otimes \underline{I}_u$ can be determined easily from $\underline{Q}$, since

- it contains l non-zero diagonal blocks.

- each diagonal block consists of the modified matrix $\underline{Q}$, where every element $q(z,z)$ is substituted by a diagonal matrix of order $u \times u$, with $q(z,z)$ in the main diagonal.

- all other elements are zero.

This result can be integrated in the iteration of the vector $\underline{\pi}^k_{f(\underline{n})}$ with the submatrices of $\underline{Q}_{EG}$ and $\underline{Q}_{IG}$ in the following way

$$\underline{\pi}^k_{f(\underline{n})}\underline{Q}^{f(\underline{n})}_{IG} = \underline{\pi}^{k-1}_{f(\underline{n})} \sum_{j=1}^{J} \underline{L}_{l_j(\underline{n})} \otimes \underline{Q}^{\underline{n}_j}_j \otimes \underline{I}_{u_j(\underline{n})}$$

$$\underline{\pi}^k_{f(\underline{n})}\underline{Q}^{f(\underline{n}),f(\underline{n}')}_{EG} = \underline{\pi}^{k-1}_{f(\underline{n})}$$
$$\begin{cases} p(f(\underline{n}), f(\underline{n}'))(\underline{L}_{l_i(\underline{n})} \otimes \underline{S}^{\underline{n}_i - k}_i \otimes \underline{I}_{u_i(\underline{n})})(\underline{L}_{j(\underline{n}')} \otimes \underline{U}^{\underline{n}'_j - l}_j \otimes \underline{I}_{u_j(\underline{n})}) & \text{if } \underline{n} \in \Gamma(\underline{n}) \text{ and } \underline{n}' < \underline{n} \\ p(f(\underline{n}), f(\underline{n}'))(\underline{L}_{j(\underline{n})} \otimes \underline{U}^{\underline{n}'_j - l}_j \otimes \underline{I}_{u_j(\underline{n})})(\underline{L}_{l_i(\underline{n}')} \otimes \underline{S}^{\underline{n}_i - k}_i \otimes \underline{I}_{u_i(\underline{n})}) & \text{if } \underline{n} \in \Gamma(\underline{n}) \text{ and } \underline{n}' > \underline{n} \\ \sum_{i,k} p_{i,k}(f(\underline{n}), f(\underline{n}))(\underline{L}_{l_i(\underline{n})} \otimes \underline{S}^{\underline{n}_i - k}_i \otimes \underline{I}_{u_i(\underline{n})})(\underline{L}_{l_i(\underline{n})} \otimes \underline{U}^{\underline{n}_i - k}_i \otimes \underline{I}_{u_i(\underline{n})}) & \text{if } \underline{n}' = \underline{n} \end{cases}$$

$$(21)$$

In the Jacobi and Gauss-Seidel method, the diagonal elements of $\underline{Q}_G$ have to be skipped during iteration and the resulting solution vector is latter divided by the diagonal elements. In any case the multiplication can be performed by the repeated use of a function $mult(\underline{\pi},\underline{Q},l,u)$ calculating $\underline{\pi}(\underline{I}_l \otimes \underline{Q} \otimes \underline{I}_u)$. A specification of such a procedure for sparse matrix structures is given in [5], the implementation needs about 20 lines of code.

The operations do not change the solution procedure, therefore the results of the analysis are exact and the convergence behaviour of the algorithms is not affected by the tensor operations. The algorithms can be modified by using over or under relaxation (see [12]). Furthermore the structure of the matrix and the operations support a highly parallel implementation, naturally given by the model structure.

The advantage of the tensor based multiplication concerning the amount of storage is significant. Very roughly speaking, the storage for the generator matrix $\underline{Q}_G$ grows with the product over the number of non-zero elements in the *LLM*-matrices, whereas the storage for the isolated *LLMs* and the *HLM* grows with the sum of the number of non-zero elements. A more detailed analysis of the space requirements is given [4,5]. Using the new techniques, the amount of storage for the iteration and solution vector and not for the generator matrix becomes the limiting point during analysis. Therefore much larger models can be solved on the same hardware. The maximum number of states to be handled on contemporary workstations with 32MB swap space and conventional techniques lies between 100000 and 200000, the new techniques allow the handling of state spaces with 800000 - 1500000 states.

The number of operations needed for a vector matrix multiplication with the new techniques in combination with sparse matrix structures normally exceeds slightly the number of operations for a conventional vector matrix multiplication and a single operation is slightly more complex (see [4,5]). For small matrices, which can be held in main memory, conventional techniques are faster. However, if the generator matrix and the vectors do no longer fit into primary memory, swapping is necessary. Since secondary memory is much slower than primary memory, each swapping operation decreases the efficiency of the solution. If the models become larger (i.e. beyond the size of the primary memory), the new techniques become much faster than the conventional analysis, which is demostrated by the example described below.

Additionally, both approaches can be combined by constructing the generator matrix only partially until primary memory is occupied. Another possibility of increasing the efficiency is to store all or some of the diagonal elements (i.e. the matrix $\underline{D}$) in an array. These approaches provide the possibility of choosing an optimal relation between the available space and the efficiency of the analysis.

4.2 Block iteration techniques

The structure of the generator matrix in submatrices provides a natural base for the use of block iteration techniques. The idea of such solution techniques is to determine the stationary solution vector for each block of the matrix under the assumption that the distribution inside the other blocks is known. This procedure is iterated until a solution with the required accuracy is reached. The diagonal blocks of $\underline{Q}_G$ are given by the diagonal blocks of $\underline{Q}_{IG}$ and $\underline{Q}_{EG}$, which yields the following equation for the calculation of $\underline{\pi}^k_{f(\underline{n})}$.

$$\underline{\pi}^k_{f(\underline{n})}\left(\oplus^J_{j=1}\underline{Q}^{\underline{n}_j}_j + \sum_{i,k,} p_{i,k}(f(\underline{n}),f(\underline{n}))\underline{L}_{l_i(\underline{n})} \otimes \underline{S}^{\underline{n}_i,k}_i \underline{U}^{\underline{n}_i,k}_i \otimes \underline{L}_{u_i(\underline{n})}\right) = \underline{b}_{f(\underline{n})}$$

$$\text{where } \underline{b}_{f(\underline{n})} = \sum_{\underline{n}'\in\Gamma(\underline{n}),\underline{n}'<\underline{n}} p(f(\underline{n}'),f(\underline{n}))\underline{\pi}^k_{f(\underline{n}')}\underline{Q}^{f(\underline{n}'),f(\underline{n})}_{EG} + \tag{22}$$

$$\sum_{\underline{n}'\in\Gamma(\underline{n}),\underline{n}'>\underline{n}} p(f(\underline{n}'),f(\underline{n}))\underline{\pi}^{k-1}_{f(\underline{n}')}\underline{Q}^{f(\underline{n}'),f(\underline{n})}_{EG}$$

The above system of equations can be solved using various techniques. If the block is small, the whole submatrix can be generated by performing the tensor operations. For larger blocks equation (22) has to be solved iteratively or by a combination of iterative and direct solution methods. The development of the latter method is under investigation.

After all vectors $\underline{\pi}^k_{f(\underline{n})}$ have been computed, the whole vector can be normalized to 1.0. Normally block iteration techniques need less iterations than point iteration methods, but a single iteration step is more complex. Additionally, block iteration techniques are very well suited for parallel implementation, since the stationary vectors for the several blocks can be calculated in complete isolation after the vector $\underline{b}$ is known.

4.3 Further use of the model structure

The structure of the model can be used for further improvements of the solution techniques. The initial vector $\underline{\pi}^0$ for the iterative techniques is normally chosen as an uniform distribution, since no other a priori information is available. However, the initial vector has a significant influence on the number of iterations and the time needed for the solution. In hierarchical models a priori information can be gained by introduction of an aggregation step to determine $\underline{\pi}^0$. The aggregation step consists of two parts; firstly, the distribution inside each LLM j for each population $\underline{n}_j$ is approximated, afterwards an aggregated generator matrix $\underline{Q}_{AG}$ is computed and used for the determination of the distribution between the aggregated states. This approach is known from decomposition and aggregation techniques [8].

The distribution inside the $LLMs$ can be calculated by short-cutting the $LLMs$ for all population vectors. Let $\underline{v}^{\underline{n}_j}_j$ be the approximated distribution of j with population $\underline{n}_j$, which is determined from the following equation.

$$\underline{v}^{\underline{n}_j}_j\left(\underline{Q}^{\underline{n}_j}_j + \sum_{k\in K}\underline{S}^{\underline{n}_j,k}_j\underline{U}^{\underline{n}_j,k}_j\right) = \underline{0} \qquad \underline{v}^{\underline{n}_j}_j\underline{e}^T = 1.0 \tag{23}$$

If some of the $LLMs$ are product form networks, the short circuit vectors can be calculated more efficiently using a product form algorithm. $LLMs$ might have a non reasonable short circuit behaviour (e.g. the above equation is not uniquely solvable). In these cases $\underline{v}^{\underline{n}_j}_j$ is chosen as a uniform distribution.

The aggregated system is constructed by substituting each subset of states $Z_G(\underline{n})$ by a single state and the matrix elements are computed as shown in the following equation.

$$q_{AG}(f(\underline{n}), f(\underline{n}')) = \begin{cases} p(f(\underline{n}), f(\underline{n}'))\underline{v}_i^{\underline{n}_i} \underline{S}_i^{\underline{n}_i - k} \underline{e}^T & \text{if } \underline{n}' \in \Gamma(\underline{n}) \\ 0 & \text{else} \end{cases}$$
$$q_{AG}(f(\underline{n}), f(\underline{n})) = -\sum_{\underline{n}' \in \Gamma(\underline{n})} q_{AG}(f(\underline{n}), f(\underline{n}')) \tag{24}$$

The stationary distribution of the aggregated system is calculated from the following equation.

$$\underline{x}\underline{Q}_{AG} = \underline{0} \qquad \underline{x}\underline{e}^T = 1.0 \tag{25}$$

From a higher view, the aggregated system equals the *HLM*, where every *LLM j* is substituted by an exponential station with population dependent service rate $\mu_{jk}(\underline{n}_j)$ for class k customers.

The initial vector $\underline{\pi}^0$ of the whole system is determined by multiplying the conditional distribution inside the subset $Z_G(\underline{n})$ with the probability to be in that subset.

$$\underline{\pi}^0_{f(\underline{n})} = x(f(\underline{n}))(\otimes_{j=1}^J \underline{v}_j^{\underline{n}_j}) \tag{26}$$

It is known (see [9]) that $\underline{\pi}^0$ is the exact stationary distribution, if the whole model is a product form network, and a good approximation, if the model violates only slightly product form or the coupling between the *LLMs* is loose.

To speed up the convergence of iterative solution techniques in models with loosely coupled *LLMs* aggregation steps can also be used. The underlying methods are known as aggregation/disaggregation (a/d) algorithms (see [7,12]). However, a/d algorithms have been described on the level of the generator matrix without taking care of the model structure. In hierarchical queueing network models a natural interpretation for these techniques is given.

Aggregation steps can be combined with any of the iterative solution techniques introduced previously. Let $\underline{\pi}^k_{f(\underline{n})}$ be the actual solution vector for the states in $Z_G(\underline{n})$ reached during iteration and $\underline{\bar{\pi}}^k_{f(\underline{n})}$ $(=\underline{\pi}^k_{f(\underline{n})}/(\underline{\pi}^k_{f(\underline{n})}\underline{e}^T))$ its normalized version. Before performing the next iteration step, the vector can be redirected by an aggregation step. The elements of the aggregated matrix are calculated as shown in the following equation.

$$q_{AG}(f(\underline{n}), f(\underline{n}')) = \begin{cases} p(f(\underline{n}), f(\underline{n}'))\underline{\bar{\pi}}^k_{f(\underline{n})}\underline{L}_{l_i}(\underline{n}_i) \otimes \underline{S}_i^{\underline{n}_i - k} \otimes \underline{L}_{u_i(\underline{n}_i)}\underline{e}^T & \text{if } \underline{n}' \in \Gamma(\underline{n}) \\ 0 & \text{else} \end{cases}$$
$$q_{AG}(f(\underline{n}), f(\underline{n})) = -\sum_{\underline{n}' \in \Gamma(\underline{n})} q_{AG}(f(\underline{n}), f(\underline{n}')) \tag{27}$$

The stationary distribution of the aggregated system is computed using equation (25) and a vector $\underline{\hat{\pi}}^k_{f(\underline{n})}$ is given by

$$\underline{\hat{\pi}}^k_{f(\underline{n})} = x(f(\underline{n}))\underline{\bar{\pi}}^k_{f(\underline{n})} \tag{28}$$

$\underline{\hat{\pi}}^k_{f(\underline{n})}$ can then be used for further iteration steps.

The aggregation step has an interpretation from a higher view. The aggregated system describes the *HLM* where every *LLM j* is substituted by an exponential station with service rate $\mu_{jk}(\underline{n}_1, ..., \underline{n}_J)$ depending on the whole state of the *HLM*.

5   An example

The example model (see figure 4) consists of two *LLMs*, each including two FCFS stations with Coxian service time distribution. One customer class cycles between the two *LLMs*. *LLM* 1 contains the stations $S1$ and $S2$, *LLM* 2 the stations $S3$ and $S4$. Customers enter station $S1$ ($S3$) after entering *LLM* 1 (2). After leaving station $S1$ ($S3$) a customer goes with probability p to station $S2$ ($S4$) or leaves the *LLM* with probability $(1-p)$. After leaving $S2$ ($S4$) a customer returns to $S1$ ($S3$). The mean service time of station $S1$ and $S3$ is $(1-p)$, the mean service time of $S2$ and $S4$ equals $(1-p)/p$ $(0 < p < 1)$. The squared coefficient of variation for the service time is 0.707 for $S1$ and $S2$ (i.e. the Coxian distribution equals an Erlang 2 distribution) and 10.0 for $S3$ and $S4$.

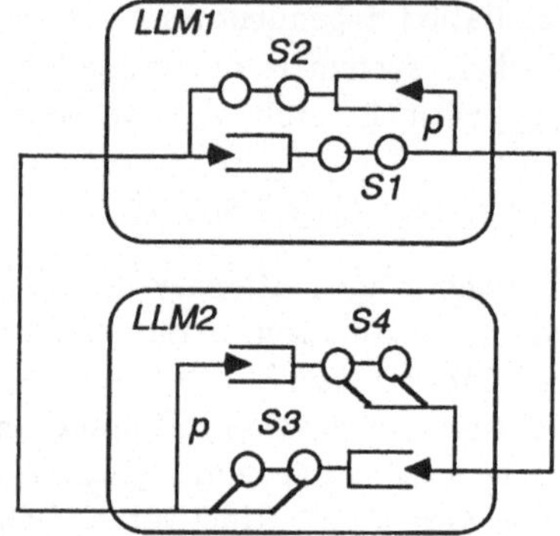

Figure 4. Example model

Of course, the model is a rather simple one, but it is sufficient to show the advantages of the new techniques and the effects are still the same when analysing more complex models. All experiments are performed exclusively on a workstation with 8MB main memory and 32MB swap space and local disks.

Table 1 shows the amount of storage needed for conventional techniques, the amount of storage for the new techniques and for the solution and iteration vector. It is obvious that the new techniques need less space than conventional techniques and that the space requirements are mainly dominated by the iteration and solution vector. This has an interesting effect on the time needed for the solution of large models. Table 2 compares the elapsed time to perform 100 iterations of the Jacobi method. The elapsed time is a more realistic measure than the CPU time, since the workstation is not really usable for other processes during the iteration, although the CPU is available, because of the lack of storage. The solution runs quite fast as long as enough primary memory is available. At the point where swapping becomes necessary, the iteration becomes terrible slow, although the swapping is done on local disks. Working on a diskless workstation makes this effect even more dramatic. For conventional techniques the problem of inefficient swapping comes up with population 25 or 41800 states. The time for one iteration with conventional techniques and population 25 exceeds the time for one iteration with the new techniques by the factor 17. An iteration with the new techniques for the system

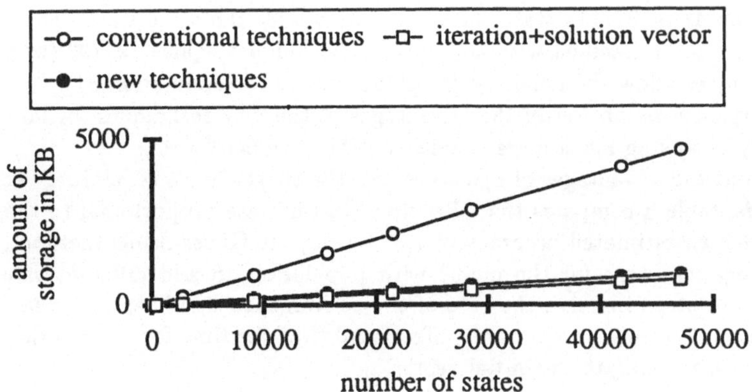

Table 1. Space requirements

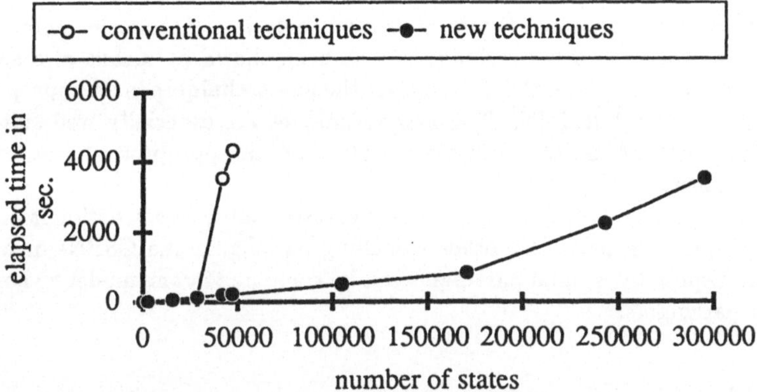

Table 2. Elapsed time

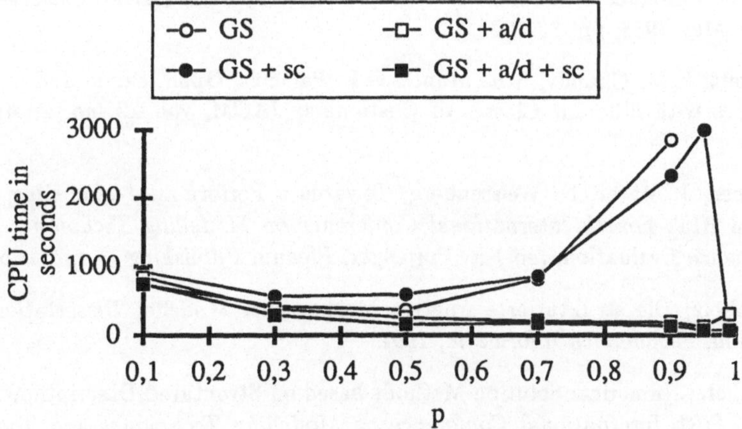

Table 3. CPU time for different solution algorithms

with population 47 or 277112 states needs approximately the same time. The largest number of states which can be handled with conventional techniques equals 197792 (or population 42), the new techniques allow the handling of 1417608 states (or population 81).

The example shows obviously the advantages of the new techniques for larger models and the possibility of solving much larger models on the same hardware.

To point out the advantages of a/d steps and the short circuit (sc) initial vector for loosely coupled *LLMs*, table 3 compares the CPU time (in this case proportional to the elapsed time) needed to reach an estimated accuracy of 1.0^{-5} using the Gauss-Seidel method (GS) with and without aggregation steps for the model with population 15 and different values of p. It is obvious that a/d steps increase the rate of the convergence significantly for larger values of p (for small values of p they have a minor effect) and that the time for the solution in these cases is further decreased using the sc initial vector.

6 Conclusions and perspectives

We have presented a new approach for the numerical analysis of large scale, hierarchical queueing networks. The advantages of the techniques have been shown by means of a simple example. From a practical point, it is desirable to integrate the new techniques in an appropriate modelling environment like the tool HIT [3]. The new techniques are especially well suited for parallel implementations, and, of course, an implementation on an appropriate hardware will improve the efficiency further.

The underlying method for state space and generator matrix construction is not based on the model world of queueing networks, other modelling paradigms like GSPNs or finite automata are usable too. Especially, several paradigms can be combined in one model by combining *LLMs* from different paradigms.

References

[1] M.A. Ajmone-Marsan, G. Balbo, G. Conte; A Class of Generalized Stochastic Petri Nets for the Performance Evaluation of Multiprocessor Systems; *ACM Trans. on Comp., vol. 2, no. 5, May 1985, pp. 93-122*

[2] F. Baskett, K.M. Chandy, R.R. Muntz, G.F. Palacois; Open, closed and mixed Networks of Queues with different Classes of Customers; *JACM, vol. 22, no. 2, April 1975, pp. 248-260*

[3] H. Beilner, J. Mäter, N. Weissenberg; Towards a Performance Modelling Environment: News on HIT; *Fourth International Conference on Modelling Techniques and Tools for Performance Evaluation, (ed.) R. Puijanger, Plenum Publishing Corporation 1988*

[4] P. Buchholz; Die strukturierte Analyse Markovscher Modelle; *Dissertation, Universität Dortmund, Fachbereich Informatik, 1991*

[5] P. Buchholz; Numerical Solution Methods based on Structured Descriptions of Markovian Models, *Fifth International Conference on Modelling Techniques and Tools for Performance Evaluation, Turin 1991, North Holland, to appear.*

[6] P. Buchholz; On the Stochastic Structure of Hierarchical Markovian Models; *working paper, Universität Dortmund 1991*

[7] W.L. Cao, W.J. Stewart; Iterative Aggregation/Disaggregation Techniques for Nearly Uncoupled Markov Chains; *JACM, vol. 32, no. 3, 1985, pp. 702-719*

[8] P.J. Courtois; Decomposability: Queueing and Computer System Applications; *Academic Press 1977*

[9] P.J. Coutois; Exact Aggregation in Queueing Networks; *M.B.L.E. Research Laboratory Report R368, May 1978*

[10] M. Davio; Kronecker Products and Shuffle Algebra; *IEEE Trans. on Comp., vol. C-30, no. 2, Feb. 1981, pp. 116-125*

[11] K.J. Gordon, J.F. Kurose, R.F. Gordon, E.A. MacNair; An Extensible Visual Environment for Construction and Analysis of Hierarchically-Structured Models of Resource Contention Systems; *IBM Research Report RC 15100, Nov. 1989*

[12] U. Krieger, B. Müller-Clostermann, M. Sczittnick; Modeling and Analysis of Communication Systems Based on Computational Methods for Markov Chains; *IEEE Journal on Selected Areas in Communication; vol. 8, no. 9, Dec. 1990*

[13] S.S. Lavenberg (ed.); Computer Performance Modelling Handbook; *Academic Press, New York, 1983*

[14] B. Müller-Clostermann; NUMAS: A Tool for the Numerical Modelling of Computer Systems; *Modelling Techniques and Tools for Performance Evaluation, (ed.) D. Potier, North Holland 1985*

[15] B. Müller-Clostermann, G. Rosentreter; Synchronized Queueing Networks: Concepts, Examples and Evaluation Techniques; *Messung, Modellierung und Bewertung von Rechensystemen, 4. GI/ITG-Fachtagung, Erlangen 1987, (ed.) U. Herzog, M. Paterok; Springer 1987*

[16] B. Müller-Clostermann, M. Sczittnick; MACOM - A tool for the Markovian analysis of communication systems; *Fourth International Conference on Data Communication Systems and their Performance, Barcelona, June 1990*

[17] B. Plateau; On the stochastic structure of parallelism and synchronisation models for distributed algorithms; *ACM Sigmetrics Conference on Measurement and Modeling of Computer Systems, Austin, August 1985*

[18] M. Veran, D. Potier; QNAP2: A portable environment for queueing systems modelling; *Modelling Techniques and Tools for Performance Evaluation, (ed.) D. Potier, North Holland 1985*

Job Scheduling under Fairness Aspects

Martin Mähler

J.W. Goethe University
Institute of Telematics
D-6000 Frankfurt am Main
Germany

Abstract

To assign jobs to servers in a distributed system, at least two decisions must be made in general. One decision is to select a suitable server for the respective job which is related to the aspect of load sharing. From the servers view there is a corresponding decision to select the next job to be served, which addresses the problem of fairness. It is the goal of this paper to study how to make this second decision in order to assign servers to clients in a fair way. A general fairness criterion is introduced and applied to different algorithms, which are tested analytically and by simulation. It turns out that assignment by consumption dependent priorities gives the best results.

Keywords

Distributed systems, performance attributes, scheduling, load sharing, fairness.

1. Introduction

A distributed system is characterized by the spatial isolation of its resources. One problem for the users of a distributed system is to get access to the resources by using the communication links. Therefore, performance studies are often focused on the communication system. The next step involves the assignment of resources and users, i.e. the problem of dynamic job scheduling.

1.1 Load sharing and service sharing

In the client-server-model the resources are represented as servers and the users as clients, which send their jobs for processing to the servers e.g. via remote procedure call *(RPC)* mechanisms. For example, such a model is adopted in the Distributed Computing Environment *(DCE)* of OSF [15]. Matching of service requests and suitable servers, also called *trading* [4], may be done to achieve various objectives. If several servers are available, that support the same kind of service, the client can make the choice according to his requirements. Usually, the client will prefer a lightly loaded server to get back the results more quickly. Therefore, assignment of jobs and servers with respect to *load sharing* is a main topic of job scheduling.

In contrast to this approach, which leaves the choice to the clients and is called sender-initiated, the assignment at the servers instigation is also discussed [19]. From the server's view there are different clients, who are competing for his service, to choose from. The decision, which job to serve next now rests with the server. If the server intends to regulate his load, e.g. by polling the clients for new jobs, this is called a receiver-initiated approach of load sharing [19].

The goal of this paper is to study how the server's freedom of decision-making can be used to provide *fairness*. By fairness we refer to the allocation of service to clients (*service sharing*) according to a given *fairness criterion* which reflects the objectives specified by the owner of the resources. While load sharing tries to increase the overall system performance by more efficiently

---

This research was supported by IBM European Networking Center, Heidelberg, Germany.

utilizing the resources, fairness is a parameter that indicates the individual performance given to a particular user. This parameter is important because even under optimal load sharing conditions unfair situations can occur, where certain users are obstructed or displaced by others. Moreover, it can be shown [13] that such unfair situations are most likely in critical situations, in which the competition for the resources is strong. Ideally, load sharing leads to load balancing. In analogy, fairness is the result of ideal service sharing.

Before discussing the fairness concept in more detail, another analogy to load sharing should be emphasized. Compared to load sharing, which is possible only if at least two servers are eligible, service sharing and fairness considerations, make sense only if at least two clients compete for one server. Thus the existence of an alternative is an essential prerequisite. The close relationship of both concepts could be expressed by saying that load balancing is fairness to the servers.

1.2 Fair service sharing

As mentioned in the last section, the server should be shared by the clients in a fair way, thus fairness is a client- (or user-) oriented parameter and not a job-oriented one. This implies that jobs may be treated differently, because the clients may generate very different jobs regarding their number and size. Consequently, to assess a specific service sharing, which is the long term result of assignment decisions, all client demands have to be considered. A change of the clients behaviors, e.g. by generating more or larger jobs, will generally lead to a change of service sharing, too. Therefore, one requirement of fair service sharing is *independence*. This means that the fair share of each client must be independent (i.e. protected) from the other clients behaviors. The size of this share depends only on his own behavior and the servers strategy to serve him. It can be difficult to determine the fair share of each client exactly. However, a lower bound of a fair share is always given, if we look at *the share the client would get under the condition, that all other clients behave like him and the server treats all clients equally*. In this hypothetical situation the client has to compete with other clients of his own kind. Therefore, a service sharing is regarded as fair if each client receives at least that part he could expect in the situation described above. Subsequently, we refer to this condition as the *min-share* criterion.

The min-share criterion implicitly assumes that all clients have equal rights to the resource. But this assumption may be unfair itself, e.g. if the clients own different parts of the resource. Consequently, the systems administrator, who is delegated to manage various entitlements between clients and servers, wants to preserve fairness in a more general sense. The administrator will regard a service sharing as fair if it satisfies the performance objectives he had specified according to the entitlements. For this purpose the criterion is extended to the case of different *weighted* clients in a later section.

1.3 Extended client-server-model

Our approach is characterized by the attempt to take both goals of job scheduling into account, good resource utilization and fairness. These objectives shall be achieved by appropriate load and service sharing strategies. However, the focus of our study lies on fairness. For that reason, the model is extended by special Distribution Instances (*DI*) which act as dispatchers (see Figure 1). The *DI*s are service entry points. A client sends his request to an appropriate *DI* instance, which forwards it to a server. In addition, the *DI*s are decision entities, because they decide which job to forward to which server at what time. The selection of a server is made according to load sharing. Service sharing, however, is established by the decision which client is selected to be served next. Each instance is responsible for one kind of service and may work autonomously. If all resources of the system or parts of them are regarded as entities, the *DI*s can interchange information to achieve a more global service sharing objective. Therefore, the *DI*s are responsible for load sharing as well as service sharing. A similar approach, called *trader* was introduced in [21], but for load sharing purposes only.

To preserve fairness, the *DI* must be programmable in the sense that its service sharing entity is able to achieve the performance objective specified by the administrator. The *DI* itself can be

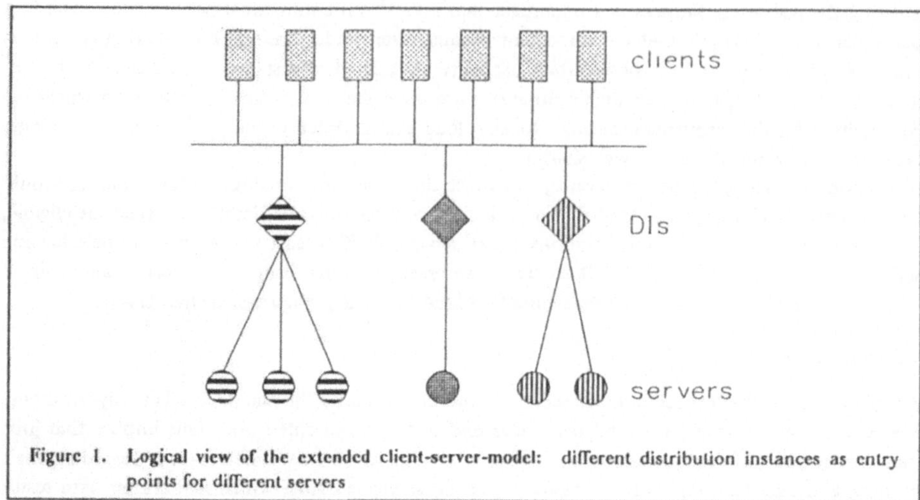

Figure 1. Logical view of the extended client-server-model: different distribution instances as entry points for different servers

realized by a central entity or a distributed algorithm. Dispatching by central entities causes less overhead in communication than in the strictly distributed case, which becomes important if many nodes are involved. According to [18], the disadvantage of possible bottlenecks is not as serious as one might think. If only one server supports a special kind of service, load sharing is meaningless. In this case the service sharing decision entity of the *DI* can be realized as an extension of the server (e.g. the server stub in a conventional *RPC*-system).

1.4 Overview

In section 2 *fairness* is expressed in a more formal way. By means of an example, basic properties of criteria found in the literature and of our fairness criterion are discussed. Section 3 illustrates our approach. Two concrete situations in which fairness decisions operate are discussed using a queueing network model. Section 4 shows an application of the fairness criterion to the queueing model and a discussion of its properties. In section 5 several scheduling algorithms are tested for their fairness suitability. The introduced algorithm *SCF (smallest consumer first)*, which is consumption controlled, gives the best results. Section 6 considers the related work to our topic and in the final section 7 a summary of our work and an outlook for future research is given.

2. Fairness

In order to reason about the term *fairness* in more detail, we first have to transform its colloquial meaning, which is imprecise, into a more formal notation. In the following, let us us assume, there are N users which want to use a resource of total amount R_{tot}. Let D_r be the amount of the resource demanded by user r and R_r^A the amount (or share) he receives under a particular allocation algorithm A. A fair algorithm A has to meet the following conditions:

(*i*) $R_r^A > 0$ for all users r if $D_r > 0$.

(*ii*) $R_r^A \leq D_r$ for all users r.

The first condition states, that no user is excluded from allocation, which is also known as "freedom from starvation" [3]. The second condition demands that no user receives more than he is able to use [2; 9]. Therefore, condition (*ii*) prevents the users from wasting the resource. To these conditions a third one should be added which prevents another kind of wasting, namely not using the entire resource [9].

$$(iii)\ \sum_{1 \leq j \leq N} R_j^A = \min(R_{tot},\ \sum_{1 \leq j \leq N} D_j).$$

These conditions are just marginal constraints of the problem. Therefore, we presume that the following algorithms already fullfill the conditions *(i)*, *(ii)*, *(iii)*.

2.1 Criteria assuming equal rights

Criteria that deal with the amount each user should receive under a fair allocation algorithm A have also been suggested:

$$(C1) \quad R_r^A = R_t^A \text{ for all users } r,t \text{ if } R_r^A < D_r \text{ and } R_t^A < D_t$$

$$(C2) \quad R_r^A \geq R_t^{'A} \text{ for all users } r,t \text{ if } R_r^A < D_r.$$

Criterion *(C1)* states, that all users receiving less than they want receive the same amount. Moreover, satisfying *(C1)*, criterion *(C2)* demands that no other user receives more. *(C1)* together with conditions *(ii)* and *(iii)* can be found in [9]. A very similar approach to *(C2)*, considering flow control in bottlenecks, was formulated in [8]. Another criterion, called *max-min*, together with condition *(ii)* can be found in [2]. Let $R_{\min}^A = \min(R_1^A, \dots, R_N^A)$ be the minimum allocation under an allocation algorithm A. Then

$$(C3) \begin{cases} (a) & R_{\min}^A \geq R_{\min}^{A'} \text{ for any other algorithm } A', \\ (b) & \text{condition (a) remains recursively true, as the minimal} \\ & \text{user is removed and the resource is reduced } R_{tot} \leftarrow R_{tot} - R_{\min}^A. \end{cases}$$

According to [2], criterion *(C3)* can be interpreted as to find a $\tilde{R}$ which satisfies condition *(iii)* if we set $R_r^A = \min(\tilde{R}, D_r)$ for all users. Hence, it can be shown that criteria *(C2)* and *(C3)* are actually identical.

The next is a version of our *min-share* criterion according to which *each user should receive at least that amount, he could expect if all users would behave like him and all are treated equally*. Note that this formulation is very general and applies to rather complex resources (e.g. arbitrary combinations of resources). Moreover, it implicitly recognizes the interferences between the users, which may lead to "frictional loss". Here, the min-share criterion reduces to (read $\triangleq$ as "is defined as")

$$(C4) \quad R_r^A \geq R_r^e \triangleq \frac{1}{N} \min(ND_r, R_{tot}) \text{ for all users } r.$$

In *(C4)*, R_r^e is defined as the *minimal fair share*, which depends only on N, R_{tot} and D_r and not on the demands (behaviors) D_j of the other users. So criterion *(C4)* guarantees each user an *independent* amount of the resource. As comes clear in the next section, criterion *(C3)* satisfies *(C4)* (but not vice versa).

The drawback of the criteria *(C1)* - *(C4)* is, that they implicitly assume that all users have equal rights to the resource. This is generally not true and therefore may be unfair itself. This restriction will be removed in our approach.

2.2 Criteria assuming weighted rights

An owner of a resource (e.g. the entire distributed system or parts of it) may have very different intentions of supporting the possible users with service. He would consider an allocation (service sharing) as fair, if it reflects his intentions most closely. If his objective is "equal rights to all users", an actual allocation can be assessed e.g. by the min-share criterion (we will do that in a later section). However, the above criteria cannot be applied to e.g. the objective "each user receives an amount proportional to his demand", which is the natural counterpart to the former objective. Therefore, we define a *weight* w_r for each user to indicate his entitlement.

A fair allocation with respect to $w_1, \dots, w_N$ can be illustrated by the physical model of *communicating tubes* (c.f. Figure 2). The volume of each tube represents the amount D_r of the resource demanded by user r where w_r gives the base area of the tube. Thus, two users demanding the same amount may have tubes of different heights, where a smaller height indicates a larger entitlement. If the total amount R_{tot} of the resource is represented by a corresponding amount of liquid, the allocation scheme simply resembles the filling of the tubes. However, satisfying condition *(ii)*, a completely filled tube has to be covered to prevent overflow. This is continued until the last tube is filled or all liquid is filled in (c.f. condition *(iii)*). The amount needed to fill the volume that

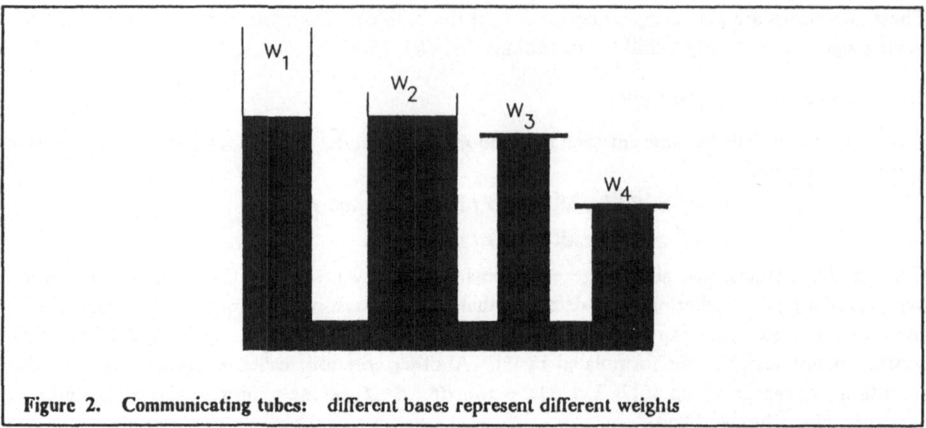

Figure 2. **Communicating tubes: different bases represent different weights**

connects the tubes can be interpreted as (communication) *overhead* but is neglected in our consideration.

If no tube has to be covered and the total resource is used, each user receives an amount of $R_{tot}w_r/w_{tot}$ where w_{tot} gives the sum of all weights. However, if one ore more tubes are covered, some users may receive more. This observation motivates a generalization of criterion *(C4)*:

$$(C5) \quad R_r^A \geq R_r^w \triangleq \min(D_r, R_{tot}\frac{w_r}{w_{tot}}).$$

Here, R_r^w is defined as the *weighted minimal fair share*, which reduces to R_r^s for equal weights $w_1 = \cdots = w_N$. The filling scheme satisfies *(C5)*. Moreover, note that filling tubes with equal bases (weights) means just the procedure described with the max-min criterion. Hence, the filling scheme is a generalization of it.

The weights allow to specify various entitlements. For example, if the entitlements of the users are given by the amounts of their demands (i.e. set $w_r = D_r$ for all r) it is straightforward to see, that $R_r^A/R_t^A = D_r/D_t$. Hence, in this case the allocation just follows the objective to give each user an amount proportional to his demand.

2.3 Fair utilization and fair performance

Knowing R_{tot} and the D_r, it is easy to derive an algorithm from the filling scheme, that computes the R_r^{full} according to the selected weights. However, since resource sharing is a dynamic process rather than a static one, other allocation algorithms, as discussed in sections 3 and 4, are necessary.

One way to assess an actual allocation according to fairness criteria is to regard R_{tot} as the total capacity of the resource and D_r as the amount a user could use if he is alone, i.e. without competition. With this procedure fairness is interpreted as *fair utilization*. But fair utilization is not sufficient for *fair performance* in general, since it says only *that* a user will receive a particular amount in the long term, but not *when*.

Regarding fair performance, e.g. R_r^A as mean response time under a fair allocation, the last criteria are inappropriate because the response times cannot be summed up to a corresponding R_{tot}. However, the min-share criterion can be formulated for this situation as well, if we demand that each user's mean response time should not be larger than in the case that all other users would behave like him. Note, that this scheme can be applied to the variances likewise. In contrast to the other criteria, the min-share criterion is suitable for both fairness aspects.

3. Model

In a queueing network, clients and servers are represented as stations with connections between them indicating the job flow. In contrast to an open topology, the closed network considers the feedback of completed jobs. Since a user would not generate job after job without looking for re-

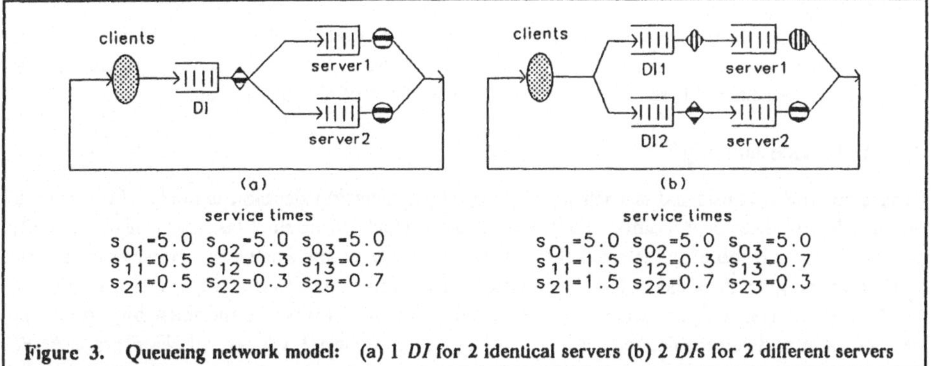

Figure 3. Queueing network model: (a) 1 *DI* for 2 identical servers (b) 2 *DIs* for 2 different servers

sponse, a closed model seems to be more suitable for our purposes. Besides the network topology and the service disciplines at the regarded stations, the numbers of jobs and their mean service times are the main model parameters. The utilization of servers and the response times of the clients are the interesting parameters we look at for load sharing and service sharing, respectively. For modelling and evaluation the simulation tool *RESQ (Research Queueing Package)* [16] is used.

Figure 3 shows two queueing network models consisting of stations for clients, servers and distribution instances. The tables show the mean service times s_{ij} of client j at station i. The clients are modeled with an IS-station *(infinite server)* which has station index 0. We will refer later to these tables. The service time distributions at the stations are assumed to be exponential and the servers capacities to be identical in both models.

3.1 Model (a) : identical servers

Figure 3(a) illustrates a model with two identical servers. The clients send jobs to the *DI*. The *DI* is modeled as a wait station, which forwards a selected job if a specific event (here: one of the servers becomes idle) occurs. Then the job is given to the free server for processing. The wait station causes only waiting time, so the dispatching overhead is not considered here. Both servers are *FCFS* -stations *(first come first served)* which send the job back to the client-station after processing has finished. At the stations each job can be identified as a member of a specific class that indicates the client it belongs to. The workload is given by the total number of jobs of each client and the corresponding service times at each station.

The selection of a job by the *DI* is controlled by a class-specific priority list. The priorities are arranged by increasing numbers, i.e. a lower value indicates a higher priority. Jobs of the same priority are selected by the *FCFS* discipline. Once a job is selected, it is immediately forwarded to the server for processing. However, if allowed, it may be preempted later by the job of a client with higher priority. The service request of the restarted job is the original request less the service already received. During simulation the model parameters can be changed by special set nodes, which do not cause job delays. The service sharing algorithms are modeled by assigning calculated priorities at these set nodes. Load sharing is realized by a polling procedure, i.e. a server polls for a new job at the *DI* if he becomes idle. Thus the *DI* plays the role of the servers queue. Other modified polling schemes are possible, but it should be noticed, that this role is essential for service sharing, because it enables the *DI* to make performance relevant decisions. Since service sharing is the main point of interest, a detailed modeling of load sharing algorithms (especially of the communication overhead [19]) is not considered.

3.2 Model (b) : different servers

The first model illustrates the case of supporting the same service at different replicated servers. In the second case (Figure 3(b)), the clients generate two kinds of jobs with probability 1/2 and send them to the corresponding server. Since different services are concerned, two *DI*s are provided to manage the jobs. In this case we model the situation that users need different services in the distributed system, e.g. a file service and an execution service. Since there is no replication, load sharing is not considered here. However, fairness is important also in this case.

4. Fair service sharing

Service sharing is considered at each point where a job selection decision is made. In our model we can identify three such points. First, the decision which client shall be served next. Secondly, the decision which job of the selected client is sent to the server and finally, the strategy of the server to process the jobs. At a closer look, we therefore have three algorithms, two of them resting with the *DI* and the last with the server. In our model, the first algorithm is the most important one, because all later decisions depend on it. As mentioned in section 3, the second algorithm is *FCFS*, so the jobs of each client are served in the order of their arrival. Other algorithms, like *SJF (shortest job first)*, can be considered also, but it should be noticed, that the second algorithm does not impair service sharing directly, because it does not decide between clients but rather between jobs of one client. The final algorithm determines the discipline of the server. Because there is no explicit queueing at the server, this algorithm (here *FCFS*) has no effect to service sharing. However, if the server is provided for serving several clients simultaneously, other algorithms, e.g. *PS (processor sharing)*, have to be taken into account.

The first algorithm at the *DI*, i.e. the one which specifies the selection of jobs for processing, is the only one that effects service sharing directly. Therefore the term service sharing algorithm always refers to this algorithm in the following.

The mean response time of a client is the most interesting performance parameter of the closed models introduced in the last section. Since the number of jobs are assumed to be fixed, the corresponding parameters of throughput and utilization can be simply derived using *Little's Law* [11]. Hence, in this case the performance and the utilization aspect of fairness are identical, since these parameters are interchangeable (note, that this is not true for open networks).

Let A be the service sharing algorithm of the *DI*, N the number of clients and M the number of servers respectively. If the network topology remains unchanged, the mean response time τ_r^A of client r under the service sharing algorithm A is given by the dependency

$$\tau_r^A(n_j; s_{ij} \mid i = 0, \dots, M \text{ and } j = 1, \dots, N)$$

where n_j is the number of jobs of client j, and s_{ij} the mean service time of client j at station i (see tables of Figure 3).

Assuming *equal* rights of all clients to the servers, τ_r^A should be limited by the mean response time client r would receive, if all N clients behave like him and are treated equally, thus if $n_j = n_r$ and $s_{ij} = s_{ir}$ for all clients j. This leads to the basic definition (in the following, read the indices i and j as *all i* and *all j*, respectively):

$$\tau_r^e \triangleq \tau_r^{FCFS}(n_j = n_r; s_{ij} = s_{ir}).$$

Here, *FCFS* is used as a service sharing algorithm, which clearly treats all clients equally, since all receive the same amount of service in the long term. However, any other non-discriminating algorithm like random selection can be used as well. This is because all such algorithms lead to the same results under the assumption of identical clients. According to the min-share criterion of section 2 a service sharing algorithm A is called *fair*, if

$$(MSC) \quad \tau_r^A \le \tau_r^e \text{ for all clients } r.$$

Now, assuming *weighted* rights to the resource, this criterion can be extended easily. If $w = (w_1, \dots, w_N)$ gives the list of weights, a client with higher weight should receive better service compared to a lower weighted one. This results in

$$\tau_r^w \triangleq \tau_r^{FCFS}(n_j = n_r \frac{w_j}{w_r}; s_{ij} = s_{ir}).$$

The service sharing algorithm A is called *fair* according to the weighted min-share criterion, if

$$(WMSC) \quad \tau_r^A \le \tau_r^w \text{ for all clients } r.$$

Obviously, $\tau_r^A = \tau_r^w$ holds, if all w_j are chosen equally, i.e. *(MSC)* is a special case of *(WMSC)*.

For further discussion we consider the corresponding throughputs λ_r^A and λ_r^w which are defined accordingly. Note, that $\lambda_r^A \ge \lambda_r^w$ for all r is an equivalent formulation of *(WMSC)*, since $\lambda_r^A = n_r/(\tau_r^A + s_{0r})$. Let $\Lambda(n; s_{ir})$ define the total throughput, assuming $n = \sum n_j$ jobs with identical service times s_{ir} and *FCFS* as service sharing algorithm. In this case the clients are different only according their numbers of jobs, so the individual throughputs are given by $\lambda_r^{FCFS}(n_j; s_{ir}) = (n_r/n)\Lambda(n; s_{ir})$. Therefore (recall, that $w_{tot} = \sum w_j$)

$$\lambda_r^w \triangleq \lambda_r^{FCFS}(n_j = n_r \frac{w_j}{w_r} ; s_{ij} = s_{ir}) = \frac{n_r \frac{w_r}{w_r}}{\sum_j n_r \frac{w_j}{w_r}} \Lambda(\sum_j n_r \frac{w_j}{w_r} ; s_{ir}) = \frac{w_r}{w_{tot}} \Lambda(n_r \frac{w_{tot}}{w_r} ; s_{ir}).$$

If all w_j are equal, we obtain $\lambda_r^e = \frac{1}{N} \Lambda(Nn_r; s_{ir})$. Note, that λ_r^w and λ_r^e are very similar to R_r^w and R_r^e in section 2. If n becomes large, the total throughput $\Lambda(n; s_{ir})$ gets close to saturation, which is reached at $\sum s_{ir}^{-1}$ in model (a). Further, it is clear that $\lambda_r^w \le \Lambda(n_r; s_{ir})$, because $\Lambda(n_r; s_{ir})$ gives the throughput of client r if $n_j = 0$ for all $j \ne r$, i.e. without competition. This shows that no client is granted more than he is able to use. To proof, that *(WMSC)* does not lead to an impossible service sharing, we have to check the total utilization, too. Assuming identical service times s_r at all servers (because the servers are identical) in model (a), we obtain $\lambda_r^w \le (w_r/w_{tot})M/s_r$, since the right term gives the saturated throughput. Hence for the corresponding total utilization,

$$\rho^w \triangleq \frac{1}{M} \sum_{1 \le r \le N} \lambda_r^w s_r \le \frac{1}{M} \sum_{1 \le r \le N} \frac{Mw_r}{w_{tot}} = 1.$$

Model (b) can be checked in the same way. Note, that the last results closely corresponds to condition *(ii)* and *(iii)* of section 2. The min-share criterion will be applied to different algorithms in the next section.

5. Results

The models introduced in section 3 were evaluated by simulations using *RESQ* [16]. The results are contained within the confidence interval of 5% with confidence level of 95%. The parameters s_{ij} (see tables of Figure 2) are selected in a way that different clients need different service times at the servers. In addition, the different client behavior, which is a prerequisite of fairness studies, is modeled by different number of jobs n_j. Client1 increases his workload from a light to a heavy level while client2 and client3 remain at a middle and a light level respectively.

5.1 Service sharing algorithms

The simplest way (and the most naive, too) to provide service sharing is to assign jobs to servers just one after another, i.e. *FCFS*. Obviously, this algorithm has very little chance (the exception is studied in section 4) to be regarded as fair, because all jobs rest in one queue and are impaired by all jobs in front of them.

This restriction can be removed, if a separate queue is provided for each client and all queues are served in a *round robin (RR)* manner. Now, each client has the chance to get one job served in every cycle. However, this applies independently of the size of the jobs. Thus *RR* is not a good candidate for fairness either, because clients with large jobs are preferred.

To overcome this fault we propose the algorithm *SCF (smallest consumer first)*. With *SCF*, past decisions (affected by an parameter β) are taken into account through summing up the service times of the processed jobs (if they are unknown apriori, they can be updated after completion). Input parameters are the weights w_j and the decay rate β, which controls the process of decaying of usage, i.e. the influence of past decisions. The time period elapsed since the last selection event is indicated by Δt.

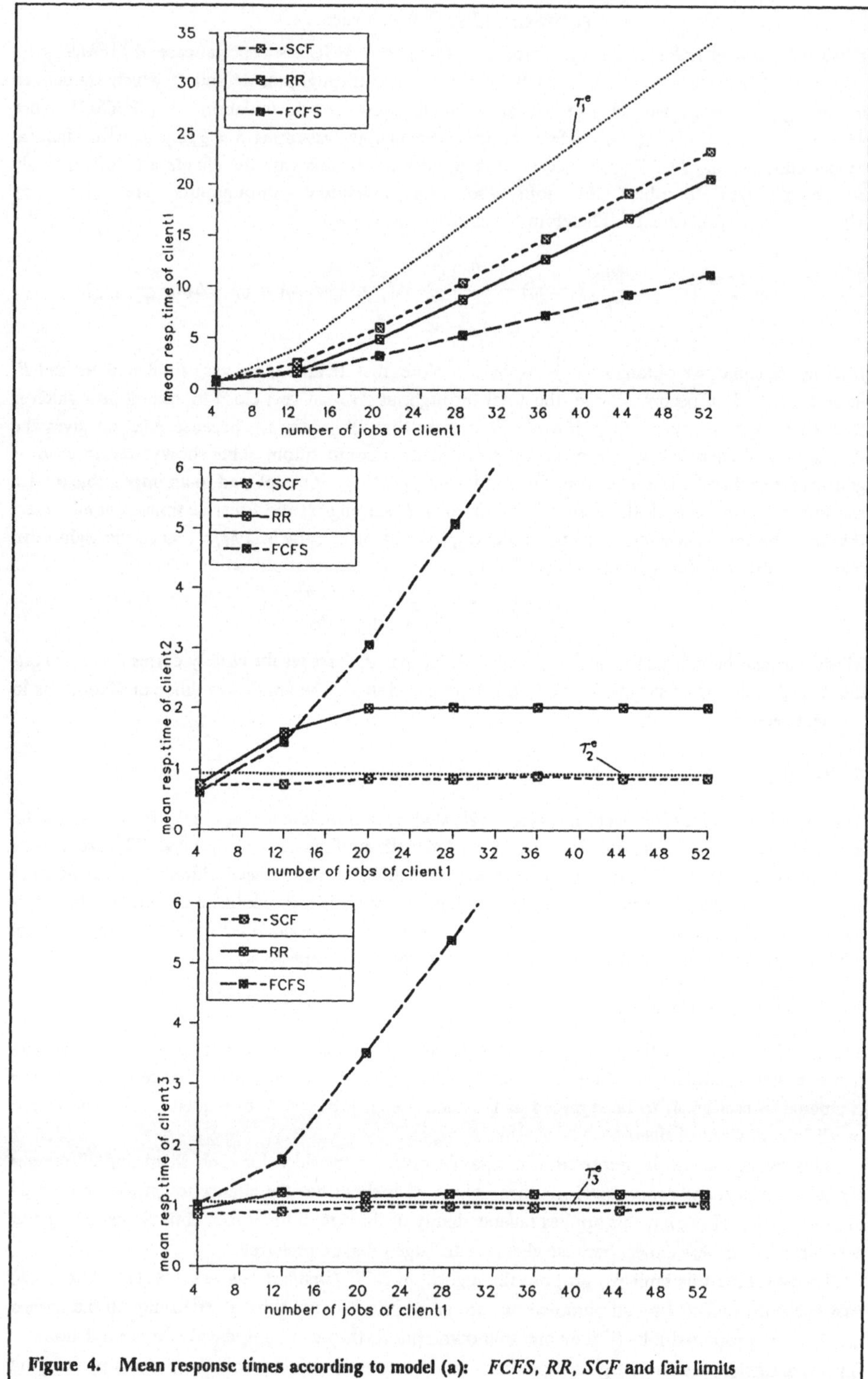

Figure 4. **Mean response times according to model (a):** *FCFS, RR, SCF* and fair limits

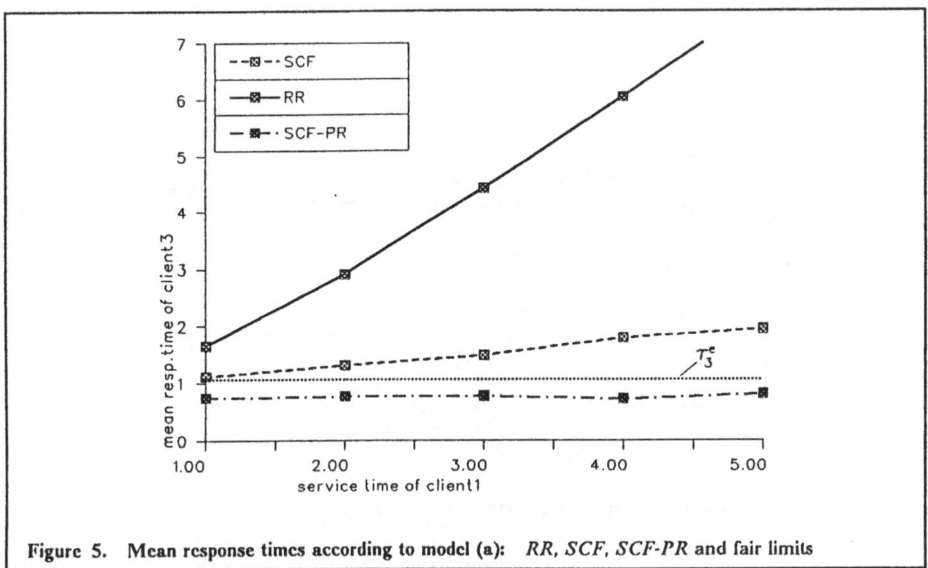

Figure 5. Mean response times according to model (a): *RR*, *SCF*, *SCF-PR* and fair limits

> (0) Initialize $u_j := 0$ for all clients j
>
> If a server becomes idle and jobs are waiting:
>
> **(SCF)** (1) set $u_j := u_j e^{-\beta\Delta t}$ and $p_j := u_j/w_j$ for all clients j
>
> (2) select first job job_r of client r with smallest p_r (ties are broken RR)
>
> (3) set $u_r := u_r + servicetime(job_r)$ ∎

In this version, the *SCF* works independently. It can be easily extended if the usages of other *DIs* should be taken into account, e.g. $p_j = (u_j(DI1) + u_j(DI2))/w_j$ in step (1).

The decaying of the usage values u_j considers the fact that usually not all past decisions are of interest. Furthermore, it can be shown that with a suitable choice of the decay time $1/\beta$, new clients can be prevented to monopolize the servers until their priority eventually reaches the level of the other clients. However, the main property of algorithm *SCF* is, that the priority of the clients decreases with increasing usage u_j. Unless stated otherwise, *SCF* is used in the nonpreemptive version presented above. However, preemption may be necessary to achieve the fairness criterion as is shown in the next section.

5.2 Results of model (a)

Since *FCFS* and *RR* do not support weights, w is set to $(1,1,1)$ in *SCF* for the comparison. First, β is set to zero, i.e. no decaying of usage takes place. In a later section $\beta > 0$ is discussed in more detail. Figure 4 illustrates the mean response times τ^s_i of the clients and the corresponding limits τ^s_i according to the min-share criterion *(MSC)*. The service sharing algorithms are *FCFS*, *RR* and *SCF*. Each point in the figure represents the stationary result of a single simulation. Client1 increases the number of jobs from $n_1 = 4, ... , 52$, while $n_2 = 12$ and $n_3 = 4$ remain constant. Thus from the definition of τ^s_i it is clear, that the corresponding curves for client2 and client3 are constant, too. In contrast, τ^s_1 increases very quickly. Recall, that this would be the response time of client1, if all clients behave like him.

As one could expect, client1 profits greatly from *FCFS*, while the response times of client2 and client3 exceed their fair limit dramatically. Thus, the "heavy" client displaces the other clients from service sharing. With *RR*, this unfairness is removed largely, because client1 can increase his own queue only. But it should be noticed, that client2, who generates the smallest jobs (c.f. Figure 4), is discriminated, while client1 profits from *RR*. The discrimination of client3 is not as serious, because he generates the largest jobs. Like *FCFS*, *RR* leads to unfairness, even though not as dra-

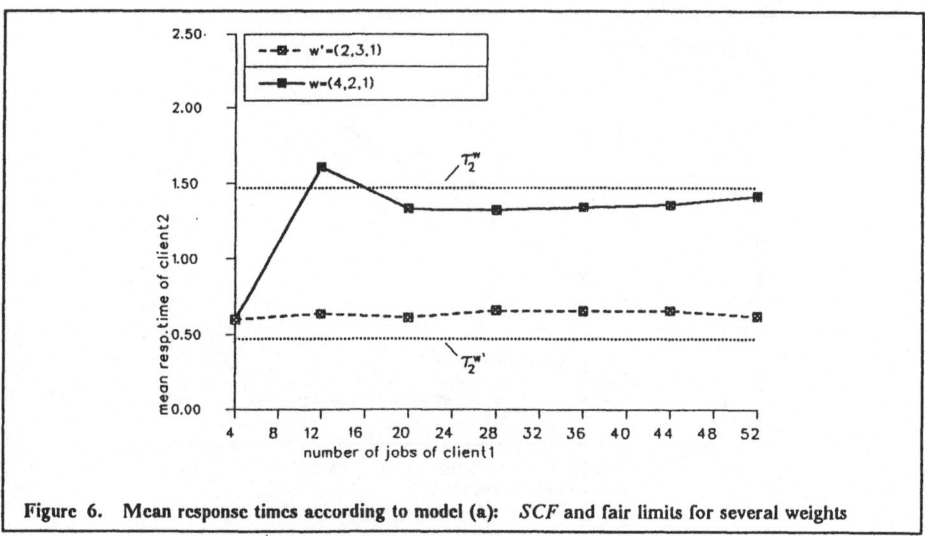

Figure 6.   Mean response times according to model (a):   *SCF* and fair limits for several weights

matically. In contrast, response times under *SCF* satisfy the min-share criterion. Therefore, in the present case, *SCF* is the only algorithm that can be regarded as fair.

In Figure 5 we picked the response time of client3 when client1 increases his job size ($n_1 = n_2 = 12$, $n_3 = 4$ remain constant). The algorithms are *SCF*, *RR* and in addition the preemptive version *SCF-PR*. Obviously, only the last one is able to achieve fairness, but note that even the nonpreemptive *SCF* clearly outperforms *RR*.

Now the algorithm *SCF* is studied according to different weights w_j. Figure 6 illustrates the results for client2 with $w = (4,2,1)$, $w' = (2,3,1)$. For $w_2 = 2$ we have fairness according to *(WMSC)*, but for $w_2 = 3$ this mark is missed very closely. However, as in the last example, it can be shown that fairness is reached under *SCF-PR* in both cases.

5.3 Results of model (b)

In model (b) server1 and server2 are of different kinds, so load sharing cannot be applied to this model. However, the evaluation of service sharing algorithms according to this model leads to very similar results comparing to model (a): in contrast to *RR*, independent response times satisfying our criterion with *SCF*. Hence, the fairness property of this algorithm can be stated for this situation as well.

Moreover, we use model (b) to exhibit another property of *SCF*. Figure 7 illustrates the total mean response times as result of different service sharing algorithms. Increasing $n_1 = 4, \dots , 24$ ($n_2 = 12$, $n_3 = 4$ and $w = (1,1,1)$) shows, that *SCF* outperforms *RR* under this aspect as well. Recall, that the improvement results from better service sharing and not from load sharing. The reason of this property is that *SCF*, while preferring small consumers, indirectly prefers small jobs, too. Clearly, this leads to an improvement of overall system performance. Particularly, the service times of client2 and client3 (c.f. Figure 4) show, that client2 is "server1-bound", while client3 is "server2-bound". As known from operating system schedulers, it is advantageous to prefer those jobs which release the resource more quickly. Note, that this is just the way *SCF* works.

In the next section, the effects of parameter β to fairness is studied in more detail.

5.4 Effect of decay rate β to fairness

Figure 4 shows, that the fairness behavior of algorithm *SCF* is better than that of *RR*, since *SCF* is able to remember past decisions. The history of past decisions is summarized in the usage values u_j. With positive β the decaying process of u_j , i.e. the memory of the algorithm, can be affected.

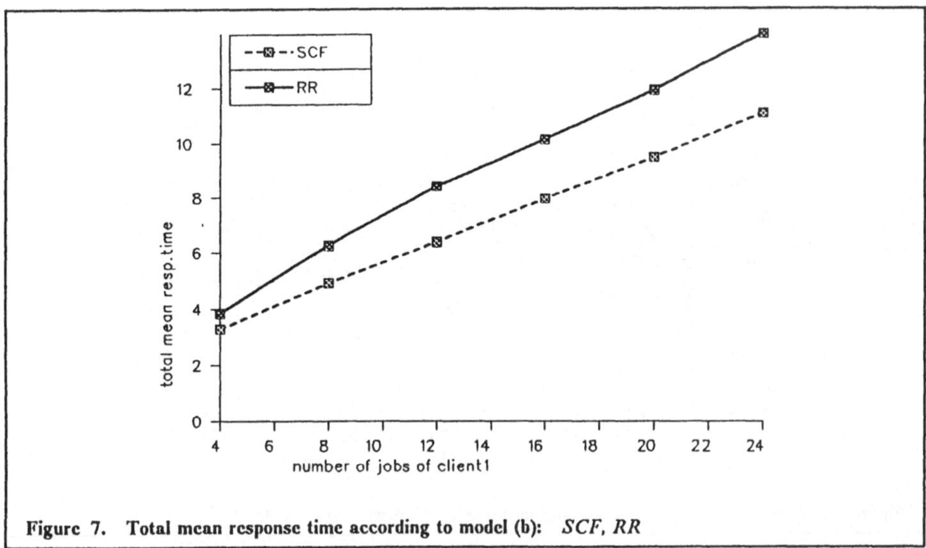

Figure 7. **Total mean response time according to model (b):** *SCF, RR*

With $\beta = 0$ no decaying takes place, thus the entire history is considered. On the other side, with $\beta = \infty$ decaying of $u_j \to 0$ is immediate and entirely, so it is impossible for algorithm *SCF* to remember anything. In this case the algorithm behaves like *RR*, since no smallest consumer can be identified (see definition of *SCF*). Figure 8 illustrates the effects of β to fairness. Algorithm *SCF* becomes less fair if β increases, i.e. under deteriorating memory. This effect has to be taken into account when specifying β in order to prevent new clients from monopolizing the servers.

This memory property shall now be studied with a simple heuristics. For simplicity, we assume that only two clients compete according to model (a) at M servers. The service times for client1 and client2 are $s_1 = s_{i1}$, $s_2 = s_{i2}$ for $i = 1, \ldots , M$, with $s_1 > s_2$. Further we assume that both clients are able to replace a completed job immediately by a new one. This means, that the numbers of jobs are sufficiently large and all servers are fully utilized. Since the service time are different, this is an interesting situation for fairness considerations. The algorithm *SCF* prefers small consumers, so the usages u_1 and u_2 are the deciding quantities. We assume, that both quantities were equal to u' at a certain time and that client1 with $s_1 > s_2$ was selected for service. Let t_0 describe the moment immediately after step (3) of *SCF*, i.e. we have $u_1(t_0) = u' + s_1(t_0)$ and $u_2(t_0) = u'$. Here, $s_1(t_0)$ gives the current service time of the selected job. The lead of client1 gives client2 the chance to get selected in future decisions until at time t_m both usages are equal again, i.e. $u_1(t_m) = u_2(t_m)$. This means that after one decision for client1, $m > 1$ decisions for client2 will follow. Let Δt_k be the time period elapsed between the $(k - 1)$-th. and k-th. decision and $t_n \triangleq \sum_{1 \leq k \leq n} \Delta t_k$. The usage of client2 is for $n \leq m$

$$u_2(t_n) = u_2(t_{n-1})e^{-\beta \Delta t_n} + s_2(t_n)$$

and by resolving the recursion:

$$u_2(t_n) = u' e^{-\beta t_n} + \sum_{1 \leq k \leq n} s_2(t_k)e^{-\beta(t_n - t_k)}.$$

The usage of client1 for $n \leq m$ accordingly gives

$$u_1(t_n) = u_1(t_{n-1})e^{-\beta \Delta t_n} = [u' + s_1(t_0)]e^{-\beta t_n}$$

Now set $u_1(t_m) = u_2(t_m)$. We obtain

$$s_1(t_0)e^{-\beta t_m} = \sum_{1 \leq k \leq m} s_2(t_k)e^{-\beta(t_m - t_k)}.$$

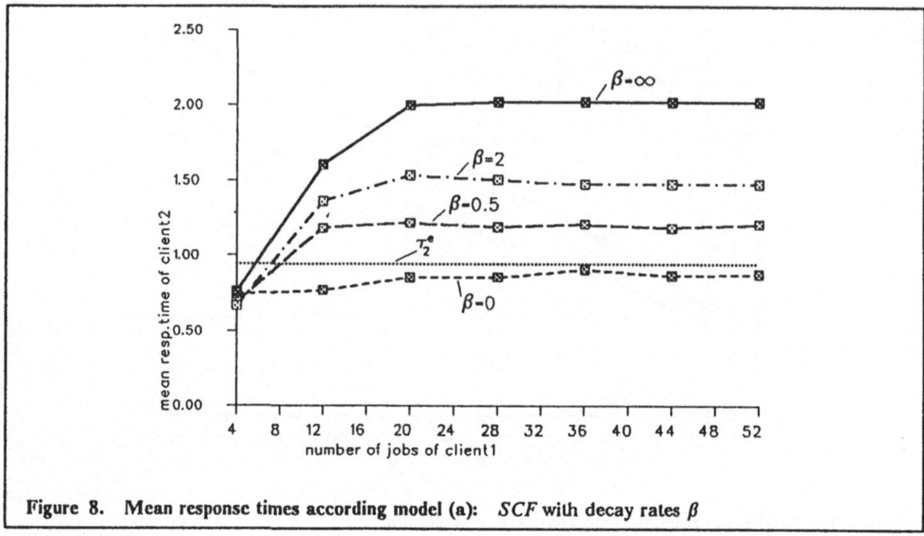

Figure 8. Mean response times according model (a): *SCF* with decay rates β

For further evaluation the mean values are considered, i.e. $s_1(t_k) = s_1$, $s_2(t_k) = s_2$ and $t_k = ks_2/M$. The last relation holds, since if the utilization of the servers is high, the time between decisions is given by the service time of client2 at M servers, therefore $\Delta t_k = s_2/M$ for $k \leq m$. This leads to

$$s_1 e^{-\beta m \frac{s_2}{M}} = s_2 \sum_{0 \leq k \leq m} e^{-\beta k \frac{s_2}{M}}.$$

For abbreviation set $q = e^{-\beta \frac{s_2}{M}}$, so $s_1 q^m = s_2 \frac{1 - q^m}{1 - q}$. Conversion finally gives

$$m = \frac{1}{\ln q} \ln \frac{s_2}{s_1 + s_2 - s_1 q} = \frac{M}{\beta s_2} \ln \frac{s_1 + s_2 - s_1 e^{-\beta \frac{s_2}{M}}}{s_2} \simeq \frac{s_1}{s_2} - \beta \frac{s_1}{M}.$$

The last term is a good approximation for small values s_1, s_2, β , which is obtained by conversion of the exponential term. If $\beta = 0$, after one decision for client1, $m = s_1/s_2$ decisions for client2 will follow. If $\beta > 0$, this number decreases until finally only one decision takes place. The quotient of throughputs therefore is:

$$\frac{\lambda_1}{\lambda_2} = \frac{1}{m} = \begin{cases} \frac{s_2}{s_1} & \text{for} \quad \beta \to 0 \\ 1 & \text{for} \quad \beta \to \infty \end{cases}$$

In case $\beta = 0$, it follows that $\lambda_1 s_1 - \lambda_2 s_2 = 0$. In addition, the high utilization of M servers gives $\lambda_1 s_1 + \lambda_2 s_2 = M$. From the last two equations we obtain:

$$\lambda_1 = \frac{M}{2s_1} \quad \text{and} \quad \lambda_2 = \frac{M}{2s_2}.$$

Comparing this result to the minimal fair share, which is in this case ($N = 2$, $\Lambda = M/s_r$, $r = 1,2$)

$$\lambda_r^e = \frac{1}{2} \Lambda = \frac{1}{2} \frac{M}{s_r}$$

we find equality. Thus, for $\beta = 0$ *SCF* determines exactly this share. This result can be easily extended to more clients with different weights. In the case of $\beta \to \infty$ (*RR*), it follows in an analog way that

$$\lambda_1 = \lambda_2 = \frac{M}{s_1 + s_2}.$$

Now both clients receive the same throughput, which is unfair to client2 since $\lambda_2 < \lambda_1$. In Figure 9, the throughputs of client1 and client2 according to model (a) ($n_1 = n_2 = 24$, $n_3 = 0$, $M = 2, s_1 = 0.5$, $s_2 = 0.3$) and according to the heuristics above are shown.

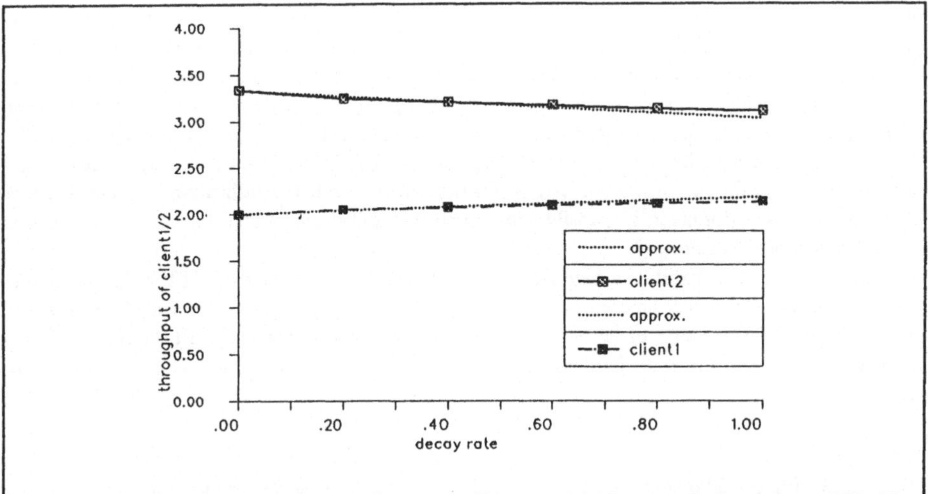

Figure 9. Throughputs of client1 and client2 according to model (a) and to the heuristics: *SCF* with decay rates β, if $n_1 = n_2 = 24$ and $n_3 = 0$

6. Related work

Fairness requirements can be found in various areas, which are characterized by competition for resources among users. The resource considered by many authors is the communication medium [2; 5; 8; 9; 20]. The discussion is therefore focused on flow control mechanisms at the particular network components (e.g. access protocols [5; 8; 9] or window control [20]). For example, the fair gateway queueing algorithm proposed in [2] is an interesting modification of round-robin: Knowing the arrival time of a packet i from user α and its length, the value F_i^α can be computed, which is the transmission finish time under the assumption, that all users could be served in a hypothetical bit-by-bit round-robin. Now, whenever a packet finishes transmission, the next packet sent is the one with smallest F_i^α. In contrast to round-robin, this algorithm takes different packet lenghts into account, but cannot be applied to our problem, since job sizes are generally unknown a priori.

The other approach is to consider past decisions and can typically be found in the schedulers of operating systems [1; 7; 10; 17]. Time sharing systems like Unix use processor usage information for their scheduling decisions. In most cases the goal is to achieve fairness at the job level, i.e. to give competing processes equal portions of processor time. A higher level objective regarding users rather than processes can be found in [10]. Since such a fine grained time slicing is not feasible in distributed systems we have to consider the scheduling of entire jobs.

So far, fairness in distributed systems, which is the focus of our interest, is hardly regarded. Moreover, the term fairness is used with different meanings. Independence from the spatial position of the resources is the criterion in [6; 19]. In [12] fairness means low variance, i.e. the user always should receive the same share, if the system's workload does not change. An application in our context can be found in [14], where the scheduling of background jobs in a workstation environment is studied. The proposed algorithm considers usage information indirectly and is shown to provide each user an independent share of remote processing capacity. However, independence alone is not sufficient, since it says nothing about the size of the users share.

Finally, very theoretical discussions of fairness considering concurrency and nondeterminism of programs can be found in [3], but are not related to our context.

7. Summary and outlook

Besides load sharing, fairness as a user-oriented quantity is regarded as a significant goal of job scheduling in distributed systems. This applies especially in situations, in which the competition at the resources is strong. We have shown that load balancing and fair service sharing, can be regarded as analogous problems. A new criterion, called min-share, was introduced. Algorithms that are candidates for fair service sharing have been tested with this criterion. It was shown that there is a close relationship between fairness of an algorithm and its capability to remember the past. Memoryless algorithms, i.e. such that do not take the consumed service into consideration, fail.

The min-share criterion can deal with different entitlements to resources, and therefore is a generalization of other concepts. It can be formulated for both the utilization and performance aspect of fairness. Moreover, it is easily comprehensible and is well suited for other situations, in which fairness plays a role.

The algorithm *SCF* exhibits a high degree of fairness. A further analysis of the algorithm with respect to situations, which have not been considered in this paper (e.g. "cleverness" of clients in circumventing fairness, costs of fairness, etc.) is subject of future research. Furthermore, we are investigating how to integrate fairness policies into the scheduling component of a prototype *RPC*-system.

References

[1] **D. L. Black.** *Scheduling support for concurrency and parallelism in the Mach operating system.* Computer (5, 1990), 35-43.

[2] **A. Demers, S. Keshav, S. Shenker.** *Analysis and simulation of a fair queueing algorithm.* SIGCOMM '89 Symposium Communications Architectures and Protocols (1989).

[3] **N. Francez.** *Fairness.* Texts and monographs in computer science, Springer-Verlag (1986).

[4] **K. Geihs.** *The road to open distributed computing (ODP).* GI/ITG KIVS '91 Proceedings, Springer-Verlag (1991), 43-52.

[5] **M. Gerla, H.W. Chan, J.R.B. de Marca.** *Fairness in computer networks.* IEEE International Conf. on Communications (1985), 1384-1389.

[6] **W. Gora, I. Weigel.** *Lastverteilung in heterogenen Netzen am Beispiel einer rechnerintegrierten Fertigung.* GI/ITG KIVS '89 Proc., Springer-Verlag (1989), 352-369.

[7] **S. Haldar, D.K. Subramanian.** *Fairness in processor scheduling in time sharing systems.* ACM Operating Systems Review Vol. 25 No.1 (1991), 4-18.

[8] **J.M. Jaffe.** *Bottleneck flow control.* IEEE Trans. Commun. Vol. COM-28 (1981), 954-962.

[9] **M.J. Karol, S.C. Schwartz.** *Multiple access protocols: Fairness in heterogeneous systems.* IEEE INFOCOM '85 Proceedings (1985), 151-160.

[10] **J. Kay, P. Lauder.** *A Fair Share Scheduler.* Commun. ACM 31 1 (1988), 44-55.

[11] **L. Kleinrock.** *Queueing Systems, Vol.II Computer Applications.* Wiley (1976).

[12] **P. Krueger, M. Livny.** *The Diverse Objectives of Distributed Scheduling Policies.* Proceedings of the 7. IEEE Distributed Computing Conference (1987), 242-249.

[13] **M. Mähler, K. Geihs.** *A note on load sharing versus fairness.* Accepted by GI/ITG MMB '91, Munich (1991).

[14] **M.W. Mutka, M. Livny.** *Scheduling Remote Processing Capacity In A Workstation-Processor Bank Network.* Proc. of the 7. IEEE Distributed Computing Conf. (1987), 2-9.

[15] **Open System Foundation.** *OSF chooses the technologies for its distributed computing environment.* OSN-The Open Systems Newsletter, Technology Appraisals Ltd., June, 1990, 1-8.

[16] **C.H. Sauer, E.A. MacNair, J.F. Kurose.** *The Research Queueing Package.* IBM Research Report RA-138 Yorktown Heights (1982).

[17] **H. Schmutz, H. Eberle, K.F. Finkemeyer.** *Virtual Machine Dispatching under Fairness Constraints.* Virtuelle Maschinen, IFB 18, Springer-Verlag (1979) 65-96.

[18] **M.M. Theimer, K.A.Lantz.** *Finding Idle Machines in a Workstation-Based Distributed System.* IEEE Trans. Software Eng. 15 11 (1989), 1444-1458.

[19] **Y.T. Wang, R.J.T. Morris.** *Load Sharing in Distributed Systems.* IEEE Trans. Comput. 34 3 (1985), 204-217.

[20] **F. Wong, J.R.B. de Marca.** *Fairness in Window Flow Controlled Computer Networks.* IEEE Trans. Commun. 37 5 (1989), 475-480.

[21] **A. Wolisz, V. Tschammer.** *Some performance aspects of trading service design.* IEEE INFOCOM '91 Proceedings (1991).

Messen und Bewerten paralleler Client/Server-Architekturen -
am Beispiel des kooperierenden Non-Standard-Datenbanksystems PRIMA

Michael Gesmann, Christoph Hübel, Wolfgang Käfer, Harald Schöning, Bernd Sutter
Universität Kaiserslautern, Fachbereich Informatik
Postfach 3049, 6750 Kaiserslautern

Zusammenfassung

Mit der stetigen Verbreitung und Vernetzung von Arbeitsplatzrechnern sowie dem wachsenden Einsatz von Mehrrechnersystemen gewinnen auftragsorientierte Systemmodelle, die eine Zerlegung in auftraggebende und auftragnehmende Systemkomponenten vorsehen, zunehmend an Bedeutung. Die effektive Nutzung der verteilten Rechnerleistung erfordert geeignete Maßnahmen zur Unterstützung der parallelen Auftragsabwicklung. Neben Konzepten zur Betriebssystemeinbettung adäquater Ablaufumgebungen existiert ein Bedarf an Meßwerkzeugen und Analysemethoden, die eine quantifizierbare Bewertung paralleler, auftragsorientierter Anwendungssysteme erlauben.

Am Beispiel des PRIMA-Systems, einer Prototypentwicklung eines kooperierenden Nicht-Standard-Datenbanksystems, wird ein konkretes auftragsorientiertes Systemmodell vorgestellt und die Meß- und Analyseproblematik verdeutlicht. Dabei werden eine Reihe speziell entwickelter Meß- und Analysewerkzeuge erläutert und ein Bewertungsvorgehen diskutiert. In einer Fallstudie werden die Auswirkungen einer praktisch durchgeführten Systembewertung auf die Gestaltung einer einzelnen PRIMA-Komponente demonstriert.

Schlüsselwörter

Client/Server-Architektur, Konfiguration, Meßmethoden, Leistungsbewertung, ereignisgesteuerte Software-Messung

1. Einleitung und Problembeschreibung

Zerlegung und Verteilung stellen Grundprinzipien bei der Lösung und Beherrschung algorithmischer Problemstellungen sowie bei der Erstellung komplexer Anwendungssysteme dar. Bei der Systemmodellierung gewinnen funktions- oder auftragsorientierte Systemmodelle zunehmend an Bedeutung. Diese beruhen auf der Zerlegung eines Anwendungssystems in Komponenten, die durch gegenseitige Erteilung von Aufträgen die Funktionalität des Gesamtsystems realisieren. Bei der Systemgestaltung kann daher oftmals sehr natürlich die operationale Zerlegung, also das Unterteilen einer komplexen Operation in eine Folge einfacherer Teiloperationen, berücksichtigt werden. Ist die Abarbeitung der Teiloperationen voneinander unabhängig, kann durch verschiedene Systemkomponenten eine verteilte Operationsabwicklung erfolgen. Stehen hierfür mehrere physische Ausführungseinheiten (Prozessoren) zur Verfügung, so ist eine parallele Abarbeitung möglich. Die Wahl einer geeigneten Systemkonfiguration bildet damit ein wichtiges Optimierungspotential [Zi91].

Neben der Schaffung geeigneter Ablaufumgebungen, die eine Einbettung solcher auftragsorientierter Systemmodelle in einer verteilten und ggf. heterogenen Betriebssystem- und Hardware-Umgebung erlauben, müssen die Durchführung von Messungen sowie die Analyse und die Bewertung konkreter Anwendungssysteme durch entsprechende Werkzeuge unterstützt werden [Br88, Mi90]. Dies bereitet u.a. aufgrund der verteilten Systemumgebung erhebliche Probleme. So werden Meßwerte zwangsweise dezentral erfaßt, wodurch die Zusammenfassung und Korrelation, die für eine komponentenübergreifende Interpretation erforderlich ist, ein eigenständiges Problem darstellt. Weiterhin existieren eine Vielzahl von äußerst heterogenen Parametern, die die Systemeinbettung und die Systemkonfiguration bestimmen und somit einen entscheidenden Einfluß auf die Systemdynamik und das gesamte Leistungsverhalten besitzen. Darüber hinaus ist die Frage nach den insgesamt relevanten Leistungsmerkmalen und nach den geeigneten Bewertungsmaßen und -modellen zu klären.

In dem hier vorliegenden Beitrag werden Bewertungskonzepte und -techniken für auftragsorientierte, dezentral und parallel ablaufende Anwendungssysteme vorgestellt und an einem durchgängigen Beispiel aus dem Bereich der Datenbankentwicklung motiviert und verdeutlicht. Die erläuterten Konzepte bieten gerade für den Entwicklungsbereich ein wichtiges Hilfsmittel bei der Optimierung und Anpassung von Systemkonfigurationen, bei der Überprüfung von Entwurfsentscheidungen sowie bei der Bewertung und Validierung von Implementierungskonzepten.

Im folgenden wird am Beispiel des PRIMA-Systems [HMMS87], eines Nicht-Standard-Datenbank-Kernsystems (NDBS) für technische Anwendungen, zunächst ein konkretes auftragsorientiertes Systemmodell sowie eine allgemeine Ablaufumgebung für verteilte, parallele Client/Server-Systeme vorgestellt. Kapitel 3 befaßt sich im Anschluß daran mit Fragen nach den zu variierenden Systemparametern sowie nach den zu erfassenden, relevanten Meßgrößen. In Kapitel 4 werden dann eine Reihe konkreter Möglichkeiten für die Gewinnung von Meßdaten sowie mögliche Vorgehensweisen bei der Parametervariation und der Systembewertung diskutiert und entsprechende Meß- und Analysewerkzeuge beschrieben. Abschließend werden erste praktische Erfahrungen mit der Meßmethodik anhand des PRIMA-Systems skizziert und die Auswirkungen der durchgeführten Systembewertung auf eine verbesserte Systemgestaltung aufgezeigt.

2. Realisierung einer parallelen Client/Server-Architektur für das NDBS PRIMA

2.1 Das Client/Server-Modell

Beim Client/Server-Ansatz wird ein komplexes Anwendungssystem in eine Reihe von *Anwendungskomponenten* zerlegt, deren Zusammenspiel nach dem *Client/Server-Prinzip* erfolgt [SE86]. Ausgehend von dem Prinzip der semantischen Dekomposition, also der Zerlegung einzelner DB-Operationen in logisch unabhängige Teilschritte, haben wir ein Client/Server-Modell entwickelt, das die parallele Verarbeitung innerhalb des Anwendungssystems ermöglicht [HKS91, HSS88, Schö90]. Hierbei wurden die folgenden allgemeinen Anforderungen an ein solches Client/Server-Modell zugrundegelegt:

- Jede Komponente kann die *Rolle eines Servers* für eine übergeordnete Komponente übernehmen (Auftragnehmer) und *gleichzeitig als Client* (Auftraggeber) für weitere Komponenten auftreten. Ein Server erbringt also eine bestimmte Dienstleistung, indem er eine Reihe von Funktionen anbietet, die von den auftraggebenden Komponenten in Anspruch genommen werden können und er kann umgekehrt selbst wieder Dienste von anderen Komponenten anfordern.
- Ein *Aufruf an einen Server* (also ein Auftrag) erfolgt *asynchron*, d.h., er besteht aus der Auftragserteilung und einer davon getrennten Ergebnisentgegennahme. Dies ermöglicht die Erteilung paralleler Aufträge an andere Anwendungskomponenten sowie eine mögliche Weiterverarbeitung in der erteilenden Komponente bis zur nächsten Interaktion mit einem der aufgerufenen Server (etwa Annahme eines Resultats, eines Teilresultats etc.).
- Um mehrere unabhängige Aufträge bzw. rekursiv an sich selbst gerichtete Aufträge absetzen zu können, muß ein Server in der Lage sein, eine *beliebige Anzahl von Aufträgen entgegenzunehmen* und diese unabhängig voneinander entsprechend einer vorgegebenen Prioritätenregelung zu bearbeiten.

Entsprechend dem hier vorgestellten Modell erfolgt demnach die Abarbeitung einer Benutzeroperation in einem komplexen Anwendungssystem über eine Zerlegung der Operation in hierarchisch geschachtelte Aufträge und deren parallele Abarbeitung durch die einzelnen Anwendungskomponenten (Server).

2.2 Das RC-System

Nachdem bislang ein erster Anforderungskatalog an ein abstraktes Client/Server-Modell erstellt wurde, ist nun die Frage nach der Bereitstellung und Realisierung eines Basisdienstes zu beantworten, an dessen Schnittstelle die Funktionalität des Client/Server-Modells angeboten wird. Dazu haben wir das *Remote-Cooperation-System (RC-System)* entwickelt [HKS91], das die Funktionalität bereitstellt und an seiner Schnittstelle von Betriebssystemeigenschaften der zugrundeliegenden Rechner sowie der aktuellen (möglicherweise sehr heterogenen) Hardware-Umgebung abstrahiert.

Einbettung eines Anwendungssystems in eine Betriebssystemumgebung unter Verwendung des RC-Systems

Die Fragen der Einbettung eines auf dem RC-System basierenden Anwendungssystems in eine Betriebssystemumgebung sind sehr komplex, so daß an dieser Stelle nur die wichtigsten Aspekte aufgezählt werden können. Eine ausführliche Diskussion findet sich in [HKS91, Schö90].

- Als betriebssystemseitige Ablaufeinheit zur Einbettung eines Servers wird das Prozeßkonzept genutzt, das sich insbesondere durch seine generelle Verfügbarkeit sowie die relativ einfache und flexible Verteilbarkeit auf unterschiedliche Rechner anbietet. Für die Zuordnung Server - Prozeß gilt, daß einem Server mehrere Prozesse, einem Server ein Prozeß bzw. mehrere Server einem Prozeß zugeteilt werden können. Das RC-System erlaubt alle drei Möglichkeiten.

- Die Forderung nach einer unabhängigen, nebenläufigen Bearbeitung mehrerer Aufträge (z.B. rekursive Selbstaufrufe) durch einen Server kann durch das Konzept des Multi-Processing bzw. Multi-Tasking sowie durch eine Kombination der beiden Konzepte gelöst werden (zur Begriffswahl vgl. [Me88]). Eine in [Schö90] durchgeführte Bewertung dieser Konzepte macht deutlich, daß das Single-Processing/Multi-Tasking-Konzept zur Abbildung eines Servers in unserer Umgebung ein geeignetes Konzept darstellt, d.h., durch einen Prozeß werden mehrere Aufträge überlappend abgearbeitet.

- Aus allgemeinen Effizienzüberlegungen heraus besitzt das RC-System selbst eine verteilte Systemstruktur. Es gibt also keine zentrale Instanz des RC-Systems, vielmehr sind die Verwaltungsdaten auf die Server-Prozesse verteilt und werden zusammen mit den RC-Systemfunktionen als Unterprogramm an die Systemkomponenten gebunden (vgl. Bild 1).

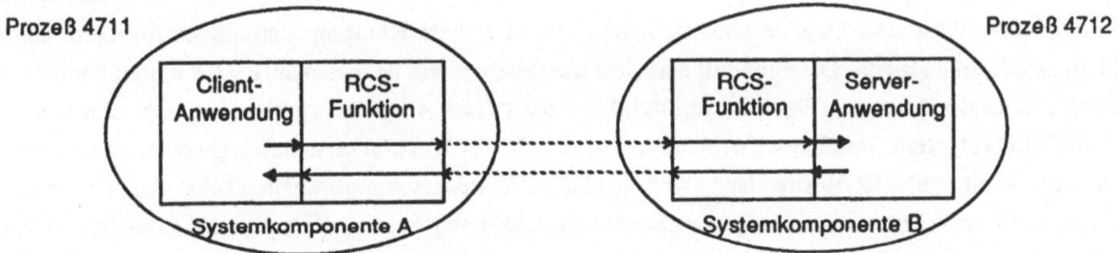

Bild 1: Abbildung der Systemkomponenten auf allgemeine Betriebssystemkonzepte

Abbildung der Server-Prozesse eines Anwendungssystems auf eine heterogene Hardware-Umgebung

Ein weiterer Fragenkomplex richtet sich an die Abbildung eines komplexen Anwendungssystems auf die Hardware-Umgebung. Die Hardware-Umgebung kann durch unterschiedliche Architekturtypen bestimmt sein [HSS89]: *eng gekoppelte Systeme* (gemeinsamer Speicher zwischen allen Prozessoren sowie nur eine Betriebssystemkopie, Prozeßverwaltungsschlange etc.), *lose gekoppelte Systeme* (kein gemeinsamer Hauptspeicher, nachrichtenorientierte Kommunikation) sowie *nahe gekoppelte Systeme* (sowohl eigener Speicher der Prozessoren als auch gemeinsam genutzter Speicher). Für die Abbildung der Server-Prozesse ergeben sich daraus eine Reihe von Problempunkten:

- Verdecken der aktuellen Hardware-Umgebung
  Da die Schnittstelle des RC-Systems unabhängig von der aktuellen Hardware-Umgebung zu gestalten ist, müssen die Hardware-Charakteristika nach außen verborgen werden. Allerdings müssen die besonderen Hardware-Eigenschaften innerhalb des RC-Systems ausgenutzt werden. Dies gilt insbesondere für die Nutzung von gemeinsamem Speicher.

- Flexible und einfache Konfiguration

  Darunter ist die Verteilung des gesamten Anwendungssystems auf die zur Verfügung stehenden Rechner zu verstehen. Das RC-System muß eine einfache und flexible Konfiguration, d.h. Zuordnung der Prozesse zu den Prozessoren, gewährleisten.

Die wichtigsten Operationen des RC-Systems

Im folgenden wollen wir die grundlegenden Operationen des RC-Systems und deren Zusammenwirken etwas genauer vorstellen, soweit dies für das weitere Verständnis notwendig ist. Eine Client-Komponente kann an einen beliebigen Server einen Auftrag absetzen (*Remote_Server_Initiation*). Die RC-Komponente der Client-Seite übernimmt den Auftrag und sorgt für dessen Weiterleitung an die Server-Seite. Unmittelbar nach dem Weiterleiten erhält die Client-Seite die Kontrolle zurück (*asynchrone Auftragserteilung*). Das Ergebnis eines Auftrags kann zu einem späteren Zeitpunkt über die Operation *Get_Server_Result* abgerufen werden. Mit *Look_For_Server_Termination* kann eine Client-Komponente den aktuellen Zustand eines Auftrags abfragen bzw. mit der Operation *Wait_For_Server_Termination* explizit auf das Ende der Bearbeitung eines Auftrags warten.

Die Server-Komponente kann mit der Operation *Accept_Task* einen Auftrag zur Bearbeitung entgegennehmen. Stehen mehrere Aufträge zur Bearbeitung an, so wird der nächste zu bearbeitende Auftrag über eine Prioritätensteuerung ermittelt. Hat ein Auftrag Subaufträge abgesetzt, deren Ergebnisse abgewartet werden sollen, so muß der *Auftrag blockiert* werden, d.h. er wird mittels *Break_Task* unterbrochen und ein anderer zur Bearbeitung anstehender *Auftrag wird aktiviert*. Trifft zu dem unterbrochenen Auftrag eine Antwort ein, so wird er wieder in die Reihe der *bereiten Aufträge* eingehängt und kann mit einem *Accept_Task*-Aufruf erneut aktiviert werden. Die Operation *Reply_Task* übermittelt das Ergebnis des Auftrags an die Client-Komponente zurück und beendet den Auftrag.

2.3 Die Client/Server-Architektur des PRIMA-Systems

Das PRIMA-System setzt sich aus dem NDBS-Kern und der auf eine definierte Anwendungsklasse orientierten Anwendungsebene zusammen. Der NDBS-Kern, der an seiner Schnittstelle ein Datenmodell zur Beschreibung und Handhabung komplex strukturierter Objekte anbietet [Mi88], ist in weitere Komponenten aufgeteilt, die in Bild 2 (vereinfacht) dargestellt sind. Das das Datenmodell realisierende Datensystem ist in den Server *Compiler*, der die Anfrageübersetzung und Code-Erzeugung übernimmt, und den Server *Dml_Ausführung*, der den vom Compiler erzeugten Code ausführt, aufgeteilt. Beide erteilen Aufträge an den Server *Metadatenverwaltung* sowie an sich selbst (beispielsweise wenn in einer SELECT-Anweisung weitere SELECT-Anweisungen enthalten sind). Alle Komponenten nutzen den Server *Transaktionsverwaltung*. Der Server *Speicherkomponente*, der selbst die E/A-Komponente benutzt, wird hingegen nur vom Server *Zugriffskomponente* genutzt, der wiederum nur von der Dml_Ausführung Aufträge erhält. Die Pfeile in Bild 2 zeigen die Auftraggeber/Auftragnehmer-Relation zwischen den Servern. Dabei werden auch die rekursiven Auftragsbeziehungen deutlich. Eine genauere Beschreibung des PRIMA-Systems [HMMS87] ist im Rahmen dieser Arbeit nicht notwendig.

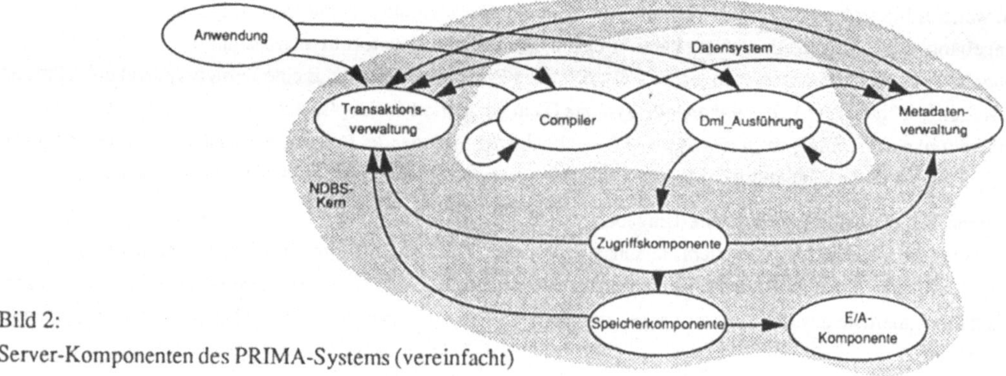

Bild 2:
Server-Komponenten des PRIMA-Systems (vereinfacht)

Nachdem wir die Anforderungen an verteilte, parallele Client/Server-Systeme aufgezeigt und deren Realisierung anhand der Funktionalität des RC-Systems geschildert haben, werden im folgenden Kapitel die wichtigsten Systemparameter und Meßgrößen solcher Systeme diskutiert.

3. Systemparameter und Meßgrößen

Das Leistungsverhalten eines parallelen Client/Server-Systems hängt von einer Vielzahl von Parametern ab, die sich grob in drei Klassen einteilen lassen: konfigurationsspezifische Parameter, auftragsspezifische Parameter und implementierungsspezifische Parameter. Zusätzlich zu diesen systeminternen Parametern muß das von außen einwirkende Lastprofil beachtet werden.

Die **konfigurationsspezifischen Parameter** umfassen alle Festlegungen bzgl. der Abbildung des Client/Server-Systems auf eine konkrete Ablaufumgebung. Die unterste Ebene wird dabei durch die vorliegende Hardware gebildet. Hier lassen sich neben den Mono-Prozessoren die drei in Kapitel 2 angesprochenen Architekturtypen unterscheiden. Für das Leistungsverhalten des Systems ist dabei vor allem die Ausnutzung des gemeinsamen Speichers für die Kommunikation bei der Auftragserteilung bzw. der Ergebnisübernahme interessant. Dies gilt besonders, da drei unterschiedliche Typen gemeinsamen Speichers unterschieden werden können:

- gemeinsamer Speicher innerhalb eines Prozesses
  Diese Art des gemeinsamen Speichers ist bei allen Architekturtypen vorhanden und kann zwischen mehreren Servern, die in einem Prozeß ablaufen, genutzt werden.
- gemeinsamer Speicher zwischen Prozessen (eines Prozessors)
  Diese Art des gemeinsamen Speichers wird von fast allen Betriebssystemen angeboten. Allerdings unterscheiden sich sowohl die Zugriffszeiten als auch die Art und Weise des Zugriffs auf diesen Speicher.
- gemeinsamer Speicher zwischen Prozessoren eines Rechners

  - Im Falle der eng gekoppelten Architektur ist nur gemeinsamer Speicher vorhanden, da alle Prozessoren auf den gesamten Speicher zugreifen können (wodurch gleichzeitig die Anzahl der Prozessoren eng begrenzt wird). Gemeinsamer Speicher (in dem hier untersuchten Sinne) entspricht damit dem gemeinsamen Speicher zwischen Prozessen (vgl. vorigen Abschnitt).

  - Im Falle der nah gekoppelten Architektur ist der gemeinsame Speicher zwischen den Prozessoren von dem Arbeitsspeicher der einzelnen Prozessoren verschieden. Dies erlaubt eine deutlich höhere Anzahl von Prozessoren, da sowohl die Zugriffszeit unkritischer ist (die meisten Zugriffe erfolgen auf den privaten Arbeitsspeicher des Prozessors) als auch die Zugriffshäufigkeit auf den gemeinsamen Speicher wesentlich geringer ist (er wird ja nur zur Kommunikation mit anderen Prozessen genutzt). Zusätzlich kann zwischen den Prozessen eines Prozessors gemeinsamer Speicher (im Arbeitsspeicher dieses Prozessors) genutzt werden.

Wegen der flexiblen Konfigurierbarkeit des Gesamtsystems, muß die Nutzung des gemeinsamen Speichers (unabhängig von dessen Typ) vollständig durch das RC-System verborgen werden. Die Ausnutzung des gemeinsamen Speichers ist jedoch als eine wichtige Optimierungsmaßnahme anzusehen.

Die **auftragsspezifischen** Parameter betreffen die Abarbeitungsfolge der Aufträge im System. So sollten z.B. in einem Synchronisationsserver immer die Aufträge zur Freigabe von Sperren vor den Aufträgen zum Anfordern von Sperren bearbeitet werden, da hierdurch eine Verringerung der Blockierungszeiten und des Auftragsaufkommens erreicht wird. Im allgemeinen kann die Abarbeitungsfolge der Aufträge durch den Auftrag selbst, durch den Client und durch den Server bestimmt werden. Zur Steuerung bietet sich eine Prioritätenlösung an, d.h., die Clients und/oder die Aufträge werden mit Prioritäten versehen. Dies erlaubt sowohl die Bevorzugung bestimmter Clients bzw. bestimmter Aufträge als auch eine Kombination von beiden. Die Abarbeitung der Aufträge im Server muß entsprechend dieser Prioritäten erfolgen, wobei weitere Informationen wie beispielsweise die Wartedauer einzelner Aufträge berücksichtigt werden müssen [HKS91], um z.B. ein "Aushungern" von Aufträgen zu vermeiden.

Die implementierungsspezifischen Parameter betreffen zunächst die Zerlegung des Anwendungssystems in Server-Komponenten. Da diese Aufteilung in einer sehr frühen Phase der Implementierung erfolgt, ist das resultierende Gesamtsystem in diesem Punkt sehr inflexibel gegenüber Änderungen. Weiterhin spielt die Implementierung der Server, also insbesondere die Auswahl der Algorithmen und Strategien zur Verteilung von Subaufträgen sowie zur Bearbeitung einzelner Aufträge eine wesentliche Rolle. Wiederum ist das Gesamtsystem in diesem Punkt sehr unflexibel gegenüber Änderungen. Die verwendeten Strategien bestimmen darüberhinaus das Auftragsprofil, d.h.

- kurze / lange Aufträge,
- Anzahl der parallel abgesetzten Aufträge,
- Ankunftsrate der Aufträge, etc.

und haben damit wieder Einfluß auf die Systemgestaltung. Neben diesen schwer veränderlichen Parametern, ist noch eine Reihe von Justierungsparametern zu nennen, deren Modifikation durch einfaches Übersezten der Programme möglich ist. Hierzu zählen vor allem Konstanten in den Anwendungsprogrammen und auch im RC-System selbst (beispielsweise die Paketgröße für Nachrichten, Zeiten für Timeouts, etc.), die das Systemverhalten beeinflussen.

Zusätzlich zu den bisher diskutierten systeminternen Parametern muß das von außen einwirkende Lastprofil untersucht werden [Bo89]. Hierbei sind insbesondere im Datenbankbereich drei Fragestellungen interessant:

- Referenzverhalten
  Welche Referenzmuster lassen sich beim Zugriff auf die Daten erkennen? (z.B. "80% der Zugriffe betreffen 20% der Daten" oder "Wie häufig wird ein bestimmtes Datum in einer Zeiteinheit referenziert?")
- Zugriffsverhalten
  Welche Operationen werden mit welchen Häufigkeiten aufgerufen (Zeitverlaufsdiagramm)?
- Konfliktverhalten
  In welchem Maße stehen die ausgeführten Operationen auf den betroffenen Daten im Konflikt zueinander bzw. welches Transaktionsprofil liegt vor?

Die Sensitivität des Systemverhaltens gegenüber einer bestimmten Einstellung der internen Parameter und des von außen einwirkenden Lastprofils spielt bei der Beurteilung und weiteren Untersuchung des Gesamtsystems eine wesentliche Rolle, da bei einer hohen Sensitivität bzgl. des Lastprofils die Wahl der internen Parameter nur im Kontext dieses bestimmten Lastprofils gesehen werden kann.

Die Meßgrößen

Die Analyse und die Bewertung des Systemverhaltens erfordern die Ermittlung aller Meßgrößen, deren Werte durch die Last bzw. durch die Parameterwahl beeinflußt werden. Die Meßgrößen können dabei bzgl. den beiden folgenden Gesichtspunkten betrachtet werden. Zum einen ist die Art der Meßgröße und zum anderen die Systemebene, in der die Meßgröße erfaßt wird, von Interesse. Wie die Betrachtung der einzelnen Aspekte zeigen wird, sind beide Gesichtspunkte nicht immer zu trennen. Im wesentlichen lassen sich sechs Systemebenen in einem parallelen Client/Server-System unterscheiden:

- **Gesamtsystem:** Das Leistungsverhalten aller Prozessoren, Prozesse und Server soll untersucht bzw. bewertet werden.
- **Prozessor:** Alle Prozesse bzw. Server eines Prozessors sollen analysiert werden.
- **Prozeß:** Die Server eines einzelnen Prozesses sollen isoliert untersucht werden.
- **Server:** Das Leistungsverhalten eines einzelnen Servers soll bestimmt werden.
- **Auftrag:** Die Abarbeitung eines Auftrags bzw. seiner Subaufträge stehen im Mittelpunkt der Analyse.
- **Prozedur:** Die Implementierung einer Prozedur soll untersucht werden.

Die Zerlegung des Systems in unterschiedliche Ebenen ist zum Aufbau einer Abstraktionshierarchie notwendig, da nur so die Fülle der Meßdaten auf ein handhabbares Maß reduziert werden kann. Zusätzlich bildet die Abstraktionshierarchie die Grundlage für eine schrittweise verfeinerte Untersuchung des Gesamtsystems. Auf den unterschiedlichen Systemebenen lassen sich die folgenden wichtigen Meßgrößen unterscheiden:

- **Antwortzeit**

  Die (zumindest für den relativen Vergleich) wichtigste Größe zur Beurteilung des Gesamtsystems ist die Antwortzeit für eine Operation bzw. eine Folge von Operationen. Der Vergleich der Antwortzeiten bei gleicher Last mit unterschiedlichen Parameterbelegungen bzw. mit unterschiedlichen Systemkonfigurationen erlaubt Rückschlüsse auf die Sensitivität des Systems bzgl. bestimmter Parameter sowie auf die Eignung der verwendeten Verarbeitungskonzepte. Zum Beispiel ist der Einfluß der Parallelisierung der Verarbeitung beim Vergleich einer Systemkonfiguration mit nur einem einzigen Prozeß (alle Server befinden sich in diesem Prozeß) und einer Systemkonfiguration mit mehreren Prozessen auf einem Prozessor (oder auf mehreren Prozessoren usw.) ableitbar, da bei einer Konfiguration mit allen Servern in einem Prozeß keine echt parallele Verarbeitung möglich ist. Da in diesem Fall die Kommunikation immer über gemeinsamen Speicher erfolgt, sind hierbei auch Hinweise über die Kommunikationskosten bzw. den Einfluß der asynchronen Auftragserteilung ableitbar. Zur Systemanalyse müssen entsprechend die Antwortzeiten für Komponenten des Gesamtsystems gemessen werden.

- **Häufigkeiten**

  Zur Beurteilung der Zerlegung der Operationen und deren paralleler Abarbeitung müssen die Aufrufhäufigkeiten einzelner Operationen bzw. das Auftreten bestimmter Ereignisse protokolliert werden. Dabei muß eine kontextabhängige Aggregierung (z.B. Aufrufhäufigkeiten von Operationen während der Abarbeitung eines bestimmten Auftrags etc.) möglich sein.

- **Auslastung**

  Da alle gemessenen Antwortzeiten von der Auslastung des Gesamtsystems bzw. der entsprechenden Komponenten abhängen, muß die Auslastung jeder dieser Komponenten erfaßt werden. Dies bedeutet, daß die Auslastung der Prozessoren, der Prozesse und der Server bestimmt und im Zusammenhang beurteilt werden muß. Dies ist um so schwieriger, als hier starke gegenseitige Wechselwirkungen auftreten können, beispielsweise kann die Überlastung eines Prozesses die Überlastung eines seiner Server bedingen bzw. die Überlastung eines einzelnen Servers kann zur Überlastung des entsprechenden Prozesses führen.

- **Auftragszustände**

  Die Bearbeitungszustände eines Auftrages (analog zu Prozeßzuständen kann ein Auftrag *aktiv, bereit* oder *blokkiert* sein) müssen sowohl statistisch erfaßt als auch zeitlich eingeordnet werden können. Als Bearbeitungzustände sind hierbei vor allem das Warten bis zum Beginn der Bearbeitung bzw. das Warten auf die Ergebnisrücknahme sowie alle weiteren Unterbrechungs- und Wartezustände zu nennen. Zusätzlich stellt die Zahl der Zustandsübergänge (und der jeweiligen Verweilzeiten) eine wichtige Information dar.

Bild 3 zeigt den Zusammenhang der Systemebenen mit den Meßgrößen auf. Ein Teil der Meßgrößen ist auf bestimmten Systemebenen nicht erfaß- oder interpretierbar. Zum Teil können jedoch Meßgrößen der darunterliegenden Systemebene für die aktuelle Systemebene aggregiert werden und gewinnen damit eine eigenständige Bedeutung zur Bewertung dieser Systemebene.

	Gesamtsystem	Prozessor	Prozeß	Server	Auftrag	Prozedur
Antwortzeit	o	-	-	o	x	x
Häufigkeiten	o	o	o	x	x	x
Auslastung	o	x	x	x	-	-
Auftragszustände	o	o	o	o	x	-

Legende: x: Messung sinnvoll   -: Messung wenig sinnvoll   o: Aggregation sinnvoll

Bild 3: Die Bedeutung von Meßgrößen auf den verschiedenen Systemebenen

Zusätzlich zu den in Bild 3 gezeigten Systemebenen können weitere Unterteilungen des Gesamtsystems für dessen Beurteilung hilfreich sein. Hier sind insbesondere Gruppierungen von Systemkomponenten bzgl. bestimmter komplexer Anwendungsfunktionen zu nennen. Ein Mittel zur Gruppierung bildet dabei sicherlich die Auftragshierarchie, die ein wichtiger Indikator für die verwendeten Verarbeitungskonzepte innerhalb des Systems ist. Es muß deshalb möglich sein, die Auftragshierarchie bestimmter Aufträge zu rekonstruieren bzw. statistische Aussagen beispielsweise über die Tiefe und Breite der Auftragshierarchien zu gewinnen. Insbesondere muß feststellbar sein, welche Aufträge innerhalb der Hierarchie parallel bearbeitet werden konnten.

4. Werkzeuge und Bewertungsmethodik

In diesem Kapitel werden zunächst die von uns implementierten Meß- und Analysewerkzeuge vorgestellt und bzgl. den Systemebenen und den Meßgrößen eingeordnet. Im Anschluß wird ihr Einsatz bei der Analyse und Bewertung des Systemverhaltens anhand eines methodischen Vorgehens diskutiert und am Beispiel des PRIMA-Systems verdeutlicht.

Zur Analyse des Leistungsverhaltens unseres Anwendungssystems wurden drei voneinander unabhängige Meßwerkzeuge entwickelt. Dies war nötig, da die von den Betriebssystemen zur Verfügung gestellten Werkzeuge keine gezielte Beobachtung von Servern und Aufträgen, insbesondere des Zusammenhangs der Aufträge über mehrere Server, Prozesse und Prozessoren hinweg, erlauben [Be90]. Die von Betriebssystemen oftmals zur Verfügung gestellten Werkzeuge können allerdings auf innerhalb eines Prozesses Prozedurebene eingesetzt werden [Kl85]. Schritthaltend mit der Erstellung der Meßwerkzeuge wurden Auswertungsprogramme entwickelt, die sowohl eine Beobachtung bzw. eine Analyse des laufenden Systems als auch eine nachfolgende Interpretation erlauben und damit eine möglichst umfassende Untersuchung des Systemverhaltens unterstützen. Die ermittelten Informationen dienen damit sowohl der Veranschaulichung des dynamischen Verhaltens einzelner Komponenten sowie des Gesamtsystems als auch deren Optimierung.

4.1 Meß- und Analysewerkzeuge

Meßwerkzeuge lassen sich aufgrund ihrer Meßmethode in zwei Klassen unterteilen. *Ereignisgesteuerte* Meßwerkzeuge erfassen alle "interessanten" Zustandsveränderungen des Systems. Hierzu müssen diese Zustandsänderungen durch sogenannte "Ereignisse" charakterisiert werden. So wird z.B. die Aktivierung eines Auftrags durch einen bestimmten Aufruf im RC-System veranlaßt. Dieser Aufruf stellt dann das interessierende Ereignis dar. Voraussetzung für diese Meßmethode ist zum einen, daß die Menge der zu messenden Ereignisse ohne spürbare Systembeeinflussung verarbeitbar ist (daß z.B. nicht zu viele Ereignisse in einer Zeiteinheit auftreten), zum anderen, daß man die Ereignisse überhaupt beobachten kann. Aufrufe in der von uns erstellten Software (inkl. RC-System) lassen sich durch Modifikationen der Software protokollieren. Ereignisse im Betriebssystem können wir auf diese Weise jedoch nicht erfassen, denn dazu müßte der Betriebssystemkern modifiziert werden.

In diesem Fall müssen Meßwerkzeuge, die nach der *Sampling*-Methode arbeiten, eingesetzt werden. Diese Meßwerkzeuge erfassen den Systemzustand nur in bestimmten (meist periodischen) Zeitabständen. Wir nutzen diese Methode zur Bestimmung der Prozeßzustände der uns interessierenden Prozesse. Dazu werden die Prozeßzustände in periodischen Zeitabständen abgefragt und entsprechend protokolliert.

Die in Kapitel 3 vorgestellten Meßgrößen werden mittels der drei von uns entwickelten Werkzeuge vollständig erfaßt. Die Einteilung der Meßgrößen in die verschiedenen Systemebenen diente dabei als Grundlage für die Entwicklung der Werkzeuge. Auf der *Prozedurebene* werden durch einen Monitor Prozedurbeginn und -ende protokolliert, um Aussagen über deren Laufzeiten und Aufrufhäufigkeiten zu bekommen. Auf der *Auftragsebene* werden die Basisprimitive des RC-Systems aufgezeichnet, um die logischen Abläufe innerhalb dieser Ebene rekonstruieren zu können und die Aufrufhäufigkeiten von Funktionen der einzelnen Server sowie die Belastung der Server mit Aufträgen aggregieren zu können. Auf der *Serverebene* werden die Auslastung mit Aufträgen und die Aufrufhäufigkeiten von Funktionen beobachtet. Auf der *Prozeßebene* wird von diesen logischen Abläufen abstrahiert. Auf dieser Ebene wird nur noch beobachtet, wieviel, aber nicht was ein Prozeß arbeitet. Im folgenden werden die einzelnen Meßwerkzeuge vorgestellt und die existierenden Auswertungsprogramme skizziert.

Auftrags- und Server-Monitor (ASM)

Mit dem Auftrags- und Server-Monitor werden detaillierte Informationen über die Ausführung eines Programms gewonnen. Die hier ermittelten Daten erlauben das **dynamische Verhalten bei der Auftragsbearbeitung und Auftragserzeugung** sowohl quantitativ (Belastung einzelner Komponenten mit Aufträgen) als auch qualitativ (gezielte Untersuchung der Vorgänge bei der Bearbeitung einzelner Aufträge) zu untersuchen. Im Vordergrund stehen die Untersuchung der Verteilung von Aufträgen zwischen Servern, die Bewertung der Algorithmen innerhalb der Server-Komponenten sowie die Analyse der Laufzeiten bei der Abarbeitung der Aufträge.

Dazu wurde ein *ereignisgesteuerter Softwaremonitor* entwickelt, der die gemäß Bild 3 sinnvollen Meßgrößen auf den Systemebenen Auftrag und Prozedur erfaßt. Dieser Monitor wird in jeden Prozeß unseres Anwendungssystems integriert. Bei Auftreten eines definierten Ereignisses wird ein entsprechender Logsatz in einen Puffer geschrieben, der bei der Initialisierung des Prozesses angelegt wurde. Der gefüllte Puffer wird auf einer lokalen Platte in eine dem Prozeß zugeordnete Datei geschrieben. Da bei einer Messung in der Regel nicht alle möglichen Ereignisse von Interesse sind, kann durch Angabe eines Protokollierungsmodus eine Teilmenge der möglichen Ereignisse zur Protokollierung ausgewählt werden.

Jeder Logsatz besteht aus einem *Header*, der den Zeitpunkt des Ereignisses, den Typ des Ereignisses und eine eindeutige Identifizierung des aktuellen Auftrags enthält. Zusätzlich werden ereignisspezifische *Daten* (z.B. Identifikator eines erzeugten Subauftrags oder Name einer aufgerufenen/beendeten Prozedur) protokolliert. Damit können Aufrufhäufigkeiten, Ausführungsdauer und Aufrufhierarchien von Prozeduren bestimmt werden, indem Prozedurbeginn und -ende zusammen mit dem Prozedurnamen aufgezeichnet werden. Die Abarbeitung eines von einem Client gestellten Auftrags und die dabei entstehende Auftragshierarchie wird durch die Aufzeichnung der Basisprimitive zur Erzeugung von Unteraufträgen (*Remote_Server_Initiation*), zur Unterbrechung eines Auftrags (*Break_Task*) und zur Beendigung eines Auftrags (*Reply_Task*) erreicht.

Eine detailliertere Beobachtung einzelner Aufträge verlangt die Aufzeichnung aller Aufrufe der vom RC-System zur Verfügung gestellten Basisoperationen. Die so erhaltenen Meßprotokolle bilden die Grundlage für eine genauere Untersuchung der implementierten Algorithmen. Die von verschiedenen Prozessoren stammenden Ereignisprotokolle werden dazu zunächst zusammengefaßt. Im Rahmen der durch die Uhren und die Übertragungszeit von Nachrichten vorgegebenen Meßgenauigkeit werden auf allen Prozessoren gleichzeitig der Start-und Endezeitpunkt einer Messung definiert. Die für unsere Meßgrößen benötigten Beobachtungsdauern sind relativ groß, so daß die üblichen Zeitgranulate bzw. Taktzeigen der Prozessoruhren ausreichend genau sind. Unter der Voraussetzung, daß die Uhr auf jedem einzelnen Prozessor gleichmäßig läuft, läßt sich für die Messung eine virtuelle Zeit definieren, die zur Ordnung der Ereignisse von verschiedenen Prozessoren dient. Statistische Auswertungen liefern Aussagen über die Häufigkeiten, mit denen einzelne Funktionen eines Servers aufgerufen werden, über deren Bearbeitungsdauer (getrennt nach den Zeiten in verschiedenen Zuständen) sowie die Erzeugung von Subaufträgen.

Neben den rein statistischen Auswertungen und der Darstellung der Abarbeitungsphasen einzelner Aufträge, gibt der *Server-Analysator (SA)* einen visuellen Eindruck von der Lastverteilung im System. Auf einer graphischen Oberfläche werden die Belastungen der einzelnen Server (d.h die Anzahl der zu bearbeitenden Aufträge) sowie das Auftragsaufkommen zwischen einzelnen Servern dargestellt. Dabei werden die einzelnen Server durch Darstellungselemente visualisiert, deren Farben den Belastungsgrad der Server symbolisieren. Variabel breite Verbindungslinien kennzeichnen die Anzahl der Auftraggeber-Auftragnehmer-Beziehungen zwischen den Servern. Durch die Zusammenfassung einzelner Server in einem gemeinsamen Darstellungselement wird eine kompaktere Repräsentation der Server-Belastungen möglich. Dies ist insbesondere dann sinnvoll, wenn mehrere Server in einem Prozeß integriert sind oder das Auftragsaufkommen auf Prozessorebene untersucht werden soll. Bei der Darstellung ist sowohl eine "Zeitraffung" als auch eine Darstellung in "Zeitlupe" möglich.

Online-Server-Monitor (OSM)

Im Gegensatz zur zeitverzögerten Analyse der Ereignis-Protokolle des ASM ist auch eine direkte Beobachtung des Systemverhaltens zur Laufzeit sinnvoll. Zu diesem Zweck wurde ein Monitor entwickelt, der sich unserem Anwendungssystem gegenüber möglichst passiv verhalten sollte und daher seine Meßwerte mittels *Sampling* ermittelt. Im Gegensatz zum ASM werden in diesem Werkzeug die Meßgrößen auf den beiden unteren Systemebenen "Auftrag" und "Prozedur" nicht mehr erfaßt. Der Online-Server-Monitor beobachtet die **Auslastung einzelner Server mit Aufträgen** und die **Häufigkeiten, mit denen einzelne Funktionen eines Servers aufgerufen werden**. Dadurch werden die gewonnenen Informationen zwar unschärfer als im ASM, und die Bearbeitung einzelner Aufträge ist nicht mehr nachvollziehbar, aber die Forderung nach der Passivität wird besser erfüllt. Der OSM kann interaktiv zum laufenden System zugeschaltet werden. Nachdem er mit dem RC-System eines Prozesses Verbindung aufgenommen hat, verschickt dieses in vom Benutzer spezifizierten Intervallen Informationspakete über den aktuellen Zustand der Server des Prozesses. Diese beinhalten die Anzahl der Aufträge, aufgegliedert nach ihren Zuständen und Funktionen, sowie Lauf- und Wartezeiten eines Servers. Für jede Information, die dargestellt werden soll, wie z.B. der Anzahl von Aufträgen, die sich in einem bestimmten Zustand befinden, wird ein entsprechendes Diagramm erzeugt.

Prozeß-Monitor (PM)

Durch die Beobachtung einzelner Prozessoren und Prozesse sollen Engpässe bzw. freie Ressourcen auf den Systemebenen aufgedeckt werden. Da uns eine direkte Beobachtung der Prozeßzustände nicht möglich ist, wurde ein Software-Monitor entwickelt, der in regelmäßigen Intervallen für alle Prozessoren bzw. Prozesse unseres Anwendungssystems aus den Verwaltungstabellen des Betriebssystems die verbrauchten Ressourcen ausliest und über einen Puffer in eine Datei schreibt. Beobachtet werden die **von einem Prozeß aufgenommene Benutzerzeit, die Systemzeit, das E/A-Verhalten und die Prozeßgröße** im realen und virtuellen Speicher. Eine Zusammenfassung dieser Werte für alle Prozesse auf einem Prozessor zur Beobachtungszeit senkt den Einfluß auf das Systemverhalten, da weniger Schreiboperationen notwendig werden. So erfolgt nur noch eine Beobachtung der Auslastung auf Prozessorebene.

In einer anschließenden Auswertung können die so ermittelten Werte über einer Zeitachse aufgetragen werden. Von besonderem Interesse ist dabei die in den einzelnen Zeitintervallen von einem Prozeß aufgenommene Zeit, um ggf. bei einer gleichzeitigen Auswertung von Meßdaten des ASM feststellen zu können, ob dieser Prozeß aufgrund von Aufträgen, die bearbeitet werden könnten, mehr Ressourcen benötigt.

Die vorgestellten Meßwerkzeuge erfassen somit alle in Bild 3 dargestellten, sinnvollen Meßgrößen. Auf den Systemebenen Prozessor und Prozeß werden die Beobachtungen durch den PM, auf der Serverebene durch den OSM und auf der Auftrags- und der Prozedurebene durch den ASM durchgeführt.

4.2 Methodik zur Bewertung und Optimierung von Client/Server-Systemen

Nachdem im vorangegangenen Abschnitt die von uns entwickelten Meß- und Analysewerkzeuge für die Erfassung der in Kapitel 3 aufgezeigten und als relevant erkannten Meßgrößen vorgestellt wurden, geht es nun um deren methodischen Einsatz zur Bewertung und zur Optimierung eines Client/Server-Systems.

Jede Bewertung setzt die Schaffung von Maßstäben und die Spezifikation von Zielgrößen voraus. Nur so können bestimmte Eigenschaften einer konkreten Systemkonfiguration qualitativ und quantitativ eingeordnet werden. Aufgrund ihrer praktischen Relevanz soll im folgenden die Antwortzeit als die wesentliche Zielgröße gelten. In der durch das Client/Server-Modell bereits vorgegebenen verteilten Ablaufumgebung gilt das besondere Interesse der Fragestellung, wie sich die Verteilung, die damit verbundene Möglichkeit einer parallelen Abwicklung von Aufträgen sowie der Einsatz zusätzlicher Ressourcen (zusätzliche Prozessoren, prozessorübergreifender gemeinsamer Speicher etc.) bzgl. dieser Zielgröße bemerkbar macht. Neben der reinen Bewertung einer Systemkonfiguration stellt sich hier natürlich auch die Frage, wie durch die Analyse der erfaßten Meßdaten Hinweise auf eine mögliche Systemverbesserung gewonnen werden können, d.h., wie "Engpässe" erkannt und ihre Ursachen aufgedeckt werden können.

Ein erster Schritt beim Aufdecken möglicher Engpässe im Ablaufverhalten einer Systemkonfiguration besteht in der *Beobachtung der Prozessorauslastung* bzw. der Auslastung der einem Prozessor zugeordneten Systemkomponenten. Dies kann zunächst sehr einfach durch den direkten visuellen Eindruck erfolgen, den der Server-Analysator vermittelt. Eine zweite wesentlich feinere Betrachtungsmöglichkeit ist durch den Prozeß-Monitor gegeben, der die prozeß- bzw. prozessorspezifische Belastung aufzeigt. Sind besonders stark ausgelastete Prozessoren zu erkennen, so müssen die dort lokalisierten Server näher betrachtet werden, wobei insbesondere die *Auslastung der einzelnen Server* beachtet werden muß. Dabei geht es darum, deren Anteil an der jeweiligen Prozessorauslastung zu erkennen und Hinweise zu erhalten, welche Server in besonderer Konkurrenz zueinander stehen, also gleichzeitig über sehr viele bereite (potentiell verarbeitbare, aktive) Aufträge verfügen. Es empfiehlt sich, diese Server auf verschiedene Prozessoren zu verteilen, d.h., eine Neustrukturierung und Rekonfiguration des Systems durchzuführen. Das Ziel ist dabei, möglichst diejenigen Server auf einem Prozessor zusammenzufassen, die ein tendenziell komplementäres Lastprofil aufweisen, um somit eine möglichst gleichmäßige Auslastung der beteiligten Prozessoren zu erhalten.

In einem zweiten Schritt der Analyse des Ablaufverhaltens geht es besonders darum, die starke Belastung (Anhäufung von Aufträgen, hoher Anteil an den Prozessoraktivitäten etc.) einzelner *Server näher zu untersuchen*. Hierbei stellt der Auftrags- und Server-Monitor zusammen mit dem Prozeß-Monitor die entscheidende Informationsgrundlage bereit: Stehen beispielsweise in einem Server generell *viele kurze Aufträge* (kurze Bearbeitungszeit) zur Bearbeitung an, so verspricht eine Verdopplung dieses Servers (möglichst auf einem anderen Prozessor) eine entsprechende Entlastung. Voraussetzung dafür ist allerdings, daß in der auftragsgebenden Komponenten eine Lastverteilung auf die verschiedenen Server-Ausprägungen möglich ist. Daneben muß, vor allem bei sehr kurzen Aufträgen, die Granularität der vom Server erbrachten Funktionen berücksichtigt werden. Ist die Dauer der eigentlichen Bearbeitung einzelner Auftragstypen sehr gering im Verhältnis zur gesamten Verweildauer dieser Aufträge innerhalb des Servers und im Verhältnis zu den Bearbeitungszeiten anderer Auftragstypen (evtl. auch in anderen Servern), so kann dies als ein Hinweis auf eine zu feine Auftragsgranularität gewertet werden. In einem solchen Fall ist der entstehende Overhead (Taskverwaltung, Parameterübertragung etc.) bezogen auf die vom Server erbrachte Dienstleistung zu groß, so daß hier sinnvollerweise eine Umstrukturierung der Server-Funktionalität durchzuführen ist.

Treten in einem Server *markante "Langläufer"* (Aufträge mit einer großen Verweildauer innerhalb eines Servers) auf, so ist dies ebenfalls ein Grund für eine weitergehende Ursachenforschung. Dies kann ggf. innerhalb einzelner Auftragstypen bzw. einzelner Aufträge bis auf die Prozedurebene hin erfolgen. Hierbei sind die folgenden drei Fälle zu unterschieden:

* die Aufträge sind *lange blockiert,*
* die Aufträge sind *lange im Zustand bereit,* kommen allerdings nicht zur Verarbeitung und schließlich,
* die Aufträge sind *lange aktiv* und bestimmen letztendlich die Server-Belastung.

Blockierte Aufträge warten auf Ergebnisse von Subaufträgen. Nähere Aufschlüsse können daher nur durch die Untersuchung der vom betrachteten Server ausgehenden *Auftragshierarchie* gewonnen werden. Hier können Engpässe innerhalb einzelner Server auftreten, die zunächst zu beseitigen sind. Andererseits kann die Ursache aber auch in der internen Realisierung bestimmter Funktionen des betrachteten Servers liegen, dann beispielsweise, wenn unnötige sequentielle Abfolgen und synchrone Subaufträge anstelle einer möglichst breiten Parallelisierung programmiert wurden.

Im Fall von **bereiten Aufträgen** ist zunächst zu klären, ob die Langläufer innerhalb eines Servers bestimmten *Auftragstypen* zugeordnet werden können, d.h., ob es Server-Funktionen gibt, die im Verhältnis zu anderen Funktionen nur mit niedriger Priorität bearbeitet werden. Eine solche Situation ist nicht generell ungünstig und kann u.U. gewollt sein. Maßnahmen zu deren Behebung sind daher nur dann notwendig, wenn die in einer Auftragshierarchie übergeordneten Aufträge in ihrer Bearbeitung durch diese lang laufenden Subaufträge behindert werden und dann selbst wiederum zu Langläufern werden. In einem solchen Fall kann die Scheduling-Strategie (nach der die zu bearbeitenden Aufträge ausgewählt werden) des beobachteten Servers zu Gunsten der als lang laufend erkannten Auftragstypen beeinflußt werden.

Werden **aktive Langläufer** beobachtet, so ist dies ein Hinweis auf die *Komplexität dieser durch den Server erbrachten Funktion.* Hier ist zunächst zu prüfen (ggf. durch eine prozedurspezifische Analyse innerhalb der Server-Funktionen), ob durch eine algorithmische Verbesserung bei der Realisierung der Server-Funktionen die Bearbeitungszeiten einzelner Aufträge hinreichend reduziert werden können. Ist die realisierte Funktion genügend komplex, so stellt die weitere algorithmische Zerlegung und die Einführung neuer Server zur Arbeitsteilung und parallelen Auftragsabarbeitung eine geeignete Maßnahme dar, diese Art der aktiven Langläufer zu vermeiden.

Damit haben wir folgende iterativ durchzuführende Bewertungs- und Optimierungsschritte herausgearbeitet:

1. Beobachtung der Prozessorauslastung
2. Bestimmen der Anteile der einzelnen Server an der Prozessorauslastung
3. ggf. Rekonfiguration mit dem Ziel einer gleichmäßigen Prozessorauslastung
4. Beobachtung der Aktivitäten der einzelnen Server:
   - Ermittlung markanter Auftragstypen (kurze Aufträge, lange aktive, lange bereite, lange blockierte Aufträge)
   - Untersuchung der Auftragshierarchie, um Zusammenhänge zwischen auffälligen Server-Aktivitäten zu erkennen
   - Untersuchung der Algorithmen und Abläufe zur Realisierung einzelner Server-Funktionen
5. ggf. Durchführung ausgleichender Maßnahmen (Scheduling-Strategie, Restrukturierung/Reimplementierung einzelner Server bzw. Server-Funktionen)

Die Grundidee dieses Vorgehens liegt im Ausgleich zwischen unterschiedlich belasteten Systemkomponenten bzw. zwischen unterschiedlich aufwendigen Server-Funktionen und Auftragstypen. Die vorgeschlagenen Maßnahmen basieren auf der Heuristik, daß die Antwortzeit eines verteilten Client/Server-Systems durch eine möglichst gleichmäßige und gleichartige Belastung aller Systemkomponenten positiv beeinflußt wird. Dies erscheint zwar plausibel, muß allerdings nicht in allen Fällen zu optimalen Ergebnissen führen. Es bleibt daher festzustellen, daß alle konkreten Optimierungsmaßnahmen für jeden Einzelfall isoliert ausgewählt und ergriffen werden müssen. Dennoch stellen die oben aufgeführten Schritte eine Art Grundmuster dar, um mögliche Engpässe innerhalb eines verteilten Client/Server-Systems zunächst einmal zu lokalisieren und schrittweise zu beheben.

4.3 Ein Anwendungsbeispiel

Anhand eines einfachen Beispiels werden wir die Anwendung einiger Werkzeuge und die Tauglichkeit der Bewertungsmethodik demonstrieren. Weitere (komplexere) Anwendungen sind in [Ge91] enthalten. Das Anwendungsbeispiel ist durch eine sehr kleine Datenbank und eine fest definierte Last von 24 Aufträgen, von denen maximal sechs gleichzeitig ausgeführt werden, bestimmt. Unser Anwendungssystem besteht aus den sechs Servern *Transaktionsverwaltung, Konsistenzverwaltung, Synchronisationsverwaltung* (in Bild 2 zu Transaktionsverwaltung zusammengefaßt), *Dml_Ausführung, Zugriffskomponente* und *Metadatenverwaltung*. Jeder Server wird in einem eigenen Prozeß realisiert. Zunächst wird nur ein Prozessor genutzt.

Erwartungsgemäß betrug die *Auslastung des Prozessors* 100%. Erste statistische Auswertungen der Meßwerte des *ASM* lieferten eine Systemauslastung von 97%, d.h., der zur Verfügung stehende Prozessor hatte im Durchschnitt in 97% der Beobachtungsdauer aktive Aufträge. Die Prozesse hatten durchschnittlich zu 20% der Beobachtungsdauer aktive Aufträge. Dieses macht deutlich, daß bei sechs Prozessen zeitweise mehrere Aufträge auf dem Prozessor gleichzeitig aktiv sein mußten, da sich bei sechs Prozessen eine Belastung von insgesamt 120% ergibt (Schritt 1 der Bewertungsmethodik).

Im gemäß unserer Bewertungsmethodik zweiten Schritt verdeutlichte eine Untersuchung des *Auftragsaufkommens* auf dem Prozessor, getrennt nach den Zuständen aktiv und bereit, daß zeitweise mehr als drei Aufträge gleichzeitig aktiv waren (Bild 4), und daß ständig mehrere Aufträge im Zustand bereit waren.

Im nächsten Schritt (Schritt 3) sollten durch Hinzunahme eines weiteren Prozessors und eine geeignete Umkonfigurierung Verbesserungen erzielt werden. Um diese Umkonfigurierung nicht zufällig durchführen zu müssen, wurden *die einzelnen Server auf ihre Belastung mit Aufträgen* während der ersten Messung untersucht. Dies machte deutlich, daß der Server *Dml_Ausführung* das Systemverhalten wesentlich beeinflußte (Bild 5). Die maximale Anzahl von Aufträgen in diesem Server ist größer als 6, da er an sich selbst Aufträge erteilt.

Zur Verbesserung des Systemverhaltens wurde dieser Server in der zweiten Konfiguration auf einen eigenen Prozessor ausgelagert. Neben einer Verkürzung der Gesamtbearbeitungszeit um 20% sank die Auslastung der Prozessoren auf durchschnittlich 64%. Der erneut durchgeführte erste Bewertungsschritt zeigt, daß in dieser Konfiguration nur noch der Prozessor mit dem Server *Dml_Ausführung* (Rechner_2 in Bild 6) voll ausgelastet ist. Aus diesem Grund macht es keinen Sinn, über eine Verteilung der anderen Server auf weitere Prozessoren nachzudenken. Dagegen er-

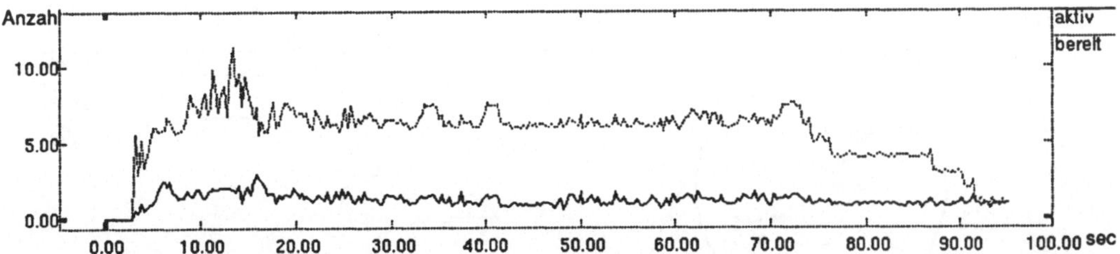

Bild 4: Anzahl der Aufträge auf dem Prozessor in den Zuständen aktiv und bereit über der Beobachtungsdauer

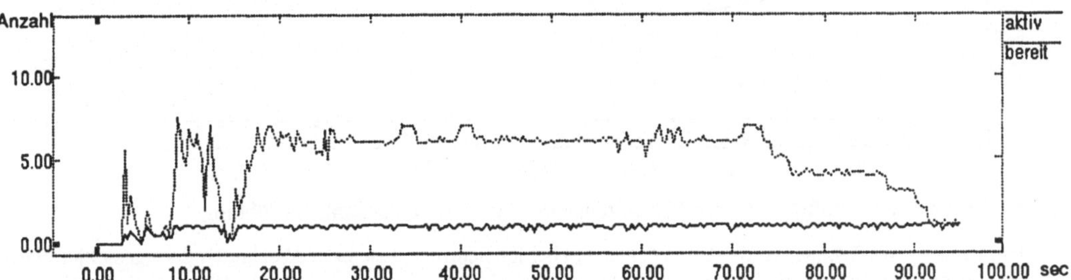

Bild 5: Anzahl der Aufträge im Server **Dml-Ausführung** in den Zuständen aktiv und bereit über der Beobachtungsdauer

scheint eine nähere Betrachtung des Servers *Dml_Ausführung* sinnvoll. Die Betrachtung des *Auftragprofils* zeigt, daß dieser Server ständig Aufträge bearbeitet und gleichzeitig Aufträge im Zustand bereit besitzt, also immer noch einen Engpaß darstellt. Die weiteren Maßnahmen können in zweierlei Richtungen gehen: Zum einen kann die *Dupli- zierung* dieses Servers einen entscheidenden Gewinn bringen (Schritt 3). Wird der neue Serverprozeß auf den ersten Prozessor gebracht, so können durch eine geeignete Lastverteilung beide Prozessoren wieder voll ausgelastet werden. Falls ein weiterer Prozessor zur Verfügung steht, kann dieser für den zusätzlichen Serverprozeß genutzt werden. Zum anderen können in der vierten Phase unserer Bewertungsmethodik die *Verarbeitungsstrategien innerhalb des Servers* genauer untersucht werden. Bild 7 zeigt für einen Auftrag an die *Dml_Ausführung* sowie für alle während der Bear- beitung entstehenden Aufträge die Bearbeitungszustände. Zwei Schwachpunkte sind offensichtlich. Der Auftrag mit der Auftragsnummer 1, hier handelt es sich um den Auftrag an die *Dml_Ausführung*, erteilt in der Regel nur einen Subauftrag und wartet anschließend auf das Ergebnis. Parallelität unter Subaufträgen sowie zwischen Auftraggebern und Auftragnehmern wird also kaum erzeugt. Hier wird also eine Überprüfung der Abarbeitungsstrategie notwendig. Zum anderen ist der Anteil der Wartezeiten bei den Subaufträgen im Vergleich zu den aktiven Zeiten sehr hoch. Diese Wartezeiten wirken sich aufgrund des oben genannten Schwachpunktes direkt auf die Bearbeitungsdauer des Auf- traggebers, der in diesen Phasen blockiert ist, aus. In diesem Fall ist zu prüfen, ob eine Änderung der Prioritäten eine Verbesserung erwarten läßt, oder ob die lokale Überlast auf Rechner_1 zu Beginn der Messung (siehe Bild 6) die al- leinige Ursache dieser Wartezeiten ist (Schritt 5).

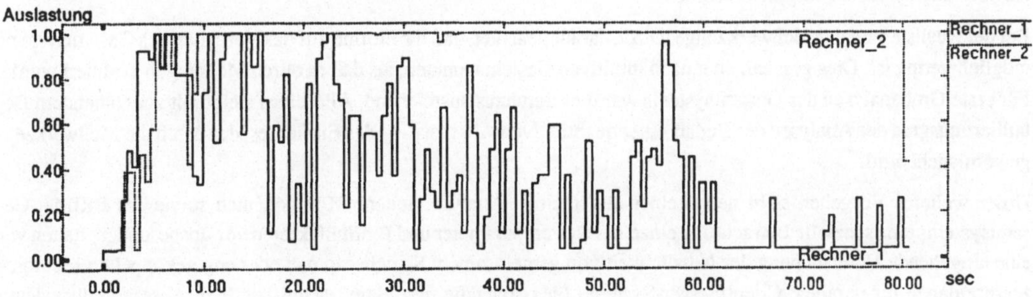

Bild 6: Auslastung der Prozessoren über der Beobachtungsdauer

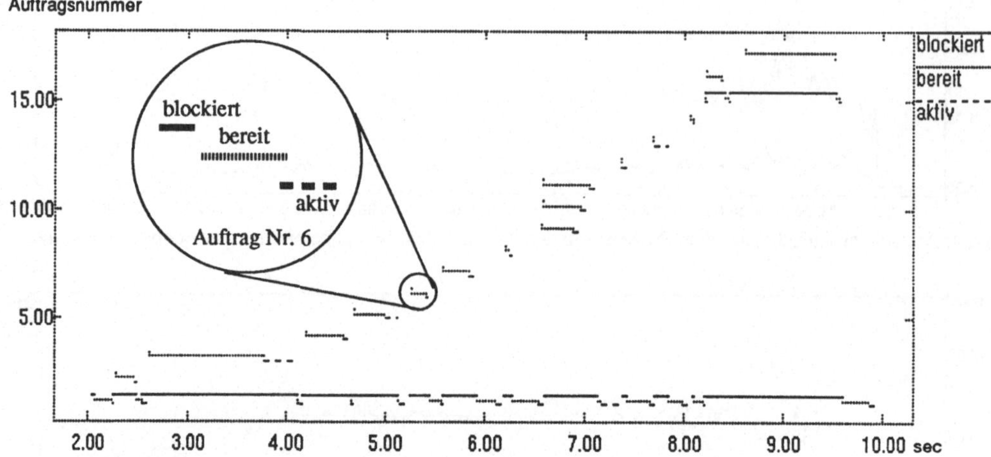

Bild 7: Zustände aller Aufträge bei der Abarbeitung eines Auftrags in der Dml_Ausführung

Mit Hilfe unserer Werkzeuge wurde also in den ersten beiden Schritten unserer in Abschnitt 4.2 vorgestellten Bewertungsmethodik ein Engpaß in der Bearbeitung unserer DB-Last erkannt und reduziert. Nach der Modifikation unserer Konfiguration wurden freie Ressourcen festgestellt, die für weitere Optimierungen durch Konfigurationsänderungen genutzt werden können. Schwachpunkte in der Bearbeitung von Aufträgen wurden erkannt und können nach einer verfeinerten Untersuchungen auf der Auftrags- und Prozedurebene verbessert werden.

5. Zusammenfassung

Am Beispiel des Nicht-Standard-Datenbanksystems PRIMA wurde eine auftragsorientierte Systemmodellierung sowie deren Realisierung in einer konkreten Ablaufumgebung für Client/Server-Systeme vorgestellt. Das im Rahmen des PRIMA-Projektes implementierte RC-System bietet dabei neben einem hohen Maß an Portabilität und Flexibilität bzgl. der zugrundeliegenden Betriebssystem- und Hardware-Umgebung die Basis für die verteilte und parallele Abwicklung von Aufträgen. Die Frage nach einer qualitativen und vor allem nach einer quantitativen Bewertung von verteilten auftragsorientierten Anwendungssystemen wurde ausführlich diskutiert. Hierzu wurden die möglichen Systemparameter und die relevanten Meßgrößen aufgezeigt, klassifiziert und ihre gegenseitige Abhängigkeiten erläutert. Daneben wurde ein Spektrum von speziell entwickelten Meß- und Analysewerkzeugen vorgestellt und ihre Einsatzmöglichkeiten im Rahmen einer methodischen Systembewertung skizziert. Am Beispiel des PRIMA-Systems konnte dieses Bewertungsvorgehen in einer Fallstudie verdeutlicht werden.

Obwohl das RC-System und die damit zusammenhängenden Meß- und Analysewerkzeuge im Rahmen des PRIMA-Projekts entwickelt wurden, stellt es eine allgemeine Ablaufumgebung für verteilte, parallele Client/Server-Systeme dar. Entsprechend kann auch das beschriebene Bewertungsvorgehen bei beliebigen verteilten und auftragsorientierten Anwendungssystemen eingesetzt werden.

Bei der Realisierung der Meßwerkzeuge wurde darauf geachtet, daß ihr Einfluß auf das Verhalten des Gesamtsystems möglich gering ist. Dies geschah eher nach intuitiven Gesichtspunkten, als daß es durch Messungen evaluiert wurde. Für erste Grobanalysen des Gesamtsystems war dies durchaus ausreichend. Allerdings steigt mit zunehmendem Detaillierungsgrad der Analysen der Bedarf einer quantitativen Abschätzung des Einflusses, der durch die Meßwerkzeuge verursacht wird.

Unser weiteres Vorgehen sieht neben einer allgemeinen Analyse weiterer Komponenten sowie des PRIMA-Gesamtsystems eine spezielle Betrachtung einzelner Systemparameter und Einflußfaktoren vor. Insbesondere halten wir eine eingehende Untersuchung der Nützlichkeit von gemeinsamem Speicher in nah oder eng gekoppelten Mehrprozessoranlagen für parallele Client/Server-Systeme für notwendig, um klare, quantifizierbare Aussagen über deren Einfluß auf das Leistungsverhalten des Gesamtsystems zu erhalten.

6. Literatur

Be90   Bemmerl, Th: Integration von Multiprozessorarchitektur, Systemsoftware und Werkzeugumgebung, in: Proc. der GI/ITG-Fachtagung "Architektur von Rechensystemen", München, 1990.

Bo89   Bohn, V.: Charakteristische Eigenschaften von Transaktionslasten in DB/DC-Systemen, in: Proc. der GI/NTG-Fachtagung "Messen, Modellierung und Bewertung von Rechensystemen und Netzen", MMB-89, Braunschweig, Sept. 1991.

Br88   Brumfield, J.-A., et al: Performance Modeling of Distributed Object-Oriented Database Systems, in: Proc. of the Int. Symp. on Databases in Parallel and Distributed Computing, Austin, Texas, 1988.

Ge91   Gesmann, M.: Untersuchungen zur Parallelität in PHOENIX, Diplomarbeit, Fachbereich Informatik, AG DVS, Universität Kaiserslautern, 1991

HKS91   Hübel, Ch., Käfer, W., Sutter, B.: Ein Client/Server-System als Basiskomponente für ein kooperierendes Datenbanksystem, in: Proc. der GI/ITG-Fachtagung "Kommunikation in Verteilten Systemen", KIVS-91, Mannheim, Feb. 1991.

HMMS87   Härder, T., Meyer-Wegener, K., Mitschang, B., Sikeler, A.: PRIMA - A DBMS Prototype Supporting Engineering Applications, in: Proc. of the 13th VLDB, Brighton, 1987.

HSS88   Härder, T., Schöning, H., Sikeler, A.: Parallelism in Processing Queries on Complex Objects, in: Proc. of the International Symposium on Databases in Parallel and Distributed Systems, Austin, Texas, 1988.

HSS89   Härder, T., Schöning, H., Sikeler, A.: Evaluation of Hardware Architectures for Parallel Execution of Complex Database Operations, in: Proc. 3rd Annual Parallel Processing Symposium Fullerton, CA, USA 1989, pp 564-578.

KL85   Klar, R.: Hardware/Software-Monitoring, Informatik Spektrum, Bd. 8, Heft 1, Feb. 1985, Springer-Verlag, 1985.

Me88   Meyer-Wegener, K.: Transaktionssysteme, Leitfäden der angewandten Informatik, B.G. Teubner, Stuttgart, 1988.

Mi88   Mitschang, B.: Ein Molekül-Atom-Datenmodell für Non-Standard-Anwendungen, IFB 185, Springer-Verlag, 1988.

Mi90   Miller, B. P., et al: IPS-2: The Second Generation of a Parallel Program Measurement System, in: IEEE Transactions on Parallel and Distributed Systems, Vol. 1, No. 2, April 1990, pp 206-217.

Schö90   Schöning, H.: Realisierungskonzepte für die parallele Bearbeitung von Anfragen auf komplexen Objekten, in: Informatik Fachberichte 266, Springer-Verlag, 1990.

SE86   Seifert, M., Eberle, H.: Remote Service Call: A Network Operating System Kernel for Heterogeneous Distributed Systems, in: NTG-Fachbericht Nr. 92 der GI/NTG Fachtagung "Architektur und Betrieb von Rechensystemen", Stuttgart, 1986, VDE Verlag.

Zi91   Zimmermann, M.: Configuration Support for Distributed Applications, in: Proc. der GI/ITG-Fachtagung "Kommunikation in Verteilten Systemen", KIVS-91, Mannheim, Feb. 1991.

Konflikt–gesteuerte Lastkontrolle in Datenbanksystemen
basierend auf der Analyse von Transaktionsprogrammen

Axel Mönkeberg, Gerhard Weikum

Institut für Informationssysteme
ETH Zürich
CH–8092 Zürich, Schweiz
E–Mail: {moenkebe, weikum}@inf.ethz.ch

Zusammenfassung

Der Artikel stellt einen Algorithmus zur Vermeidung von dateninduzierter Überlast in Datenbanksystemen mit Zwei–Phasen–Sperrprotokoll vor. Der Algorithmus paßt den Parallelitätsgrad des Systems dynamisch der jeweiligen Lastsituation an und ermöglicht dadurch sogar Leistungssteigerungen gegenüber dem bestmöglichen statischen Parallelitätsgrad. Informationen über das Referenzverhalten der Transaktionslast werden von dem Verfahren bei seinen Entscheidungen mitberücksichtigt. Die möglichen Auswirkungen, die eine genauere Schätzung des Referenzverhaltens der Transaktionen auf den Durchsatz eines Systems haben kann, werden aufgezeigt. Eine Methode zur Abschätzung des Referenzverhaltens von Transaktionsprogrammen wird vorgestellt.

Schlüsselwörter: Transaktionssysteme, Parallelität, Lastkontrolle, Datenengpässe, Sperren

1 Einleitung

In Rechnersystemen mit mehreren Ressourcen (CPU, I/O–Geräte) ist zur simultanen Bearbeitung verschiedener Aufgaben der Mehrbenutzerbetrieb eingeführt worden. Der Mehrbenutzerbetrieb bietet verschiedene Vorteile, die nach [PS86] daraus das "wichtigste Konzept in modernen Betriebssystemen" machen. Er ermöglicht einer Vielzahl von Benutzern, konkurrierend auf die vorhandenen Ressourcen eines einzelnen Rechners zuzugreifen, und erlaubt damit eine bessere Auslastung der einzelnen Ressourcen. Daraus resultiert in der Regel eine höhere Systemleistung. Der Mehrbenutzerbetrieb birgt aber auch Gefahren in sich. Schon vor 20 Jahren wurde erkannt , daß durch den Mehrbenutzerbetrieb ein System in eine *Überlastsituation* ("Thrashing") geraten kann, in der jeder zusätzliche Benutzerprozeß genau das Gegenteil des gewünschten Effektes erzielt: eine überproportionale Reduzierung der Leistung [De68].

Analog zu Betriebssystemen ermöglichen Datenbanksysteme auch eine gleichzeitige Benutzung der vorhanden Ressourcen, um den *Durchsatz* (Transaktionen/Zeiteinheit) zu erhöhen. Ebenso muß ein Datenbanksystem vor drohenden Überlastsituationen geschützt werden [Bo89, CKL90, Hä87, MW91, Pe86]. Überlastsituationen können bei *Schwankungen* im Lastaufkommen von Transaktionssytemen entstehen [Bo89]. Verursacht werden Lastschwankungen z. B. durch die Verhaltensweisen der Benutzer des Systems oder durch organisatorische Gründe. Dabei können sich Lastschwankungen sowohl auf die Anzahl der Transaktionen als auch auf die Zusammensetzung der Last, d. h. den Anteil der verschiedenen *Transaktionstypen*[1] beziehen.

So werden z.B. in einer Bank früh morgens wegen des Arbeitsbeginns sehr viele Transaktionen gestartet, im Laufe des Tages sinkt die tatsächliche Last mehrfach auf ein Minimum ab. Auch verändert sich die Zusammensetzung der Transaktionstypen im Laufe eines Tages. Werden in den Morgenstunden hauptsächlich Aktienauskünfte eingeholt und Aktienkauforder bzw. –verkaufsorder erteilt, so werden zu anderen Zeiten sehr viele Überweisungen durchgeführt.

Bei solchen Lastschwankungen sind vor allem zwei Arten von Ressourcen kritisch, indem sie unter Umständen zu einem totalen Leistungseinbruch führen können:

- Der *verfügbare Speicher* (Systempuffer) kann zu einem Engpaß führen und einen Thrashing–Effekt auslösen. Diese Situation kann entstehen, wenn zuviele Seiten ein- bzw. ausgelagert werden und die Transaktionsprogramme den Großteil ihrer Zeit mit Warten auf das Ende einer I/O–Operation verbringen. Diese

---

1. Transaktionstypen sind vordefinierte Transaktionsprogramme, die zum Startzeitpunkt mit aktuellen Eingabeparametern versorgt werden.

Situation ähnelt einem Thrashing in Betriebsystemen mit virtuellem Speicher, wenn dort zu viele Prozesse bedient werden sollen.

- Ein anderer Engpaßfaktor können die verarbeiteten *Daten* selbst werden. Zur Vermeidung von Inkonsistenzen durch den konkurrierenden Zugriff verschiedener Benutzer auf gemeinsame Daten ist es notwendig, ein Concurrency-Control-Protokoll zu verwenden. In Datenbanksystemen wird dazu meist das strikte Zwei-Phasen-Sperrprotokoll verwendet. Dabei kann es zu Situationen kommen, in denen eine Transaktion auf eine andere Transaktion wartet. Verschärft wird das Problem durch die Tatsache, daß nicht alle Teile einer Datenbank gleich häufig referenziert werden. Eine signifikante Leistungseinbuße entsteht vor allem dann, wenn eine Transaktion nicht nur selbst blockiert wird, sondern durch sie auch noch weitere aktive Transaktionen blockiert werden. Dieser Fall wird auch als *dateninduzierte Überlast* ("Data Contention Thrashing") [BHG87, TGS85] bezeichnet. Die Wartezeiten der Transaktionen und die Anzahl der Blockierungen von Transaktionen wirken sich sowohl auf die Antwortzeit als auch auf den Durchsatz des Systems aus.

In dieser Arbeit wird nur diese zuletzt beschriebene dateninduzierte Überlastsituation betrachtet. Als Concurrency-Control Verfahren wird das strikte *Zwei-Phasen-Sperrprotokoll* [BHG87] verwendet, da dieses das am meisten verbreitete Concurrency-Control-Protokoll in Datenbanksystemen ist. Die häufige Verwendung dieses Protokolls beruht auf dessen "Einfachheit" und der in der Praxis bewährten Leistung [ACL87, CL89, JTK89].

In Datenbanksystemen, die Sperren auf Seiten verwenden (z. B. [In88, Ig90, Sy89a]) kann sehr leicht eine dateninduzierte Überlastsituation auftreten. Zur Reduzierung von Datenengpässen wird z. B. in [In88] vorgeschlagen, nur "sehr gut entworfene" Transaktionen zu verwenden. An solche Transaktionen werden z. B. Bedingungen der folgenden Art gestellt: (1) Sperren dürfen nur kurze Zeit gehalten werden, (2) daher sollte eine Transaktion nicht mehr als ca. 10 Datensätze lesen und somit sperren und (3) SQL-Sprachkonstrukte wie *Average* und *Sum* sollten nicht in Online-Transaktionen verwendet werden. In Systemen, die Sperren auf Datensätzen (Records) verwenden (z. B. [In87, Or88]), sind Datenengpässe potentiell seltener als in solchen mit Seitensperren. Prinzipiell aber können dieselben Probleme auftreten, was insbesondere bei Anwendungen mit stark ungleichmäßiger Verteilung der Datenzugriffe beobachtet wurde (z. B. [PRS88]).

Sowohl in der Literatur als auch in den verfügbaren Datenbanksystemen ist die einzige Methode zur Vermeidung von dateninduzierter Überlast die Begrenzung der Anzahl gleichzeitig aktiver Transaktionen. Dieser maximale Grad der Parallelität wird beim Start des Systems *statisch* eingestellt [In87, Ig90, Or88, Sy89a], und es besteht somit keine Möglichkeit, auf Engpaßsituationen dynamisch zu reagieren. Für viele Anwendungen ist der Grad der Parallelität ein sehr *sensitiver* Parameter. Ein zu kleiner Wert bewirkt eine nur geringe Auslastung der Hardware-Ressourcen, so daß der Durchsatz des Systems sehr niedrig ist; ein zu hoher Wert birgt die Gefahr der dateninduzierten Überlast in sich. Des weiteren ist der *optimale Parallelitätsgrad* eines Systems sehr stark von den momentan aktiven Transaktionstypen der Anwendung abhängig. Für kurze Lesetransaktionen kann der Parallelitätsgrad sehr viel höher sein als für lange, schreibende Transaktionen. Bei einer Transaktionslast, die aus einer Mischung von verschiedenen Transaktionstypen besteht, oder bei (periodischen) Lastschwankungen ist es somit *nicht* mehr möglich, einen optimalen Parallelitätsgrad statisch einzustellen. Die Einstellung eines statischen Parallelitätsgrades kann nur eine Kompromißlösung sein.

In dieser Arbeit wird deshalb eine Methode diskutiert, die den Parallelitätsgrad dynamisch an die jeweilige Lastsituation anpaßt. Es wird dabei dateninduzierte Überlast vermieden, und gleichzeitig wird der Durchsatz des Systems erhöht bzw. zumindest nicht reduziert. Transaktionslasten, für die der optimale statische Parallelitätsgrad bekannt ist, erfahren keine wesentlichen Leistungseinbußen gegenüber manuellem Tuning durch den Systemadministrator.

Der Rest des Papiers ist wie folgt organisiert. Kapitel 2 beschreibt den Algorithmus für Systeme, die lediglich Seitensperren verwenden. Kapitel 3 erweitert den Algorithmus unter Verwendung des Modells der Mehrschichten-Transaktionen für Systeme, die auch Satzsperren erlauben. Die Notwendigkeit einer Lastkontrolle für den Fall von Intra-Transaktionsparallelität[2] wird aufgezeigt und die Anwendbarkeit des Algorithmus dafür gezeigt. In Kapitel 4 wird der Zusammenhang zwischen der Präzisierung der Berechnung des Konfliktverhältnisses und der Leistung des Systems beschrieben. Eine Methode zur Abschätzung des Referenzverhaltens

---

2. Unter dem Begriff Intra-Transaktionsparallelität wird die parallele Ausführung von Operationen innerhalb einer Transaktion verstanden.

von Transaktionsprogrammen wird skizziert. Kapitel 5 gibt einen Ausblick auf offene Probleme und weitere Arbeiten auf dem Gebiet der Lastkontrolle.

Die in diesem Papier vorgestellte Arbeit ist ein Teil des COMFORT-Projektes an der ETH–Zürich, in dem angestrebt wird, das Tuning von Transaktionssystemen weitgehend zu automatisieren [WH90].

2 Eine Methode zur Vermeidung von dateninduzierter Überlast

Zur Vermeidung von dateninduzierter Überlast wurden bisher zwei Methoden vorgeschlagen, die den Parallelitätsgrad *dynamisch* an die Systemlast in (zentralen) Datenbanksystemen anpassen. Eine Methode ist das "Half-and-Half"-Verfahren [CKL90], die andere die Konflikt-gesteuerte Lastkontrolle [MW91]. Beide Verfahren basieren auf der Steuerung der Neuzulassung sowie dem kontrollierten Abbruch von Transaktionen. Eine Neuzulassung wird nur erlaubt, wenn das System noch nicht ausgelastet ist, ein Abbruch wird bei der Überschreitung einer kritischen Schwelle vorgenommen. Das Maß für diese kritische Schwelle ist bei der Konflikt-gesteuerten Lastkontrolle das *Konfliktverhältnis* (siehe Formel (1)); der Wert der kritischen Schwelle ist dabei unabhängig von der Zusammensetzung der Transaktionslast. Die "Half-and-Half"-Methode beruht auf der Beobachtung, daß ein System kurz vor einer "Thrashing"-Situation steht, wenn die Hälfte der im System aktiven Transaktionen blockiert ist.

Beide Verfahren setzen eine möglichst gute A-priori-Schätzung der Anzahl der von einer Transaktion angeforderten Sperren voraus. Bei der "Half-and-Half"-Methode basiert nämlich die Zulassungs- und Abbruchentscheidung auf der Tatsache, daß nur "reife" Transaktionen, die bereits mindestens 25% ihrer geschätzten Sperranforderungen durchgeführt haben, in die Bewertung der Systemlast eingehen. Bei der Konflikt-gesteuerten Lastkontrolle fließt der Schätzwert für die Anzahl der Sperren einer Transaktion in die Berechnung der Veränderung des Konfliktverhältnisses ein, die durch die Zulassung der Transaktion zu erwarten ist.

Beide Lastkontrollverfahren vermeiden in jedem Fall "Thrashing"-Situationen. Die Vorhersage des Sperrverhaltens hat primär Einfluß darauf, wie restriktiv sich das System verhält. Damit hat die Vorhersage auch Einfluß auf den maximalen Durchsatz. Der Durchsatz bei automatischer Lastkontrolle wird mit dem Durchsatz verglichen, der bei einer manuell durchgeführten, auf die spezifische Transaktionslast zugeschnittenen, Lastkontrolle erreicht werden kann. Im folgenden wird nur die Konflikt-gesteuerte Lastkontrolle detailliert vorgestellt.

2.1 Konflikt-gesteuerte Lastkontrolle

Eine Datenbank wird in dieser Arbeit als eine Menge von sperrbaren Objekten (z. B. Seiten) modelliert und eine Transaktion, die auf dieser Datenbank läuft, als eine Folge von Lese-/Schreibanforderungen auf solchen Objekten [CKL90, FR85, TGS87].

In Transaktionssystemen mit Zwei-Phasen-Sperrprotokoll kann der Grad des aktuellen Datenengpasses anhand des Konfliktverhältnisses bestimmt werden. Dabei definieren wir das Konfliktverhältnis nach [TGS85] als:

$$Konfliktverh\ddot{a}ltnis = \frac{\# \, Sperren \, im \, System}{\# \, Sperren \, nicht \, blockierter \, Transaktionen} \tag{1}$$

Für dieses Maß wurde ein Grenzwert experimentell bestimmt, der den "Data Contention Thrashing"-Punkt des Systems bezeichnet. Der Wert wird als *kritisches Konfliktverhältnis* (KKV = 1.3) bezeichnet [MW91] und ist unabhängig von der Zusammensetzung der jeweiligen Transaktionslast (siehe auch [Th91] bzgl. analytischer Resultate). Die Experimente wurden an einem simulierten Transaktionssystem vorgenommen. Es wurde eine Vielzahl unterschiedlicher Transaktionstypen untersucht, die sich in ihrer Länge und Zugriffscharakteristik unterschieden. Die Ankunftsrate wurde dabei systematisch variiert.

Die Konflikt-gesteuerte Lastkontrolle basiert auf der Beobachtung des aktuellen Konfliktverhältnisses und den Reaktionen auf Lastveränderungen, die den Wert des Konfliktverhältnisses über den kritischen Wert ansteigen oder unter diesen Wert abfallen lassen. In folgenden Situationen wird der Algorithmus angestoßen:

(R1)   Eintreffen einer neuen Transaktion

(R2)   Überschreiten des kritischen Wertes des Konfliktverhältnisses

(R3)   Unterschreiten des kritischen Wertes nach einer "Überlastphase"

Das Konfliktverhältnis wird somit bei jedem "Begin-of-Transaction" (BOT), jedem "End-of-Transaction" (EOT) und bei jeder nicht gewährten Sperranforderung neu berechnet.

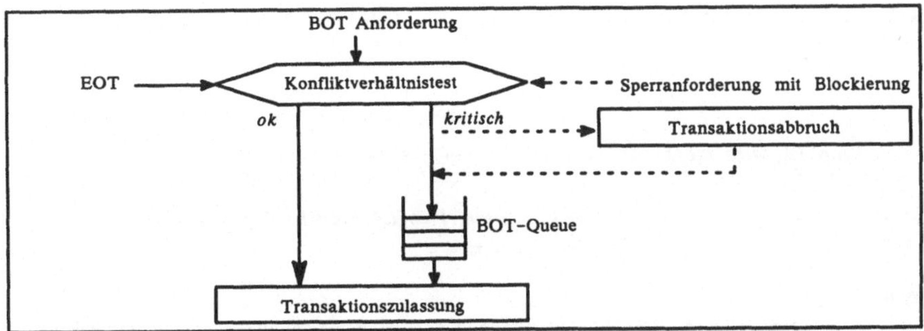

Abbildung 1: Beobachtung des Konfliktverhältnisses und mögliche Reaktionen

Abbildung 1 gibt einen Überblick über den Algorithmus und seine möglichen Reaktionen. Bei BOT einer Transaktion wird ein Konfliktverhältnistest durchgeführt. Bei unkritischem Konfliktverhältnis werden Transaktionen zugelassen, sonst wird die neue Transaktion in die *BOT-Queue* eingereiht. Nach EOT einer Transaktion wird auf die gleiche Weise geprüft, ob Transaktionen aus der BOT-Queue zugelassen werden können. Bei jeder nicht gewährten Sperranforderung wird ebenfalls ein Konfliktverhältnistest durchgeführt, und es werden u. U. Transaktionen abgebrochen und in die BOT-Queue eingereiht.

Zulassungsprüfung einer Transaktion

Eine neue oder in der BOT-Queue befindliche Transaktion kann nur zugelassen werden, wenn:

(R4) das aktuelle Konfliktverhältnis unterhalb des kritischen Wertes liegt und

(R5) der geschätzte Zuwachs des Konfliktverhältnisses, der durch die Zulassung der Transaktion entstehen würde, kleiner ist als die Differenz des aktuellen Konfliktverhältnisses zum kritischen Wert.

Das Konfliktverhältnis nach der Zulassung der ersten i Transaktionen aus der BOT-Queue wird durch die heuristische Formel (2) geschätzt. Die Anzahl der Sperren, die für die Schätzung des Konfliktverhältnisses nach Zulassung der ersten i Transaktionen der BOT-Queue berücksichtigt werden, hängt von der Blockierungswahrscheinlichkeit dieser Transaktionen ab. Für die Berechnung des entstehenden Konfliktverhältnisses nach der Zulassung der i-ten Transaktion aus der BOT-Queue werden die Sperren der i-1 Vorgänger-Transaktionen in der BOT-Queue mitberücksichtigt. Ist die vorher bestimmte Blockierungswahrscheinlichkeit einer Vorgänger-Transaktion größer als 50%, so wird angenommen, daß sie blockiert würde. Von solchen Transaktionen wird die Hälfte ihrer Sperren bei der Schätzung des neuen Konfliktverhältnisses berücksichtigt.

$$CR_i = \frac{Locks + \sum_{n=1}^{i} \begin{cases} l_n & \text{wenn } Prob(TA_n \text{ wird blockiert}) \le 0.5 \\ l_n/2 & \text{sonst} \end{cases}}{Locks \ / \ CR + \sum_{n=1}^{i} \begin{cases} l_n & \text{wenn } Prob(TA_n \text{ wird blockiert}) \le 0.5 \\ 0 & \text{sonst} \end{cases}} \qquad (2)$$

wobei:

CR_i ≡ Konfliktverhältnis, wenn die ersten i Transaktionen der BOT-Queue zugelassen würden

Locks ≡ Aktuelle Anzahl im System gehaltener Sperren

CR ≡ Aktuelles Konfliktverhältnis in der Datenbank

l_n ≡ Anzahl der Sperren, die Transaktion TA_n voraussichtlich anfordern wird

Nach [TGS85] ist das Konfliktverhältnis in einer Datenbank der Größe D unter Verwendung von EXCLUSIVE- und SHARED-Sperren annähernd identisch mit dem Konfliktverhältnis in einer Datenbank der Größe D_0 unter ausschließlicher Verwendung von EXCLUSIVE-Sperren. Dabei wird D_0 durch: $D_0 = D/(1 - S^2)$ berechnet, wobei S der Anteil der SHARED-Sperren an den gesamten Sperren im System ist. Wir bezeichnen D_0 als die *normalisierte Datenbankgröße*. Zur Vereinfachung der Berechnung, ob eine Transaktion blockiert wird verwenden wir die normalisierte Datenbankgröße.

Die Wahrscheinlichkeit, daß die Transaktion TA_i nach ihrer Zulassung blockiert wird, berechnet sich damit aus:

$$Prob(TA_i \; wird \; blockiert) = 1 - \frac{\prod_{\mu=0}^{l_i-1}(D_i - Locks - L_{i-1} - \mu)}{D_i^{l_i}} \tag{3}$$

$$L_{i-1} = \sum_{n=1}^{i-1}\begin{Bmatrix} l_n & wenn, \; Prob(TA_n \; wird \; blockiert) \leq 0.5 \\ l_n/2 & sonst \end{Bmatrix} \tag{4}$$

wobei:

$D_i \quad \equiv \quad$ Normalisierte Datenbankgröße[3] nach Zulassung der ersten i-1 Transaktionen der BOT-Queue

$L_{i-1} \quad \equiv \quad$ Summe der Sperren der Vorgänger-Transaktionen in der BOT-Queue, abhängig von deren Blockierungswahrscheinlichkeiten

Abbruch von Transaktionen

Steigt das Konfliktverhältnis durch die aktiven Transaktionen im System über den kritischen Wert, so werden soviele Transaktionen beendet, bis das Konfliktverhältnis wieder unterhalb des kritischen Wertes liegt. Dabei werden nur Transaktionen zurückgesetzt, die blockiert sind und auch andere blockieren. Unter den möglichen Kandidaten wird immer zuerst die Transaktion ausgewählt, die die wenigsten Sperren hält [ACM87]. Zur Vermeidung des "Verhungerungsproblems" fließt in diese Entscheidung die Anzahl der Wiederholungen einer Transaktion mit ein. Da das Konfliktverhältnis aufgrund ihrer Definition nur bei nicht gewährten Sperranforderungen steigen kann, können auch nur in diesen Situationen Transaktionen abgebrochen werden.

2.2 Leistungsverhalten der Konflikt-gesteuerten Lastkontrolle

Der vorgestellte Lastkontrollalgorithmus verhindert ein dateninduziertes Thrashing des Systems und erreichte in Simulationsexperimenten stets mehr als 90% des Durchsatzes bei manueller Optimierung mit fest eingestelltem Grad der Parallelität.

Parameter	Kurzer Leser	Kurzer Schreiber	Langer Leser	Langer Schreiber
Anzahl der Seitenzugriffe	10	10	30	30
Schreibwahrscheinlichkeit	25 %	100 %	25 %	100 %
Instruktionen pro Seitenzugriff	100 000	100 000	100 000	100 000
Prozentualer Anteil bei Mix-1	50 %	15 %	15 %	20 %
Prozentualer Anteil bei Mix-2	60 %	20 %	0 %	20 %

Tabelle 1: Lastcharakteristik

Abbildung 2 zeigt die Ergebnisse von 4 homogenen und 2 inhomogenen Transaktionslasten. Dabei wurde der hier verwendete optimale Parallelitätsgrad für die statische Lastkontrolle jeweils durch vorherige Experimente bestimmt. Die Charakterisierung der Transaktionsprogramme (Kurzer Leser, Kurzer Schreiber, Langer Le-

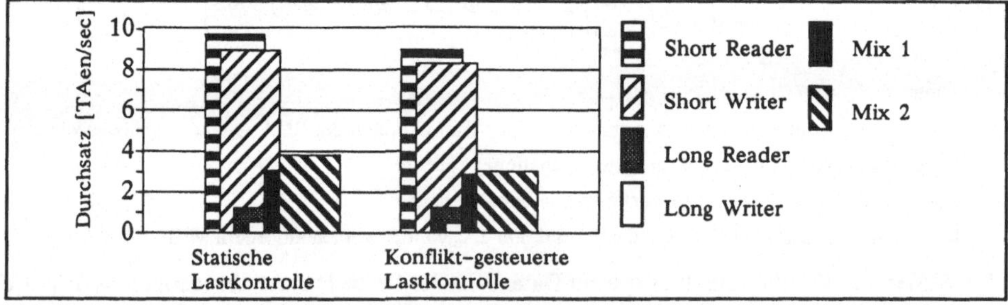

Abbildung 2: Durchsatz bei homogener Transaktionslast

---

3. Zur Berechnung der normalisierten Datenbankgröße D_i, die von der i-ten Transaktion der BOT-Queue gesehen wird, ist die Berücksichtigung der voraussichtlichen Anzahl SHARED-Sperren der i-1 Vorgänger-Transaktionen notwendig.

ser, Langer Schreiber) ist in Tabelle 1 enthalten. Die Zusammensetzung der inhomogenen Transaktionslast (Mix-1, Mix-2) wird durch die Anteile (in Prozent) der vorhandenen Transaktionsprogramme beschrieben. In den Experimenten war die Ankunftsrate der Transaktionen exponential verteilt, der Mittelwert ist so gewählt, daß ohne jegliche Lastkontrolle ein dateninduziertes Thrashing eintrat. Details der Experimente sind in [MW91] zu finden.

Dem manuellen Tuning gegenüber bietet der Algorithmus den Vorteil, von der aktuellen Transaktionslast unabhängig zu sein. Bei zeitlich stark schwankender Lastzusammensetzung erzielte die Konflikt-gesteuerte Lastkontrolle sogar einen höheren Durchsatz als eine optimal eingestellte statische Lastkontrolle. Bei diesem Experiment wurde die Zusammensetzung der Last bei konstanter Ankunftsrate periodisch variiert. Es wechselten sich 100 Kurze-Leser Transaktionen mit 30 Langen-Schreiber Transaktionen ab. Abbildung 3 zeigt das jeweils ermittelte Konfliktverhältnis und als Reaktion darauf die Anzahl der von dem Algorithmus zugelassenen aktiven Transaktionen in Abhängigkeit von der Zeit. Bei diesen Experimenten konnte für die statische Lastkontrolle nur deshalb der optimale Parallelitätsgrad ermittelt werden, weil die Experimente in exakt der gleichen Form wiederholbar waren. Diese Methode ist in der Praxis nicht möglich.

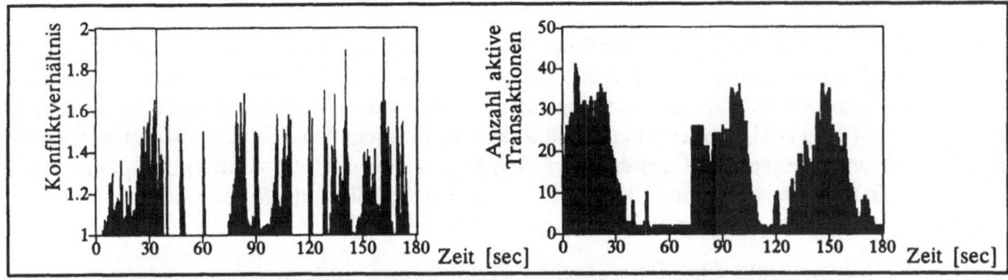

Abbildung 3: Aktuelles Konfliktverhältnis und zugelassene Transaktionen

3 Dynamische Lastkontrolle in Mehrschichten-Transaktionssystemen

Eine genaue Betrachtung der Implementierung von Sperrprotokollen in existierenden relationalen Datenbanksystemen zeigt, daß bei der Verwendung eines kleineren Sperrgranulats als der Seite [In87, Or88, SQ81], immer Sperren auf mehreren Abstraktionsebenen verwendet werden. Dabei werden auf der oberen Ebene gerade die "feineren" Granulate (z. B. Sätze sowie Schlüssel in den Zugriffspfaden [ML89, Mo90]) gesperrt und auf der tieferen Ebene Seiten. Die Seitensperren sind dabei meist als Kurzzeitsperren durch *Latches* oder *Semaphore* implementiert. In der Regel bestehen die Systeme dann aus genau zwei Schichten. Allerdings referenzieren die dort implementierten Aktionen auf der Seitenebene im wesentlichen immer genau eine Seite, wodurch in dieser Ebene z.B. eine Deadlockerkennung nicht benötigt wird.

Ein allgemeines Modell solcher Sperrprotokolle stellt die Methode der *Mehrschichten-Transaktionen* [We88] dar. Mehrschichten-Transaktionen sind dadurch charakterisiert, daß die Aktionen der Transaktionen selbst wieder dem Transaktionsparadigma unterliegen. Dabei wird eine *Schichtenarchitektur* zugrunde gelegt, in der einzelne Operationen einer bestimmten Ebene jeweils durch Folgen von Operationen der nächsttieferen Abstraktionsebene implementiert sind. In einer solchen Mehrschichten-Transaktion wird für jede Aktion der höheren Schicht eine sogenannte *Subtransaktion* auf der jeweils darunterliegenden Implementierungsebene gebildet. Dieses Prinzip wird von Ebene zu Ebene fortgesetzt, so daß alle Basistransaktionen (Transaktionen der untersten Ebenen) die gleiche Schachtelungstiefe besitzen. Die Subtransaktionen können sowohl sequentiell als auch (teilweise) parallel ablaufen (vgl. auch [HP90, WH91]). Im zweiten Fall spricht man dann von *Intra-Transaktionsparallelität*.

Für Mehrschichten-Transaktionssysteme kann man eine Unterscheidung bezüglich des Intra-Transaktionsparallelitätsgrades vornehmen, d. h. des Parallelisierungsgrads *innerhalb* einer Transaktion. Ist der Intra-Transaktionsparallelitätsgrad gleich 1, sprechen wird von *synchronen Subtransaktionen*, da die *Vater-Transaktion* auf die Beendigung ihrer jeweils aktiven Subtransaktion wartet. Ansonsten wird von Systemen mit *asynchronen Subtransaktionen* (Intra-Transaktionsparallelitätsgrad größer 1) gesprochen. Dabei startet die Vater-Transaktion alle parallel ausführbaren Subtransaktionen gleichzeitig und wartet an einem Synchronisationspunkt auf deren Beendigung.

Da viele Datenbanksysteme auf einer Zwei–Schichten–Transaktionsverwaltung basieren, ist es notwendig die Leistungsfähigkeit der Konflikt-gesteuerten Lastkontrolle auch für solche Systeme zu zeigen. Daher wird nachfolgend eine Anwendung des Lastkontrollalgorithmus auf die einzelnen Abstraktionsebenen in Transaktionssystemen vorgenommen.

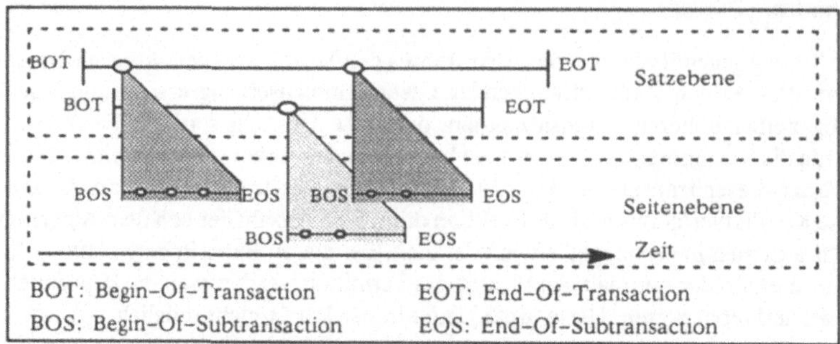

Abbildung 4: Mehrschichten–Transaktionen

Zur Vereinfachung der Darstellung und der Sprechweise beschränken wir uns auf Systeme mit einer Zwei-Schichten-Transaktionsverwaltung (im folgenden kurz als *Zwei–Schichten–Transaktionssysteme* bezeichnet). Dabei entspricht die obere Schicht der Satzebene und die untere Schicht der Seitenebene eines Datenbanksystems. Abbildung 4 zeigt zwei parallel laufende Transaktionen in einem Zwei–Schichten–Transaktionssystem. Beide Transaktionen haben sowohl Sätze als auch Seiten gesperrt und der Intra–Transaktionsparallelitätsgrad ist gleich 1. Die Satzsperren der Transaktionen werden bis EOT gehalten, die Seitensperren der Subtransaktionen werden jeweils beim *"End–of–Subtransaction"* (EOS) freigegeben.

3.1 Lastkontrollalgorithmus für Mehrschichten–Transaktionssysteme

Der in Kapitel 2.1 vorgestellte Algorithmus soll nun auf jede einzelne Schicht angewendet werden. Da aber die Schichten in engem Zusammenhang stehen, kann dies nicht isoliert voneinander geschehen.

An der Motivation für eine Zulassungsprüfung ändert sich für die oberste Ebene nichts. Aber es muß jetzt noch berücksichtigt werden, daß die einzelnen Aktionen einer Transaktion als Subtransaktionen implementiert sind und damit auf der unteren Ebene auch wieder in Sperrkonflikt mit anderen, parallel laufenden Subtransaktionen stehen können.

Im einschichtigen Fall wurde eine Zulassung von der Summe des *aktuellen* Konfliktverhältnisses und dem geschätzten Zuwachs dieses Konfliktverhältnisses nach der Zulassung der Transaktion abhängig gemacht. Im zweischichtigen Fall muß noch die vorliegende Situation auf der unteren Ebene berücksichtigt werden. So macht es wenig Sinn, eine Transaktion zuzulassen, wenn anschließend keine ihrer Subtransaktionen in der unteren Schicht zugelassen werden kann. In einem solchen Fall würde nur das Konfliktpotential durch zusätzliche Sperren auf der oberen Ebene vergrößert. Damit müssen die Zulassungsregeln folgendermaßen erweitert werden:

(R6) Eine Transaktion kann nur zugelassen werden, wenn auch mindestens eine ihrer Subtransaktionen auf der unteren Ebene zugelassen werden kann.

Der Grund für die Betrachtung nur einer Subtransaktion in der unteren Ebene liegt in dem Prinzip des Zulassungsalgorithmus, der nur die Zulassung einer einzelnen Transaktion, nicht aber einer Menge von Transaktionen prüft. Eine Einbeziehung der weiteren Subtransaktionen in die Zulassungsprüfung für eine Transaktion macht wenig Sinn, da sich die Situation im System bezüglich der gehaltenen Sperren und der blockierten Transaktionen bis zu Beginn dieser Subtransaktionen grundlegend geändert haben kann. Wie stark diese Veränderung ist, hängt zum einen von der aktuellen Transaktionslast und damit von den momentan aktiven Transaktionen und zum anderen von den Subtransaktionen der zugelassenen Transaktion selbst ab.

Kann eine Transaktion bzw. Subtransaktionen nicht zugelassen werden, wartet sie in der BOT- bzw. "Begin-Of-Subtransaction"-Queue (*BOS–Queue*) der entsprechenden Ebene. Die Zulassungsregeln für Subtransaktionen ändern sich gegenüber dem einschichtigen Fall nicht.

Bei den Bedingungen, die einen (Sub-)Transaktionsabbruch verursachen, tritt gegenüber dem ursprünglichen Algorithmus keine Veränderung auf. Befindet sich eine Schicht in einer Datenengpaßsituation, so wählt sie nach den genannten Kriterien (Sub-)Transaktionen aus und beendet diese, bis der kritische Wert des Konfliktverhältnisses unterschritten wird. Wird eine Subtransaktion zurückgesetzt, hat dies nicht zur Folge, daß deren Vater-Transaktion auch zurückgesetzt wird (*partielles* Zurücksetzen der Transaktion).

3.2 Systeme mit synchronen Subtransaktionen

In Systemen mit synchronen Subtransaktionen gilt, daß der Parallelitätsgrad der unteren Schicht *immer* kleiner oder gleich dem Parallelitätsgrad der oberen Schicht ist, da jede Transaktion maximal eine Subtransaktion zu einem Zeitpunkt aktiviert haben kann. Dies gilt sowohl für Systeme, die einen statisch, zum *Start-up*-Zeitpunkt eingestellten, Parallelitätsgrad haben, als auch für solche, die die Anzahl der parallelen Transaktionen dynamisch der aktuellen Lastsituation anpassen.

Trotz dieser Eigenschaft bleibt eine Zulassungskontrolle auf der unteren Ebene notwendig. Die Konfliktfreiheit von Operationen auf der oberen Ebene bedingt im allgemeinen nicht auch eine Konfliktfreiheit der entsprechenden Operationen der unteren Ebene. Beispielsweise können trotz Konfliktfreiheit auf der Satzebene Operationen auf der Seitenebene in Konflikt miteinander stehen, weil die referenzierten Datensätze auf der selben Seite gespeichert sind oder ein Konflikt auf einer Indexseite entsteht.

3.3 Systeme mit Intra-Transaktionsparallelität

Bei Systemen, die eine parallele Bearbeitung mehrerer Subtransaktionen der selben Transaktion erlauben, kommt zu den o.g. Gründen für die Notwendigkeit einer Lastkontrolle auf der unteren Ebene noch ein weiterer hinzu. Hier können Thrashing-Situationen in der unteren Schicht in Abhängigkeit von der aktuellen Transaktionslast auftreten. Der Grund ist, daß im Gegensatz zu Systemen mit synchronen Subtransaktionen jetzt der Parallelitätsgrad in der unteren Schicht auch größer als der Parallelitätsgrad der oberen Schicht werden kann. Somit können auf der unteren Ebene Lastspitzen unabhängig von Lastspitzen der oberen Ebene auftreten.

Illustriert werden kann dies an sogenannten "Hot-Spot"-Objekten [Ga85, Hä88, PRS88]. Dabei werden unter "Hot-Spot"-Objekten Daten verstanden, die sehr häufig referenziert werden. Zu typischen "Hot-Spot"-Objekten können Seiten von Zugriffspfaden (besonders die Wurzelseite) werden, wenn die Transaktionen auch Änderungsoperationen durchführen. Mögliche Spezialprotokolle auf Zugriffspfaden zur Reduzierung dieses Engpasses sind in existierenden Transaktionssystemen eher die Ausnahme.

Das Sperrkonfliktpotential von Subtransaktionen ist, *analog* zu den Transaktionen, von verschiedenen Einflußgrößen abhängig. Diese Größen sind (a) die *Anzahl der Objekte*, die eine Subtransaktion referenziert, (b) die *Operationen* auf diesen Objekten und (c) die *Verteilung der Operationen* über alle Objekte der entsprechenden Ebene. Die Einflußgrößen (a) und (b) bestimmen zusammen die Mindestdauer dieser Subtransaktion, die Größe (c) zusammen mit der aktuellen Last (insbesondere dem Parallelitätsgrad) beeinflußt die tatsächliche Laufzeit dieser Subtransaktion, da hierdurch die Wartezeiten der Subtransaktion in den *Lock-Queues* ihrer Ebene und die Rücksetzhäufigkeiten beeinflußt werden.

An Bedeutung gewinnt eine Zulassungskontrolle mit Abschätzung des Konfliktpotentials auf Subtransaktionsebene im Zusammenhang mit der Wahl des optimalen bzw. momentan maximalen Intra-Transaktionsparallelitätsgrades. Eine vollständige Parallelität aller Subtransaktionen, für die dies möglich ist, kann u. U. das Gegenteil des gewünschten Effektes erzielen. Statt einer erwarteten Antwortzeitreduzierung wird diese erhöht und der Durchsatz erniedrigt. Das folgende Beispiel soll diese Situation verdeutlichen:

Betrachten wir dazu eine Datenbank mit den in Abbildung 5 dargestellten 4 Relationen und den darauf definierten Zugriffspfaden.

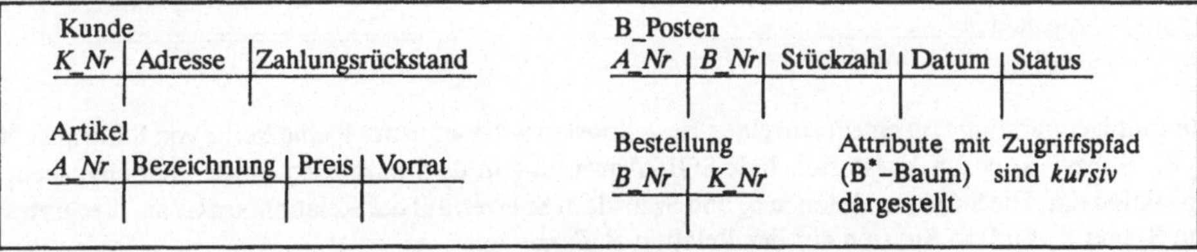

Abbildung 5: Relationen der Datenbank

Das in Abbildung 6 gezeigte (notationell an [Sy89] angelehnte) Beispielprogramm fügt eine Bestellung in die Datenbank ein. Dabei sind die notwendigen Informationen in Variablen bzw. Feldern durch eine Eingabemaske abgelegt. Eine Bestellung besteht hierbei aus der Kundennummer (*@Kunde*), den gewünschten Artikeln (*@Artikel[]*), sowie deren Anzahl (*@Anzahl[]*). Dem Transaktionsprogramm wird des weitern die Anzahl der erfaßten Bestellposten (*@#B_Posten*) mitgeteilt. Die Bestellungsnummer wird vom System eindeutig vergeben (Funktion *@Nächste_B_Nr*). Artikel, die in der gewünschten Menge vorhanden sind, werden mit dem Status *Lieferbar* in die Relation *B_Posten* eingetragen, und der Vorrat des entsprechenden Artikels wird reduziert. Da die Anzahl der Bestellposten zur Startzeit der Transaktion bekannt ist, können alle Bestellposten dieser Bestellung nach der Bonitätsprüfung des Kunden parallel eingefügt werden (Programmteil zwischen *do in Parallel* und *End Parallel*). Abbildung 7 macht dies für zwei Transaktionen deutlich. Sperren werden in dem zugrundeliegenden Transaktionssystem auf zwei Ebenen angefordert, auf der oberen Ebene auf Datensätzen und Index–Einträgen und auf der unteren Ebene auf Seiten.

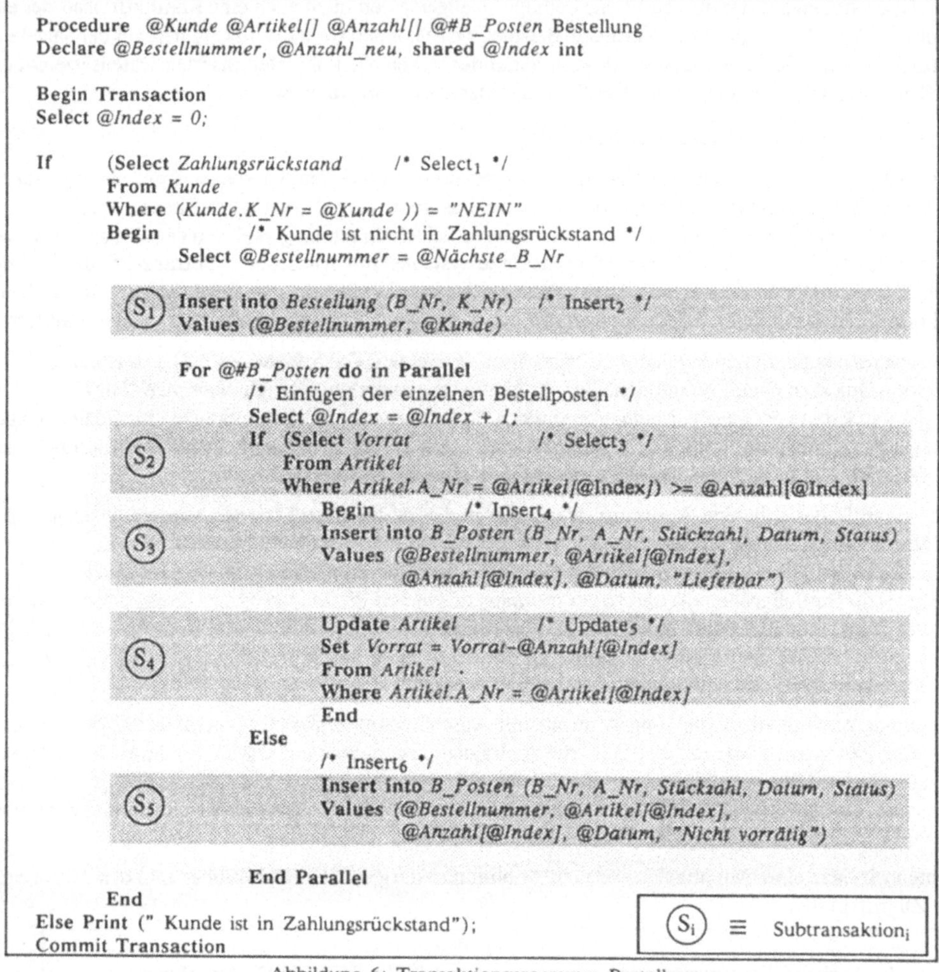

Abbildung 6: Transaktionsprogramm Bestellung

Für jede Einfügeoperation von einem einzelnen Bestellposten wird sequentiell eine Reihe von Subtransaktionen (S_2 bis S_4 bzw. S_2 und S_5) gestartet. Jede SQL–Anweisung in dem parallelen Block stellt eine separate Subtransaktion dar. Die Subtransaktionen S_2 und S_4 fordern Sperren auf der Relation *Artikel* an, die Subtransaktionen S_3 und S_5 fordern Sperren auf der Relation *B_Posten* an.

Da auf der unteren Ebene Sperren auf Seiten der Relationen und Zugriffspfade verwendet werden, können sich parallele Subtransaktionen gegenseitig behindern. Dies geschieht z. B. in dem Fall, daß zwei Subtransaktionen Artikel bearbeiten, die auf der selben Seite gespeichert sind (z. B. zwei Subtransaktionen vom Typ S_4).

Aber auch mehrere Subtransaktionen vom Typ S_3 können sich bei den Einfügeoperationen auf dem Zugriffspfad der Attribute A_Nr, B_Nr stark behindern, da es dabei zum Split von Blattseiten kommen kann.

Eine erhöhte Parallelität auf der Ebene der Subtransaktionen erhöht somit das Potential von solchen Behinderungssituationen. Mit einer steigenden Anzahl von Behinderungen sinkt die Leistung des Systems und die Antwortzeit der Transaktionen steigt. Zum einen müssen bereits durchgeführte Operationen wiederholt werden und zum anderen müssen die Auswirkungen der durchgeführten Operationen rückgängig gemacht werden. Durch die Konflikt-gesteuerte Lastkontrolle auch auf der unteren Ebene wird gerade dieser negative Effekt vermieden.

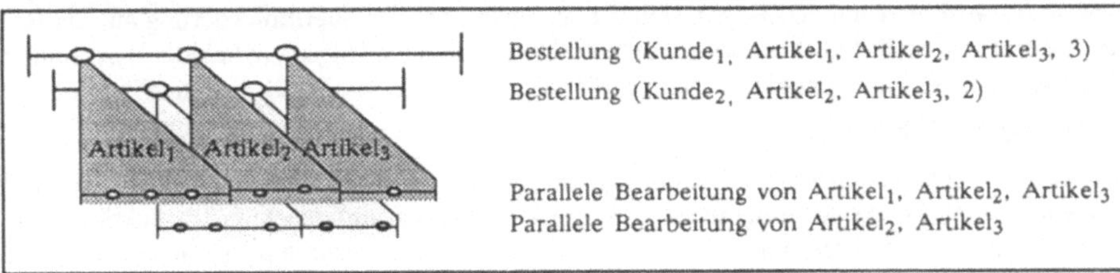

Abbildung 7: Parallele Abläufe zweier Bestellungstransaktionen

4 Präzisierung der Konfliktschätzung

Der in Abschnitt 2 aufgezeigten Algorithmus setzt eine möglichst präzise Vorhersage des Referenzverhaltens der einzelnen Transaktionen und Subtransaktionen voraus. Dabei wird in Formel (2) davon ausgegangen, daß die Referenzen einer Transaktion gleichmäßig über die gesamte Datenbank verteilt sind. Diese Annahme wird im folgenden dadurch abgeschwächt, daß nur noch die Zugriffe auf kleinere Bereiche (z. B. Relationen oder Mengen von Seiten) gleich verteilt sind. In den folgenden Abschnitten wird anhand von Beispielen gezeigt, daß durch eine genauere Vorhersage des Konfliktverhältnisses die Leistung des Systems erhöht werden kann. Dabei kann diese Präzisierung durch die Betrachtung feinerer Konfliktbereiche vorgenommen werden. Abschitt 4.1 zeigt Schwächen des bisherigen Ansatzes auf; Im Abschnitt 4.2 diskutieren wir eine mögliche Präzisierung der Abschätzung, und Abschnitt 4.3 behandelt die generellen Möglichkeiten zur besseren Abschätzung des Referenzverhaltens.

4.1 Unschärfe der bisherigen Schätzungen

Obwohl die erzielten Ergebnisse für das Leistungsverhalten eines Systems schon recht vielversprechend sind, bleiben noch Optimierungsmöglichkeiten offen. In vielen Fällen könnte der Durchsatz des Systems noch erhöht werden, wenn trotz Erreichen des kritischen Konfliktverhältnisses noch Transaktionen zugelassen würden, die in keinem Konflikt mit den bisher aktiven Transaktionen stehen. Transaktionen werden aber dann nicht zugelassen, wenn ein Datenengpaß besteht oder vorhersehbar ist. Bedingt durch die Abschätzung des entstehenden Konfliktverhältnisses unter der Annahme, daß die Referenzen einer Transaktion gleichverteilt über die gesamte Datenbank sind, entsteht eine Ungenauigkeit, die durch Ausnutzung aller zur Verfügung stehenden Informationen vermieden oder zumindest verringert werden kann. Eine präzisere Berechnung des Konfliktverhältnisses kann offensichtlich zu einer höheren Leistung des Systems führen.

Das folgende Beispiel soll diese Situation verdeutlichen. Betrachten wir eine Datenbank mit zwei Relationen A und B. Tabelle 2 zeigt die Anzahl der gehaltenen Sperren auf den beiden Relationen und die Größe der Relationen. Es befindet sich eine Transaktion als nächste in der BOT-Queue, die lediglich ein Objekt in der Relation B exklusiv sperren wird:

Relation	Sperren (Exclusive)	Sperren (Shared)	Größe
A	33	0	40
B	0	0	10

Tabelle 2: Systemzustand ohne Datenengpaß

Relation	Sperren (Exclusive)	Sperren (Shared)	Größe
A	10	0	187
B	3	0	3

Tabelle 3: Systemzustand mit Datenengpaß

Die Schätzung der Blockierungswahrscheinlichkeit mit Formel (3) ergibt, daß die Transaktion nicht zugelassen wird (*Prob(TA wird blockiert) = 0.66*), obwohl sie mit keiner der aktiven Transaktionen in Konflikt kommen kann. Durch die ungenaue Schätzung des Konfliktverhältnisses würde fälschlich ein Datenengpaß vorhergesagt und durch die daraus folgende Nichtzulassung der Transaktion vorhandenes Leistungspotential nicht genutzt.

Im Gegensatz zu dem skizzierten Beispiel kann eine zu ungenaue Schätzung des Konfliktverhältnisses aber auch einen Datenengpaß fälschlicherweise verdecken. Betrachten wir dazu die in Tabelle 3 dargestellte Situation des Systems. Die Datenbank besteht wieder aus zwei Relationen.

Eine Transaktion, die voraussichtlich ein Objekt in der Relation B und fünf Objekte in der Relation A exklusiv sperren wird, befindet sich als nächste Transaktion in der BOT–Queue. Die Schätzung der Blockierungswahrscheinlichkeit mit Formel (3) ergibt, daß die Transaktion zugelassen wird (*Prob(TA wird blockiert) = 0.40*). Diese Transaktion wird aber mit 100%–iger Wahrscheinlichkeit bei der Sperranforderung auf die Relation B blockiert, da dort schon alle Objekte exklusiv gesperrt sind. Durch die Ungenauigkeit der Berechnung wird also ein Datenengpaß verdeckt, und das System gerät möglicherweise in eine Thrashing–Situation.

4.2 Präzisierung der Schätzungen

Die beiden Beispiele zeigen, daß bei der Schätzung der Blockierungswahrscheinlichkeit erhebliche Fehler entstehen können, wenn Relationen miteinbezogen werden, die von der untersuchten Transaktion nicht referenziert werden, bzw. bei der Berechnung nur die Vereinigung der referenzierten Relationen berücksichtigt wird. Eine präzisere Schätzung kann offensichtlich durch die ausschließliche Berücksichtigung der Bereiche der Datenbank vorgenommen werden, die von einer Transaktion effektiv referenziert werden, sowie eine separate Berechnung auf diesen Bereichen.

Die Menge der Objekte, die als Grundlage zur Berechnung der Blockierungswahrscheinlichkeit benutzt werden, bezeichnen wir als *Konfliktbereich*. In der ursprünglichen Form des Verfahrens wurde die Datenbank als Konfliktbereich benutzt; im obigen Beispiel bietet sich die Relation an. Eine Transaktion kann Objekte aus unterschiedlichen Konfliktbereichen referenzieren.[4]

Damit ergibt sich die folgende veränderte Berechnung der Wahrscheinlichkeit, daß eine Transaktion, die m Konfliktbereiche KB_1, ..., KB_m referenziert, in der BOT–Queue nach ihrer Zulassung blockiert wird:

$$Prob(TA_i \ wird \ blockiert) = 1 - \prod_{j=1}^{m} Prob(TA_i \ wird \ auf \ KB_j \ nicht \ blockiert) \tag{5}$$

$$Prob(TA_i \ wird \ auf \ KB_j \ nicht \ blockiert) = \frac{\prod_{\mu=0}^{l_{ij}-1} (KB_j - Locks_j - L_{i-1,j} - \mu)}{KB_j^{l_{ij}}} \tag{6}$$

$$L_{i-1,j} = \sum_{n=1}^{i-1} \left\{ \begin{array}{l} l_{nj} \quad wenn, \ Prob(TA_n \ wird \ blockiert) \leq 0.5 \\ l_{nj}/2 \ sonst \end{array} \right\} \tag{7}$$

wobei:

KB_j $\equiv$ Normalisierte Konfliktbereichsgröße des j–ten Konfliktbereichs, den Transaktion TA_i referenzieren wird, nach Zulassung der ersten i–1 Transaktionen der BOT–Queue

$Locks_j$ $\equiv$ Anzahl der gehaltenen Sperren auf KB_j

l_{vj} $\equiv$ Anzahl der Sperren der v–ten Transaktion in der BOT–Queue, die sie auf dem Konfliktbereich KB_j anfordern wird

$L_{i-1,j}$ $\equiv$ Summe der Sperren der Vorgänger–Transaktionen von TA_i in der BOT–Queue auf dem Konfliktbereich KB_j, abhängig von deren Blockierungswahrscheinlichkeiten

Für die beiden Beispiele ergeben sich damit genau die gewünschten Ergebnisse. Für das erste Beispiel (Transaktion in der BOT–Queue referenziert ein Objekt auf Relation B) ergibt sich:

Prob(TA wird blockiert)   = 1 – Prob(TA wird auf Relation B nicht blockiert)
                                       = 1 – 1 = 0

und für das zweite Beispiel (Transaktion in der BOT–Queue referenziert fünf Objekte in Relation A und ein Objekt in Relation B):

Prob(TA wird blockiert)   = 1 – (Prob(TA wird auf Relation A nicht blockiert)*
                                           Prob(TA wird auf Relation B nicht blockiert))
                                       = 1 – (0.28*0) = 1

---

4. Weitergehende Varianten zur Bildung von Konfliktbereichen wären z. B. die Blattseiten eines bestimmten Index oder bestimmte Mengen von Hot–Spot–Seiten.

Ein weiteres Optimierungspotential ergibt sich jetzt bei der Ablehnung der Zulassung einer Transaktion. Befinden sich noch weitere Transaktionen in der BOT-Queue, die auf Konfliktbereichen arbeiten, die disjunkt zu denen der abgelehnten Transaktionen sind, kann versucht werden, diese Transaktionen zuzulassen.

Die Wahl der Konfliktbereiche ist von zwei Faktoren abhängig: der Genauigkeit, mit der Informationen über das Referenzverhalten ermittelt werden können, und dem dazu notwendigen Aufwand. Der nachfolgende Abschnitt zeigt die prinzipiellen Möglichkeiten der Analyse von Transaktionsprogrammen für die Schätzung des Referenzverhaltens auf.

4.3 Analyse des Referenzverhaltens von Transaktionsprogrammen

In der Regel ist die Transaktionslast von kurzen Transaktionen dominiert, die zu einer Menge vordefinierter Transaktion-Typen ("canned transactions") gehören.[5] Der Anteil von ad-hoc-Anfragen an der gesamten Last ist vernachlässigbar gering [Ra89].

Eine vollständige Analyse von Programmen zur Gewinnung von Informationen über das Referenzverhalten ist im allgemeinen zu aufwendig oder gar prinzipiell unmöglich. Eine Analyse aber, die vereinfachende Annahmen über die Art der Programme und über vorhandene Zusatzinformationen trifft, kann durchaus befriedigende Ergebnisse liefern.

Zur Durchführung der von uns benötigten Analyse von *Transaktionsprogrammen* werden folgende vereinfachende Annahmen getroffen:

(R7) Alle Programme sind vollständig in einer "fourth generation language" (4GL) (z.B. Transact-SQL [Sy89]) geschrieben. D.h. ein Transaktionsprogramm besteht aus einer Menge von einfachen Kontrollstrukturen (z.B. IF, FOR, WHILE, nicht aber GOTO) und darin eingebetteten SQL-Anweisungen.

(R8) Ad-hoc-Anfragen werden wegen ihrer im allgemeinen geringen Häufigkeit nicht berücksichtigt.

(R9) Es existiert bereits ein Query-Optimierer, der für jede SQL-Anweisung im Programm die Anzahl der notwendigen Lese- und Schreibreferenzen schätzen kann.

(R10) Die Varianz der Statistiken, die über die Programme und die Daten vorliegen, ist relativ klein.

Der dargestellte Lastkontrollalgorithmus ist relativ robust gegenüber einzelnen Ungenauigkeiten, da die Schätzwerte nur für die Zulassungsprüfung benötigt werden. Fehleinschätzungen werden durch die Überwachung des Konfliktverhältnisses dynamisch korrigiert.

4.3.1 Transaktionscompiler

Die benötigten Informationen über das Referenzverhalten der Transaktionen [Ra87] können von einem *Transaktionscompiler* durch die Analyse der Programme erstellt werden. Der notwendige Compilerlauf zur Kontrollflußanalyse kann leicht dem eigentlichen 4GL-Compiler vorgeschaltet werden, da gefordert wird, daß alle Programme in einer solchen Sprache vorliegen. Die gleiche Technik wurde zur Analyse von Realzeit-Datenbankanwendungen vorgeschlagen, um mittels "Prefeching" der als nächstes referenzierten Objekte das Antwortzeitverhalten des Systems zu optimieren [WZ86].

Den Zusammenhang zwischen den vorhanden Statistiken [Ch84], dem Query-Optimierer und dem Transaktionscompiler stellt Abbildung 8 dar. Dabei kann jedes Blatt in dem dargestellten Klassifikationsbaum eine Mittelwert/Varianz-Information, ein Histogramm oder eine Verteilungsfunktion sein. Der Query-Optimierer nutzt nur die Kardinalitäts- und Attributwerteverteilungsstatistiken zur Erstellung des Ausführungsplans einer Query. Als Grundlage der Entscheidung, welche Ausführungstrategie unter mehreren möglichen Varianten benutzt werden soll, dienen dabei die Schätzungen der Anzahl der Lese- und Schreibzugriffe einer Query. Diese Information und die dargestellten Statistiken über die Transaktionsprogramme können vom Transaktionscompiler zur Schätzung der effektiven Anzahl der Referenzen eines Programms genutzt werden.

Ziel ist es, das Referenzverhalten von Transaktionen soweit wie möglich bei der Übersetzung zu schätzen. Inwieweit dies möglich ist, hängt von den zur Übersetzungszeit nutzbaren statistischen Informationen über die Daten (z.B. Selektivität von Attributen, Größe der Relationen) und die Programme (z.B. von Input-Parametern abhängige Wahrscheinlichkeiten von Alternativen) ab. Eine exaktere Vorhersage des Referenzverhaltens ist möglich, wenn alle ausführungsabhängigen Input-Daten vorhanden sind [Re86]. In den SQL-Anwei-

---

5. Bis zu einer Größenordnung von einigen Hundert.

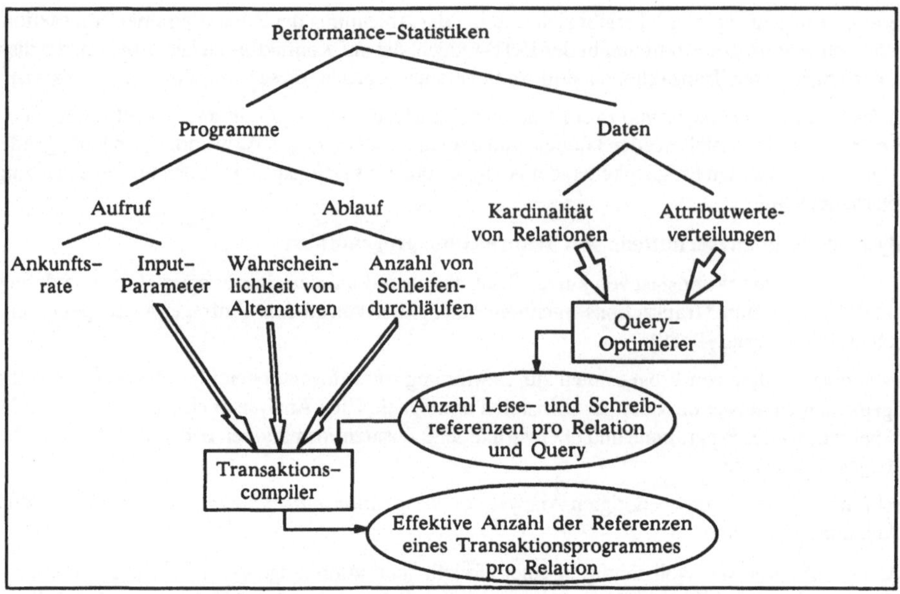

Abbildung 8: Ausnutzung von statistischen Informationen

sungen eines Transaktionsprogramms sind z.B. durch die FROM-Klausel die Relationen, die referenziert werden können, bekannt. Die tatsächlich referenzierten Relationen ergeben sich aus dem Pfad, den das Programm aufgrund der aktuellen Input-Parameter und des vorliegenden Datenbestandes benutzt. Dabei kann für jede Verzweigung (IF-Klausel) geschätzt werden, welche Alternative verfolgt wird. Ein Teil der Referenzen ist durch die Angabe von Konstanten in den WHERE-Klausel exakt spezifiziert. Somit entsteht die Aufgabe, das Referenzverhalten in Abhängigkeit von einigen zur Startzeit bekannten Input-Parametern des Programms zu bestimmen. Damit kann mit geringem Aufwand zur Startzeit des Programmes eine relativ genaue Vorhersage des Referenzverhaltens gemacht werden.

Durch große Veränderungen im Datenbestand oder in der Benutzung der Programme kann eine Neuübersetzung zur Korrektur der vormals gemachten Schätzung notwendig werden. Mit der Erzeugung einer Statistik über Abweichungen der Schätzwerte von den real durchgeführten Referenzen kann diese Notwendigkeit einer Neuübersetzung erkannt werden.

4.3.2 Kontrollflußgraph eines Transaktionsprogramms

Zur Durchführung der Analyse von Transaktionsprogrammen ist eine genaue Beschreibung des Kontrollflusses der Programme notwendig. Um ein Transaktionsschema präzise zu beschreiben, wäre ein umfangreicher Formalismus notwendig. Um unsere grundlegende Vorgehensweise darzustellen, reicht an dieser Stelle auch die Verwendung einfacher graphischer Elemente (vgl. [WZ86]), die in Abbildung 9 angegeben sind.

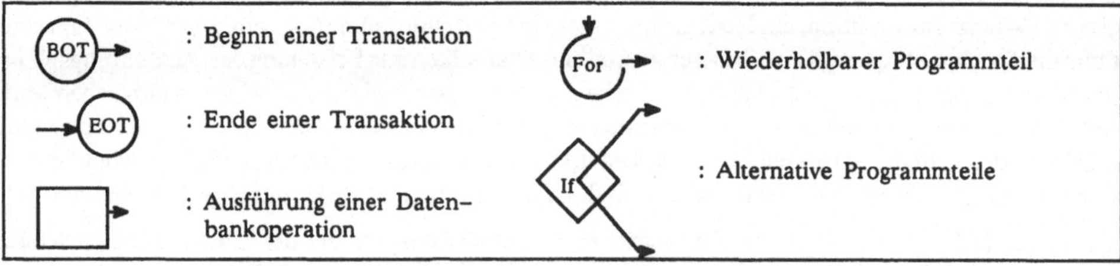

Abbildung 9: Graphische Elemente des Kontrollflußgraphen

Mit diesen Elementen kann ein Graph erzeugt werden, in dem alle Datenbankoperationen und die benutzten Kontrollstrukturen (IF, FOR) enthalten sind. Auf der Grundlage solcher Graphen kann anhand der genannten Statistiken über die Ausführung der Transaktionsprogramme und die Methoden der Analyse zur Anfrageoptimierung das Referenzverhalten abgeschätzt werden. Eine Erweiterung des Kontrollflußgraphen um die Wahrscheinlichkeiten der Alternativenauswahl, der Anzahl von Wiederholungen einer Schleife, sowie der jeweils referenzierten Relationen und die Anzahl der Referenzen sind das Ergebnis der Analyse.

An einem einfachen Beispiel soll das Prinzip der Informationsermittlung durch einen Transaktionscompiler dargestellt werden. Betrachten wir dazu wieder das Beispiel aus Kapitel 3.3, dieses Mal jedoch ohne Intra-Transaktionsparallelität, d. h. es wird das *do in Parallel* und *End Parallel* durch einfache *Begin* und *End* Anweisungen ersetzt. Abbildung 10 zeigt den Kontrollflußgraphen des Transaktionsprogramms Bestellung.

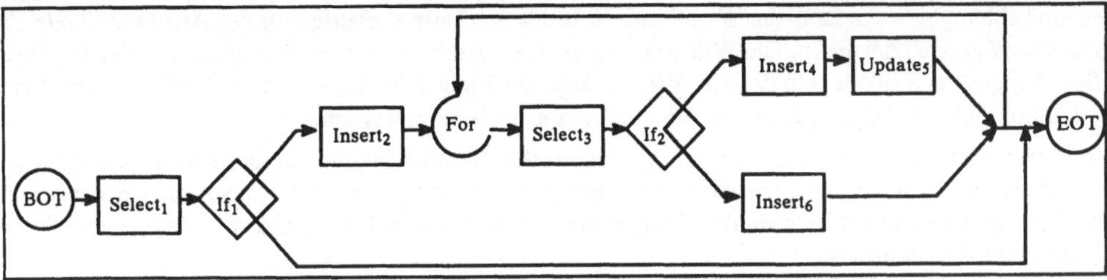

Abbildung 10: Kontrollflußgraph für das Beispiel aus Abbildung 6

4.3.3 Schätzung der effektiven Referenzen

Zur Schätzung der effektiven Referenzen eines Programmes wird der Kontrollflußgraph um die Wahrscheinlichkeit einer Alternative, die an einer SQL-Anweisung beteiligten Relationen, die durch den Query-Optimierer geschätzte Anzahl der Lese- und Schreibreferenzen[6] und die Wiederholungsfaktoren der Schleifen erweitert. Zugriffspfade werden wie separate Relationen behandelt[7]. Dabei bestimmt sich die Anzahl der notwendigen Referenzen in einem Zugriffspfad aus der Höhe des B^*-Baumes. Alle nicht genau spezifizierbaren Werte werden abhängig von Variablen beschrieben. Der Transaktionscompiler berechnet daraus für jede Relation die Schätzwerte der Referenzen.

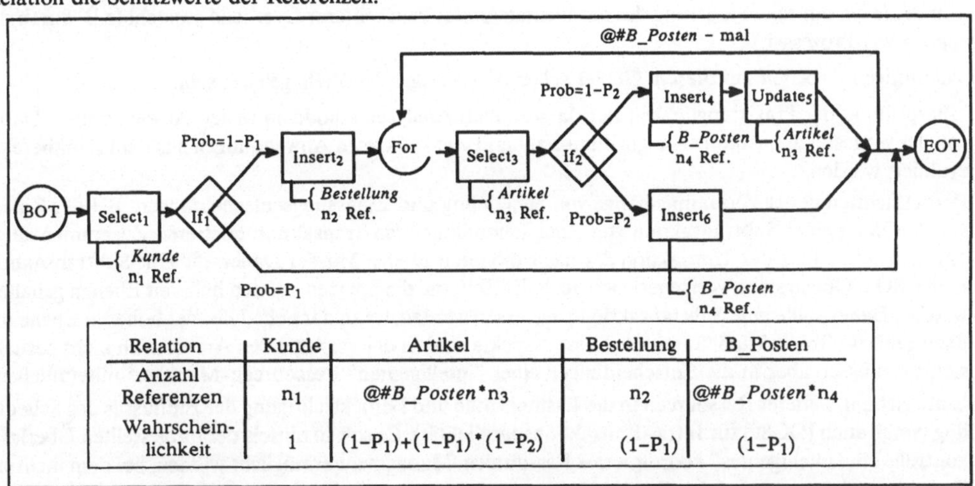

Relation	Kunde	Artikel	Bestellung	B_Posten
Anzahl Referenzen	n_1	$@\#B\_Posten^* n_3$	n_2	$@\#B\_Posten^* n_4$
Wahrscheinlichkeit	1	$(1-P_1)+(1-P_1)^*(1-P_2)$	$(1-P_1)$	$(1-P_1)$

Abbildung 11: Erweiterter Kontrollflußgraph für das Beispiel aus Abbildung 6

Die Addition der Referenzen auf der Relation *Kunde* und dem Zugriffspfad *Kunde.K_Nr* ergibt die exakte Anzahl notwendiger Referenzen für Select₁, da der Kundenstamm typischerweise über einen längeren Zeitraum konstant bleibt. Diese Referenzen werden immer durchgeführt. Die Information über die Anzahl Referenzen unter Einbeziehung der notwendigen oder gewünschten Zugriffspfade wird vom Query-Optimierer berechnet.

Wird dieselbe Relation in unterschiedlichen Alternativen referenziert, so werden die entsprechenden Terme zusammengefaßt. Im Beispiel gilt dies für Insert₄ und Insert₆, die sich beide auf die Relation *B_Posten* bezie-

---

6. Zur Erhöhung der Übersicht sind diese beiden Werte im Beispiel zu einem Wert zusammengefaßt.

7. Die Zugriffpfadinformationen sind in Abbildung 11 nicht dargestellt. Für jeden benutzten Zugriffspfad wird auch der Name und die Anzahl der Referenzen vermerkt.

hen, wobei die Summe der Alternativenwahrscheinlichkeiten (If_2) 1 ergibt. Die Anzahl der Referenzen (n_4) ist von dem Input–Parameter @#B_Posten abhängig (Anzahl Referenzen = @#B_Posten*n_4), da die beiden SQL–Operationen innerhalb der FOR–Schleife liegen. Zum Startzeitpunkt des Programms Bestellung ist die Anzahl der Bestellposten, die bearbeitet werden sollen bekannt (@#B_Posten), und damit auch die Anzahl der Schleifendurchläufe.

Die Wahrscheinlichkeit P_1 in der ersten IF–Klausel ist von der Häufigkeit von Zahlungsrückständen in der Datenbank abhängig. Somit kann der Wert P_1 mit Hilfe der Attributwerteverteilung des Attributs *Kunde.Zahlungsrückstand* geschätzt werden. Die Wahrscheinlichkeit P_2 in der zweiten IF–Klausel ist von der Häufigkeit der Bestellung eines Artikels und dessen Vorratsmenge abhängig. Hier kann eine Statistik bzw. eine Verteilungsfunktion über die Input–Parameter des Programms verwendet werden.

Die konkrete Errechnung des Schätzwertes kann somit durch Einbeziehung der aktuellen Input–Parameter zum Startzeitpunkt vorgenommen werden. Katalogzugriffe können an dieser Stelle vermieden werden. Die aufwendige Analyse und die Vielzahl der Zugriffe auf die statistischen Daten sind vollständig zum Übersetzungszeitpunkt durchführbar.

5 Resümee

Wir haben ein Verfahren zur Vermeidung von dateninduzierten Thrashing–Situationen in Datenbanksystemen vorgestellt. Dabei wurde das zukünftige Konfliktverhältnis auf der Basis der gesamten Datenbank hochgerechnet. Wir haben gezeigt, daß eine Verfeinerung der Konfliktbereiche die Leistung des Systems erhöhen kann. Die dazu notwendige Analyse der Transaktionsprogramme wurde skizziert.

Die vorgestellte Methode zur Lastkontrolle ist generell für alle möglichen Arten der Einbettung eines Datenbanksystem in eine Betriebsystemumgebung [Hä79] anwendbar. Ebenso ist die Methode in allen Varianten der Einbettung von DB/DC–Systemen [Me88] einsetzbar. Die Implementierung in einer "Multiple–Server"–Architektur ist dabei am einfachsten und effizientesten. Allgemein müssen die Systeme gewährleisten, daß durch die dynamische Steuerung des Parallelitätsgrades kein weiterer Overhead entsteht (z.B. durch die Erzeugung von Prozessen).

Die zukünftigen Arbeiten auf diesem Gebiet sollen durch folgenden Ziele geleitet sein:

- Überprüfung der Praxistauglichkeit der dargestellten Analysemethode an realen Anwendungen. Dabei soll der vorgestellte Lastkontrollalgorithmus anhand von konkreten Anwendungen aus dem Bankbereich evaluiert werden.

- Berücksichtigung der Zusammenhänge von Scheduling und Zulassungsentscheidungen. Bei der Zulassungsprüfung einer Subtransaktion von einer schon laufenden Transaktion existieren Zusammenhänge mit dem Scheduling der Transaktion der nächsthöheren Ebene. Mit der Dauer, die eine Subtransaktion in der BOS–Queue steht, verlängert sich auch die Zeit, die die Sperren auf den höheren Ebenen gehalten werden. Daher sollte eine Subtransaktion zugelassen werden, wenn der Scheduler der höheren Ebene die dazu gehörige Transaktion "forciert". Diese Aspekte sind in der vorliegenden Arbeit noch nicht berücksichtigt, müssen aber in die Entscheidungen eines "intelligenten" Ressourcen–Managers miteinfließen.

- Einbeziehung weiterer Ressourcen in die Lastkontrolle und Berücksichtigung der Einflusses des Scheduling (vergl. auch [DG89] für Intra–Transaktionsparallelität). Es soll so mittels der dargestellten Überlastkontrolle ein "intelligentes" koordiniertes Ressourcen–Managment ermöglicht werden, bei dem mehrere Ressourcen gleichzeitig bei den Entscheidungen berücksichtigt werden. Im besonderen beeinflußt der verfügbare Speicherplatz das Antwortzeitverhalten von Transaktionen. Mit der Antwortzeit steigt in der Regel auch die Dauer, über die Sperren von Transaktionen gehalten werden. Indirekt wird so Einfluß auf das Konfliktverhältnis ausgeübt.

- Als Gesamtziel wird nicht nur eine Durchsatzmaximierung von Transaktionssystemen angestrebt, sondern auch eine Reduzierung der notwendigen Eingriffe und Entscheidungen eines Datenbankadministrators.

6 Literatur

[ACL87] R. Agrawal, M. Carey, M. Livny, *Concurrency Control Performance Modeling: Alternatives and Implications*, ACM TODS, Vol. 12, No. 4, 1987

[ACM87] R. Agrawal, M. Carey, L.W. McVoy, *The Performance of Alternative Strategies for Dealing with Deadlocks in Data Base Systems*, IEEE Trans. Software Eng., Vol. 13, No. 12, 1987

[BHG87] P. A. Bernstein, V. Hadizilacos, N. Goodman, *Concurrency Control and Recovery in Database Systems*, Addison Wesley, 1987

[Bo89] V. Bohn, *Charakteristische Eigenschaften von Transaktionslasten in DB/DC–Systemen*, Fachtagung Messung, Modellierung und Bewertung von Rechensystemen und Netzen, Informatik Fachbericht 218, Springer Verlag, 1989

[Ch84] J. M. Cheng et al., *IBM Database 2 Performance: Design, Implementation and Tuning*, IBM Systems Journal, Vol. 23, No. 2, 1984

[CKL90] M.J. Carey, S. Krishnamurthi, M. Livny, *Load Control for Locking: The 'Half–and–Half' Approach*, ACM PODS Conf., 1990

[CL89] M.J. Carey, M. Livny, *Parallelism and Concurrency Performance in Distributed Database Machines*, ACM SIGMOD Conf., 1989

[De68] P. Denning, *Thrashing: Its Causes and Prevention*, AFIPS Conf. Proc., Vol. 33, 1968

[DG89] N. Duppel, D. Gugel, A. Reuter, G. Schiele, *Progress Report #6 of Prospect*, Technical Report, Institute of Parallel and Distributed Super–Computers, University of Stuttgart, 1989

[FR85] P. Franaszek, J.T. Robinson, *Limitations on Concurrency in Transaction Processing*, ACM TODS, Vol. 10, No. 1, 1985

[Ga85] D. Gawlick, *Processing 'Hot Spots' in High Performance Systems*, IEEE COMPCON, 1985

[Hä79] T. Härder, *Die Einbettung eines Datenbanksystems in eine Betriebssystemumgebung*, Datenbanktechnologie, Tagungsband II des German Chapter of the ACM, Teubner Verlag, 1979

[Hä87] T. Härder, *On Selected Performance Issues of Database Systems*, Fachtagung über Messung, Modellierung und Bewertung von Rechensystemen, Informatik Fachbericht 154, Springer Verlag, 1987

[Hä88] T. Härder, *Handling Hot Spot Data in DB–Sharing Systems*, Information Systems, Vol. 13, No. 2, 1988

[HP90] T. Härder, M. Profit, H. Schöning, *Supporting Parallelism in Engineering Databases by Nested Transactions*, Technical Report, University of Kaiserslautern, 1990

[In87] Informix–Turbo, *Administrator Guide*, Version 1.10, 1987

[In88] H. W. Inmon, *Optimizing Performance in DB2 Software*, Prentice–Hall Inc., 1988

[Ig90] Ingres, *Installation and Operation Guide*, Release 6.3, 1990

[JTK89] B. P. Jenq, B. Twichell, T. Keller, *Locking Performance in a Shared Nothing Parallel Database Machine*, IEEE Data Eng. Conf., 1989

[Me88] K. Meyer–Wegener, *Transaktionssysteme*, Teubner Verlag Stuttgart, 1988

[Mo90] C. Mohan, *ARIES/KVL: A Key–Value Locking Method for Concurrency Control of Multiaction Transactions Operating on B–Tree Indexes*, VLDB Conf., 1990

[ML89] C. Mohan, F. Levine, *ARIES/IM: An Efficient and High Concurrency Index Management Method Using Write–Ahead Logging*, IBM Research Report RJ6846, IBM Almaden Research Center, 1989

[MW91] A. Mönkeberg, G. Weikum, *Conflict–driven Load Control for the Avoidance of Data–Contention Thrashing*, IEEE Data Eng. Conf., 1991, extended version available as Technical Report 149, Department of Computer Science, ETH Zurich, 1990

[Or88] Oracle, *Database Administrator's Guide*, Version 6.0, 1988

[Pe86] P. Peinl, *Synchronisation in zentralisierten Datenbanksystemen – Algorithmen, Realisierungsmöglichkeiten und quantitative Bewertung –*, Informatik Fachbericht 161, Springer Verlag, 1986

[PRS88] P. Peinl, A. Reuter, H. Sammer, *High Contention in a Stock Trading Database: A Case Study*, ACM SIGMOD Conf. on Management. of Data, 1988

[PS86] J. Peterson, A. Silberschatz, *Operating System Concepts*, Addison Wesley, 1986

[Ra87] E. Rahm, *Synchronisation in Mehrrechner–Datenbanksystemen – Konzepte, Realisierungsformen und quantitative Bewertung –*, Informatik Fachbericht 186, Springer Verlag, 1988

[Ra89] E. Rahm, *A Framework for Workload Allocation in Distributed Transaction Systems*, Technical Report, University of Kaiserslautern, 1989

[Re86] A. Reuter, *Load Control and Load Balancing in a Shared Database Management System*, IEEE Data Eng. Conf., 1986

[SQ81] SQL/Data System, *Planning and Administration*, SH24–5014, 1981

[Sy89] SYBASE, *Commands Reference Manual*, Release 4.0, Doc. ID: 3240–4.0, 1989

[Sy89a] SYBASE, *System Administrator Guide*, Release 4.0, 1989

[TGS85] Y. Tay, N. Goodman, R. Suri, *Locking Performance in Centralized Databases*, ACM TODS, Vol. 10, No. 4, 1985

[Th91] A. Thomasian, *Performance Limits of Two–Phase Locking*, IEEE Data Eng. Conf., 1991

[We88] G. Weikum, *Transaktionen in Datenbanksystemen*, Addison Wesley, 1988

[WH90] G. Weikum, C. Hasse, A. Mönkeberg, P. Zabback, *The COMFORT Project: A Comfortable Way to Better Performance*, Technical Report 137, Department Informatik, Institut für Informationssysteme, ETH–Zürich 1990

[WH91] G. Weikum, C. Hasse, *Multi–Level Transaction Management for Complex Objects: Implementation, Performance, Parallelism*, Technical Report, Department Informatik, Institut für Informationssysteme, ETH–Zürich 1991

[WZ86] H. Wedekind, G. Zoerntlein, *Prefetching in Realtime Database Applications*, ACM SIGMOD Conf., 1986

Extended Memory Support for
High Performance Transaction Systems

V. Bohn, T. Härder, E. Rahm

Univ. of Kaiserslautern, Germany

Abstract

To achieve high performance transaction processing vertical as well as horizontal system growth is considered. A prime obstacle for vertical growth is the unfavorable ratio of I/O time vs. CPU time making it increasingly difficult to utilize fast CPUs and multiprocessors. Prerequisites for horizontal growth are a low communication overhead and effective load balancing; both subgoals are the more difficult to meet the more systems to be utilized. We propose the use of a fast and non-volatile extended memory which provides synchronous access for closely coupled systems. We discuss its properties supporting high volume transaction processing. Subsequently, we investigate its performance behavior for centralized and distributed computing environments. Simulation results are presented for synthetic Debit-Credit transactions as well as for real-life workloads represented by database traces. The use of non-volatile extended memory permits significant response time and throughput improvements, in particular for the real-life workloads. Lock contention, communication overhead and load balancing are improved to a large extent compared to conventional architectures.

Keywords: *Transaction Processing, Storage Hierarchy, Extended Memory, Database Sharing*

Computing Reviews Classification: *H.2.4, B.3.2, C.4*

1. Introduction

Transaction programs (TAPs) implement administrative functions by accessing a shared database. They are used in a variety of business applications such as airline reservation, electronic banking, securities trading, communications switching, etc. to enable the on-line user to execute preplanned functions (canned transactions). The essential software components of a transaction processing (TP) system are the set of TAPs, the DBMS and the so-called TP monitor which coordinates the flow of transaction requests between terminals and TAPs as well as the DBMS calls of the TAPs.

A typical TP application contains relatively few transaction types, e.g. a banking application has sometimes less than ten (with DEBIT-CREDIT as the most prominent transaction type). Other applications such as government services probably have less than a few hundred. The typical resource consumption of a transaction ranges between 0-30 disk I/Os, 100K-1M machine instructions and 2-20 messages (depending on whether or not the application is distributed). The number of TP systems is growing rapidly as well as their sizes. Today, many TP systems have about 20,000 terminals, some of them have more than 100,000 terminals and 1000 disks.

What are the load characteristics and the expected performance requirements of such TP systems? During the last years the DEBIT-CREDIT transaction has been accepted as the standard transaction to measure the throughput performance of TP systems in terms of TPS (DEBIT-CREDIT transactions per second). Particularly, banking and airline reservation have always been the fore-runners in high performance DBMS applications with extraordinary service rates; nevertheless, just a few years ago the design of TP systems to support 1KTPS at peak load had been considered a major challenge [Gr85]. Today, several systems can sustain such workloads if the data to be accessed by the transactions can be partitioned in a flexible way (e.g. the dataset ACCOUNT by account number for DEBIT-CREDIT) and, as a consequence, if the mix of transactions can be allocated reasonably well to the data partitions to provide balanced system resource usage. Currently, high performance transaction systems (HPTS) are developed to master a few thousand TPS (e.g. the AMADEUS system for airline reservation). Even higher performance requirements are reported in [HGLW87] for communication switching systems, where transaction loads of > 10^4 TPS must be processed under severe availability constraints. Furthermore, future transactions are anticipated to consume much more computing resources because more complex tasks will be supported (increased number of database I/Os and instruction path length) and more powerful interfaces and programming languages are used (graphics, 4GL). Another critical, even more performance-determining problem will occur as soon as the database cannot be smoothly partitioned anymore according to the data references of various transaction types (many application domains do not provide the data characteristics for "delightful transactions").

The traditional approach to TP systems is the use of large mainframe computers with a centralized DBMS handling the common database. One way to cope with increased performance requirements in such an environment is to design faster computers and/or tightly coupled multiprocessors to accelerate transaction processing (**vertical system's growth**). But even with a speed-up of about 20% per year of the computer hardware, this approach will be hardly successful, since many applications demand a growth rate of more than 50%. Furthermore, availability requirements often prohibit 'single point of failure' solutions and dictate the use of computing systems with some kind of distribution.

Hence, HPTS are typically based on a multisystem approach which offers a much greater potential for satisfying the ever increasing performance, availability and growth requirements (**horizontal system's growth**). From a hardware point of view, they consist of computer systems which can communicate with each other via a high-speed interconnect. They are called loosely coupled if system cooperation is exclusively based on messages, whereas close coupling takes advantages of kind of memory communication to speed up message and data flow across system boundaries (see Fig. 1). Each system has a local memory with an own copy of the OS, DBMS, TP monitor as well as (part of) TAPs. Since single system image and logical view of a common DB have to be continuously provided for all TP applications, appropriate software structures have to guarantee distribution transparency. Depending on how the common database is managed, two general classes of multisystem architectures may be distinguished. In so-called **data sharing** ('shared disk') systems [Sh85, Ra86], multiple DBMSs share the DB at the disk level; hence, a single DBMS is able to execute an entire transaction locally. To do so, it possibly has to request resources such as data pages (currently in a 'foreign' system buffer) or locks (managed by a 'remote' lock manager) from another DBMS. As opposed to data sharing, in a **data partitioning** ('shared nothing') system a DBMS (and the corresponding computer) owns a partition of the disks and handles all data requests for that disk partition including concurrency control and recovery services. As a consequence, the execution of a transaction may be spread over multiple DBMS by means of function shipping and subtransactions. To achieve atomicity, a distributed 2-phase commit protocol is necessary. For both system types, several implementations are commercially available (e.g. DEC's VAX Rdb/VMS and VAX DBMS in the VaxCluster environment and IMS Data Sharing belong to the shared disk category, while Tandem's NonStop SQL and Teradata's DBC/1012 are sample shared nothing systems.).

In this paper, we explore the use of non-volatile extended memory to serve as a facility for close system's coupling. Its prime role is to reduce I/O and communication times. Accordingly, we investigate its performance impact for high volume transaction processing and compare horizontal against vertical system's growth. Section 2 discusses the influence of I/O architecture on transaction processing and proposes a new type of memory. Its benefits for transaction processing and (close) multiple systems coupling are described in section 3. The following three sections cover our performance study including simulation and load models as well as simulation results. The final section summarizes our main findings. Our considerations for distributed environments will concentrate on data sharing systems because they can take maximum advantage of such shared, non-volatile memory.

2. Influence of I/O architecture

Availability of sufficient computing resources (e.g. by horizontal or vertical growth) is a necessary prerequisite of high performance transaction processing. Response times, however, should not depend on the degree of parallelism in such transaction systems. Ideally, linear growth of transaction processing power should be achieved while not deteriorating the transaction response times. Such a design goal represents a real challenge from a database point of view since more transactions in the system will cause a higher degree of data contention (by locking protocols). More waiting transactions, on the other hand, imply the increase of the multiprogramming level in order to reach a given throughput goal. But, in turn, these additional transactions aggravate the data contention problem. Indeed, there seems to be a negative feedback in such a 'concurrency/throughput cycle' which may not be broken by the sheer CPU speed. A dominating role is played by transaction duration and resource allocation, since serializability of transactions requires strict 2P-locking protocols. Hence, a substantial reduction of lock contention may be anticipated by reducing the lock duration, that is, by minimizing the service time of transactions using better adjusted I/O-architectures.

Let us discuss the role of I/O by means of the DEBIT-CREDIT transaction with a database characterized by the following record types [An85]:

ACCOUNT 10^7 records, direct access
BRANCH 10^3 records, direct access
TELLER 10^4 records, direct access
HISTORY $20 * 10^7$ records/month, sequential access.

A DEBIT-CREDIT transaction performs the following actions:

- 3 reads and 3 updates (ACCOUNT, BRANCH, TELLER)
- 1 insert (HISTORY)
- 2 modification operations (on system tables)
- logging.

A typical path-length of such a transaction is 250,000 instructions which corresponds to 25 ms on a 10 MIPS or 10 ms on a 25 MIPS machine. The role of I/O will be discussed using some "extreme cases". The worst case is an architecture where the database buffer is too small to exploit locality of reference. Furthermore, page logging with UNDO and REDO information (still typical for many systems) is assumed. Given 15 ms for a sequential log write and 30 ms for other I/Os, we obtain the following I/O times:

- 6 reads and 6 writes for data and system pages: 360 ms
- 12 writes for log information: 180 ms.

Obviously, such an architecture embodies as dramatic imbalance between CPU and I/O time. To utilize the available CPU power, it is necessary to apply a high multiprogramming level. This fact, in turn, may prohibit smooth performance growth due to potentially long blocking times and their consequences.

The best case for a conventional I/O architecture is the use of a very large DB buffer which enables perfect locality of reference. We assume only 1 read access and the corresponding rewrite to ACCOUNT for transaction processing. Furthermore, we consider a more powerful logging/recovery mechanism (NOSTEAL, NOFORCE [HR83]) such that only REDO information has to be written at COMMIT time:

- 1 read and 1 replacement: 60 ms
- 6 log writes (to non-volatile storage): 90 ms.

It is obvious that page logging causes a major drawback in such an architecture which is amplified by further CPU speed-up. Therefore, the logging performance must be improved, e.g. by using entry logging and group commit. Hence, let us assume that with an optimized logging facility only one log I/O is necessary (15 ms).

Large buffers and optimized logging greatly reduce the I/O times for transaction processing, and as a consequence, the necessary multiprogramming level. According to our evaluation, we may expect as indicative factors for a centralized environment (10 MIPS) a fraction of 25 ms CPU time and 75 ms I/O time. With conventional I/O architectures, there is hardly more room for improvements. For this reason, CPU speed-up (e.g. to 25 MIPS) will have only limited impact on the overall transaction processing time and will enforce increased parallelism to reach satisfactory utilization. In a locally distributed system, the same observations on CPU- as well as I/O-costs apply. Moreover, message overhead will further increase resource allocation times. As a consequence, conventional I/O architectures do not seem to provide additional potential for reducing transaction execution times. Given lock waits are a serious problem, the aggregate I/O times of a transaction embody the lion share of this problem; due to their dominance, they prohibit the effective usage of 'vertical growth'. In a distributed system, we have additionally to consider the aggregate overhead of exchanging messages (e.g. lock requests, commit protocol) and data (e.g. page fetch from a remote DB buffer). Hence, communication network and, again, I/O architecture may limit the possible transaction processing power gained by 'horizontal system growth'.

Therefore, a number of alternative approaches are discussed in the literature. *Main memory DBMS* promise complete reduction of I/O (except for logging). However, they are restricted to the centralized case and incorporate poor cost-effectiveness [GP87]. Furthermore, they do not allow the use of existing DBMS (new algorithms, tailored storage structures) and may cause serious availability problems due to long crash recovery delays. On the other hand, *disk caches or solid state disks* are proposed to reduce the cost for a single I/O. Such devices may have limited use in a distributed context, e.g. they cannot speed-up communication. Due to their channel-oriented interface, they are comparatively slow (~ 2 ms per page access) and require asynchronous calls, that is, the calling transaction has to be suspended (expensive process switches). In [CKKS89], it is argued that non-volatile semiconductor memory ('safe RAM') is a cost-effective approach to significantly improve transaction processing performance. Their study, however, was also limited to the central case and assumed that safe RAM is primarily used for speeding up page writes.

In this paper, we advocate for the use of *extended memory* as a 'compromise' between main memory DBMS and conventional architectures using disk caches and solid-state disks to improve I/O performance. This new type of I/O and memory architecture provides safe storage of data pages at an intermediate level of the storage hierarchy [CKB89] and aims at supporting fast message exchange in locally distributed systems. A substantial reduction of the transaction's I/O times (and consequently of the blocking times) may be expected by the use of such a fast non-volatile semiconductor memory with page-oriented addressing. Given an I/O time of $\leq 50\mu s$ for a 4KB page, logging costs for transaction processing (and rewrite costs of modified pages) become negligible. If such a memory is large enough to act as kind of a global system buffer, we may further save some database I/O from disks, e.g. some ACCOUNT accesses in our reference example.

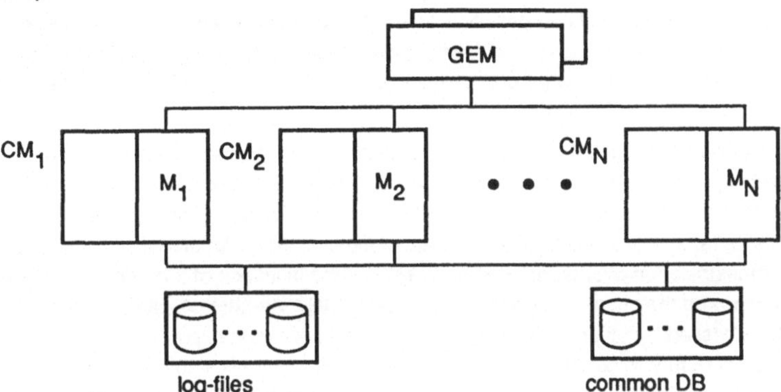

Fig. 1: Architecture of a data sharing system using a global extended memory

We call such a memory type a ***global extended memory (GEM)***. It enables direct cooperation of multiple locally allocated computers and guarantees non-volatility as its most important property for transaction processing. (Non-volatility may be achieved by a battery backup or uninterruptable power supply). Cooperation using such a memory with page-oriented access (close coupling) yields greater isolation than with shared main memory (tight coupling). We postulate the use of a simple interface to permit fast access times. Transaction processing requires frequent accesses to GEM if, for example, global system tables (lock information, DB buffer) are kept in it. Therefore, the calling transaction should not be suspended while the call is serviced, that is, GEM should not have an asynchronous calling interface (e.g. controller service). On the contrary, we require direct control of GEM by the accessing processors (passive storage unit). Fast exchange of data pages and caching of pages used by all computing modules (CM) are primary uses. To implement global data structures (e.g. lock tables), smaller access granules than pages (GEM entries) should additionally be supported. These entries could also be used to speed up the exchange of short messages (see section 3).
The use of a GEM in a data sharing system is sketched in Fig. 1. A centralized system could be seen as a special case of the architecture in Fig. 1. To deal with GEM failures, it is assumed that similarly to disk mirroring duplicate data storage in independent GEM storage units is supported.

3. Use of Global Extended Memory for transaction processing

GEM can be utilized for transaction processing in centralized and distributed environments. In both cases, the page-oriented access interface can be used to keep entire files GEM-resident. Hence, disk I/O for these files is completely avoided so that performance may be improved to a large extent. The log file is a prime candidate to be kept GEM-resident since it is frequently modified and often the first bottleneck in disk-based DBMS when higher transaction rates are needed.

Since GEM space is more expensive than disks, cost-effectiveness considerations demand that only selected files with high access frequency are kept GEM-resident. For the remaining database files, GEM can be used as a cache to which all database writes may be directed. In addition, a disk read is avoided for every page that can be read from GEM. By utilizing locality of reference (e.g. by means of a LRU-like replacement strategy), a GEM cache can save disk reads at a lower cost than a larger main memory database buffer (assuming that GEM is less expensive than main memory).

A general application of GEM in distributed systems is to use it for inter-processor communication such that all messages are exchanged across the GEM. In this case, sending and receiving a message basically encompasses three steps:

1.) Write message to GEM
2.) Send interrupt (with GEM location of the message) to receiver processor
3.) Read message from GEM.

If interrupt handling in step 2 is inexpensive compared to the communication overhead associated with traditional multi-layered communication protocols, GEM could substantially improve performance. Any locally distributed system could benefit from such a fast storage-based communication.

For data sharing, GEM can be utilized in a number of more specific areas. For instance, a global database buffer shared by all systems may be maintained in GEM. Pages referenced by multiple systems can be kept in GEM and multiple modifications may be accumulated per page before it is eventually written to disk. Similarly, a global log file can be held in GEM supporting a fast merging of local log data. Furthermore, *GEM entries* can be used to implement global data structures, e.g. for system-wide concurrency and coherency control or load balancing (e.g. global job queues).

Global *concurrency control* is obviously necessary for data sharing to synchronize accesses to the shared database and enforce serializability. In loosely coupled systems, the communication overhead for concurrency control can substantially affect overall performance so that it is of paramount importance to find algorithms that reduce the number of remote lock requests as far as possible. A storage-based communication with the GEM could help solve these problems and limit the communication overhead. This would reduce the influence of inter-processor communications and therefore the dependency on the chosen algorithm or workload profile. Another possibility is to store a global lock table in GEM that can be accessed by all processors. Information on lock ownerships and waiting (incompatible) lock requests of the entire system has to be stored in this table to permit every node to decide upon whether or not a lock request can be granted. If GEM entries can be accessed in a few microseconds, overhead and delay for global concurrency control would almost be negligible compared to message-based concurrency control protocols in loosely coupled systems.

Coherency control has to deal with the so-called buffer invalidation problem. This problem is to be addressed in data sharing systems since every node maintains a (local) database buffer in main memory to cache pages from the shared database. Thus, modification of a page in one buffer makes all copies of that page in other buffers (and on disk) obsolete. Coherency control has to make sure that these buffer invalidations are either avoided or detected and that all transactions get access to the current page versions. Fortunately, it is possible to detect buffer invalidations with no extra communication by using extended lock information (e.g. sequence numbers that are incremented by every page modification) [Ra86]. If we use a global lock table in GEM for concurrency control, coherency control can also be accomplished by recording the additional information for modified pages in this table. Furthermore, modified pages can be exchanged between processors very fast across GEM, irrespective of whether we employ message-based concurrency control or a global lock table in GEM.

More details on the implementation of different usage forms of GEM for transaction processing can be found in [Ra90].

4. Simulation model

In this paper, we investigate how the use of non-volatile extended memory like GEM affects performance in centralized DBMS and in closely coupled data sharing systems. For centralized systems, we investigate potential throughput limitations for vertical growth, i.e. the use of faster CPUs and larger main memory for transaction processing. Horizontal growth aspects are then analyzed by studying data sharing configurations with a varying number of nodes. Simulation results will be presented for a synthetic DEBIT-CREDIT workload as well as for real-life DB/DC applications represented by database traces.

The simulation study is based on a detailed simulation system that was developed for loosely coupled data sharing complexes [Ra88]. This system has been extended so that configurations using a GEM can also be analyzed. In [Ra88], the original simulation system was used to compare the performance of different protocols for concurrency and coherency control for data sharing. The best results were observed for a primary copy locking protocol that solves the buffer invalidation problem in an integrated way to avoid extra messages for coherency control. This protocol will also be used in the data sharing configurations studied in this paper.

The rest of this section is organized as follows. We start with providing some information on the workloads for which simulation results will be presented. It follows a brief description of the structure and realization of our simulation system together with the used parameters.

Workload characteristics

Our simulation system can use either synthetic workloads or traces from real database applications. In both cases, the execution of a transaction consists of BOT processing, a number of page references and EOT processing. Trace information includes the transaction type for BOT records, and the page identifier and access mode (read or write) for page references.

	P1	P2	P3	P4	P5	P6	P7	P8	P9	P10	P11	P12	P13	Total
TT1	9.1	3.5	3.3		5.0	0.9	0.4	0.1				0.0		22.3
TT2	7.5	6.9	0.4	2.6	0.0	0.5	0.8	1.0	0.3	0.2	0.0			20.3
TT3	6.4	1.3	2.8	0.0	2.6	0.2	0.7	0.1	1.1	0.4		0.0	0.0	15.6
TT4	0.0	3.4	0.3	6.8			0.6	0.4			0.0			11.6
TT5	3.1	4.1	0.4		0.0		0.5	0.0						8.2
TT6	2.4	2.5	0.6		0.7		0.9	0.3						7.4
TT7	1.3		2.6			2.3	0.1							6.2
TT8	0.3	2.3	0.2		0.0		0.1							2.9
TT9	0.0	1.4	0.0					1.1						2.6
TT10	0.3	0.1	0.3			1.0	0.1					0.0		1.8
TT11		0.9						0.2						1.1
TT12		0.1												0.1
Total	30.3	26.6	11.0	9.4	8.3	4.9	4.1	3.3	1.4	0.6	0.0	0.0	0.0	100.0
partition size (%)	31.3	6.3	8.3	17.8	1.0	20.8	2.6	7.3	2.6	1.3	0.8	0.0	0.0	100.0
% referenced	11.1	16.6	8.0	2.5	18.1	1.5	9.5	4.4	5.2	2.7	0.2	13.5	5.0	6.9

Fig. 2.: Relative reference matrix of DOA transaction load

Though we have conducted simulation runs with traces of six different transaction loads, we can only discuss results for two applications (due to space limitations) and contrast them with results for a synthetic DEBIT-CREDIT load. The largest trace, named DOA, consists of about 17,500 transactions and more than one million page references. This workload is dominated by read accesses. Though 18% of the transactions modify the database, merely 1.6% of all page accesses are writes. On average, a transaction references 58 pages, but 65% of the transactions access less than 30 pages. 50% of all page references are due to transactions that access more than 200 pages (4% of the transactions). One transaction (an ad-hoc query) performs more than 11,000 page accesses. Database accesses are spread over 13 database areas (files) and a total of about 66,000 different pages; the total database consists of about one million pages. The reference matrix in Fig. 2 depicts the relative access distribution of the 12 transaction types against the 13 database partitions. Transaction types and database partitions are ordered according to their number of references. The matrix value for transaction type x and partition y indicates which percentage of the total number of page references are caused by transactions of type x on pages of partition y (e.g. 9.1% of all references are issued by transaction type TT1 against partition P1). Below the reference matrix, for every partition the relative size is specified (in % of the total database size). Furthermore, it is indicated which fraction of a partition has been referenced during the trace period.

The table shows that the major areas are accessed by almost every transaction type and that the important transaction types access all major areas. This means that in the distributed case the workload cannot generally be assigned such that transactions of different nodes operate on disjoint database partitions. Furthermore, access distribution between different partitions and within the partitions is clearly non-uniform. For instance, almost 27% of all references are directed against partition P2 which accounts only for about 6% of all pages. Furthermore almost 17% of the pages in P2 have been referenced during the trace period, while the corresponding share is merely about 7% for the entire database. Access frequencies to individual pages also differ largely within a partition (more than 4500 references are directed to the most frequently accessed page).

The second trace, called WSOD, is similarly heterogeneous than DOA with respect to different transaction sizes and access distribution. However, it represents a workload with a significantly higher conflict potential (15% of the accesses are writes) making it more suitable to study vertical growth.

For the *DEBIT-CREDIT workload*, transactions are generated synthetically according to the benchmark definition in [An85]. This workload is completely homogeneous and consists of update transactions only. In our simulation, every transaction performs 9 page accesses (read and write access to one ACCOUNT record, TELLER record and BRANCH record, write access on HISTORY, and 2 write accesses to system tables). Accesses to the ACCOUNT, BRANCH and TELLER record types are uniformly distributed with the exception that K% (parameter) of the transactions access an account of a non-local branch (in [An85], K = 15%). The following database sizes were used in the simulation:

- 10 million ACCOUNT records (625,000 pages)
- 10,000 TELLER records,
- 1,000 BRANCH records (1000 pages for TELLER and BRANCH).
- 1,000 pages system tables.

The page size is assumed to be 2 KB. TELLER records are clustered with their associated BRANCH record into the same page (10 tellers per branch). The size of the HISTORY record type is immaterial for our simulations. We assume an implementation that avoids a hot spot for HISTORY by reserving as many HISTORY pages as there are concurrent transactions (multiprogramming level). Concurrent transactions always insert their records into different pages so that lock conflicts for HISTORY are avoided.

Parameter	Settings
workload	DOA, WSOD, DEBIT-CREDIT
number of nodes N	1, 2, 4
multiprogramming level P	1 - 600
CPU capacity per processor	10, 25, 100 MIPS
Use of GEM	no, yes
buffer size	1024 , 2048, 4096 pages
disk I/O delay	30 - 60 ms
GEM access time (page)	25 μs
GEM access time (entry)	2 μs
log buffer size	16 pages
log buffer write time (to disk)	9 - 20 ms
MAX-WAIT	1 - 10 s
K (for DEBIT-CREDIT load, see text)	15 %
transmission rate	3 MB/s
message length	100 B (+ page size)
#instructions per UP	2500 (DOA, WSOD), 23,000 (DEBIT-CREDIT)
#instructions per disk I/O	2500
#instructions per send	2500 (500 for GEM communication)
#instructions per receive	2500 (500 for GEM communication)
#instructions for processing one message	1000
routing table & PCA allocation	dependent on load and N

Table 1: Simulation parameters

Structure of the simulation system

The simulation system has been implemented in PL/I and employs discrete event simulation. It models centralized transaction processing as well as data sharing systems with an arbitrary number of nodes (parameter). The (primary copy) protocol for concurrency and coherency control (see below) as well as local buffer management and logging have been completely implemented. Buffer management and logging is based on the DB-cache approach [EB84] that uses a sequential log file to speed up logging. For logging, a separate log buffer is maintained for each processor to hold the after-images of modified pages. A log buffer is written out (by one sequential I/O) when it is full or at commit time of an update transaction. LRU is employed for page replacement. With loose coupling, modified pages are directly transferred between the nodes across the communication system rather than across the shared disks. Affinity-based transaction routing, controlled by routing tables, can be used to distribute the workload among the processors. Such a routing aims at improving locality of reference, and thus reducing the frequency of I/Os and buffer invalidations, by assigning transaction types with affinity to the same database portions to the same node.

In configurations using GEM, this store is used for inter-processor communication, for logging and as a global database buffer (in the centralized case as an extended database buffer). For data sharing, concurrency and coherency control is still based on the primary copy approach, but GEM is used for a faster message exchange. For global buffer management, we made the simplifying assumption that the entire database is GEM-resident. In this respect, the simulation results can be viewed as best-case results since no disk I/Os occur in configurations using GEM. We felt such a simplification is appropriate as a first step in order to determine the maximal possible performance improvements. In the next phase of our project, we will analyse how close we can come to the case of GEM-resident databases when only some files are stored in GEM or when a database cache in GEM is explicitly managed.

Table 1 shows the main simulation parameters together with their settings. Parameters varied for the three transaction loads include the use of GEM, the number of nodes, the multiprogramming level, CPU speed, and buffer size.

CPU, communication, and I/O costs

We simulate a single CPU server per node and distinguish between three types of CPU requests with different priorities and different costs (#instructions). CPU requests for communication (send or receive operation, message processing) have highest priority, followed by CPU requests for disk I/O (disk read or write, log I/O) or GEM accesses. The remaining CPU requests for transaction processing have lowest priority. The number of instructions per request type are specified as parameters. The costs for transaction processing are modeled by requesting a certain number of instructions for every page reference and for BOT and EOT processing. Page references, BOT and EOT events are collectively referred to as *units of processing (UP)*. For instance, a DEBIT-CREDIT transaction consists of 11 UP in our model (BOT, 9 page references, EOT). The average transaction path-length, excluding overhead for I/O and communication, is thus 11 * 23,000 (#instructions per UP). The UP cost for DOA and WSOD has been chosen considerably smaller since these workloads primarily perform read accesses.

The loosely coupled data sharing configurations use a point-to-point connection between any two nodes. Communication costs are represented by CPU overhead for sending, receiving and processing messages as well as communication delays for the transmission over the network. Every point-to-point connection is modeled as a separate server; the net transmission time is calculated from the message length and the bandwidth parameters. Message transmission over the GEM is modeled by two GEM accesses (write access by sender, read access by receiver node) and a reduced communication overhead for the interrupt notification. For page transfer messages the GEM access time per page is used, otherwise (short messages) the GEM access time per entry.

I/O costs are represented by CPU overhead and I/O delay for every I/O operation. I/O (disk) servers have not been explicitly modeled, assuming that bottleneck situations can be prevented by a sufficiently large number of disk drives. In contrast to disk I/Os, GEM accesses are synchronous, i.e. the CPU is kept busy during the access. This limits the number of concurrent GEM accesses to 1 per CPU.

Modeling of transaction processing

For each of the N nodes, a fixed multiprogramming level P is applied indicating the number of concurrently active transactions (the total degree of parallelism is thus N*P). The execution of a transaction is modeled by processing all its records from the trace (or synthetic load generator) in chronological order. The processing of a reference record, in turn, depends on the concurrency and coherency control protocol and the current system state (e.g. whether or not a lock conflict occurs or a page can be found in the local buffer). In general, multiple events like CPU, I/O or communication requests are involved until a reference record is processed. The execution of an EOT record (commit processing) finishes the processing of a transaction and starts the next transaction from the trace (closed model). The assignment of transactions to nodes can be controlled by a routing strategy (see below).

Concurrency and coherency control

As mentioned above, the primary copy approach [Ra86] is employed for concurrency and coherency control. In this distributed scheme, the database is divided into logical partitions and each node is assigned the synchronization responsibility (or *primary copy authority, PCA*) for one partition. Lock requests against the local partition can be handled without communication overhead and delay, while other requests have to be directed to the authorized processor holding the PCA for the respective partition. Workload and PCA allocation should be coordinated to minimize the number of remote lock requests (but without sacrificing load balancing). For *coherency control* an on-request invalidation (check-on-access) scheme is applied. It uses extended information (sequence numbers) in the lock table which allow the PCA lock manager to decide upon the validity of a buffer page together with the lock request processing. Since the exchange of modified pages can also be combined with regular concurrency control messages, coherency control can be achieved without extra messages. For more details on the primary copy approach, the reader is referred to [Ra86, Ra88].

Deadlocks are handled by a hybrid strategy. Deadlocks between local transactions are explicitly detected and resolved by aborting the transaction causing the deadlock. Global deadlocks are resolved by a simple timeout mechanism (parameter MAX-WAIT). Concurrency control takes place at the page level (due to the integrated treatment of buffer invalidations).

Workload and PCA allocation

For our simulations, a routing table can be used to control workload allocation. The routing table specifies for every node which transaction types it may process and aims at supporting node-specific locality of reference (affinity-based routing) as well as load balancing. Dominating transaction types may be splitted among multiple nodes to achieve load balancing. For the trace workloads, iterative heuristics (using the reference matrix and number of nodes as input parameters) were used to determine suitable PCA and load allocations [Ra88]. For the DEBIT-CREDIT load, the ACCOUNT, BRANCH and TELLER records are equally partitioned among the N nodes. Transactions are assigned to the node holding the respective BRANCH and TELLER records (only for ACCOUNT, remote lock requests may be necessary).

5. Simulation results for the central case

This section and section 6 will analyse simulation results for the three workloads (DEBIT-CREDIT, DOA, WSOD) and parameter settings from Table 1. While the next section concentrates on the distributed (data sharing) configurations, we start here with the centralized case (one CPU). The main focus of this section is to study the impact of GEM usage, CPU speed and main memory buffer size on performance, particularly on throughput.

Results for DEBIT-CREDIT workload

Fig. 3 plots the transaction rates of DEBIT-CREDIT transactions against the multiprogramming level P for three different CPU speeds (10, 25, 100 MIPS), three buffer sizes (1024, 2048, 4096 pages), and with or without GEM usage. In the GEM configurations, the buffer size did not significantly influence performance so that only results for one buffer size (4096 pages) are shown in the diagrams.

For all CPU speeds and buffer sizes, the best transaction rates were observed for the configurations using the GEM. Without GEM, the peak transaction rates of the GEM configurations could almost be attained, however at much higher multiprogramming levels. Peak throughput grows linearly with CPU speed from 39 TPS for 10 MIPS (Fig. 3a) to about 380 TPS for 100 MIPS (Fig. 3c). Given an average path-length of 253,000 instructions per transaction (11*23.000), this corresponds to an effective CPU utilization of close to 100% in the best cases. The low conflict potential of the DEBIT-CREDIT load (uniformly distributed database accesses) facilitated such a high CPU utilization for all CPU speeds and buffer sizes.

In the configurations using GEM, a CPU utilization of 100% was already achieved in single user mode (P=1). This was because of our assumption of GEM-resident databases, so that not only all log I/Os but also all buffer misses were absorbed by the GEM. Since GEM accesses are synchronous, i.e. the CPU is kept busy during the GEM 'I/O', there is no need to overlap I/O delays by increasing the multiprogramming level. However, even when we increased the multiprogramming level P, the peak throughput could be sustained (at the expense of a P-fold response time) due to the negligible lock contention.

Since we assumed a fixed (average) GEM access time of 25 μs per page, the *overhead for GEM accesses increases with the CPU speed*. Holding the CPU for 25 μs corresponds to 250 instructions for 10 MIPS, but already 2500 instructions for 100 MIPS. For instance, GEM accesses consumed 7.3% of the CPU capacity for 100 MIPS and buffer size 1024, leaving 'only' 92.7% for effective work (367 TPS). For a 10 MIPS CPU, merely 0.7% of the capacity was consumed by GEM accesses. Since we used 2500 instructions overhead per disk I/O, the usage of the GEM did no longer result in a reduced I/O overhead for 100 MIPS. This explains why the differences in the peak transaction rates between configurations with and without GEM shrink with increasing CPU speed (Fig. 3). Furthermore, it underlines that synchronous (GEM) accesses make sense only as long as the corresponding CPU overhead is smaller than that of a process switch.

Without GEM, the multiprogramming level needed to fully utilize the CPU was much higher than in the GEM configurations and is mainly determined by the workload, buffer size, and CPU speed. A basic observation is that for a given buffer size, *higher multiprogramming levels have to be applied to utilize faster processors*. For the DEBIT-CREDIT workload, for instance, a multiprogramming level of 10 was sufficient to 25 utilize a 10 MIPS CPU, while we needed up to 100 concurrent transactions to utilize the 100 MIPS CPU (Fig. 3). Thus, when we increase the CPU speed by a certain factor, the multiprogramming level must also be raised by this factor if the I/O delay per transaction remains unchanged. For workloads with a higher conflict potential than DEBIT-CREDIT, such an increase of concurrency could result in serious lock contention levels that prevent utilization of fast CPUs.

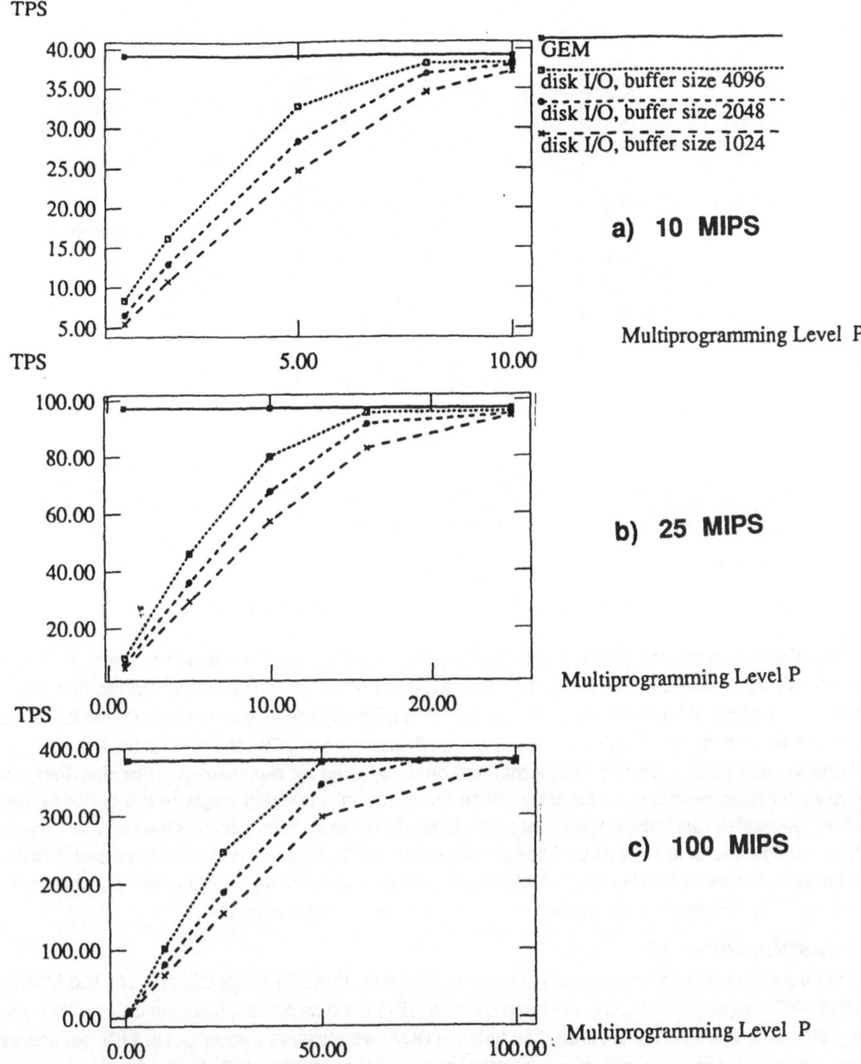

Fig. 3: Throughput results for DEBIT-CREDIT workload (central case)

To some extent, larger database buffers permit a full CPU utilization at lower multiprogramming levels. For instance, a multiprogramming level of 50 was sufficient to utilize a 100 MIPS CPU for buffer size 4096, while we needed 75 and 100 concurrent transactions for buffer sizes 2048 and 1024, respectively (Fig. 3c). This was because for buffer size 4096 all database pages except for the ACCOUNT record type could be held in main memory, while this was not the case for the smaller buffers. However, due to the large size of the ACCOUNT record type (625,000 pages) and the uniform access distribution a further increase of the buffer size is of limited effectiveness for the DEBIT-CREDIT load. So even when we double the buffer size to 8192 pages, about 99% of the ACCOUNT accesses will still cause a disk I/O. Therefore, the I/O delays for ACCOUNT accesses as well as for logging have to be overlapped (by means of a sufficiently high multiprogramming level) even for very large database buffers.

Fig. 4 depicts the average transaction response time and its composition for some configurations with buffer size 4096. The response time fraction 'Tx processing' corresponds to the CPU service time per transaction and is therefore determined by the CPU speed (25.3 ms for 10 MIPS, 2.53 ms for 100 MIPS). The I/O portion includes not only the disk access time, but also the CPU service time for the I/O operations (or GEM accesses).

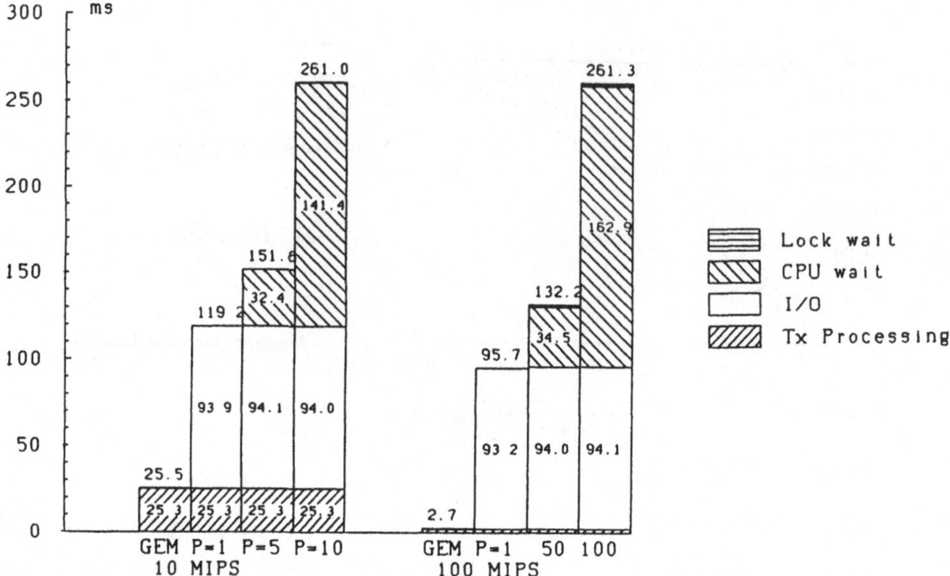

Fig. 4: Response time composition for DEBIT-CREDIT workload (buffer size 4096)

As expected, the GEM configurations (P=1) clearly permitted the best response times due to the fast GEM accesses and avoidance of disk I/O. While the total delay for GEM accesses was merely 0.2 ms per transaction, the I/O delay was about 94 ms, irrespective of the CPU speed (10 or 100 MIPS). This I/O delay corresponds to one log I/O and about two disk I/Os. In our simulation, an ACCOUNT access generally causes two I/Os: one to read the corresponding page from disk and one to write back a modified page that has been selected for replacement. (For simplicity, we did not implement an asynchronous replacement strategy. Since there are only modified pages in the buffer for the DEBIT-CREDIT workload, every disk read caused two I/Os.). The large I/O delay is responsible for the fact that response times for the 100 MIPS configurations are not much shorter than for 10 MIPS. Lock waits did not have a significant impact. The largest delay was observed for P=100 (100 MIPS) with an average of 0.04 lock conflicts per transaction and a mean wait of 44 ms. This resulted into an average of 1.8 ms lock delay per transaction.

Simulation results for DOA

Fig. 5 shows the throughput results for our real-life workload DOA for three CPU speeds (10, 25, 100 MIPS) and two buffer sizes (2048, 4096 pages). The results obtained with the GEM are also plotted, however only for P=1 (single dots on the left side). Since there are different transaction types in DOA, we measure throughput in 'UPs per second (UPS)' rather than transactions per second. On average, a transaction encompasses 60 UPs for the DOA workload (BOT, 58 page accesses, EOT), but transaction size varies significantly (see above).

The curves show a similar behavior than for the DEBIT-CREDIT load and confirm the observations discussed above. First of all, the GEM configurations achieved the best results at the lowest multiprogramming level. Second, we had to raise the multiprogramming level proportionally with the CPU speed to achieve a satisfying utilization for the disk-based configurations. Larger buffers can reduce the required multiprogramming level by cutting the I/O delays per transaction. The peak throughput of the GEM configurations could be approached by the disk-based configurations at high multiprogramming levels indicating that lock contention was not a limiting factor (because of the dominance of read accesses). As for the DEBIT-CREDIT load, the throughput differences between the configurations with and without GEM shrink with increasing CPU speed.

The UP cost for DOA has been chosen considerably smaller than for DEBIT-CREDIT to increase the effect of I/O overhead. One consequence of this is that we had to apply much higher multiprogramming levels in order to overlap I/O delays. So, even 600 concurrent transactions could only achieve a CPU utilization of 89% (including 19% I/O overhead) for 100 MIPS and buffer size 2048. The pronounced role of the I/O overhead also increased the differences between the results for different buffer sizes, particularly in the case of 100 MIPS. Similarly, the throughput differences between the GEM configurations and disk-based counterparts were greater, particularly for slower CPU speeds (recall, that for 100 MIPS a disk I/O and a GEM access incur the same overhead). So, for 10 MIPS we achieved an effective CPU utilization of 98.6% using the GEM (3944 UPS), compared to 87.3% (77.7%) in the disk-based configuration and buffer size 4096 (2024). Thus, usage of the GEM increased the peak throughput by 13% (27%) for 10 MIPS. For 100 MIPS, the peak throughput was 35,058 UPS (87.6% effective CPU utilization) using the GEM, and 34,264 UPS (85.7%) without GEM.

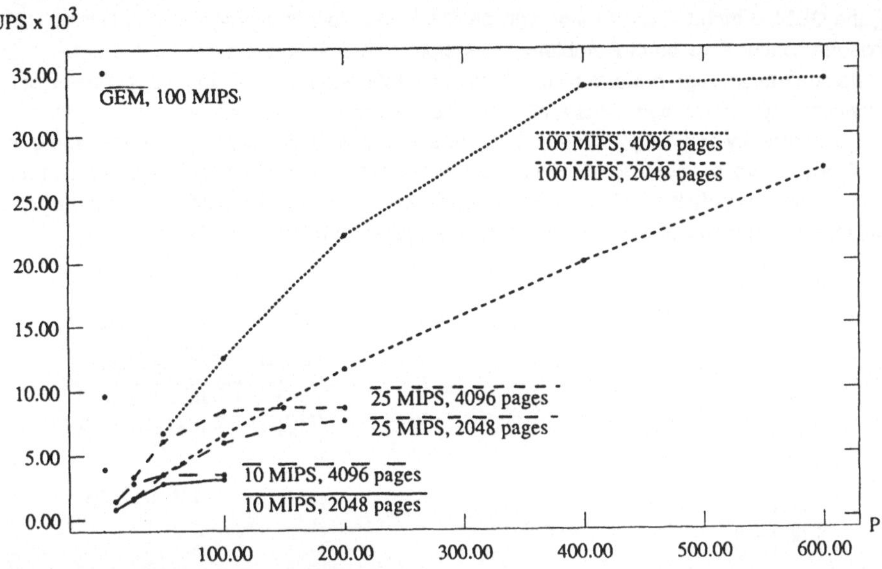

Fig. 5: Throughput results for DOA (central case)

Simulation results for WSOD

Additional simulation runs were conducted for the WSOD workload to study the influence of lock contention. Fig. 6 shows the throughput results for this load for 10 and 25 MIPS CPUs and for two buffer sizes (1024 and 2048 pages). Again, the GEM configurations achieved the best throughput values and could fully utilize the available CPU capacity; a smaller main memory buffer caused only little performance degradation. The disk-based configurations, on the other hand, could merely utilize the 10 MIPS CPU. In this case, peak throughput was 10% below the GEM results (due to the I/O overhead). For a buffer size of 1024 pages, the system was I/O bound and lock contention prevented that raising the multiprogramming level beyond 70 resulted in a further throughput improvement. For a CPU speed of 25 MIPS, even the larger buffer did not permit full utilization of the CPU due to lock thrashing. Again, a MPL higher than 70 caused a decline in throughput. Peak throughput was 35% lower than for the GEM configurations and only 65% better than for 10 MIPS (rather than 150% as needed for vertical growth). For the small buffer size, there was almost no throughput improvement for 25 MIPS compared to the 10 MIPS CPU.

Discussion

In the central case, GEM is solely used to improve the I/O behavior, i.e. to cut the I/O delays for disk accesses for logging and database accesses. As our simulation results have shown, peak transaction rates can then be attained at very low multiprogramming levels and very short response times. Of course, even with GEM multiple transactions will have to be executed concurrently, in general, e.g. to utilize multiprocessors or to overlap think times for conversational transactions. In addition, disk I/Os are still possible if the database is not completely GEM-resident, but when GEM is primarily used to eliminate (synchronous) disk writes and to cache only the most recently used database portion not kept in main memory.

With faster CPUs, the slow disk access times increasingly dominate transaction response time and require high multiprogramming levels to achieve a high CPU utilization. Since lock contention increases with the number of concurrent transactions, a thrashing behavior sets in at some point and throughput starts to decrease [Ta85, ACL87] (as observed for the WSOD workload). The probability that this multiprogramming limit is reached before the CPU can be fully utilized increases with CPU speed thus potentially limiting vertical growth. [FRT90] also presents simulation results where two-phase locking fails to utilize fast processors for high contention environments. The authors recommend alternative (optimistic) concurrency control methods that rely on transaction aborts. Though abortions can result in a significant amount of wasted work, they found this more affordable than under-utilizing fast processors. Other authors [BBD82, ACL87] recommend to dynamically adapt the multiprogramming level in order to control lock contention. However, even the 'optimal' MPL may be too low to utilize the available CPU capacity. Sacrificing serializability (e.g. by releasing read locks before commit) or employing more sophisticated protocols that consider the semantics of update operations are alternative approaches to reduce lock contention, but they also cannot guarantee vertical growth.

Using the GEM, a high CPU utilization can be obtained at low multiprogramming levels. This significantly reduces the concurrency control problem and supports vertical growth even for loads that otherwise cause high data contention. High performance is thus attainable without sacrificing serializability or implementing new concurrency control algorithms and dynamically controlling the multiprogramming level. Furthermore, coarser concurrency control granules can be chosen than in disk-based environments, e.g. page-level instead of record-level concurrency control. This reduces the lock overhead (fewer lock requests, smaller lock tables) and may simplify the lock manager implementation. Record-level concurrency control is particularly difficult for data sharing because of the buffer invalidation problem (see [Ra88]).

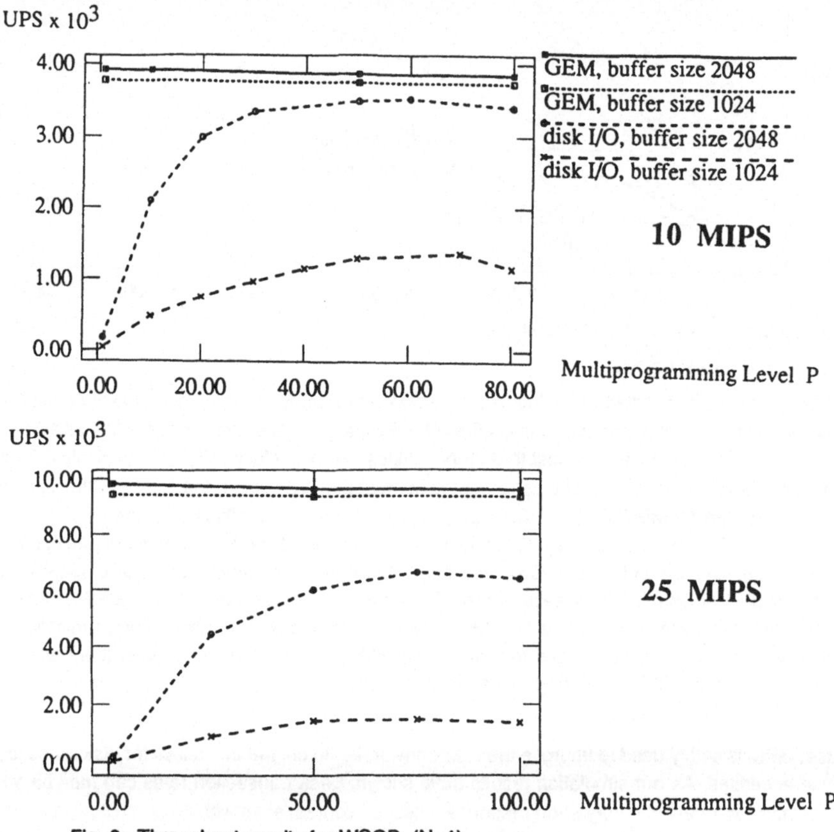

Fig. 6: Throughput results for WSOD (N=1)

6. Simulation results for the distributed case

This section concentrates on the distributed (data sharing) configurations to study the impact of GEM usage on horizontal growth characteristics. In particular, our performance comparison of the loosely and closely coupled configurations will evaluate the role of inter-processor communication.

Results for DEBIT-CREDIT

Fig. 7 depicts the DEBIT-CREDIT transaction rates for 1, 2 and 4 nodes (N) for 25 MIPS CPUs and a buffer size of 2048 pages per node. Results are shown for multiprogramming level 1, 10 and 25 (per node).

We observe that the GEM configurations reached the best transaction rates for the distributed configurations, too. Moreover, similar to the central case the peak throughput was almost achieved for P=1 already and could be sustained for higher multiprogramming levels. The loosely coupled configurations required a multiprogramming level of 25 per node to approach the peak transaction rates. Horizontal growth was perfect for DEBIT-CREDIT since throughput could be linearly increased with the number of nodes. This was because not only lock contention but also communication overhead was almost negligible for the DEBIT-CREDIT load. As expected, the share of transactions accessing a remotely controlled ACCOUNT record was about K * (N-1)/N, i.e. the number of global lock requests per transaction was 0.075 for two nodes and 0.11 for four nodes (K = 15%). The corresponding communication overhead consumed merely 0.4% of the CPU capacity for N=2 and 0.7% for N=4 in the loosely coupled configurations. Communication using GEM permitted an even lower communication overhead (0.3% for N=4).

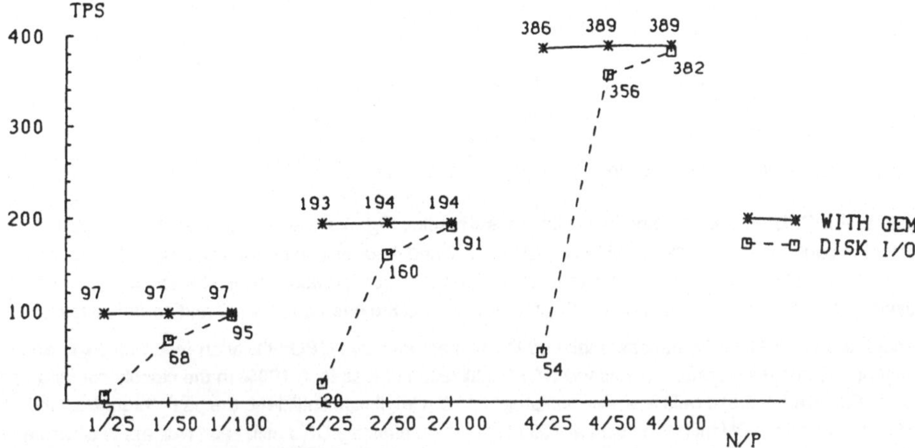

Fig. 7: Throughput results for DEBIT-CREDIT

In the GEM configurations, CPU utilization for P=1 was slightly below 100% for data sharing since the CPU is idle while a remote lock request is processed by the responsible PCA node. However, a multiprogramming level of 2 per node was already sufficient to overlap these delays and achieve 100% utilization. For the loosely coupled configurations, it is interesting to note that throughput increases super-linearly for lower multiprogramming levels. For P=10, for instance, we had a transaction rate of 68 TPS in the centralized case compared to 160 TPS for N=2 (factor 2.35) and 356 TPS for N=4 (factor 5.2). This was because we left the database size unchanged but increased the aggregate buffer size proportionally with N (N * 2048 pages). Hence, the I/O delay per transaction dropped with growing N and permitted a higher CPU utilization for a given multiprogramming level. However, this effect was limited to multiprogramming levels where CPU utilization can still be improved; peak throughput (P=25) did not increase super-linearly.

Simulation results for DOA

Fig. 8 plots the throughput results for the DOA workload (in UPS) for 1 to 4 nodes, 25 MIPS per CPU and buffer size 2048. For the central case, which was I/O bound for buffer size 2048, the results for buffer size 4096 have also been included. The multiprogramming levels were differently chosen for GEM configurations and disk-based/loosely coupled configurations. The results for the GEM configurations are shown for P=1, P=10 and P=25, while the other results refer to multiprogramming levels 25, 50 and 100.

In contrast to the central case, the GEM configurations clearly outperform the other configurations in terms of peak throughput. For two nodes, using the GEM for communication and I/O improved peak throughput by 27% compared to the loosely coupled configurations, and for four nodes even by 34%. As in the other experiments, very low multiprogramming levels were sufficient for GEM configurations to fully utilize all CPUs, while in the loosely coupled data sharing configurations multiprogramming level 100 was required to overlap the delays for I/O and communication. With loose coupling, the communication overhead (see below) significantly limited horizontal growth. So, throughput could only be improved by a factor 1.62 for N=2 and a factor 3.0 for N=4 compared to the central case (without GEM, buffer size 4096). Even with GEM, throughput was degraded to some extent by communication overhead, but to a far smaller degree. Compared to the GEM-based configuration for the central case, we obtained a throughput improvement of factor 1.8 for N=2 and 3.52 for N=4. Compared to the central case with disk-based I/O, the closely coupled data sharing configurations achieved super-linear throughput improvements.

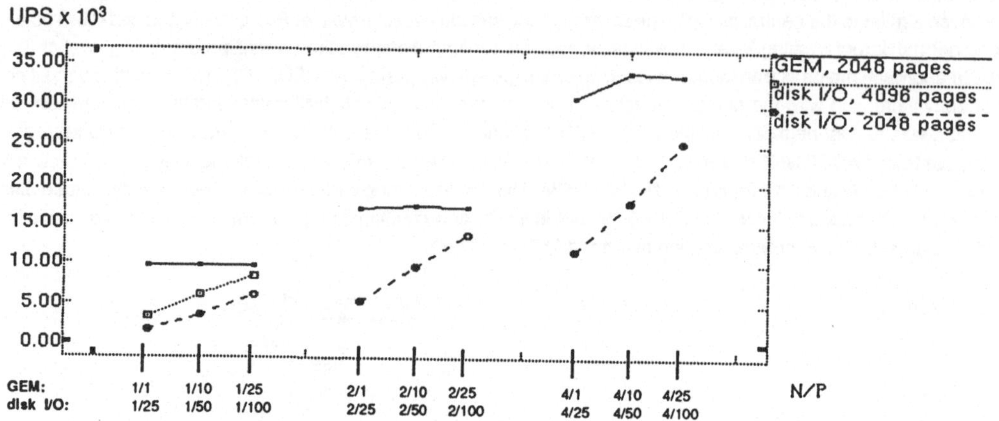

Fig. 8: Throughput results for DOA

An analysis of the CPU utilization helps to explain these results. Fig. 9 shows the composition of the average CPU utilization for the configurations with and without GEM for 1, 2 and 4 nodes and buffer size 2048. The results are shown for multiprogramming level 25, 50 and 100, except for GEM-based configurations that refer to P=1. The total utilization is composed of the effective CPU utilization ('Tx processing') and the overhead for I/O and communication.

We observe that the GEM configurations achieved the highest effective CPU utilization (even for P=1) and thus the best throughput. Remote lock requests caused a CPU utilization of less than 100% in the closely coupled configurations for P=1. (To overlap these delays a low multiprogramming level was sufficient; the peak throughput in Fig. 8 was obtained for P=10 where CPU utilization was at 100%). The high effective CPU utilization was made possible because communication and I/O overhead was significantly lower than without GEM, despite the fact that about the same number of global lock requests and buffer misses occurred per transaction. The communication overhead for 4 nodes was almost twice as high as for N=2 since the fraction of remote lock requests increased from 12.9% to 24.2%. Despite the coordination of PCA and workload allocation, this increase of global lock requests was unavoidable for the reference behavior of the DOA workload (see reference matrix, Fig. 2). Note that with a hash-based PCA allocation and random workload assignment even 50% (75%) remote lock requests have to be anticipated for two (four) nodes.

In configurations without GEM usage, the effective CPU utilization grows with the multiprogramming level until CPU saturation sets in. The overhead for I/O and communication also increases proportionally with the multiprogramming level (since more transactions are ready to issue I/O and lock requests). While the communication overhead grows with N, the opposite is true for the I/O overhead. This is because the increased aggregate buffer size improved hit ratios and partly increased the effective CPU utilization (P=100 was not sufficient in the central case to completely overlap the I/O delays). The affinity-based workload allocation also supported the improved I/O behavior (better locality of reference) in the data sharing configurations and thus a partial compensation of the communication delays. Still, the communication overhead was high and reduced peak throughput considerably for the loosely coupled configurations. As a consequence, linear speed-up (horizontal growth) could not be achieved.

Discussion

In the distributed case, GEM is mainly used to reduce the communication overhead. Communication is required for concurrency/coherency control in data sharing systems and should be minimized by means of appropriate algorithms (such as the primary copy approach) and an affinity-based transaction routing. In general, the communication overhead is strongly determined by the workload. DEBIT-CREDIT can be viewed as an ideal case since transactions and data can easily be distributed to keep the communication overhead small and to utilize all processors (load balancing). In real workloads such as DOA, however, an ideal partitioning of data and workload can hardly be achieved leading to an increased communication overhead and less than linear speed-up (horizontal growth). These applications, however, offer an increased optimization potential that can be exploited by using GEM. In fact, GEM helped to reduce the communication overhead considerably for DOA and to achieve an almost linear horizontal growth.

Thus, GEM supports high performance and horizontal growth even for real-life workloads. Dependencies on workload characteristics and on affinity-based routing are reduced facilitating load balancing and the effective utilization of a larger number of nodes. Achieving high transaction rates at low multiprogramming levels reduces the concurrency control problem and guarantees good response times.

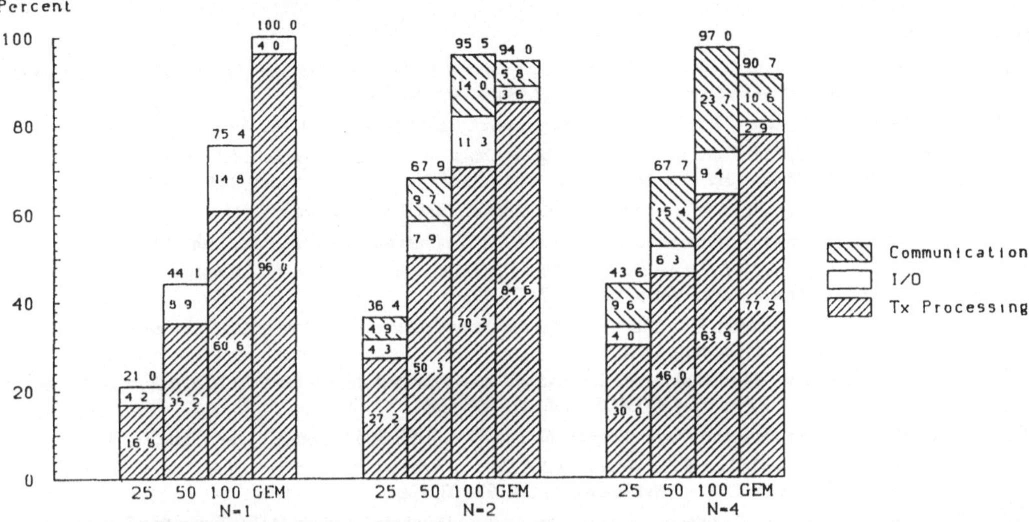

Fig. 9: CPU utilization for DOA (25 MIPS, buffer size 2048)

7. Conclusions

In this paper, we have investigated the use of non-volatile semiconductor memory for high performance transaction processing. A specific store, called Global Extended Memory (GEM), promises significant performance benefits in centralized and distributed environments over traditional disk-based and loosely coupled architectures. Key characteristics of the GEM are fast, synchronous access by multiple nodes, non-volatility and support of different access granules (pages and entries). Usage of the GEM primarily aims at improving the I/O behavior (logging, fast writes and caching of database pages) and reducing communication overhead and delay. As discussed in section 3, data sharing systems can take advantage of a GEM in a number of critical areas like global concurrency/coherency control and global logging.

An extensive simulation study using a synthetic DEBIT-CREDIT workload as well as real-life database traces has been conducted for a preliminary performance evaluation of GEM usage in centralized DBMS and in data sharing systems. The main findings of our study can be summarized as follows:

1. Usage of GEM can significantly reduce I/O and communication delays thus supporting very fast response times.

2. The great reduction of I/O and communication delays permits to achieve a high CPU utilization (high transaction rates) at very low multiprogramming levels. This becomes increasingly important with faster CPUs and supports vertical growth. Without GEM usage, the required multiprogramming level and therefore lock contention increases with the CPU speed so that only limited vertical growth may be achievable.

3. Reduced lock contention decreases the need for fine-granularity locking or alternative concurrency control methods that rely on transaction aborts rather than blocking.

4. The reduced communication overhead for storage-based communication via GEM facilitates horizontal growth and load balancing. This is particularly important for real-life workloads for which it is more difficult to find suitable allocations of data and transactions than for DEBIT-CREDIT.

5. Synchronous GEM accesses become more expensive with increasing CPU speed (section 5). Thus, throughput improvements for GEM-based architectures may shrink with faster CPUs unless GEM accesses can also be made faster.

In [Ra91], we study the I/O performance of GEM in more detail and provide a performance comparison with solid-state disks and disk caches. In future work, we will investigate whether concurrency control via global lock tables in GEM can improve performance compared to message-based protocols such as the primary copy approach.

References

[ACL87]   Agrawal, R.; Carey, M.J.; Livny, M.: *Concurrency Control Performance Modeling: Alternatives and Implications.* ACM Transactions on Database Systems, Vol. 12, No. 4, 609-654, 1987.

[An85]   Anon et al.: *A Measure of Transaction Processing Power.* Datamation, April 1985, 112-118.

[BBD82]   Balter, R.; Berard, P.; DeCitre, P.: *Why Control of the Concurrency Level in Distributed Systems is More Fundamental than Deadlock Management.* Proc 1st Symp. on Principles of Distributed Computing, 183-193, 1982.

[CKB89]   Cohen, E.I.; King, G.M.; Brady, J.T.: *Storage Hierarchies.* IBM Systems Journal 28 (1), 62 - 76, 1989.

[CKKS89]   Copeland, G.; Keller, T.; Krishnamurthi, R.; Smith, M.: *The Case for Safe RAM.* Proc. 15th VLDB, 1989.

[EB84]   Elhardt, K.; Bayer, R.: *A Database Cache for High Performance and Fast Restart in Database Systems.* ACM Transactions on Database Systems, Vol. 9, No. 4, 503-525, 1984.

[FRT90]   Franaszek, P.A.; Robinson, J.T.; Thomasian, A.: *Access Invariance and its Use in High Contention Environments.* Proc. 6th IEEE Data Engineering Conf., 1990.

[GP87]   Gray, J.; Putzolu, F.: *The 5 Minute Rule for Trading Memory for Disk Accesses and the 10 Byte Rule for Trading Memory for CPU Time.* Proc. ACM SIGMOD conf., 395-398, 1987.

[Gr85]   Gray, J. et al.: *One Thousand Transactions per Second.* Proc. IEEE Spring CompCon, San Francisco, 96-101, 1985.

[HGLW87] Herman, G.; Gopal, G.; Lee, K.C.; Weinrib, A.: *A Datacycle Architecture for Very High Throughput Database Systems,* Proc. SIGMOD '87 Conf., San Francisco, CA, 97-103, 1987.

[HR83]   Härder, T., Reuter, A.: *Principles of Transaction-Oriented Database Recovery.* ACM Computing Surveys, Vol. 15, No. 4, 287-317, 1983.

[Ra86]   Rahm, E.: *Primary Copy Synchronization for DB-Sharing.* Information Systems, Vol. 11, No. 4, 275-286, 1986.

[Ra88]   Rahm, E.: *Empirical Performance Evaluation of Concurrency and Coherency Control Protocols for Data Sharing.* IBM Research Report RC 14325, IBM T.J. Watson Research Center, 1988.

[Ra90]   Rahm, E.: *Utilization of Extended Storage Architectures for High-Volume Transaction Processing.* Technical Report (ZRI-Bericht 6/90), Computer Science Dept., Univ. Kaiserslautern, 1990.

[Ra91]   Rahm, E.: *Performance Evaluation of Extended Storage Architectures for Transaction Processing.* Technical Report, Computer Science Dept., Univ. Kaiserslautern, 1991.

[Sh85]   Shoens, K. et al.: *The AMOEBA Project,* Proc. IEEE Spring CompCon. 102-105, 1985.

[Ta85]   Tay, Y.C.: *Locking Performance in Centralized Databases.* ACM Trans. on Database Systems, Vol. 10, No. 4, 415-462, 1985

Leistungsbewertung
von ISDN-Vermittlungsknoten

Helga Hofstetter
Siemens AG
ÖN ZL SV 23
Hofmannstr. 51
D-8000 München 70
Germany

Zusammenfassung

Das diensteintegrierende digitale Nachrichtennetz ISDN erlaubt die Übermittlung von sehr unterschiedlichen Diensten - zum Beispiel Sprache, Daten, Bilder - über ein- und dasselbe Netz. Die Grundeigenschaften dieses Netzes wurden vom CCITT (Comité Consultatif International Télégraphique et Téléphonique) in Empfehlungen standardisiert. Auch bezüglich der Leistungsbewertung des ISDN und seiner Komponenten werden beim CCITT Konzepte und Empfehlungen erarbeitet. Der vorliegende Beitrag gibt eine Einführung in diese Leistungsbewertungskonzepte. Der Schluß des Beitrags bietet einen Ausblick auf das zukünftige B-ISDN für die Übermittlung von breitbandiger Information und erläutert kurz Probleme, die für eine Leistungsbewertung dieses Netzes zu lösen sind.

Schlüsselwörter

Leistungsbewertung, Dienstqualität, Netzqualität, ISDN, B-ISDN, CCITT.

1   Einleitung: ISDN-Vermittlungsknoten und ihre Leistungsbewertung

Seit 1989 ist das sogenannte diensteintegrierende digitale Nachrichtennetz ISDN von der Deutschen Bundespost Telekom offiziell in Betrieb genommen [Fren89]. Das ISDN ist ein einheitliches Nachrichtennetz für eine große Reihe von Kommunikationsarten (Sprache, Text, Daten, Bild), die mit einer Geschwindigkeit von 64 kbit/s in Form von digitalen Signalen übermittelt werden. Das ISDN basiert auf dem digitalisierten Fernsprechnetz. Seine Grundeigenschaften sind vom CCITT (Comité Consultatif International Télégraphique et Téléphonique), einer Organisation der ITU (International Telecommunication Union) in Empfehlungen weltweit standardisiert ("Blaubuch", siehe [CCITT88]). Alle im folgenden zitierten CCITT-Empfehlungen beziehen sich auf dieses Blaubuch.

Jedem Teilnehmer steht im ISDN für die Übertragung von Nutzinformationen ein Basisanschluß mit zwei 64-kbit/s-Kanälen bzw. ein Primäranschluß mit dreißig 64-kbit/s-Kanälen zur Verfügung. Die Signalisierung zum Auf- und Abbau der Verbindungen erfolgt auf den Teilnehmeranschlußleitungen über einen speziellen Signalisierungskanal (D-Kanal), zwischen den Vermittlungsstellen mit Hilfe des CCITT-Zeichengabeverfahrens Nr. 7 über ein eigenes Signalisierungsnetz (ZZK-Netz).

Bild 1 zeigt schematisch die wesentliche Grundstruktur des diensteintegrierenden digitalen Netzes. Ein Verbindungsweg für die Kommunikation zwischen zwei Benutzern ist in Bild 2 angedeutet. Jeder Teilnehmer besitzt eine (oder mehrere) Teilnehmerendeinrichtung TE (Terminal Equipment), die über die Netzabschlußeinheit NT (Network Termination) an das ISDN angeschlossen ist. Die NT kann auch in die beiden Funktionseinheiten NT1 (Ankopplung an das Netz) und NT2 (Ankopplung an die Teilnehmerendeinrichtungen) aufgeteilt werden. Die in Bild 2 eingetragenen Bezugspunkte S und T sind Netzschnittstellen, deren physikalische und funktionelle Eigenschaften vom CCITT standardisiert sind (Empfehlungen der I.400-Serie). Eine durchgeschaltete Verbindung zwischen zwei Benutzern des ISDN verläuft in Form einer Kette von reservierten PCM-Kanälen über - wie in Bild 2 angedeutet - Ortsvermittlungsstellen und Transitvermittlungsstellen (im folgenden auch "Ortsvermittlungsknoten" und "Transitvermittlungsknoten"genannt).

Nähere Informationen bezüglich Aufbau und Arbeitsweise des ISDN-Konzepts kann entsprechenden Lehrbüchern, z.B. [Bock90] entnommen werden.

Die Leistung des ISDN drückt sich aus durch den Grad seiner Fähigkeit seine Benutzer zufriedenzustellen. Als Basis für eine objektive Leistungsbewertung werden derzeit beim CCITT Leistungsbewertungkonzepte erarbeitet. Die nachfolgenden Abschnitte sind eine Einführung in diese Konzepte. Ihr Inhalt wird kurz erläutert und es werden die Überlegungen dargelegt, die bei der Entwicklung der Konzepte wesentlich waren. Auf eine Reihe der hierbei zu lösenden Probleme wird näher eingegangen. Bezüglich der detaillierten Einzelheiten muß empfohlen werden, auf die CCITT-Empfehlungen selbst zurückzugreifen.

Der Schluß des Beitrags liefert einen Ausblick auf das zukünftige ISDN für Breitbandanwendungen, dessen Leistungsbewertung noch etwas komplizierter werden wird, als die des heutigen 64-kbit/s-ISDN.

2   Leistungsbewertungs-Konzepte für das ISDN

2.1   Das Dienstqualitäts-Konzept des ISDN

Als Beurteilungsmaßstab für die Leistung des ISDN wurde vom CCITT in der Empfehlungsserie I.350 das Quality-of-Service-Konzept (im folgenden mit "Konzept der Dienstqualität" übersetzt) festgelegt. Die Dienstqualität eines Netzes beschreibt gemäß der Definition dieses Begriffes in der Empfehlung I.350 die Gesamtheit aller Gütemerkmale, die den Grad der Zufriedenstellung seiner Benutzer kennzeichnen. Diese Gütemerkmale müssen Größen sein, die an der Stelle des Benutzers

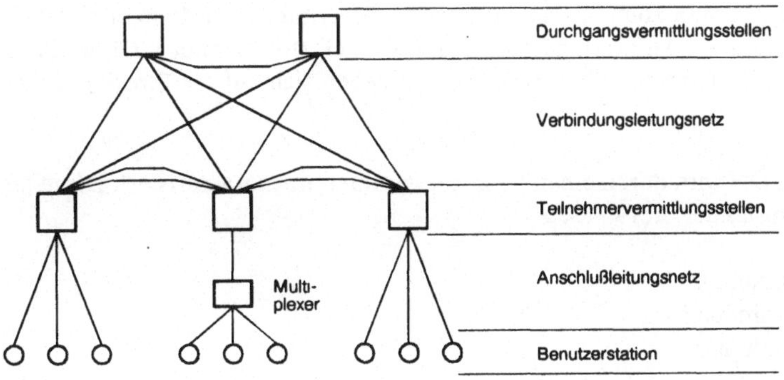

**Bild 1: Wesentliche Komponenten des ISDN
(entnommen aus [Bock90])**

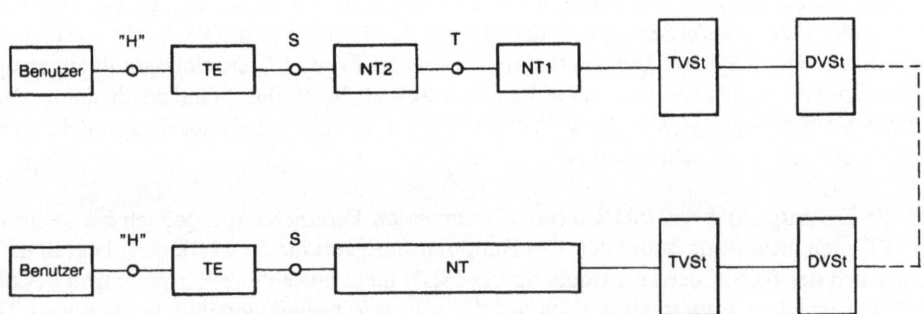

TE   Benutzerstation (Terminal Equipment)
NT, NT1, NT2 Netzabschlußeinheiten (Network Termination)
H, S, T   standardisierte Bezugspunkte
TVSt   Teilnehmervermittlungsstellen
DVSt   Durchgangsvermittlungsstellen

Bild 2: Verbindungsweg durch das ISDN

beobachtet und gemessen werden können. Zur Festlegung dieser Stelle wurde in der CCITT-Empfehlung ein eigener Bezugspunkt definiert, nämlich der Punkt "H" (für "human"). Dieser Punkt ist in Bild 2 miteingezeichnet. Die Dienstqualitätsmerkmale beziehen sich auf die Strecken zwischen je zwei solchen H-Punkten.

Die Dienstqualität des ISDN wird durch einen Satz von Parametern charakterisiert. Diese beziehen sich auf Effekte, die während der drei Phasen

> Aufbau einer Verbindung,
> Bestehen einer Verbindung,
> Abbau einer Verbindung.

vorkommen. Anhand von Bild 3, in dem die Abläufe in den drei Kommunikations-Phasen für eine einfache Teledienstverbindung skizziert sind, wird ein Beispiel für einen solchen Parameter gegeben:

Mit der Aufbauanforderung gibt der anfordernde Benutzer zum Beispiel durch Drücken einer Namenstaste an seinem Endgerät TE dem Netz die Adresse des gewünschten Kommunikationspartners bekannt. Die Verbindung wird mit Hilfe einer Kette von Meldungen durch das ISDN aufgebaut. Nach Abschluß des Verbindungsaufbaus erhält der anfordernde Benutzer als Quittung die ALERTING-Meldung, die in seinem TE das Freizeichen auslöst. Die Arbeitsgeschwindigkeit des Netzes für den Verbindungsaufbau ist beispielsweise ein Merkmal für die Dienstgüte des ISDN. Diese Arbeitsgeschwindigkeit bemerkt der anfordernde Benutzer als die Dauer des Zeitintervalls zwischen seiner Aufbauanforderung und dem Erhalt des Freizeichens. Die mittlere Länge dieses Zeitintervalls ist ein möglicher Dienstqualitäts-Parameter. Er wird "Verbindungsaufbauverzug" genannt. Ein anderer möglicher Parameter ist zum Beispiel die Wahrscheinlichkeit dafür, daß die gewünschte Verbindung wegen zu hoher Verkehrsbelastung des Netzes überhaupt nicht zustande kommt ("Blockierungswahrscheinlichkeit").

Die für die Dienstqualität des ISDN infrage kommenden Parameter sind jedoch bis heute durch den CCITT noch nicht fertig erarbeitet. Die Hauptschwierigkeit für die Festlegung liegt in der Tatsache, daß sich der Begriff der Dienstqualität des ISDN nicht nur auf die Einrichtungen des öffentlichen Netzes, sondern insbesondere auch auf die privaten Teilnehmer-Endeinrichtungen TE erstreckt (der Bezugspunkt H liegt hinter den TE's). Durch die dort eingebauten Prozeduren (auf die der Betreiber des öffentlichen Netzes keinen oder nur wenig Einfluß hat) können am Bezugspunkt H ganz andere Effekte spürbar werden als im Netz. Beispielsweise könnte eine TE mit automatischer Wahlwiederholung für den Fall ausgestattet sein, daß eine Verbindung wegen Verkehrsüberlastung des Netzes nicht zustande kommt. Die TE führt - ohne daß es der Benutzer merkt - automatisch eine sehr große Anzahl von Belegungsversuchen aus und hat schließlich Erfolg. Es hat in diesem Fall eine sehr große Anzahl von Blockierungsfällen stattgefunden. Aus der Sicht des Benutzers handelt es sich aber nur um einen einzigen erfolgreichen Belegungsversuch, der allerdings erst nach einer längeren Zeit - d.h. mit großem Verbindungsaufbauverzug - erfüllt wurde.

Eine endgültige Definition der Parameter für die Dienstqualität muß derartige Korrelationen berücksichtigen.

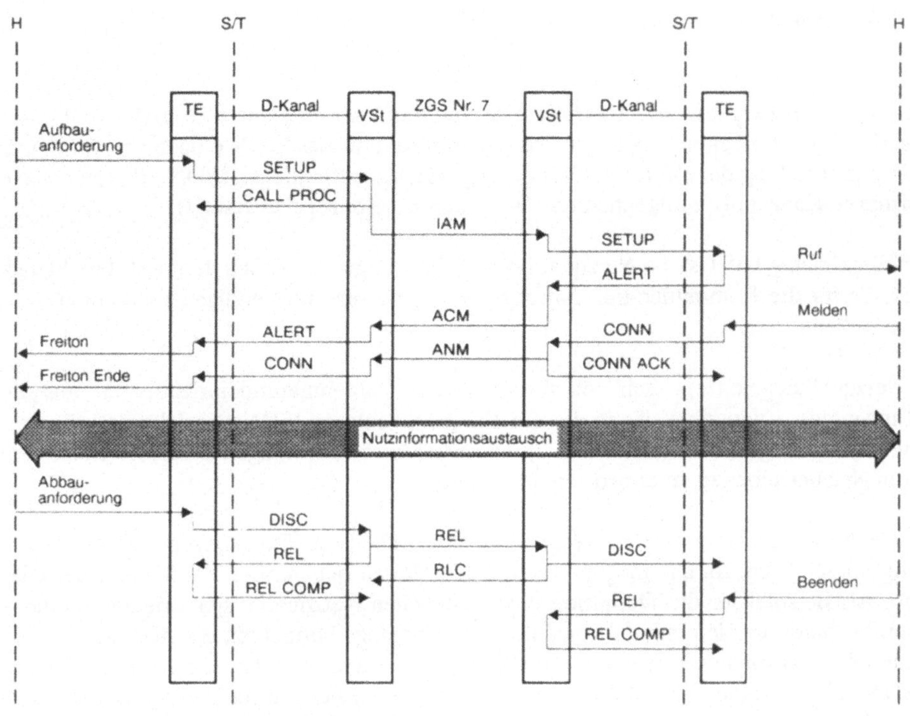

TE   Endeinrichtung mit ISDN-Schnittstelle
VSt   Vermittlungsstelle
ZGS   Zeichengabesystem

D-Kanalzeichengabe
gemäß CCITT-Empfehlung Q.931:

ALERT	Alerting
CALL PROC	Call proceeding
CONN	Connect
CONN ACK	Connect acknowledge
DISC	Disconnect
REL	Release
REL COMP	Release complete
SETUP	Set up

Zeichengabesystem Nr. 7
gemäß CCITT-Empfehlung Q.762:

ACM	Address complete message
ANM	Answer message
IAM	Initial address message
REL	Release message
RCL	Release complete message

Bild 3: Fluß der Schicht-3-Nachrichten für den Auf- und Abbau einer Teledienstverbindung am Beispiel einer Telefonverbindung
(entnommen aus [ITG])

2.2   Das Netzqualitäts-Konzept des ISDN

Wegen der im vorhergehenden Abschnitt geschilderten Schwierigkeiten ist in der CCITT-Empfeh-lungsserie I.350 ein zweites Leistungsbewertungskonzept für das ISDN eingeführt worden, das eine objektive Beurteilung der Dienstqualität des eigentlichen öffentlichen ISDN erlaubt: das Network-Performance-Konzept (im folgenden mit "Netzqualitäts-Konzept" übersetzt).

In der Empfehlung I.350 ist die Netzqualität des ISDN folgendermaßen definiert: Die Fähigkeit des Netzes, die für die Kommunikation zwischen den Benutzern notwendigen Funktionen zur Verfü-gung zu stellen.

Das Netzqualitäts-Konzept schließt die privaten Teilnehmerendeinrichtungen aus den Be-trachtungen aus. Endpunkte des in diesem Fall beobachteten ISDN-Bereichs sind die bereits er-wähnten S/T-Bezugspunkte (siehe Bild 2). Die Qualitätsbetrachtungen beschränken sich somit auf den vom Netzbetreiber zu verantwortenden Netzteil.

Auch die Netzqualitätsparameter werden - wie im Dienstqualitätskonzept - auf die drei Ver-bindungsphasen bezogen. Die möglichen Parameter leiten sich aus den Parametern der Dienstqua-lität ab. Als Beispiel für die Definition eines möglichen Netzqualitätsparameters für die Verbin-dungsaufbauphase werden anhand von Bild 3 die Vorgänge betrachtet, die sich zwischen den S/T-Bezugspunkten abspielen. Ein möglicher Netzqualitätsparameter, der die Arbeitsgeschwindigkeit des ISDN beim Verbindungsaufbau charakterisiert, könnte sich auf das Zeitintervall beziehen, daß die SET-UP-Meldungskette für das Durchlaufen des Weges zwischen den beiden S/T-Bezugspunk-ten benötigt. Ein solcher Parameter hätte allerdings die ungünstige Eigenschaft, daß die Ermittlung seines Zahlenwertes mit Hilfe von Messungen ziemlich schwierig ist, weil Anfang und Ende dieses Zeitintervalls an unterschiedlichen Stellen im Netz festgestellt werden müssen.

Der CCITT hat deshalb statt dessen einen anderen Netzqualitätsparameter für die Charakte-risierung der Dauer des Verbindungsaufbaus gewählt. Dieser Parameter ist als die Differenz von zwei mittleren Verzugsdauern definiert: Die eine Verzugsdauer ist analog dem Dienst-qualitätsparameter "Verbindungsaufbauverzug" das im Mittel benötigte Zeitintervall zwischen den Ereignissen "SET-UP-Meldung passiert den S/T-Bezugspunkt beim anfordernden Benutzer" und "korrespondierende ALERTING-Meldung passiert denselben S/T-Bezugspunkt". Die andere Ver-zugsdauer ist das entsprechende im Mittel benötigte Zeitintervall, bezogen auf den S/T-Bezugs-punkt beim angeforderten Benutzer. Beide mittleren Zeitintervalle können in voneinander unab-hängigen Messungen ermittelt werden. Die Differenz der beiden Werte ist der Netzqualitätspara-meter "Totaler Verbindungsaufbauverzug". Dieses Beispiel zeigt, daß es auch im Falle der Netz-qualität problematisch ist, Parameter zu definieren, deren Werte auf einfache Weise durch Mes-sungen ermittelt werden können.

Auch die Arbeiten an der Definition der Netzqualitätsparameter sind beim CCITT noch nicht ganz abgeschlossen. Daneben befassen sich auch andere Gremien mit dem Problem, solche Parameter zu definieren. Beispielsweise wurden in Deutschland auf nationaler Ebene bei der ITG schon vor einigen Jahren Vorschläge für Netzqualitäts-Parameter erarbeitet. Diese Arbeiten wurden im Fachausschuß 1.2 "Vermittlungstechnik" durchgeführt [ITG]. Die Überlegungen hierzu fanden teil-weise zeitlich vor den oben geschilderten CCITT-Arbeiten statt. Die ITG-Ergebnisse unterscheiden sich somit naturgemäß in manchen Teilen von den CCITT-Definitionen. Sie sollten eventuell nochmals revidiert werden. Der ITG-Entwurf wartet immer noch auf seine Veröffentlichung in der Nachrichtentechnischen Zeitschrift.

3 Leistungsbewertung des ISDN

Der Hauptzweck der Definition der Netzqualität ist die Möglichkeit, Qualitätsvorschriften für das öffentliche ISDN zu formulieren. Dies geschieht mit Hilfe von Grenz-Zahlenwerten für die definierten Parameter. Die Netzqualität des ISDN gilt so lange als ausreichend, so lange diese Werte im praktischen Betrieb nicht überschritten werden.

Der CCITT beabsichtigt, noch in der laufenden Studienperiode die Netzqualitäts-Empfehlungen abzuschließen; d.h. nicht nur die Parameter zu definieren, sondern auch die Zuweisung geeigneter Grenz-Zahlenwerte vorzunehmen. Die Überlegungen, welche Grenz-Zahlenwerte wirklich geeignet sind, beginnen mit der Betrachtung der benutzerorientierten Dienstqualität des ISDN und ihrer Parameter. Es muß also zunächst überlegt werden, welche Effekte dem Benutzer des ISDN (am Bezugspunkt H) zugemutet werden können. Hieraus müssen dann neben den Parametern auch deren maximal zulässigen Zahlenwerte für die Netzqualität abgeleitet werden.

Ein weiteres, noch zu lösendes Problem betrifft die Kontrollmessungen, die durchzuführen sind, um die Einhaltung der Netzqualitäts-Vorschriften im ISDN zu überprüfen. Der CCITT beabsichtigt, die Meßverfahren zu standardisieren und die äußeren Bedingungen festzulegen, unter welchen die Messungen durchzuführen sind. Für den Fernsprechbetrieb gibt es bereits CCITT-Empfehlungen, nämlich die E.500-Serie. Insbesondere definiert die Empfehlung E.500 als die äußeren Normbedingungen für die Messungen die sogenannte Hauptverkehrsstunden-Belastung, nämlich diejenige Verkehrsbelastung, die für die Zeit des täglichen höchsten Verkehrs anzunehmen ist. Normalerweise werden alle Verkehrsplanungsgrößen des praktischen Betriebs einschließlich der Netzqualitätsgrößen stets auf diese Referenzbelastung bezogen. Die Ausdehnung der Empfehlung E.500 auf das Viel-Dienste-Gemisch des ISDN steht derzeit noch aus.

4 Die Netzqualität eines einzelnen Vermittlungsknotens

Aus den Anforderungen an die Netzqualität des ISDN zwischen den S/T-Referenzpunkten leiten sich - auf der Grundlage von Referenz-Verbindungen durch das ISDN - die Anforderungen bezüglich der Netzqualität für jeden einzelnen Vermittlungsknoten des Netzes ab. Auch diese werden im CCITT durch Parameter und maximal zulässige Grenz-Zahlenwerte definiert. Sie gelten für die Vorgänge zwischen jeweils der Eingangs-Schnittstelle und der Ausgangs-Schnittstelle eines Vermittlungsknotens mit dem restlichen ISDN.

Typische Netzqualitäts-Parameter eines Vermittlungsknotens beziehen sich zum Beispiel auf seine Arbeitsgeschwindigkeit. Diese Arbeitsgeschwindigkeit kann durch die mittlere Länge des Zeitintervalls charakterisiert werden, das durch die Ankunft einer Meldung im Vermittlungsknoten und durch den Abschluß der hierdurch ausgelösten Vorgänge im Vermittlungsknoten begrenzt wird.

Definierte Anforderungen zur Netzqualität eines Vermittlungsknotens sind insbesondere für zwei ganz unterschiedliche Anwendungszwecke notwendig:

- als Grundlage für Planungs- und Bemessungsarbeiten im praktischen Betrieb,
- als Grundlage zur Festlegung und Bemessung der internen Systemstruktur von neu zu entwickelnden Kommunikationssystemen durch die Hersteller-Firmen.

Hierauf wird im folgenden kurz eingegangen.

4.1 Netzqualitätsanforderungen für Vermittlungsknoten als Grundlage für Planungs- und Bemessungsarbeiten

Die Planungs- und Bemessungsarbeiten ("Traffic engineering") im praktischen Betrieb werden durch den Netzbetreiber durchgeführt. Dieser hat ständig zu prüfen, ob die Vermittlungsknoten zufriedenstellend arbeiten. Netzqualitätsparameter und deren maximal zulässige Werte bilden den Maßstab für diese Überprüfungsarbeiten.

Für das Traffic Engineering werden nur diejenigen Aspekte der Netzqualität berücksichtigt, die unmittelbar von der Bemessung der einzelnen Netzeinrichtungen abhängen. Der CCITT erarbeitet derzeit eine ganze Empfehlungsserie (E.700), die Anweisungen für das Traffic Engineering für das ISDN enthält. Die Qualitätsmerkmale, die sich auf das Traffic Engineering beziehen, werden "Grade of Service" genannt (siehe hierzu [Gosz91] und [Gril91]).

Grade-of-Service-Parameter für Vermittlungsknoten und deren maximal zulässige Werte sind beim CCITT erst für das reine Telefonnetz definiert (Empfehlung E.543). Es gibt insgesamt vier Parameter:

-   Antwortverzug (incoming response delay): Mittlere Länge des Zeitintervalls zwischen den beiden Ereignissen "Ein Anforderungssignal kommt am Eingang des Knotens an" und "Entsprechendes Antwortsignal wird zurückgesendet".

-   Verbindungsaufbauverzug (exchange call set-up-delay): Mittlere Länge der Zeitspanne für den Verbindungsaufbau durch den Vermittlungsknoten, begrenzt durch die beiden Ereignisse "Empfang der für die Auswahl eines abgehenden Kanals notwendigen Information im ankommenden Signalisierungssystem ist abgeschlossen" und "Korrespondierende Nachrichten werden durch das abgehende Signalisierungssystem weitergesendet".

-   Durchschalteverzug (through connection delay): Mittlere Länge der Zeitspanne für das Durchschalten einer Verbindung durch den Vermittlungsknoten, begrenzt durch die beiden Ereignisse "Empfang der für die Durchschaltung einer Verbindung notwendigen Information im ankommenden Signalisierungssystem ist abgeschlossen" und "Weg durch den Vermittlungsknoten ist übertragungsbereit" (gilt nur für Ursprungsverkehr und gehenden Transitverkehr).

-   Verlustwahrscheinlichkeit wegen innerer Blockierungen (internal loss probability): Die Wahrscheinlichkeit dafür, daß eine angeforderte Verbindung zwischen einem gegebenen Eingang und einem für die angeforderte verbindung geeigneten freien Ausgang des Vermittlungsknotens nicht hergestellt werden kann.

Die Empfehlung E.543 gibt auch Hinweise zur Durchführung von Messungen für die Überprüfung der Netzqualität eines Vermittlungsknotens im praktischen Betrieb. Referenzbelastung für die Traffic-Engineering-Aufgaben ist wieder die Hauptverkehrsstunden-Belastung gemäß der Empfehlung E.500. Die entsprechenden Empfehlungen für das ISDN werden im Rahmen der E.700-Empfehlungsserie formuliert werden.

4.2 Netzqualitätsanforderungen für Vermittlungsknoten als Basis für die Entwicklung neuer Kommunikationssysteme

Hersteller, die Vermittlungsknoten produzieren, benötigen spezifizierte Netzqualitätsanforderungen für diese Vermittlungsknoten bereits für ihre Entwicklungsarbeiten. Auf dieser Basis werden im Rahmen der Entwicklungsarbeiten die systeminternen Bemessungen durchgeführt. Dies bezieht sich zum Beispiel auf die Größe der Arbeitsbereiche von Steuerungsorganen (mit Auswirkung auf die Arbeitsgeschwindigkeit des Vermittlungsknotens) und auf die Dimensionierung von Koppelanordnungen (mit Auswirkung auf die Blockierungswahrscheinlichkeit des Vermittlungsknotens).

Die Hersteller brauchen die standardisierten Parameter und ihre Werte schon zu einem sehr frühen Zeitpunkt der Systementwicklung, um in ihren Laboratorien Systemalternativen untersuchen zu können und optimale Lösungen zu erarbeiten. Für solche Laboratoriumsarbeiten sind allerdings Netzqualitäts-Anforderungen, wie die in Abschnitt 4.1 diskutierten, die auf den praktischen Betrieb abgestimmt sind, nicht hilfreich. Für diese Anwendungen müssen die Parameter und ihre Werte sowie die äußeren Referenzbedingungen, unter welchen sie gültig sind, so definiert werden, daß sie vom Hersteller in seinen theoretischen Untersuchungen benutzt werden können. Insbesondere dürfen sich die Referenzbedingungen nicht unmittelbar auf den im praktischen Betrieb vorkommenden Verkehr beziehen, sondern müssen auf mathematische Weise formuliert werden, da für die Untersuchung von Systementwürfen vielfach mathematische Methoden eingesetzt werden.

Für die Entwicklungsarbeiten an ISDN-Vermittlungsknoten sind mehr Netzqualitäts-Parameter notwendig als für die Traffic-Engineering-Zwecke. In der relevanten CCITT-Empfehlung Q.543 ("Design objectives") sind sechs unterschiedliche Parameter für diese Anwendungsfälle im ISDN definiert. Die Hersteller von ISDN-Vermittlungsknoten führen ihre Untersuchungen mit Hilfe von Berechnungsverfahren oder Verkehrssimulationen durch. Sie machen ihren Kunden (Kommunikations-Verwaltungen) durch entsprechende Unterlagen glaubhaft, daß in ihren Produkten die Werte der CCITT-Empfehlungen eingehalten werden. Die Einhaltung der CCITT-Netzqualitätsanforderungen ist ein echtes Qualitätsmerkmal ihres Systems.

5 Ausblick auf die Leistungsbeurteilung des B-ISDN

5.1 Kurze Einführung in das zukünftige B-ISDN

Es ist abzusehen, daß in der Zukunft die Anforderungen an das öffentliche Kommunikationsnetz über die Möglichkeiten, die das heutige ISDN bietet, hinausgehen (siehe z.B. [Wies90]). Für die zukünftigen Kommunikationsbedürfnisse ist das sogenannte Breitband-ISDN (B-ISDN) geplant, ein einheitliches Netz, in dem auch sehr breitbandige Kommunikationsdienste mit einer Bitrate von vielen Mbit/s zusammen mit den heutigen 64-kbit/s- Diensten übermittelt werden.

An der Definition des B-ISDN, d.h. an der Festlegung aller seiner Grundeigenschaften, wird beim CCITT seit einigen Jahren gearbeitet. Die Ergebnisse sind in der I.-Empfehlungsserie enthalten. Die Hersteller von Komponenten des B-ISDN, die heute schon mit großem Einsatz an der Konzipierung von B-ISDN-Systemen arbeiten, sind darauf angewiesen, bei ihren Arbeiten auf standardisierte Voraussetzungen zurückgreifen zu können.

Das B-ISDN wird auf der Basis des sogenannten asynchronen Transfermodus' ("ATM") konzipiert: Alle zu übermittelnden Informationen werden in digital verschlüsselter Form in gleich große Pakete, die sogenannten Zellen, verpackt. Diese haben ein Feld von 48 Oktetts Länge für Benutzerinformationen und einen Header von 5 Oktetts Länge für Steuerungsinformationen. "Asynchroner" Transfermodus bedeutet eine andersartige Übermittlungsart für die Informationen als im heutigen 64 kbit/s-ISDN: Das heutige ISDN baut Kommunikationsverbindungen in der Weise auf, daß die kommunizierenden Benutzer über das Netz durch eine Kette aufeinanderfolgender Leitungsabschnitte miteinander verbunden werden, auf welchen jeweils ein fester Kanal für ihren Informationsaustausch reserviert ist. Das zukünftige B-ISDN legt dagegen zwischen den jeweils kommunizierenden Benutzern lediglich die sie verbindende Kette aufeinanderfolgender Leitungsabschnitte fest, kennt aber keine feste Zuordnung der Übertragungskanäle. Die ATM-Zellen werden in Form einer schnellen Paketübermittlung über virtuelle Verbindungen ("virtual connection VC") durch das Netz transportiert. Auf einer Leitung des B-ISDN werden die Zellen unterschiedlicher virtueller Verbindungen "statistisch gemultiplext". Der Multiplex-Vorgang ist hierbei durch das zufallsmäßige Eintreffen der Zellen der einzelnen virtuellen Verbindungen bestimmt. Die Zugehörigkeit einer Zelle zu einer bestimmten virtuellen Verbindung erkennt die Systemsteuerung an einem speziellen Kennzeichen im Header der Zelle, der VCI-Nummer (virtual connection identifyer).

In den Multiplexern des B-ISDN können Kollisionen von Zellen auftreten, d.h. es kann vorkommen, daß mehrere Zellen gleichzeitig an einem Multiplexer ankommen, die über dieselbe Leitung weitergeführt werden sollen. Für derartige Fälle muß für die Zellen Wartemöglichkeit in geeigneten Puffern vorgesehen werden. Falls nicht hinreichend viele Warteplätze eingeplant werden, kann es vorkommen, daß Zellen auf dem Weg durch das B-ISDN verlorengehen.

Es gibt bereits eine Reihe von Lehrbüchern, in welchen die ATM-Technik beschrieben ist (z.B. [Händ91]). Aus diesen sind alle näheren Informationen über die dem B-ISDN zugrundegelegte Übermittlungstechnik zu entnehmen.

5.2 Leistungsanforderungen an das B-ISDN

Virtuelle Verbindungen werden analog den Kommunikationsverbindungen im 64-kbit/s-ISDN durch geeignete Wahlvorgänge angefordert und nach Abschluß des Kommunikationsbedürfnisses durch entsprechende Meldung der Benutzer an das Netz beendet. Die Leistungsanforderungen für das B-ISDN werden sich wie im 64-kbit/s-ISDN auf die drei Verbindungsphasen

  Einrichten - Bestehen - Beenden

einer virtuellen Verbindung beziehen.

Die Meldungsflüsse durch das B-ISDN beim Einrichten einer virtuellen Verbindung ähneln den Meldungsflüssen beim Einrichten einer Kommunikationsverbindung im 64-kbit/s-ISDN. Die diesbezüglichen Netzqualitäts-Merkmale werden auch in ähnlicher Form formuliert werden können. Das Gleiche gilt für die Beendigungs-Phase der virtuellen Verbindungen.

Für die Phase des Bestehens der virtuellen Verbindungen werden für das B-ISDN Netzqualitäts-Merkmale wichtig, die sich auf den Verlust von Zellen und auf die Durchlaufdauern der Zellen durch das Netz beziehen. Im heutigen ISDN hängt der Informationsverlust in einer Kommunikationsverbindung in erster Linie von der Zuverlässigkeit der Übertragungsstrecken ab und die Durchlaufdauern sind durch die physikalischen Eigenschaften der Übertragungsstrecken gegeben. Im zukünftigen B-ISDN kommen noch Zellenverluste hinzu, die von der Bemessung der Pufferspeicher im Inneren der Netzknoten abhängen, und Zellenwartedauern in den Pufferspeichern.

Die Definitionen der Netzqualitäts-Parameter für das B-ISDN und für seine Vermittlungsknoten sowie die Grenz-Zahlenwerte werden derzeit im CCITT erarbeitet. Für die Zellenverlustwahrscheinlichkeit einer virtuellen Verbindung aufgrund bemessungsbedingter Ursachen kann für die Strecke zwischen zwei S/T-Bezugspunkten ein maximal zulässiger Wert erwartet werden, der in der Größenordnung von 10^{-10} liegt. Die maximal zulässigen mittleren Gesamt-Wartedauern, die die Zellen einer virtuellen Verbindung auf ihrem Weg durch das Netz erleiden dürfen, liegen im Bereich von höchstens einigen Millisekunden. Grenz-Zahlenwerte derartig kleiner Größenordnung bedeuten sehr große Schwierigkeiten für alle Bemessungsarbeiten einerseits und für die durchzuführenden Kontrollmessungen andererseits. Dies gilt zunächst für die System-Entwicklungsarbeiten, aber auch später für den praktischen Betrieb.

Eine besonders komplizierte Aufgabe ist auch, die äußeren Referenzbedingungen festzulegen, die als Basis für alle Netzqualitäts-Angaben notwendig sind. Diese müssen sowohl auf der Ebene der virtuellen Verbindungen als auch auf der Ebene des ATM-Zellenstroms definiert werden, weil sich die belastungsabhängigen Netzqualitätsparameter auf beide Netzebenen beziehen können.

Für die Formulierung der Netzqualitäts-Anforderungen an einen einzelnen B-ISDN-Vermittlungsknoten, die im Rahmen der Systementwicklungsarbeiten gebraucht werden, müssen die Referenzbedingungen in Form von geeigneten Verkehrsbelastungs-Modellen wieder mathematisch formuliert werden. Besonders kritisch sind die Belastungsmodelle auf der Zellenstromebene, da die Verkehrseigenschaften einer ATM-Anordnung in starkem Maße von den statistischen Eigenschaften des zu verarbeitenden Zellenstroms abhängen (siehe z.B. [Hou89]). Die Belastungsmodelle müssen diese statistischen Eigenschaften beinhalten. Sie müssen in besonders sorgfältiger Weise darauf ausgerichtet werden, einerseits hinreichend realistisch und andererseits noch mit erträglichem Aufwand in Verkehrsuntersuchungen anwendbar zu sein.

Für die Formulierung der Netzqualitäts-Anforderungen an einen ATM-Vermittlungsknoten im praktischen Betrieb müssen geeignete Hauptverkehrstunden-Belastungen für das gesamte integrierte Verkehrsgemisch des B-ISDN als äußere Referenzbedingungen auf beiden Ebenen definiert werden.

Die Entwicklungs-Ingenieure in den Herstellerfirmen sind derzeit damit beschäftigt, ihre Systeme zu konzipieren. Sie legen hierbei die vermuteten CCITT-Standardwerte für die Netzqualitäts-Anforderungen zugrunde und verwenden - solange noch keine Empfehlungen vorhanden sind - möglichst plausible Annahmen bezüglich der Referenzbedingungen. In weit stärkerem Maße als bisher müssen diese Arbeiten durch theoretische Überlegungen und Untersuchungen unterstützt werden. Auch auf theoretischem Gebiet bietet das B-ISDN somit eine Fülle gänzlich neuartiger, reizvoller und schwieriger Probleme. Bei der Lösung dieser Aufgaben wird die Industrie von Hochschulen unterstützt, die Grundlagenforschung für die Bewältigung der Leistungsprobleme der ATM-Technik ausführen. Die in der Industrie beschäftigten B-ISDN-Entwickler stehen auch in engem Kontakt mit den Arbeitsgremien, die beim CCITT die Netzqualitätsanforderungen formulieren. So wird versucht, auf der Basis des gemeinsamen Erfahrungsaustauschs für das B-ISDN die

Leistungsanforderungen so zu formulieren daß sie für die Systemhersteller und -betreiber handhabbar sind, und daß mit ihrer Hilfe die künftigen Benutzer des B-ISDN optimale Dienstqualität erhalten.

Literatur:

[Bock90]:   P.Bocker: ISDN. Das diensteintegrierende digitale Nachrichtennetz.
Springer Verlag, 3. neu bearbeitete Auflage, 1990

[CCITT]:   CCITT: Blaues Buch. Sammlung der Empfehlungen, die durch die IX. CCITT-Vollversammlung 1988 verabschiedet wurden.

[Fren89]:   K.J.Frensch: ISDN - Start in eine neue Kommunikationsära
Telcom Report 12 (1989) H.1-2, S.5-9

[Gosz91]:   G. Gosztony: CCITT Work in Teletraffic Engineering
IEEE Journal on Selected Areas in Communic., Vol. 9 (1991) 2, S.131 -134.

[Gril91]:   D. Grillo, A. Lewis, R. Pandya, M. Villen-Altamirano: CCITT E.700 Recommendation Series - A Framework for Traffic Engineering of ISDN
IEEE Journal on Selected Areas in Communications, Vol.9 (1991) 2

[Händ91]:   R. Händel, M. Huber: Integrated Broadband Networks. An Introduction to ATM-Based Networks
Erscheint 1991 bei Addison-Wesley Publishers Limited

[Hou89]:   T.-C. Hou, D.M. Lucatoni: Buffer Sizing for Synchronous Self-Routeing Broadband Packet Switches with Bursty Traffic
Int. Journ. of Digital and Analog Cabled Systems, Vol. 2(1989), S. 253-260.

[ITG]:   ITG Fachausschuß 1.2 "Vermittlungstechnik": Entwurf einer ITG-Empfehlung "Qualitätsmerkmale im ISDN"
Erscheint demnächst in der Nachrichtentechnischen Zeitschrift.

[Wies90]:   G.Wiest: Mehr Intelligenz und Flexibilität für Kommunikationsnetze,
Telcom Report 13 (1990) H.5-6, S.174-177

Cell Loss Probabilities in a Statistical Multiplexer in an ATM Network [1]

C. Blondia

O. Casals

Philips Research Laboratory
Belgium
Av. Albert Einstein, 4
B-1348 Louvain-la-Neuve - Belgium

Universitat Politecnica de Catalunya
Computer Architecture Department
c/ Sor Eulalia de Anzizu, D4
E-08034 Barcelona - Spain

Abstract

In this paper we evaluate the loss probability of cells generated by a burst/silence source which is mixed with a superposition of M independent identical burst/silence traffic streams in a statistical multiplexer with a finite buffer capacity. The model incorporates the main stochastic characteristics of the system, namely the periodicity of an active source and the modulation effect produced by the alternation between active and silent periods of each source. The resulting queueing system is a discrete-time Markov chain and the queue length distribution seen by an arriving cell of the tagged source is evaluated. The loss probability of a string of consecutive cells of this source is computed, together with the conditional loss probability of such a string, given that the first cell was lost. Numerical results show that, although the tagged source has a small single cell loss probability, it may experience a high conditional loss of a string of consecutive cells, and hence may suffer from a quality of service degradation. The impact of the buffer size of the multiplexer, the burst length of sources and the load of the system on this conditional loss probability is studied.

Keywords : *ATM, Statistical Multiplexing, Loss Probabilities, Quality of Service.*

---

[1]This work was supported in part by the Commission of the European Communities, under project RACE R1022 (Research and Development on Advanced Communications in Europe) on ATD Techniques.

1 Introduction

Future broadband ISDN networks must be capable of offering a large variety of services, such as telephony, video conferencing, data communication, etc... These services give rise to different traffic streams in the network, each having its specific characteristics and its own quality of service requirements. In order to dimension the resources of the network and to make decisions on switch design, connection acceptance control, policing functions, bandwidth allocation strategies, etc., it is necessary to have a stochastic model for these streams, which can be used to compute for each service those performance measures which accurately characterize its required grade of service (see [10]).

A look at the existing literature (e.g. [2], [4], [5], [9], [12], [13], [14]...), reveals that most studies of statistical multiplexers aim at evaluating the queue length distribution, the cell loss probability and the delay seen by an arbitrary cell of the total offered traffic stream. However, in order to cope with the specific performance constraints of the different types of services, there is a need for models which permit the computation of performance measures (loss probability, delay jitter,...) from the point of view of the cells from a particular tagged connection. The evaluation of these performance measures is needed to ensure the required level of quality of service for that connection, when mixed with other types of traffic streams. In [1], Brown and Simonian study the perturbation of initial synchronicity of a given traffic flow due to the disruptive effect of other traffic streams, which are modeled as a single renewal stream. Ott, [8], studies a single server system whose input consists of two independent stochastic processes, one of which is Poisson and the other a general renewal process. Special attention is paid to the case where the renewal process is deterministic. In this paper we focus on the probability that cells of a tagged burst/silence source, which is mixed with a superposition of other burst/silence sources in a multiplexer, are lost due to buffer overflow.

Ramaswami shows in [10], that in some cases the loss probability of a single cell might be insufficient as an indicator of performance for cell loss. Indeed, his simulations show that, even if the cell loss rate of the superposition is small, some sources may experience the loss of a string of consecutive cells and hence suffer from a quality of service degradation. Therefore, there should be grade of service criteria available with respect to the pattern of cell losses that is acceptable for each service. Appropriate models for multiplexers are needed permitting the evaluation of the probability of occurance of these loss patterns.

This motivated us to study the following model for a statistical multiplexer. We consider a single server queueing system with finite buffer capacity and whose input consists of a superposition of $M + 1$ burst/silence sources of which we tag one source. We derive the queue length seen by an arriving cell of the tagged source using a similar Markov chain approach as in [14] . From this we compute the loss probability of a string of consecutive cells of the tagged source and the conditional probability that such a string is lost given that the first cell of that string is lost. These performance measures can then be used as measure for the duration of congestion, seen from a tagged source. The accuracy of the proposed method is validated through a comparison of our results with simulations. Numerical examples show that, although a small single cell loss probability experienced by the tagged source, the conditional probability that this tagged source loses a second cell or even a string of consecutive cells, given that the first cell was lost, may be important, even under relatively low load conditions. The impact of the buffer size of the multiplexer, the burst length of sources and the load of the system on this conditional loss probability is studied.

The paper is organized as follows. Section 2 describes the models for the sources and the multiplexer and in Section 3 the main performance measures of the system are derived (the mathematical details are given in the Appendix). In Section 4, numerical examples are given and the accuracy of the approximations are checked through comparison of our results with simulations. Conclusions are given in Section 5.

2 The Model

2.1 The Source Models

We consider $M+1$ independent identical burst/silence sources, of which we tag one, which are to be multiplexed over a common link of capacity C cells/sec. The time needed to transmit a cell is given by $1/C$ and is called a time slot. The aim is to compute the distribution of the number of cells seen by an arriving cell of the tagged source. From this we derive the probability that a string of consecutive cells of the tagged source is lost and the conditional probability that such a string is lost, given that the first cell of this string is lost.

Each of the $M+1$ burst/silence sources alternates between an active period and a silent period. During the active period cells are generated every T seconds (or every d time slots, where $d = T\,C$). Such an interval of T seconds is called a cycle. We assume that the M burst/silence sources (except the tagged source) have exponentially distributed active periods, with mean length $1/\lambda$, and exponentially distributed silence periods with mean length $1/\mu$. Assuming that a source can make at most one transition during a cycle, we have that the probability that an active, resp. silent, source becomes silent, resp. active, at the end of a cycle, is given by

$$p_{10} = 1 - e^{-\lambda T}, \quad \text{resp.} \quad p_{01} = 1 - e^{-\mu T}.$$

For reasons of analytical tractability, we model the tagged source slightly different. We assume that the interarrival time between consecutive arrivals during an active period is T sec or d time slots (as for the M other sources), but that the duration of a silent period is a multiple of d time slots. The transition probability from active, resp. silent, to silent, resp. active, is still given by p_{10}, resp. p_{01}. Furthermore, we assume that each source can make at most one transition during a cycle.

2.2 The Queueing Model

We consider a finite capacity queue with N waiting places (not including the server), a deterministic service time of length $1/C$, i.e. one time slot. At the beginning of a time slot the first cell in the queue (if present) is transmitted and the number of available places in the queue is increased by one. The input process consists of a superposition of $M + 1$ burst/silence sources. These sources are modeled as described in the previous paragraph. The resulting process has two characteristics : it has a periodical character due to the deterministic character of the arrival process of a single active source and it is modulated by the number of active sources. In order to avoid a very large state space describing in detail the behavior of this system (see [5]), we simplify the model in the following way.

In what follows we divide the time in *cycles*, where a cycle is defined as a time interval consisting of d time slots, beginning with a time slot in which a possible arrival of a cell of our tagged source (when active) may occur. Remark that the assumption made for our tagged source model ensures the fact that possible cell arrivals of the tagged cell can only occur in the first slot of a cycle, even after a silent period. During such a cycle at most d cells can leave the system.

Observe the system at time instants t_n, where t_n is the start instant of the n-th cycle right before the first cell in the queue (if present) is served (hence, $t_{n+1} - t_n = T$). Let $\bar{s}_n = (b_n, i_n, j_n, a_n)$ be the system state at the beginning of the n-th observation cycle, whereby

$b_n =$ the queue length at the beginning of the n-th cycle, $0 \leq b_n \leq N$,

$i_n =$ the number of active sources of the M burst/silence sources which generate their cell in the first slot of the cycle, $0 \leq i_n \leq M$.

$j_n =$ the number of active sources of the M burst/silence sources which generate their cell in the $d - 1$ remaining slots of the cycle, $0 \leq j_n \leq M - i_n$,

$a_n =$ the state of the tagged source, $a_n = 1$ if active, $a_n = 0$ if silent.

Note that when $a_n = 1$, then the number of cells generated in the first slot of the n-th cycle is $i_n + 1$.

We assume that the arrival instants of the cells generated by the j_n active sources are uniformly distributed within the $d - 1$ slots of the n-th cycle. By modeling the system in this way, we take into account the modulated character of the superposition of the input process and also the periodical character of the process at the time slots where the tagged source generates a cell. The periodicity during the $d-1$ remaining slots is, in view of the assumption made above, ignored.

We obtain a discrete-time Markov chain with state space

$$S = \{0,1,...,N\} \times \{0,1,...,M\} \times \{0,1,...,M\} \times \{0,1\}.$$

The state (b,i,j,a) is denoted by $\bar{s}$. The equilibrium state probabilities are denoted by

$$\pi_{\bar{s}} = \lim_{n\to\infty} \text{Prob}\,\{\bar{s}_n = \bar{s}\},$$

and the transition probabilities

$$p_{\bar{s}_1,\bar{s}_2} = \text{Prob}\,\{\bar{s}_{n+1} = \bar{s}_2 \mid \bar{s}_n = \bar{s}_1\}.$$

A detailed computation of the transition probabilities of this Markov chain is given in the Appendix. Denote by π_a the probability that the tagged source is active at an arbitrary observation instant. Then

$$\pi_a = \sum_{i=0}^{M}\sum_{j=0}^{M-i}\sum_{b=0}^{N} \pi_{b,i,j,1} = \frac{p_{01}}{p_{10}+p_{01}}.$$

3 System Performance Measures

Once we have obtained the equilibrium state probabilities $\pi_{\bar{s}}$, we can evaluate a number of important performance measures of the system.

3.1 Queue Length Distribution

The probability that at the beginning of a cycle there are b cells in the queue is given by

$$y_b = \sum_{i=0}^{M}\sum_{j=0}^{M-i}\sum_{a=0}^{1} \pi_{b,i,j,a}, \quad 0 \le b \le N.$$

In order to compute the probability distribution of the number of cells in the system when a cell of the tagged source arrives at the queue we need the following supplementary assumption. We assume that a cell of the tagged source is placed uniformly among the cells of the superposition which arrive during the same slot.

First suppose that the queue is empty at the observation instant. Then the probability of having n cells, $0 \le n \le N-1$, placed before our tagged cell in the queue is given by $\sum_{i=n}^{M}\sum_{j=0}^{M-i} [1/(i+1)]\,\pi_{0,i,j,1}$.

When the system contains b cells, $1 \le b \le n+1$, upon the observation instant, then using the fact that the tagged cell is placed uniformly among the cells of the superposition, then the probability of having n cells, $0 \le n \le N-1$, placed before our tagged cell in the queue

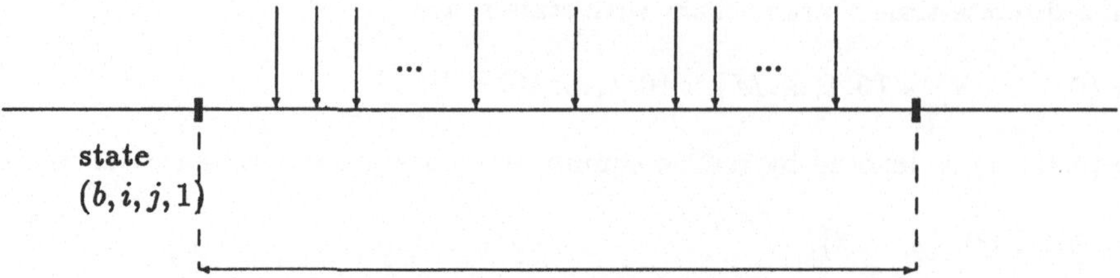

time slot with an arrival of the tagged source

Figure 1: Computation of z_n, $0 \leq n \leq N$

is given by $\sum_{i=n-b+1}^{M} \sum_{j=0}^{M-i} [1/(i+1)]\, \pi_{b,i,j,1}$.

Conditioning on the fact that the tagged source is active, we obtain for the probability that there are n cells waiting in the queue when the cell of our tagged source arrives

$$z_n = \frac{1}{\pi_a} \{ \sum_{i=n}^{M} \sum_{j=0}^{M-i} [1/(i+1)]\, \pi_{0,i,j,1} + \sum_{b=1}^{n+1} \sum_{i=n-b+1}^{M} \sum_{j=0}^{M-i} [1/(i+1)]\, \pi_{b,i,j,1} \}.$$

A similar reasoning holds for the probability that the tagged cell sees a full queue upon arrival :

$$z_N = \frac{1}{\pi_a} \sum_{b=0}^{N} \sum_{i=N-b+1}^{M} \sum_{j=0}^{M-i} \frac{i - N + (b-1)^+ + 1}{i+1}\, \pi_{b,i,j,1} = 1 - \sum_{n=0}^{N-1} z_n.$$

3.2 Loss Probabilities of a Single Cell

First we derive a formula for the global loss probability in this queueing system. Given the state of the system at the beginning of a cycle, $\bar{s} = (b, i, j, a)$ it is possible to derive the average number of cells that will be lost during this cycle in the following way.

(i) The number of cells lost during the first slot of the cycle, is given by

$\beta_1(\bar{s}) = \max \{0, (b-1)^+ + i + a - N\}$

(ii) The number of cells lost during the remaining $d - 1$ slots of the cycle is denoted by $\beta_2(\bar{s})$ and will be computed in the Appendix.

The average number of total cell losses during a cycle when the system was in state $\bar{s}$ at the start of this cycle is $\beta(\bar{s}) = \beta_1(\bar{s}) + \beta_2(\bar{s})$. Then the expected number of cells lost per cycle is given by $\sum_{\bar{s} \in S} \beta(\bar{s})\, \pi_{\bar{s}}$. The expected number of arriving cells during a cycle is obtained from $\sum_{\bar{s} \in S} (i + j + a)\, \pi_{\bar{s}}$, so that the global loss probability is given by

$$P_{loss} = [\sum_{\bar{s} \in S} \beta(\bar{s})\, \pi_{\bar{s}}] / [\sum_{\bar{s} \in S} (i + j + a)\, \pi_{\bar{s}}]$$

The probability that an arriving cell of our tagged cell is lost is clearly given by

$$P_l^{(1)} = z_N$$

3.3 Loss Probabilities of a String of Cells

In [10], Ramaswami argues that even if the overall cell loss rate of a superposition of burst/silence sources is small, certain sources may experience an important number of consecutive cell losses. His simulations reveal that there is a large conditional probability that a source will lose a whole string of consecutive cells, given that a cell is already lost. As such situations are undesirable in an ATM network, an evaluation of the overall cell loss probability might be inadequate to predict the required grade of service for a specific service. In what follows, we derive formulas which enable us to compute the conditional probability that in an active period our tagged source loses a string of cells, given that the first cell of the string was lost.

For notational convenience, we introduce the following subset of the state space :

$$S_l = \{\bar{s} = (b, i, j, 1) \mid 0 \leq b \leq N,\ N - (b-1)^+ \leq i \leq M,\ 0 \leq j \leq M - i\}.$$

Denote $P_l^{(k)}$ the probability that our tagged source loses at least k consecutive cells and let $P_{cl}^{(k)}$ be the conditional probability of at least k consecutive losses, given that the first cell was lost. Then for $k \geq 2$, we have

$$P_l^{(k)} = \frac{1}{\pi_a} \sum_{\bar{s}_0 \in S_l} \cdots \sum_{\bar{s}_{k-1} \in S_l} \pi_{\bar{s}_0} [\prod_{l=0}^{k-1} \frac{i_l - N + (b_l - 1)^+ + 1}{i_l + 1}] [\prod_{l=1}^{k-1} p_{\bar{s}_{l-1}\bar{s}_l}].$$

The conditional probability is then given by

$$P_{cl}^{(k)} = P_l^{(k)} / P_l^{(1)}.$$

4 Accuracy Check and Numerical Examples

In this Section we apply the previous results to evaluate the performance of a statistical multiplexer, whose input consists of $M + 1$ burst/silence sources (e.g. voice sources) which generate cells at fixed intervals of $T = 6.6$ ms during the active period. We consider three different types according to the burst/silence length. In case of voice sources, these lengths depend on the threshold used for silence detection.

$$
\begin{aligned}
Type\ 1: \quad & \lambda^{-1} = 110 \text{ ms} \quad \mu^{-1} = 190 \text{ ms} \\
Type\ 2: \quad & \lambda^{-1} = 220 \text{ ms} \quad \mu^{-1} = 380 \text{ ms} \\
Type\ 3: \quad & \lambda^{-1} = 330 \text{ ms} \quad \mu^{-1} = 570 \text{ ms}
\end{aligned}
$$

The sources are multiplexed on a link of capacity $C = 453$ cells/sec (hence $d = 3$).
The examples are also used to check the accuracy of the approximations, by comparison with simulation results.

1. *Single cell loss vs. Buffer size and burst length*

In this first example we investigate the cell loss probability of a tagged source for variable buffer size. Moreover we illustrate the sensitivity of these results with respect to the burst characteristics by making the burst/silence length variable.

Consider the superposition of 5 sources of type i, i=1,2,3. We tag a source and compute the loss probability of a cell of this tagged source for variable buffer capacity N. From the Figure, we see that the longer the burst length is, the higher the loss probability is. This is due to the fact that in this case the burst level statistics play an important role. Indeed, in case of a small buffer size, the cell loss probability is mainly determined by the short term variations on cell level (and in this case the system behaves as the M/D/1/N queue), whereas for larger buffer sizes the long term variations, due to the burst characteristics, become dominant. These burst level characteristics lead to longer queue lengths.

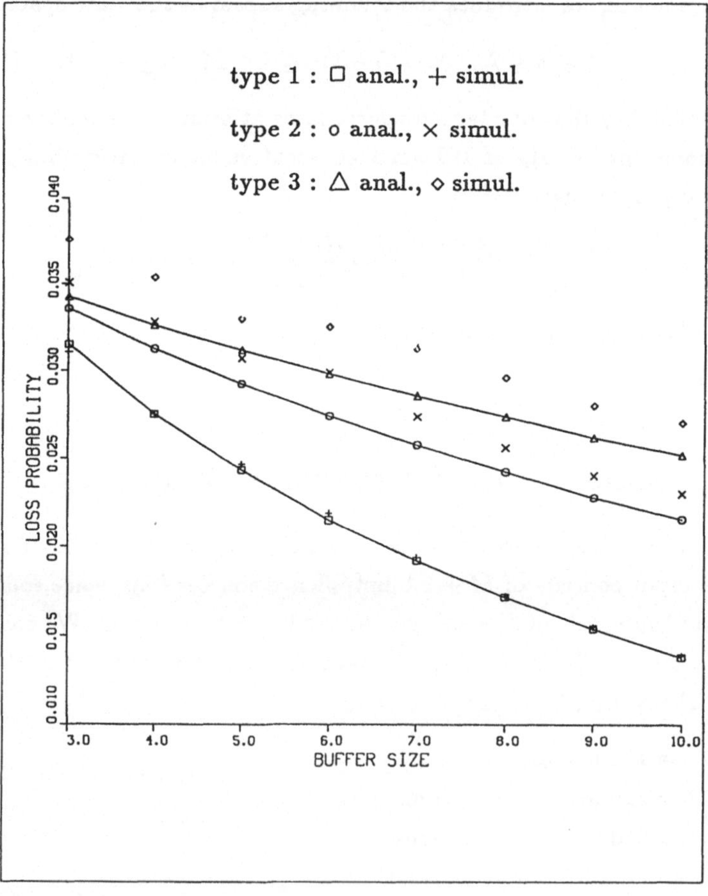

This typical behavior was also observed in [5], for the global cell loss probability.
From Figure 1 we also observe that the proposed analytical method yields a very good approximation accuracy.

2. *Conditional Cell Loss vs. Buffer Size*

Consider 5 sources of type 1. We compute the probability of losing at least k consecutive cells, together with the conditional probability of losing at least k consecutive cells, given that the first cell is lost.

	N=4		N=5		N=6	
	analytical	simulation	analytical	simulation	analytical	simulation
$P_l^{(1)}$	0.0276	0.0276	0.0243	0.0247	0.0216	0.0203
$P_l^{(2)}$	0.0082	0.0064	0.0073	0.0057	0.0066	0.0051
$P_l^{(3)}$	0.0026	0.0026	0.0023	0.0024	0.0021	0.0021
$P_l^{(4)}$	0.0008	0.0011	0.0008	0.0009	0.0007	0.0008
$P_{cl}^{(2)}$	0.2979	0.2315	0.3009	0.2314	0.3036	0.2532
$P_{cl}^{(3)}$	0.0931	0.0956	0.0951	0.0955	0.0967	0.1042
$P_{cl}^{(4)}$	0.0306	0.0394	0.0327	0.0392	0.0323	0.0412

Table : Conditional cell loss vs. Buffer size

From the results we see that although the single cell loss probability is relatively small, the conditional probability of losing at least k consecutive cells, $k \geq 2$, given that the first is lost, is very high. This can partly be explained by the presence of the periodicity in the arrival process. Indeed, when a cell of the tagged source encounters a full buffer, then it is very likely that the next cell which arrives T msec later will also encounter a full buffer (see also [10] and [11]). This is in agreement with Latouche [7], who shows that although the periodicity is broken up due to terminations and starts of talkspurts, the time to re-establish the periodicity is very short. This time needed to re-establish the periodicity depends on the burst length of the sources (see next example). The above table also shows that this problem is not solved by adding additional buffer capacity. Indeed, increasing the buffer size, decreases the probability of losing a string of at least k, ($k \geq 1$), cells, but it worsens the probability of losing a string of at least k, ($k \geq 2$), cells, given that the first cell of this string is lost. This observation is completely in accordance with the simulation results of [10].

3. *Conditional Cell Loss vs. Burst Length*

In this example we consider 5 sources of type i, i=1,2,3, and investigate the conditional loss probability for this different types. The buffer size is given by $N = 4$.

	Type 1		Type 2		Type 3	
	analytical	simulation	analytical	simulation	analytical	simulation
$P_l^{(1)}$	0.0276	0.0275	0.0312	0.0326	0.0326	0.0344
$P_l^{(2)}$	0.0082	0.0064	0.0102	0.0077	0.0109	0.0081
$P_l^{(3)}$	0.0026	0.0026	0.0035	0.0034	0.0038	0.0036
$P_l^{(4)}$	0.0008	0.0011	0.0012	0.0015	0.0014	0.0016
$P_{cl}^{(2)}$	0.2979	0.2315	0.3255	0.2358	0.3355	0.2357
$P_{cl}^{(3)}$	0.0936	0.0957	0.1107	0.1045	0.1173	0.1056
$P_{cl}^{(4)}$	0.0306	0.0394	0.0396	0.0459	0.0431	0.0461

Table : Conditional cell loss vs. Burst length

From the results we see that both the loss probabilities and conditional loss probabilities become more important when the sources have longer burst length. Indeed, the longer the burst length, the more the periodical character of the cell generation process of the sources is important, and hence the increase of the conditional loss probability.

4. *Conditional Cell Loss vs. Load*

In this example we investigate the conditional cell loss under different total load conditions, by letting the number of sources vary. We consider $M + 1$ sources of type 1, for different values of M, with $N = 4$.

	M=4		M=5		M=6	
	analytical	simulation	analytical	simulation	analytical	simulation
$P_l^{(1)}$	0.0276	0.0276	0.0588	0.0614	0.0986	0.1059
$P_l^{(2)}$	0.0082	0.0064	0.0194	0.0145	0.0354	0.0253
$P_l^{(3)}$	0.0026	0.0026	0.0069	0.0063	0.0137	0.0150
$P_l^{(4)}$	0.0008	0.0011	0.0026	0.0027	0.0056	0.0054
$P_{cl}^{(2)}$	0.2979	0.2315	0.3305	0.2361	0.3593	0.02393
$P_{cl}^{(3)}$	0.0932	0.0957	0.1165	0.1020	0.1385	0.1418
$P_{cl}^{(4)}$	0.0306	0.0394	0.0439	0.0444	0.0567	0.0512

Table : Conditional cell loss vs. Load

The results show that the conditional loss probabilities are less affected by the total load (determined here by the number of sources M) of the system, than the loss probabilities are. Hence the effect of losing a string of consecutive cells is present, even under relatively low load conditions.

5. *Conditional Cell Loss vs. System Capacity*

The previous examples consider multiplexer with a rather limited capacity. In this example, based on simulation results, we show that the importance of the conditional loss probability remains in more realistic examples. We consider a multiplexer of capacity C cells/sec whose input consists of $M+1$ sources of type 1 (variable C and M) such that the total load remains constant (N=4).

	$C = 1395, M = 19$	$C = 2718, M = 39$	$C = 4077, M = 59$
$P_l^{(1)}$	0.0394	0.0262	0.0020
$P_l^{(2)}$	0.0092	0.0059	0.0004
$P_l^{(3)}$	0.0039	0.0027	0.0002
$P_l^{(4)}$	0.0017	0.0013	0.0001
$P_{cl}^{(2)}$	0.2339	0.2263	0.2069
$P_{cl}^{(3)}$	0.1002	0.1015	0.0591
$P_{cl}^{(4)}$	0.0434	0.0478	0.0197

Table : Conditional cell loss vs. System capacity

5 Conclusions

We have evaluated the loss probability of cells of a burst/silence tagged source which is mixed with a superposition of a number of identical independent burst/silence sources into a statistical multiplexer with a buffer of finite capacity. Our aim is to define and to compute a performance measure which expresses the congestion seen by the tagged source. Therefore we have derived a formula to calculate the probability of losing a string of two or more consecutive cells of the tagged source, together with the conditional probability of losing this string, given that the first cell of the string was lost. Comparison with simulation results shows the good approximation accuracy of the method. From the numerical examples we can draw the following conclusions.

(1) Although the single cell loss probability of the tagged source is small, the conditional probability that the tagged source loses a second cell or even a string of consecutive cells given that the first cell was lost, may be important, even under relatively low load conditions.

(2) When the buffer size is increased, the loss probability of losing a string of cells decreases, but the effect of the conditional loss probability of a string of cells on the contrary increases.

(3) In case of a small buffer size, the single cell loss probability is mainly determined by the short term variations on cell level, whereas for larger buffer size the long term variations, due to the burst characteristics, are dominant.

(4) Both the loss probability and conditional loss probability of losing a string of consecutive cells increases when the burst length of the sources increases.

This study shows the need to identify for each service specific grade of service criteria, such as the pattern of cell losses that is acceptable. The performance measures corresponding to these criteria can then be used, together with other indicators of performance, to make decisions on switch design, call acceptance and bandwidth allocation strategies, etc... and to dimension the resources in the network. The following topics need to be elaborated, and are therefore subjects for further research.

(1) Similar performance measures should be evaluated for more complex variable bit rate sources than the simple burst/silence model, such as for compressed full motion video sources. The impact of the correlation structure of these sources on conditional loss probabilities should be investigated.

(2) Non-homogeneous superpositions, i.e. superpositions of sources with different characteristics, should be considered also.

(3) In this paper, we have considered a very simple position-based discarding scheme, namely cell arriving at the full buffer are dropped. This leads to high conditional loss probabilities. In order to guarantee the required grade of service, more sophisticated cell discarding schemes than this simple position-based scheme, have to be implemented (see e.g. [11]).

Appendix

Computation of the Transition Probabilities

First note that the changes in the queue length do not affect the numbers (i, j) of active sources and the state a of the tagged source. Hence, the transitions from state (i_1, j_1) to state (i_2, j_2) and from a_1 to a_2, may be computed independently from the queue length b_1. Let us first compute the transition probability from state (i_1, j_1) to state (i_2, j_2). Suppose that of the i_1 active sources which generate their cell in the first slot, k sources become silent; then clearly $(i_1 - i_2)^+ \leq k \leq \min(i_1, M - i_2 - j_1)$ (1) with probability $\psi(k, i_1) = C_k^{i_1} \, p_{10}^k \, (1 - p_{10})^{i_1 - k}$. Now suppose that of the j_1 active sources that generate their cell in the remaining $d - 1$ slots, l become silent, then $(j_1 - j_2)^+ \leq l \leq \min(j_1, M - i_1 - j_2)$ (2), and $k + l \leq M - (i_2 + j_2)$, (3) with probability $\psi(l, j_1)$. In order to obtain state (i_2, j_2), of the $M - (i_1 + j_1)$ silent sources, $i_2 + j_2 - i_1 - j_1 + k + l$ must become active, of which $i_2 - i_1 + k$ generate their cell in the first slot and $j_2 - j_1 + l$ in the remaining $d - 1$ slots. The corresponding probability is given by

$$\varphi_{i_1, i_2, j_1, j_2, k, l} = C_{i_2 + j_2 - i_1 - j_1 + k + l}^{M - (i_1 + j_1)} \, p_{01}^{i_2 + j_2 - i_1 - j_1 + k + l} (1 - p_{01})^{M - i_2 - j_2 - k - l}$$

$$C_{i_2 - i_1 + k}^{i_2 + j_2 - i_1 - j_1 + k + l} \, (1/d)^{i_2 - i_1 + k} \, (1 - 1/d)^{j_2 - j_1 + l}.$$

Hence, we finally obtain for the transition probability from state (i_1, j_1) to state (i_2, j_2)

$$\Phi_{(i_1, j_1),(i_2, j_2)} = \sum_k \sum_l \psi(k, i_1) \, \psi(l, j_1) \, \varphi_{i_1, i_2, j_1, j_2, k, l},$$

where the sums are taken for values of k and l satisfying Equations (1), (2)and (3). The transition probabilities for the active/silent state of the tagged source are denoted by Υ_{a_1,a_2}. The values are $\Upsilon_{1,0} = p_{10}$, $\Upsilon_{1,1} = 1 - p_{10}$ $\Upsilon_{0,1} = p_{01}$, $\Upsilon_{0,0} = 1 - p_{01}$.

In order to compute the queue length at the end of a cycle, given the state (b_1, i_1, j_1, a_1) at the beginning, we follow a similar reasoning as Yuan and Silvester in [14].

Let v_1 be the number of cells present just before the beginning of the second slot. Clearly, $v_1 = \min\left(N, (b_1 - 1)^+ + i_1 + a_1\right)$. According to [14], we consider four cases to compute $p_{\bar{s}_1,\bar{s}_2}$.

1. *Case 1* : $v_1 \geq d - 1$ and $j_1 \leq N - v_1 + 1$.

$$p_{\bar{s}_1,\bar{s}_2} = \Phi_{(i_1,j_1),(i_2,j_2)} \Upsilon_{a_1,a_2}, \quad b_2 = v_1 - d + 1 + j_1,$$

$$= 0, \quad \text{otherwise.}$$

2. *Case 2* : $v_1 < d - 1$ and $j_1 \leq N - v_1 + 1$.

$$p_{\bar{s}_1,\bar{s}_2} = \Phi_{(i_1,j_1),(i_2,j_2)} \Upsilon_{a_1,a_2} \Psi_{\mathcal{R}}(j_1 - b_2), \quad (j_1 + v_1 - r - d + 1)^+ \leq b_2 \leq j_1,$$

$$= 0, \quad \text{otherwise,}$$

where $\Psi_{\mathcal{R}}(.)$ is the distribution of the number of arrivals during the $d - 1$ remaining slots of the cycle which can be served during this cycle (for an expression, we refer to [14]).

3. *Case 3* : $v_1 \geq d - 1$ and $j_1 > N - v_1 + 1$.
In this case the transition probability is given by

$$p_{\bar{s}_1,\bar{s}_2} = \Phi_{(i_1,j_1),(i_2,j_2)} \Upsilon_{a_1,a_2} \Psi_{\mathcal{D}}(j_1 + v_1 - d + 1 - b_2),$$

$$N + 1 - d + 1 \leq b_2 \leq \min\left\{j_1 + v_1 - d + 1, N\right\},$$

$$= 0, \quad \text{otherwise,}$$

where $\Psi_{\mathcal{D}}(.)$ is the distribution of the number of cells that are lost during the $d - 1$ remaining slots of the cycle, under the conditions mentioned above (for an expression, we refer to [14]).

4. *Case 4* : $v_1 < d - 1$ and $j_1 > N - v_1 + 1$.

$$p_{\bar{s}_1,\bar{s}_2} = \Phi_{(i_1,j_1),(i_2,j_2)} \Upsilon_{a_1,a_2} \sum_{r\in\mathcal{R}}\sum_{l\in\mathcal{D}} \Psi_{\mathcal{R},\mathcal{D}}(r,l), \quad b_2 = v_1 + j_1 - (d - 1 + r + l),$$

$$0 \le r \le \min \{d - 1 - v_1, j_1\} \text{ and } (j_1 - r - N)^+ \le l \le j_1 - r,$$

$$= 0, \quad \text{otherwise.}$$

As case 4 is a combination of cases 2 and 3, we have that the distribution $\Psi_{\mathcal{R},\mathcal{D}}(.,.)$ of the random variables r and d can be computed by means of $\Psi_{\mathcal{R}}(.)$ and $\Psi_{\mathcal{D}}(.)$ (see [14]).

Computation of $\beta_2(\bar{s})$.

In order to compute $\beta_2(\bar{s})$, we consider case 3 and case 4 in the computation of the transition probabilities above, since these are the cases in which losses may occur.

If $\bar{s}$ is such that $v_1 \ge d-1$ and $j_1 > N-(v_1-1)^+$, then l cells are lost with probability $\Psi_{\mathcal{D}}(l)$.

If $\bar{s}$ is such that $v_1 < d - 1$ and $j_1 > N - (v_1 - 1)^+$, then l cells are lost with probability $\sum_{r \in \mathcal{R}} \Psi_{\mathcal{R},\mathcal{D}}(r,l)$. Hence,

$$\sum \beta_2(\bar{s}) \, \pi_{\bar{s}} = \sum_l l \, \Psi_{\mathcal{D}}(l) \, \text{Prob} \{ v_1 \ge d-1 \text{ and } j_1 > N - (v_1 - 1)^+ \}$$

$$+ \sum_l \sum_{r \in \mathcal{R}} l \, \Psi_{\mathcal{R},\mathcal{D}}(r,l) \, \text{Prob} \{ v_1 < d-1 \text{ and } j_1 > N - (v_1 - 1)^+ \}.$$

References

[1] P. Brown and A. Simonian, *Perturbation of a periodic flow in a synchronous server*, In : Proc. Performance '87, Brussels, P.-J. Courtois and G. Latouche, Eds., North-Holland, 1988, pp. 89-112

[2] J.N. Daigle and J.D. Langford, *Models for analysis of packet voice communications systems*, IEEE J. Select. Areas Commun., Vol. SAC-4, No 6, September 1986, pp. 926-937

[3] A. Gravey, *Temps d'attente et nombre de clients dans une file nD/D/1*, Ann. Inst. Henri Poincaré, Probabilités et Statistiques, Vol. 20, No 1, 1984, pp. 53-73

[4] H. Heffes and D.M. Lucantoni, *A Markov modulated characterization of packetized voice and data traffic and related statistical multiplexer performance*, IEEE J. Select. Areas Commun., Vol. SAC-4, No 6, September 1986, pp. 856-868

[5] H. Kröner, *Statistical multiplexing of sporadic sources - Exact and approximate performance analysis*, paper to be presented at the 13-th ITC, Copenhagen, June 1991

[6] H. Kröner, T. Theimer, and U. Briem, *Queueing Models for ATM Systems - A Comparison*, Proceedings of the 7th ITC Specialist Seminar, Morristown, USA, 1990

[7] G. Latouche, *A study of deterministic cycles in packet queues subject ot periodic traffic*, Technical Report T.R.89/1, October 1989

[8] T.J. Ott, *The single server queue with independent GI/G and M/G input streams*, Adv. Appl. Prob., Vol. 19, 1987, pp. 266-286

[9] V. Ramaswami and G. Latouche, *Modeling packet arrivals from asynchronous input lines*,Proceedings of the ITC 12, 1988, Paper 3.1B.3

[10] V. Ramaswami, *Traffic performance modeling for packet communication whence, where and whither*, Keynote Adress, Third Australian Teletraffic Seminar, November, 1988

[11] V. Ramaswami and W. Willinger, *Efficient traffic performance strategies for packet multiplexers*, ITC Specialist Seminar, Adelaide, September 1989

[12] K. Sriram and W. Whitt, *Characterizing superposition arrival processes in packet multiplexers for voice and data*, IEEE J. Select. Areas Commun., Vol. SAC-4, No 6, September 1986, pp. 833-846

[13] Y.C. Yenq, *Approximation for voice traffic in statistical multiplexer*, Proc. IEEE INFOCOM, April 1984, pp. 256-259

[14] C. Yuan and J. Silvester, *Queueing analysis of delay constrained voice traffic in a packet switching system*, IEEE J. Select. Areas Commun., Vol. SAC-7, No 5, September 1989, pp. 729-738

Strukturelemente eines Systems zur Auswertung analytischer Formeln in der Datenverkehrstheorie

Norbert Niebert

Ericsson Eurolab Deutschland
Ericsson Allee 1
W-5120 Herzogenrath

Zusammenfassung

Analytische Modelle zur Berechnung von Leistungsgrößen in Kommunikations- oder Rechnersystemen, die auf den mathematischen Methoden der Datenverkehrstheorie basieren, stellen eine schnelle und allgemeine Möglichkeit zur Auswertung dar. Um einen einfachen Einsatz der oft komplexen Formeln zu ermöglichen, bedarf es eines Systems zur Unterstützung der numerischen Formelauswertung, grafischen Ergebnisdarstellung und Archivierung. Anforderungen an ein solches System werden in der vorliegenden Arbeit zusammengestellt, eine Systemstruktur daraus entwickelt und einige Aspekte der Implementierung erörtert. Das Konzept einer Formel- und Methodendatenbank für die Datenverkehrstheorie als Hintergrundspeicher wird vorgestellt. Auf die interaktive Modellierungssprache, die Datenstruktur zur Repräsentation von Formeln und Möglichkeiten zu deren zeitoptimierter Auswertung wird detaillierter eingegangen. Das vorgestellte Konzept wurde als Formelauswertesystem SCAFE- System for Computer Aided Formula Evaluation - realisiert und ist unter UNIX auf verschiedenen Rechnerplattformen einsatzfähig.

Schlüsselwörter

Analytische Leistungsbewertung, Computer-Algebra, Computer-Arithmetik, Objektorientierte Modellierung, Verteilte Anwendung.

1 Motivation und Standortbestimmung

Die Leistungsbewertung von Rechner– und Kommunikationssystemen kann durch stochastische Simulation oder analytische Berechnungsansätze sowie durch Kombinationen beider Verfahren erfolgen. Gerade für exakte oder approximative analytische Berechnungen existieren mittlerweile umfangreiche Methoden, die mit Hilfe verschiedener mathematischer Ansätze zu Mittelwertaussagen oder auch weiteren Kenngrößen der gesuchten Leistungsgrößen führen [4]. In der Praxis ist der Einsatz dieser analytischen Verfahren im konkreten Anwendungsfall jedoch schwierig, da die Modellierung, das Auffinden der Lösungsansätze, deren Implementierung und Parametrierung sowie die Aufbereitung der Ergebnisse eine komplexe Aufgabe darstellt.

Für stochastische Simulationen stehen andererseits umfangreiche Systeme zur Verfügung, die bei Modellierung und Auswertung Unterstützung anbieten, z. B. [10]. Auch gemischt analytisch-simulative Auswertesysteme mit zum Teil komfortablen Möglichkeiten der Modellbeschreibung sind vorhanden [2, 8]. Bei diesen sind jeweils Modellwelten vorgegeben und bestimmte Lösungsalgorithmen fest implementiert, auf die ein Anwender des Systems keinen Zugriff mehr hat. Dieses Vorgehen hat für die häufige Auswertung einer gewissen Klasse von Warteschlangennetzen sicher seine Berechtigung, erschwert jedoch Erweiterungen auf neue Problemstellungen und verbirgt die zugrundeliegenden mathematischen Ansätze.

---

[0]Die Arbeit entstand während der Assistentenzeit des Autors am Lehrstuhl Datenfernverarbeitung der RWTH Aachen, Kopernikusstr. 16, W-5100 Aachen

Um die vielfältigen Berechnungsansätze analytischer Methoden ausdrücken zu können, wird in den Mittelpunkt der Überlegungen zu einem System zur Unterstützung der Modellierung, Parametrierung, Auswertung und Ergebnisdarstellung die *mathematische Formel* gestellt. Mit Hilfe einer erweiterten Formelsyntax lassen sich nahezu alle Berechnungsverfahren einfach ausdrücken und implementieren. Über diese Formeleingabe hat ein Anwender dann den direkten Zugriff auf die Berechnung; eventuelle Vereinfachungen oder Spezialisierungen allgemeiner Modelle sind leicht möglich [11].

Der numerische Kern eines solchen Systems muß die benötigten mathematischen Konzepte beinhalten. Der stochastischen Natur der Leistungsgrößen entsprechend müssen numerische Integrationspakete z. B. nach [12], effiziente Auswertungen von Summen- und Produktfunktionen und Verfahren der linearen Algebra im Grundfunktionsumfang eines „calculators vorhanden sein.

Der hier vorgestellte Ansatz von SCAFE unterscheidet dieses Werkzeug von anderen Formelmanipulationssystemen wie Mathematica [15] hauptsächlich in folgenden Punkten:

- Es handelt sich um ein offenes, auf unterschiedlichen Ebenen erweiterbares System.

- Eine zeitoptimierte numerische Berechnung erlaubt auch die Lösung komplexerer Aufgabenstellungen. Der mögliche Einsatz verteilter Berechnung ist ein weiteres Element zur Beschleunigung der Formelauswertung.

- Die objektorientierte Modellierungssprache erlaubt die Eingabe von beispielsweise Wartenetzen mit Komponenten aus der Warteschlangentheorie. Zusätzlich besteht die Möglichkeit zur Visualisierung der topologischen Anordnung der Elemente, ihrer Verknüpfungen sowie ihrer speziellen Parameter.

- Eine integrierte Datenbank erlaubt einen schnellen und strukturierten Zugriff auf eine große Menge von Formeln.

Durch diese besonderen Eigenschaften wird es gleichzeitig speziell für die Problemstellungen in der Datenverkehrstheorie geeignet, was im folgenden noch im einzelnen erläutert wird.

Ein System zur computerunterstützten Auswertung von Ergebnisformeln für die Datenverkehrstheorie muß bausteinartig verschiedene Komponenten zur Verfügung stellen, wie sie im folgenden Abschnitt aufgeführt sind. Ein besonderes Augenmerk wird der Sprachkomponente in Abschnitt 3 gewidmet; über diese programmiert ein Anwender seine Modelle, veranlaßt die Auswertung und bedient allgemeine Systemfunktionen der Zustandsabfrage und -sicherung. Die Formel steht im Mittelpunkt der Strukturüberlegungen für ein solches System. Auf die Formelrepräsentation und der Ablauf bei der Formelauswertung wird ausführlicher in einem eigenen Abschnitt eingegangen. Anhand eines größeren Anwendungsbeispiels wird schließlich der Einsatz des Systems in der Modellierung und analytischen Auswertung von Warteraumproblemen dargestellt.

2 Elemente der Systemstruktur

Das gewünschte Verhalten eines Formelauswertesystems für die Datenverkehrstheorie läßt sich wie folgt zusammenfassen:

> Nach der Charakterisierung des Modells und der Definition der gewünschten Leistungsgröße soll das System die benötigten Formeln zur Verfügung stellen, die Parameter entgegennehmen und überprüfen, eine zeitoptimierte und numerisch kontrollierte Auswertung der Formeln durchführen und die Ergebnisse grafisch in Diagrammform darstellen.

Die Hauptanwendung für dieses System ist die Formelauswertung, die sinnvoll in mehrere Stufen aufgeteilt werden kann. Nach der syntaktischen Überprüfung und einer *symbolischen Vorverarbeitung* folgt die *numerische Berechnung*; darauf wird in Abschnitt 4 genauer eingegangen. Die *grafische Ergebnisdarstellung* dient der Visualisierung und mit erweiterten grafischen Komponenten der Dokumentation der Ergebnisse.

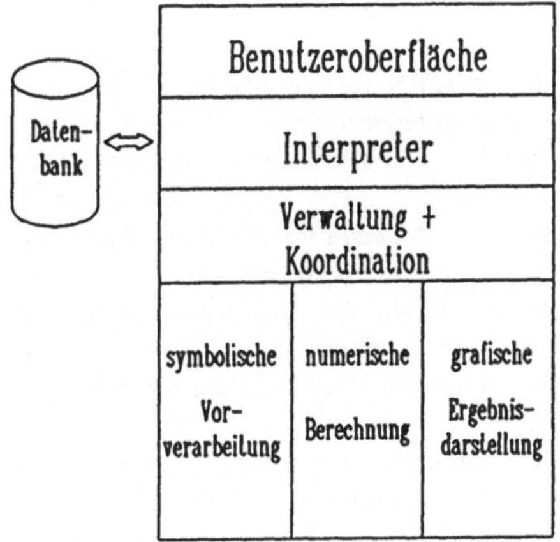

Diese Systemanforderungen führen zu einer in Abbildung 1 dargestellten Systemstruktur. Die *Benutzeroberfläche* sollte sich den gegebenen grafischen oder alphanumerischen Möglichkeiten anpassen. Sie bestimmt die Interaktionsart mit einem Anwender. Der *Interpreter* übernimmt die syntaktische Überprüfung und die Umsetzung der Befehle in einen Zwischencode. Eine eigene Schicht ist für die Systemsteuerung und Datenverwaltung vorgesehen. Durch diese einheitlichen Funktionen des Grunddialogsystems werden die Anwendungsprozeduren wesentlich einfacher programmierbar. Der geeignete Hintergrundspeicher für Berechnungsmethoden aber auch Ergebnisdiagramme ist eine *Datenbank*, bei der über die Eingabe und logische Verknüpfung von Schlüsselbegriffen einzelne Einträge verfügbar gemacht werden.

Abb. 1 Überblick über die Systemstruktur

2.1 Implementierungsaspekte

Der vorgestellte strukturelle Ansatz fand seine Realisierung als Formelauswertesystem SCAFE. Dieses entstand unter dem Betriebssystem UNIX, um es auf einer weiten Palette von Rechnern verfügbar zu machen. Die sich in UNIX bietenden Möglichkeiten des Multitasking und der Interprozeß–Kommunikation können sinnvoll für die Umsetzung einer Programmstruktur nach Abbildung 1 genutzt werden.

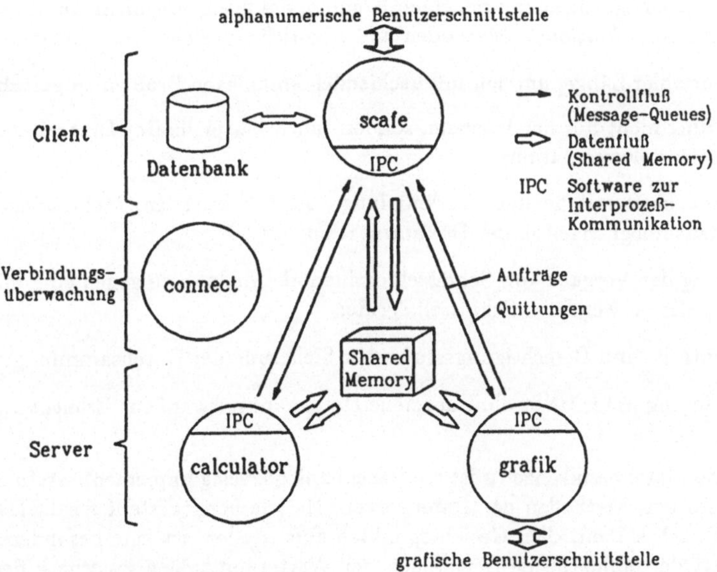

Abb. 2 Realisierung als Client–Server–Modell

Die Aufteilung der Komponenten in selbständige, miteinander kommunizierende Prozesse nach Abbildung 2 erhöht die Wartbarkeit und die Flexibilität der Konfiguration. Verbesserungen in der Benutzerinteraktion bietet die Möglichkeit, die Funktionen der Dialogführung im Vordergrund und die numerische Auswertung und grafische Aufbereitung im Hintergrund ablaufen zu lassen.

Bei dem realisierten System werden die Komponenten Benutzeroberfläche, Interpreter, Systemsteuerung und Datenbank im als *client* agierenden Prozeß scafe zusammengefaßt, Vorverarbeitung und Berechnung von Formeln im Prozeß calculator und die grafischen Ausgabefunktionen in einem grafik–Prozeß implementiert, der in seinen Möglichkeiten den jeweiligen Ausgabegeräten angepaßt ist. Der Zugriff auf die Datenobjekte, die in einem gemeinsamen Speicherbereich (*Shared Memory*) angesiedelt sind, ist bei jedem Prozeß vorhanden, so daß jeder Prozeß einen Zugang zu allen Daten hat.

Ein weiterer Aspekt der Aufteilung des Programms auf mehrere Prozesse ist die Möglichkeit, dadurch besser Multiprozessorrechner oder Rechenkapazität in einem lokalen Netz nutzen zu können. Bei der Berechnung von Diagrammen muß ein und derselbe Datensatz, die entsprechende Formel, mit verschiedenen Parameterwerten berechnet werden. Dies führt zu einem einfachen und für die Problemstellung effektiven Parallelisierungsansatz, indem der calculator–Prozeß entsprechend dupliziert wird.

Messungen des Overheads durch die Interprozeß–Kommunikation ergaben einen weitgehend lastunabhängigen Wert von 100 *ms* bis 180 *ms* je Auftrag auf einem Multiprozessorrechner GEI–19K [9]. Da die Berechnungsaufträge im allgemeinen Laufzeiten im Sekundenbereich oder darüber haben, ist dieser zusätzliche Aufwand der Kommunikation ohne weiteres zu rechtfertigen.

2.2 Methoden– und Ergebnisdatenbank

Als wesentlicher Bestandteil der Benutzbarkeit und Effektivität eines Formelauswertesystems für die Datenverkehrstheorie muß die Zugangsmöglichkeit zu den vielfältigen Formeln und Algorithmen, die in diesem Wissenschaftszweig existieren, gesehen werden. Zudem besteht die Forderung nach einer entsprechenden Dokumentation und Erweiterbarkeit einer solchen Sammlung. Diesen Ansprüchen an eine moderne Form einer „Formelsammlung soll die Datenbank von SCAFE gerecht werden. Folgende Punkte bestimmen ihr Konzept:

- Abspeicherungsmöglichkeit für beliebige Kommandofolgen, um nicht nur Formeln, sondern auch allgemeine Definitionen, Methoden und Algorithmen sichern zu können;

- Einträge variabler Länge, um den unterschiedlich komplexen Problemen gerecht zu werden;

- Abspeicherung nicht nur der Formeln, sondern auch beispielhafter Diagramme sowie begleitender Freitextdokumentation;

- Zugriffsmöglichkeit mit flexibler Verknüpfung von Suchkriterien, Mehrfachattributen sowie Schlagwortsuchmöglichkeit in der Dokumentation;

- Überwachung der Vergabe von Schlüsselbegriffen als Maßnahme gegen eine unübersichtliche Ausweitung der verwendeten Schlüsselbegriffe;

- Zugangskontrolle und Berechtigungsstufen zur Sicherung der Datensammlung;

- Implementierung unter UNIX ohne spezielle Datenbanksoftware zur Erleichterung der Portabilität.

Innerhalb dieses Datenbankkonzepts ist die Datenbank queueing implementiert, in der ein Grundstock von Formeln und Methoden der Datenverkehrstheorie bereitgestellt wird. Das Schema der Schlüsselbegriffe nach einheitlichen Gesichtspunkten aufzustellen, ist eine besondere Aufgabe, die verbunden ist mit der einheitlichen Benennung der Warteraumgrößen innerhalb der unterschiedlichen Formeln. Dies führt nicht nur zu einem schnelleren Verständnis der Formeln, sondern ermöglicht auch eine einfache Substitutionsmöglichkeit von Parametern durch Formeln.

Die Klassifizierung geschieht über sechs Suchkriterien, die in ihrer Kombination eine Formel genau kennzeichnen. Jedes Kriterium kann auch mit mehreren Schlüsselbegriffen belegt sein, wenn eine eindeutige Klassifizierung nicht möglich ist oder mehrere Schlüsselbegriffe auf einen Eintrag passen. Die in queueing verwendeten Suchkriterien sind im einzelnen:

`model`   Erweiterte Modellklassifizierung nach KENDALL, siehe unten;

`method`   Hinweise zum Auswerteverfahren: analytisch, numerisch, approximativ bzw. eine der Methoden zur Auswertung von Warteschlangennetzen;

`object`   Namen der abgelegten Objekte, also der Formeln, Felder oder Parameter;

`entrytype` Unterscheidung von Auswertungsbeispielen, Basisformeln und optimierten Spezialfällen;

`signature` Eindeutige Kennzeichnung des Eintrags;

`needs`   Liste der Signaturen der zur Auswertung benötigten weiteren Einträge zur rekursiven Auflösung von Referenzen.

2.2.1 Modellklassifizierung

Die Modellklassifizierung im Suchkriterium `model` setzt bausteinartig die Charakteristika des Warteraums zu einem Begriff zusammen. Das allgemeine Schema dafür ist:

$$A \; / \; B \; / \; n \; / \; w \; - \; strategy$$

Dabei kennzeichnet **A** die Verteilung der Ankunftsabstände, **B** die Verteilung der Ausgabezeiten, n die Anzahl der Server und w die Anzahl der Warteplätze.

Für die Stellen **A** und **B** werden ausschnittsweise folgende Bezeichnungen vergeben:

M	Negative Exponentialverteilung
Ek	Erlang–k–Verteilung
H2	Hyperexponentielle Verteilung
D	Deterministische (konstante) Verteilung
G	Allgemeine Verteilung

Zur Kennzeichnung von Prioritätenwarteräumen wird jeweils _i angehängt. So kennzeichnet der Modelleintrag `M_i/G_i/1-Pre-SRPT` den SRPT–Prioritätenwarteraum, der in Abschnitt 5 als Auswertungsbeispiel vorgestellt wird.

An der Stelle n können folgende Begriffe stehen:

1,2,3,...	Anzahl der Server, für die die Formel Gültigkeit hat
n_A	Allgemeine Formeln für beliebige Serverzahl
IS	*Infinite Server:* Es sind unendlich viele Server vorhanden

Die Stelle w entfällt, wenn die Formeln für den Fall unbegrenzten Wartespeichers gültig sind. Ansonsten steht hier n_W für den Fall eines mit dem Parameter n_W begrenzten Wartespeichers oder 0 für Verlustsysteme ohne Wartespeicher.

Im Feld für die Abfertigungsstrategie **strategy** sind bisher folgende Begriffe verwendet worden:

FIFO	First In First Out
LIFO	Last In First Out
Pre-LIFO	Unterbrechendes LIFO
RANDOM	Zufällige Auswahl
PS	Processor Sharing
RR	Round Robin Zeitscheibenverfahren
SRPT	Shortest Remaining Processing Time first
SPT	Shortest Processing Time first
NonPre	Nichtunterbrechendes Prioritätenverfahren
Pre	Unterbrechendes Prioritätenverfahren

Diese Form der Modellklassifizierung ist natürlich nur für Berechnungsformeln bei Einzelwarteräumen anwendbar. Bei Wartenetzmodellen werden zusätzliche Suchschlüssel angegeben, die die Art des Netzwerkes charakterisieren. Der Eintrag open network steht beispielsweise für offene Netze und closed network für geschlossene.

Beispiel 2.1 *Suchbefehl in der Datenbank*

Der Befehl, um die Formel für die mittlere normierte Durchlaufzeit $\overline{T}_{Di}/\overline{T}_{Ai}$ je Klasse für den SRPT–Prioritätenwarteraum nach Abschnitt 5 aus der Datenbank queueing zu laden, lautet in SCAFE:

```
search formula: model=M_i/G_i/1-Pre-SRPT object=norm_td_i_srpt;
```

3 Objektorientierte Interpretersprache

Eine weitere wichtige Systemkomponente stellt die *Interpretersprache* dar, über die Modelle formelmäßig aufbereitet werden, das System gesteuert wird und interaktive Möglichkeiten der Zustandsabfrage und -sicherung existieren. Die Komplexitat und Vielfalt von Formeln verbietet die alleinige Systembedienung über *Menüs*, so daß eine eigene Kommandosprache mit möglichst einfacher und universeller Struktur zu entwickeln war.

Das Konzept der *objektorientierten Programmierung* eignet sich insbesondere auch für interaktive Kommando– und Modellbeschreibungssprachen. Die Idee der objektorientierten Programmierung ist es, einen effizienten prozeduralen Implementierungskern einer üblichen Programmiersprache durch eine Schnittstellenüberwachung und -vereinheitlichung mit den benötigten Daten zu koppeln und eine Kommunikation von so entstandenen *Objekten* sicher zu ermöglichen [14].

Hierzu wird der Begriff *Objektklasse* eingeführt, unter dem die Zusammenschau folgender Aspekte verstanden wird:

- Die Stellung in einer *Objektklassenhierarchie*,

- die spezifischen *Attributdaten*,

- die vom Objekt verstandenen Nachrichten (*Messages*),

- die implementierten *Operationen*.

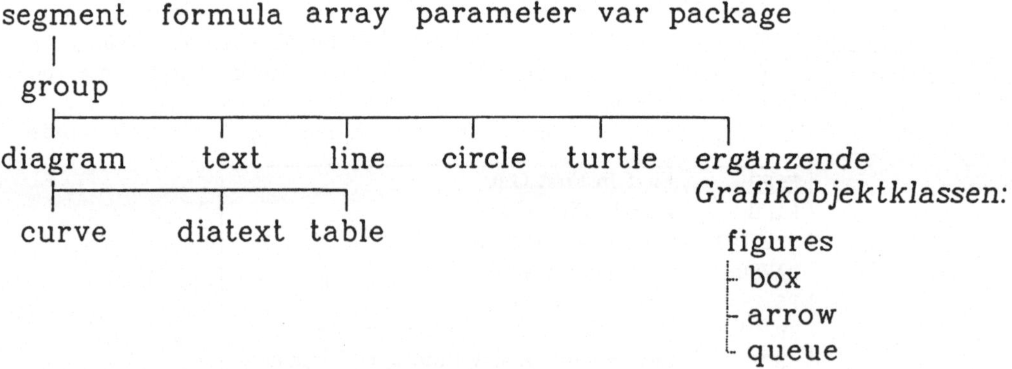

Abb. 3   Objektklassenhierarchie in SCAFE

Das Ziel ist, eine Bibliothek effizient programmierter und ausgetesteter Objektklassen in verschiedenen Anwendungen einsetzen zu können und einen modularen Entwurf inhärent zu fördern. Die abstrakte Formulierung der Klassenstruktur zwingt zu einer klaren Aufteilung des Programms, was insbesondere der Wartbarkeit und Erweiterbarkeit zugute kommt. So sind die in SCAFE vordefinierten Objektklassen nach Abbildung 3 konsistent durch eigene Klassendefinitionen auf Benutzerebene erweiterbar.

Diesen Zielen dienen außerdem folgende Mechanismen der Strukturierung der Objekte und Objektklassen:

Hierarchisierung erlaubt es, Objekte in den lokalen Kontext anderer Objekte zu stellen. So sind Objekte der Klasse `curve` nur im Kontext eines Objektes der Klasse `diagram` existent.

Vererbung ermöglicht, neue Klassen als Spezialisierung allgemeinerer Klassen zu definieren, ohne die allgemeinen Eigenschaften jeweils neu programmieren zu müssen. Beispielsweise existiert in SCAFE die allgemeine abstrakte Klasse `figures`, von der alle geometrischen Objektklassen abgeleitet sind.

Links sind ein Mittel, um gegenseitige Abhängigkeiten verschiedener Objekte auch unterschiedlicher Klassen auszudrücken. Diese Informationen sind für das Abspeichern und Löschen von Objekten in richtiger Reihenfolge wichtig.

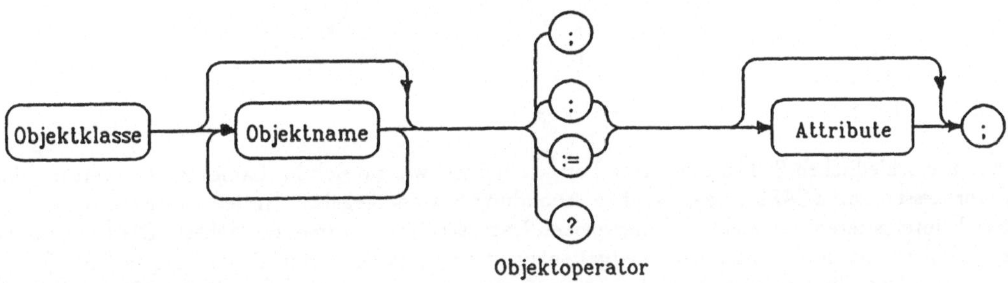

Abb. 4   Syntaxdiagramm der Objektbedienung

Ein anderer Aspekt des Einsatzes von Objektklassen in SCAFE ist, daß die Verwaltung und Bedienung für alle Klassen gleich und somit für den Benutzer einfach zu erlernen ist und überschaubar bleibt, siehe Abbildung 4. Die Operatoren zur Bedienung der Objekte haben folgende Bedeutung:

Operator		Objektmethode
`:=` *Attributliste*	`create`	Erzeugung von Objekten
`:` *Attributliste*	`modify`	Ändern von Attributen oder Senden einer Nachricht
`?`	`show`	Anzeigen der Attribute
`;`	`select`	Selektion von Objekten einer Klasse

Benutzerdefinierte Objektklassen können insbesondere bei der Modellierung komplexerer Warteraumprobleme hilfreich sein. Sie übernehmen dann die Steuerung und Wertzuweisung der entsprechenden Berechnungsformeln sowie die Überprüfung der vom Benutzer für das Modell vorgesehenen Parameter. Eine solche Zwischenschicht kann wesentlich modellnäher gestaltet werden, als es die direkte Formelauswertung erlauben würde. Siehe dazu auch die Anwendung in Abschnitt 5.

4   Aspekte der Formelauswertung

Die Auswertung von mathematischen Formeln und Lösungsalgorithmen steht im Mittelpunkt des betrachteten Systems. Die Modellierung eines Warteschlangenproblems mit Hilfe analytischer Berechnungsansätze stellt gewisse Anforderungen an ein System, das durch eine gezielte Parametervariation einen Überblick über den Verlauf gesuchter Leistungsgrößen bei ansteigender Last geben soll. Die gewünschten Ergebnisdiagramme machen jeweils eine wiederholte Formelauswertung nötig, erfordern also *Schnelligkeit* in der numerischen Berechnung und eine Überwachung der *Genauigkeit* der eingesetzten numerischen Verfahren.

4.1 Anforderungen an die Formelauswertung

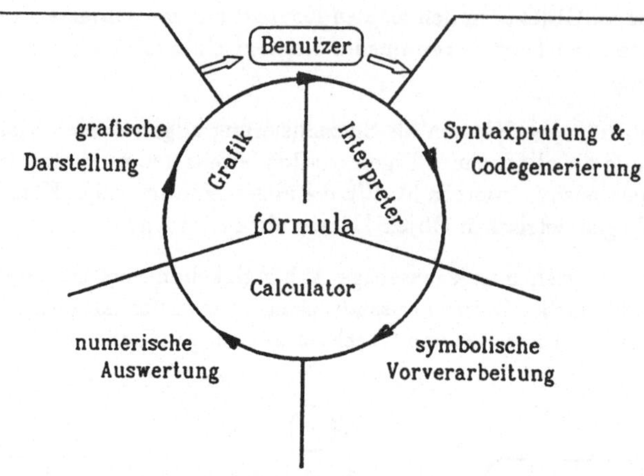

Abb. 5   Die Sichtweisen des Formelobjektes

Die unterschiedlichen Sichtweisen eines Formelobjektes, wie sie sich im Laufe der Auswertung den Teilprozessen von SCAFE zeigen, sind in Abbildung 5 wiedergegeben. In jedem Teil wird nur der jeweils interessierende Aspekt der allgemeinen Datenstruktur „Formel betrachtet. Die Behandlung im calculator geschieht unter dem Leitgedanken zur effizienten Formelauswertung in SCAFE, der dem Ziel dient, die benötigte hohe Rechengeschwindigkeit mit einer kontrollierten Genauigkeit zu koppeln:

> *algebraisch transformieren, substituieren und vereinfachen,*
> *kontrolliert numerisch auswerten.*

Dieser Ansatz führt zu folgenden Aspekten bei der Implementierung:

* Unterstützung der Aufspaltung in handhabbare Teilformeln durch dynamische Substitution;

* Interne Formelrepräsentation ohne Informationsverlust bei der Optimierung, um auch vereinfachte und substituierte Formeln jederzeit wieder textlich anzeigen zu können;

* Symbolische Vorverarbeitungsphase, in der die Substitution, heuristische Vereinfachungen und die Vorarbeit für eine zeitoptimierte numerische Auswertung durchgeführt werden (siehe Abschnitt 4.3);

* Selbstständige Verwaltung und Überprüfung des Wertebereichs der Parameter;

* Überwachung der numerischen Genauigkeit hauptsächlich durch Kontrolle des Stellenverlustes bei den algebraischen Grundoperationen.

Die Verbindung zwischen numerischen und algebraisch orientierten Algorithmen und einer allgemeinen problemorientierten Benutzeroberfläche kann vorteilhaft durch die Methoden der *objektorientierten Programmierung* hergestellt werden, wie sie im vorherigen Abschnitt angesprochen wurden.

Die Verwendung von Methoden der *Computer Algebra* [7] im Vorfeld erweist sich angesichts der gestellten Aufgaben als sinnvoll und als vielversprechend für zukünftige Erweiterungen. Einzelheiten der in SCAFE eingesetzten Methoden der Computer Algebra können [1] entnommen werden. In Abgrenzung zu bestehenden Systemen der Computer Algebra wie Mathematica [15] wird in SCAFE jedoch in Verbindung mit den anderen spezifischen Systemeigenschaften der Hauptaugenmerk auf eine zeitoptimierte *numerische* Formelberechnung gelegt, auf die im folgenden eingegangen wird.

4.2 Die Formelrepräsentation

Die Datenstruktur, in die eine Formel übersetzt wird, darf keinen Informationsverlust zulassen, muß flexibel für Strukturveränderungen sein und Optimierungsmöglichkeiten bei der Berechnung bieten. Diese Forderungen erfüllt der sogenannte *Formelbaum*, die Datenstruktur zur internen Formelrepräsentation in SCAFE.

Die „Blätter und Verknüpfungsknoten dieses Baumes bestehen aus einer universellen Datenstruktur, die zu einer verallgemeinerten Baumstruktur zusammengefügt werden. Blätter sind die *Variablen* und *Konstanten* einer Formel; Verknüpfungsknoten werden aus den *Operatoren* und *Funktionen* gebildet.

Beispiel 4.2 *Ein Formelbaum*

Aus der einfachen Formel

$$f := x^{(y+2*x+a)};$$

erzeugt zunächst der Interpreter eine Codeliste in umgekehrter polnischer Notation, die klammerfrei ist:

```
f, ENTER, x, y, 2, x, *, +, a, +, **, END
```

Diese wird in folgenden Formelbaum übersetzt:

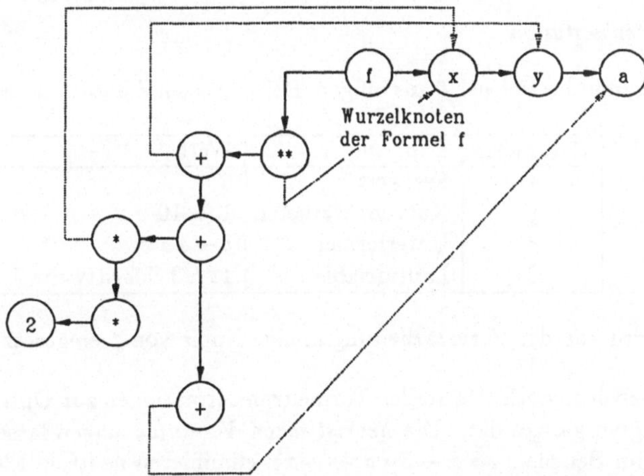

Abb. 6   Der erzeugte Formelbaum für die Formeleingabe `f:=x**(y+2*x+a)`

Der Formelname bildet den Startknoten, die *Wurzel* des Formelbaums. Daran hängt einerseits der aus dem mathematischen Ausdruck gebildete Baum und andererseits die Liste der Variablenknoten, die die Parameter der Formel enthalten.

Durch lokale Zuweisung können Parametern neben Festwerten auch andere Bedeutungen zugewiesen werden:

Laufvariable	Ein Parameter einer Formel kann als Laufvariable einen Wertebereich durchlaufen. Das Ergebnis einer solchen Berechnung ist dann ein Objekt der Klasse curve.
Kurvenparameter	Ein weiterer Parameter kann als Kurvenparameter ebenfalls verschiedene Werte annehmen. Das Ergebnis der Berechnung wird dann eine *Kurvenschar* bzw. ein dreidimensionales *Kurvennetz*.
Unterformeln	Parameter, die vor einer Berechnung nicht mit Werten versehen wurden, werden durch eine Unterformel gleichen Namens substituiert.

Die Übersetzung in den Formelbaum und die Rückübersetzung in die lesbare Eingabeform geschehen jeweils im Prozeß interpreter, so daß der Prozeß calculator nur mit der Datenstruktur *Formelbaum* arbeiten muß.

4.3 Die Vorverarbeitung

Vor der Berechnung eines Formelbaumes wird dieser im calculator–Prozeß einer symbolischen *Vorverarbeitung* unterzogen. Zu diesem Zweck wird der Formelbaum zunächst in den lokalen Speicher des calculators kopiert.

Die eigentliche Vorverarbeitung beginnt mit der rekursiven *Substitution* der nicht mit Werten belegten Parameter sowie aller selbstdefinierten Funktionen durch entsprechende Formeln. Danach steht ein Formelbaum zur Verfügung, der keine externen Referenzen auf andere Formeln mehr enthält. Dies erlaubt einerseits eine bessere Optimierung und andererseits eine einfachere Parallelverarbeitung, da nur diese Formel an Berechnungsprozesse übermittelt werden muß. Durch die dynamische automatische Formelsubstitution jeweils vor der Berechnung ist sichergestellt, daß die neueste Version der Formel und aller Unterformeln und Funktionen verwendet wird. Dabei bleiben die Teilformeln erhalten, so daß sie getrennt getestet und weiterentwickelt werden können.

Beispiel 4.3 *Formelsubstitution*

Zur Berechnungszeit der Formel f aus obigem Beispiel seien die Parameter wie folgt definiert:

Parameter	Typ	Wert
x	Festwert	5
y	Kurvenparameter	$1 \ldots 10$
a	Unterformel	$b - 3 * x$
b	Laufvariable	$1 \ldots 3$ Schrittweite 1

Die Formel a wird von der Vorverarbeitung in eine Kopie von f eingesetzt.

Die weiteren Vorverarbeitungsschritte stellen Formeltransformationen zur Optimierung des anschließenden Berechnungsvorganges dar. Die *heuristischen Vereinfachungen* fassen gleichartige Formelteile zusammen (im Beispiel: $2 * x - 3 * x \rightarrow -x$), eliminieren neutrale Elemente und inverse Funktionsaufrufe, die durch Unterformeln entstehen können. Danach werden die verbliebenen Variablen durchnumeriert.

In jedem Knoten des Formelbaumes wird ein *Bitfeld* angelegt, in dem durch ein gesetztes Bit an der entsprechenden Bitstelle i markiert wird, daß der unterhalb des Knotens liegende Teilbaum von der Variablen i abhängt (siehe Abbildung 7). Das ist die entscheidende Voraussetzung für nachfolgende Optimierungen bei der Berechnung, durch die nur die jeweils von der Laufvariablen abhängigen Teilbäume für jeden Wert der Laufvariablen berechnet werden müssen.

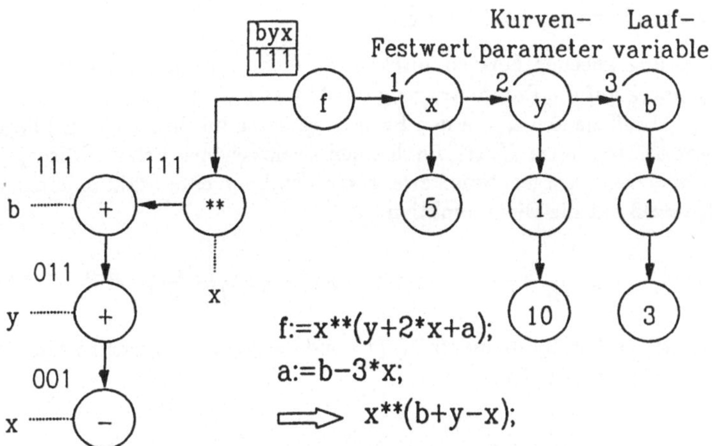

Abb. 7 Der vollständig zur Berechnung vorbereitete Formelbaum

5 Auswertungsbeispiel: Prioritätenwarteraum mit SRPT

Für das Warteraummodell $M_i/G_i/1$–SRPT mit unterbrechenden Prioritäten wurde in [13] eine Lösungsformel für die Berechnung der mittleren Durchlaufzeiten $\overline{\tau}_{Di}$ in den einzelnen Klassen angegeben. Die mittlere τ_{Ai}–bedingte Durchlaufzeit $\overline{\tau}_{Di}|\tau_{Ai}$ beträgt:

$$\overline{\tau}_{Di}|\tau_{Ai} = \frac{\sum_{r=1}^{i-1} \lambda_r \cdot M_2\{\tau_{Ar}\} + \lambda_i \cdot \left(M_2\{\tau_{Ai}\} F_2(\tau_{Ai}) + \tau_{Ai}^2(1 - F_0(\tau_{Ai}))\right)}{2 \cdot (1 - \delta_{i-1} - \rho_i F_1(\tau_{Ai}))^2}$$

$$+ \int_0^{\tau_{Ai}} \frac{d\tau_{Ai}'}{1 - \delta_{i-1}\rho_i F_1(\tau_{Ai}')} \tag{1}$$

mit dem Summenangebot für alle Klassen $1, 2, \ldots, i$

$$\delta_i = \sum_{r=1}^{i} \rho_r \; ; \qquad \rho_r = \lambda_r \cdot \overline{\tau}_{Ar} \; ; \qquad \delta_0 = 0 \tag{2}$$

und den verallgemeinerten Verteilungsfunktionen h–ter Ordnung

$$F_h(\tau_{Ai}) = 1/M_h\{\tau_{Ai}\} \cdot \int_0^{\tau_{Ai}} \tau_{Ai}'^h \cdot f(\tau_{Ai}') \cdot d\tau_{Ai}'. \tag{3}$$

Durch Mittelung über alle τ_{Ai} nach Gl. (4) ergibt sich dann die mittlere Durchlaufzeit $\overline{\tau}_{Di}$ in jeder Klasse:

$$\overline{\tau}_{Di} = \int_{\tau_{Ai}} \overline{\tau}_{Di}|\tau_{Ai} \cdot f(\tau_{Ai}) \cdot d\tau_{Ai}. \tag{4}$$

Zum Vergleich dient die Formel für die Abfertigungsstrategie FIFO in jeder Klasse nach [5]:

$$\overline{\tau}_{Di} = \left(\frac{\sum_{r=1}^{i} \lambda_r \cdot \overline{\tau}_{Ar}^2 \cdot (1 + c_{\tau_{Ar}}^2)}{2 \cdot (1 - \delta_i)} + \overline{\tau}_{Ai}\right) \cdot \frac{1}{1 - \delta_{i-1}} \tag{5}$$

5.1 Programmierung in SCAFE

Während die oben angegebenen Formeln direkt in SCAFE implementiert werden können, wird ein besonderes Augenmerk auf die Parametrierung des Modells gelegt.

Da die Variationskoeffizienten $c_{\tau_{Ai}}$ in den Prioritätsklassen im Bereich $[0, \infty)$ liegen können, werden die Ausgabezeitverteilungen $f(\tau_A i)$ durch einen zweizweigigen Erlang–Mischprozeß modelliert. Mit diesem sind die jeweils vorgegebenen zwei ersten Nullmomente exakt einstellbar.

Dieser Zufallsprozeß hat die Dichtefunktion

$$f(\tau) \;=\; p \cdot \frac{\mu_1^k}{(k-1)!} \cdot \tau^{k-1} \cdot e^{-\mu_1 \cdot \tau} + (1-p) \cdot \frac{\mu_2^k}{(k-1)!} \cdot \tau^{k-1} \cdot e^{-\mu_2 \cdot \tau} \;. \tag{6}$$

Sie kann zur Ermittlung der Nullmomente $M_j\{\tau\}$ und der verallgemeinerten Verteilungsfunktionen $F_h(\tau)$ geschlossen integriert werden:

$$M_j\{\tau\} \;=\; p \cdot \frac{(k-1+j)!}{(k-1)! \cdot \mu_1^j} + (1-p) \cdot \frac{(k-1+j)!}{(k-1)! \cdot \mu_2^j}; \tag{7}$$

$$F_h(\tau) \;=\; 1/M_h\{\tau\} \cdot \left[p \cdot \frac{(k-1+h)!}{(k-1)! \cdot \mu_1^h} \cdot \left(1 - e^{-\mu_1 \cdot \tau} \cdot \sum_{i=0}^{k-1+h} \frac{(\mu_1 \cdot \tau)^i}{i!} \right) + \right.$$
$$\left. (1-p) \cdot \frac{(k-1+h)!}{(k-1)! \cdot \mu_2^h} \cdot \left(1 - e^{-\mu_2 \cdot \tau} \cdot \sum_{i=0}^{k-1+h} \frac{(\mu_2 \cdot \tau)^i}{i!} \right) \right] \;. \tag{8}$$

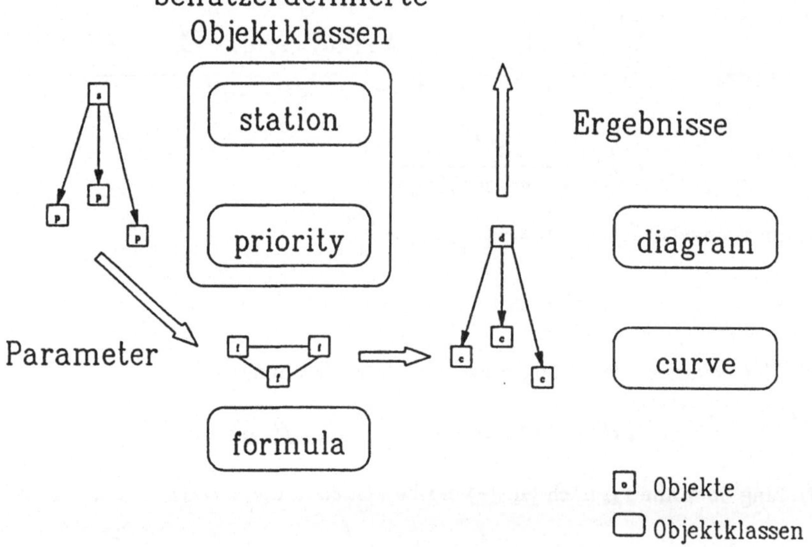

Abb. 8   Objektklassen bei der Auswertung des Warteraums $M_i/G_i/1$–SRPT

Zur Vereinfachung der Bedienung und Sicherstellung der korrekten Auswertung des Modells bietet sich die Einführung von Objektklassen nach Abbildung 8 an. Die einzelnen Objekte der Klasse priority enthalten dann als Parameter für jede Prioritätsklasse i den Variationskoeffizienten c_{Ai} und den Mittelwert $\bar{\tau}_{Ai}$ der Ausgabezeit in jeder Klasse sowie die Eingabeintensität λ_i.

Die Objektklasse station dient der Steuerung der Berechnung und Überprüfung der Parameter. Wenn der Benutzer die Berechnung über sie startet, werden zunächst die einzelnen Parameter so normiert, daß die relativen Belastungen gleich bleiben, die Bedingung $\rho < 1$ aber erfüllt ist. Im nächsten Schritt werden die Parameter p und k der Erlang–Mischprozesse errechnet und dann die eigentliche Formelauswertung gestartet.

Gerade bei Auswertungen, in denen viele Parameter vorhanden sind und sich ein schrittweiser Ablauf bei der Berechnung ergibt, bietet sich die immer mögliche Einführung von Objektklassen zur Steuerung der Formelauswertung an. Damit präsentiert sich das Problem dem Benutzer in einer sehr viel modellnäheren Form als bei direkter Bedienung der Formeln. Entsprechende Ansätze lassen sich gerade auch bei der Berechnung von Wartenetzen nach [3] durchführen, bei denen durch entsprechende Objektklassen auch eine grafische Eingabe der Netztopologie möglich wird.

Ein Ausschnitt aus dem entsprechenden Formelsatz zeigt die Möglichkeiten und die Syntax von SCAFE:

```
...

//FIFO zum Vergleich
formula tra_r(r)      := sum(lambda_r(r1)*M2_r(r1),r1=1..r)/2;
formula norm_td_i(r):= mu_r(r)/(1-delta(r-1))*(tra_r(r)/
        (1-delta(r))+1/mu_r(r));
//bedingte mittlere Durchlaufzeit je Klasse
formula _tdi_tai(tai,r):=1/
    (2/mu_r(r)*squ(1-delta(r-1)-rho_r(r)*F1_r(tai,r)))*
    (sum(lambda_r(j)*M2_r(j),j=1..r-1)+
    lambda_r(r)*M2_r(r)*F2_r(tai,r)+tai^2*lambda_r(r)*
    (1-F_r(tai,r))) +
    int(1/(1-delta(r-1)-rho_r(r)*F1_r(tai$,r)),tai$=0..tai)*mu_r(r);
formula norm_td_i_srpt(r) :=
    int(_tdi_tai(tai,r)*f_r(tai,r),tai=0..infinity);
formula norm_td_i norm_td_i_srpt : // Wertzuweisung und Start der Berechnung
set var rho 0 0.9999 count 15 par r 1 5 step 1;
```

5.2 Auswertung mit SCAFE

Die Berechnung der Formeln liefert nach Beschriftung das Diagramm in Abbildung 9. Deutlich ist der Gewinn durch den Einsatz der SRPT–Strategie in allen Prioritätsklassen und insbesondere in der niedrigprioren Klasse 5 sichtbar.

Diese Formel mit ihren verschachtelten Integralen stellt bereits beträchtliche Anforderungen an die Rechenleistung eines Computers. Während auf einem PC–AT 386 mit 20 MHz Taktfrequenz das Einlesen der Formelteile aus den Eingabedateien sowie die Vorverarbeitung und die Substitution zusammen nur ca. 30 Sekunden Rechenzeit benötigen, dauert die gesamte Formelberechnung für das dargestellte Diagramm ohne Optimierungen 50 Minuten. Durch die immer automatisch angewandten Berechnungszeitoptimierungen nach Abschnitt 4 verkürzt sich diese Zeit auf 34 Minuten.

Zum Vergleich wurden die Formeln auch mit SCAFE auf einem GEI–19K Multiprozessorsystem [6] mit vier Anwendungsprozessoren berechnet. Dabei ergaben sich folgende relative Berechnungszeiten:

Anzahl der calculator–Prozesse	relative Berechnungszeit	theoretischer Optimalwert	„Effizienz
1	1	1	1
2	0.62	0.5	0.81
3	0.43	0.33	0.78
4	0.36	0.25	0.69

Die Messungen zeigen, daß der gewählte Parallelisierungsansatz sinnvoll und effizient ist. Der Wert für vier Prozesse mußte relativ schlecht ausfallen, weil der synchronisierende Prozeß ja ebenfalls auf einem Prozessor laufen muß. Synchronisationszeiten, Kommunikationszeiten und Prozeßwech-

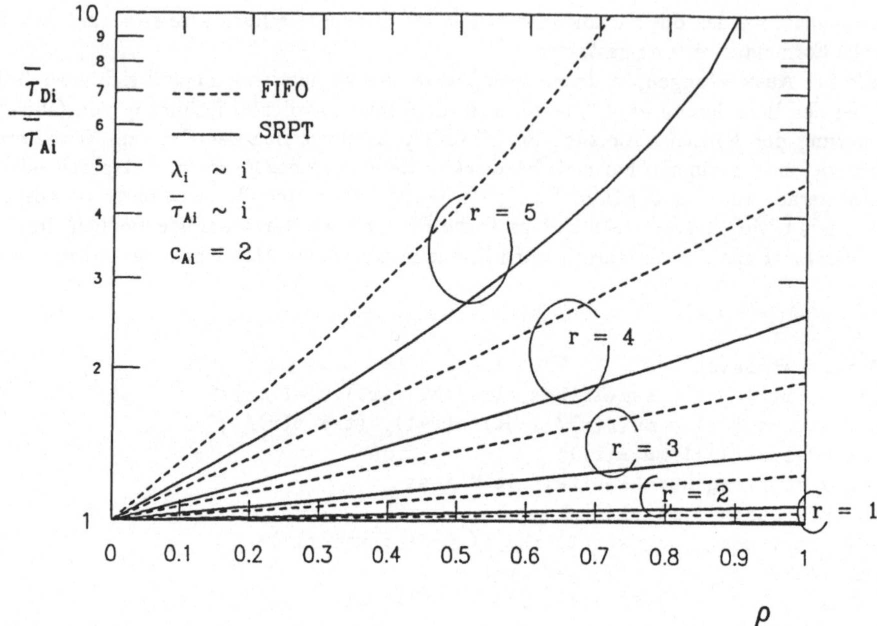

Abb. 9   Prioritätenwarteraum $M_i/G_i/1$–SRPT: Vergleich der normierten mittleren Durchlaufzeiten je Prioritätsklasse

selzeiten durch Unterbrechung zugunsten anderer UNIX– Prozesse sind Gründe für die Abweichungen von den theoretischen Werten.

6   Ausblick

In der beschriebenen Systemkonfiguration ist ein leistungsfähiges und flexibles Werkzeug zur Formelauswertung, Ergebnisdarstellung und Dokumentation auf dem Gebiet der Datenverkehrstheorie entstanden.

Eine Weiterentwicklung der vorgestellten Systemeigenschaften kann sich konsequent an den nachfolgend definierten Zielsetzungen orientieren, die für die Entwicklung von SCAFE bestimmend waren:

- Einheitliche Sichtweise der Komponenten von Wartesystemen mit deren Parametern, Auswertemethoden sowie grafischen Darstellungen durch objektorientierte Programmierung unter einer gleichartigen grafischen Benutzeroberfläche.

- Unterstützung bei der Modellerstellung durch eine umfangreiche Methodenbibliothek, die das Auffinden vorhandener Algorithmen erleichtert, ihre Anwendung dokumentiert und ihren Einsatz durch Parameterüberprüfungen absichert.

- Integration von numerischen, symbolisch–algebraischen und simulativen Methoden zur Auswertung von Wartesystemen.

- Ausnutzung von probleminhärenten Parallelitäten, die eine Verkürzung der im allgemeinen sehr hohen Rechenzeiten bei simulativen und analytischen Auswertungen erlauben, unter den Gegebenheiten von Multiprozessorrechnern und vernetzten *Personal Workstations*.

Schlußwort

Der Autor möchte sich bei Prof. Dr.-Ing. F. Schreiber bedanken für die vielen Anregungen und die begleitende Unterstützung im Verlauf der Realisierung des vorgestellten Konzepts, sowie bei den vielen Studenten, die mit ihren Diplom- und Studienarbeiten die Entstehung des Formelauswertesystems SCAFE ermöglichten. Dank gilt auch Herrn Dipl.-Ing. M. Junius, der wesentliche Ideen zu dem System beigesteuert hat und auch die Demonstration von SCAFE in der begleitenden Werkzeugaustellung übernommen hat sowie Frau Dr. rer.-nat. C. Görg für hilfreiche Diskussionen beim Korrekturlesen des Manuskripts.

Literaturverzeichnis

[1] C. Artz. *Formelauswertesystem SCAFE: Das Calculator–Modul für SCAFE–version II unter dem Betriebssystem UNIX.* Diplomarbeit, Lehrstuhl für Allgemeine Elektrotechnik und Datenfernverarbeitung der RWTH Aachen, Aachen, 1989.

[2] M. Badel, et al. *QNAP 2 Reference Manual CII.* Honeywell Bull and INRIA, 1982.

[3] F. Baskett, K.M. Chandy, R.R. Muntz, F.G. Palacios. *Open, Closed, and Mixed Networks of Queues with Different Classes of Customers.* Journal of the ACM, Vol. 22, No. 2, pp. 248–260, 1975.

[4] G. Bolch. *Leistungsbewertung von Rechensystemen.* Leitfäden und Monographien der Informatik. B. G. Teubner-Verlag, Stuttgart, 1989.

[5] A. Cobham. *Priority Assignment in Waiting Line Problems.* Operations Research, Vol. 2, pp. 70–76, 1954.

[6] Counterpoint computers. *C-XIX 3.0 Programmers Reference Manual,* 1987.

[7] J.H. Davenport, Y. Siret, E. Tournier. *Computer Algebra.* Academic Press, 1988.

[8] H. Deike-Glindermann, S. Nolte, G. Rosentreter. *SIQUEUE-PET: Eine Umgebung zur graphischen Modellierung und quantitativen Analyse von Rechensystemen.* Angewandte Informatik, pp. 446–457, Oktober 1988.

[9] N. Kloster. *Performance Evaluation of a UNIX Multiprocessor Interprocess Communication and Investigation of the Possibilities for a Parallel Processing Structure of system SCAFE.* Diplomarbeit, Lehrstuhl für Allgemeine Elektrotechnik und Datenfernverarbeitung der RWTH Aachen, Aachen, 1989.

[10] B. Kluth. *Multiprozessorarchitekturen mit funktionsorientierter Parallelisierung für die stochastische Simulation.* Dissertation, RWTH Aachen, Aachen, 1990.

[11] N. Niebert. *Struktur und Algorithmen eines Formelauswertesystems für die Datenverkehrstheorie.* Dissertation, RWTH Aachen, Aachen, 1991.

[12] R. Piessens, E. de Doncker-Kapenga, C. W. Überhuber. *QUADPACK: A subroutine package for automatic integration.* Springer-Verlag, Berlin, Heidelberg, New York, Tokyo, 1983.

[13] F. Schreiber, X.H. Pham. *The optimal strategy SRPT in priority systems of digital communication networks.* AEÜ, Vol. 43, No. 3, pp. 129–134, 1989.

[14] R. S. Wiener, L. J. Pinson. *An Introduction to Object-Oriented Programming and C++.* Addison-Wesley, 1988.

[15] S. Wolfram. *Mathematica.* Addison-Wesley, Reading, Massachusetts, 1988.

Leistungsbewertung von Verfahren der Mobil-Kommunikation: Dezentrale Paketsynchronisation und Kanalzugriff

S. Hoff, D. Hübner, F. Reichert, A. Scunio

Rheinisch-Westfälische Technische Hochschule Aachen

Lehrstuhl für Informatik IV

Ahornstr. 55

5100 Aachen

Bundesrepublik Deutschland

Zusammenfassung

Neue Anwendungen im Bereich der mobilen Datenfunknetze mit strengen Anforderungen z.B. an Echtzeitverhalten erfordern neuartige Verfahren des Datenaustausches. Hierzu entwickelte Protokolle für solche Anwendungsgebiete werden in diesem Beitrag bewertet. Die Protokolle werden kurz präsentiert und das verwendete Werkzeug zur Simulation dieser Verfahren wird vorgestellt. Mathematische und simulativ ermittelte Ergebnisse bezüglich des Leistungsverhaltens der betrachteten Protokolle werden präsentiert.

Schlüsselwörter

Mobilfunknetze, dezentrale Paketsynchronisation, dezentraler Kanalzugriff, Simulation

1. Einleitung

Aufgrund des steigenden Verkehrsaufkommens, verbunden mit einer hohen Zahl insbesondere von Auffahrunfällen, wurden in den letzten Jahren verschiedene Projekte ins Leben gerufen, welche sich u.a. mit der Vermeidung solcher Unfälle beschäftigen. Ein Anliegen ist die Unterstützung des Fahrers durch einen Computer, den sogenannten 'elektronischen Copiloten'. Eine denkbarer Lösungsansatz hierzu ist die Kooperation verschiedener Copiloten miteinander. Durch den Austausch von Statusinformationen soll in den einzelnen Fahrzeugen z.B. eine frühzeitige Erkennung von Gefahrensituationen möglich werden, die dann ein frühzeitiges Warnen des Fahrers erlaubt.

Hierzu muß eine Kommunikation der verschiedenen Bord-Computer über Datenfunk realisiert werden. Die Grundvoraussetzungen für diese Datenübertragung sind eine sehr hohe Bandbreite für die Vernetzung vieler mobiler Stationen (d.h. Kraftfahrzeuge) bei kurzen Übertragungszeiten, sowie extreme Flexibilität bezüglich der stark wechselnden Netzwerkkonnektivität. Die Frequenz, welche für die Datenübertragung verwendet werden kann, wird durch diese Anforderungen stark begrenzt. Die aus den Anwendungen resultierende Übertragungsreichweite beträgt etwa 500 m, die Datenrate wird bei mindestens 1 Mbit/s liegen. Hierdurch wird die Verwendung hoher Frequenzen favourisiert. Im Gespräch sind Frequenzen um 6 GHz und 60 GHz. Diese Anforderungen führten zu der Entwicklung neuartiger Verfahren, welche Gegenstand dieses Beitrags sind.

2.   Dezentrale Paketsynchronisations- und Kanalzugriffs-Verfahren

Die in Kapitel 1 beschriebenen Voraussetzungen müssen bei der Entwicklung von Kommunikationsprotokollen berücksichtigt werden. Insbesondere spielen Effekte eine Rolle, die nur für Funknetze
spezifisch sind, z.B. die Kanalwiederverwendung und 'versteckte Stationen'. Diese hieraus resultierenden Probleme sollen aber nicht genauer erläutert werden, es sei hier auf entsprechende Literatur
verwiesen [Reic-91]. Bisherige Arbeiten im Bereich der Schichten 1 und 2 des ISO/OSI
Referenzmodells haben zwei wesentliche Dinge gezeigt:

1) Die Beschränkungen des Funkkanals und die Forderung nach hoher Bandbreite sprechen für eine
synchronisierte Übertragung, d.h. Pakete besitzen eine feste Länge und dürfen nur im Rahmen eines
vorgegebenen Taktes gesendet werden. Diese Verfahren nennt man auch 'Zeitschlitz-Verfahren' (s.
Slotted ALOHA). Asynchrone Übertragung führt zu stark erhöhten Kollisionswahrscheinlichkeiten
[Math-90].

2) Kanalzugriffsprotokolle für den in 1) beschriebenen Anwendungsfall sollten nach Möglichkeit dezentral und autonom arbeiten. Dies resultiert daher, daß eine Kooperation zwischen Stationen, welche auf
einer Übertragung von Protokolldaten basiert, durch den fehlerbehafteten Funkkanal zu neuen
Fehlerquellen führt, und daher nicht den erwünschten Erfolg bezüglich Leistungssteigerung bringt.

Unter Berücksichtigung dieser beiden Voraussetzungen wurden am Lehrstuhl für Informatik IV bisher
Kanalzugriffsverfahren untersucht, welche einen globalen Takt erfordern. Ergebnisse dieser Forschun-
gen sind z.B. CSAP und AC/ID [MaRü-88],[HüJR-91].

Leider ist eine globale Synchronisation in Mikrowellen-Funknetzen großer Ausdehnung schwierig bzw.
u.U. nicht genau genug möglich. Deswegen wird hier versucht, die Synchronisation mobiler Stationen
dezentral zu steuern und hierfür die schon entwickelten, als leistungsfähig erkannten Kanalzugriffsverfahren anzupassen und zu optimieren. Weitere Strategien zur Problemlösung beschäftigen sich mit
Mischformen aus Master-Slave- und dezentralen Synchronisationstechniken [TaGo-91].

2.1   Dezentrale Paket-Synchronisation

Grundlegend bei der Entwicklung einer dezentralen Paketsynchronisation war der Wunsch nach einem
einfachen und stabilen Verfahren. Komplizierte Strategien bringen u.U. Probleme bezüglich Stabilität
und Implementierung mit sich. Es sind daher Verfahren vorzuziehen, welche eine lokale Synchronisation mit Hilfe einfacher Algorithmen erzeugen. Die lokale Abstimmung der Synchronisation muß
schnell erreicht werden, besonders im Fehlerfall muß ein stabiler Zustand rasch erreicht werden.

Folgende allgemeine Voraussetzungen werden für die Protokollentwicklung gemacht:
- Feste Paketlänge l
- Maximale Zeit T zwischen zwei Sendungen einer Station, $T = n \cdot l$, $n \in \mathbb{N}$;
  diese Zeit wird in Zukunft ein Rahmen genannt
- Maximal zulässige Synchronisations-Differenz Δs_{max}

Eine Station hat eine gewisse Sicht des Kanals, bestimmte Stationen werden als synchron, andere als
asynchron angesehen. Bild 1 zeigt hierzu ein Beispiel.

Station 1 teilt abhängig von Δs_{max} und der Paketlänge l den Kanal in Zeitschlitze (sog. Slots) ein. Die
Synchronisations-Differenz Δs zweier Stationen entspricht dann der Differenz der Paket-Anfangszeiten

modulo ℓ, wobei $0 \leq \Delta s < \ell$. Im Beispiel in Bild 1 ist Station 1 synchron zu 2 und 5 ($\Delta s \leq \Delta s_{max}$), aber asynchron zu 3 und 4 ($\Delta s > \Delta s_{max}$).

Die betrachteten Verfahren wurden mit verschiedenen Werten für Δs_{max} untersucht.

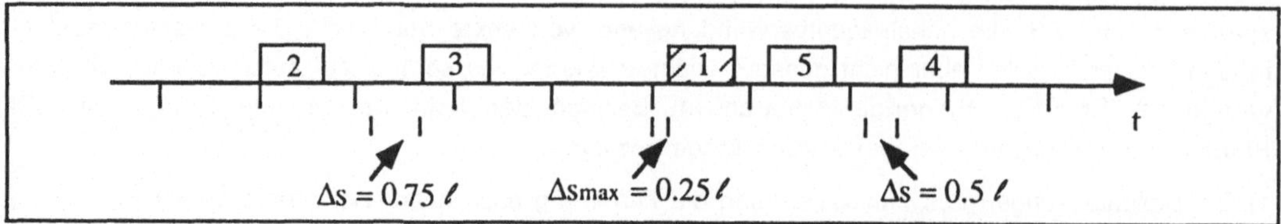

Bild 1: Bestimmung synchroner und asynchroner Stationen; Beispiel $\Delta s_{max} = 0.25$

2.1.1 Synchronisations-Verfahren LRS und TMS

Nachfolgend werden nun zwei Verfahren beschrieben, von denen das eine, im folgenden LRS-Verfahren ('Last Received' Synchronisation) genannt, als einfachster Ansatz für eine Paketsynchronisation angesehen werden kann. Es dient als Referenz zur 'Transmit Majority' Synchronisation (TMS). Die Verfahren sind in einer Programmiersprachen-ähnlichen Notation ('Pseudo-Code') aufgeführt.

Wichtig ist, daß die Verfahren lediglich eine Slot-Synchronisation erzeugen. Eine Rahmensynchronisation ist für die in diesem Rahmen untersuchten Protokolle nicht erforderlich.Die Sicht des Kanals in den einzelnen Stationen kann durchaus unterschiedlich sein, da die daraus gewonnenen Informationen lediglich lokal benutzt werden (siehe auch 2.2). Fände eine Kooperation über Kommunikation zwischen Stationen statt, so könnte die unterschiedliche Rahmensicht durch Kenntnis der Rahmenlage der anderen Station angepaßt weden. Dies wird z.B. dadurch erreicht, daß der lokale Rahmen einer Station genau bei der eigenen Sendung beginnt.

LRS - Verfahren

Bei LRS synchronisieren sich alle Stationen zum Zeitpunkt ihrer Übertragung nach der zuletzt empfangenen Sendung auf dem Kanal. Die eigene Sendung wird entsprechend verzögert. Dieser einfache Mechanismus läßt sich wie folgt in Pseudo-Code beschreiben:

```
for 'immer' do
begin
    Δt := 0;
    while 'nichts zu übertragen' do
        if 'Paket empfangen' then
            Δt := 'Zeitdifferenz zwischen bisheriger Sync. und Anfang des empfangenen Paketes';
    warte Δt Zeiteinheiten;
    übertrage Paket;
end;
```

TMS - Verfahren

Die Suche nach einer optimalen Synchronisation kann mit der Feststellung des am häufigsten verwendeten Synchronisationspunktes beginnen. Hierzu müßten alle in einem Rahmen auftretenden Synchronisationspunkte mit der Anzahl der zugehörigen Stationen gespeichert werden. Für eine Neu-

Synchronisierung wählt man dann den Punkt, auf dem sich die Mehrzahl von Stationen synchronisiert hat. Lediglich für eine nicht eindeutige Mehrzahl muß mit einem Zufallsprozeß einer der möglichen Synchronisationspunkte gewählt werden. Die Speicherung all dieser Punkte und Anzahlen ist aber mit sinnvollem Hardwareaufwand bei Übertragungen im Mbit/s-Bereich kaum realisierbar. TMS zählt daher lediglich Stationen, die als synchron betrachtet werden. Zusätzlich wird mit dem eigenen Datenpaket ein Gewicht übertragen, welches mit eben dieser Anzahl von synchronen Stationen, gemessen über einen Rahmen (siehe 2.1), 'identisch' ist. Auch für TMS folgt hier eine Pseudo-Code Beschreibung:

p_trans.sync	ist das zu übertragende Gewicht des Pakets
p_rec.sync	bezeichnet das Gewicht eines empfangenen Paketes
scan_in_sync	zählt die Anzahl der empfangenen synchronen Paket im letzten Rahmen
rec_in_sync	speichert das aktuelle Maximum über alle Gewichte empfangener synchroner Pakete des letzten Rahmens
rec_out_of_sync	speichert das aktuelle Maximum über alle Gewichte empfangener asynchroner Pakete des letzten Rahmens
Δt_out_of_sync	enthält die zu *rec_out_of_sync* gehörige Synchronisations-Differenz

```
for 'immer' do                           if "max(rec_in_sync, scan_in_sync)
begin                                           < rec_out_of_sync" then
   Δt := 0;                              begin
   scan_in_sync := 0;                       { Re-Synchronisierung notwendig }
   rec_in_sync := 0;                        Δt := Δt_out_of_sync;
   rec_out_of_sync := 0;                    p_trans.sync := rec_out_of_sync;
   Δt_out_of_sync := 0;                  end
   while "nichts zu übertragen" do       else
   begin                                    if "max(rec_in_sync, scan_in_sync)
      if "Paket p_rec empfangen" then           = rec_out_of_sync" then
         if "p_rec ist asynchron" then    begin
         begin                               { keine Mehrheit, synch. per Zufall }
            if "p_rec.sync >= rec_out_of_sync"  p := Zufallszahl ∈ [0;1);
            then                             if p < 0.5 then
            begin                            begin
               Δt_out_of_sync :=               Δt := Δt_out_of_sync;
                 "Diff. zum lokalen Slotanfang"; p_trans.sync := rec_out_of_sync;
               rec_out_of_sync := p_rec.sync;  end
            end;                             else
         end                                 begin
         else                                   p_trans.sync := scan_in_sync;
         begin                                end
            if "p_rec.sync > rec_in_sync" end
            then rec_in_sync := p_ref.sync; else
            scan_in_sync := scan_in_sync+1;    { aktuelle Synchronisierung bestätigt }
         end;                                p_trans.sync := scan_in_sync;
   end;                                warte Δt Zeiteinheiten;
                                        übertrage Paket p_trans;
                                     end;
```

2.2 Das Kanalzugriffsverfahren AC/ID+ /TM

Wie schon einleitend bemerkt, war das Ziel die Anpassung und Verbesserung des Kanalzugriffsverfahrens AC/ID (Access Control with Interference Detection) im Hinblick auf eine dezentrale Paketsynchronisation und die dadurch entstehenden neuartigen Konstellationen und Probleme. Das Ergebnis ist eine erweiterte Variante von AC/ID unter Verwendung von TMS (daher AC/ID+ /TM). Da eine genaue Spezifikation über Pseudo-Code sehr lang wäre, geben wir hier nur die Grundideen an und listen die Abwicklungsschritte verbal auf.

Die Hauptziele von AC/ID sind die Erfassung sogenannter versteckter Stationen und das Aufdecken von Kanal-Kollisionen. Das grundlegende Konzept beruht auf den Ausbreitungseigenschaften des Funkkanals. Frühere Modellierungen des Funkkanals basierten häufig auf einer idealisierten Sicht, bei dem ein Übertragungsradius kreisförmig und gleich dem Störradius angenommen wurde. Dies ist im höchsten Maße unrealistisch. Die Sendeleistung nimmt in der Realität mit wachsender Entfernung ab und verschwindet erst nach geraumer Zeit im Rauschen. Dies bedeutet aber, daß selbst in sehr großer Entfernung noch Störungen anderer Stationen möglich sind (z.B. 7-8 Datenradien bei 6 GHz), bzw. daß diese Störungen u.U. weit über den eigentlichen Senderadius hinweg noch entdeckt werden können. Letzteres macht sich AC/ID zunutze. Durch Verwendung einer speziellen Meßhardware kann eine Station zusätzlich zu korrekten Paketen auch Störungen bis zu einer bestimmten Stärke erkennen und daher die Kanalbelegung im Empfangs- und Interferenzbereich beobachten. Die Verwendung der Kanalqualität als zusätzliches Kriterium wurde z.B. schon in [HeWa-90] diskutiert. AC/ID nimmt im Gegensatz dazu einen Störer an, falls die gemessene Signalstärke den festgelegten min. Meßwert übersteigt. In diesem Fall wird ein ungestörter Slot gesucht.

Das Protokoll arbeitet folgendermaßen:

1) Implizite Reservierung wird verwendet; dies bedeutet, daß der gleiche Slot des nächsten Rahmens, also T Zeiteinheiten später, wieder verwendet werden darf; die zeitliche Position des Rahmens wird durch die aktuell gültige Synchronisation festgelegt;

2) Spezielle Hardware mißt Signale ab etwa 5 dB über dem Rauschen; Slots, in denen ein Signal erkannt wurde, werden in einer Kanalbelegungs-'Bitmap' als belegt gekennzeichnet (s. Bild 2);

3) Überprüfung der aktuellen Synchronisation durch das TMS-Verfahren vor jeder Übertragung;

4) Liegt der Sendezeitpunkt fest, wird vor der Übertragung ein 'Carrier Sensing' durchgeführt; wird eine andere Übertragung festgestellt, so führt die Station einen Slotwechsel durch; dieser Mechanismus ist in der Möglichkeit einer asynchronen Sendung begründet;

5) AC/ID - Mechanismus: regelmäßig wird in einem zufällig gewählten Rahmen die eigene Sendung verkürzt [Reic-91]; in der verbleibenden Zeit wird der Signalpegel im eigenen Slot gemessen; hierdurch können mit einer bestimmten Wahrscheinlichkeit parallel stattfindende Sendungen, d.h. Kollisionen, erkannt werden; eine solche Messung kann am Anfang oder Ende des Slots geschehen;

6) Kanalwechsel dürfen nur in gemäß der Belegungs-Bitmap freie Slots durchgeführt werden.

Eine ursprünglich im Verfahren enthaltene negative Quittung, welche das zeitlich zuletzt festgestellte Ausbleiben einer erwarteten Sendung meldet, wurde nach Analyse der ersten Simulationsergebnisse wieder verworfen. Es stellte sich kein signifikanter Gewinn durch diesen Mechanismus ein. Zur Sicherung der Übertragung durch einen Quitttungsmechanismus muß demnach ein intelligenteres Link-Protokoll verwendet werden, wie es u.a. in [Krem-91] untersucht wird.

Bezüglich der Sicht des Kanals, welche eine Station besitzt, ist folgendes wichtig:
Die in den Bitmaps gespeicherten Belegungsinformationen beziehen sich auf eine lokale Rahmensicht. Dies bedeutet, daß jede Station eine bestimmte Lage des Rahmens als gegeben annimmt. Für das hier betrachtete Verfahren beginnt ein Rahmen für jede Station immer mit der eigenen Sendung. Die unterschiedliche Sicht in verschiedenen Stationen ist für AC/ID+ /TM unwesentlich, da keine Kanalbelegungs-Informationen ausgetauscht werden.

Um die Sicht einer Station zu verdeutlichen, wird in Bild 2 ein Beispiel gegeben. Im oberen Teil sind alle Pakete im Empfangs- und Interferenzbereich der Station 1 auf der Zeitachse aufgetragen. Der untere Teil zeigt mögliche Pegelzustände. Durch die Sende-/Empfangs-Hardware werden Empfangs-

und Meßpegel festgelegt. Entsprechend der Pegelkonstellation empfängt eine Station dann entweder Pakete korrekt (siehe mittlerer Teil) oder mißt evtl. einen Signalpegel. Die Bitmaps der Station 1 im Beispiel lassen sich dann angeben.

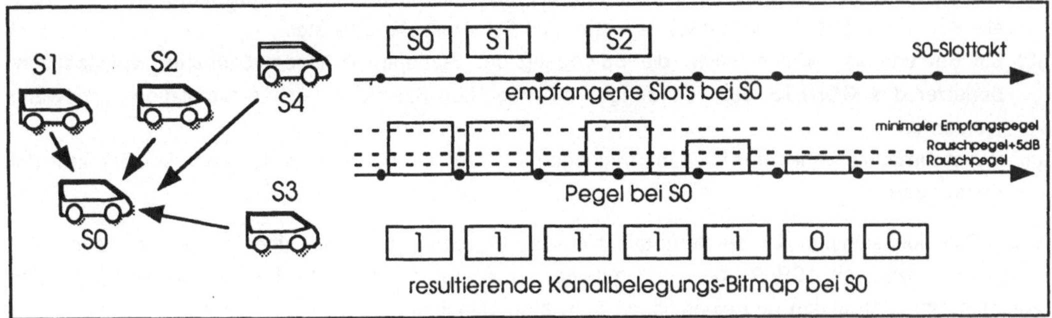

Bild 2:   Die beiden "Bitmaps" des Kanalzugriffsverfahrens AC/ID+ / TM

3. Die Simulationsumgebung MONET3

Bei der Beschreibung der neuartigen Anwendungen und der dafür entwickelten Verfahren wurde schon auf die besonderen Umstände und Probleme hingewiesen, die sich daraus ergeben. Die Entwicklung eines neuen Simulationssystems war notwendig, da kein vorhandenes Werkzeug die realitätsnahe Untersuchung mobiler Datenfunknetze erlaubte. Im folgenden werden die Charakteristika und Besonderheiten dieses Systems herausgestellt (siehe auch [HoHS-90],[HoSc-90]).

3.1 Überblick

MONET3 ist ein ereignisgesteuertes Simulationstool, welches speziell zur Simulation mobiler Funknetze entwickelt worden ist. Kernelemente eines solches Systems sind die simulierte Umgebung und das Kommunikationssystem. Die Umgebung legt fest, welche Szenarien möglich sind und wie sich Stationen in einem solchen Szenario bewegen. Das Kommunikationssystem wird bestimmt durch die Struktur des Funkkanals und das Verhalten der Protokolle. MONET3 erlaubt die Simulation eines vollständigen Protokollstacks inklusive Applikationen.Das System bietet dem Protokollentwickler ein Werkzeug zur Leistungsbewertung von Kommunikationsprotokollen. Dies setzt eine einfache Integration von Protokollen voraus, ohne das der Entwickler mit den Interna des Simulationssystems vertraut sein muß. Dazu wird eine exakte Schnittstelle zwischen den Protokollen und dem Simulator, der die physikalische Schicht des Netzes repräsentiert, definiert. Werkzeuge zur Auswertung eines Simulationslaufes werden zur Verfügung gestellt. Eine allgemeine Statistik wird stets vom Simulator geführt, der Entwickler kann aber zusätzlich protokollspezifische Statistikfunktionen integrieren, so daß eine genaue Leistungsbewertung des Systems ermöglicht ist. Das MONET3 System realisiert eine echte Datenübertragung über das simulierte physikalische Medium, dabei sind Sendungen unterschiedlicher Länge erlaubt. Bei der Übertragung eines Datums durch eine Applikation, oder durch ein Protokoll, wird der darunterliegende benutzte Protokollstack vollständig passiert. An die Struktur der Protokolle werden, abgesehen von fest definierten Schnittstellen, keine Einschränkungen gemacht.

3.2 Aufbau

Das MONET3 System setzt sich aus drei Funktionseinheiten zusammen (siehe Bild 3):

(a) Kontrollmodule steuern die Simulation, d.h. sie kontrollieren den Ereignisfluß, berechnen die aktuelle Konnektivität des Funknetzes, ermitteln die Systemauslastung etc..

(b) Ein Bewegungsmodul simuliert die Bewegung der Stationen in einem Szenario, welches vom Benutzer des MONET3, aus der Menge von möglichen Szenarien, für die Simulation ausgewählt worden ist.

(c) Protokollmodule generieren die Übertragungen im Netz, sie bestimmen Zeitpunkt und Struktur der Sendungen.

Diese Funktionseinheiten laufen als unterschiedliche Prozesse ab, welche über das Socket Layer lokal transparent bzw. mit TCP/IP über Netz miteinander kommunizieren. Die Module der ersten beiden Funktionseinheiten bilden den eigentlichen Simulator. Unabhängig davon arbeiten die Protokollmodule. Die Interaktion zwischen allen Funktionseinheiten findet stets über genau definierte Schnittstellen statt. Die Kontrollmodule reagieren auf eine Übertragung, indem sie die Stationen ermitteln, welche die Sendung empfangen haben, und rufen dann nur für diese Stationen die Protokollmodule auf. Zusätzlich zu der Möglichkeit Daten zu empfangen und zu senden, können die Protokollmodule Zeitmarken setzen, die es ihnen ermöglichen, bei Erreichen der Marke das bisherige Netzgeschehen auszuwerten und darauf zu reagieren.

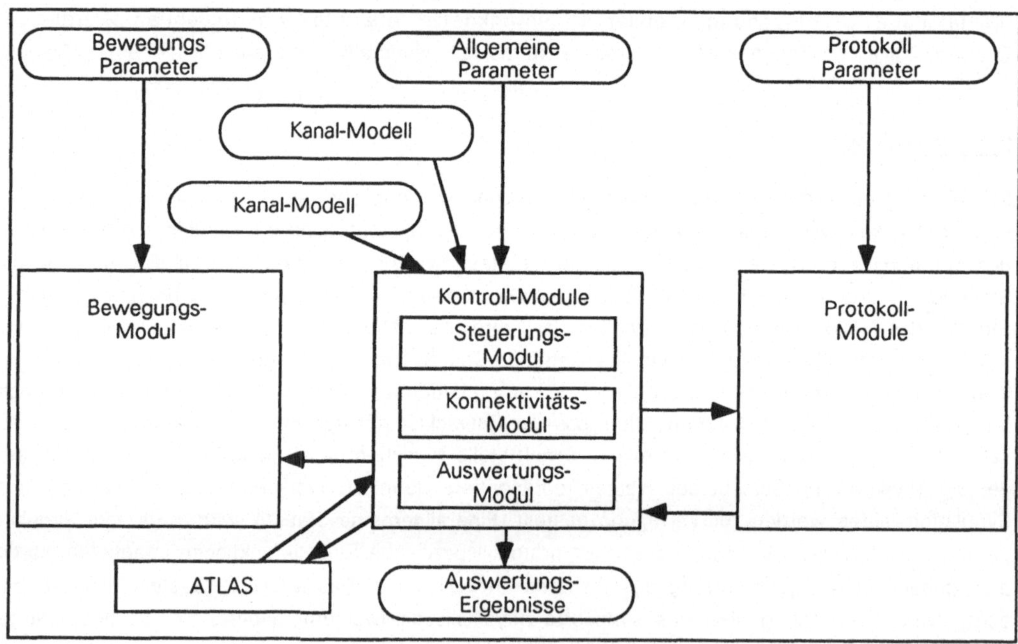

Bild 3: Struktur der MONET3 - Simulationsumgebung

3.2.1 Die Kontrollmodule

Die Kontrollmodule setzen sich zusammen aus dem Steuermodul, dem Konnektivitätsmodul und dem Auswertungsmodul.

Das Steuermodul initiiert die Simulation durch Einlesen der Parameter und Aufruf aller Initialisierungsroutinen. Es erzeugt zu regelmäßigen Zeitpunkten Bewegungsereignisse, zu denen das Bewegungsmodul die neue Position der Station im Simulationsfeld bestimmt. Nach der Bewegung einer Station wird vom Konnektivitätsmodul die aktuelle Netzkonnektivität berechnet. Liegt ein Protokollereignis vor, so werden die Protokollmodule über die Protokollschnittstelle aufgerufen. Das Steuermodul benutzt zur Verwaltung der Ereignisse die ATLAS Funktionsbibliothek (Analysis-Tool for Local Area Network Simulation), die ebenfalls am Lehrstuhl für Informatik IV der RWTH Aachen entwickelt wurde [Davi-90].

Das Konnektivitätsmodul unterhält in Abhängigkeit der Netzkonnektivität und der Sendeaktivität der Stationen zwei Matrizen: Die Konnektivitätsmatrix und die Kanalmatrix. Für je zwei Stationen des Netzwerkes werden Abstand und Sende-, Empfangswinkel berechnet. Anhand dieser Werte wird die Signalenergie ermittelt, die ein aktiver Sender bei einem Empfänger erzeugt und in die Konnektivitätsmatrix eingetragen. Im Falle einer Sendung wird anhand der Werte der Konnektivitätsmatrix die bei einem Empfänger tatsächlich erzeugte Signalsumme in der Kanalmatrix aktualisiert. Daraus wird für jede Sendung und jedes Sender/Empfänger-Paar das Signal-zu-Rausch-Verhältnis berechnet. Mit diesem Wert wird ermittelt, ob eine Station eine Sendung erfolgreich empfangen hat, oder nicht.

Die Konnektivität des Netzwerkes hängt stark von der Struktur des physikalischen Kanals ab. Der Funkkanal wird im MONET3 System spezifiziert durch Frequenz, Sendeleistung und Antennencharakteristik. Die aktuelle Ausbaustufe des MONET3 erlaubt die Frequenzen 6GHz und 60GHz sowie Rund- und Richtantennen. Zusätzlich kann zum Test eines Protokolles auch ein idealer Kanal gewählt werden, der ein voll vermaschtes Netz liefert. Das zugrundeliegende theoretische Modell des Funkkanals wurde von [BiSL-90] und [Pick-83] übernommen. Die Verwendung mehrerer Kanäle, d.h. mehrerer Frequenzen, ist möglich.

Das Auswertungsmodul wird nach jeder Sendung aufgerufen und ermittelt, welche Station das Paket korrekt empfangen hat und welche Station es vollständig oder nur teilweise zerstört erhalten hat. Anhand dieser Informationen können Aussagen über das Leistungsverhalten des simulierten Protokolles gemacht werden. Am Ende der Simulation werden die Statistiken ausgewertet, und dem Benutzer in einer Datei zur Verfügung gestellt, der er dann u.a. folgende Werte entnehmen kann:

- Paketdurchsatz
- Verteilung der Kollisionsauflösungszeiten, mit Mittel- und Maximalwert.
- Verteilung der Übertragungsdauer, mit Mittel- und Maximalwert
- Verteilung der korrekten Verbindungen einer Station, mit Mittel- und Maximalwert
- Verteilung der Nachbarn einer Station, mit Mittel- und Maximalwert
- Verteilung der Änderungen der Netzkonnektivität

3.2.2 Das Bewegungsmodul

Stationen werden bezüglich spezifischer Szenarien bewegt, u.a. Autobahn und Autobahnkreuz. Alle Modelle bilden eine geschlossene Welt nach, d.h. eine Station die das Simulationsfeld an einer Seite verläßt, betritt es sofort wieder an der gegenüberliegenden Seite. Diese Methode vermeidet zwar ungewünschte Effekte am Rand des Simulationsfeldes, liefert aber nicht die in der Realität auftretende Fluktuation durch Hinzukommen völlig neuer und Hinwegbewegen vorhandener Stationen oder Gruppen von Stationen. Dies wird dann zum Problem, wenn relativ kleine Simulationsfelder simuliert werden, da dort nach gewisser Zeit eine nahezu völlige Abstimmung aller simulierten Stationen auftreten kann. Daher wurde ein Verfahren implementiert, welches diese Fluktuation nachbildet. Ein Algorithmus der Graphentheorie bestimmt Zusammenhangs-Komponenten des zum Netzwerk gehörigen Konnektivitäts-Graphen [Carr-79]. Große Komponenten zerfallen mit bestimmter Wahrscheinlichkeit in kleinere, bis schließlich eine Menge von Stationsgruppen berechnet ist. Hierdurch ist es möglich, daß nicht nur einzelne Stationen sonder auch ganze Stationsgruppen ihr Verhalten in bestimmter Weise ändern. Dieser Mechanismus wurde z. B. bei der Simulation der Synchronisations-Verfahren verwendet, um zum einen Sync.-Fehler einzelner Stationen (d.h. Uhren-Fehler), zum anderen das Driften der Synchronisation ganzer Gruppen zu simulieren.

3.2.3 Die Protokollmodule

Die Protokollmodule setzen sich zusammen aus einem Schnittstellenmodul, welches die Verbindung zwischen dem Simulatorkern und dem MAC-Protokoll herstellt, und den Modulen des eigentlichen Protokollstacks. Das Schnittstellenmodul realisiert die Abstraktion von der globalen Netzwerksicht im Simulatorkern zur lokalen Sichtweise eines Netzwerk-Controllers in den Protokollen. Wenn ein Protokoll für das MONET3 System implementiert werden soll, so muß der Entwickler nur beschreiben, wie sich eine einzelne Station im Netz verhält, das Schnittstellenmodul sorgt dann dafür, daß diese Protokollfunktionen nur für die Stationen aufgerufen werden, die auch wirklich betroffen sind. Die Kommunikation zwischen benachbarten Protokoll-Schichten findet über wohldefinierte Dienstprimitve statt, wie z.B. PHY.DATA.REQUEST, PHY.DATA.CONFIRM, PHY.DATA.INDICATION usw. Ein analoger Satz von Primitiven realisiert die Kommunikation anderer benachbarter Protokoll-Schichten.

Den Abschluß des Protokollstacks bildet die Applikation, in der die Pakete generiert und verarbeitet werden.

4. Ergebnisse der Leistungsbewertung

Die Synchronisations-Verfahren LRS und TMS wurden mittels kombinatorischer Methoden und Simulation mit MONET3 verglichen (s. 4.1). Das Kanalzugriffs-Protokoll AC/ID+ / TM wurde bisher nur simulativ bewertet. Die Ergebnisse zu finden sich in Kapitel 4.2.

4.1 Synchronisations-Verfahren LRS und TMS

4.1.1 Mathematische Überlegungen

Das zugrundeliegende Netzwerk wird als dynamischer ungerichteter Graph aufgefaßt. Kanten zwischen zwei Stationen A und B entsprechen der Beziehung "A empfängt B $\wedge$ B empfängt A". Eine Zusammenhangskomponente des Graphen heißt Fahrzeuggruppe. Eine voll vermaschte Teilmenge einer Fahrzeuggruppe heißt einfach. Ist eine Fahrzeuggruppe einfach, so wird sie im folgenden als eine abgeschlossene Fahrzeuggruppe bezeichnet.

Die Modellierung des Systems basiert zusätzlich auf folgenden vereinfachenden Annahmen:

1) Es treffen sich nur zwei abgeschlossene Fahrzeuggruppen G1 und G2. G1 enthalte k Stationen und G2 m Stationen. Beide Gruppen sind in sich synchron, aber differieren untereinander in ihrer Synchronisation. Die Synchronisationspunkte der beiden Gruppen seien zufällig gewählt.

2) Eine optimale Slotvergabe liegt vor, d.h. es liegen vor und während des Zusammentreffens der Gruppen keine Kollisionen vor und bei der Neusynchronisation nach Zusammentreffen kommt es zu keinen Kollisionen.

3) Nach Zusammentreffen der beiden Gruppen bleibt der Graph eine genügend lange Zeit stabil, d.h. es kommt während der Neusynchronisation zu keinen Konnektivitätsänderungen.

4) Jede Station sendet in einem Rahmen genau einmal.

Die Begegnung zweier abgeschlossener Gruppen kann zu vielfältigsten Szenarien führen. Die beiden einfachsten werden im folgenden einer Untersuchung unterzogen.

<u>Szenario 1</u>: Die beiden abgeschlossenen Fahrzeuggruppen überlagern sich sofort nach Zusammentreffen zu einer abgeschlossenen Fahrzeuggruppe.

a) Verhalten bei LR Synchronisation:

Die erste Station, die nach Begegnung der Gruppen sendet, entscheidet über den benutzten Synchronisationspunkt, d.h. jede weitere Station wird synchron zu dieser ersten senden. Die Synchronisation ist also in jedem Fall nach dem ersten Rahmen abgeschlossen.

b) Verhalten bei TM Synchronisation:

Hierbei gilt es die Größen der Gruppen zu berücksichtigen.

b.1) $k > m$: Die erste Station aus G1 wird mit Gewicht $(k - 1)$ senden, womit jede Station aus G2 dann den Synchronisationspunkt von G1 mit einem Gewicht $\geq (k - 1)$ benutzt. Entscheidend dafür, daß der erste Rahmen nach Überlagerung bereits synchron ist, ist nur die Frage ob aus der Gruppe G1 oder aus G2 zuerst gesendet wird.

Bezeichne die Zufallsvariable N die Zahl der Rahmen ab Überlagerung bis die Synchronisation abgeschlossen ist, d.h. alle Stationen sendeten synchron zueinander, die übertragenen Gewichte waren groß genug um diesen Synchronisationspunkt zu verteidigen und keine Station mußte sich durch Würfeln für einen Synchronisationspunkt entscheiden. Dann ergibt sich:

$$P(N=1) = \frac{k}{m+k} \; ; \quad \text{eine Station aus G1 sendet als erste mit Gewicht } (k-1) \text{ und entscheidet so die Synchronisation aller Stationen aus G2.}$$

$$P(N=2) = \frac{m}{m+k} \; ; \quad \text{eine Station aus G2 sendet als erste, der erste Rahmen nach Zusammentreffen ist also noch asynchron, obwohl in diesem Rahmen die Mehrheitsentscheidung durch das Gewicht von G1 gefallen ist.}$$

b.2) $k = m$: Da kein Mehrheitsverhältnis vorliegt müssen die Stationen durch einen Zufallsprozess ein stärkeres Gewicht eines der beiden Synchronisationspunkte erzwingen. Mit obiger Spezifikation von TM ist die Zufallsvariable N dann wie folgt verteilt:

$$P(N=1) = 0; \quad \text{der erste Rahmen kann zwar durchaus synchron sein, aber mindestens eine Station mußte sich zufällig für einen Synchronisationspunkt entscheiden.}$$

$$P(N = 2) = \sum_{i=1}^{2k+1} \frac{1}{2^i} = 1 - \frac{1}{2^{2k-1}} \quad ; \quad \text{da die erste Station, die sendet, noch nichts von einer Neusynchronisation weiß.}$$

$$P(N = i) = 2\left(\frac{1}{2^{2k}}\right)^{i-2}\left(1 - \frac{1}{2^{2k}}\right)$$

$$E(N) = 2\left(1 - \frac{1}{2^{2k-1}}\right) + \sum_{i=3}^{\infty} 2i\left(\frac{1}{2^{2k}}\right)^{i-2}\left(1 - \frac{1}{2^{2k}}\right) = E(2M+2) - 2 = 2\frac{2^{2k}}{2^{2k}-1} \approx 2,$$

wobei M geometrisch verteilt ist mit Parameter $1 - \dfrac{1}{2^{2k}}$.

Im voll vermaschten Szenario zeigt sich die einfache LR Synchronisation also als optimal, was auf den ersten Blick ein Widerspruch zu den folgenden Simulationen zu sein scheint. Im Regelfall liegt diese ideale Situation aber nicht vor und bei nicht voll vermaschten Netzen lohnt sich die Investition in die Eigenintelligenz des TM Verfahrens, wie folgende Überlegung zeigt.

Szenario 2: Die zwei abgeschlossenen Fahrzeuggruppen treffen sich und bilden eine neue Fahrzeuggruppe bestehend aus drei einfachen Fahrzeuggruppen. Die verbindende Gruppe enthalte dabei nur zwei Stationen S1 und S2, wie Bild 4 illustriert.

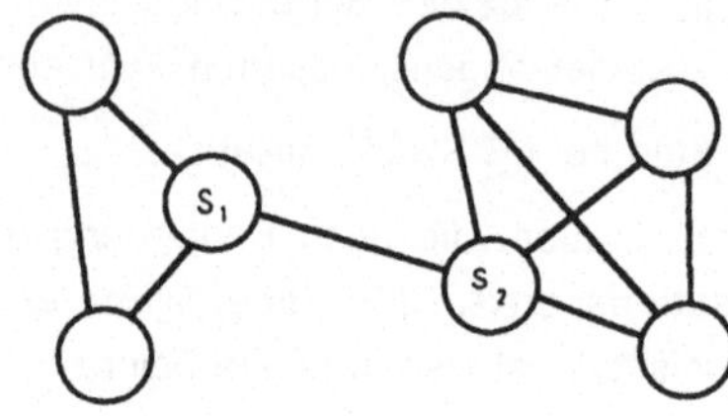

Bild 4: Szenario 2, Beispiel

a) LR Synchronisation

Ist die Sendereihenfolge im Rahmen so gewählt, daß direkt vor S1 eine andere Station aus G1 sendet und direkt vor S2 eine Station aus G2 sendet, so kann LRS dieses Netzwerk nicht synchronisieren, die Stationen aus G1 und G2 behalten ihren alten Synchronisationspunkt bei. Insgesamt ergibt sich

$$P(\text{keine Synchronisation möglich}) = \frac{k-1}{k}\,\frac{m-1}{m}.$$

b) TM Synchronisation

b.1) k > m: Spätestens im dritten Rahmen nach Begegnung der Gruppen ist die Synchronisation in jedem Fall abgeschlossen.

b.2) k = m: Hierbei muß die neue Synchronisation wieder durch einen Zufallsprozess entschieden werden, wobei nur entscheidend ist, wann sich S1 oder S2 für eine Neusynchronisation entschieden haben.

$$P(N = 3) = \frac{1}{2};$$

im ersten Rahmen wurde zugunsten einer Neusynchronisation gewürfelt, und im dritten Rahmen hat sich dieser Synchronisationspunkt etabliert.

$$P(N = i) = \frac{1}{2}\left(1 - \frac{3}{4}\right)^{i-4}\frac{3}{4} \quad (i > 3);$$

erst im i-ten Rahmen Rahmen hat sich eine der beiden Stationen S1 oder S2 zugunsten des anderen Synchronisationspunktes entschieden

$$E(N) = E\left(\frac{3}{2}M + \frac{3}{2}\right) + \frac{3}{2} = 5$$

wobei M geometrisch verteilt ist mit Parameter $\dfrac{3}{4}$.

Wesentlich ist, daß TM in jedem Fall zu einem synchronen Netzwerk führt. Betrachtet man das realistischere Szenario 2, so kann LR die Synchronisation mit hoher Wahrscheinlichkeit nicht erreichen. Die Wahrscheinlichkeit, daß LR in diesem Fall nicht synchronisiert, ist erst nach vollständigem Verschmelzen der Gruppen gleich 0.

Zu untersuchen sind noch komplexere Szenarien, dies würde aber den Rahmen sprengen.

4.1.2   Simulation

Die beiden Verfahren wurden im Simulator verglichen. Folgende Parameter wurden gewählt:

- 60 GHz Kanal, zweiseitige Richtcharakteristik der Antenne, 1 Mbit/s Datenrate
- Autobahnkreuz-Szenario, 100 km² Größe
- Paketlänge 0,0004 sek., entspr. 400 bit
- mittlere Paketrate pro Station: 10/sek.
- Sync.-Fehlerraten (s. 3.): 0,1 Uhrenfehler pro sek., 1 neue Sync.-Gruppe pro sek.
- Sync.-Differenz Δs_{max} = 0,000001, entspr. 1 bit

Der Vergleich der beiden Verfahren, in Bild 5 angegeben, zeigt die Schwächen des primitiven LRS Verfahrens. Bei höheren Lasten sinkt der Durchsatz im Vergleich zu TMS stark. Dies bestätigt die Betrachtungen aus 4.1.1 und rechtfertigt den höheren Aufwand von TMS.

Allerdings sagt dieses Ergebnis noch nichts über die Leistungsfähigkeit von TMS an sich aus. Hierzu wurde TMS mit 'Pure ALOHA' und 'Slotted ALOHA' als Referenz verglichen, wobei der Kanalzugriff bei allen drei Verfahren identisch implementiert wurde. Pure ALOHA arbeitet völlig asynchron, wohingegen Slotted ALOHA eine perfekte Synchronisation voraussetzt.

Bild 6 zeigt, daß die Leistungsfähigkeit von TMS nahezu an die einer perfekten Taktung heranreicht. Für ein ALOHA System wäre demnach keine globale, d.h. zentrale Taktung erforderlich. Dieses Ergebnis ist für ein relativ einfaches Verfahren wie TMS überraschend und erfreulich. Hinzu kommt, daß selbst bei weit höheren Synchronisations-Fehlern noch eine gute Leistung erreicht werden kann. Dies haben weitere Simulationen gezeigt.

4.2   Kanalzugriffsverfahren AC/ID+ /TM: Simulationsergebnisse

Zur Simulation von AC/ID+ / TM wurden die gleichen Parameter gewählt, wie in 4.1.2 . Um den Wert einer genauen Signalmessung zu bestimmen, wurden verschiedene Meßgenauigkeiten simuliert. Es zeigt sich hierbei, daß erwartungsgemäß die genaueste Messung (5 dB über dem Rauschen) schlechteren Messungen vorzuziehen ist. Dies ermöglicht einen größeren Harmonisierungsradius, da eine Abstimmung des Kanalzugriffs mit noch weiter entfernten Stationen möglich ist. Bilder 7 bis 9 zeigen diesen Effekt.

Zu beachten ist die Leistungssteigerung im Vergleich zu TMS-ALOHA (s. 4.1.2, Bild 6), welche in Bild 8 zu erkennen ist. Der Paketdurchsatz läßt sich bei höheren Lasten um nahezu 40 % steigern.

Für die zu Anfang beschriebenen Anwendungen spielt neben dem Durchsatz die Dauer bis zu einer erfolgreichen Übertragung eine entscheidende Rolle. Die Untersuchung des Echtzeitverhaltens von AC/ID+ / TM zeigt, daß bei 5 dB Messungen die Mittelwerte der Übertragungsdauer im Kollisionsfall unter 2 Rahmen liegen (Bild 9). Die 99% Percentile zeigen allerdings, daß eine Übertragung mit dieser Sicherheit bei geringen Lasten recht lange dauern kann (Bild 7).

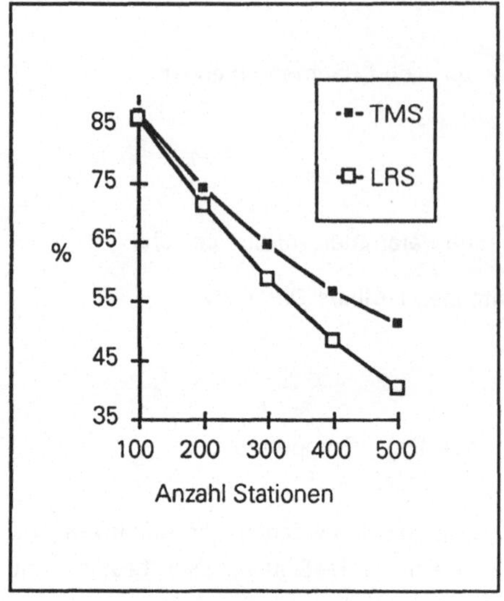

Bild 5: Paketdurchsatz der Synchronisations-Verfahren

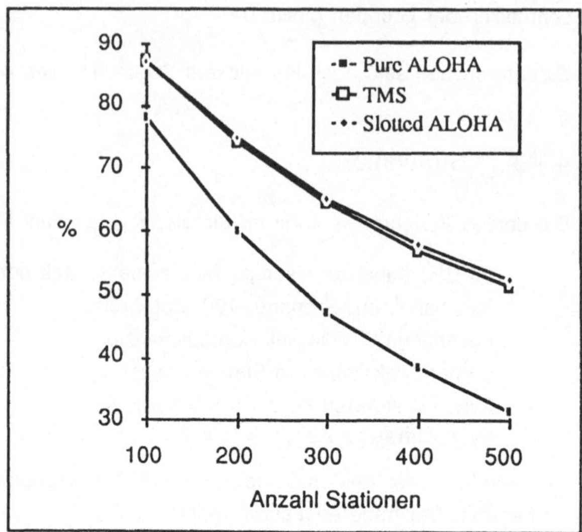

Bild 6: Paketdurchsatz; TMS im Vergleich zu Pure und Slotted ALOHA

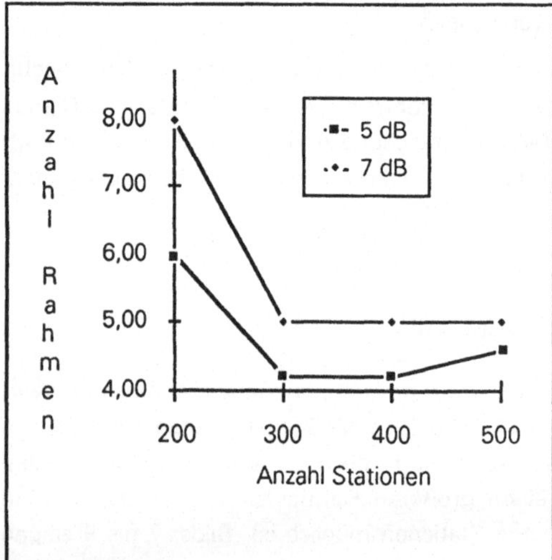

Bild 7: AC/ID+ / TM 99% Percentile der Übertragungsdauer im Kollisionsfall

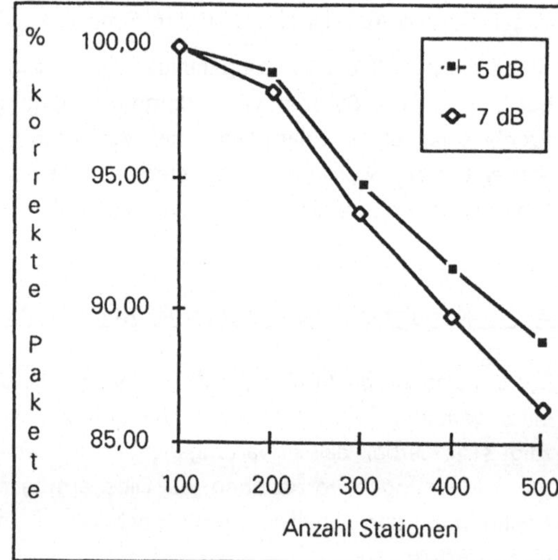

Bild 8: AC/ID+ / TM Paketdurchsatz

Auf den ersten Blick scheinen die schlechten Werte für geringe Lasten verwunderlich. Genauere Untersuchungen haben allerdings gezeigt, daß hierbei die Wahrscheinlichkeit von Kollisionserkennungen durch dritte Stationen im Falle von 'versteckten Stationen' so gering ist, daß häufige Folge-kollisionen auftreten. Dies führte zu einer Modifikation des Protokolls durch Hinzufügen eines weiteren Mechanismus: Bei geringen Lasten wird mit einer Wahrscheinlichkeit, die sich aus dem Verhältnis belegter zu unbelegter Slots ergibt, ein zufälliger Slotwechsel vorgenommen. Hierdurch konnte ein erhebliche Verbesserung des Leistungsverhaltens erreicht werden (Bild 10). Es zeigt sich bei dieser Variante sogar das erwartete bessere Verhalten bei geringen Lasten.

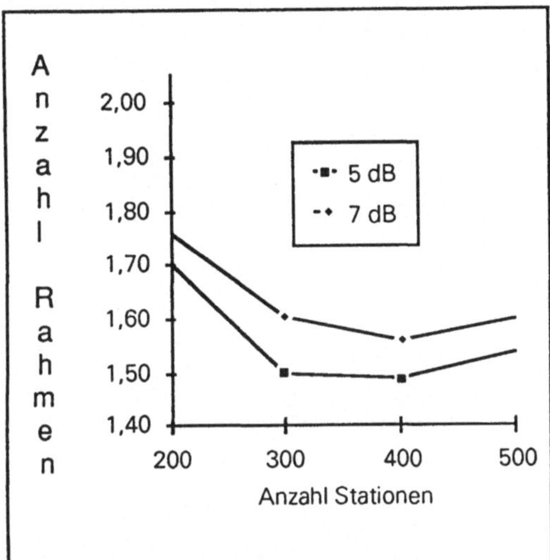

Bild 9: AC/ID+ / TM Mittelwerte der
Übertragungsdauer im Kollisionsfall

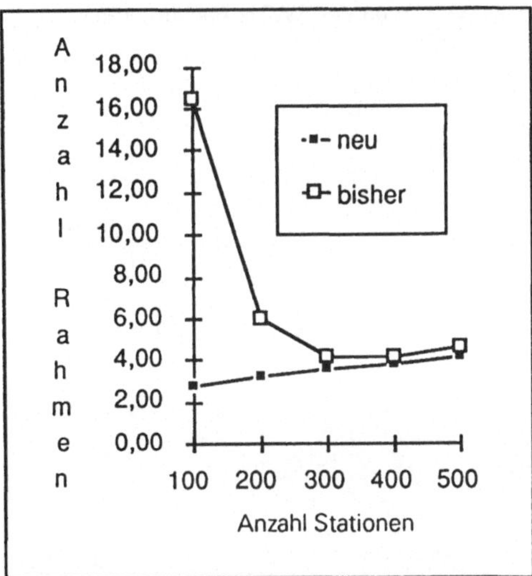

Bild 10:   AC/ID+ / TM mit lastabhängigem
Slotwechsel; 99% Percentile der
Übertragungsdauer im Kollisionsfall im
Vergleich zum bisherigen Verfahren

Literatur

[BiSL-90] H. Bischl, W. Schäfer, E. Lutz: "A Model for the Calculation of the Packet Error Rate with Regard to the Antenna Pattern", DLR Oberpfaffenhofen, Institut für Nachrichtentechnik (Internes Dokument), 1990

[Carr-79] B. Carré: Graphs and Networks, Clarendon Press, Oxford 1979

[Davi-90] P. Davids: "ATLAS - Analysis-Tool for Local Area Network Simulation", Software Dokumentation v. 4.0 (Internes Dokument), RWTH Aachen, Informatik IV, 1990

[HeWa-90] T. Hellmich, B. Walke, "Highly reliable channels for short-range mobile radio networks", Proc. 10th ICCC '90, New Dehli, Indien, Nov. 1990

[HüJR-91] D. Hübner, K. Jakobs, F. Reichert: Taking Advantage of the Disadvantage: Interference Detection for Improved Decentral Radio Channel Access, Proc. 41st IEEE Veh. Techn. Conference, May 1991

[Math-90] R. Mathar: Concurrence Probabilities for a Locally Slotted Packet Radio Network by Combinatorial Methods, Aachener Informatik-Berichte Nr. 90-25, ISSN 0935-3232

[MaRü-88] A. Mann, J. Rückert: Concurrent Slot Assignment Protocol for Packet Radio Networks, INDC-88 Conf. Proc. Information Network and Data Processing, Kopenhagen 1988

[HoHS-90] S. Hoff, D. Hübner, A. Scunio: "Mobile Network Simulator Version 3, Short Description" (Internes Dokument), RWTH Aachen, Informatik IV, 1990

[HoSc-90] S. Hoff, A. Scunio: "Mobile Network Simulator Version 3, Software Documentation" (Internes Dokument), RWTH Aachen, Informatik IV, 1990

[Pick-83] R.A. Pickens: "Computer Communication, Introduction to Wideband Transmission Media (chapters 5,6,7)", Prentice-Hall International, 1983

[TaGo-91] S. Tabbane, P. Godlewski, "Synchronization Algorithm for Framed Random Access Protocols", Proc. 41st IEEE Veh. Techn. Conference, May 1991

[Krem-91] We. Kremer, "Realistic Simulation of a Broadcast Protocol for an Inter Vehicle Communication System", 41st IEEE Veh. Techn. Conference, May 1991

[Reic-91] F. Reichert, "Dezentrale Koordination mobiler Stationen in Datenfunknetzen", Dissertation an der RWTH Aachen, 1991

EIN QUITTIERUNGSVERFAHREN FÜR
MULTI–HOP PAKETFUNKNETZE

Volker Brass

DETECON PDM 387

Zusammenfassung

In diesem Beitrag wird ein Mehrfach–Quittierungsverfahren vorgestellt, daß sich für Punkt–zu–Punkt und Punkt–zu–Mehrpunkt Kommunikation in multi–hop Paketfunknetzen eignet. Aufgrund der Annahme rundstrahlender Antennen können alle Stationen durch Mithören von Übertragungen benachbarter Stationen zuverlässig, trotz häufig gestörter Empfangsumgebung, den (Miß–)Erfolg ursprünglich selbst übertragener Pakete erkennen. Das Verfahren wird in guter Näherung analytisch bewertet, und die Ergebnisse simulativ validiert. Es zeigt sich, daß bei Verwendung des Mehrfach–Quittierungsverfahrens ein doppelt so hoher Durchsatz und ein wesentlich besseres Zeitverhalten erreicht wird, als mit bisher bekannten Verfahren. Das Mehrfach–Quittierungsverfahren ist unabhängig vom Zugriffsprotokoll anwendbar. Die hier vorliegenden Berechnungen gelten für das S–ALOHA Protokoll.

Schlüsselwörter

Multi–Hop Paketfunknetze, S–ALOHA, Punkt–zu–Punkt/–Mehrpunkt Kommunikation, Quittierungsverfahren, Leistungsbewertung: mathematische Analyse und Simulation.

1. Einleitung

Bei Funkübertragung und Verwendung omnidirektionaler (rundstrahlender) Antennen liegen ähnliche Verhältnisse vor wie bei einem Bussystem: alle Stationen können potentiell jede Sendung empfangen. In multi–hop Funknetzen können, bedingt durch die begrenzte Sendereichweite, nur dem Sender benachbarte Stationen empfangen. Da im untersuchten Funknetz viele Pakete multi–hop über mehrere sequentielle Teilstrecken übertragen werden, können u.U. *implizite* anstatt *expliziter* Quittungen gewonnen werden. Beobachtet eine Station ein zuvor von ihr übertragenes Datenpaket, so weiß sie, daß ihre Übertragung erfolgreich war und gewinnt also eine implizite Quittung. Bei *vollvermaschten* Paketfunknetzen besteht diese Möglichkeit nicht, so daß dort explizite Quittungen erforderlich sind. Dies muß entweder auf *separaten* Quittungskanälen erfolgen, oder der für *Datenübertragungen verwendete Kanal* muß zusätzlich für Übertragungen von Quittungen genutzt werden. Die zusätzliche Netzbelastung durch explizite Quittungspakete im gleichen Kanal ist bereits untersucht worden. In [TOKL78] wird gezeigt, daß dabei unerwünschte Korrelationseffekte entstehen, die zu erheblicher Durchsatzminderung führen. In [ELSA83] wird eine Methode zur Gewinnung impliziter Quittungen für multi–hop kommunizierende Stationen beschrieben. Dieses Verfahren wird hier aufgegriffen und verbessert, vgl. [BRAS90].

2. Modellannahmen

Das untersuchte Paketfunknetz hat $n=50$ Stationen, die zur Vereinfachung der mathematischen Analyse *regelmäßig* auf einem Kreisbogen angeordnet sind, so daß sich für alle Stationen die gleiche konstante Zahl Nachbarn $N=4$, 6 oder 8 ergibt. Bild 2.1 zeigt das untersuchte Schleifennetz mit konstanter Zahl $N=4$ Nachbarn.

Die Stationen S_3, S_4, S_6, und S_7 bilden die 1–hop Nachbarschaft von S_5. Unter der Annahme homogener Verkehrsbeziehungen und einem sog. *shortest–path*–Routing, routen zu S_5 benachbarte Stationen jeweils die Hälfte ihres Verkehrsaufkommens über S_5, weil nur die Hälfte aller kürzesten Routen auf der geschlossenen Schleife über S_5 führt.

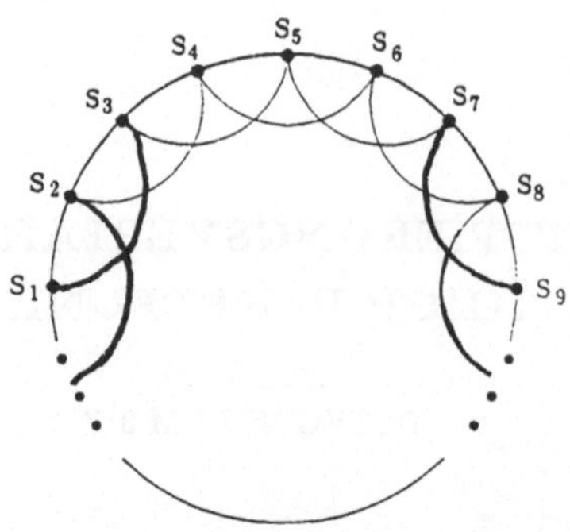

Bild 2.1: Ausschnitt aus einem geschlossenen Schleifennetz mit $N=4$ Nachbarn je Station; die Verbindungslinien (Bögen) bedeuten mögliche direkte (1–hop) Kommunikationsbeziehungen.

Das **Verkehrsaufkommen** ist für alle Stationen identisch angenommen und durch zwei Prozesse charakterisiert:

– Jede Station erzeugt in jedem Slot mit Wahrscheinlichkeit q_e eigene (Quell–) Pakete. Diese Pakete werden gemeinsam mit empfangenen, multi–hop weiterzuleitenden Relaispaketen in einer Sender–Warteschlange in Reihenfolge ihrer Ankunft (FCFS = First Come–First Served) abgelegt.

– Die in der Sender–Warteschlange vorhandenenen Relais– und Eigenpakete werden mit Wahrscheinlichkeit p in jedem Slot übertragen. Dieser Prozeß ist nur wirksam, wenn in der Sender–Warteschlange mindestens ein Paket vorhanden ist. Nach dem 1. Übertragungsversuch wird eine Kopie des Paketes in einen stationslokalen Sicherungspuffer abgelegt. Jede Station aktiviert parallel zu jedem Übertragungsversuch eine zeitliche Überwachung (Start eines Sender–time–outs, Länge $= m$ slot). Wenn eine Station innerhalb des time–outs eine Empfangsbestätigung erhält, wird das Paket aus dem Sicherungspuffer gelöscht; bei Ausbleiben der Quittung muß es erneut übertragen werden, vgl. Bild 2.2. q_r ist der Parameter des Verkehrsaufkommens, das zusätzlich als Relaisverkehr abzuwickeln ist.

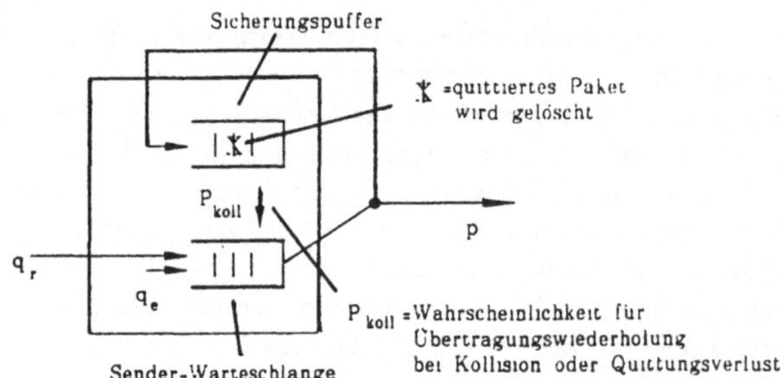

Bild 2.2: Modellierung des Verkehrsaufkommens mit Paket–Erzeugungswahrscheinlichkeit q_e, Empfangswahrscheinlichkeit von Relaispaketen q_r und Paket–Übertragunswahrscheinlichkeit p (jeweils pro Slot).

Die Einführung der **Paket–Erzeugungswahrscheinlichkeit** q_e erlaubt, das Verkehrsaufkommen der Stationen realitätsnäher zu modellieren, als mit der sonst in der Literatur üblichen heavy–load Annahme, bei der alle Stationen unabhängig voneinander ständig über genau ein zu übertragendes Paket verfügen. Mit der heavy–load Annahme konnten Leistungskenngrößen bislang nur in der lokalen 1–hop Umgebung einer Station berechnet werden, vgl. [GOBR87], [KLSI78], [TAKL85]. Bei multi–hop Übertragung eines Paketes kann nicht mehr uneingeschränkt angenommen werden, daß das Verkehrsaufkommen der Stationen unabhängig voneinander ist. Jede erfolgreiche Übertragung zu einer Relaisstation veranlaßt diese, das empfangene Paket zur gewünschten Zielstation weiterzuleiten. Dadurch wird das von einer Quellstation erzeugte Paket sequentiell über Teilstrecken (multi–hop) zum Ziel übertragen.

Die **Verkehrsbeziehungen** der Stationen untereinander sind *homogen* angenommen, d.h. jede Station kommuniziert mit allen anderen $(n-1)$ Stationen im Netz gleichwahrscheinlich, evtl. über multi–hop Routen. Die Wahrscheinlichkeit, mit der eine Station mit einer bestimmten anderen Station kommuniziert, ist somit $1/(n-1)$.

3. ECHO–Quittierungsverfahren

Der Begriff ECHO bezeichnet den Empfang einer ursprünglich selbst abgestrahlten Sendung. Dabei gewinnt sie immer dann ein ECHO, wenn eine Relaisstation ihr dorthin übertragenes Paket empfangen hat und dessen Weitersenden beobachtet werden kann, vgl. [ELSA83]. Die prinzipielle Möglichkeit, ein ECHO zu erhalten und daraus eine ECHO–Quittung abzuleiten, kann man sich anhand folgenden Beispiels verdeutlichen. In Bild 3.1a kommuniziert S_1 über S_2 mit S_5. Station S_1 überträgt ihr Datenpaket zu S_2 und beobachtet für die Dauer eines festgelegten Sender–time–outs die Übertragungen von S_2. Bei erfolgreichem Empfang des Paketes von S_1 ordnet S_2 das Paket gemäß der Abfertigungsreihenfolge FCFS in die eigene stationslokale Sender–Warteschlange ein.

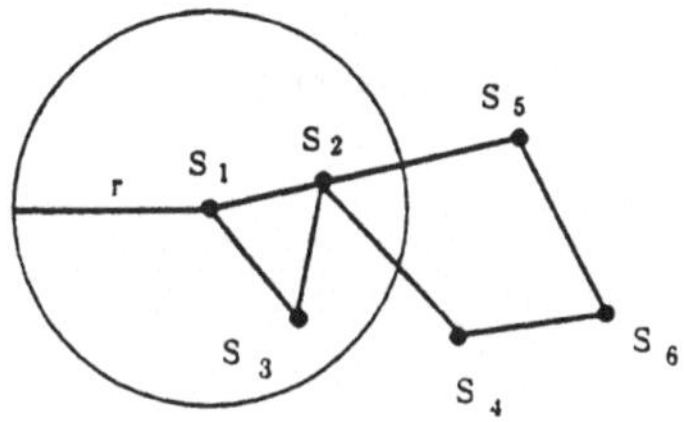
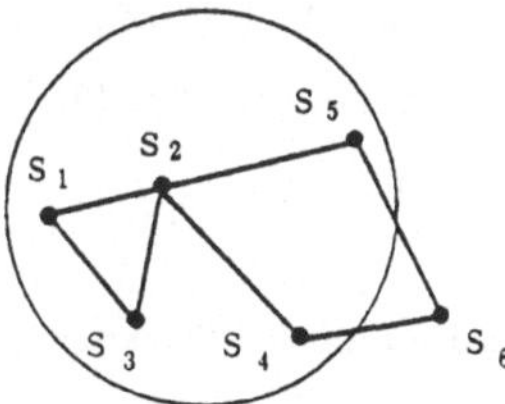

3.1a: Station S_1 sendet   3.2b: Station S_2 sendet

Bild 3.1: Beispiel für den Gewinn einer ECHO–Quittung.

Station S_2 überträgt eventuell zunächst früher angekommene Pakete, bevor das von S_1 erhaltene Paket gesendet wird. Wenn S_2 das von S_1 empfangene Paket zu S_5 überträgt, vgl. Bild 3.1b, kann S_1 bei erfolgreichem Mithören des *eigenen* Paketes implizit eine ECHO–Quittung gewinnen. Der Vorteil des Verfahrens liegt in seiner einfachen Realisierung ohne zusätzlichen Mehraufwand. Anstelle einer expliziten, wird durch das ECHO eine implizite Quittierung ermöglicht.

Nachteilig sind, daß:

- der Sender–time–out m ausreichend groß gewählt werden muß, damit auch bei evtl. gefüllter Sender–Warteschlange der Relaisstation S_2 die implizite Quittung noch abgewartet werden kann. Dies führt zu einer großen Zeitverzögerung pro Hop.
- bei erfolgloser Übertragung von S_1 zu S_2 keine Quittung gewonnen wird. Der gesamte Sender–time–out von m slot verstreicht, bevor eine Paketwiederholung erfolgen kann. Dies führt ebenfalls zu einer großen Zeitverzögerung pro Hop.
- im Falle einer mit der Relaisstation zeitgleichen Übertragung eines Nachbarn von S_1 oder von S_1 selbst, keine ECHO–Quittung gewonnen wird. Dann wird die Übertragung unnötig wiederholt, obwohl das Paket möglicherweise bereits von S_5 empfangen wurde. Mehrfach empfangene Pakete (Duplikate) müssen vernichtet und explizit quittiert werden.
- bei Empfang durch eine Zielstation die vorhergehende Station keine ECHO–Quittung erwarten kann, da das Paket nicht weitergereicht wird. Zielstationen müssen deshalb grundsätzlich ein explizites Quittungspaket übertragen.

Für die verkehrstheoretische Bewertung des ECHO–Verfahrens wird zunächst das Gesamtverkehrsaufkommen q_{sum} einer beliebigen Station, abhängig von der Zahl im Mittel benötiger Hops H bestimmt. Für regelmäßige Topologien mit endlicher Zahl Stationen n und konstanter Zahl Nachbarn N läßt sich sehr einfach die mittlere Zahl benötigter Hops $H_{n,N}$ für eine multi–hop Quelle–zu–Ziel Kommunikationsbeziehung angeben, vgl. [SIKL83]. Die Stationen werden dazu in Gruppen G_i zusammengefaßt, die jeweils eine Entfernung von i hops von einer betrachteten Station haben.

In Bild 2.1 bilden, ausgehend von S_5, die Stationen S_3, S_4, S_6 und S_7 die Gruppe G_1, die Stationen S_1, S_2, S_8 und S_9 die Gruppe G_2 usw. Jede Gruppe G_i besitzt genau $N{=}4$ Elemente. Bei insgesamt $n{=}50$ Stationen bildet lediglich die letzte Gruppe G_{13} eine Ausnahme, da sie nur eine Station enthält. Die Zahl $G_{n,N}$ vollständiger Guppen G_i beträgt allgemein:

$$G_{n,N} = \left\lceil \frac{n-1}{N} \right\rceil \tag{3.1}$$

wobei die Funktion $\lceil x \rceil$ die größte ganze Zahl kleinergleich x berechnet, hier $\lceil (49/4) \rceil = 12$. In der letzten Gruppe G_{k+1} befinden sich genau $((n-1) - G_{n,N} \cdot N)$ Stationen. Mit $K := G_{n,N}$ ergibt sich für die mittlere Zahl benötigter Hops:

$$\begin{aligned}
H_{n,N} &= \frac{1}{n-1} \cdot \sum_{i=1}^{K} i \cdot N + (K+1) \cdot ((n-1) - K \cdot N) \\
&= \frac{1}{n-1} \cdot \left[\frac{K \cdot (K+1)}{2} \cdot N + (K+1) \cdot ((n-1) - K \cdot N) \right].
\end{aligned} \tag{3.2}$$

So ergibt sich mit den Gln. (3.1) und (3.2) bei einem Schleifennetz mit $n{=}50$ Stationen und $N{=}4$ Nachbarn:

$$H_{50,4} = \frac{1}{49} \cdot \left[\frac{12 \cdot 13}{2} \cdot 4 + 13 \cdot (49 - 48) \right] = 6.63.$$

Entsprechend gilt für Schleifennetze mit $N{=}6$ und $N{=}8$:

$$G_{50,6} = 8 \quad H_{50,6} = 4.59$$
$$G_{50,8} = 6 \quad H_{50,8} = 3.57.$$

Aus der Zahl im Mittel benötigter Hops H kann das Gesamtverkehrsaufkommen q_{sum} einer beliebigen Station bestimmt werden. Aus jedem Eigen–Paket einer Station resultieren soviele sequentielle Übertragungen, wie die Route (in hops) lang ist, zusätzlich einem expliziten Quittungspaket.

$$q_{sum} = q_e + (H - 1) \cdot q_e + \text{explizite Quittung} = (H + 1) \cdot q_e \tag{3.3}$$

Das in Gl. (3.3) bestimmte Gesamtverkehrsaufkommen q_{sum} entspricht noch nicht dem tatsächlichen Gesamtverkehrsaufkommen q'_{sum}, das sich durch kollisionsbedingte Übertragungswiederholungen ergibt.
Eine Übertragung ist genau dann erfolgreich (kollisionsfrei), wenn der Empfänger und dessen Nachbarn nicht zeitgleich mit dem Sender übertragen.

$$P\{\text{Übertragung ist erfolgreich}\} = (1 - q_{sum})^N = P_{erf} \text{ bzw.} \tag{3.4}$$
$$P\{\text{Übertragung nicht erfolgreich}\} = 1 - (1 - q_{sum})^N = 1 - P_{erf}. \tag{3.5}$$

Für die Berechnung der mittleren Zahl erforderlicher Übertragungsversuche wird zunächst die Wahrscheinlichkeit $P\{W{=}k\}$ bestimmt, mit der ein Paket genau k Wiederholungen bis zur erfolgreichen Übertragung benötigt.

$$P\{W = k\} = (1 - P_{erf})^k \cdot P_{erf}$$

Für die mittlere Zahl Übertragungswiederholungen gilt:

$$\begin{aligned}
E[W] &= \sum_{k=1}^{\infty} k \cdot P\{W = k\} = \sum_{k=1}^{\infty} k \cdot (1 - P_{erf})^k \cdot P_{erf} \\
&= (1 - P_{erf}) \cdot \sum_{k=1}^{\infty} k \cdot (1 - P_{erf})^{k-1} \cdot P_{erf} = \frac{1 - P_{erf}}{P_{erf}}
\end{aligned} \tag{3.6}$$

Zur Bestimmung der mittleren Zahl Übertragungsversuche beim ECHO–Verfahren werden drei Stationstypen unterschieden:

1. *Quellstationen*
2. *Zielstationen*
3. *Relaisstationen*

Bei einer Übertragung bezeichne:
P die Wahrscheinlichkeit des Empfangs eines Paketes,
Q die Wahrscheinlichkeit des Empfangs einer impliziten Quittung,
E die Wahrscheinlichkeit des Empfangs einer expliziten Quittung.
Mit Wahrscheinlichkeit $1 - X$ (mit $X=P$, Q oder E) wird jeweils nicht empfangen.

1. Mittlere Zahl Übertragungsversuche einer *Quellstation*.

Mit Gl. (3.6) wurde bereits die mittlere Zahl Übertragungswiederholungen $E[W]$ ermittelt, um zu genau einer Nachbarstation (Empfänger) erfolgreich zu übertragen. Bei Übertragung eines Eigen–Paketes (von der Quellstation aus) muß die Übertragung nur von einer bestimmten Station, nämlich der 1. Relaisstation empfangen werden; es existiert keine beobachtende (auf Quittung wartende) Station. Für die mittlere Zahl Übertragungsversuche einer Quellstation $E[V_Q]$ gilt:

$$E[V_Q] = E[W] + 1 = \frac{1 - P_{erf}}{P_{erf}} + 1 = \frac{1}{(1 - q_{sum})^N} \tag{3.7}$$

2. Mittlere Zahl Übertragungsversuche einer *Zielstation*.

Die mittlere Zahl Übertragungsversuche, die bis zum Empfang einer expliziten Quittung erforderlich sind, setzt sich zusammen aus:

– der mittleren Zahl gesendeter expliziter Quittungen, und
– der mittleren Zahl mehrfach, wegen Verlust einer expliziten Quittung, zu wiederholenden Duplikate.

Bei Kollision einer expliziten Quittung geht die beim Beobachten gestörte vorletzte Station der betreffenden Route nach Ablauf ihres Sender–time–outs von einer erfolglosen Übertragung aus. Daraus resultieren $E[V_Q]$ weitere Übertragungsversuche der vorletzten Station, worauf die Zielstation jeweils erneut explizit quittiert. Für die mittlere Zahl Übertragungsversuche $E[V_Z]$, die bis zum Empfang einer expliziten Quittung erforderlich sind, gilt:

$$E[V_Z] = \sum_{k=1}^{\infty}(k + (k - 1) \cdot E[V_Q]) \cdot (1 - P_{erf})^{k-1} \cdot P_{erf}$$

$$= \sum_{k=1}^{\infty}(k + (k - 1) \cdot E[V_Q]) \cdot (1 - (1 - q_{sum})^N)^{k-1} \cdot (1 - q_{sum})^N \tag{3.8}$$

3. Mittlere Zahl Übertragungsversuche einer *Relaisstation*.

Im Falle einer Paketübertragung durch eine Relaisstation muß neben dem Empfänger (*vorwärts*) zugleich die beobachtende Station (*rückwärts*) empfangen, um eine implizit übertragene Quittung gewinnen zu können. Kann die implizit übertragene Quittung kollisionsbedingt nicht beobachtet werden, so erfolgt eine (unnötige) Übertragunswiederholung (Duplikat). Dieses Duplikat erfordert seinerseits u.U. mehrere Übertragungsversuche, und muß bei erfolgreichem Empfang explizit quittiert werden. Diese explizite Quittung kann ebenfalls kollidieren und das Duplikat wird erneut (unnötig) wiederholt usw. vgl. Gl. (3.8). Die mittlere Zahl erforderlicher Übertragungsversuche einer Relaisstation $E[V_R]$ beinhaltet:

– die mittlere Zahl Übertragungsversuche (*vorwärts*), bis das Paket der Vorgängerstation von der nachfolgenden Relais– bzw. Zielstation empfangen wird,
– die mittlere Zahl expliziter Quittungen, die aus dem Verlust der impliziten Quittung (*rückwärts*) resultieren, und
– die mittlere Zahl Übertragungsversuche von u.U. mehrfach gesendeten Duplikaten, die durch den Verlust der impliziten bzw. einer oder mehrerer expliziter Quittungen entsteht.

Folgende Fälle können unterschieden werden:

Fall 1: $P\{1.\ \text{Übertr. erfolgreich und impl. Quittung wird beobachtet}\} = P \cdot Q = P_{erf}^2$ \hfill (3.9)

Da beide Ereignisse statistisch unabhängig voneinander sind und sich gegenseitig nicht ausschließen, dürfen die Wahrscheinlichkeiten der Ereignisse multipliziert werden.

Fall 2: $P\{1.\ \text{Übertr. nicht erfolgr. und impl. Quittung wird beob.}\} = (1 - P) \cdot Q = (1 - P_{erf}) \cdot P_{erf}$

Unter der Annahme, daß das Paket beim 1. Übertragungsversuch kollidiert, gilt für die mittlere Zahl Übertragungsversuche bis zum Empfang des Paketes:

$$E[V_P \geq 2] = (1 - P) \cdot \sum_{k=2}^{\infty} k \cdot (1 - P)^{k-2} \cdot P = \sum_{k=2}^{\infty} k \cdot (1 - P)^{k-1} \cdot P$$

Da im betrachteten Fall die implizite Quittung bereits beim 1. Übertragungsversuch beobachtet werden konnte, gilt:

$$E[V \geq 2] = (1 - P) \cdot Q \cdot \sum_{k=2}^{\infty} k \cdot (1 - P)^{k-2} \cdot P = \sum_{k=2}^{\infty} k \cdot (1 - P_{erf})^{k-1} \cdot P_{erf}^2 \tag{3.10}$$

Fall 3: $P\{1.\ \text{Übertr. erfolgr. und impl. Quittung wird nicht beob.}\} = P \cdot (1 - Q) = P_{erf} \cdot (1 - P_{erf})$

Wird die implizite Quittung beim 1. Übertragungsversuch kollisionsbedingt nicht beobachtet, so überträgt eine beim Beobachten gestörte Station ihr Paket erneut. Dafür benötigt sie, genau wie eine Quellstation, $E[V_Q]$ Versuche, vgl. Gl. (3.7). Bei Empfang des Paketes erkennt die Relaisstation das Paket als Duplikat und sendet eine explizite Quittung. Kollidiert eine explizite Quittung, so resultieren erneut $E[V_Q]$ Übertragungsversuche. Für die mittlere Zahl gesendeter Duplikaten $E[V_D]$ bis zum Empfang einer expliziten Quittung gilt:

$$E[V_D] = (1 - Q) \cdot \sum_{k=1}^{\infty} k \cdot E[V_Q] \cdot (1 - E)^{k-1} \cdot E$$

So ergeben sich bei Kollision der impliziten Quittung beim mindestens $2 + E[V_Q]$ Übertragungen.
mit $P \cdot (1 - Q) \cdot E$ benötigt man genau $2 + E[V_Q]$ Übertragungen,
mit $P \cdot (1 - Q) \cdot (1 - E) \cdot E$ genau $3 + 2 \cdot E[V_Q]$ Übertragungen, usw.
Für die mittlere Zahl benötigter Übertragungsversuche gilt im betrachteten Fall:

$$E[V > 2] = P \cdot (1 - Q) \cdot \sum_{k=2}^{\infty}(k + (k - 1) \cdot E[V_Q]) \cdot (1 - E)^{k-2} \cdot E$$

$$= \sum_{k=2}^{\infty}(k + (k - 1) \cdot E[V_Q]) \cdot (1 - P_{erf})^{k-1} \cdot P_{erf}^2 \tag{3.11}$$

Fall 4: $P\{1.\ \text{Übertr. nicht erfolgr. und impl. Qtg. nicht beob.}\} = (1 - P) \cdot (1 - Q) = (1 - P_{erf})^2$

Die mittlere Zahl benötigter Übertragungsversuche, bis im betrachteten Fall sowohl das Paket erfolgreich weitergeleitet, als auch die explizite Quittung beobachtet wird, ergibt sich durch Summation der Erwartungswerte der Fälle 2 und 3.
Für die mittlere Zahl Versuche gilt hier:

$$E[V > 3] = (1 - P) \cdot (1 - Q) \cdot \left[\sum_{k=2}^{\infty} k \cdot (1 - P)^{k-2} \cdot P + \sum_{k=2}^{\infty}(k + (k - 1) \cdot E[V_Q]) \cdot (1 - E)^{k-2} \cdot E\right]$$

$$= \sum_{k=2}^{\infty} k \cdot (1 - P_{erf})^{k} \cdot P_{erf} + \sum_{k=2}^{\infty}(k + (k - 1) \cdot E[V_Q]) \cdot (1 - P_{erf})^{k} \cdot P_{erf} \tag{3.12}$$

Mit den Gln. (3.9), (3.10), (3.11) und (3.12) läßt sich die mittlere Zahl Übertragungsversuche einer Relaisstation angeben:

$$E[V_R] = P_{erf}^2 + \sum_{k=2}^{\infty} k \cdot (1 - P_{erf})^{k-1} \cdot P_{erf}^2 + \sum_{k=2}^{\infty}(k + (k - 1) \cdot E[V_Q]) \cdot (1 - P_{erf})^{k-1} \cdot P_{erf}^2$$

$$+ \sum_{k=2}^{\infty} k \cdot (1 - P_{erf})^k \cdot P_{erf} + \sum_{k=2}^{\infty}(k + (k - 1) \cdot E[V_Q]) \cdot (1 - P_{erf})^k \cdot P_{erf} \tag{3.13}$$

Die mittlere Zahl Übertragungsversuche einer *beliebigen* Station ergibt sich aus der Wahrscheinlichkeit, mit der eine Station Quell–, Relais– bzw. Zielstation ist. Nach Gl. (3.3) überträgt jede Station mit Wahrscheinlichkeit:

- $\frac{1}{H+1}$ als Quellstation,

- $\frac{H-1}{H+1}$ als Relaisstation, und

- $\frac{1}{H+1}$ als Zielstation.

Daraus resultiert für das tatsächliche Gesamtverkehrsaufkommen q'_{sum} einer beliebigen Station:

$$q'_{sum} = \frac{E[V_Q] + (H - 1) \cdot E[V_R] + E[V_Z]}{H + 1} \cdot q_{sum} \tag{3.14}$$

Das mit Gl. (3.14) hergeleitete tatsächliche Gesamtverkehrsaufkommen einer beliebigen Station berücksichtigt somit neben dem Eigen–, Relais– und explizitem Quittungsverkehr auch die mittlere Zahl Übertragungsversuche, die sich aus einer Kollision oder dem Nichtbeobachten einer Quittung ergeben.

4. Mehrfach–Quittierungsverfahren

Um den hohen Anteil nicht genutzter Quittungen beim ECHO–Verfahren zu reduzieren, werden beim Mehrfach–Quittierungs–(MQ–)Verfahren Quittungen als Bestandteil von Datenpaketen piggy–backed (engl. huckepack) mehrfach übertragen. Dazu verwaltet jede Station bzgl. jedes Nachbarn einen Sende– und Empfangszähler.

- Der *Sendezähler SZ* der adressierten Nachbarstation wird vor jeder Übertragung inkrementiert und im Paketkopf eingetragen.
- Bei jeder erfolgreichen Übertragung wird der betreffende *Empfangszähler EZ* von der empfangenen Station inkrementiert. Die Empfangszähler aller benachbarten Stationen werden in einem *Quittungsvektor* zusammengefaßt und in jedem Paket piggy–backed übertragen.

Solche Zähler werden üblicherweise *MOD f*, (z.B. $f = 8$) verwaltet, d.h. jede Station darf zur Erhaltung der Eindeutigkeit maximal $(f-1)$ Pakete in Folge senden, ohne auf eine Quittung warten zu müssen. Vorteilhaft ist, daß die Empfangszähler praktisch beliebig lange den Nachbarn zugänglich sind. Da der Empfangszähler die Nummer des nächsten erwarteten Paketes angibt, ist der Verlust von daraus ableitbaren positiven oder negativen Quittungen unmöglich, es sei denn, die betreffende Station verliert den Funkkontakt. Bei jeder Übertragung einer Station können am Stand des entsprechenden Empfangszählers von allen empfangenden Stationen der (Miß–) Erfolg eigener früherer Übertragungen erkannt werden.

Das setzt voraus, daß jeder Nachbar S_j die Position des ihn betreffenden Empfangszählers $EZ\,(S_j)$ im Quittungsvektor der Station S_i kennt. Dies läßt sich dadurch realisieren, daß jede Station S_i ihre Nachbarstationen durchnumeriert. Damit jeder Nachbar S_j die Position des ihn betreffenden Empfangszählers im Quittungsvektor von S_i kennt, wird in jedem Paket von S_i zu S_j durch die Variable *POS* im Paketkopf die Position des Empfangszählers $EZ\,(S_j)$ angegeben, vgl. Bild 4.1. Den beobachteten Stationen muß die Länge des Quittungsvektors bekannt sein, um den Anfang der Nutzdaten zu kennen. Dazu gibt jede Station S_i die Zahl S ihrer Nachbarn im Paketkopf an, wodurch jeder beobachtenden Station die Zahl aktuell verwalteter Empfangszähler im Quittungsvektor bekannt ist. Die Länge des Quittungsvektors beträgt bei Nutzung des Empfangszählers *MOD f* und S Nachbarn $S \cdot ld\,(f)$ bit.

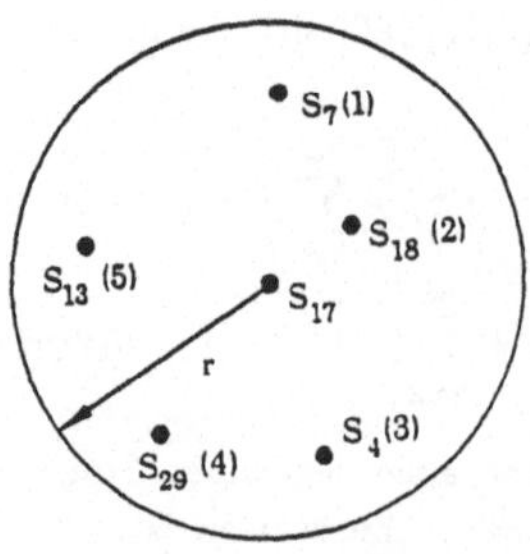

	Paketkopf			S_7	S_{18}	S_4	S_{29}	S_{13}	
A D R	SZ (S_{18})	$POS{=}2$	$S{=}5$	4	4	0	1	6	$\cdots$ Daten $\cdots$

Bild 4.1: Beispiel für ein von S_{17} an S_{18} gerichtetes Paket mit Quittungsvektor in einer Umgebung mit aktuell $S{=}5$ Nachbarn. Die in Klammern angegebene Zahl entspricht der Position POS des zugehörigen Empfangszählers im Quittungsvektor von S_{17}.

Empfängt eine Station S_i ein Paket von S_{17}, dann vergleicht sie ihren Sendezähler $SZ\,(S_{17})$ mit dem für sie relevanten $EZ\,(S_i)$ und kann daraus negative bzw. positive Quittungen ableiten. Ein von S_{17} beobachteter Quittungsvektor liefert für alle benachbarten Stationen S_i immer eine

- *positive* Quittung, $\Longleftrightarrow$ für S_i gilt: $SZ(S_{17}) + 1 = EZ(S_i)$,
- *negative* Quittung, sonst.

Da jede Station nach dem continuous ARQ–Verfahren mit einem Fenster ($f \geq 1$) arbeitet, kann die negative Quittung für das letzte gesendete Paket gleichzeitig eine positive Quittung für vorher gesandte Pakete sein und wird auch so ausgewertet. Eine formale Beschreibung des MQ–Verfahrens findet man im [BRAS90].

Das MQ–Verfahren hat folgende Vorteile:

- Gewinnung *impliziter positiver/negativer* Quittungen bei jeder Übertragung durch alle beobachtenden Stationen über den Quittungsvektor.
- Der Quittungsvektor enthält, abhängig von der Länge des Sender–time–outs m beobachtender Stationen, u.U. Quittungen für *mehrere Pakete derselben* Station und *Pakete verschiedener* Stationen.
- Bei ausreichend großem Verkehrsaufkommen wird der Quittungsvektor vor Ablauf des Sender–time–outs *mehrfach* übertragen, so daß der Verlust einer Quittung durch Kollision unwahrscheinlich ist. Dies verringert die Zahl unnötiger Wiederholungen.
- Besteht eine Warteschlange zu übertragender Pakete beim Empfänger, dann beinhaltet bereits seine 1. *Übertragung positive* bzw. *negative* Quittungen.
- Bei *Rundspruch–Paketen*, wo u.U. mehrere Empfänger als Relais adressiert werden und explizite Quittungen sehr wahrscheinlich kollidieren würden, ist das Verfahren besonders leistungsfähig, vgl. [BRAS90].

Nachteilig sind:

- der *Verlust an Kanalkapazität* durch piggy–backed Übertragung des Quittungsvektors in jedem Paket (bei z.B. einer Fenstergröße $f{=}8$ benötigt man 3 bit pro EZ und bei $S{=}8$ ergibt sich eine Länge von 24 bit, zzgl. je 4 bit für POS und S),
- daß mit abnehmendem Verkehrsaufkommen die Wahrscheinlichkeit steigt, daß Zielstationen nach z slot ($z \leq m$) vor Ablauf des time–outs des jeweiligen Senders eine *explizite Quittung* übertragen müssen. Dieser Nachteil ist nicht durch das Verfahren bedingt, das den maximal möglichen Durchsatz bei unbegrenztem Sender–time–out ($m{=}\infty$) erreicht, sondern durch Rücksichtnahme auf Wartezeit–Forderungen, die durch kleine time–outs z begünstigt werden.

Nachfolgend werden die Eigenschaften des MQ–Verfahrens quantitativ bewertet. Eine Quittung des MQ–Verfahrens wird als *MQ–Quittung* bezeichnet, wobei *positive* bzw. *negative* MQ–Quittungen mit ACK (ACK= ac̲k̲nowledgement) bzw. NAK (NAK=n̲egative ac̲k̲nowledgement) bezeichnet werden.

Zahl gesendeter MQ–Quittungen

Unter der Annahme, daß jede Station in jedem Slot mit Wahrscheinlichkeit q'_{sum} überträgt, ist die Zahl Übertragungsversuche während m slot binomial–verteilt. Demnach gibt

$$P\{k \text{ Übertragungsversuche in } m \text{ slot}\} = \binom{m}{k} \cdot (1 - q'_{sum})^{m-k} \cdot q'_{sum}{}^{k} \tag{4.1}$$

die Wahrscheinlichkeit an, mit der genau k (k=0,1,$\ldots$,m) Übertragungsversuche in m slot stattfinden. Für die mittlere Zahl Übertragungsversuche $E[V]$ gilt:

$$E[V] = m \cdot q'_{sum}. \tag{4.2}$$

Die mittlere Zahl gesendeter *positiver* bzw. *negativer* MQ–Quittungen ist, bedingt durch die resultierende Erfolgs– bzw. Kollisionswahrscheinlichkeit einer Übertragung, kleiner als $E[V]$. Für die mittlere Zahl gesendeter negativer MQ–Quittungen ergibt sich:

$$E[S_{NAK}] = m \cdot q'_{sum} \cdot \left[1 - (1 - q'_{sum})^{N}\right]. \tag{4.3}$$

Bei Berechnung der erwarteten Zahl gesendeter Quittungen nach einer erfolgreichen Übertragung ist die Annahme der gegenseitigen Unabhängigkeit von Übertragungen nicht zulässig und würde zu falschen Ergebnissen führen. Nach einer erfolgreichen Übertragung zu einer Relaisstation verfügt diese über mindestens das zuletzt empfangene Paket, welches mit Wahrscheinlichkeit p in jedem Slot gesendet wird. Hierdurch liegt ein durch das Empfangsereignis *getriggerter* eingebetteter Teilprozeß (*busy–period*) im durch q'_{sum} modellierten Prozeß vor, der nach erfolgreichem Empfang bei der Relaisstation beginnt und sie zum Senden veranlaßt. Mit Wahrscheinlichkeit

$$P_1 = P\{\text{empfangenes Paket wird während } m \text{ slot mit } p \text{ übertragen}\}$$

$$= 1 - \binom{m}{0} \cdot (1 - p)^{m-0} \cdot p^{0} = 1 - (1 - p)^{m} \tag{4.4}$$

wird während der busy–period der Relaisstation die implizite MQ–Quittung aufgrund der zuvor stattgefundenen Übertragung gesendet. Im Bereich der hier angenommenen Parameterwerte für p ($0.1 \leq p \leq 0.4$) und m ($32 \leq m \leq 64$) ergibt sich, daß das weiterzuleitende Relaispaket mit sehr hoher Wahrscheinlichkeit ($P_1 \simeq 1$) vor Ablauf des Sender–time–outs der beobachtenden Station übertragen wird. Aus dem zusätzlich abzuwickelnden Relaisverkehr resultiert mit

$$P\{k \text{ gesendete } positive \text{ MQ–Quittungen in } m \text{ slot}\}$$

$$= \binom{m}{k} \cdot (1 - q'_{sum})^{m-k} \cdot q'_{sum}{}^{k} \cdot (1 - q'_{sum})^{N} \tag{4.5}$$

die Wahrscheinlichkeit, mit der genau k (k=0,1,$\ldots$,m) *zusätzliche* MQ–Quittungen in m slot gesendet werden. Überträgt eine Station ein Eigen–Paket, so existiert diesbezüglich keine beobachtende (auf positive Quittung wartende) Station. Daraus resultiert ein anteiliges Verkehrsaufkommen ($m \cdot q_e$), mit dem keine positive MQ–Quittung implizit gesendet wird. Mit Gln. (4.2) und (4.4) ergibt sich eine mittlere Zahl gesendeter positiver MQ–Quittungen von:

$$E[S_{ACK}] = (P_1 + m \cdot q'_{sum}) \cdot (1 - q'_{sum})^{N} - m \cdot q_e. \tag{4.6}$$

Bild 4.2 zeigt beispielhaft für N=6 Nachbarn, abhängig vom Verkehrsaufkommen q_e und der Länge des Sender–time–outs m, die mittlere Zahl gesendeter MQ–Quittungen. Die ausgezogenen (gestrichelten) Kurven geben die mittlere Zahl gesendeter positiver (negativer) MQ–Quittungen an.

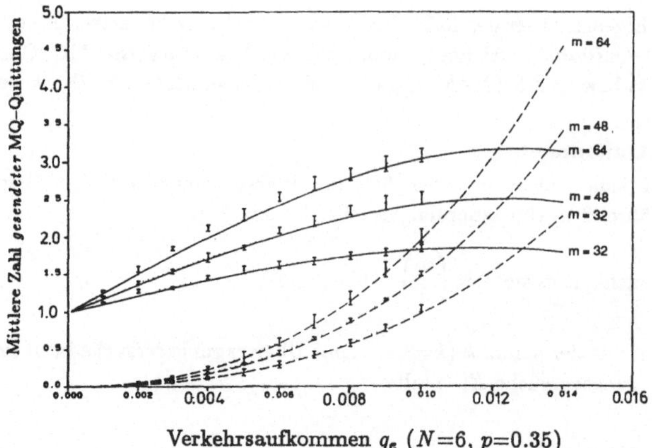

Bild 4.2: Mittlere Zahl *gesendeter* MQ–Quittungen, abhängig vom Verkehrsaufkommen q_e und Länge des Sender–time–outs m; $--\doteq E[S_{NAK}]$ nach Gl. (4.3), $-\doteq E[S_{ACK}]$ nach Gl. (4.6); $\cdots\doteq$ simulativ ermittelten Werten.

Die mittlere Zahl gesendeter MQ–Quittungen liegt, abhängig vom Verkehrsaufkommen q_e, erwartungsgemäß bei einem kürzeren Sender–time–out niedriger als bei einem langen. Zugleich wird deutlich, daß sich, abhängig vom Verkehrsaufkommen q_e, ein längerer Sender–time–out für den Anteil an negativen MQ–Quittungen stärker als für den Anteil an positiven MQ–Quittungen auswirkt. Mit wachsender Paket-Erzeugungswahrscheinlichkeit q_e nimmt die mittlere Zahl gesendeter negativer MQ–Quittungen deutlich zu. Bei hohem Verkehrsaufkommen ($q_e > 0.012$) finden häufiger Kollisionen statt und die mittlere Zahl gesendeter positiver MQ–Quittungen verringert sich entsprechend.

Zahl empfangener MQ–Quittungen

Zur Bestimmung der Zahl *empfangener* MQ–Quittungen muß der Parameter q'_{sum} in der Verteilungsdichtefunktion (Gl. 4.1) für gesendete MQ–Quittungen mit der Erfolgswahrscheinlichkeit einer Übertragung gewichtet werden. Es gilt:

$$P\{E_k\} = \binom{m}{k} \cdot \left[1 - q'_{sum} \cdot (1 - q'_{sum})^N\right]^{m-k} \cdot \left[q'_{sum} \cdot (1 - q'_{sum})^N\right]^k. \tag{4.7}$$

Unter der Bedingung, daß eine zuvor stattgefundene Übertragung nicht erfolgreich war, können im Mittel:

$$E[E_{NAK}] = m \cdot q'_{sum} \cdot (1 - q'_{sum})^N \cdot \left[1 - (1 - q'_{sum})^N\right] \tag{4.8}$$

negative MQ–Quittungen beobachtet werden. Nach einer erfolgreichen Übertragung verfügt die empfangende Station über mindestens ein Paket, daß mit Wahrscheinlichkeit P_1 während der busy–period gesendet wird. Die Verteilungsdichtefunktion der Zahl empfangener positiver MQ–Quittungen lautet:

$$P\{k \text{ positive MQ–Quittungen in } m \text{ slot zu empfangen}, k = 1, 2, \ldots, m\}$$
$$= P_1 \cdot \left[(1 - q'_{sum})^N \cdot P\{E_{k-1}\} + (1 - (1 - q'_{sum})^N) \cdot P\{E_k\}\right] \cdot (1 - q'_{sum})^N. \tag{4.9}$$

Der Erwartungswert für die mittlere Zahl empfangener positiver Quittungen ist:

$$E[E_{ACK}] = \left[(P_1 + m \cdot q'_{sum}) \cdot (1 - q'_{sum})^N - m \cdot q_e\right] \cdot (1 - q'_{sum})^N. \tag{4.10}$$

Bild 4.3 zeigt beispielhaft für N=6 Nachbarn die mittlere Zahl empfangener MQ–Quittungen, abhängig vom Verkehrsaufkommen q_e und der Länge des Sender–time–outs m.

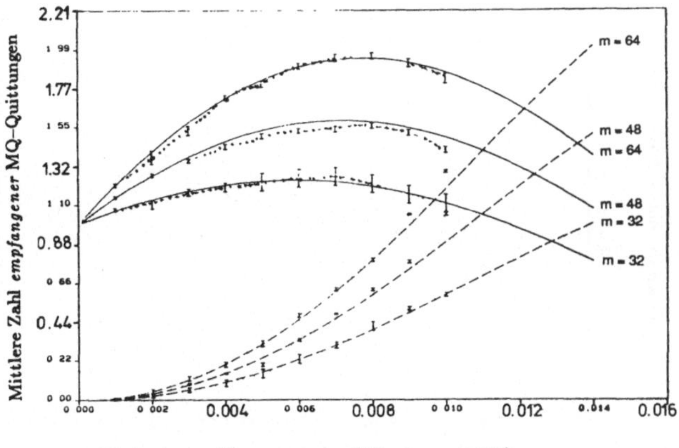

Bild 4.3: Mittlere Zahl *empfangener* MQ–Quittungen, abhängig vom Verkehrsaufkommen q_e und Länge des Sender–time–outs m; $-\,-\ \hat{=}\ E[E_{NAK}]$ nach Gl. (4.8), $-\ \hat{=}\ E[E_{ACK}]$ nach Gl. (4.10), $\cdots\hat{=}$ simulativ ermittelten Werten.

Die Maxima empfangener positiver MQ–Quittungen lassen zugleich erkennen, bei welchem Verkehrsaufkommen q_e, abhängig von der Länge des Sender–time–outs m, das Netz im Bereich seiner Leistungsgrenzen betrieben wird. Zwar werden oberhalb dieses Verkehrsaufkommens im Mittel noch mehr als eine positive MQ–Quittung empfangen, doch die mittlere Zahl empfangener negativer MQ–Quittungen nimmt spürbar zu.

5. Vergleich von ECHO– und MQ–Verfahren

Im folgenden wird zunächst analytisch untersucht, wie groß der Prozentsatz nicht empfangener Quittungen, abhängig von der Länge des Sender–time–outs m und vom Verkehrsaufkommen q_e, ist. Dies soll darüber Aufschluß geben, wie hoch das Verkehrsaufkommen sein darf, bis ein vorgegebener Prozentsatz an Quittungsverlusten erreicht wird. Es wird dabei nur der Anteil nicht beobachteter Quittungen berücksichtigt, bei dem Quittungen für erfolgreich empfangene Pakete gesendet, aber von der Vorgängerstation nicht empfangen werden. Dieses Kriterium wird gewählt, um die beiden Verfahren vergleichen zu können, da negative Quittungen nur bei Verwendung des MQ–Verfahren beobachtet werden können.

Nach Gl. (3.5) wird keine ECHO–Quittung mit Wahrscheinlichkeit:

$$P\{\text{keine ECHO-Quittung}\} = 1 - (1 - q'_{sum})^N$$

beobachtet. Für das MQ–Verfahren gilt mit Gl. (4.7):

$$P\{\text{keine positive MQ-Quittung}\} = (1 - (1 - q'_{sum})^N) \cdot P\{E_0\} \cdot (1 - q'_{sum})^N.$$

Beim ECHO–Verfahren ist der Prozentsatz nicht empfangener Quittungen nur bei geringem Verkehrsaufkommen ($q_e < 0.001$) klein, sonst unbefriedigend groß, vgl. Bild 5.1. Dagegen ist beim MQ–Verfahren der Prozentsatz nicht beobachteter MQ–Quittungen deutlich kleiner. Bedenkt man, daß nicht erhaltene Quittungen für erfolgreich übertragene Pakete zu (evtl. mehrfachen) unnötigen Wiederholungen desselben Paketes führen, dann wird die Überlegenheit des MQ–Verfahrens besonders deutlich.

Man erkennt, daß beim MQ–Verfahren sich mit zunehmender Länge des Sender–time–outs m der Anteil unquittierter Übertragungen verringert. Zugleich finden mit wachsendem Verkehrsaufkommen q_e mehr Übertragungen pro Sender–time–out statt, die beim MQ–Verfahren zum Gewinn von MQ–Quittungen genutzt werden können. Um z.B. mit 95% Wahrscheinlichkeit mindestens eine MQ–Quittung beobachten zu können, ist bei $q_e=0.003$ ein Sender–time–out $m=32$ slot ausreichend. Beim ECHO–Verfahren ist dafür nur der halbe Verkehr ($q_e=0.0015$) zulässig.

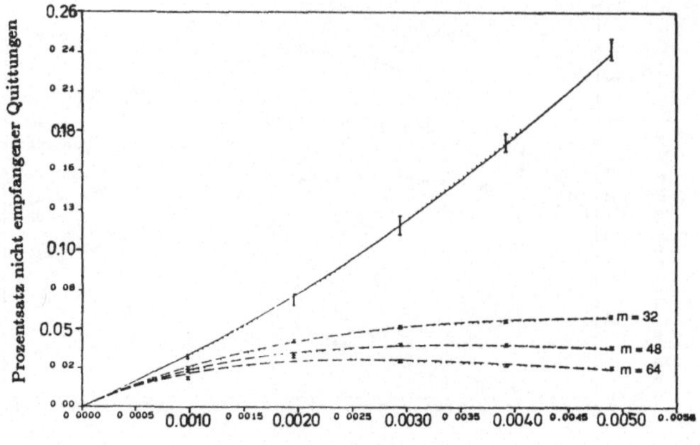

Bild 5.1: Prozentsatz nicht empfangener ECHO– (—) und MQ–Quittungen (– –), abhängig vom Verkehrsaufkommen q_e, vgl. Gln. (3.5), (4.7); $\cdots \;\hat{=}\;$ simulativ ermittelte Werte.

One–hop Durchsatz

Der mittlere 1–hop Durchsatz $E[D]$ (erfolgreiche Pakete/Slot) kann aus dem Gesamtverkehrsaufkommen einer Station q'_{sum} und der Erfolgswahrscheinlichkeit einer Übertragung, vgl. Gl. (3.4) berechnet werden.

$$E[D] = q'_{sum} \cdot (1 - q'_{sum})^N \tag{5.1}$$

In Bild 5.2 ist der mittlere 1–hop Durchsatz für N=4, N=6 und N=8 Nachbarn über dem Verkehrsaufkommen q_e aufgetragen. Der Durchsatz gilt für das gesamte Netz mit n=50 Stationen und besteht nur aus Paketen, die von dem adressierten Nachbarn empfangen werden. Aus dem Nichtbeobachten einer ECHObzw. MQ–Quittung resultieren (unnötige) Paketwiederholungen, die in dem tatsächlichen Verkehrsaufkommen q'_{sum} entsprechend berücksichtigt sind. Die ausgezogenen Kurven gelten für das MQ–Verfahren, die gestrichelten für das ECHO–Verfahren.

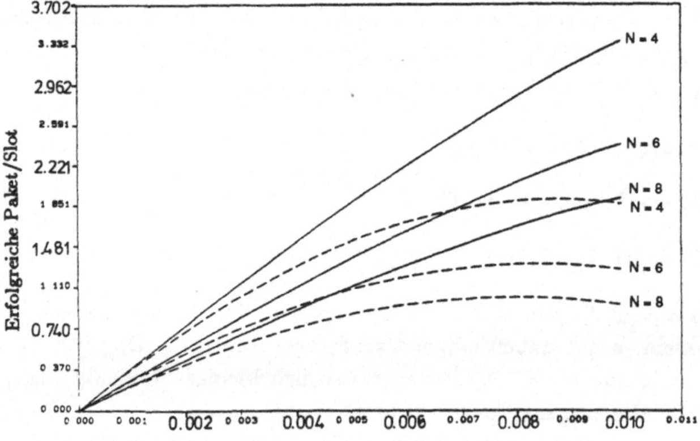

Bild 5.2: Mittlere Zahl erfolgreicher Pakete/Slot beim MQ– (—) und ECHO–Verfahren (– –) bei N=4, N=6, und N=8 Nachbarn, abhängig vom Verkehrsaufkommen q_e für das gesamte Netz (n=50 Stationen).

Bei q_e=0.005 liegt der Durchsatz beim MQ–Verfahren für N=4 etwa 20% und für N=6 etwa 25% höher als beim ECHO–Verfahren. Simulativ wurde ermittelt, daß sich unter Berücksichtigung des Anteils nicht beobachteter Quittungen ab einem Verkehrsaufkommen $q_e > 0.005$ nur noch beim MQ–Verfahren ein Durchsatz ergibt. Aufgrund zeitgleich stattfindender erfolgreicher Übertragungen von räumlich ausreichend entfernt liegenden Stationen (Orts–Multiplex) ergibt sich z.B. für $N=4$ Nachbarn beim MQ–Verfahren ab $q_e=0.0026$ und beim ECHO–Verfahren ab $q_e=0.003$ im gesamten Netz ein mittlerer 1–hop Durchsatz der größer als 1 Paket/Slot ist.

Der Durchsatzbeitrag einer erfolgreichen Übertragung, gemessen in Nutzbit/Paket, ist beim MQ–Verfahren durch den piggy–backed übertragenen Quittungsvektor kleiner als beim ECHO–Verfahren. Von Interesse ist daher der tatsächliche Netto–Durchsatz (bit/Slot) und nicht die Zahl erfolgreicher Pakete/Slot. Beim ECHO–Verfahren enthalten die Pakete mehr Nutzdaten als beim MQ–Verfahren, wobei beim MQ–Verfahren die Differenz aus der Länge des Quittungsvektors (QV) herrührt.

Für den Informationsanteil I_{MQ} eines Paketes beim MQ–Verfahren gilt (vgl. Bild 4.1):

$$I_{MQ} = \frac{\#\text{Informationsbit} - (\overbrace{ld(f) + \lceil ld(POS)\rceil + \lceil ld(S)\rceil}^{SZ} + \overbrace{S \cdot ld(f)}^{QV})}{\#\text{Informationsbit}}$$

$\lceil x \rceil$ berechnet dabei die ganzzahlige Zahl Bit, die jeweils zur Darstellung von S und POS im Paketkopf benötigt werden. Bei z.B. $S=10$ Nachbarn sind dazu jeweils 4 bit erforderlich. Falls der Sende– und die Empfangszähler jeder Station $MOD\ f = 8$ verwaltetet wird, braucht man 3 bit für den Sendezähler, und für den Quittungsvektor ergibt sich bei $S=10$ Nachbarn eine Länge von $10 \cdot 3=30$ bit. Unter der Annahme von 1000 Informationsbit/Paket reduziert sich der Netto–Durchsatz auf 95.9% ($I_{MQ}=0.959$).

Im Bereich des maximal möglichen Verkehrsaufkommens bei $N=6$ Nachbarn läßt sich bei $n=50$ Stationen für das ECHO–Verfahren bei $q_e=0.005$ ein maximaler 1–hop Durchsatz von ca. 1.1 und für das MQ–Verfahren bei $q_e=0.01$ immerhin von 2.4 Paketen/Slot erzielen. Selbst unter Berücksichtigung des Faktors I_{MQ} kann beim MQ–Verfahren ein mehr als doppelt so großer maximaler 1–hop Durchsatz erreicht werden, als beim ECHO–Verfahren.

Paketlaufzeiten beim ECHO– und MQ–Verfahren

In diesem Abschnitt werden die beiden Quittierungsverfahren bzgl. ihres Zeitverhaltens bei Punkt–zu–Punkt Kommunikation verglichen. Es wird dabei die Dauer in Slots betrachtet, die seit dem 1. Übertragungsversuch bis zum Gewinn der Quittung vergeht.

Die Berechnung der mittleren Zahl Slots bis zum Vorliegen der 1. Quittung kann aus folgenden Gründen nur näherungsweise analytisch bestimmt werden:

- Bei den gemachten Modellannahmen verfügen die Stationen nicht ständig über ein Paket, das in geometrisch verteilten Abständen mit Wahrscheinlichkeit p übertragen wird;
- Im Falle des ECHO–Verfahrens verzögert sich u.U. die mittlere Dauer bis zum Empfang der (einzigen) impliziten Quittung dadurch, daß die beobachtete Station zunächst bereits vorliegenden Eigen– bzw. Relaisverkehr abwickeln muß, aus dem die beobachtende Station ihre implizite ECHO–Quittung nicht gewinnen kann.

Um die mittlere Dauer bis zum Empfang der Quittung beim ECHO–Verfahren analytisch zu approximieren, wird vereinfachend davon ausgegangen, daß die beobachtete Station immer nur über das zuletzt empfangene Paket verfügt. Diese Vereinfachung verkürzt die Wartezeit der beobachtenden Station, läßt also das ECHO–Verfahren günstiger erscheinen als es tatsächlich ist. Diese Einschränkung braucht beim MQ–Verfahren nicht gemacht zu werden, da bereits das nächste übertragene Paket der Relaisstation die 1. positive bzw. 1. negative MQ–Quittung beinhaltet.

Unter der Annahme, daß die beobachtete Station nur über das zuletzt empfangene Paket verfügt und die Zahl Slots bis zum 1. Übertragungsversuch geometrisch mit Parameter p verteilt ist, beträgt die mittlere Dauer bis zum 1. Übertragungsversuch $1/p$ slots. Somit wird mit Wahrscheinlichkeit P_{erf}^2 die implizite Quittung im Mittel nach $1/p$ slots empfangen. Mit Wahrscheinlichkeit $(1 - P_{erf}^2)$ verstreicht zunächst der gesamte Sender–time–out von m slots. Anschließend vergehen im Mittel $1/p$ slots bis das Paket erneut übertragen wird und weitere $1/p$ slots bis zum Übertragen der 1. expliziten Quittung usw.

Für die mittlere Dauer bis zum Empfang einer Quittung beim ECHO–Verfahren gilt näherungsweise:

$$E[T_{ECHO}] = \frac{P_{erf}^2}{p} + \left(1 - P_{erf}^2\right) \cdot \sum_{k=1}^{\infty} \left(k \cdot m + \frac{k+1}{p}\right) \cdot \left(1 - P_{erf}^2\right)^{k-1} \cdot P_{erf}^2$$

$$= \frac{P_{erf}^2}{p} + \sum_{k=1}^{\infty} \left(k \cdot m + \frac{k+1}{p}\right) \cdot \left(1 - P_{erf}^2\right)^{k} \cdot P_{erf}^2 \tag{5.2}$$

Beim MQ–Verfahren besteht im Unterschied zum ECHO–Verfahren nach dem kollisionsbedingten Verlust der 1. gesendeten MQ–Quittung die Möglichkeit, für die Dauer von m slot aus dem Eigen– und Relaisverkehr der beobachteten Station eine MQ–Quittung vor Ablauf des Sender–time–outs zu gewinnen. Die exakte analytische Berechnung der mittleren Dauer bis zum Empfang der 1. MQ–Quittung wird dadurch erschwert, daß in dem untersuchten Modell die Stationen nur in geometrisch verteilten Abständen (mit Parameter q'_{sum}) über ein Eigen– oder Relaispaket verfügen. Folglich ist der Abstand zwischen zwei Übertragungsversuchen nur dann geometrisch mit Parameter p verteilt, falls eine Station aktuell ein Eigen– oder Relaispaket zur Übertragung vorliegen hat. Der nachfolgende Vergleich mit Simulationsergebnisse zeigt, daß unter Berücksichtigung der Erzeugungswahrscheinlichkeit q_e, der mittlere Abstand zwischen zwei Übertragungsversuchen näherungsweise mittels des Gesamtverkehrsaufkommens q'_{sum} approximiert werden darf. Unter der Bedingung, daß eine Station nur in geometrisch verteilten Abständen über ein Eigen– oder Relaispaket verfügt, gilt für den mittleren Abstand zwischen zwei erfolgreichen Übertragungsversuchen:

$$E[T_Q] = \sum_{k=1}^{\infty} k \cdot \left(1 - q'_{sum} \cdot P_{erf}\right)^{k-1} \cdot q'_{sum} \cdot P_{erf} = \frac{1}{q'_{sum} \cdot P_{erf}} \tag{5.3}$$

Im Falle einer erfolgreichen Übertragung verfügt die Relaisstation zumindest über das zuletzt empfangene und weiterzuleitende Paket. Wie beim ECHO–Verfahren wird mit Wahrscheinlichkeit P_{erf} für eine erfolgreiche Übertragung im Mittel nach $1/p$ slots die 1. MQ–Quittung beobachtet. Unter der Bedingung, daß die Relaisstation das gesendete Paket beim 1. Übertragungsversuch empfangen hat, gilt für die mittlere Zahl Slots bis zum Empfang der 1. positiven MQ–Quittung:

$$E[T_{MQ-ACK}] = \frac{P_{erf}}{p} + (1 - P_{erf}) \cdot E[T_Q]. \tag{5.4}$$

Unter Berücksichtigung eines Übertragungserfolges gilt für die mittlere Dauer bis zum Beobachten der 1. positiven MQ–Quittung:

$$E[T_{MQ}] = \sum_{k=1}^{\infty} \left((k-1) \cdot E[T_Q] + \frac{k}{p}\right) \cdot \left(1 - P_{erf}^2\right)^{k-1} \cdot P_{erf}^2. \tag{5.5}$$

In Bild 5.3 ist beispielhaft für ein Verkehrsaufkommen von $q_e = 0.003$ die mittlere Dauer bis zum Empfang einer Quittung abhängig von der Übertragungswahrscheinlichkeit p aufgetragen.

Man erkennt sehr deutlich, daß mit Hilfe des piggy–backed übertragenen Quittungsvektors eine spürbar geringere Zahl von Slots bis zum Empfang der 1. Quittung erzielt werden kann. Dies liegt daran, daß beim MQ–Verfahren die Möglichkeit besteht, für die Dauer von m slot aus dem Eigen– und Relaisverkehr der beobachteten Station eine MQ–Quittung vor Ablauf des Sender–time–outs zu gewinnen.

6. Zusammenfassung und Ausblick

Ausgangspunkt für das hier vorgeschlagene Quittierungsverfahren ist ein als *ECHO*–Quittierungsverfahren bekanntes Verfahren nach [ELSA83], bei dem jede Station immer dann ein ECHO ihres übertragenen Paketes empfängt, wenn die empfangende Relaisstation es weiterreicht und von der Vorgängerstation beobachtet wird. Dem Vorteil einer einfachen Realisierung stehen mehrere Nachteile gegenüber, die mit Einführung des neu entwickelten Mehrfach–Quittierungsverfahrens weitestgehend vermieden werden.

Analyse und begleitende Simulationsergebnisse zeigen, daß mit dem MQ–Verfahren aufgrund der geringen Wahrscheinlichkeit wegen kollisionsbedingtem Quittungsverlust (unnötig) wiederholt übertragener Pakete,

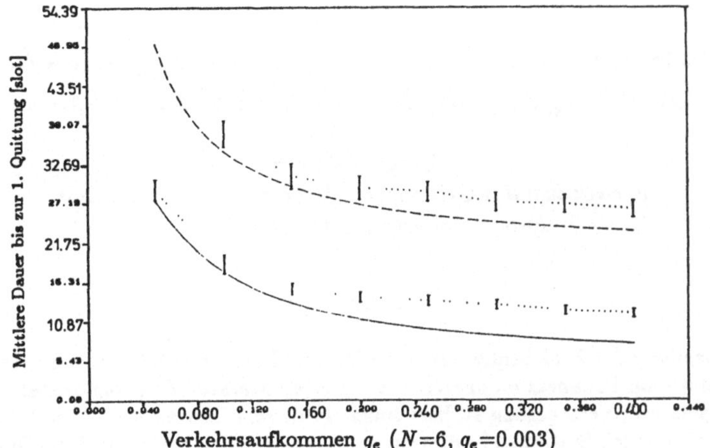

Bild 5.3: Mittlere Dauer bis zum Empfang einer Quittung, abhängig von der Paket–Übertragungswahrscheinlichkeit p (N=6, q_e=0.003, m=64 slot); — — ECHO–Quittung nach Gl. (5.2), — MQ–Quittung nach Gl. (5.5), $\cdots \hat{=}$ simulativ ermittelten Werten.

ein doppelt so hoher Durchsatz und ein wesentlich besseres Zeitverhalten erreicht wird, als mit dem ECHO–Verfahren.

Das hier betrachtete mobile Paketfunknetz ist aufgrund seiner vielen wirksamen Parameter sehr komplex und nur schwer überschaubar. Deshalb ist nur näherungsweise eine analytische Berechnung möglich, die durch Simulation als akzeptabel gut bestätigt wird. Damit wird eine Grundlage geschaffen, die eine rechnerische Beurteilung von Entwürfen derartiger Netze ermöglicht. Die dabei erzielte Genauigkeit sollte, bei Berücksichtigung der üblicherweise nur größenordnungsmäßig bekannten Werte einzelner Netzparameter, ausreichen.

Literatur

[BRAS90] V. Brass: Ein Quittierungsverfahren für Multi–Hop Paketfunknetze; Dissertation im Fachbereich Elektrotechnik, FernUniversität Hagen; (Dez. 1990)

[ELSA82] M.Y. Elsanadidi, W.M. Chu: Study of Acknowledgement Schemes in a Star Multiaccess Network, IEEE Trans. on Com., Vol. COM–30, No. 7, pp 1657–1664 (Jul. 1982).

[ELSA83] M.Y. Elsanadidi, W.M. Chu: Simulation studies of the behaviour of multi–hop broadcast networks; Computer Science Department, UCLA 90024 (erschienen in: ACM, Communications Architectures and Protocols, SIGCOM 1983 Symposium, pp 170–177 (1983).

[GOBR87] C. Gotthardt, V. Brass: On Throughput and Delay in S–ALOHA Multi–hop Systems; Informatik Fachberichte 154, 4. GI/NTG–Fachtagung '87, Messung, Modellierung und Bewertung von Rechensystemen (ed. U. Herzog), pp 236–249 (Sep. 1987).

[KLSI78] L. Kleinrock, J. Silvester: Optimum transmission radii for packet radio networks or why six is a magic number; IEEE (1978).

[SIKL83] J.A. Silvester, L. Kleinrock: On the Capacity of Multi–Hop S–ALOHA Networks with Regular Structure; IEEE Trans. on Com., Vol. COM–31, No. 8, pp 974–982 (Aug. 1983).

[TAKL85] H. Takagi, L. Kleinrock: Throughput–Delay Characteristics of Some S–ALOHA Multi–hop Packet Radio Networks; IEEE Trans. on Com., Vol. COM–33, No. 11, pp 1200–1208 (Nov. 1985).

[TOKL78] F.A. Tobagi, L. Kleinrock: The effect of acknowledgement traffic on the capacity of packet switched radio channels, IEEE Trans. on Com., Vol. COM–26, No. 6, pp 815–826 (Jun. 1978).

Verteilung der Anzahl Hops einer Quelle-Ziel-Übertragung im Multihop-Paketfunknetz

Klaus Gotthardt
FernUniverstät-GH-Hagen, Fachbereich Elektrotechnik
Frauenstuhlweg 31, D-5860 Iserlohn

Zusammenfassung

Die Verteilung der Zahl benötigter Hops für eine Quelle-Ziel-Übertragung eines Paketes in einem Multihop-Funknetz ist unerläßlich um interessierende Leistungsgrößen wie Quelle-Ziel-Durchsatz und Verzögerung zu berechnen. In diesem Beitrag wird diese Verteilung für ein Netz mit mobilen Stationen bestimmt, wobei angenommen wird, daß die Zahl der Stationen in einem Flächenelement einer Poisson-Verteilung genügt. Die Quellen und Ziele von Paketen sind gleichverteilt über das ganze Netz. Es werden zwei Modelle des Vorwärts-Routens untersucht.

Schlüsselwörter
Multihop-Packetfunknetze, Zugriffsprotokolle, Modellierung, Leistungsanalyse

1 Einleitung

Paketvermittelte Funksysteme haben sich als interessante Alternative zur Kommunikation intelligenter mobiler Stationen herausgestellt. Derzeit im Betrieb befindliche Paketfunksysteme sind überwiegend vollvermascht, d.h. jede Station kann jede andere Station direkt erreichen. Der Sende-/Empfangsbereich jeder Station ist so ausgelegt, daß das Netz vollständig überdeckt wird.
Zuküftige Kommunikationsnetze für mobile Stationen werden, mangels verfügbarer Funkfrequenzen, in den heute kaum genutzten Frequenzbereichen mm-Wellen benutzen. Dort vorherrschende Übertragungsbedingungen und die geringe mögliche Sende-/Empfangsreichweite ergeben schwierige Randbedingungen: Die Konnektivität ändert sich ständig, bestehende Funkkontakte werden getrennt und neue entstehen. Die Stationen des Netzes sind funktechnisch nicht vollständig untereinander, sondern nur teilvermascht.
Will eine Station Pakete zu Stationen senden, die sich außerhalb ihres eigenen Sendebereichs befinden, so muß sie andere dazwischenliegende Stationen als Relais oder Vermittler benutzen, die dann das Paket empfangen und weiterleiten. Diese Art der Übertragung bezeichnet man als Multihop-Paketdatenfunk. Da Stationen nur eine begrenzte kleine Zahl anderer Stationen erreichen, können Stationen in entfernt liegenden Teilen des Netzes gleichzeitig den Kanal für erfolgreiche Übertragungen nutzen. Dies bezeichnet man als räumliche Kanalwiederverwendung. Paketdatenfunksysteme benutzen sog. Zufallszugriffsprotokolle, weil eine zentralisierte Kanalvergabe aufgrund der Stationsmobilität oder ihrer Funkreichweite oft nicht möglich ist. Zufallszugriff benötigt keine Koordination der Stationen untereinander.

Von Interesse bei der Untersuchung solcher Systeme sind Leistungsgrößen wie der Durchsatz in Paketen pro Zeiteinheit und die dabei auftretende Paketverzögerung. Benutzt man synchron übertragene Systeme mit Aufteilung der Übertragungskapazität des Funkkanals in Zeitscheiben (Slot), dann müssen die Datenpakete gleichlang sein und in einen Slot passen.

Man unterscheidet One-Hop-und Quelle-Ziel-Durchsatz. Der One-Hop-Durchsatz ist die Zahl erfolgreich empfangener Pakete. Den Quelle-Ziel-Durchsatz erhält man, indem man den One-Hop-Durchsatz durch die Anzahl benötigter Hops einer Quelle-Ziel-Übertragung dividiert. In Netzen mit mobilen und damit quasi zufällig verteilten Stationen ist die Anzahl benötigter Hops eine Zufallsgröße, die schwer bestimmbar ist wie sich im folgenden noch zeigen wird.

Im folgenden Abschnitt werden zuerst die bei Multihop-Netzen allgemein verwendeten Modellannahmen beschrieben. Um deutlich zu machen, warum die Zahl der Hops von Interesse ist, wird danach die Analyse des One-Hop-Durchsatzes bei S-ALOHA und CSMA kurz betrachtet. Im Abschnitt 3 wird die eigentliche Analyse der Verteilung Anzahl Hops pro Quelle-Ziel-Übertragung durchgeführt.

2 Modellbeschreibung und One-Hop-Durchsatz

Zur Modellierung wird angenommen, daß die Stationen gleichmäßig in der Ebene verteilt sind: Die Anzahl Stationen in einer bestimmten Fläche F ist Poisson-verteilt mit Mittelwert $W = \lambda F$, wobei λ die Stationsdichte (Stationen pro Flächenelement) ist. Diese zufällige Anordnung von Stationen modelliert eine Momentaufnahme eines tatsächlich mobilen Netzes und ändert sich von Slot zu Slot zufällig.

Der Sendebereich einer Station wird kreisförmig (Radius R) angenommen. Der Radius R ist dabei eine harte Grenze. Stationen innerhalb eines Kreises mit Radius R um eine Station haben Funkkontakt zu ihr, Stationen außerhalb nicht. Diese Vereinfachung läßt die Leistungskenngrößen vorteilhafter erscheinen als praktisch erreichbar.

Die Quelle-Ziel Beziehungen sind gleichverteilt. Enthält das Netz n Stationen, dann sendet jede zu allen anderen $(n-1)$ Stationen mit gleicher Wahrscheinlichkeit. Diese Annahme trifft in den meisten Anwendungen nicht zu, z.B. werden Stationen in der näheren Umgebung u.U. häufiger angesprochen als weiter entfernte.

2.1 Zugriffsprotokoll S-ALOHA

Beim Zugriffsprotokoll S-AHLOHA wird das Verkehrsaufkommen der Stationen modelliert durch die Übertragungswahrscheinlichkeit p eines Paketes pro Slot. Der One-Hop-Durchsatz einer Station in einem Multihop-System, die außer dem Sender noch i weitere Stationen in ihrem Empfangsbereich hat, ist [1]

$$E[S_1|i+2] = (1 - e^{-W})\,p\,(1-p)(1-p)^i \tag{1}$$

Wegen der Markoff-Eigenschaft der Poisson-Verteilung gilt für die Wahrscheinlickeit, daß sich i andere Stationen im Kreis mit Radius R um Q befinden

$$P\{i\} = \frac{W^i}{i!}e^{-W} \qquad \text{mit} \quad W = \lambda \pi R^2 \tag{2}$$

Mit der Beziehung über bedingte Wahrscheinlichkeiten läßt sich die Bedingung auflösen und es folgt:

$$E[S_1] = (1 - e^{-W})\,p\,(1-p)e^{-pW} \tag{3}$$

2.2 Zugriffsprotokoll CSMA

Beim CSMA-Protokoll bezieht sich die Übertragungswahrscheinlichkeit p auf eine Mini-Slot genannte Zeiteinheit der Länge a, wobei a der max. Signallaufzeit zwischen zwei Stationen in Funkreichweite entspricht. Bei einer beispielhaften Funkreichweite $\leq 1km$ beträgt die Paketübertragungsdauer ca. 10^5 Mini-Slots.

Das Übertragungsverhalten einer Station bei CSMA entspricht einer Bernoulli-Verteilung mit Parameter p, der Übertragungswahrscheinlichkeit pro Mini-Slot, solange keine Übertragung zustande kommt. Obwohl die Zeitpunkte, zu denen eine Übertragung beginnt, nicht der Bernoulli-Verteilung genügen wird dies für die Analyse als zutreffend angenommen. Man erhält eine reduzierte Übertragungswahrscheinlichkeit p', sie ergibt sich aus der Übertragungswahrscheinlichkeit p und der Wahrscheinlichkeit P_I beim Abhören einen freien Kanal anzutreffen [2].

$$p' = p \cdot P_I \tag{4}$$

Bei der Analyse des CSMA-Protokolls in teilvermaschten Netzen müssen versteckte Stationen

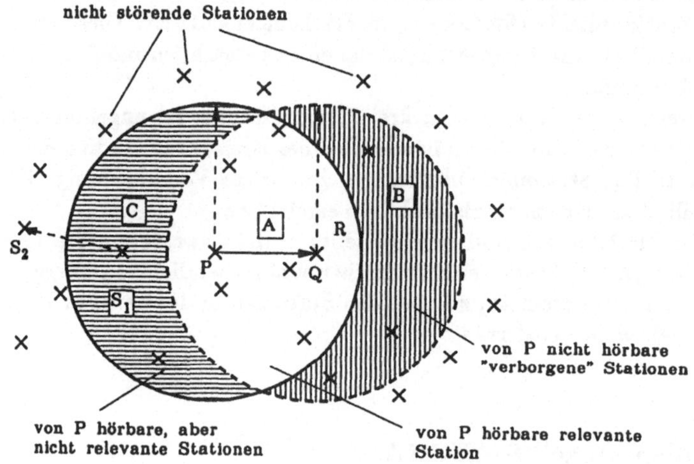

Abbildung 1: CSMA in teilvermaschten Netzen

berücksichtigt werden (Abb. 1). Das Abhören des Kanals vor der Übertragung informiert über den Kanalzustand im Bereich des Senders. Die Zahl der im Empfangsbereich des Empfängers liegenden, vom Sender nicht hörbaren, versteckten Stationen steigt mit der Entfernung zwischen Sender und Empfänger. Die Erfolgswahrscheinlichkeit eines gesendeten Paketes ist abhängig vom Abstand Sender-Empfänger:

$$E[S_1|\bar{r} = r] = \frac{p'}{a} \cdot P\{A|\bar{r} = r\} \cdot P\{B|\bar{r} = r\} \tag{5}$$

mit p' aus Gl. (4) und $P\{X\}$ als Wahrscheinlichkeit für keine Störung aus Bereich X mit $X = A, B$. Nach [2] gilt für $P\{A|\bar{r} = r\}$ bzw. $P\{B|\bar{r} = r\}$

$$P\{A|\bar{r} = r\} = (1 - p')e^{-p'\lambda F_A} \tag{6}$$

$$P\{B|\bar{r} = r\} = \{[1 - exp(-p'\lambda F_B)] \cdot exp[(1 - p')^{(1/a-1)}\lambda F_B]$$

$$+ exp[(1 - p')^{1/a}\lambda F_B]\} \cdot \frac{a \cdot e^{-\lambda F_B}}{a + (1 + a)[1 - e^{-p'\lambda F_B}]} \tag{7}$$

wobei F_A, F_B die Flächen von Bereich A bzw. Bereich B sind.

Zur Auflösung der Bedingung benötigt man die Verteilung der Positionen des Empfängers in bezug auf den Sender. Beim sog. MFR-Routing gilt für die Wahrscheinlichkeit, daß sich der Empfänger im Punkt (r, ϑ) befindet

$$P\{r < \tilde{r} \leq r + dr, \vartheta < \tilde{\vartheta} \leq \vartheta + d\vartheta\} = e^{-\lambda A_s} \cdot [1 - (1 - \lambda dA)] = e^{-\lambda A_s} \lambda \, d\vartheta \, r \, dr \tag{8}$$

$$\text{mit} \quad A_x = R^2 \left[\arccos(\frac{r}{R} \cos \vartheta) - \frac{r}{R} \cos \vartheta \sqrt{1 - (\frac{r}{R} \cos \vartheta)^2} \right] \tag{9}$$

Damit folgt für denOne-Hop-Durchsatz $E[S_1]$

$$E[S_1] = \int_{r=0}^{R} \int_{\vartheta=0}^{\pi} E[S_1 \mid \tilde{r} = r] \cdot e^{-\lambda A_s} 2\lambda \, d\vartheta \, r \, dr \tag{10}$$

und für den mittleren Fortschritt eines Paketes pro Slot (Paketlänge) in Richtung Ziel:

$$E[F] = \int_{r=0}^{R} \int_{\vartheta=0}^{\pi} E[S_1 \mid \tilde{r} = r] \cdot e^{-\lambda A_s} 2\lambda r^2 \cos \vartheta \, d\vartheta \, dr \tag{11}$$

3 Verteilung der Anzahl Hops

3.1 Quelle-Ziel-Übertragungen in Multihop-Systemen

In den bisher veröffentlichten Analysen wurden die mittleren Leistungsgrößen One-Hop-Durchsatz und Fortschritt pro Slot in Richtung Ziel betrachtet. Der Fortschritt ist als Vergleichsmaß für unterschiedliche Kanalzugriffs-Protokolle, Routingverfahren und für den Einfluß des Capture-Effektes in Multihop-Netzen geeignet. In [4] und [5] wurde der Quelle-Ziel-Durchsatz berechnet. Die Rechnung ist jedoch inkonsistent, wodurch quantitativ falsche Ergebnisse zustande kommen, weil Mittelwerte von Zufallsvariablen unzulässigerweise dividiert wurden.

Der Quelle-Ziel-Durchsatz ist von besonderem Interesse, da er eine quantitative Aussage, bzw. einen direkten Vergleich mit vollvermaschten Systemen ermöglich. Zu seiner Berechnung wird die Zahl erforderlicher Hops einer Route benötigt. Diese Größe wurde bisher nur für Multihop-Netze mit ortsfesten Stationen bestimmt. Bei zufällig verteilten mobilen Stationen ist die Berechnung erheblich schwieriger.

Im folgenden wird eine neue Lösung mit Hilfe der Verteilungsfunktion der Zahl Hops einer Quelle-Ziel-Route hergeleitet. Die Kenntnis der Verteilung der Anzahl benötigter Hops ist unter anderem deshalb notwendig, um weitere wichtige Leistungskenngrößen auszurechnen. Dazu gehören die Wartezeit in den Stationen auf Kanalzugriff vor dem ersten Übertragungsversuch eines Pakets und die Länge der Paketwarteschlange in den Stationen. Die Paketverzögerungszeit von der Quelle zum Ziel kann man ebenfalls nur bestimmen, wenn die Zahl der Hops bekannt ist. Außerdem sind nicht nur Mittelwerte der bisher betrachteten Leistungsgrößen von Interesse, sondern auch deren Verteilungen, wozu die Verteilung der Zahl Hops bekannt sein muß.

Die Anzahl benötigter Hops eines Datenpaketes von einer Quelle zum Ziel ist von sehr vielen Annahmen abhängig. Neben der Abhängigkeit von den geometrischen Gegebenheiten des Netzes wie flächenmäßige Netzausdehnung, Dichte und Verteilung der Stationen, ist sie eine Funktion des Kanalzugriffsverfahrens und des angewandten Routing-Verfahrens, sowie der Verkehrsmatrix. Ein weiterer Einfluß sind spezielle Funkausbreitungsbedingungen. Im folgenden werden die Verteilungsdichtefunktion (VDF), die Verteilungsfunktion (VF) und verschiedene Momente der Zahl benötigter Hops für eine Quelle-Ziel Route analytisch berechnet. Dabei gelten die oben für Multihop-Systeme gemachten Modellannahmen. Die folgenden Analysen gelten für alle ALOHA sowie für alle CSMA-Kanalzugriffsprotokolle. Für andere Zugriffsprotokolle muß die Analyse evtl. entsprechend angepaßt werden. Es werden zwei Routing-Modelle untersucht, das sog. Most-Forward-Routing (MFR) und das Routen zu einer zufällig ausgewählten Nachbarstation in Vorwärtsrichtung (Richtung Zielstation), wobei alle Stationen im sog. Vorwärtshalbkreis als gleich wahrscheinliche Zwischenstationen gelten.

3.2 Mathematischer Lösungsansatz

Die Anzahl benötigter Hops errechnet sich aus zwei Größen, der Entfernung zwischen Quelle und endgültigem Ziel eines Paketes und dem Weg in Richtung Ziel (Fortschritt), den man pro Hop zurücklegt. Beide Größen sind jeweils zufällig und damit Zufallsvariable, die einer bestimmten Verteilung genügen. Die Anzahl Hops erhält man, indem man die Entfernung zwischen Quelle und Ziel durch den Fortschritt dividiert.

Will man zwei Zufallsvariablen (ZV) X_1 und X_2 dividieren und Momente oder die Verteilung der sich daraus ergebenden Zufallsvariablen (ZV) Y berechnen, dann werden die Verteilungsdichtefunktionen der beiden bekannten Zufallsvariablen (ZV) benötigt. Es gilt folgender allgemeiner Ansatz für die Verteilungsfunktion $F_y(y)$:

$$F_y(y) = P\left\{\frac{X_1}{X_2} \le y\right\} \tag{12}$$

Mit zwei Gesetzen aus der Wahrscheinlichkeitsrechnung, nämlich der Vollständigkeitsbedingung und der Beziehung über bedingte Wahrscheinlichkeiten folgt nach einigen Umformungen aus der obigen Gleichung

$$F_y(y) = \int_{-\infty}^{0} -F_{x1}(yx_2)\, f_{x2}(x_2)dx_2 + \int_{0}^{+\infty} F_{x1}(yx_2)\, f_{x2}(x_2)dx_2 \tag{13}$$

Differenziert man diese Gleichung für $F_y(y)$ nach y, so folgt daraus für die gesuchte Verteilungsdichtefunktion $f_y(y)$ der ZV $Y = X_1/X_2$:

$$f_y(y) = \int_{-\infty}^{+\infty} |x_2|\, f_{x1}(yx_2)\, f_{x2}(x_2)dx_2 \tag{14}$$

Die Verteilungsdichtefunktion der ZV Y erhält man durch eine faltungsähnliche Operation der Verteilungsdichtefunktionen (VDF) der Zähler-ZV und der Nenner-ZV. Aus dieser VDF $f_y(y)$ können durch Integration die Verteilungsfunktion (VF) und alle Momente berechnet werden. Für das erste Moment bzw. den Erwartungswert gilt insbesondere:

$$E[Y] = E\left[\frac{X_1}{X_2}\right] = \int_{-\infty}^{+\infty} \int_{-\infty}^{+\infty} \frac{x_1}{x_2}\, f(x_1, x_2)\, dx_1\, dx_2 \tag{15}$$

Wegen der angenommenen Unabhängigkeit der betrachteten Zufallsvariablen X_1 und X_2 gilt: $f(x_1, x_2) = f_{x1}(x_1) \cdot f_{x2}(x_2)$. Damit folgt weiter:

$$E[Y] = \int_{-\infty}^{+\infty} \int_{-\infty}^{+\infty} \frac{x_1}{x_2} f_{x1}(x_1) \cdot f_{x2}(x_2) \, dx_1 \, dx_2$$

$$\boxed{E[Y] = E[X_1] \cdot E\left[\frac{1}{X_2}\right]} \tag{16}$$

Der Erwartungswert der Zufallsvariablen Y ergibt sich durch Multiplikation des Erwartungswertes der ZV X_1 mit dem Erwartungswert des Kehrwertes der ZV X_2. Für den hier betrachteten Fall bedeutet dies, daß der Erwartungswert $E[d]$ der Entfernung zweier zufällig ausgewählter Stationen mit dem Erwartungswert $E[1/Z]$ des Fortschritts in Richtung Ziel pro Hop zu multiplizieren ist. In [4] und [5] wurden die Erwartungswerte beider Verteilungen gebildet und dividiert, ein Versehen, das nicht durch etwaige spezielle Modellannahmen begründbar ist. Abhängig von den Parametern der betrachteten Verteilungen sind die Abweichungen zum nachfolgend hergeleiteten Ergebnis unterschiedlich.

3.3 Zufälliger Abstand zwischen Quell- und Ziel-Station

Da die Zielstationen einer Quelle zufällig verteilt sind, ist auch der Abstand zweier kommunizierender Stationen zufällig. Er ist hauptsächlich abhängig von der Dichte und Verteilung der Stationen in der Ebene, der Netzausdehnung und der Verteilung der Verkehrsbeziehungen.
Die Bestimmung des Abstandes läßt sich auf die Betrachtung zweier zufälliger Punkte in einer ebenen Fläche zurückführen. Die Lage der Stationen entspricht Punkten in einer unendlich ausgedehnten ebenen Kreisfläche. Für derartige, aber endlich ausgedehnte, geometrische Anordnungen gilt bei den oben gemachten Annahmen (gleichmäßig verteilte Stationen, gleichwahrscheinliche Ziele) nach [3] für die Verteilungsdichtefunktion des Abstandes zweier zufälliger Punkte in einem Kreis mit Radius ρ:

$$f_x(x) = \frac{4x}{\pi \rho^2} \arccos \frac{x}{2\rho} - \frac{x^2}{\pi \rho^2} \sqrt{(2\rho)^2 - x^2} \tag{17}$$

Durch Integration erhält man daraus die Verteilungsfunktion:

$$F_x(x) = \int_0^x f_x(x) \, dx = 1 - \frac{2}{\pi}(1 - \frac{x^2}{\rho^2}) \arccos \frac{x}{2\rho} - \frac{x}{2\pi \rho^2}(1 + \frac{x^2}{2\rho^2}) \sqrt{(2\rho)^2 - x^2} \tag{18}$$

Für die folgende Berechnung wird das ursprünglich als unendlich ausgedehnt angenommene Funknetz auf eine endlich große Kreisfläche beschränkt. Die Verteilung des Abstandes einer zufälligen Quelle-Ziel Beziehung ist damit bekannt. Für ihren Mittelwert gilt:

$$\bar{d} = E[X] = \int_0^{2\rho} x f_x(x) \, dx = \int_0^{2\rho} [1 - F_x(x)] \, dx = \frac{128}{45\pi} \rho \tag{19}$$

Dieser Mittelwert wurde in [4] und [5] benutzt. Es verbleibt die Bestimmung der VDF für den Fortschritt pro Hop. Es werden zwei Modellvarianten bzgl. des Routens von Paketen untersucht. Die Verteilung des Fortschrittes pro Hop ist abhängig vom Routing-Verfahren, von der Form und Größe des Sendebereichs und evtl. von weiteren Modellannahmen, wie z.B. dem Zugriffsprotokoll, oder der Berücksichtigung der tatsächlichen Ausbreitungsbedingungen von Funkwellen.

3.4 Gleichwahrscheinliches Vorwärtsrouten

In diesem Modell wird angenommen, daß bei Weitergabe eines Paketes in Zielrichtung eine beliebige Station gemäß einer Gleichverteilung aus der Halbebene des Sendekreises in Richtung Ziel ausgewählt wird. Sie fungiert dann als Relais auf der Route zum Ziel. In Abb. 2 liegen z.B. i Stationen aus Sicht des Senders P in Richtung Ziel. P sucht eine der i Nachbarstationen mit der Wahrscheinlichkeit $1/i$ aus. Übertragungen an Stationen im Rückwärts-Halbkreis finden nicht statt. Befindet sich bei Beginn des Slots keine Station im Vorwärts-Halbkreis, so wird die geplante Übertragung zurückgestellt. Aufgrund der Mobilität der Stationen ist die Übertragung in einem späteren Slot wieder möglich.

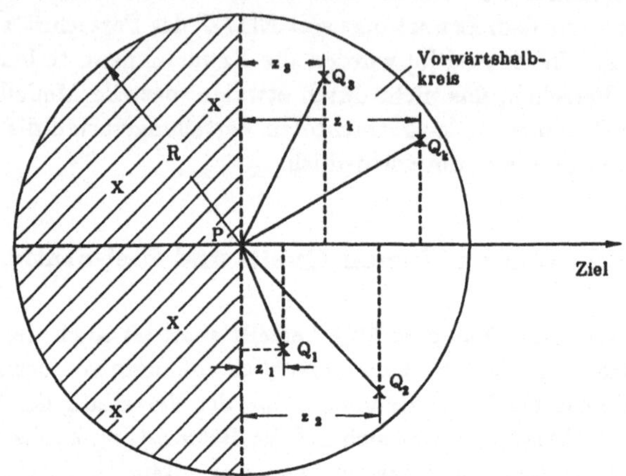

Abbildung 2: Vorwärtsrouten mit gleicher Wahrscheinlichkeit

3.4.1 Fortschritt pro Hop

Die Verteilung des Fortschritts kann wie folgt berechnet werden. Legt man die Sendestation in den Ursprung eines Polar-Koordinatensystems, dann gilt für die Lage des Empfängers:
1) die zufällig ausgewählten Empfangsstationen verteilen sich gleichmäßig über den Winkel ϑ im Bereich von $-\pi/2$ bis $+\pi/2$, da alle Flächenelemente $R^2 d\vartheta$ gleich groß sind.
2) die zufällig ausgewählten Empfangsstationen verteilen sich entsprechend der Fläche eines Kreisrings der Breite dr über dem Abstand r im Bereich 0 bis R.
Daraus folgt die zweidimensionale Verteilungsdichtefunktion in Polarkoordinaten:

$$P\{r < \tilde{r} \le r + dr, \vartheta < \tilde{\vartheta} \le \vartheta + d\vartheta\} = \frac{2\pi r\, dr\, d\vartheta}{\pi R^2} = \frac{2\, dA}{\pi R^2} \qquad dA = r\, dr\, d\vartheta \tag{20}$$

$$0 \le r \le R \qquad -\frac{\pi}{2} \le \vartheta \le \frac{\pi}{2}$$

In karthesischen Koordinaten erhält man mit $x = r\cos\vartheta$, $z = r\sin\vartheta$ und $r\, dr\, d\vartheta = dz\, dx$

$$P\{x < \tilde{x} \le x + dx, z < \tilde{z} \le z + dz\} = \frac{2\, dz\, dx}{\pi R^2} \tag{21}$$

$$-\sqrt{R^2 - z^2} \le x \le \sqrt{R^2 - z^2} \qquad 0 \le z \le R$$

Integration über x ergibt die Verteilung des Abstandes in Zielrichtung, den Fortschritt pro Hop

$$P\{z < \tilde{z} \leq z + dz\} = \frac{4\sqrt{R^2 - z^2}}{\pi R^2}\, dz = \frac{4}{\pi R}\sqrt{1 - (\frac{z}{R})^2}\, dz = f(z)\, dz \qquad (22)$$

$$0 \leq z \leq R$$

3.4.2 Verteilungsfunktion der Hops

Die Zahl benötigter Hops pro Quelle-Ziel Übertragung ergibt sich aus der Division der ZV Abstand einer Quelle-Ziel Beziehung X und der ZV Fortschritt pro Hop Z. Es muß ausgeschlossen werden, daß die ZV im Nenner den Wert Null annehmen kann. Das Ergebnis der Integration nach Gl. (14) würde sonst falsch sein. In der Verteilungsdichtefunktion (VDF) nach Gl. (22) ist der Fortschritt $Z = 0$ enthalten. Der Fortschritt Null kann jedoch ausgeschlossen werden, indem der Beginn der VDF bei ϵR festgelegt wird, wobei ϵ ist. Praktisch ist dies ohnehin der Fall, da eine Station nicht zu sich selbst sendet, und Stationen nicht beliebig dicht beieinander sein können. Bei der neu entstandenen VDF handelt es sich um eine bedingte Verteilung, die wie folgt definiert ist:

$$P\{z < \tilde{z} \leq z + dz \mid z > \epsilon R\} = \frac{P\{z < \tilde{z} \leq z + dz, z > \epsilon R\}}{P\{z > \epsilon R\}} = \frac{P\{z < \tilde{z} \leq z + dz, z > \epsilon R\}}{1 - P\{z \leq \epsilon R\}} \qquad (23)$$

Für $P\{z \leq \epsilon R\}$ gilt:

$$P\{z \leq \epsilon R\} = \int_0^{\epsilon R} f_1(z)\, dz = \int_0^{\epsilon R} \frac{4}{\pi R^2}\sqrt{R^2 - z^2}\, dz = \frac{2}{\pi}\{\epsilon\sqrt{1 - \epsilon^2} + \arcsin \epsilon\} \qquad (24)$$

Solange $\epsilon \ll 1$ gilt, verändert sich die VDF für die weitere Analyse nur unwesentlich. Für $f_z(z)$ folgt somit:

$$f_z(z)\, dz = P\{z < \tilde{z} \leq z + dz \mid z > \epsilon R\} = \frac{4}{R^2} \frac{\sqrt{R^2 - z^2}\, dz}{\pi - 2[\epsilon\sqrt{1 - \epsilon^2} + \arcsin \epsilon]} \qquad (25)$$

Damit sind alle Voraussetzungen für die Berechnung der Verteilung der Zahl Hops gegeben. Für den Fall gleichwahrscheinlicher Vorwärtsrouten können die beiden Verteilungen in Gl. (14) eingesetzt werden.

$$h(x) = \int_a^b \frac{4xz^2}{\pi \rho^2}\{\arccos \frac{xz}{2\rho} - \frac{xz}{2\rho}\sqrt{1 - (\frac{xz}{2\rho})^2}\} \frac{4}{R^2} \frac{\sqrt{R^2 - z^2}\, dz}{\pi - 2[\epsilon\sqrt{1 - \epsilon^2} + \arcsin \epsilon]} \qquad (26)$$

Um das Integral auszuwerten, muß der Integrationsbereich [a,b] festgelegt werden. Er ergibt sich aus den Definitionsbereichen der beiden Zufallsvariablen X und Z mit der Bedingung $f_x(xz) \cdot f_z(z) \neq 0$.

$$\epsilon R \leq z \leq \frac{2\rho}{x} \qquad \text{für} \quad x \geq \frac{2\rho}{R}$$

$$\epsilon R \leq z \leq R \qquad \text{für} \quad x \leq \frac{2\rho}{R} \qquad (27)$$

Durch Normieren von $z/R = t$ und $2\rho/R = a$ kann Gl. (26) umgeformt werden, so daß weniger explizite Parameter auftreten und die numerische Auswertung leichter ist.

$$h(x) = \frac{64x}{\pi a^2} \frac{1}{\pi - 2[\epsilon\sqrt{1-\epsilon^2} + \arcsin\epsilon]} \int_\epsilon^{c_1} t^2\sqrt{1-t^2}\{\arccos\frac{xt}{a} - \frac{xt}{a}\sqrt{1-(\frac{xt}{a})^2}\}dt \qquad (28)$$

mit $c_1 = 1$ für $x \leq a$ und $c_1 = a/x$ für $x \geq a$.

Abb. 3 zeigt die grafische Auswertung der Gl. (28) für $a = 2$ und $\epsilon = 0,1$, wobei die Netz-

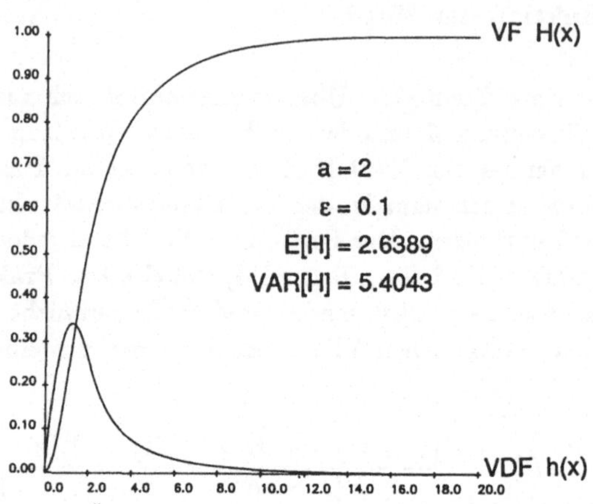

Abbildung 3: Kontinuierliche Verteilung der Anzahl Hops

ausdehnung ρ doppelt so groß wie der Sende-/Empfangsradius R ist. Die VDF $h(x)$ für die Zahl der Hops zeigt ein Maximum bei etwa $x = 1,2$ Hops und konvergiert danach gegen Null für steigende x. Die VF $H(x)$ ist stetig zunehmend und konvergiert selbstverständlich gegen Eins. Für den Mittelwert erhält man bei der numerischen Auswertung der Verteilung $E[H] = 2,64$ Hops. Der relativ große Mittelwert resultiert daraus, daß $h(x)$ für steigende x nicht schnell genug gegen Null konvergiert, die Verteilung streut relativ stark. Dieses ungünstige Ergebnis liegt am zufälligen Vorwärtsrouten.

Zur Überprüfung der bisherigen theoretischen Überlegungen bzgl. der Definition der Verteilungsfunktion und des Erwartungswertes bei der Division zweier ZV wird der oben angegebene Mittelwert noch durch Auswertung von Gl. (16) bestimmt. Für den Mittelwert des Abstandes Quelle-Ziel gilt Gl. (19).

Für den Erwartungswert $E[1/Z]$ des Fortschritts pro Hop gilt:

$$E\left[\frac{1}{Z}\right] = \int_{\epsilon R}^R \frac{1}{z} f_z(z)\, dz = \int_{\epsilon R}^R \frac{1}{z} \frac{4}{R^2} \frac{\sqrt{R^2 - z^2}\, dz}{\pi - 2[\epsilon\sqrt{1-\epsilon^2} + \arcsin\epsilon]} = \frac{9,167}{\pi R} \qquad (29)$$

Damit folgt für die mittlere Anzahl Hops

$$E[H] = E[d] \cdot E\left[\frac{1}{Z}\right] = \frac{128}{45\pi} \rho \frac{9.167}{\pi R} = 1,321\, a \qquad (30)$$

Der Zahlenwert stimmt mit dem aus der Verteilung ermittelten ($E[H] = 2,64$) überein. Würde man rechnen wie in [4], [5], dann ergäbe sich für dasselbe Beispiel:

$$E[Z] = \int_{\epsilon R}^R z\, f_z(z)\, dz = \int_{\epsilon R}^R \frac{4}{R^2} \frac{z\sqrt{R^2 - z^2}\, dz}{\pi - 2[\epsilon\sqrt{1-\epsilon^2} + \arcsin\epsilon]} = \frac{0,484}{R}$$

$$E[H] = E[d] \cdot E[Z] = \frac{128}{45\pi} \rho \frac{0,484}{R} = 0,438\, a$$

Die Abweichungen sind enorm.

Die bisher betrachtete Funktion $h(x)$ ist eine kontinuierliche VDF. Die Verteilung der Zahl

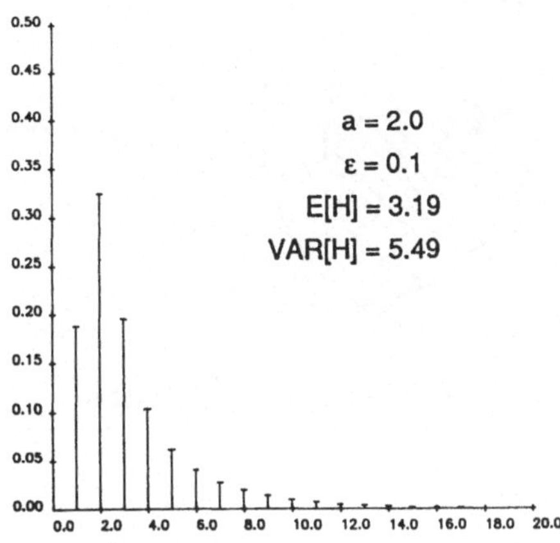

Abbildung 4: Diskrete Verteilung der Anzahl Hops

benötigter Hops für eine Quelle-Ziel-Übertragung ist real aber eine diskrete Zufallsvariable, denn die Zahl der Hops muß stets ganzzahlig sein.

Die diskrete Verteilung erhält man aus der kontinuierlichen Verteilung, indem man jeweils die Wahrscheinlichkeitsdichte zwischen zwei benachbarten ganzen Zahlen integriert und diese der größeren der beiden ganzen Zahlen zuweist. Damit die Vollständigkeitsbedingung danach wieder erfüllt ist, muß die diskrete Verteilung entsprechend umnormiert werden. Diese Maßnahme läßt sich praktisch leicht begründen. Benötigt man rechnerisch gemäß der kontinuierlichen VDF X, x Hops für eine Quelle-Ziel Übertragung, dann sind tatsächlich $(X + 1)$ Hops zurückzulegen. Alle Werte zwischen X und $X + 1$ sind der ganzen Zahl $X + 1$ zuzuschlagen.

Damit erhält man für das beschriebene gleichverteilte Routingverfahren die in Abb. 4 dargestellten Verläufe für die diskrete VDF der Zahl Hops einer Kommunikationsbeziehung.

3.5 MFR-Routing

Bei MFR-Routing ist die Route so gewählt, daß die Zahl benötigter Hops für eine Quelle-Ziel Beziehung minimiert ist. Die Route ist beispielsweise aufgrund sogenannter Konnektivitätstabellen, die von den einzelnen Stationen ständig aktualisiert werden, vorherherbestimmt. Das Verfahren ist theoretisch optimal, in der Praxis wird es jedoch infolge der Mobilität der Stationen mangels aktueller Routingtabellen nicht immer optimal routen, so daß die Rechnung eine untere Grenze für die Hopzahl angibt. Zufälliges Routen liefert sicherlich eine obere Grenze für die Zahl der Hops, denn es setzt nur die Kenntnis der Richtung des Empfängers voraus.

MFR-Routing ist wegen der Abhängigkeit der einzelnen Hops der Route voneinander kaum zu modellierbar. Simulationsergebnisse haben gezeigt, daß das nachfolgend beschriebene Routing-Modell des MFR-Routens fast identische Aussagens liefert wie MFR-Routing.

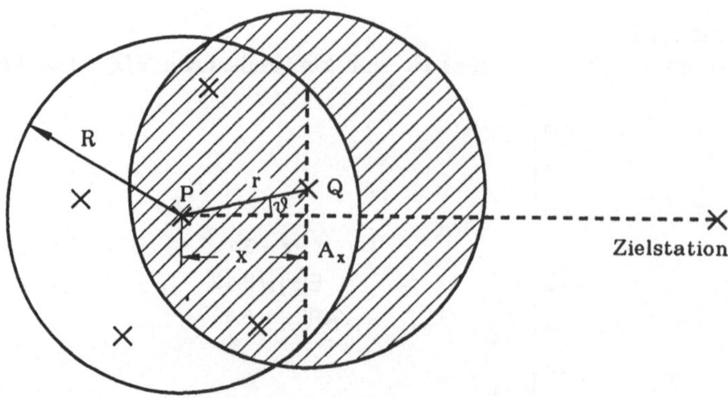

Abbildung 5: MFR-Routen

3.5.1 Fortschritt pro Hop

Das MFR-Modell routet für ein gegebenes Ziel F bestimmte Pakete vorwärts, indem sie an die benachbarte Station gesendet werden, die am weitesten in Richtung Ziel liegt. Nach Abb. 5 gilt für die Verteilung der Positionen des Empfängers Q in bezug auf den Sender P in der (r, ϑ)-Ebene:

$$P\{r < \tilde{r} \leq r + dr, \vartheta < \tilde{\vartheta} \leq \vartheta + d\vartheta\} = P\{\text{Empfänger ist im Punkt } (r, \vartheta)\}$$
$$= P\{\text{keine Stationen in der Fläche } A_x\}$$
$$\times P\{\text{mindestens eine Station im Punkt } (r, \vartheta)\}$$
$$= exp(-\lambda A_x) \times [1 - P\{\text{keine Station im Flächenelement } dA = r\, dr\, d\vartheta]$$
$$P\{r < \tilde{r} \leq r + dr, \vartheta < \tilde{\vartheta} \leq \vartheta + d\vartheta\} = exp(-\lambda A_x) \cdot [1 - exp(-\lambda\, dA)]$$

Die Gleichung läßt sich in dieser Form nicht weiter auswerten, da das Flächenelement dA im Exponenten steht. Entwickelt man die Exponentialfunktion $e^{-\lambda dA}$ in eine Taylorreihe, so folgt weiter

$$P\{r < \tilde{r} \leq r + dr\ \vartheta < \tilde{\vartheta} \leq \vartheta + d\vartheta\} = e^{-\lambda A_x} \cdot \left[1 - (1 + \frac{\lambda dA}{1!} + \frac{(\lambda dA)^2}{2!} + \cdots)\right]$$

Da alle Potenzen von dA mit $n \geq 2$ gegen Null gehen, folgt weiter

$$P\{r < \tilde{r} \leq r + dr\ \vartheta < \tilde{\vartheta} \leq \vartheta + d\vartheta\} = e^{-\lambda A_x} \cdot \left[1 - (1 + \frac{\lambda dA}{1!})\right] = e^{-\lambda A_x}\lambda\, dA = e^{-\lambda A_x}\lambda r\, dr\, d\vartheta \quad (31)$$

Umgerechnet in karthesische Koordinaten folgt daraus

$$P\{x < \tilde{x} \leq x + dx, z < \tilde{z} \leq z + dz\} = e^{-\lambda A_x}\lambda\, dz\, dx \quad (32)$$

$$\text{mit} \quad A_x = R^2 \left[\arccos\frac{z}{R} - \frac{z}{R}\sqrt{1 - (\frac{z}{R})^2}\right] \quad (33)$$

$$-\sqrt{R^2 - z^2} \leq x \leq \sqrt{R^2 - z^2} \quad -R \leq z \leq R$$

Durch Integration über x erhält man die Verteilungsdichtefunktion des Abstandes Sender-Empfänger in Zielrichtung bzw. den Fortschritt pro Hop

$$P\{z < \tilde{z} \leq z + dz\} = 2\sqrt{R^2 - z^2}\, e^{-\lambda A_x}\lambda\, dz = f(z)\, dz \quad (34)$$

$$-R \leq z \leq R$$

3.5.2 Verteilungsfunktion der Hops bei MFR

Das Modell des MFR-Routens läßt einen negativen Fortschritt zu. Eine Übertragung vom Ziel
weg ist zwar wenig wahrscheinlich aber durchaus möglich.
Die faltungsähnliche Operation in Gleichung (13) ist aber für negative Zufallsvariable nicht
definiert. Dort wird der zweite Term $f_{x2}(yx_2)$ negativ für negativen Fortschritt Z, so daß eine
Wahrscheinlichkeit für eine negative Anzahl Hops auftritt. Eine negative Anzahl Hops ist praktisch nicht möglich, bzw. physikalisch nicht zu interpretieren. Die Anzahl benötigter Hops muß
tatsächlich immer größer als Null sein. Um Ergebnisse für das Modell des MFR-Routing zu
bekommen, muß eine Übertragung entgegen der Zielrichtung ausgeschlossen werden.
Im folgenden wird der negative Anteil ausgeschlossen indem gegebenenfalls erst übertragen wird,
wenn sich die Topologie geändert hat. Da die Wahrscheinlichkeit für eine Übertragung entgegen
der Zielrichtung sehr gering ist, sind die Auswirkungen auch sehr gering. Außerdem muß ausgeschlossen werden, daß die ZV Z den Wert Null annimmt. Die korrigierte VDF beginnt damit
bei $+\epsilon R$ und endet bei $+R$. Mit Gl. (23) und

$$
\begin{aligned}
P\{z \leq \epsilon R\} &= \int_{-\infty}^{\epsilon R} f_z(z)\, dz \\
&= \int_{-\infty}^{\epsilon R} \frac{2W}{\pi R}\sqrt{1-(\frac{z}{R})^2}\exp(-\frac{W}{\pi}[\arccos\frac{z}{R} - \frac{z}{R}\sqrt{1-(\frac{z}{R})^2}])\, dz \\
&= \exp(-\frac{W}{\pi}[\arccos\epsilon - \epsilon\sqrt{1-\epsilon^2}])
\end{aligned}
$$

folgt für $f_z(z)$

$$
f_z(z) = \frac{\frac{2W}{\pi R}\sqrt{1-(\frac{z}{R})^2}\exp(-\frac{W}{\pi}[\arccos\frac{z}{R} - \frac{z}{R}\sqrt{1-(\frac{z}{R})^2}])}{1 - \exp(-\frac{W}{\pi}[\arccos\epsilon - \epsilon\sqrt{1-\epsilon^2}])}
\tag{35}
$$

Diese Funktion ist abhängig von der Konnektivität W, da man um so weiter vorwärts kommt, je
größer die Dichte der Stationen ist. Damit sind für MFR-Routing ebenfalls die beiden benötigten

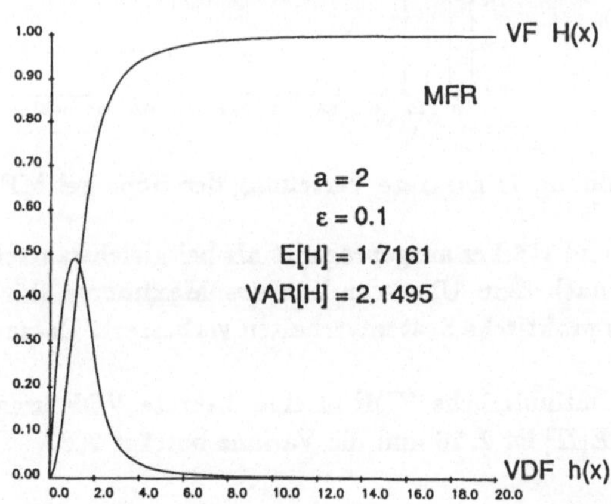

Abbildung 6: Verteilung der Anzahl Hops bei MFR-Routing

Verteilungsdichtefunktionen bekannt. Eingesetzt in Gl. (14) und normiert mit $t = z/R$ und

$a = 2\rho/R$ bzw. zusammengefaßt folgt:

$$h(x) = \int_{-\infty}^{+\infty} z\, f_x(zx)\, f_z(z)\, dz$$

$$h(x) = \int_{\epsilon R}^{c} \frac{4xz^2}{\pi\rho^2} \{\arccos \frac{xz}{2\rho} - \frac{xz}{2\rho}\sqrt{1 - (\frac{xz}{2\rho})^2}\} \frac{2W}{\pi R}\sqrt{1 - (\frac{z}{R})^2}$$

$$\cdot \frac{\exp(-\frac{W}{\pi}[\arccos \frac{z}{R} - \frac{z}{R}\sqrt{1 - (\frac{z}{R})^2}])}{1 - \exp(-\frac{W}{\pi}[\arccos \epsilon - \epsilon\sqrt{1 - \epsilon^2}])}\, dz$$

$$h(x) = \frac{32xW}{(\pi a)^2} \frac{1}{1 - \exp(-\frac{W}{\pi}[\arccos \epsilon - \epsilon\sqrt{1 - \epsilon^2}])} \cdot \int_{\epsilon}^{c_1} t^2\sqrt{1 - t^2}$$

$$\left[\arccos \frac{xt}{a} - \frac{xt}{a}\sqrt{1 - (\frac{xt}{a})^2}\right] exp\left(-\frac{W}{\pi}[\arccos t - t\sqrt{1 - t^2}]\right) dt \tag{36}$$

Der Integrationsbereich ergibt sich aus den Definitionsbereichen der ZV X und Z und der Bedingung $f_x(zx) \cdot f_z(z) \neq 0$. Da der negative Teil der VDF für den Fortschritt unberücksichtigt bleibt, ergibt sich der Integrationsbereich aus Gl. (27). Die Auswertung von Gl. (36) ergibt die in Abb. 6 dargestellten Kurvenverläufe. Man erkennt sofort, daß sich das Maximum nach

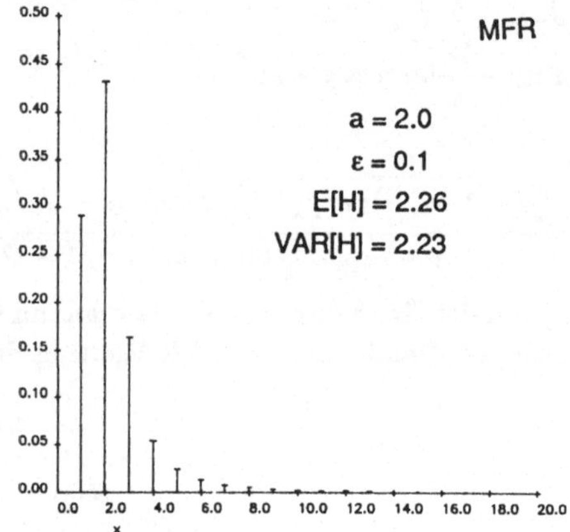

Abbildung 7: Diskrete Verteilung der Hops bei MFR-Routing

links verschoben hat und stärker ausgeprägt ist als bei gleichwahrscheinlichem Vorwärtsrouten. Die VDF fällt auch nach dem Überschreiten des Maximums stärker ab, die Streuung wird kleiner und damit das praktische Systemverhalten verbessert. Entsprechend Gl. (30) ergibt sich $E[H] = 1,72$.
Auch hier kann die kontinuierliche VDF in eine diskrete VDF umgewandelt werden, Abb. 7. Der Erwartungswert $E[H]$ ist $2,26$ und die Varianz beträgt $2,23$.

4 Quelle-Ziel-Durchsatz

Mit den hier beschriebenen Ergebnissen kann in einem weiteren Schritt der gesuchte Quelle-Ziel-Durchsatz berechnet werden. Dieser ergibt sich wiederum aus der Division zweier Zufallsgrößen.

195

Es gilt:

$$E[S_{PQ}] = E[S_1] \cdot E[1/H] \tag{37}$$

wobei $E[H]$ der Mittelwert der Anzahl Hops ist. Aus Gl. (28) bzw. (36) ist mit $h(x)$ die VDF der Zahl Hops bekannt. Analog zu Gl. (29) kann damit $E[1/H]$ gebildet und in Gl. (37) eingesetzt werden. $E[S_1]$ ist aus Gl. (3) bzw. (10) bekannt.

5 Ausblick

Die beschriebene Analyse der Verteilung der Hops kann weiter verfeinert werden, z.B. durch Einbeziehen der Ausbreitungseigenschaften der Funkwellen. Sinnvoll wäre auch die Verteilung der Quellen und Ziele im Netz nicht gleich, sondern unsymmetrisch verteilt anzunehmen, z.B. mit hoher Wahrscheinlichkeit für nahe und geringer Wkt. für ferne Ziele. Weiter könnte man versuchen das MFR-Routing genauer zu approximieren und negative Fortschritte zu berücksichtigen.

Literaturverzeichnis

[1] K. Gotthardt, V. Brass: On Throughput and Delay in S-ALOHA Multihop Networks; Informatik-Fachberichte 154, Springer Verlag Berlin/Heidelberg, S. 236-249, Sep. 1987.

[2] K. Gotthardt: Durchsatz in CSMA-Multihop-Netzen; Informatik-Fachberichte 205, Springer Verlag Berlin/Heidelberg, S. 309-323, Feb. 1989.

[3] M.G. Kendall, P.A.P. Moran: Geometrical Probability, Number Ten of Griffin's Statistical Monongraphs & Courses; Charles Griffin & Company Limited, 42 Drury Lane, London, W.C.2.

[4] R. Nelson, L. Kleinrock: The Spatial Capacity of a Slotted ALOHA Multihop Packet Radio Network with Capture; IEEE Transactions on Comm., Vol. COM-32, No. 6, pp. 684-694, Jun 1984.

[5] J. Silvester, L. Kleinrock: Optimum Transmission radii for Packet Radio Networks or Why Six is a Magic Number; Conf. Rec., Nat. Telecommun. Conf., pp 4.3.1-4.3.5, Dec 1978.

[6] H. Takagi, L. Kleinrock: Optimal Transmission Ranges for Randomly Distributed Packet Radio Terminals; IEEE Transactions on Comm., Vol. COM-32, No. 3, pp. 246-257, March 1984.

[7] F.A. Tobagi, L. Kleinrock: Packet Switching in Radio Channels; Part II-The Hidden Terminal Problem in Carrier Sense Multiple-Access and the Busy-Tone Solution; IEEE Trans. Comm., Vol. COM-23, pp. 1417-1433, 1975.

Performance Modeling of a Coarse Grain Dataflow Machine

Cornelia Riefers, Rainer Feix
Universität Hamburg
Fachbereich Informatik
Bodenstedtstr. 16
D-2000 Hamburg 50

Abstract

This paper deals with the formulation of an (extended) queueing network model for the performance evaluation of a coarse grain dataflow machine. The model comprises dynamic load balancing features which require a simulative approach for the model evaluation. The average parallelism of the dataflow graph is related to the population of the proposed model which is validated by comparing the simulation results to the measurements obtained from a prototype implementation. An exhaustive experimental study identifies the potential bottlenecks and the performance limits of the investigated dataflow machine.

Keywords

data flow machine, coarse grain parallelism, dynamic load balancing, performance evaluation, (extended) queueing network models, simulation.

1   Introduction

There exist significant differences between the von Neumann model of computation and the dataflow model [25]. In the latter the program structure is represented in terms of a directed graph where the *nodes* correspond to the instructions to be executed and the *arcs* illustrate the data dependencies between them. Data values traveling along the arcs are carried on *tokens* and the arcs are assumed to be first-in-first-out queues of unbounded capacity. A dataflow instruction is enabled for execution when and only when all the necessary input operands are available. Upon activation, the input operands are consumed and a token is placed on each of the output arcs. Depending on the way the tokens are handled, the dataflow architectures are classified as *static* or *dynamic* dataflow machines [1]. The static dataflow approach allows only one token to reside on an arc at any instance, whereas in the dynamic dataflow approach storage of an infinite number of tokens is allowed on each arc, and each token carries a *tag* to identify its role in the computation. Therefore, the second class of dataflow machines is often referred to as a *tagged-token* architecture.

Since the pioneering work on dataflow architectures a great number of dataflow machines have been proposed. A few of them have been elaborated [8, 21], several prototypes have been implemented [2, 4], and some of them have been subject to performance evaluation based on an analytical [10, 11] or a simulative [3, 14] approach. A survey of the different dataflow architectures and their realizations can be found in [1, 25, 26]. Most of these were designed for the purpose of running applications like weather forecasting and wind tunnel simulation, which naturally lead to <u>fine grain parallelism</u> [26]. The processes, which can be executed concurrently, have approximately the size of a machine operation in a von Neumann architecture. In order to exploit all parallelism at fine grain level specific hardware becomes necessary to provide a sufficiently fast mechanism for the choice of instructions to be executed.

In contrast to these approaches a dataflow architecture, called Stollmann Data Flow Machine* (SDFM) [9, 18], was developed supporting database applications, which more naturally lead to coarse grain parallelism [26], and dynamic load balancing. Consequently, expensive hardware implementations became inadequate so that the dataflow mechanism was shifted from hardware to software level and the machine was constructed using "of-the-shelf" hardware.

This paper deals with the performance evaluation of the SDFM based on queueing network models covering in-depth hardware as well as software components. The paper will be organized as follows. The next section briefly describes the architecture of the SDFM. In Section 3 we discuss the assumptions and decisions leading to the proposed extended queuing network model, which is validated by means of monitoring the SDFM (cf. Section 4). The parameters of interest, the simulation experiments and their results are presented in Section 5. Finally, Section 6 evaluates the SDFM based on our performance modeling approach and briefly summarizes the topics of this paper.

2 A Class of Coarse Grain Dataflow Machines

After a discussion of dataflow programs for coarse grain dataflow machines we give a description of the SDFM architecture and the main features of its prototype implementation.

2.1 Dataflow Programs and the Considered Application

The programming of the SDFM was realized by means of a three level language hierarchy.

The lowest level (level 1) is represented by a basic assembler language BLASS (Basic Language Assembler) [15], which is a shell language containing merely all instructions necessary to organize the execution of the dataflow programs. A BLASS instruction consists of the following parts: (1) the instruction number, which refers to the instruction in the link list (see below), (2) the instruction description, which contains the code of the corresponding dataflow instruction, (3) the input operand list and (4) the output operand list, which comprise the number and the description of the input and output operands, respectively, and finally, (5) a link list, which states for each output operand the number of the destination instruction. The execution of a BLASS program is based on two paradigms:
- A recursive mechanism of function invocation is provided for the handling of *reentrant* dataflow programs. At runtime each function invocation is extended dynamically to a complete (sub-) graph, so that each instantiation of an instruction is executed exactly once. The SDFM can be viewed as a dynamic dataflow architecture according to [26].
- There are two ways of realizing dynamic dataflow machines [1]: the SDFM uses a combination of the *code-copying* and the *tagged-token* method. The static machine code of an instruction, which is referred to as *Read-Only-Part* (ROP), can be accessed by each instantiation of this instruction. For each instantiation a *Runtime-Update-Part* (RUP) is created dynamically and the input operands of an instruction carry the address of the RUP they belong to.

Each instruction may have a variable number of input operands and can produce a variable number of output operands. Since an output operand might be used by several succeeding instructions (as described in the link list), an *access counter* is attached to every memory operand in order to avoid structure copying [13].

At level 2 a high level language CLAN (Coarse Grain Data Flow Language) [7] was designed on basis of BLASS. A lot of languages [23], i. e. "Id", "Valid", "Cajole" and SISAL, which meet the requirements for single assignment languages, have been developed for dataflow machines. SISAL, in particular, turned out to be an appropriate language for the programming of dataflow computers [8, 12]. Although SISAL was designed for fine grain applications the semantics of CLAN was chosen similar to that of SISAL because of the lack of appropriate languages to support large grain applications directly. CLAN comprises the following

---

* *Within ESPRIT (European Strategic Program of Research and Development in Information Technology) grant 415E a prototype has recently been implemented by a private company (Stollmann GmbH, Hamburg/FRG)*

features: (1) integration of user defined instructions, (2) definition of functions, (3) representation of links in the dataflow graph and (4) handling of conditionals. For further details see [7].

Additionally, on top of the language hierarchy (level 3), a set of instructions was defined as a support for (commercial) database applications. The queries are formulated by means of a relational query language (SQL) and transformed into a relational *query tree*, where the nodes correspond to the basic relational algebra operations RESTRICT, PROJECT, UNION, DIFFERENCE and PRODUCT. In a second step this query tree is translated into a CLAN program augmented essentially by user defined instructions corresponding to the relational algebra operations. The inherent parallelism of the query tree was found to be too small and the following two approaches were chosen to introduce a higher degree of parallelism: (i) the relations are partitioned into *packages* of identical size and (ii) each relational algebra operation working on complete relations is split into many *instantiations* working on appropriate combinations of packages.

With respect to the parallelism at level 3 induced by the mechanisms (i), (ii) the SDFM can be viewed as a coarse grain dataflow machine. Hence, the load units (jobs) of our load model will have to represent the packages and instantiations of algebraic operations (cf. Section 3).

2.2 The Architecture

A processing element of the SDFM consists of two different types of functional units: (1) The *Firing-Control-Unit* (FC-Unit) determines those instructions the input operands of which are available and selects them for execution. (2) The *Execution-Control-Unit* (EC-Unit) performs the execution of the instructions. Special queues, called *buckets*, are provided for the communication between the functional units. There are different types of buckets depending on the functional units they are attached to: an *operand-bucket* (o-bucket) and an *instruction-bucket* (i-bucket) is attached to the FC-Unit and EC-Unit, respectively. The functional units exchange two different types of data units:

- The *operand words* representing available operand values are queued in o-buckets and
- the *firing words* representing executable instructions are queued in i-buckets.

In the sequel we describe the cooperation of functional units for program execution (cf. Figure 1).

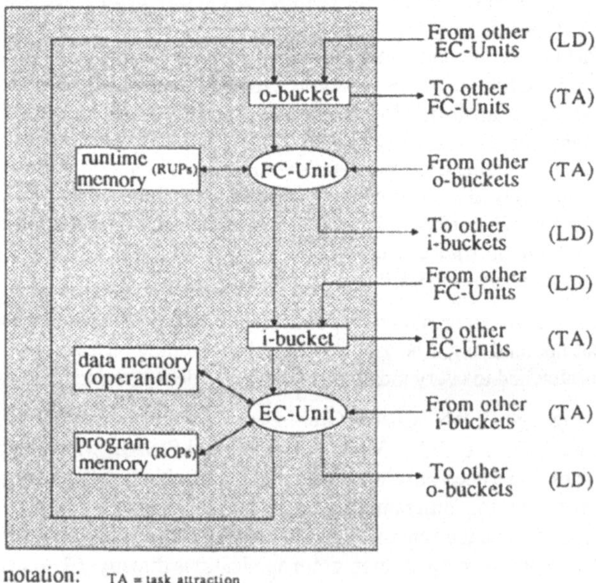

Figure 1: A processing element of the SDFM

The FC-Unit reads an entry from its o-bucket. An operand word gives information about the instantiation of the instruction and the operand value (if small enough or an address). When the o-bucket becomes empty the FC-Unit scans the o-buckets attached to other FC-Units (task attraction). Otherwise, it updates the RUP (i. e. records the availability of the corresponding operand and checks whether the instruction it belongs to is enabled for execution). If no instruction is ready for execution the FC-Unit reads the next o-bucket entry. Otherwise, it generates a firing word which gives information about the enabled instruction and the corresponding input operands and sends it to an i-bucket. The EC-Unit reads an entry from its i-bucket. If the i-bucket is empty the EC-Unit is looking for entries in the i-buckets attached to other EC-Units (task attraction). Otherwise, accessing the values of the instruction's input operands and the code the EC-Unit executes the instruction and creates an operand word for each produced output value and each successor instruction, which waits for the value as a new input operand.

The SDFM has a globally addressable memory consisting of three sections: (1) the *program memory* for the ROPs and a ROP load table (with an entry for every ROP), (2) the *runtime memory* for the RUPs and (3) the *data memory* for the operand values. In order to reduce the number of non-local memory accesses (i. e. accesses to memory parts which are located on other processing elements), the physical memory is distributed among the functional units such that the ROPs and operands are stored in memory sections attached to EC-Units, whereas RUPs are stored in memory sections attached to FC-Units (cf. Figure 1). Additionally, a firing word is queued in the i-bucket of that EC-Unit keeping most (bytes) of the necessary input operands and an operand word is written to the o-bucket of that FC-Unit holding the corresponding RUP (load distribution). Operands are stored in the data memory section of that EC-Unit which generated these values.

2.3   Implementation of a Prototype

The SDFM prototype was implemented using a multiprocessor system consisting of four processor boards interconnected by a 32 bit wide VMEbus* (cf. Figure 2). One processor board serves as a host handling access to peripheral devices and error detection, whereas the others serve as processing elements executing the dataflow graph. The boards are equipped with a Motorola 68020 processor and a 4 MB dual ported RAM. This memory can be accessed by the local CPU as well as by other processing elements by means of VMEbus addresses providing a global address space.

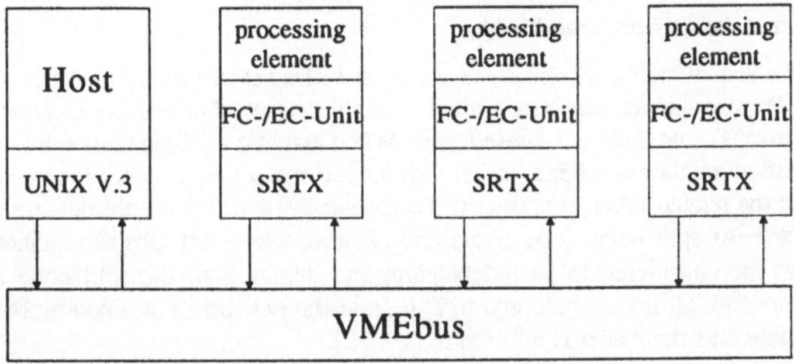

Figure 2: SDFM prototype configuration

The host processor runs UNIX V.3 and the processing elements are equipped with a special realtime operating system SRTX (**S**tollmann **R**eal **T**ime e**X**ecutive) [24] with priority controlled or time sliced scheduling supporting microprocessor architectures of the 680x0 family. In order to meet the requirements of globally accessible data (cf. Section 2.2), a global operating system layer was added which provides semaphore protected memory access and permits the allocation of "non-on-board" memory.

** The VMEbus is based on the Motorola VERSAbus concept [5]*

The mapping of the SDFM architecture onto the prototype configuration is as follows. The FC- and EC-Units are realized by means of software-modules (written in C) scheduled by SRTX. Therefore, the FC- and EC-Units can only be active in mutual exclusion and the case of mapping more than one functional unit of the same type need not be considered, i. e. there can be at most one FC-Unit and one EC-Unit running on one processing element. This feature will be represented by a *task switching mechanism* in our model of the SDFM (cf. Section 3.2). The implementation of the communication between the functional units via buckets is based on service primitives offered by the global operating system layer.

3   A Performance Model of the SDFM

Before elaborating a queueing network model to describe the SDFM architecture in detail we point out the network class considered and the main issues our model has to cover.

3.1   Modeling Approach

The development of models for distributed systems demands considerable effort, since the system consists of many components, a great number of jobs compete for resources and the load profile quite often has a complex structure. There are different methods for the performance evaluation of a computing system. *Queueing network models* have turned out to be an appropriate tool for the analysis of distributed systems [19, 20, 22]. According to the sophisticated structure of the SDFM analytical evaluation methods become impractical for our studies and simulative methods should be preferred. The *simulative* methods are adequate for the detailed representation of many structural and operational characteristics (i. e. load balancing, task switching) and for the evaluation of the resulting performance measures. As extended queueing network models are primarily intended for simulation solutions, we will use this class of networks for the formulation of a SDFM-model, too. *Extended queueing networks* will here be defined by

- a set of *active* and *passive queues*,
- a set of nodes (some belonging to passive queues, such as nodes for the allocation and release of tokens, and other nodes providing job creations (such as *fission* and *split nodes*), job departures (*sink nodes*), or assignments to model variables or (private) job attributes (*set nodes*)),
- a set of routing rules (which determine the possibly probabilistic routing of jobs among the queues and nodes), and
- a specification of the network's workload.

Active queues (in the sequel called *service stations*) consist of a set of service facilities and a pool for jobs waiting for service. Passive queues comprise a token container, a set of *allocation nodes* (with a related pool for jobs requesting tokens), and a set of *release nodes*. When arriving at allocation nodes, jobs will queue for the receipt of a specified number of tokens (in our diction perform a *take-action*). Jobs visiting release nodes will return tokens to the related token container (*give-action*). Jobs which do not possess any token proceed without being affected. At split nodes jobs create one or more additional jobs instantaneously. The creator and the created jobs are considered to be independent and depart from the split node immediately. Sink nodes cause jobs to release all tokens held and to exit from the network. For a comprehensive treatment of extended queueing networks the reader is referred to [19, 22].

Our model has to consider the following computation-communication issues:

- <u>System size</u>
  The *system size* is defined to be the number of processing elements (PEs) on which a dataflow graph will be executed. The system size is an important issue to study since the delay caused by the communication system connecting the PEs depends on the number of PEs.
- <u>Ratio of FC- to EC-Units</u>
  The *ratio* r of FC- to EC-Units is closely related to the system size. The dataflow model of computation implies that the scheduling of the instructions is completely decentralized. For most types of dynamic dataflow machines a decentralization can be achieved if r is chosen to be 1, due to the fact that each unit is assigned a private processor [11]. Instead, the functional units of the SDFM are

software-implemented and scheduled by the operating system, so that the FC-Unit and the EC-Unit can only be active in mutual exclusion.

- Locality
  This issue relates to the *locality* of the informations necessary to control the execution of the dataflow instructions. Depending on the locality of these *state informations* the operand and firing words are stored in buckets belonging to local or non-local PEs.
- Task attraction
  Finally, there is the issue of the task attraction mechanism, which realizes a dynamic load balancing among the PEs (a feature not provided by most of the other dynamic dataflow architectures).

3.2 Elaboration of the Model

For a detailed analysis of the SDFM we have to model the task switching and the task attraction mechanism and the delays of the operands and instructions caused by execution and transmission. In order to capture the typical dynamic behaviour of the SDFM architecture, we elaborate a load and a system model, separately. The load model reflects the workload of the system, i. e. comprises the description of the jobs, jobtypes, the routing behaviour and the job arrival patterns. The system model comprises the (abstract) resources jobs are competing for (i. e. service stations, tokens) as well as associated service strategies.

In the dataflow model of computation an instruction is ready for execution when all input operands are available. In the sequel the term *job* will refer to the packages (operands) and instantiations of algebraic operations (instructions) of the dataflow graph Γ (cf. Section 2.1). The jobs will be distinguished by different *jobtypes*: operands and instructions are referred to as *type-1-jobs* and *type-2-jobs*, respectively. Additionally, we introduce (abstract) *type-3-jobs* representing task attraction requests (for further details see below). The job arrivals and departures depend on the structure of Γ which can have arbitrary form depending on the application under consideration. We characterize Γ by some of its essential properties. In our study we use the *average parallelism* π_{av} of Γ as the characterizing feature [8, 10, 11], which is defined as follows:

$$\pi_{av} := \pi_{av}(\Gamma) := T_1 / T_\infty , \tag{1}$$

where T_1 and T_∞ are the execution times for Γ on one and on an unbounded number of processing elements, respectively. In this paper we consider dataflow graphs with instructions (nodes) having monadic and dyadic input/output dependencies, only. As pointed out in [8, 10, 11] this restriction is not severe. An instruction is called *monadic* (resp. *dyadic*) if the in-degree of the corresponding node is 1 (resp. 2). The fraction of dyadic instructions in Γ will be represented in our load model by means of *branching probabilities* b_y depending on the jobtype $y \in \{1,2\}$: A type-1-job (being an input operand of a dyadic instruction) vanishes with probability b_1 (cf. sink nodes in the system model), a type-2-job (being a dyadic instruction with two output operands) creates one additional job with probability b_2 (cf. split nodes in the system model).

Our system model consists of the following components (cf. Figure 3):
- a set of processing elements (PEs) and
- a communication system (CS).

Each processing element PE_i ($1 \leq i \leq n$, n being the total number of PEs) mainly consists of an active queue and a passive queue.

The active queue, called processing unit (PU_i), serves type-1-jobs as well as type-2-jobs in FCFS-order. As the FC-Unit and EC-Unit of the SDFM can only be active in mutual exclusion (cf. Section 2.3), only one service station processing jobs of either type needs to be considered. Due to the coarse grain approach of the SDFM, which in particular implies coarse instructions of approximately the same grain size, the type-specific service times at PU_i are assumed to be constant.

The passive queue, called control unit (CU_i), controls the order of the jobtypes to be served by PU_i and handles task attraction requests by means of the allocation and receipt of tokens depending on token attributes (see below). CU_i comprises a token container (TC_i), which owns exactly one token t_i, 4 pools for jobs requesting tokens, 2 set nodes ($SN_{i,1}$, $SN_{i,2}$) providing assignments to token attributes and a number of allocate and release nodes. In order to keep our model clear we permit each TC to contain tokens of foreign control units, although each CU owns exactly one token. This deviation from the passive queue semantics, however, is not severe. Introducing additional passive queues, we can transform our model into an extended queueing network model being in conformity with [19].

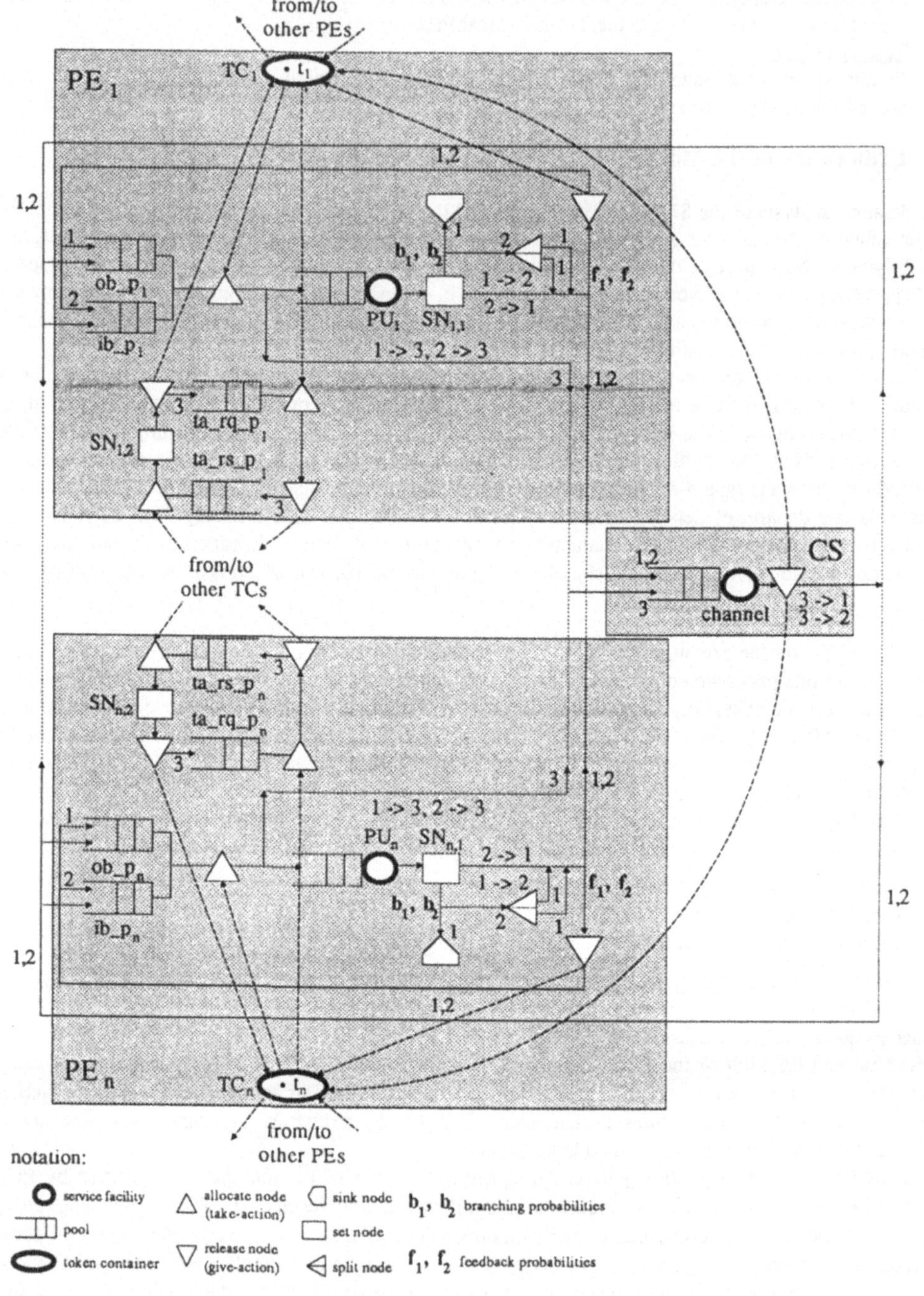

Figure 3: Extended queueing network model **M**

The token t_i is assumed to possess an attribute (-triple) $a_i = (x,y,z)$, where x identifies the control unit owning the token and $y \in \{1,2\}$ denotes the currently required jobtype in PU_i. In case of a task attraction request, z refers to the index of that processing element, from which a job is attracted (called *job-exporting* PE). Otherwise, the z-component is the index of the "home" CU. When a job visits a set node it may change the token attribute a_i, in particular the currently required jobtype y and the index z of the job-exporting PE.

Two of the pools belonging to CU_i, ob_p_i for type-1-jobs and ib_p_i for type-2-jobs, model the o-bucket and i-bucket of a single processing element of the SDFM, respectively. Let $p_i(y)$ be the queue of CU_i for jobs having type $y \in \{1,2\}$ (i. e. for $y = 1$ and $y = 2$ $p_i(y)$ is ob_p_i and ib_p_i, respectively). The other two pools - the task attraction request pool $ta\_rq\_p_i$ and the task attraction response pool $ta\_rs\_p_i$ - help describe the task attraction mechanism; $ta\_rq\_p_i$ and $ta\_rs\_p_i$ contain at most one type-3-job, called J^{ta}, modeling a task attraction request. J^{ta} is permitted to take the home token t_i of TC_i (with $z \neq i$), only, whereas jobs in $p_i(y)$ may take either t_i or foreign tokens (t_j). However, when a token in TC_i is about to be allocated t_i has priority over t_j.

We omit a detailed description of the partitioning of memory among the PEs. Instead, we introduce *feedback probabilities* f_1 and f_2 which represent the fraction of type-1-jobs and type-2-jobs returning to their home PE, respectively.

The communication system consists of an active queue, called channel, serving in FCFS-order. Service times at channel will not depend on jobtypes and are assumed to be constant.

Our extended queueing network model **M** is presented in Figure 3. Two of n possible PEs (i. e. PE_1, PE_n) as well as CS are depicted in detail. The lines indicate the job flow through the network and are labeled by valid jobtypes. We focus our attention on processing element PE_i and assume that at least one type-1-job and one type-2-job are waiting in ob_p_i and ib_p_i, respectively. Let ψ be a currently required jobtype. We consider three possible cases for PE_i as indicated by token attributes in TC_i:

<u>Case 1:</u> "Normal" activity of PE_i (t_i in TC_i with $a_i = (i,\psi,i)$).
Let job J be head of $p_i(\psi)$. After performing a take-action, J will be processed by PU_i. Upon completion of service J visits set node $SN_{i,1}$ and checks whether $p_i(\psi)$ is empty. In this case the z-component of a_i will be incremented by 1 (mod n) and a task attraction request is thus indicated (cf. case 2 below). Otherwise, a_i will not be changed. There are two possibilities for J to proceed as indicated by the branching probabilities b_1 (b_2). If J is monadic, it will change its jobtype ($1 \rightarrow 2, 2 \rightarrow 1$). If J is dyadic, J either exits from the network (if type-1-job) or visits the split node (if type-2-job) and generates one additional job J'. J and J' change their jobtype to 1. The following semantics is assumed regarding the split node: If J and J' choose the same routing path, t_i is given to J'. Otherwise, the job which leaves its home PE will keep t_i. Depending on the type specific feedback probability f_1 (f_2), J (resp. J') will give back t_i to TC_i (i. e. perform a give-action) and will return to PE_i via the feedback path outlined in Figure 3. Otherwise, - with probability $1 - f_1$ ($1 - f_2$) - J (resp. J') will queue for service in CS.

<u>Case 2:</u> Task attraction request initiated by PE_i (t_i in TC_i with $a_i = (i,\psi,j), j \neq i$).
The type-3-job J^{ta} waiting in $ta\_rq\_p_i$ succeeds in performing a take-action, sends t_i to TC_j in order to signal a task attraction request to PE_j and queues in $ta\_rs\_p_i$ waiting for response (i. e. succeeds in performing a take-action). Two possibilities may arise when t_i is returned to J^{ta} (cf. case 3 below). If a type-ψ-job can be attracted from PE_j (i. e. $p_j(\psi)$ is not empty) the z-component of a_i will change to i (cf. case 1 above), otherwise, the z-component of a_i will be incremented by 1 (mod n) (cf. set node $SN_{i,2}$) and t_i will be returned to TC_i. The task attraction mechanism described so far will be repeated, until an index k is found such that a job can be attracted from PE_k. In case of k = i, the currently required jobtype ψ of t_i changes ($1 \rightarrow 2, 2 \rightarrow 1$).

<u>Case 3:</u> Task attraction request initiated by a foreign PE (say PE_j) (t_j in TC_i with $a_j = (j,\psi,i), j \neq i$).
If $p_i(\psi)$ is not empty the job at its head will take t_j , change its jobtype to 3 and join the channel queue without being processed by PU_i. If TC_i contains more than one foreign token, a tie is broken by random selection among the task attracting PEs.

Jobs of any type arriving at CS will wait until they are served by the channel station. Leaving CS a job returns its token to the CU identified by the z-component of the token attribute. (Remember, that in case of "normal" activity (cf. case 1) the x- and z-component are the same, whereas in case of a task attraction request (cf. case 2 or 3) the token has to be sent to the TC of the job-exporting PE). Upon completion of service at CS type-3-jobs adopt their previous jobtype.

The three cases discussed so far in particular imply, that each processing element PE_i cycles between the two (macro-) states "processing activity" (pa) and "task attraction activity" (ta) indicating either the service currently delivered to jobs of type ψ or the invocation of a task attraction (in lack of type-ψ-jobs queueing for service at $p_i(\psi)$). If job-types are taken into account (pa) and (ta) split into two states (pa,y) and (ta,y) ($y \in \{1,2\}$), respectively. The four-state transition diagram resulting from the discussion above is depicted in Figure 4. Possible transitions are represented by arcs labelled by the corresponding conditions to be fulfilled.

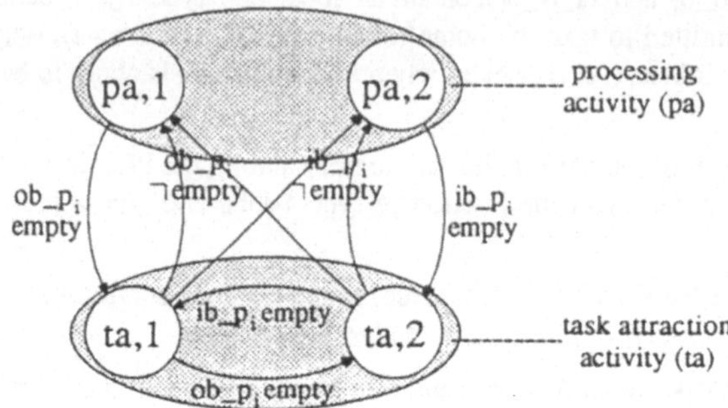

Figure 4: State transition diagram for processing element PE_i

4   Validation of the Model

In order to get estimations for the accuracy and robustness of our modeling approach performance measures predicted by M were compared to available measurement results obtained from monitoring the SDFM prototype.

For the monitoring of the SDFM benchmark programs were used implying dataflow graphs with monadic instructions, only. Consequently the branching probabilities b_y are trivial ($b_1 = b_2 = 0$) and the average program parallelism π_{av} is the same on each graph level, so that π_{av} may be replaced by the program parallelism π (on a given graph level). The following parameters of benchmark programs were considered: (1) the *program size* i (i. e. the number of instructions of the program), (2) the *grain size* g (i. e. the time for the execution of a single instruction), and (3) the program parallelism π.

The following 6 *SDFM-configurations* were subject to measurements:
- $([FC,EC]_1\ []_2\ []_3)$,
- $([FC,EC]_1\ [FC,EC]_2\ []_3)$
- $([FC,EC]_1\ [FC,EC]_2\ [FC,EC]_3)$,
- $([FC]_1\ [EC]_2\ [EC]_3)$,
- $([FC,EC]_1\ [EC]_2\ [EC]_3)$, and
- $([FC,EC]_1\ [FC,EC]_2\ [EC]_3)$,

where the pair of brackets "[]" represents a processing element and the subscripts i ($1 \le i \le 3$) refer to the processing element PE_i of the SDFM prototype. (E. g. configuration $([FC,EC]_1\ []_2\ []_3)$ means: There are one FC-Unit and one EC-Unit running on PE_1 , and the empty brackets indicate that there are no units scheduled for PE_2 and PE_3.)

The only available performance measure was T_n, the execution time for a benchmark program on n ($n \le 3$) processing elements. The performance metrics *speedup* sp_n and *efficiency* e_n were derived from T_n as follows:

$$sp_n = T_1 / T_n \text{ and } e_n = sp_n / n\ (n \ge 1), \tag{2}$$

where T_1 is supposed to be i · g.

The monitoring results can be summarized as follows. The first group of measurements was concerned with the influence of grain size and the number of PEs on speedup and efficiency. The results demonstrated that speedup approximates the number of PEs when the granularity increases. The reason for this is, that the dataflow overhead of computation remains constant while the fraction of overhead diminishes. The second group pertained to the effect of increasing program size on system performance. Consequently, speedup and efficiency increased due to the fact that the fraction of the *total task overhead* (necessary for loading, starting and terminating of an entire dataflow program) decreases. Furthermore, the program size affects the time required for load balancing of each configuration. The third group of measurements focussed on the impact of different mappings on the speedup for each configuration. The experiments revealed that the increase of the number of FC-Units had little effect on system speedup. Evidently, the advantages of multiple FC-Units were compensated by the resulting disadvantages, namely communication overhead, reduced locality and task switching from FC- to EC-Units and vice versa. Additionally, separating FC- and EC-Unit (such that each PE either runs a FC- or an EC-Unit) turned out to be inefficient. The last group demonstrated the effect on system performance if the program parallelism π is varied for different experiments. The experiments showed that for $\pi \geq n$, with n the number of PEs, all speedup values approximated n. As was to be expected, the speedup was π in case of $\pi < n$.

For three of the above mentioned configurations the measured speedup values and the performance measures predicted by our model are listed below (cf. Table 1). The grain size g was chosen to range between 0.1 and 5.0 s. The simulated values are the means of 95 % confidence intervals, the diameter of which did not exceed 0.04. The deviation of the simulation results from the measured values remains below 5 %, so that our model can be viewed as a reliable representation of the SDFM architecture.

grain size [s]	$[FC,EC]_1[\,]_2[\,]_3$			$[FC,EC]_1[FC,EC]_2[\,]_3$			$[FC,EC]_1[FC,EC]_2[FC,EC]_3$		
	Simulation	Measurement Results	Deviation %	Simulation	Measurement Results	Deviation %	Simulation	Measurement Results	Deviation %
0.10	0.85	0.81	4.94	1.63	1.68	2.98	2.35	2.34	0.43
0.20	0.92	0.88	4.55	1.79	1.82	1.65	2.62	2.72	3.68
0.50	0.97	0.93	4.30	1.91	1.91	0.00	2.79	2.86	2.45
1.00	0.98	0.98	0.00	1.95	1.98	1.52	2.85	2.93	2.73
2.00	0.99	0.98	1.02	1.98	1.99	0.50	2.88	2.97	3.03
5.00	1.00	0.99	1.01	1.99	1.99	0.00	2.90	2.98	2.68

Table 1: Predicted versus measured speedup values for three configurations of the SDFM prototype

5 Performance Analysis and Results

The queueing network model of the generalized SDFM architecture was analyzed using the MAOS package (<u>M</u>odel <u>A</u>nalysis and <u>O</u>ptimization <u>S</u>ystem), a software tool aiming at the performance evaluation of those (distributed) computer systems, which can be adequately modeled by means of network of queues [6, 17]. The model was formulated in ILMAOS (<u>I</u>nput <u>L</u>anguage for <u>MAOS</u>), a high level modeling language designed for the description of the resource model, load model and evaluation frame of a system under investigation [16]. We primarily focussed on three different performance metrics, namely

- utilization $\rho_{CS,(\cdot)}$ of the communication system,
- sojourn times $v_{PE,(\cdot)}$ of the jobs in PE, and
- system response times $v_{Sys,(\cdot)}$,

where the dots in brackets represent the corresponding jobtype y ($1 \leq y \leq 3$). The system response time is defined to be $v_{Sys,(\cdot)} = v_{PE,(\cdot)} + (1 - f_{(\cdot)}) \cdot v_{CS,(\cdot)}$, where $f_{(\cdot)}$ denotes the feedback probability and $v_{PE,(\cdot)}$ (resp. $v_{CS,(\cdot)}$) corresponds to the sojourn times of the jobs in PE (resp. CS). The network parameters include the *service times* $s_{(\cdot)}$ of service centers, the instructions' grain size g, the average parallelism π_{av} of the dataflow graph, the system size n (i. e. the number of PEs), the number of FC-Units (EC-Units), the mapping of the FC-Units (EC-Units) onto PEs, and the feedback probability f_1 (f_2). In order to keep our analysis clear we fixed those parameters, which were available by means of monitoring the SDFM prototype: g was assigned the value 100 ms, and the service times were found to be $s_{PE,1} = 5.7$ ms, $s_{PE,2} = 7.79$ ms and $s_{CS,(\cdot)} = 0.2$ ms. Since realistic values for the branching probabilities b_y were not available, we restricted ourselves to the case of monadic instructions (i. e. $b_1 = b_2 = 0$). However, we conjecture that the performance results for the SDFM as predicted by our simulation studies will hold even in the case of a more general workload (including monadic and dyadic instructions).

The first series of experiments pertains to the performance measures as a function of the system size n. Figure 5 plots the utilization of the communication system and the system response times for $1 \leq n \leq n_{max} := 16$. In this experiment each PE contains one FC- and one EC-Unit. The feedback probabilities are assumed to be $1/n$ so that the operands and instructions are allocated to the PEs according to a uniform distribution. The jobtype specific utilizations of the communication system are depicted using a logarithmic scale. The *type-a-tasks* (jobtype 3) are caused by the task attraction mechanism. The *type-b-tasks* (jobtype 1 and 2) model the operands and instructions of the dataflow graph to be processed. From the above figure we observe that the utilization of the type-a-tasks increases out of proportion when exceeding a certain number of PEs (say n_{crit}) and the communication system thus turns out to be the bottleneck of the system. Below a critical system size n_{crit} the utilization of the communication system by type-b-tasks increases but decreases beyond n_{crit} caused by the utilization of the communication system by type-a-tasks. The system response times (cf. Figure 5 (b)) behave in a complementary manner. We distinguish two cases:

- For $\pi_{av} = 8$ we have $n_{crit} = 8 = \pi_{av}$ and
- for $\pi_{av} = 16$ we find $n_{crit} = 12 < \pi_{av}$.

In the first case, the increase of the system response times is caused by the $n - \pi_{av}$ (n = number of PEs) idle PEs which permanently access the communication system trying to attract work from other PEs. In the second case, the increase of the response times may be viewed as the overhead caused by the unsuccessful completion of task attractions.

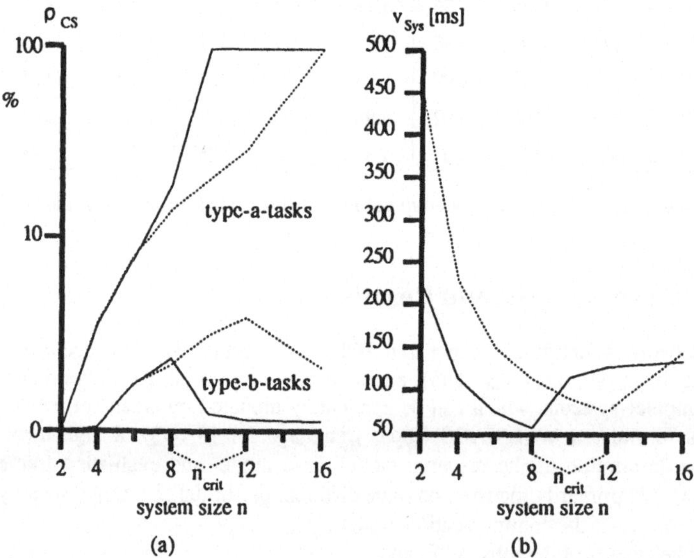

Figure 5: Utilization of the communication system (a) and system response times (b) for $\pi_{av} = 8$ (—) and $\pi_{av} = 16$ ($\cdots$)

The second series of experiments deals with the impact of the task attraction mechanism on the utilization of the communication system and on system response times. From the first series of experiments we learned that the task attraction mechanism reduces the performance of the SDFM when exceeding a certain number of PEs. In order to evaluate the SDFM architecture more comprehensively, we elaborated a model M' of the SDFM without task attraction mechanism, too, and carried out a series of simulation experiments driven by the same parameters as in the previous series. As jobs of type 3 do not occur in model M' jobtype specific performance measures are not considered (otherwise, the performance measures of M and M' could not be compared). We can see from Figure 6 that the task attraction mechanism at first ($n \leq n_{crit}$) reduces the response times by a factor of about 1.5 compared to model M'. However, for $n > n_{crit}$ M' yields even better performance results.

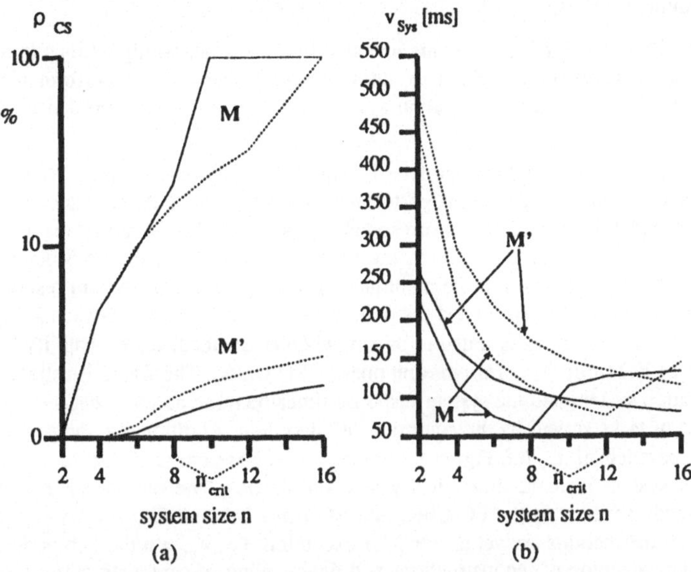

Figure 6: Utilization of the communication system (a) and system response times (b) with (M) and without (M') task attraction for $\pi_{av} = 8$ (—) and $\pi_{av} = 16$ (···)

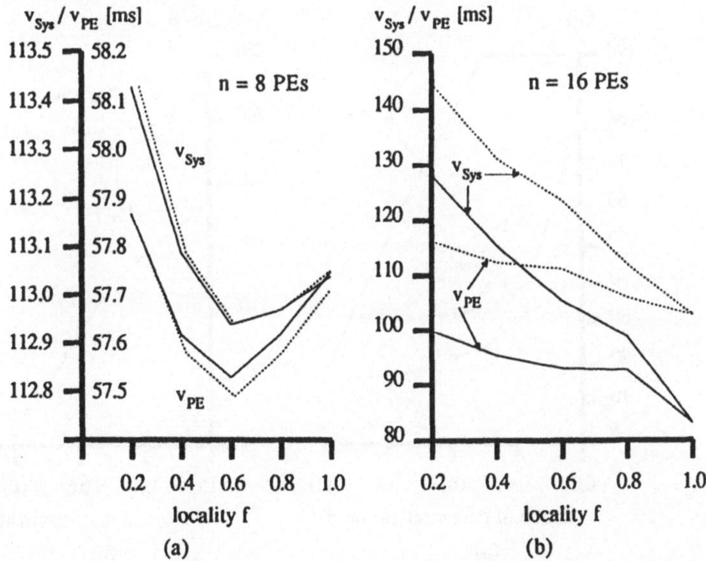

Figure 7: System response times and sojourn times of a small (a) and a large (b) configuration for $\pi_{av} = 8$ (—) and $\pi_{av} = 16$ (···)

The third series of experiments deals with the effect of locality on system performance. This effect can be studied by varying the values of the feedback probability f (= f_1 = f_2). We consider the cases of a small (n = 8 PEs, n $\leq$ n_{crit}) and a large (n = 16 PEs, n > n_{crit}) configuration and assume an average parallelism π_{av} of 8 and 16. The feedback probability f is taken in the range [0.2,1.0]. All other parameters are supposed to be unchanged. Figure 7 (a) and 7 (b) outline the system response times and the jobs' sojourn times as a function of f for n = 8 PEs and n = 16 PEs, respectively. For n = 8 PEs (i. e. n $\leq$ n_{crit}) the response and sojourn times remain nearly constant and for n = 16 PEs (n > n_{crit}) they decrease monotonously having an identical minimum at f = 1.0.

The second and third series of experiments revealed that for small configurations (n $\leq$ n_{crit}) and appropriate average program parallelism π_{av} the task attraction improves system performance, whereas for larger configurations (n > n_{crit}) the communication system becomes the system bottleneck counteracting the load balancing effect.

As mentioned before, the dataflow model of computation purports a fully decentralized scheduling of dataflow instructions. This scheduling is performed by the FC-Units. An architectural model supporting full decentralized scheduling would thus correspond to one FC-Unit serving one EC-Unit. In our model, centralization can be achieved by reducing the number of FC-Units. Figure 8 demonstrates the impact of decentralization on the utilization of the communication system and on system response times. The number of EC-Units equals the system size n and the number of FC-Units ranges between 2 and n PEs. The feedback probability f_2 for instructions is assumed to be 1/n, whereas the feedback probability f_1 for operands depends on the number of FC-Units (f_1 = 1/m, m = number of FC-Units). The figure illustrates that the utilization of the communication system and the system response times increase at lower *degree of decentralization d* due to the high rate of tasks served by the communication system. Additionally, the performance results depend on the average parallelism π_{av} (cf. Figure 8). For π_{av} = n the system response times and the utilization of the communication system increase dramatically as d diminishes. The reason for this is that, at time epochs when the operands are sent to the FC-Units, the EC-Units become idle and try to attract work from other PEs, although no instructions are yet enabled for execution. For π_{av} > n the idle periods of the EC-Units are smaller since the execution of the instructions and the enabling of new instructions overlap. From the above results we conclude that a SDFM architecture, which supports fully decentralized scheduling of dataflow instructions, is more flexible and yields better performance measures.

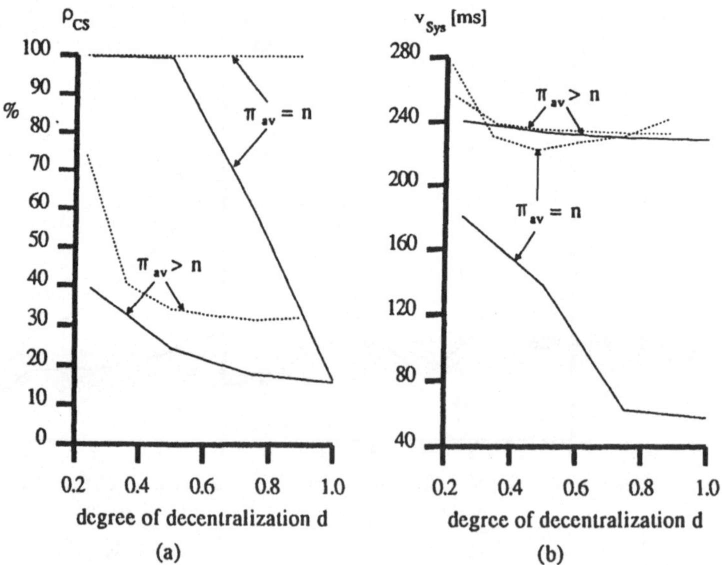

Figure 8: Utilization of the communication system (a) and system response times (b) for a 8 PE (—) and a 12 PE (···) configuration

6   Conclusion

This paper presents an approach for the analysis of some computation-communication issues in (dynamic) coarse grain dataflow architectures. In order to address these issues we developed - starting from a special class of dataflow machines (SDFM) - a performance model which encompasses the main features (dynamic load balancing, software-implemented dataflow mechanism). The model was formulated as an extended queueing network with a population equal to the average parallelism of the dataflow graph. The queueing network model was evaluated by means of simulation experiments and validated by comparing measurement results of the prototype machine to simulated measures. Based on the validated model we carried out a rather comprehensive study of various trade-offs related to the class of coarse grain dataflow machines.

We observed from the results that the communication system poses a limit on the performance of the SDFM. Depending on the average parallelism π_{av} of the dataflow graph there exists a critical system size which (when exceeded) causes the communication system to be the bottleneck of the whole architecture. Our study revealed that the task attraction mechanism guarantees - for configurations being small enough - a load balancing among the PEs and minimal system response times. For larger configurations this mechanism indeed generates an overhead degrading the performance of the system, such that a configuration without the load balancing mechanism yields even better performance measures. These results were confirmed by experimental studies, which investigated the impact of locality on system performance. Finally, we addressed the effect of (de-) centralizing the scheduling of dataflow instructions on the utilization of the communication system and on system response times. We discovered that - for the proposed class of coarse grain dataflow machines - a complete decentralization of the scheduling ensures a greater flexibility as well as better performance characteristics.

Concluding, we should remark that our analysis is not exhaustive with respect to the various parameters of the model. However, this study is a contribution to the design of (dynamic) coarse grain dataflow architectures and to the analysis of some of the most important computation-communication issues. We hope that - abstracting from the SDFM - our modeling approach will support the performance evaluation of other coarse grain dataflow machines, too.

References

[1]   Arvind, D.E. Culler: **Dataflow Architectures**. In: Annual Reviews in Computer Science (1988) 1, 225-253

[2]   Arvind, R. Nikisch: **Executing a program on the MIT tagged-token dataflow architecture**. In: Parallel Architectures and Languages Europe, Vol. 2 (Lecture Notes in Computer Science 259), J.W. de Bakker, A.J. Nijman, P.C. Treleaven (eds.), Springer-Verlag (1987), 1-29

[3]   P. Barahona, J.R. Gurd: **Simulated Performance of the Manchester Multi-Ring Dataflow Machine**. In: Parallel Computing (1985), Elsevier Science Publisher North-Holland (1986), 419-424

[4]   J.B. Dennis, C.K. Leung, D.P. Misunas: **A highly parallel processor using a dataflow machine language**. Technical Report CSG Memo 134-1, Laboratory for Computer Science, Massachusetts Institute of Technology (Cambridge, 1979)

[5]   G. Färber (ed.): **Bussysteme - Parallele und serielle Bussysteme in Theorie und Praxis**. Oldenbourg (München, Wien, 1984)

[6]   R. Feix, M. Jobmann: **MAOS - Model Analysis and Optimization System. Ultrix 2.2 User Guide Version 1.0**. Technical Report 137/89. Department of Computer Science, University of Hamburg (1989)

[7]   P. Friedrich, E. Glück-Hiltrop, M. Ramlow, et al.: **High Level Language**. ESP-415E-STO-056, Deliverable 8 of Stollmann GmbH in ESPRIT Project 415 (Hamburg, 1989)

[8]   J.R. Gurd, C.C. Kirkham, I. Watson: **The Manchester Prototype Data Flow Machine**. In: Communications of the ACM 28 (1985) 1, 34-52

[9]   E. Glück-Hiltrop, M. Ramlow, U. Schürfeld: **The Stollmann Data Flow Machine**. In: Parallel Architectures and Languages Europe 1 (Lecture Notes in Computer Science 365), E. Odijk, M. Rem, J.-C. Syre (eds.), Springer-Verlag (1989), 433-457

[10]   D. Ghosal, L.N. Bhuyan: **Performance Evaluation of a Dataflow Architecture**. In: IEEE Transactions on Computers 39 (1990) 5, 615-627

[11]   D. Ghosal, S.K. Tripathi, L.N. Bhuyan: **Analysis of Computation-Communication Issues In Dynamic Dataflow Architectures.** In: ACM SIGARCH 17 (1989) 3, 325-333

[12]   J.R. Gurd: **Dataflow Computers and Languages.** ESPRIT Summer School on Future Parallel Computers, Universita di Pisa (1986)

[13]   A.R. Hurson, B. Lee, B. Shirazi: **Hybrid Structure: A Scheme for Handling Data Structures in a Data Flow Environment.** In: Parallel Architectures and Languages Europe 1 (Lecture Notes in Computer Science 365), E. Odijk, M. Rem, J.-C. Syre (eds.), Springer-Verlag (1989), 433-457

[14]   F. Hutner, R. Holzner: **Architektur, Programmierung und Leistungsbewertung des MIT-Datenflußrechners.** In: Informatik-Spektrum 12 (1989) 3, 147-157

[15]   T. Jipp, P. Friedrich, H. Oldach, et al.: **Definition of Principles and Basic Language.** ESP-415E-STO-022, Deliverable 4 of Stollmann GmbH in ESPRIT Project 415 (Hamburg, 1987)

[16]   M. Jobmann: **ILMAOS - Eine Sprache zur Formulierung von Rechensystemmodellen.** Technical Report 91/82, Department of Computer Science, University of Hamburg (1982)

[17]   M. Jobmann: **Modellbildung und -analyse von Rechensystemen mit Hilfe des Programmsystems MAOS.** In: Messung, Modellierung, Bewertung von Rechensystemen (Informatik-Fachberichte 110), H. Beilner (ed.), Springer-Verlag (1985), 51-64

[18]   M. Jöhnk, U. Schürfeld: **The Stollmann Data Flow Machine.** In: Vernetzte und komplexe Informatik-Systeme (Informatik-Fachberichte 189), B. Wolfinger (ed.), Springer-Verlag (1989), 6-19

[19]   S. Lavenberg (ed.): **Computer Performance Modeling Handbook.** Academic Press (New York, 1983)

[20]   E.D. Lazowska, J. Zahorjan, K.C. Sevcik: **Computer System Performance Evaluation Using Queueing Network Models.** In: Annual Reviews in Computer Science (1986), 107-137

[21]   A. Plas: **LAU System Architecture: A Parallel Data Driven Processor Based On Single Assignment.** In: Proceedings of the 1976 International Conference on Parallel Processing (1976), 293-302

[22]   C.H. Sauer, K.M. Chandy: **Computer Systems Performance Modeling.** Prentice-Hall (Englewood Cliffs, 1981)

[23]   G. Schäffler: **A Survey of Dataflow Languages.** ESP-415E-STO-010, Deliverable 1 of Stollmann GmbH in ESPRIT Project 415 (Hamburg, 1986)

[24]   Stollmann GmbH: **SRTX Documentation and Reference Manual.** Stollmann GmbH (Hamburg, 1987)

[25]   P.C. Treleaven, D.R. Brownbridge, R.P. Hopkins: **Data Driven and Demand Driven Computer Architectures.** In: ACM Computing Surveys 14 (1982) 1, 93-139

[26]   A.H. Veen: **Dataflow Machine Architectures.** In: ACM Computing Surveys 18 (1986) 4, 365-393

Konfigurationsoptimierung verteilter Systeme

Stephan H. Paulisch

Fakultät für Informatik
Institut für
Betriebs- und Dialogsysteme
Tel.: (0721) 608 - 3549
email: paulisch@ira.uka.de

Thomas M. Warschko

Fakultät für Informatik
Institut für
Betriebs- und Dialogsysteme [*]
Tel.: (0721) 608 - 4317
email: warschko@ira.uka.de

Universität Karlsruhe
Kaiserstr. 12
7500 Karlsruhe 1

Zusammenfassung

Die zunehmende Dezentralisierung und der Einsatz intelligenter Arbeitsplatzrechner werfen die Frage nach einer optimalen Konfiguration derart entstandener dezentraler Cluster auf. Dabei besteht ein Cluster aus einer Menge von Servern und Clients, die gemeinsame Ressourcen teilen und in der Summe eine hohe Rechenleistung bereitstellen.

Um die verteilte Rechenleistung und die vorhandenen Ressourcen bestmöglich zu nutzen, ist eine auf das Einsatzgebiet bezogene Konfiguration optimal zu gestalten. Entscheidungen bei einer Cluster-Konfiguration betreffen dabei das Verhältnis der Anzahl der Server zu der Anzahl der Clients, die Plattenkapazität, die Lokalität der Platten innerhalb des verteilten Systems, den Speicherausbau, aber auch die Leistungsfähigkeit der einzelnen Stationen.

Während die Planung und Optimierung von Client/Server-Konfigurationen bisher auf Heuristiken und Faustregeln beruhten, führen die Methoden der Leistungsanalyse zu aussagekräftigen Ergebnissen. Das in dieser Arbeit vorgestellte Modell läßt die Definition einer auf ein Cluster bezogenen Leistungskenngröße zu, mit der die verschiedenen Konfigurationsalternativen vergleichbar sind. Ausgehend vom Clusterindex sind durch eine Feinanalyse die Ursachen für Leistungseinbußen und -gewinne ableitbar.

Das Clustermodell ist hierarchisch aufgebaut, leicht konfigurierbar und parametrisierbar, so daß größtmögliche Flexibilität gegeben ist. Untersucht werden können mit diesem Modell u.a. unterschiedliche Konfigurationen, die den Hauptspeicher und Hintergrundspeicher, das Caching und die Rechenleistung im Server und in den Clients betreffen, aber auch die Parallelität von Servern und die Netzwerkparameter.

Anhand eines Beispiels wird der Einsatz des entwickelten Modells für ein hypothetisches Cluster von Arbeitsplatzrechnern demonstriert. Die erzielten Ergebnisse zeigen, daß häufig angewandte Konfigurationsmodifikationen meist nicht die optimale Maßnahme zur Leistungssteigerung sind.

Schlüsselworte: Verteilte Systeme, Workstation-Cluster, Netzwerkmanagement, Konfigurationsbewertung, Konfigurationsoptimierung, hierarchische Modellierung, Simulation (C.2.3, C.2.4, C.4, C.5.3)

---

[*]jetzt: Institut für Programmstrukturen und Datenorganisation

1 Ausgangssituation

Die erhöhte Konnektivität zwischen Systemen und die hohe Bandbreite lokaler Netze lassen den Entwurf verteilter Systeme und den Einsatz geeigneter Anwendungen zu. Von besonderem Interesse in verteilten Systemen ist die gemeinsame Nutzung von Ressourcen, die den Administrationsaufwand und die Investitionen erheblich reduziert. Die eingesetzen Anwendungen sind meist in einer Client/Server-Architektur realisiert. Beispiele für derartig verteilte Anwendungen sind Plätten- und Dateidienste.

Heutige Arbeitsplatzrechner führen, aufbauend auf dem Client/Server-Konzept, eine zentral ausgerichtete Datenverarbeitung in eine dezentrale Struktur über, die häufig in hierarchisch angeordneten Clustern organisiert ist. Wesentliche Gründe für die Dezentralisierung sind:

- Rechenleistung
  Die Rechenleistung wird am Arbeitsplatz erbracht, an dem der Bedarf anfällt. Anstatt zentrale Rechenkapazität in einer herkömmlichen Time-Sharing-Umgebung zu nutzen, wird eine, in der Summe zwar meist geringere, dafür aber immer sofort verfügbare Rechenleistung in Anspruch genommen.

- Funktionalität und Anpassungsfähigkeit
  Im Gegensatz zu herkömmlichen Endgeräten verfügen Arbeitsplatzrechner über eine erhöhte Funktionalität und zeichnen sich meist durch Graphikfähigkeit und hochauflösende Bildschirme aus. Auch läßt sich die dezentrale Arbeitsplatzstation für die die Anwendung betreffenden Erfordernisse konfigurieren.

- Ressource Sharing
  Durch das gemeinsame Benutzen von Ressourcen können auch minimal ausgestattete Clients dezentral hohe Leistung erbringen. So ist es möglich, Clients plattenlos, also ohne teuere Peripherie, bei vollem Funktionsumfang auszustatten.

- Erweiterbarkeit
  Eine Erhöhung der Leistung des gesamten verteilten Systems kann nahezu inkrementell durch Hinzunahme bzw. Modifikation einzelner Systeme oder Komponenten erfolgen. Somit sind die Kosten für einen Ausbau im Vergleich zu zentralen Anlagen erheblich niedriger.

Die Dezentralisierung von Rechenleistung durch Einführung von Personal-Computern und Arbeitsplatzrechnern, die mittels Client/Server Konzepten im Netz verfügbare, verteilte Ressourcen benutzen, stellt die Frage nach einer optimalen Konfiguration derart verteilter Systeme. Dabei existiert eine starke Abhängigkeit zwischen Änderungen an den quasi-zentralen Servern und an den dezentralen Clients, aber auch im Verhältnis der Anzahl der Server zur Anzahl der Clients.

Zu diesem Themengebiet gibt es bereits mehrere Veröffentlichungen, die insbesondere das Leistungsverhalten plattenloser Arbeitsplatzrechner [LZ86], den Kommunikationsoverhead durch Protokolle und verteilte Dateisysteme [Dup89] sowie die Zahl der anschließbaren plattenlosen Stationen pro Server [Bor88] untersuchen. Für Client/Server Arbeitsplatzrechnernetze stellt sich aber die Frage nach einer optimalen Konfiguration mit dem Ziel, im gesamten Cluster einen möglichst hohen Durchsatz bezüglich der Last zu erzielen. Unter Berücksichtigung des Kostenaspekts sind daher die Auswirkungen von bestimmten Konfigurationsänderungen innerhalb eines Clusters von besonderem Interesse.

2 Zielsetzung

Allgemein besteht ein Cluster aus mehreren Arbeitsplatzrechnern und einem oder mehreren Servern, die die gemeinsamen Ressourcen netzwerkweit bereitstellen (s. Abbildung 1). Gemeinsame Betriebsmittel können Ein/Ausgabegeräte wie Platten und Drucker sein, aber auch Dienste (z.B. Mailservice, Nameservice usw.).

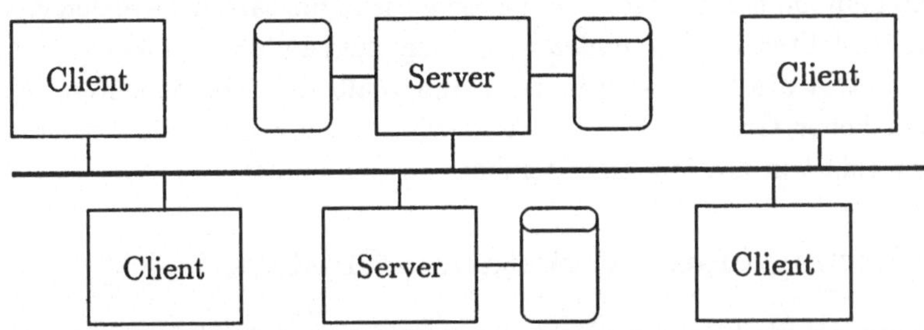

Abbildung 1: Cluster aus Arbeitsplatzrechnern

Netzwerkweite Dateisysteme und virtuelle Platten erlauben kostengünstige Konfigurationen mit plattenlosen Arbeitsstationen und leistungsfähigen Servern. Für den Durchsatz in einem Cluster sind daher ein/ausgabeintensive Anwendungen, die sowohl die Systeme als auch das Kommunikationsmedium belasten, von entscheidender Bedeutung.

Die Verteilung der Ressourcen in einem verteilten System hat daher direkten Einfluß auf die Leistungsfähigkeit des Systems als Ganzes. Bei den heute weit verbreiteten Workstation-Clustern spielt daher die Konfiguration der Cluster und deren Komponenten eine bedeutende Rolle.

Die Untersuchung einzelner Stationen in einem Cluster kann jedoch nicht mehr separat vorgenommen werden, sondern muß im Zusammenhang mit der Konfiguration des gesamten Clusters gesehen werden. Durch die gemäß dem Client/Server-Modell konzipierten Cluster ist eine verteilte Verarbeitung gegeben, die alle verteilten Ressourcen transparent benutzt und eine zusätzliche Speicherhierarchie (Cachespeicher im Server) definiert.

Der Durchsatz in einem Cluster hängt also von einer Vielzahl von Konfigurationsalternativen ab, die die quasi-zentralen Stationen (Server) und dezentralen Stationen (Clients) betreffen und nicht rückwirkungsfrei sind. Die folgende Tabelle stellt die möglichen Konfigurationsmaßnahmen zusammen, die bei Server und Client vorgenommen werden können, und zeigt die Auswirkungen innerhalb des Clusters.

Die genannten Parameter lassen beliebig kombinierbare Konfigurationsmöglichkeiten zu, die nur mit Hilfe der Modellierungstechnik untersucht werden können. Daher wird ein Modell für Workstation-Cluster benötigt, das die Vielfalt und die Entwicklung heutiger Arbeitsplatzrechnernetze berücksichtigt.

Konfigurationsmaßnahme	anwendbar bei		Auswirkung auf	
	Client	Server	Client	Server
Prozessorleistung	*	*	*	*
Hauptspeicher	*	*	*	*
Cache-Speicher	*	*	*	*
Anzahl lokaler Platten	*	*	*	*
Geschwindigkeit der Platten	*	*	*	*
Zahl der Server		*	*	*
Zahl der Clients	*		*	*
Netzwerkarchitektur			*	*

Das Modell muß somit zum einen konfigurierbar sein, um sämtliche realen Konfigurationen eines Clusters modelltechnisch abbilden zu können; zum anderen muß es auch parametrisierbar sein, um unterschiedliche Ausbaustufen innerhalb der Komponenten zu ermöglichen. Auch wird ein hoher Grad an Flexibilität gewünscht, um auch die neuesten technischen Entwicklungen sofort in das Modell miteinbeziehen zu können.

3 Modellierung eines Workstation-Clusters

Aus der Zielsetzung ergeben sich direkt die verschiedenen Anforderungen an ein Clustermodell. Die folgenden Punkte sind notwendig, um ein möglichst breites Einsatzspektrum zu gewährleisten bzw. die Komplexität eines solchen Modells über geeignete Techniken zu reduzieren und somit überschaubar zu halten:

1. Parametrisierbarkeit der Komponenten (z.B. Hauptspeicherausbau)

2. Konfigurierbarkeit des Clusters (z.B. Anzahl der Stationen)

3. Erweiterbarkeit: Anpassung an neue Technologien (z.B. FDDI-Netze)

Diese Anforderungen lassen sich durch folgende Konzepte realisieren:

1. Hierarchischer Aufbau

2. Modulkonzept mit wohldefinierten Schnittstellen

Der hierarchische Modellaufbau in Verbindung mit den Modulkonzepten des Software-Engineering garantiert eine größtmögliche Flexibilität bei der Entwicklung der einzelnen Modellkomponenten.

Abbildung 2 zeigt den hierarchischen Aufbau eines Workstation-Clusters, bei dem sich die verschiedenen Abstraktionsebenen in der vertikalen Hierarchie und die einzelnen Clusterkomponenten in der horizontalen Hierarchie wiederfinden. Das Ziel ist der Entwurf der für die Clustermodellierung benötigten Komponenten, deren Schnittstellen und Konfigurationsparameter, so daß am Ende eine Art „Baukastensystem" entsteht, mit dem sich ein beliebiges Cluster modellieren läßt.

3.1 Das Cluster-Modell

Die Funktionalität und die Funktionsweise eines Workstation-Clusters basieren auf bestimmten Kommunikationsmechanismen, die in der Konzeption des Clustermodells berücksichtigt

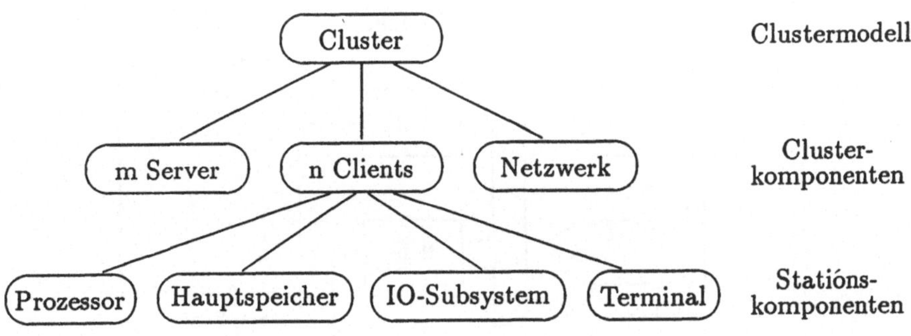

Abbildung 2: Das hierarchische Clustermodell

werden müssen. Daher sind diese Mechanismen genauer zu analysieren, insbesondere wenn die geforderte Flexibilität und die damit im Rahmen des Modulkonzeptes verbundene Entkopplung der einzelnen Clusterkomponenten realisiert werden soll.

Die Analyse eines Workstation-Clusters ergibt, daß das Netzwerk als solches nicht nur als passive, von allen Systemen gemeinsam genutzte Ressource fungiert, sondern, daß die Auftragsabwicklung zwischen den Clients und den Servern auf die aktiven Dienste innerhalb des Netzes (z.B. Adressierung) aufbaut. Innerhalb der Modellierung muß deshalb eine Möglichkeit geschaffen werden, die es den Clients erlaubt, bestimmte Aufträge (in Form von Datentransfers) an eine a priori unbekannte Anzahl von Servern weiterzuleiten.

Diese Problematik läßt sich auflösen, indem man die reale Funktionalität des Netzwerks, nämlich die gemeinsam genutzte Ressource und die Basis der Client-Server-Kommunikation, im Modell voneinander trennt. Das modellierte Netzwerk repräsentiert dabei nur noch das gemeinsam genutzte Betriebsmittel für alle an das Cluster angeschlossenen Stationen und dient hauptsächlich zur Modellierung der Verzögerungszeiten, die durch den Netztransfer entstehen.

Als Basis für die Client-Server Kommunikation wird eine neue (virtuelle) Modellkomponente, das *Client-Server-Interface* (CSI), definiert. Dieses Interface allein besitzt die Information, wieviele Server sich im Cluster befinden und wie sich die Auftragsströme auf die angeschlossenen Server verteilen. Die Clients richten alle ihre Anfragen bezüglich eines Datentransfers an das *Client-Server-Interface* und dieses verteilt – für die Clients völlig transparent – die Aufträge an die vorhandenen Server. Dadurch ist es möglich, innerhalb eines Clusters weitere Server zu modellieren, ohne die Definition der Clients zu verändern.

Abbildung 3 zeigt das resultierende konzeptuelle Clustermodell inklusive des oben angesprochenen „virtuellen Verteilers" (*CSI*) und bildet die Grundlage für die Entwicklung der Komponenten der Stationsebene. Das *Client-Server-Interface* realisiert eine vollständige Entkopplung des Auftragsstroms zwischen den Clients und den Servern. Somit kann die geforderte Flexibilität des Gesamtsystems in diesem Punkt gewährleistet werden.

3.2 Das Stationsmodell

Die aus dem Central-Server-Modell bekannte und oft vorgenommene Unterteilung eines Rechensystems in Prozessor, Platte und Terminal (Benutzerdenkzeit) reicht für die Modellierung eines Clients in einem Cluster nicht aus. Ein Workstation-Cluster ist ein verteiltes

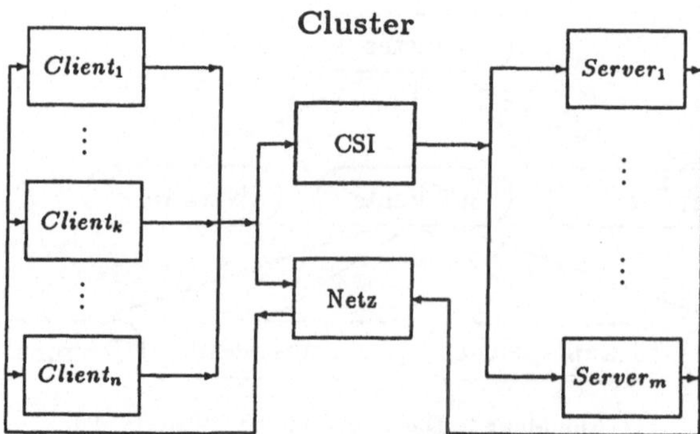

Abbildung 3: Das konzeptionelle Clustermodell

DV-System, das den einzelnen Stationen Ressourcen virtuell bereitstellt und somit nicht exklusiv zuordnet.

Die auf den Workstations eingesetzten Betriebssysteme (z.B. UNIX) beinhalten das Konzept der virtuellen Speicherverwaltung, d.h. das System kann einen wesentlich größeren Speicherbereich als den physikalisch vorhandenen verwalten. Dabei werden bei Bedarf Speicherseiten oder ganze Prozesse vom Primärspeicher auf einen Sekundärspeicher (Platte) ein- bzw. ausgelagert ($\rightarrow$ Paging und Swapping).

Um dieser Tatsache gerecht zu werden, wird im Modell der virtuelle Speicher zentral in einer eigenständigen Komponente (*Memory*) verwaltet. Damit läßt sich in Abhängigkeit der momentanen Speicherauslastung, der Menge der zu ladenden Daten sowie des statischen Hauptspeicherausbaus das Paging- und Swappingverhalten der Stationen modelltechnisch realisieren.

Die Komponenten *Terminal* (für die Benutzerdenkzeit) und Prozessor (*Cpu*) der herkömmlichen Aufteilung können direkt übernommen werden. Die Komponente *Platte* wird zu einem *Input/Output Subsystem* (IOS) erweitert, das zusätzlich oder alternativ zu Plattenoperationen den Datenzugriff via Netzwerk und *Client-Server-Interface* realisiert. Dies trägt der Tatsache Rechnung, daß sich der verfügbare Hintergrundspeicher in einer verteilten Umgebung auf mehrere völlig unabhängige Systeme verteilen kann.

Daraus ergibt sich ein allgemeines Modell einer Workstation (siehe Abbildung 4). Der Pfeil zwischen den Komponenten *Memory* und *IOS* verdeutlicht dabei die Abwicklung der Page- und Swap-Operationen der Komponente *Memory* über das *IOS*.

Innerhalb der Komponente *IOS* ist zusätzlich zur oben beschriebenen Funktionalität noch der Kommunikationsoverhead – verursacht durch das verteilte Dateisystem und die darunterliegende Protokollarchitektur – zu berücksichtigen. Dazu belastet man, je nach Umfang der über das Netz zu übertragenden Daten, die Komponente *Cpu* mit Rechenzeit. Diese Tatsache spiegelt der Pfeil zwischen den Komponenten *IOS* und *Cpu* wieder. Je nach Betriebsart des Clients (plattenlos oder mit lokaler Platte) wird in das Input/Output Subsystem noch eine bzw. mehrere Platten (*Disk*) integriert oder die Dateioperationen werden via Netzwerk und *Client-Server-Interface* (*CSI*) ausschließlich an den/die Server weitergeleitet. Weiterhin wird in der Komponente *IOS* ein Lese-Cache modelliert. Die Trefferquote dieses Cachespeichers berechnet sich dynamisch und hängt von der Größe des Cachespeichers selbst sowie von der Menge der angeforderten Daten ab.

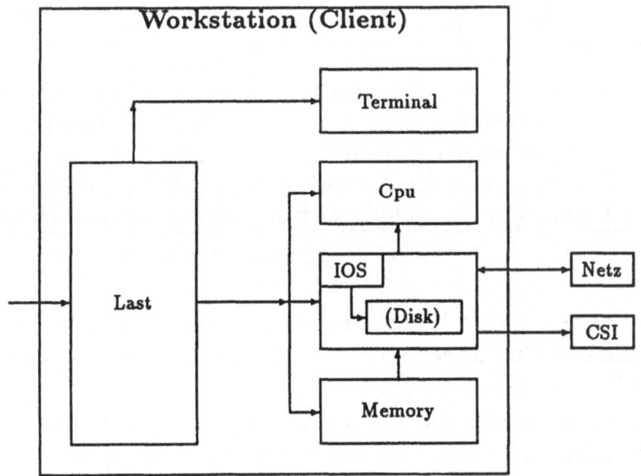

Abbildung 4: Das Workstationmodell eines Clients

Zur Vollständigkeit ist in Abbildung 4 die Last mit eingezeichnet, die Dienste der Komponenten *Cpu*, *IOS* und *Memory* in Anspruch nimmt. Die einzelnen Lastklassen der Komonente *Last* und der Dienst der Komponente *Terminal* (Benutzerdenkzeit) werden auf die nächsthöhere Hierarchieebene exportiert und von dort aus genutzt bzw. verwaltet.

Das Modell eines Servers gleicht größtenteils dem eines Clients. Es wird lediglich um die Komponente *Server-Interface* erweitert, die das Bindeglied zwischen dem Client-Server-Interface und dem lokalen Input/Output Subsystem darstellt. Dafür kann der Zugriff auf das Client-Server-Interface vom Input/Output Subsystem aus entfallen. Innerhalb des I/O-Subsystems lassen sich je nach Serverausbau eine oder mehrere Platten modellieren, wobei die Aufteilung der einzelnen Auftragsklassen auf die einzelnen physikalischen Platten in der Komponente *Disk* vorgenommen wird.

3.3 Das Lastmodell

Das Ziel der Lastmodellierung ist die Definition einer möglichst flexiblen Darstellung der dem System offerierten Last. Einerseits sollen verschiedene Lastklassen innerhalb der einzelnen Maschinen und andererseits verschiedene Auftragsketten auf den einzelnen Maschinen realisiert werden können. Um dies zu erreichen, wird ein zweistufiger Ansatz zur Modellierung der Last eingeführt. Die Definition der unterschiedlichen Lastklassen ist innerhalb der einzelnen Maschinen anzusiedeln (Stationsebene), während die Definition der verschiedenen Auftragsketten auf Clusterebene stattfindet.

Zur Modellierung der einzelnen Lastklassen auf der Stationsebene steht der Zugriff auf die Komponenten *Cpu*, *IOS* und *Memory* zur Verfügung. Eine typische Zugriffssequenz auf die einzelnen Komponenten sieht dabei folgendermaßen aus (siehe Tabelle 1):

Dabei kann es durchaus vorkommen, daß einzelne Aktionen wegfallen oder, daß sich verschiedene Aktionen iterativ wiederholen. Zur Modellierung eines statischen Hauptspeicherbedarfs (z.B.: Kernel-Memory oder Cache-Speicher) reicht Aktion 2 aus; bei der Modellierung komplexerer Lasten (z.B. Compile-Assemble-Link Sequenzen) dagegen kann sich die gesamte Aktionsfolge mehrfach wiederholen, wobei sich einzelne Teilfolgen (z.B. Aktionen 3–5) in

Aktion	Aktionsbeschreibung	Komponentenzugriff	
1	Laden des Programms	*IOS*	(Programmgröße, Lesen)
2	Belegen von Hauptspeicher	*Memory*	(Speicherplatz, allokieren)
3	Nachladen von Dateien	*IOS*	(Dateigröße, Lesen)
4	Berechnen der Ergebnisse	*Cpu*	(Berechnungszeit)
5	Speichern der Ergebnisse	*IOS*	(Dateigröße, Schreiben)
6	Freigeben des Hauptspeichers	*Memory*	(Speicherplatz, freigeben)

Tabelle 1: Der Zugriffszyklus einer Lastklasse

mehrere Iterationen aufteilen lassen. Periodische Systembelastungen (z.B. durch Systemprogramme, auf die kein Einfluß genommen werden kann) lassen sich als interne Auftragsketten innerhalb der Komponente *Last* realisieren.

Auf Clusterebene werden die von den Stationen 'exportierten' Lastklassen zu einer geschlossenen Auftragskette zusammengefügt (siehe Abbildung 5).

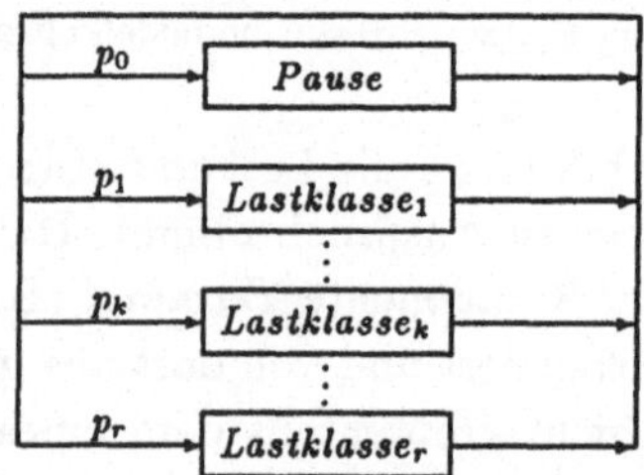

Abbildung 5: Eine Auftragskette auf Clusterebene

Die p_k geben dabei die Aufrufwahrscheinlichkeiten der einzelnen Lastklassen an. Die Lastklasse *Pause* ist an die Komponente *Terminal* der jeweiligen Station gebunden und modelliert eine Benutzerdenkzeit.

Durch die so gewählte Strukturierung der modellierten Last ist es möglich, pro Station unterschiedliche Lastklassen zu definieren, um dem Einsatzgebiet oder der Funktionalität dieser Station gerecht zu werden. Durch die Definition verschiedener Auftragsketten auf Clusterebene besteht die Möglichkeit, unterschiedliche Benutzer-Sitzungen pro Workstation zu realisieren, um so zum Beispiel die Leistungskenngrößen in verschiedenen Einsatzumgebungen zu untersuchen. Damit läßt sich eine unterschiedliche Belastung der einzelnen Stationen im Cluster definieren und modellieren.

Die hier vorgestellte Lastmodellierung verwirklicht eine vollständige Entkopplung der Last von der unterliegenden Maschine, so daß die Umkonfiguration der Maschine, die Neudefinition der Lastklassen bzw. die Änderung der Auftragsketten die jeweils anderen Komponenten nicht betrifft. Diese Tatsache trägt wesentlich zur geforderten Flexibilität des Gesamtsystems bei.

Abbildung 6 zeigt die Integration der Auftragsketten in das Clustermodell (siehe Abbildung 3) und verdeutlicht somit die hierarchische Gesamtstruktur des vorgestellten Clustermodells.

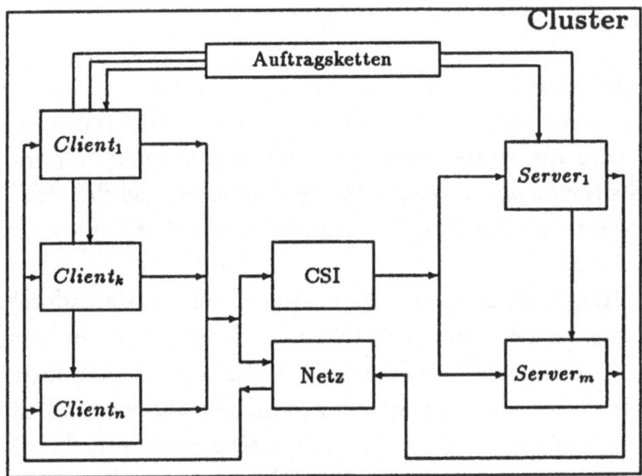

Abbildung 6: Die Auftragsketten im Clustermodell

3.4 Auswahl des Lösungsverfahrens

Eine zentrale Entscheidung bei jeder Modellierung ist die Wahl einer adäquaten Lösungsmethode für das erstellte Modell. Die zwei Vertreter, die dabei zur Diskussion stehen, sind die analytisch oder numerische Auswertung bzw. ein simulatives Vorgehen. Beide Vorgehensweisen haben ihre Vor- und Nachteile.

Die Entscheidung, welches Lösungsverfahren einzusetzen ist, wird maßgeblich von den vorgegebenen Anforderungen an die Modelle beeinflußt. Ausgehend von der Zielsetzung muß das Cluster-Modell hochgradig flexibel und konfigurierbar, leicht parametrisierbar und erweiterbar sein.

So sollte es zum Beispiel möglich sein, das modellierte Cluster ohne groß angelegte Änderungen unter dem Aspekt verschiedener Fileserver-Konfigurationen (langsame/schnelle Server, mehrere parallele Server) zu untersuchen. Dies setzt eine Entkopplung der einzelnen modellierten Workstations gegenüber den Servern und eine Entkopplung der Last zu den einzelnen Komponenten der Workstations voraus. Weiterhin sind Mechanismen wie Paging und Swapping sowie ein Readcache bei Servern und/oder den Clients zu modellieren. Dazu werden innerhalb der Modellkomponenten Entscheidungen zur Laufzeit notwendig: So hängt zum Beispiel das Paging- und Swapping-Verhalten einer Maschine vom Hauptspeicherausbau und der aktuellen Hauptspeicherauslastung ab; die Trefferquote des Readcache wird von der Größe des Cachespeichers und der Größe der angeforderten Datei beeinflußt.

Die Lastdefinition in dem Cluster-Modell sieht mehrere Lastklassen pro Station vor, die in verschiedenen Auftragsketten auf die Stationen aufgebracht werden können. Damit ist ein Mehrklassensystem gegeben, für das die analytische Auswertung bezüglich des Aufwandes keine wesentlichen Vorteile gegenüber einem simulativen Vorgehen besitzt.

Ausschlaggebend für die simulative Vorgehensweise war daher die geforderte Flexibilität in bezug auf die Konfigurierbarkeit des Gesamtmodells. Ein weiterer Vorteil, der sich nur durch die simulative Auswertung erreichen läßt, ist die Definition eigener Meßpunkte im System, durch die auch abgeleitete Meßgrößen erfaßt werden können und die die Interpretation der erhaltenen Ergebnisse wesentlich erleichtert.

4 Zielfunktion und Leistungsmaß

Mit dem vorgestellten Cluster-Modell ist die Bewertung, der Vergleich und die Optimierung von Konfigurationen angestrebt. Als Leistungsmaß für ein Cluster kann der Durchsatz durch das Gesamtsystem oder die Antwortzeit herangezogen werden. Während der Durchsatz in batch-orientierten Systemen eine aussagekräftige Größe ist, legt der Benutzer in einem dialog-orientierten System Wert auf die Optimierung der Antwortzeiten, die damit die Zielfunktion darstellt.

Der hier beschrittene Weg zeigt die Definition eines *Clusterindexes*, der es ermöglicht, Konfigurationsvarianten eines gegebenen Clusters miteinander zu vergleichen, um so Anhaltspunkte für eine in bezug auf Antwortzeiten optimierte Konfiguration zu liefern. Die im folgenden hergeleitete Kenngröße *Clusterindex* kann aber auf keinen Fall die Untersuchungen im Rahmen einer Feinanalyse auf Basis der definierten Systemmeßpunkte ersetzen.

Für die Antwortzeit spielen die Ausführungszeiten der einzelnen Lastklassen die entscheidende Rolle. Es gilt:

$$Lcycle\ (K, M, N) \quad = \quad \sum_{i=1}^{r} Cycle_i * p_i \tag{1}$$

$$
\begin{aligned}
\text{mit } Cycle_i \quad &= \quad \text{Zykluszeit der Lastklasse i,} \\
r \quad &= \quad \text{Anzahl der Lastklassen,} \\
\text{und } p_i \quad &= \quad \text{Aufrufwahrscheinlichkeiten der Lastklassen} \\
&\qquad\ \text{innerhalb der Auftragsketten.}
\end{aligned}
$$

Gleichung 1 zeigt die Berechnung der Kenngröße „Lastzyklus". Diese Größe hängt von der aktuellen Konfiguration (K), der betroffenen Workstation (M) und der Anzahl der „User-Sessions" (N) auf dieser Workstation ab. Die Ausführungszeiten der einzelnen Lastklassen werden bei der Summation mit den Aufrufwahrscheinlichkeiten (p_i) aus der Auftragsketten-definition gewichtet. Je kleiner der Wert dieser Größe ausfällt, umso besser ist die Performance der betroffenen Workstation unter den entsprechenden Gegebenheiten (Konfiguration, Anzahl der „User Sessions") zu bewerten.

Noch hängt diese Größe von der Konfiguration, der betroffenen Maschine und der Anzahl der „User-Sessions" auf der Maschine ab. Der Clusterindex soll aber nur noch von der gewählten Konfiguration abhängen. Deshalb wird Gleichung 1 im nächsten Schritt über die Anzahl der „User-Sessions" gemittelt.

$$\overline{Lcycle}\ (K, M) \quad = \quad \frac{1}{N} \sum_{i=1}^{N} Lcycle\ (K, M, i) \tag{2}$$

$$\text{mit N = Anzahl der „User-Sessions"}$$

Die so gewonnene Größe ist zwar unabhängig von der Last, sie wird aber noch von den Eigenschaften der betroffenen Maschine (speziell der Prozessorleistung) beeinflußt. Wenn man diese Größe nun auf den Wert der Basiskonfiguration (K=1) normiert, spiegelt sie direkt die Leistungssteigerungen bzw. -einbußen wieder.

$$\forall M : \forall K : \quad \overline{Lcycle_{NORM}}\ (K, M) \quad = \quad \frac{\overline{Lcycle}\ (K, M)}{\overline{Lcycle}\ (1, M)} \tag{3}$$

Im letzten Schritt werden die normierten Lastzykluszeiten über die einzelnen Maschinen gemittelt und ergeben so den gewünschten Clusterindex in Abhängigkeit der Konfiguration und damit die geforderte globale Leistungskenngröße:

$$Cluster\ (K)\ =\ \frac{1}{M}\sum_{i=1}^{M}\overline{Lcycle_{NORM}}\ (K,i) \qquad (4)$$

M entspricht den einzelnen Workstations

Der Clusterindex liefert zunächst eine Aussage darüber, ob vorgenommene Konfigurationsänderungen generelle Leistungssteigerungen oder -einbußen mit sich bringen. In einem zweiten Schritt, bei dem die Größe *Lcycle* der einzelnen Workstations untersucht wird, lassen sich die Ursachen eingrenzen bzw. die am meisten betroffenen Workstations identifizieren. Die logischen Erklärungen lassen sich dann aus der Feinanalyse (auf Basis der Modellmeßpunkte) ableiten.

5 Experimente und Ergebnisse

Anhand eines Beispiels soll im folgenden die Mächtigkeit und Flexibilität des Clustermodells demonstriert werden. Dazu erfolgte eine Realisierung des Modells mit dem Modellierungswerkzeug HIT der Universität Dortmund [BS85].

5.1 Konfigurationsannahmen

Tabelle 2 beschreibt die Konfiguration eines hypothetischen Workstation-Clusters, das als Basis für die folgenden Untersuchungen dient. Das Referenzcluster setzt sich aus einem *Fileserver* und fünf unterschiedlich leistungsstarken Client-Workstations zusammen, die über ein 10 Mbit/s Ethernet miteinander vernetzt sind.

Workstation	Typ	Haupt-speicher	Platten	Bemerkung
Server	Sun 3/280 Sparc 300	16 MB	2 × SMD, 23 und 16.5 ms Zugriffszeit	50% Cache-Speicher Keine Serverlast
Client1	Sun 3/50	4 MB		15% Cache-Speicher
Client2	Sun 3/60	8 MB		
Client3	Sun 3/80	8 MB	keine	
Client4	Sun Sparc1	16 MB		1 – 4
Client5	Sun Sparc1+	16 MB		*User Sessions*
Netzwerk: 10 Mbit/s Ethernet				

Tabelle 2: Die Konfiguration des Basisclusters

Innerhalb des Servers wird dabei von zwei unabhängigen Platten und einer maximalen Übertragungsgeschwindigkeit von 2.4 Mbyte/s (SMD) ausgegangen. Weiterhin wird ein Cache-Speicher mit einer Größe von 50% des Hauptspeicherausbaus bei einem Server und 15% bei einer Client-Workstation innerhalb des Input/Output-Subsystems einer jeden Workstation vorausgesetzt. Die Trefferquote dieses Cache-Speichers berechnet sich dynamisch und hängt von der Größe des Cache-Speichers selbst sowie von der Größe der angeforderten Datei ab (maximal ist die Trefferquote auf 70% begrenzt). Der Server selbst wird als sog. *dedicated*

Server betrieben, d.h. es erfolgt keine Aufbringung zusätzlicher Last in Form von *„User-Sessions"* innerhalb der Definition der Auftragsketten für den Server.

Falls die Client-Workstations mit lokalen Platten ausgestattet sind, finden die „Page- und Swap-Operationen" sowie der Zugriff auf temporäre Dateien lokal statt (sogenannte *Dataless* Konfiguration). Generell dient der Einsatz lokaler Platten nicht der Kapazitätserweiterung, sondern ist als leistungssteigernde Maßnahme für die I/O-Operationen zu sehen.

5.2 Lastannahmen

Die Daten für die Beschreibung der Lastklassen innerhalb der einzelnen Workstations wurden aus realen Accounting-Daten eines Sun-Clusters der Informatik automatisch erzeugt [Tra90]. Die Lastcharakteristik entspricht dabei einer Software-Entwicklungsumgebung. Bei der hier verwendeten Last werden (nach [Tra90]) im wesentlichen vier Lastklassen unterschieden, die mit folgenden Aufrufwahrscheinlichkeiten aktiviert werden:

Klasse: shell	0.46
Klasse: user	0.28
Klasse: edit	0.08
Klasse: compile	0.18

Diese Lastklassen bilden nach Abbildung 5 eine Auftragskette („User-Session") für die einzelnen Stationen. Die Definition der Auftragsketten ist für alle Konfigurationsvarianten einheitlich. Das Interesse gilt den Performancesteigerungen bei geänderter Konfiguration und konstanter, für alle Clients gleichmäßiger Last. Um das Cluster ausreichend zu belasten, wird die Anzahl der aktiven Benutzer pro Workstation schrittweise von einer bis zu vier „User-Sessions" erhöht.

5.3 Konfigurationsvarianten

Ausgehend von der eben beschriebenen Basiskonfiguration eines hypothetischen Modellclusters lassen sich nun verschiedene, in punkto Performance erfolgversprechende, Konfigurationsalternativen untersuchen. Für eine Leistungsoptimierung sind bislang im wesentlichen drei Maßnahmen üblich: der Einsatz lokaler Platten, der Hauptspeicherausbau, die Aufrüstung eines Servers sowie Kombinationen dieser Maßnahmen. Gesucht ist jedoch die Konfigurationsmaßnahme, die die größte Leistungssteigerung bei minimalen Kosten verspricht. In diesem Beispiel sollen daher die genannten Maßnahmen modelliert und miteinander verglichen werden, wozu die folgenden Versuche definiert wurden:

1. Basiskonfiguration (Referenzcluster, siehe Tabelle 2)

2. Verdopplung des Hauptspeichers aller Workstations (Server und Clients)

3. Einsatz lokaler Platten in allen Client-Workstations (ohne Hauptspeicherausbau)

4. Lokale Platten und Hauptspeicherausbau

5. Einsatz eines schnellen Servers (Sparc System 300)

6. Schneller Server und Hauptspeicherausbau

7. Schneller Server und lokale Platten (ohne Hauptspeicherausbau)

8. Schneller Server, Hauptspeicherausbau und lokale Platten

Ziel dieser Versuchsreihe ist, die zu erwartenden Leistungssteigerungen zu ermitteln, um dann Rückschlüsse über optimierte Clusterkonfigurationen ziehen zu können.

5.4 Ergebnisse

In Tabelle 3 sind die Leistungssteigerungen der beschriebenen Konfigurationsvarianten gegenüber der Basiskonfiguration zusammengestellt. Die Angaben geben die prozentuale Leistungssteigerung der Clusterindizes (vgl. Gleichung 4) der verschiedenen Konfigurationen in bezug auf das Referenzcluster (Basiskonfiguration) wider.

Konfiguration	Servertyp	
	Sun 3/280	Sparc 300
Hauptspeicherausbau	6.6%	11.4%
Lokale Platten	8.9%	10.4%
beide Maßnahmen	9.1%	14.1%
Serverwechsel	5.9%	

Tabelle 3: Leistungssteigerungen der Konfigurationsvarianten

Bereits bei der Grobanalyse, basierend auf den globalen Clusterindizes, fallen zwei Ergebnisse auf. Zum einen ist sicherlich die geringe Performancesteigerung bei einem reinen Serverwechsel (Konfiguration 5) überraschend. Zum anderen scheint beim Einsatz von schnellen Servern ein Hauptspeicherausbau Vorteile gegenüber lokalen Platten zu haben.

Die Ursachen dieser Entwicklung lassen sich entweder auf lokale Leistungsprobleme bei einigen Workstations zurückführen oder auf einen enorm hohen Kommunikationsoverhead beim Zugriff auf die entfernten Ressourcen. Einen tieferen Einblick in die Kausalitäten innerhalb der Clusterkonfiguration bringt das Aufsplitten des Clusterindexes in die Indizes der beteiligten Maschinen gemäß Gleichung 3. Das Resultat zeigt Tabelle 4.

Workstation	Konfiguration						
	2	3	4	5	6	7	8
Sun 3/50	8.8%	16.1%	12.9%	5.1%	10.4%	14.4%	17.6%
Sun 3/60	3.7%	8.8%	5.8%	0.9%	2.9%	6.2%	9.1%
Sun 3/80	1.6%	6.1%	6.1%	0.4%	3.3%	7.2%	6.4%
Sparc 1	8.2%	8.4%	12.5%	9.2%	18.9%	11.1%	17.2%
Sparc 1+	10.5%	9.2%	15.4%	13.7%	21.7%	13.0%	20.1%
Durchschnitt	6.6%	8.9%	9.1%	5.9%	11.4%	10.4%	14.1%

Tabelle 4: Leistungssteigerungen der einzelnen Maschinen

Für die Modellierung des Beispielclusters wurden absichtlich Maschinen unterschiedlicher Leistungsklassen gewählt, um die Auswirkungen der Konfigurationsmaßnahmen unter verschiedenen Voraussetzungen beobachten zu können. Der Grobvergleich der Ergebnisse aus Tabelle 4 bestätigt, daß das Cluster in drei unterschiedliche Leistungsklassen (Sun 3/50, Sun 3/60 und 3/80, Sparc-Stations) zerfällt, die unterschiedliche Reaktionen auf die Konfigurationsänderungen zeigen.

- Die Workstation vom Typ Sun 3/50 zeigt deutliche Leistungssteigerungen bei allen lokalen Konfigurationsänderungen, während sie vom Serverwechsel sehr wenig profitiert. Die Feinanalyse ergibt, daß innerhalb dieser Workstation unter der gegebenen Lastsituation ein lokaler Leistungsengpaß in Form des geringen Hauptspeicherausbaus von 4MB auftritt. Dieser Engpaß äußert sich in einer erhöhten Page- und Swapaktivität, die sich entweder über eine Vergrößerung des Hauptspeichers (Konfiguration 2) vermeiden oder durch den Einsatz lokaler Platten (Konfiguration 3) beschleunigen läßt. Der Serverwechsel allein schafft hier keine Abhilfe, denn der lokale Leistungsenpaß bleibt weiterhin bestehen, wenn auch die I/O-Operationen schneller abgewickelt werden können.

- Die zweite Gruppe innerhalb der Tabelle 4 mit den Workstations vom Typ Sun 3/60 und Sun 3/80 verhält sich nicht erwartungsgemäß. Wie bereits bei der Sun 3/50 auffällt, führt ein übermäßiger Ausbau des I/O-Systems (Konfiguration 4, Platte und Hauptspeicher) nicht zu den erhofften Leistungssteigerungen, sondern sogar zu einem wesentlich geringeren Leistungsanstieg. Begründet werden kann dieser Sachverhalt erst durch die Feinanalyse, die zeigt, daß hier eine Engpaßverschiebung von der I/O zur CPU stattfindet.

  Festzuhalten bleibt weiterhin, daß sich auch hier durch den reinen Serverwechsel im Vergleich zu den lokalen Konfigurationsänderungen keine bedeutenden Leistungssteigerungen einstellen.

- Erst innerhalb der dritten Gruppe (die Sparc-Stations) erzielt der Serverwechsel Leistungssteigerungen, die sich von den einzelnen lokalen Leistungssteigerungen abheben und sich in der Größenordnung beider lokaler Konfigurationsvarianten ansiedeln lassen. Die Ursache dafür liegt eindeutig im großen Hauptspeicherausbau dieser beiden Workstations, so daß zum einen Page- und Swapoperationen relativ selten auftreten und zum anderen sehr viele Datenanfragen aus dem schnellen Cache-Speicher beantwortet werden können.

Zusammenfassend kann man festhalten, daß ein reiner Serverwechsel unter Leistungsgesichtspunkten in keinem Verhältnis zu den anfallenden Kosten steht. Aber auch ein überdimensionierter Ausbau einzelner Stationen bewirkt lediglich eine Verlagerung der Enpaßsituation und nicht die gewünschte Leistungssteigerung.

Ziel des zweiten Teils der Experimente war es, dieselben Konfigurationsänderungen beim Einsatz eines schnellen Servers zu beobachten. Im Bereich der Sun/3-Rechner ergeben sich dabei keine neuen Erkenntnisse. Eine Engpaßverschiebung zur CPU, wie sie bereits im ersten Teil der Experimente bei der Sun 3/50 und Sun 3/60 zu beobachten war, macht sich jetzt auch bei der leistungsstärkeren Sun 3/80 bemerkbar (Konfiguration 8).

Ein auffallendes Phänomen ist bei den Sparc-Stations zu beobachten. Die maximale Leistungssteigerung wird bei der Vergrößerung des Hauptspeicherausbaus von 16 MB auf 32 MB (Konfiguration 6) erreicht. Der zusätzliche Einsatz einer lokalen Platte (Konfiguration 8) wirkt sich dagegen sogar negativ auf die Performance der beiden Maschinen aus.

Als Ursachen für dieses Phänomen liegen zwei Vermutungen nahe. Bei der Konfiguration 6 profitieren die Sparc-Stations davon, daß die meisten ihrer Datenanfragen an den Server aus dem Cache-Speicher innerhalb des Servers beantwortet werden können. Aufgrund der

Leistungsfähigkeit der Sparc-Stations und des Sparc-Servers ist diese Art des Datenzugriffs in punkto Performance günstiger als der Zugriff auf eine lokale Platte.

Der insgesamt zur Verfügung stehende Cache-Speicher, insbesondere der innerhalb des Servers, wird durch den Einsatz einer lokalen Platte „reduziert", so daß der Zugriff auf die lokale Platte die Geschwindigkeitsvorteile bei einer Beantwortung einer Datenanfrage aus dem Cache-Speicher des Servers nicht wettzumachen vermag. Es findet also eine Verlagerung der Speicherhierarchie zu langsameren Speichermedien statt. Daran schließt auch die zweite Vermutung an, nämlich daß bei einem Einsatz von sehr schnellen lokalen Platten dieser Leistungsverlust wieder ausgeglichen werden kann.

Um die geäußerten Vermutungen zu bestätigen, wurden die angedeuteten Konfigurationsalternativen (Server ohne Cache-Speicher innerhalb Konfiguration 6 und der Einsatz sehr schneller lokaler Platten innerhalb der Konfiguration 8) modelliert und das Simulationsmodell erneut berechnet. Die gewonnenen Ergebnisse zeigt Tabelle 5.

Workstation	Konfiguration				
	5	6b	6	8	8b
Sun 3/50	5.1%	13.1%	10.4%	17.6%	17.2%
Sun 3/60	0.9%	2.6%	2.9%	9.1%	9.6%
Sun 3/80	0.4%	2.7%	3.3%	6.4%	12.7%
Sparc 1	9.2%	11.1%	18.9%	17.2%	24.0%
Sparc 1+	13.7%	14.0%	21.7%	20.1%	29.9%
Durchschnitt	5.9%	8.7%	11.4%	14.1%	18.7%

Tabelle 5: Leistungssteigerungen der einzelnen Maschinen

Die Ergebnisse bestätigen beide Vermutungen. Zum einen ist der Cache-Speicher innerhalb des Servers maßgeblich an den Ergebnissen der Sparc-Stations von Konfiguration 6 beteiligt, wie der Vergleich der Konfigurationen 6b (ohne Cache-Speicher im Server) und 6 verdeutlicht. Weiterhin läßt sich auch die Permormance der Konfiguration 8 durch den Einsatz sehr schneller lokaler Platten (z.B. SCSI-2, mit einer Übertragungsleistung von mehr als 2 Mbyte/s. und Platten mit einer mittleren Zugriffszeit unter 15 ms) deutlich verbessern.

Unter diesen Gesichtspunkten bleibt als Fazit festzuhalten, daß langsame lokale Platten die Performance bei leistungsstarken Workstations durchaus negativ beeinflussen können. Zum anderen bewirkt die durch das Server-Caching gegebene zusätzliche Speicherhierarchie eine deutliche Leistungssteigerung.

5.5 Resümee

Wie die Ergebnisse gezeigt haben, muß man die verschiedenen Konfigurationsmaßnahmen in Abhängigkeit der Leistungsklasse der betroffenen Workstation sehen. Zur Verdeutlichung dessen sind in Abbildung 7 Repräsentanten der einzelnen Klassen über die verschiedenen Konfigurationsalternativen aufgetragen. Hier wird noch einmal deutlich, daß ein reiner Serverwechsel (K_5) bei allen Rechnern sowie langsame lokale Platten (K_3 und K_7) bei den Sparc-Stations nicht die gewünschten Leistungssteigerungen erzielen.

Analysiert man Abbildung 7 unter betriebswirtschaftlichen Gesichtspunkten, so bleibt zu sagen, daß die Abfolge der Konfigurationsalternativen direkt mit den verbundenen Kosten korreliert, so daß diese Abbildung zugleich die Leistungssteigerung, aufgetragen über die

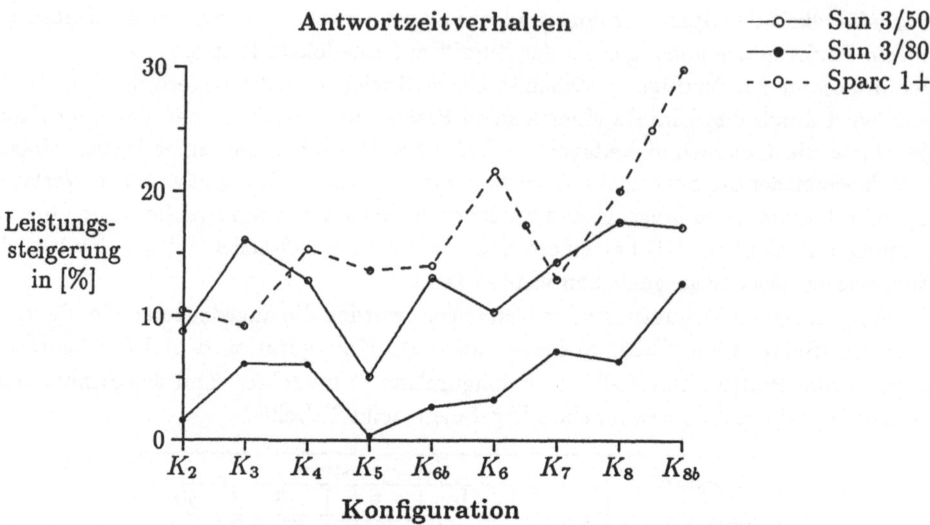

Abbildung 7: Die Leistungsparameter der Konfigurationsvarianten

Kosten, verdeutlicht.

6 Zusammenfassung

Die Dezentralisierung der Rechenleistung durch den Einsatz von leistungsfähigen Arbeitsplatzrechnern und Servern in lokalen Netzen läßt eine Vielzahl von möglichen Konfigurationen zu. Ursachen für Leistungsengpässe in verteilten Systemen sind daher nur schwer zu
lokalisieren, zu beheben und vorherzusagen.

Um bestehende Cluster zu analysieren und zu optimieren, Konfigurationsalternativen
zu untersuchen und gegenüberzustellen, wurde für verteilte Systeme ein Clustermodell entwickelt. Dieses Modell ist hierarchisch aufgebaut, es kann beliebige Konfigurationen nachbilden und es ist für die einzelnen Komponenten parametrisierbar. Mit diesem Modell können
die Auswirkungen von Konfigurationsänderungen direkt analysiert und bewertet werden.
Durch den modularen Aufbau wird ebenfalls ein hohes Maß an Flexibilität erreicht, so daß
neue Entwicklungen sofort nachvollziehbar und in das Modell integrierbar sind.

Anhand eines hypothetischen Workstation Clusters wurden verschiedene Konfigurationsänderungen untersucht und überraschende Ergebnisse erzielt. Es wurde gezeigt, daß man
durch eine vermeintliche Konfigurationsoptimierung unter bestimmten Bedingungen sogar
Leistungseinbußen riskiert.

In dem gewählten Beispiel wurden verschiedene Konfigurationen (diskless, dataless,
diskful) mit unterschiedlichem Hauptspeicherausbau und verschiedenen Servern untersucht.
Es zeigte sich, daß die teuerste Lösung leistungsmäßig am wenigsten bringt, dagegen ko-
stengünstiger Hauptspeicherausbau und Server-Caching immens wichtig sind. Auch konnte
belegt werden, daß die naheliegende Optimierung durch langsame lokale Platten in der Realität die Performance dramatisch herabsetzt.

Bezieht man den Kostenaspekt in Konfigurationsentscheidungen mit ein, so ist es daher grundsätzlich ratsam, Konfigurationsmodifikationen erst nach genauer Analyse vorzunehmen.

Die Untersuchungen wurden für eine im Bereich der Programmentwicklung typische Last durchgeführt. Den Autoren ist es aber klar, daß die gewählte Last nicht direkt übertragbar ist. Andere Anwendungen und Einsatzcharakteristiken können zu unterschiedlichen Ergebnissen führen; eine Untersuchung anderer Lastcharakteristiken sollte daher unbedingt erfolgen. Daher werden zur Zeit Simulationen unterschiedlicher Konfigurationen mit automatisch erzeugten Lastbeschreibungen, die aus realen Umgebungen stammen, durchgeführt.

Literatur

[Bol89] Gunter Bolch. *Leistungsbewertung von Rechensystemen mittels analytischer Warteschlangenmodelle.* B.G. Teubner, Stuttgart, 1989.

[Bor88] Petra Borowka. Hierarchische Modellierung eines SUN-Clusters mit dem Modellierungs- und Analysetool HIT. Diplomarbeit an der Universität Dortmund, Informatik IV, Februar 1988.

[Bor89] Petra Borowka. Hierarchische Modellierung zur Rechnernetzkonfiguration und -Leistungsbewertung am Beispiel eines SUN-Clusters. In *Kommunikation in verteilten Systemen, Informatik Fachberichte 205, ITG/GI Fachtagung Stuttgart*, pages 554 – 568. Springer Verlag, Berlin Heidelberg New York, Februar 1989.

[BS85] H. Beilner and H. Scholten. Strukturierte Modellbeschreibung und strukturierte Modellanalyse: Konzepte des Modellierungswerkzeugs HIT. In *3. GI/NTG-Fachtagung Messung, Modellierung und Bewertung von Rechensystemen*, Dortmund, 1985.

[Dup89] Floriane Dupre-Blusseau. Modelling the NFS service on an Ethernet local area network. In *EUUG Autumn '89 – Vienna, 18-22 September*, pages 99 – 110, 1989.

[LZ86] Edward D. Lazowska and John Zahoran. File Access Performance of Diskless Workstations. In *ACM Transactions on Computer Systems Vol. 4, No. 3*, pages 238 – 268, August 1986.

[Svo85] Liba Svobodova. Client/Server Model of Distributed Processing. In *Kommunikation in verteilten Systemen, Karlsruhe 1985*. Springer Verlag Berlin Heidelberg New York, 1985.

[Tra90] Martin Trapp. Ermittlung von Lastdaten in verteilten Systemen. Studienarbeit an der Universität Karlsruhe, Institut für Betriebs- und Dialogsysteme, Abteilung Einsatz vernetzter Rechensysteme, November 1990.

[War90] Thomas Warschko. Hierarchische Modellierung verteilter DV-Systeme unter dem Aspekt der Konfigurationsoptimierung. Diplomarbeit an der Universität Karlsruhe, Institut für Betriebs- und Dialogsysteme, Abteilung Einsatz vernetzter Rechensysteme, November 1990.

Modelling and Performance Analysis
of a Parallel Theorem Prover

M. Jobmann and   J. Schumann

Institut für Informatik,
Technische Universität München
Arcisstr. 21
D-8000 München 2

Abstract. For the evaluation of the performance of an OR-parallel theorem prover (PARTHEO) [1] on a network of transputers, a technique of modelling has been used to gain insight into the migration of proof tasks, load balancing, and the utilisation of the processors. The model which will be described in this paper is a queueing network model extended with explicit process interaction and communication. It is evaluated by simulation using the software tool MAOS [2]. In this paper we will present the results of several experiments which show the influence of parameters upon the distribution of proof tasks over the network of processors.

Keywords. Modelling techniques, Queueing networks, Simulation, Deduction and Theorem Proving, Concurrent Programming, OR-parallelism.

1   Introduction

Many applications in the area of Artificial Intelligence employ methods which involve a lot of search. This is especially the case with reasoning systems, e.g. theorem provers. When searching for the proof of a theorem, extremely large search spaces have to be explored, resulting often in unbearable long execution times.

One approach to reduce these execution times is to do the search in parallel. PARTHEO [SL90] is an OR-parallel theorem prover for first order predicate logic running on a network of transputers.

The system shows very good results for many benchmark examples [Sch91]. However, no clear statements about the migration of proof tasks in the network, the load-balancing, and the utilisation of the processors can be made without additional hardware for monitoring and lengthy implementation work. Such an insight into the mechanisms of a parallel system is essential for tuning the system by varying certain parameters of the theorem prover.

In this paper we will present a different approach to this problem: we are *modelling* the parallel theorem prover PARTHEO by using queueing networks.

In order to achieve the investigations mentioned above a model of PARTHEO has to describe the hardware structure, the evolution of the OR-tree, as well as the distribution of proof tasks over

---

[1]The theorem prover PARTHEO has been developed within the ESPRIT project 415F of the EC and Nixdorf Computer AG. Further enhancements and measurements have been made within the SFB 345/A5 "PARIS".

[2]The software tool MAOS has been developed at the Universität Hamburg and Technische Universität München in cooperation with Siemens AG.

the network. A pure queueing network model would not suffice to include all necessary details, but combining it with, among other things, features for explicit process interaction and communication closes the gap. Our modelling language ILMAOS, introduced in Section 3.2, extends queueing network modelling with a process oriented description of resource usage and contention. The software tool MAOS comprises so-called analytical solvers for queueing networks with product form property and discrete event simulation, the latter being applicable to all ILMAOS models. In this paper, only simulation is of concern. For details of analytical solvers, the reader may refer to [FJ89].

Three series of simulation experiments with this model are reported which show the influence of essential parameters determining the distribution of proof tasks among the network of processors.

2 The OR-parallel Theorem Prover PARTHEO

2.1 The Calculus

PARTHEO is an OR-parallel theorem prover for first order predicate logic. It is realised as a network of sequential theorem provers (SETHEO [LSBB90]) running in parallel on a transputer system. The proof calculus underlying SETHEO and PARTHEO is *Model Elimination*, a sound and complete tableau based calculus [Lov78]. Due to the lack of space, we will not give a formal definition of the calculus and its refinements used for this theorem prover. For details see [LSBB90]. Rather, we will illustrate the proof procedure by an example.

Let us consider the following (propositional) formula in clausal normal form[3] $\mathcal{F} = \{\{\neg p\}, \{p, q\}, \{p, \neg q\}\}$. The system now tries to *refute* this formula by constructing a *tableau*, i.e. a tree with nodes labeled by literals of the formula. As an additional constraint, all children of one node have to belong to literals of one clause. If a pair of *complementary* literals, i.e. literals with opposite signs (e.g. $p, \neg p$) occur in the path from the root to a leaf node, then this leaf node is said to be *closed*. In Figure 1, such leaf nodes are marked by an asterisk. It can be shown (see e.g. [Bib87]) that a formula $\mathcal{F}$ is *unsatisfiable*, if and only if there exists a tableau with all its leaf nodes being closed.

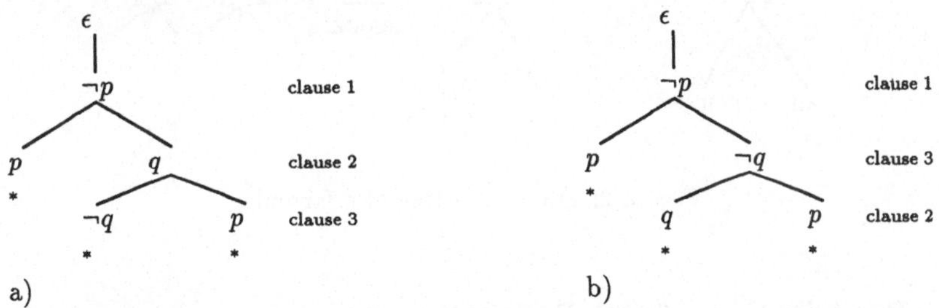

Figure 1: Two tableaux of the formula $\{\{\neg p\}, \{p, q\}, \{p, \neg q\}\}$

To construct such a tableau from a formula, we start with an empty tableau, containing only the root node marked "ϵ". Then we select one of the clauses and attach its literal(s) as child nodes to the root node (*start step*). In our example (Figure 1a), we have selected the first clause. After that, we pick a leaf node N of the tableau which is not yet labeled "closed". Then we select a clause c from the formula such that one of its literals is complementary to the literal of N. All literals of the clause c are then added to the tableau as children of N (*extension step into clause c*). The new node containing the complementary literal is marked as closed. In our example we took the second clause and attached it to the node labeled $\neg p$. After that, we took the third clause and attached it to the node labeled q. This results in a tableau, where only the node labeled p on the rightmost side of

---

[3]In this example we restrict ourselves to a formula of propositional logic. SETHEO and PARTHEO can handle formulae of full first order logic as well.

the tableau is not yet closed. If we are able to select a leaf node, for which a complementary literal exists in the path from the root to this node, we may label this node "closed" as well. The latter step is called *reduction step*. In our example, the node p on the rightmost side has a complementary literal $\neg p$ among its predecessors. Hence, we may close this node, which leaves us with a tableau with all its leaf nodes closed. This tells us, that we have found a proof (a refutation, i.e. the formula is unsatisfiable).

After executing the start step, extension and reduction steps are performed until a closed tableau can be obtained. This, of course, is not a deterministic process. In our example, we could have taken clause 3 instead of clause 2 for our first extension step. In this case, we would end up with a (closed) tableau as shown in Figure 1b. Other selections of clauses may lead to tableaux which cannot be closed at all. This shows that we have to *search* for a closed tableau. Formally, we can depict the search by a tree, the *Model Elimination OR-search tree* (OR-tree for short). Each node of the tree is labeled by a tableau, the root node by the empty tableau. If we select an open node from a tableau T, we may construct new tableaux out of T by trying to perform an extension step into all clauses of the given formula. These new tableaux are the labels of the child nodes of T.

An example of such a tree can be seen in Figure 2. A node labeled with a closed tableau is marked by a "o". Such a tableau represents a proof of the formula, and therefore, it will be labeled "SUCCESS". In many cases, however, a tableau cannot be extended any more. These nodes are labeled "FAIL".

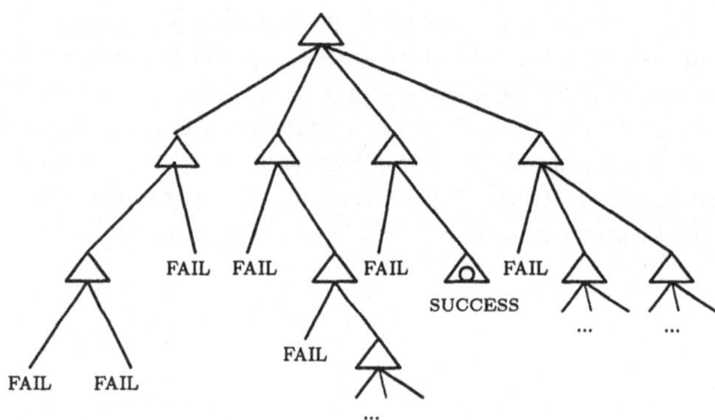

Figure 2: OR-search tree of a formula

2.2 The Exploitation of OR-Parallelism

A very important feature of the OR-tree is that its branches can be explored *independently* from each other. Therefore, the OR-tree can be distributed among a network of processors and be executed in *parallel*. Such a parallel search for a proof is called *OR-parallelism*. In this section, we will deal with the problem, how to distribute the branches of the tree among the processors of a network.

The work to be done by one processor is a *proof task* which corresponds to exactly one node in the OR-tree. When a processor executes a proof task, it tries to expand the corresponding tableau. This may fail (no extension is possible), or the resulting tableau becomes closed which means that a proof has been found. The latter situation will be reported to the user. In most cases, there exist several possibilities to expand the tableau, a situation which results in a number of new proof tasks which represent the children nodes in the OR-tree[4].

---

[4]For reasons of optimisation, a processor can be forced to *sequentially* explore the entire subtree of one proof task. It is reasonable to do so below a certain "critical depth" in the OR-tree to prevent an excessive number of newly

Parallelism is achieved by distributing the proof tasks over the network of processors. We want to obtain a good load balance without too much communication overhead. Therefore, each processor is supplied with a *local* memory, the *task store*. The proof tasks to be executed and newly generated proof tasks are kept in the task store of the processor. As a requirement, a processor should only send proof tasks *upon request*.

To implement this requirement, PARTHEO employs a *task-stealing* model [BCLM89, KGK90]. As has been described above, a processor gets a proof task from its local task store in order to execute it. In case its task store is empty, the processor asks its *direct*[5] neighbours for work. If a neighbouring processor has enough proof tasks in its local task store it sends back some of its own tasks, e.g. half of them or just one. Thus, proof tasks are transmitted only upon request and in case no work is available locally. The entire proof process is initiated by placing the root task into the task store of one particular processor.

A crucial issue for the performance of a parallel system using message passing is the amount of transferred data. In our proof procedure, the proof tasks are to be transmitted over the network. As our inference machine is a variant of the Warren Abstract Machine [War83], copying the memory of the machine — which actually encodes a proof task — cannot be realised efficiently on a system using message passing. Therefore, in PARTHEO we take a different approach of representing proof tasks: instead of transferring the proof task itself we rather transfer information *how* the proof task can be created. This information can be coded in a very compact way[6]. However, a small amount of recomputation ("partial restart") has to be taken into account to reconstruct the proof task on the receiving processor, but this is by far outweighted by a much smaller amount of data to be transmitted.

```
on all nodes do
  in parallel do {
    PROVER: while true do {
            get_proof_task T from local_task_store;
            do partial_restart;
            if unification succeeds then
              if T is closed then          /* a proof has been found    */
                report_success_to_host;    /* tell this the user        */
              else {                        /* otherwise: extend the tableau */
                generate_new_proof_tasks T1,...,Tn from T;
                put T1,...,Tn into local_task_store; } }

    in regular intervals do {
    REQUEST: if number_tasks_in_local_task_store < reqTasks then
             request_proof_tasks_from_neighbour; }

    RESPONDER: if request_for_tasks_received then {
            available = number_proof_tasks_in_local_task_store;
            if available <= minTasks  then  /* are there enough tasks ?    */
              send_back("no_tasks");
            else                            /* send some of the tasks    */
              send_back_proof_tasks(catch(available));
            } }
```

Figure 3: Algorithm of PARTHEO

The algorithm of PARTHEO can be outlined by the following C-like program in Figure 3. From this algorithm, a modularisation of each node suggests itself: the *prover* (the SETHEO Abstract

---

generated proof tasks (see below in Section 3.3).

[5]This, of course, depends on the topology of the transputer network.

[6]In all examples which have been run on PARTHEO less than 300 Bytes per proof task are to be transmitted.

Machine), the *task store*, a *timer* to control the sending of requests, and a *responder* to transmit the requested proof tasks. Additionally, a *communication unit* handles the communication with the user; details of the algorithm and specifications of PARTHEO can be found in [BEK+89, Sch91].

2.3 Implementation

PARTHEO has been implemented on a network of 16 + 1 Transputers[7] T800 connected in a topology similar to a torus as shown in Figure 4. The 17th processor is connected to a host machine – in our case a sun386i – with the user interface. PARTHEO is implemented in 3L parallel C [3L 88] using synchronous communication and semaphores. With many benchmark examples from the areas of theorem proving and logic programming [Sch91], a speed-up of up to 15 with 16 processors could be obtained. For a table of measurements see [SL90, Sch91]. Details of this implementation can be found in [Sch91].

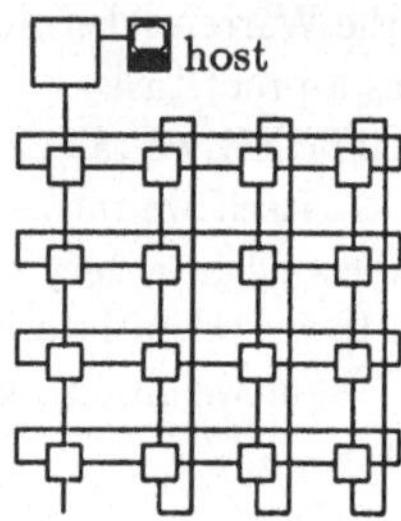

Figure 4: Typical Hardware Configuration for PARTHEO

3 Modelling PARTHEO for Investigations

For the performance evaluation of PARTHEO the *speed-up* is a dominant factor. It is of most interest for the user of the theorem prover. The speed-up is defined as $s = T(1)/T(16)$ where $T(p)$ is the average time needed to find a proof for a given formula using p processors. For a designer additional items of interest do exist:

1. gaining insight into the migration process of proof tasks between nodes of the transputer network

2. studying the load balancing due to the distribution of proof tasks among the nodes of the processor network and the resulting utilisation of the processors.

There are several parameters which control the task-stealing mechanism. Of particular interest with respect to the experiments described in the following sections are:

- **minTasks** is the threshold population of each local task store above which requests from neighbour nodes are served

- **reqTasks** is the threshold population of each local task store below which requests are sent to neighbour nodes

- **catch** is the number of proof tasks a neighbour node receives upon a positive request

---

[7]In our hardware configuration, 8 of the 16 transputers operate at higher speed than the other 8 ones. Therefore, in the modelling of PARTHEO and in the measurements we have to distinguish between slow and fast processors.

Other parameters for variation may be the poll time between two successive requests for proof tasks, the polling strategy itself, e.g. random or cyclic polling as done here, the sequencing of requests from different neighbours (here FCFS), or the assignment of the proof tasks to the processor (here LCFS).

In the following our aim is to study the issues mentioned above with respect to variations of the dominating parameters of the task-stealing mechanism, and with respect to the formulae to be proved. In general, it is extremely difficult if not impossible to draw conclusions from the structure of a logic formula to the shape of the OR-tree it spans, and to tune the task-stealing mechanism by a formula itself. Therefore, for measurements and simulations we use a representative of a (synthetic) class of formulae showing a regular n-ary OR-tree. Many logic programs like the queens problem, or primitive sorting algorithms belong to this class. For our experiments, we use a formula which generates a n-ary OR-tree.

Since extensive measurements giving insight into these issues of interest are not possible on our transputer network without additional (monitoring) hardware, we use the way of modelling PARTHEO in order to obtain the results by simulation.

3.1   A Queueing Network Model of SETHEO

Since PARTHEO may be seen as a network of SETHEOs – with each SETHEO being mapped to a node of the transputer network – we will start with a model of SETHEO.

We model 'setheo' as an extended queueing network as shown in Figure 5. Here, a processor of a node in the transputer network is presented as a single server named 'processor'. Its task store is divided into two separate queues labeled 'LEVEL 1: FCFS' for requests (from neighbour nodes) and 'LEVEL 2: LCFS' for proof tasks (from local task store). Proof tasks waiting in 'LEVEL 2' queue enjoy priority over requests waiting in 'LEVEL 1' queue. In Figure 5 solid and dashed lines show the flow of proof and request tasks, respectively, through the queueing network. The symbol $\Diamond$ denotes conditional routing, i.e. routing which is not determined by fixed probabilities but by varying, exogenous conditions, e.g. 'proof depth exceeded'. Although shown together with the queueing network for one SETHEO, the message buffer is shared among all nodes. It is used by nodes to send (GIVE) messages representing attracted tasks (in Figure 5 caused by SELECT...TASKS) and by corresponding neighbour nodes to receive (TAKE) messages representing stolen proof tasks. This global message buffer has no real counterpart in PARTHEO, since there a proof task is packed together with the destination address into a message block and sent over the network. (We could also model this directly by using task attributes). But our solution is more flexible, e.g. it is able to anticipate the following situation: a node requests proof tasks from one of its neighbours, but immediately commutes into a state unable to receive the "stolen" proof tasks[8]. In our model this kind of situation inhibits sending the requested proof tasks because of a delay or lack of messages representing those tasks.

Before discussing the queueing network of Figure 5 in more detail we first give a short introduction to our software tool, which is able to describe and solve such queueing networks.

3.2   Model Analysis using MAOS

MAOS is a software tool for performance evaluation of systems which are preferably modeled by (extended) queueing networks. MAOS incorporates analytic solution methods based on Mean Value Analysis (see e.g. [RL78]) and *simulation*. A model description language, called Input Language of MAOS (ILMAOS) facilitates specification and programming of performance models in a unified and modular manner (see [Job82, Job91]).

ILMAOS program units - *modules* - represent models of system resources, load models, or are report modules for data collection and report generation. A *performance model* of a system is

---

[8] An extreme example of such a state is the disconnection or total break down of a node.

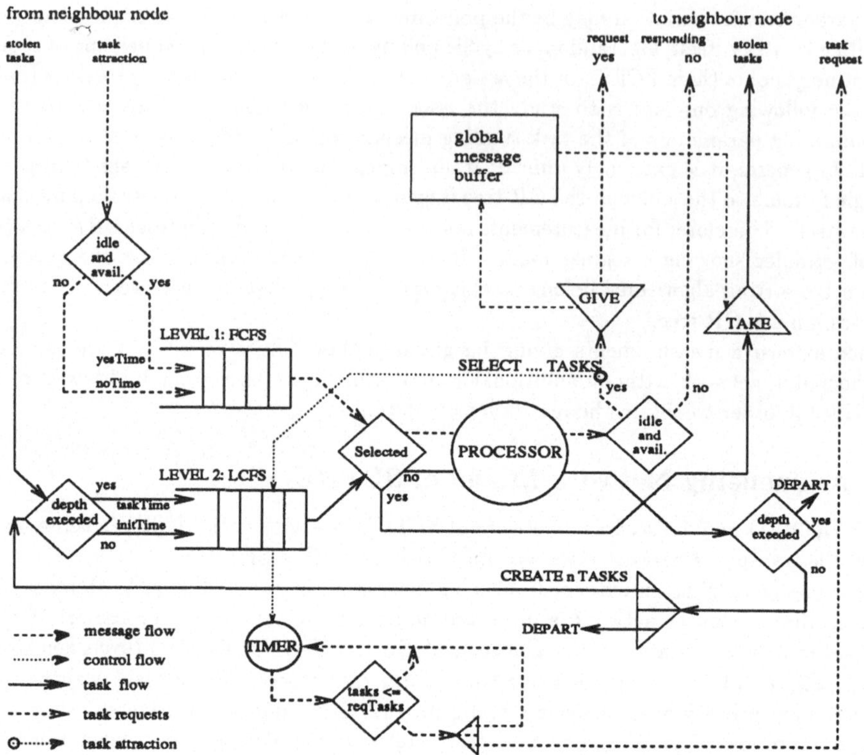

Figure 5: Queueing network of SETHEO

composed of an appropriate collection of modules. These modules can be translated separately.

A system's resource model -- in the sequel *model* for short – represents all or a part of a system at a particular level of detail. Systems for which ILMAOS is intended to model – mainly computer and communication systems – often exhibit modular and hierarchical structures. Of course, a model may thus be (partly) composed of other model modules, called *components* of the former. This may result, for example, in a tree-like hierarchy of components with the root model representing the entire system. The leaf models are components containing no further components but elementary resource models – elementary with respect to the appropriate level of detail for the intended investigations.

A model of system resources comprises mainly declarations of (physical or virtual) resources as components or elementary resource models, further *task types* with *process descriptions* prescribing particular resource usages. Each object of a task type defines a particular *task category*. If used as a component a model may export (references to) task categories which may be accessed within process descriptions of the enclosing model, or other components thereof. Thus process descriptions of a model may use the functionality of process descriptions of other models, e.g. refining the former process descriptions by the latter ones.

Primary tasks (tasks from the environment) are created by associated *load* models. After creation, a task starts executing the process description of its corresponding task category, i.e. starts executing its associated process. In this respect, an ILMAOS program may be viewed defining a system of parallel processes. High-level statements for process communication and synchronisation are part of the language.

In *report* modules the user specifies which (performance) measures are of interest to him and which reports are to be generated from resulting data. With simulation there are several methods for data collection, point and confidence interval estimation to choose from. For example, the experiments dealt with in this paper all cause *terminating* simulation suggesting the method of *independent replications* for confidence interval estimation.

3.3 Translating PARTHEO into ILMAOS modules

Figure 3 identified three different task types: the request of proof tasks from neighbour nodes is controlled by a timer process, incoming requests are handled by a responder process, and prover processes model the executions of proof tasks. We proceed describing informally the corresponding task types and give program fragments – displayed in typewriter font – which actually have to be included into the ILMAOS module **setheo** shown in Figure 6.

TASK TYPE timerTask: At the time the prover starts with the proof of a formula a **timer** process is initiated on each node (INIT 1, see Figure 6). The fact that their internal clocks start at different times is accounted for by a random variate **restartTime**. Every **pollTime** time units the timer process checks the population of the corresponding local task store. If this population is less or equal **reqTasks** a request is launched for one of its neighbour nodes. (The actual neighbour node is determined by a call of procedure **neighbour( )**). This corresponds to the statement EXECUTE **apm[node].responder(node)**.

```
TASK TYPE timerTask;
  BEGIN
  VAR INTEGER pos, node;
  SEQ
    DELAY restartTime.sample;              { non-deterministic (re-)starttime }
    LOOP                                   { repeated check }
      DELAY pollTime;                      { - every pollTime - }
      IF tasks <= reqTasks DO             { of task store }
        node := neighbour( );
        EXECUTE apm[node].responder(node); { initiate 'responder' }
      END IF;                              { of neighbour }
    END LOOP;
  END SEQ;
END TYPE timerTask;
```

TASK TYPE respondTask: A node responds to a request for proof tasks from a neighbour only if it is not busy with a request from another neighbour (**idle**). In case a node has enough tasks in its local store to respond positively (**tasks >= minTasks**), then as many tasks as the variable **catch** determines are selected from task store (SELECT **catch** OF ...). For each task its task identification **Tid** and destination node number (**node**) are packed into a **taskMessage**, and sent to the global message buffer: GIVE 1 OF ...

From start of a request until receiving the corresponding task message there is a time delay of **yesTime** time units. In case no proof tasks will be given away, only **noTime** time units are needed to respond (REQUEST **noTime** IN ...).

```
TASK TYPE respondTask(INTEGER node);
  VAR BOOLEAN idle := TRUE;
  BEGIN
    VAR INTEGER catch;
        TASK stolen;
    IF idle DO                            { respond only in case being idle }
      idle := FALSE;
      IF tasks >= minTasks DO             { respond only in case of available tasks }
        REQUEST yesTime IN processor LEVEL 1;{ positive respond lasts yesTime }
        catch := 1;                       { catch 1 of them }
        SELECT catch OF COOPT'Type        { in front of LEVEL 2 queue }
          IS proofTask and then COOPT'Position <= catch;
```

```
      FOR stolen IN COOPTLIST DO
        GIVE 1 OF taskMessage(stolen'Tid,node) TO buffer;
      END FOR;
    ELSE                                    { negative respond lasts noTime }
      REQUEST noTime IN processor LEVEL 1;
    END IF;
    idle := TRUE;
  ELSE                                      { negative respond lasts noTime }
    REQUEST noTime IN processor LEVEL 1;
  END IF;
END TYPE respondTask;
```

TASK TYPE proofTask: A prover process is the execution of a proof task taken from the local task store. The process description of task type `proofTask` necessarily reflects the evolution of an OR-tree of the formula. According to our formulae we observe the following two patterns:

1. a node of an OR-tree is a node above the critical depth (m). Then, after a time for its initialisation (`initTime`), a proof task -- if not selected to be stolen – creates n new ones (`CREATE n OF ...`) where the branching factor is equal to n. Thereafter the proof task is finished. Otherwise,

2. a proof task represents an entire subtree of the OR-tree. This kind of proof task needs `taskTime` time units for execution.

```
TASK TYPE proofTask(INTEGER depth);
  BEGIN
  VAR MESSAGE(taskMessage) taskMess;
  SEQ
DESCEND: tasks := tasks + 1;                 { descend proof tree }
    IF depth < m DO                          { task creation above critical depth }
      REQUEST initTime IN processor LEVEL 2;
      IF NOT Selected DO                     { task not stolen }
        CREATE n OF prover(depth + 1);
      END IF;
    ELSE                                     { sequential execution of subtree }
    REQUEST taskTime IN processor LEVEL 2;
    END IF;
DONE: tasks := tasks - 1;                    { done with either creation or execution }
MIGRATE: IF Selected DO                      { task must migrate }
      TAKE 1 OF taskMess(Tid) FROM buffer;   { take destination address }
      INSPECT taskMess DO                    { and act as proof process }
        EXECUTE apm[nodeId].prover(depth);   { in node identified by nodeId }
      END INSPECT;
    END IF;
END TYPE proofTask;
```

Migration: Attracted tasks (i.e. their attribute `Selected` is true) leave the local task store and are executed in a neighbour node as prover processes representing nodes one level deeper in the OR-tree than their creating task (`EXECUTE apm[nodeId].prover(depth)`). The tasks extract the identification of the current destination node from a message with identical task identification `Tid`. The message has been received from the global message buffer.

The following Figure 6 contains an ILMAOS program fragment of the model module `setheo` omitting entirely the task types we have described above.

```
MODEL setheo
    (INTEGER nodeId; REAL pollTime, initTime, taskTime, noTime, yesTime;
    CONTROL(Box) buffer;                     { reference to global buffer }
    COMPONENT(setheo) ARRAY apm              { reference to neighbour nodes }
  EXPORT                                     { task category 'prover' & 'responder' }
    TASK prover(INTEGER depth), responder(INTEGER node) );
```

```
METHOD Simulation;
EXTERNAL
  MESSAGE CLASS taskMessage(INTEGER taskId, nodeId);
CONST
  INTEGER reqTasks, minTasks, n, m := READ;   { n is width, m is depth of proof tree }
  DIST restartTime := READ;
VAR
  INTEGER depth;                              { current depth in proof tree }
  INTEGER tasks;                              { current no. of tasks }
UNIT                                          { server with PRIority Level Service }
  SERVER processor := Station(Service := PRILS(FCFS, LCFS));

TASK TYPE timerTask; ...                      { see above }
TASK TYPE respondTask(INTEGER node); ...      { see above }
TASK TYPE proofTask(INTEGER depth); ...       { see above }
                                              { instantiate a task category 'timer' }
TASK timer := timerTask INIT 1;               { initiate 1 timer process }
TASK prover := prooftask(depth := 0);
TASK responder := respondTask;
END MODEL setheo;
```

Figure 6: ILMAOS model SETHEO

According to the transputer network the following model **partheo** (Figure 7) declares sixteen
SETHEO nodes as an array of components. The communication links between a node and its
neighbours are not modeled explicitly. As described above the communication of tasks is via the
global message buffer.

```
MODEL partheo = "mpartheo";
  METHOD Simulation;
  EXTERNAL
    MESSAGE CLASS taskMessage(INTEGER taskId, nodeId); { task & node Id }
  CONST LONG REAL pollTime, initTime, taskTime, noTime, yesTime := READ;
  VAR INTEGER node;
  UNIT
    CONTROL taskBuffer :=                               { global message buffer }
      Box(Release := Fifo,Seizure := Fifo,Types := taskMessage)
    COMPONENT ARRAY apm[1:16] :=
      (FOR node IN 1:16 =>                              { instantiate nodes }
        setheo(node, pollTime, initTime, taskTime, noTime, yesTime, taskBuffer, apm
          EXPORT prove := prover),

    TASK TYPE Proof(INTEGER at_node);                   { represents root of proof process }
      BEGIN
        EXECUTE apm[at_node].prove;
    END TYPE Proof;
                                                        { instantiates task category }
    TASK startProof := Proof(at_node := 3) INIT 1;      { & starts proof at node 3 }
END MODEL partheo;
```

Figure 7: ILMAOS model of PARTHEO

4 Experiments and Results

Above we mentioned three issues which are of particular interest for the experimentation with the
model of PARTHEO: the migration process of proof tasks between nodes of the transputer network,

the load balancing of the proof tasks among the nodes of the network, and the utilisation of the processors. In the following, we want to study these issues with respect to variations of parameters of the task-stealing mechanism. All parameters of the task-stealing mechanism could be varied, but the parameters `minTasks` and `catch` are of primary significance. Upon request, a processor may give away any of its proof tasks (i.e. `minTasks = 0`), or it may keep some proof tasks for its own use. Furthermore, the processor may be mean by giving away only one task (`catch = 1`), or it sends half of its proof tasks (`catch = $\lfloor n/2 \rfloor$`). In our experiments we use the following values of these parameters[9]:

Parameter	Experiment I	Experiment II	Experiment III
`minTasks`	1	0	1
`catch`	1	1	$\lfloor n/2 \rfloor$

For each set of parameters, 10 independent simulation runs[10] have been made, from which mean values and confidence intervals (with a confidence niveau of 0.9) have been calculated.

The input formula we use for our experiments spans a regular 16-ary tree which is explored to a depth of 4 in parallel. Above that limit, the tableaux are extended sequentially. The values for `yesTime`, `noTime`, `initTime`, and `taskTime` as shown in the following table have been obtained by measurements with the PARTHEO implementation.

Parameter:	initTime	taskTime	noTime	yesTime	pollTime
Processor T800 fast [1..8]	12 ms	118.5 ms	238.5 μs	535.2 μs	64 ms
Processor T800 slow [9..16]	16 ms	149.9 ms	284.8 μs	618.5 μs	64 ms

The model of PARTHEO has been validated and calibrated with a series of experiments described in [Job91]. Additionally, a number of experiments with different n-ary trees has been carried out. We have chosen to present the particular 16-ary tree. It exhibits some pecularities which suggest the need for deeper investigations in order to reveal the influence of the shape of a search tree upon the performance of our task-stealing mechanism.

Experiments I and II: In these two experiments we study the influence the variation of the parameter `minTasks` has on the migration of proof tasks, the load balance, and the utilisation of the processors. The parameter `catch` is kept fixed with the value 1.

Figure 8 and 9 show the distribution of the migration lengths l_{migr} of each task, assigned to the processor which executed that task. The migration length of one task is the number of times, this task has been transmitted over the network. A migration length of 0 of proof tasks at a processor means that these have never been stolen from other processors. In Figure 10 the mean number of active processors n_{act} for time intervals of 1 second (over the entire execution time T(16)) is shown[11].

Additionally, the *load balance* of the system is of interest. For PARTHEO, the number of proof tasks in the local task store of each processor reflects an approximation of the load balance in the system. Note, however, that a processor can be active, if it has at least one task in its local task store. In Figure 11 we give the mean value of the population of proof tasks in each processor ($\bullet$) and the range between minimal and maximal number of proof tasks per processor. These figures are displayed for each time interval of one second. All these values are mean values, taken over the 10 simulation runs.

Note that in the simulation run of experiment I with `minTasks = 1` (Figure 8) processor 11 is not shown, i.e. it did not receive any proof tasks. A deeper analysis of this phenomenon revealed that this is due to the structure of the OR-tree and its critical depth: the OR-tree is distributed among

---

[9] In all experiments we use `reqTasks = 1`.

[10] The simulations terminate with the event "SUCCESS".

[11] There is very little fluctuation in the number of active processors for each simulation run. Henceforth, no confidence intervals are shown in the Figures.

the processors in such a way that the neighbours of processor 11 only execute leaf tasks of the tree (one per processor). Consequently, processor 11 can never successfully steal any proof tasks[12].

This can also be seen clearly in Figure 11: the minimal number of proof tasks in the task store of one processor is always 0. This led to the decision to set `minTasks = 0`.

But Figure 9 with `minTasks = 0` shows a significantly higher amount of migration. This can be explained by a "ping-pong" effect between the processors. Consider the following situation with two neighbouring processors P_1 and P_2: both processors are working, P_1 has one task in its local task store, whereas the task store of P_2 is empty. The parameters of the task-stealing mechanism now force P_2 to ask for work. If P_1 receives the request from P_2, it gives away the one task it has in its local task store, since `minTasks = 0`. Hence, P_2 now has one task in its task store, P_1 has an empty store. This situation is symmetric to that one prior to the stealing. Consequently, a lot of (unnecessary) communication is caused, since this task is being swapped periodically between P_1 and P_2 increasing the migration length l_{migr} of that task.

On the other hand, a better distribution of proof tasks could be obtained: the minimal number of proof tasks is almost always greater than 0. This however, has to be payed by a substantially larger amount of migration as shown above.

Experiment III: In this experiment we increase the number of proof tasks to be transmitted. A reasonable choice seems to be to send half of the proof tasks in the task store, i.e. `catch` $= \lfloor n/2 \rfloor$. `minTasks` is set to 1.

The stealing strategy of this experiment exhibits a much better activation of the processors (Figure 10). In contrast to experiment II, the proof tasks are distributed much faster in the first few seconds. This can be explained by the fact, that with `catch` $= \lfloor n/2 \rfloor$ much larger chunks of proof tasks are transmitted to neighbouring processors. As shown in Figure 11, there are always proof tasks in the task stores of all processors (the minimal values are > 0). Furthermore, the course of the mean and maximum values are much smoother than in the previous experiments. Additionally, this parameter setting resulted in shorter execution times of the proof despite the increased communication overhead due to the larger chunks of proof tasks transmitted over the network.

As a consequence, this setting of parameters seems to be the appropriate one for this particular search tree and – as a result of similar experiments with different branching factors – for the class of formulae showing a regular n-ary OR-tree.

5 Conclusions

We have presented an extended queueing network model for the OR-parallel theorem prover PAR-THEO. With simulations it is possible to gain insight into the mechanisms of distributing work among the processors via task-stealing. Observations can be made about the migration process of proof tasks, the load balance, and the utilisation of processors. Three out of several series of experiments have been shown to study the influence of variations of essential parameters of the task-stealing mechanism upon the distribution of proof tasks over the network of processors.

The experiments which have been described in this paper are only a subset of experiments carried out with variations of different parameters of the task-stealing mechanism. A detailed description can be found in [Job91].

But, further work is necessary to make investigations with different classes of formulae, especially those which exhibit a very unbalanced shape of their OR-tree. Formulae of this kind are often found in theorem proving. Therefore, experiments with a larger variety of formula classes ought to be carried out. From the results of these simulations, we hopefully obtain rules (or heuristics) which parameter values are best for which class of formulae. This is essential, if formulae generate only

---

[12]This phenomenon could in exactly the same way be observed on the implementation of PARTHEO.

few proof tasks compared to the number of processors. Furthermore, a deeper study of reasons for irregularities when distributing proof tasks over the network is necessary to avoid odd phenomena (like in Experiment I) which substantially reduce the performance of the entire system.

Further investigations to show the scalability of the PARTHEO model (i.e. experiments with a large numbers of processors and various different topologies) will be of great theoretical and practical interest.

The investigations mentioned above would not be possible within a framework applying pure queueing network models. But ILMAOS' process oriented view of resource usage and contention, and features for explicit process interaction allows a rather straightforward implementation of the extended queueing network model of PARTHEO. This is especially supported by the object-based programming with ILMAOS which suggests the description of tasks as object structures with a process description as its "method". Methods are activated by tasks and this activations result in collateral executions of all tasks (co-sequential executions due to our implementation in SIMULA [Sta87]). The parallel executable proof tasks due to OR-parallelism could thus directly be mapped into tasks of the corresponding ILMAOS model. Likewise, we directly mapped the hardware sytem – the transputer network with its abstract SETHEO machines - onto a "network of models", each node being a component of the complete partheo model. MAOS' incorporated methods for confidence interval estimation and run-length control, its many predefined object structures for random number generation, service strategies, report generation -- as to mention a few - reduced substantially the time for model building and experimentation.

References

[3L 88]   3L Ltd. . *Parallel C - User Guide*, Livingston, Scotland, 1988.

[BCLM89]   S. Bose, E. M. Clarke, D. E. Long, and S. Michaylov. Parthenon: A Parallel Theorem Prover for Non-Horn Clauses, 1989. To appear in Journal of Automated Reasoning.

[BEK+89]   S. Bayerl, W. Ertel, F. Kurfess, R. Letz, and J. Schumann. D16 / Full first order logic parallel inference machine – Language and Design. ESPRIT 415, Deliverable D16, Brussels, 1989.

[Bib87]   W. Bibel. *Automated Theorem Proving*. Vieweg Verlag, Braunschweig, second edition, 1987.

[FJ89]   R. Feix and M. R. Jobmann. MAOS – Model Analysis and Optimisation System (Version 1.0). Mitteilung Nr. 173/89, Fachbereich Informatik, Universität Hamburg, 1989.

[Job82]   M. R. Jobmann. ILMAOS - Eine Sprache zur Formulierung von Rechensystemmodellen. Bericht Nr. 91, Fachbereich Informatik, Universität Hamburg, 1982.

[Job91]   M. R. Jobmann. *Leistungsanalyse von Rechen- und Kommunikationssystemen – Konzepte der Modell-auswertung und Definition einer Modellierungssprache*. Dissertation, Universität Hamburg, Feb 1991.

[KGK90]   V. Kumar, P. S. Gopalakrishnan, and L. N. Kanal. *Parallel Algorithms for Machine Intelligence and Vision*. Springer Verlag, New York, 1990.

[Lov78]   D. W. Loveland. *Automated Theorem Proving: a Logical Basis*. North-Holland, 1978.

[LSBB90]   R. Letz, J. Schumann, S. Bayerl, and W. Bibel. SETHEO: A High-Performance Theorem Prover. Technical report, Technische Universität München, 1990. To appear in Journal of Automated Reasoning.

[RL78]   M. Reiser and S. S. Lavenberg. Mean value analysis of closed multichain queueing networks. Research Report RC-7023, IBM Thomas Watson Research Institute, Yorktown Heights, N. Y., March 1978.

[Sch91]   J. Schumann. *Efficient Theorem Provers based on an Abstract Machine*. Dissertation, Technische Universität, München, 1991 (in preparation).

[SL90]   J. Schumann and R. Letz. PARTHEO: a High Performance Parallel Theorem Prover. In *CADE10*. Springer, 1990.

[Sta87]   SIS Standardiseringsgrupp, editor. *Databehandling-Programspråk – SIMULA*. SIS Standardiseringskommissionen i Sverige, 1987.

[War83]   D. H. D. Warren. An Abstract PROLOG Instruction Set. Technical report, SRI, Menlo Park, Ca, 1983.

Appendix

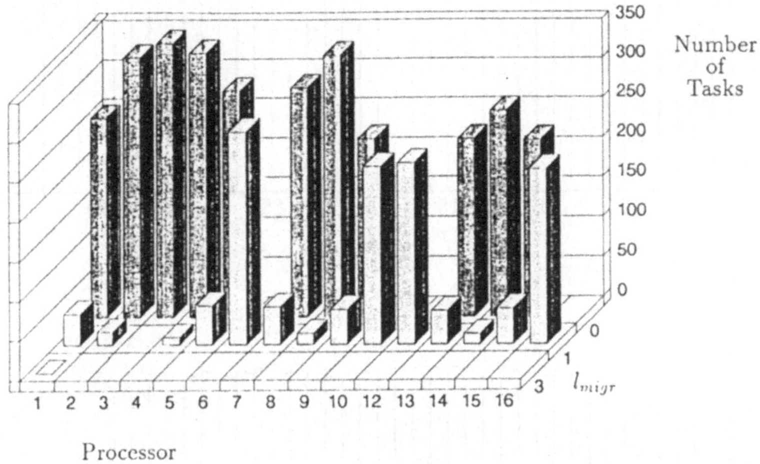

Figure 8: Experiment I: migration length of tasks l_{migr} with minTasks = 1

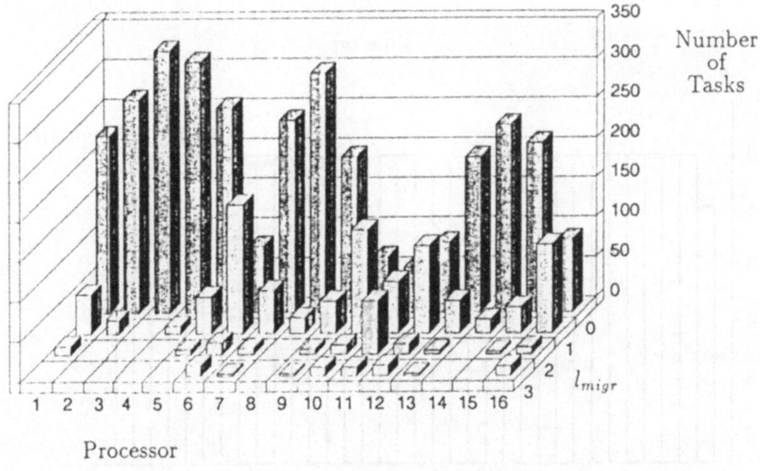

Figure 9: Experiment II: migration length of tasks l_{migr} with minTasks = 0

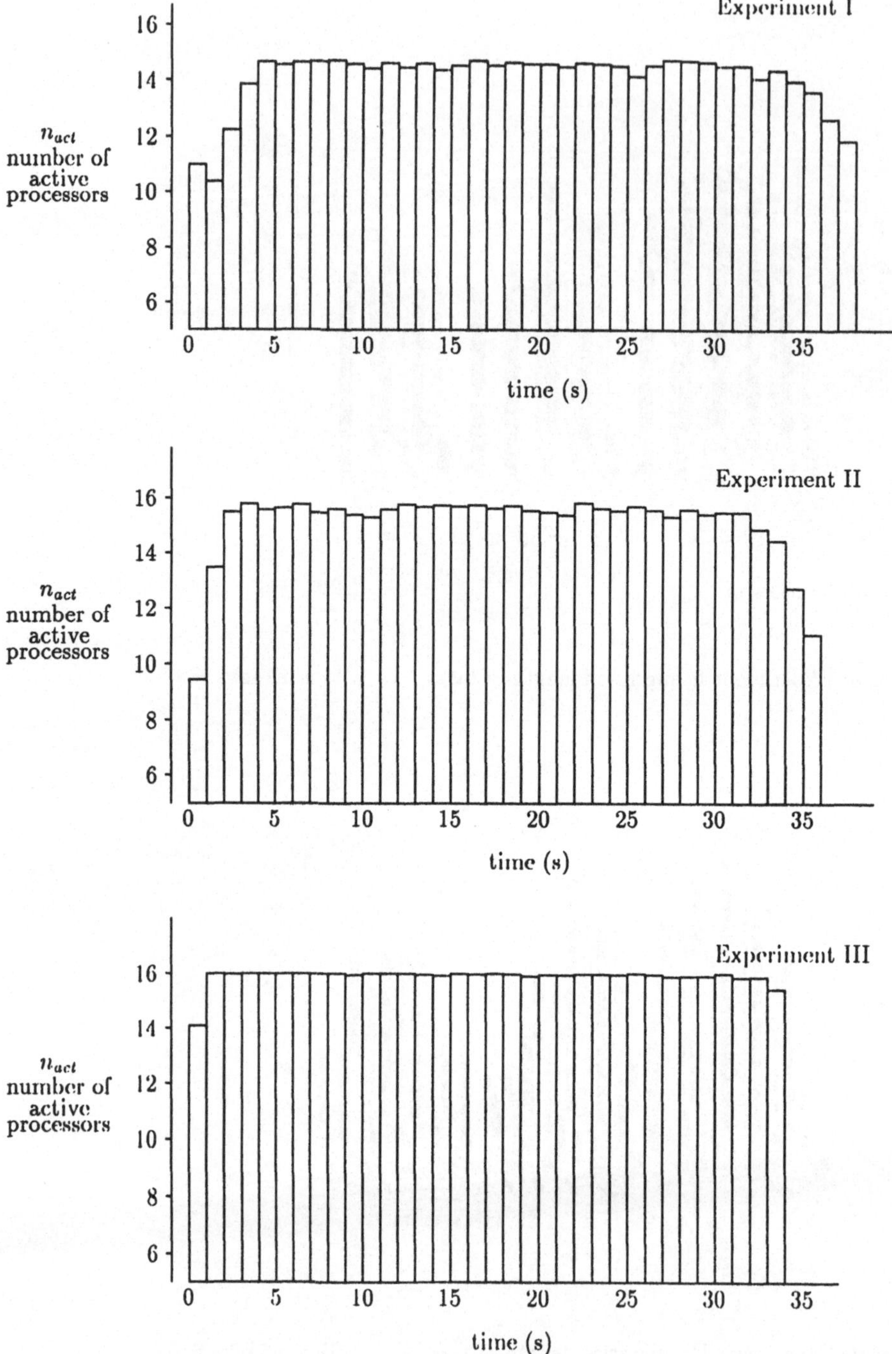

Figure 10: Experiments I,II,III: mean number of active processors n_{act} as a function of the time

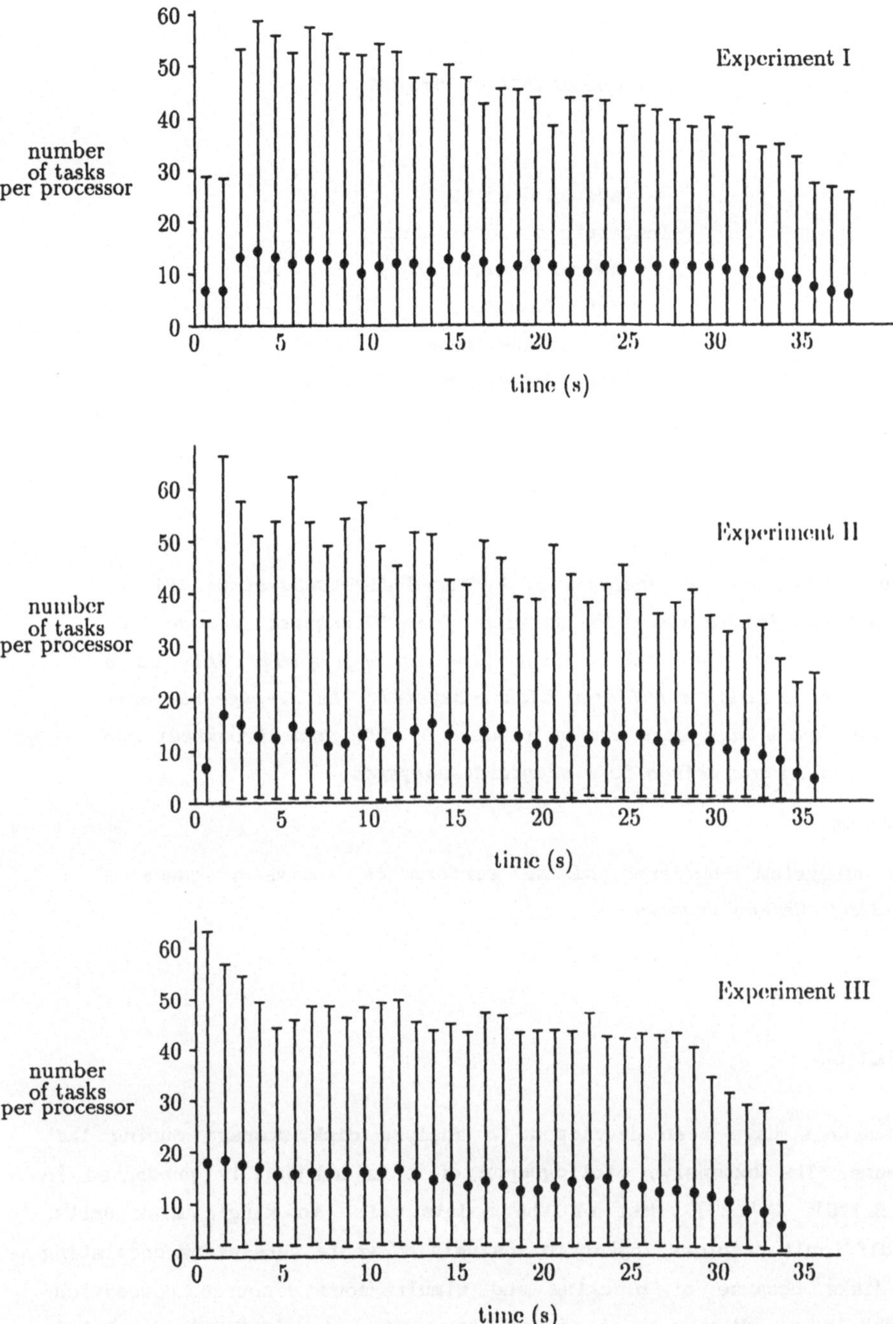

Figure 11: Experiments I,II,III: load of the system: number of tasks (maximum, mean, and minimum values) per processor as a function of the time

A Buffered Disk Subsystem

Tadeusz Gruźlewski
Institute of Informatics
Warsaw University
ul. Banacha 2
00-913 Warszawa 59
GRUZLEWS@PLEARN

Abstract

The paper presents an analysis of buffered disk subsystems. First, the waiting time to start the service of an IO request is modelled. The model shows that the waiting time is negligible. This is a motivation to model a buffered disk subsystem. The average response time in such a subsystem can be reduced by 50%, and throughput can be doubled in comparison to a standard subsystem.

Key words

disk subsystem, buffered disks, performance analysis, queueing modelling, Markov process

1. INTRODUCTION

Many models have been developed to analyze disk storage during last twenty years. The extensive bibliography of this subject is presented in surveys [Smit81, CoHo86]. Most of the models refer to single disk units. However, difficult problems appear in analysis of whole subsystems consisting of many disks because of blocking and simultaneous resource possession. General models of disk subsystems were presented in [GaSu88], [NaBa89], [KrHa90]. However, there are still some aspects of disk subsystems which have not been analyzed yet. Particularly, a waiting time to start the service of an IO request has been neglected or treated superficially.

This paper presents a model of the waiting time to start the service of an IO request. The model can be used to analyze a buffered disk subsystem as well [Bran81, Hout85a, Hout85b]. Such analysis is the second goal of the paper.

The paper is organized as follows: the next section gives brief description of a disk subsystem. In Section 3 the model is presented. In Section 4 buffered disks are analyzed. Section 5 summarises the paper.

2. SUBSYSTEM DESCRIPTION

A disk subsystem is a hierarchical structure consisting of the following layers of elements: channel subsystem, control units, head-of-string (hos) controllers, and disk drives. Each of these elements can be connected to other components of the adjoining layers. An example of the disk subsystem is presented in Fig. 1.

The channel subsystem [CoDG83] provides disks with connection to CPUs and main storage. The number of channel paths in the channel subsystem is big enough to avoid a situation when the disk must wait for the channel path. Thus the impact of the channel subsystem on the performance of the disk subsystem is negligible and the channel path is not taken into account when the connection from the disk to the CPU is considered. However, this assumption is not critical, and the model can be easily extended if channel paths have to be concerned.

An ordered couple (*control unit, hos controller*) is referred to as a *path* in this paper.

An IO operation is performed in the following way (Fig. 2a). If the required disk is busy then the incoming request is placed in the queue to this disk. Otherwise an attempt is made to send a command starting service of the request. This requires that one of the paths connecting the channel subsystem to the requested disk is free. If it is the case, the service starts. Otherwise the service is delayed till one of connecting paths becomes free. Then a command initiating the service is transferred to the disk. The service starts with a seek if a required cylinder is different from that of the previous request. Then a rotational latency takes place. The time until the outset of the requested record passes under a read/write head for the first time is referred to as the *basic rotational latency* in this paper.

During the possible seek and basic rotational latency the disk disconnects from the channel subsystem. The components of the path selected to transfer the initiating command can be then allocated to other IO requests. Thus, to transfer data the disk must reconnect to the channel subsystem when the rotational latency ends. If one of the paths connecting the disk to the channel subsystem is free, the transfer starts. Otherwise the disk waits the full revolution till the next attempt of reconnection. The successive revolutions form the *extra rotational latency*. The reconnection is possible due to the Rotational Position Sensing mechanism (RPS). Disk ability to reconnect to the channel subsystem through any free path connecting them is known as the Dynamic Path Selection.

The IO operation consists of the following stages:
0. If the disk is busy then the IO request waits in the queue,
1. otherwise the IO request waits for a free path to start seek.
2. Seek.
3. Basic rotational latency.
4. Extra rotational latency.
5. Data transfer.
The service consists of stages 2 to 5.

If the queue of requests to the considered disk is not empty, then the next request is selected from the queue immediately after data transfer. In this case a command to start the service can be transferred without any delay, because the path selected to transfer data for the previous request is still available. If the queue is empty the disk starts an idle period. Thus the stage 1, i.e., delay, because of waiting for a free path to transfer the command, takes place only for incoming requests when the requested disk is free but all paths connecting the channel subsystem to the disk are busy.

3. A MODEL

Each disk is modelled in a standard way, as an M/G/1 queueing system with delayed busy period [Klei75]. This method of modelling is referred to as the "extended service time" [Lave83]. The Pollaczek-Khintchine formula is applied to evaluate the average response time (stages 0-5) knowing the average and the variance of the service time (stages 2-5). Stages 2-5 are assumed to be stochastically independent, thus this average and variance are simply the sum of the averages and the variances of each stage of the service.

The following notation is used in the sequel
C - number of control units
H - number of hos controllers
D - number of disks
P - number of paths
S_d - disk d service time (stages 2-5)

R_d - disk d response time (stages 0-5)

W_d - disk d waiting time (stage 1)

S_d - disk d seeking time (stage 2)

B_d - disk d basic latency time (stage 3)

L_d - disk d extra latency time (stage 4)

T_d - disk d transfer time (stage 5)

Q_d - disk d rotation time

R_d - disk d IO rate

P_p = (c,h) - path p (p=1,...,P; c=1,...,C; h=1,...,H)

$\Pi(d)$ - set of indices of paths connecting disk d to the channel subsystem

$E(x)$ - average of x

$V(x)$ - variance of x

$$\sum_z f(z) \quad \text{means} \quad \sum_{z=1}^{Z} f(z)$$

$$\sum_{z \neq z} f(z) \quad \text{means} \quad \sum_{z=1, z \neq z}^{Z} f(z)$$

The model requires the following data for each disk d

$$R_d, \quad Q_d, \quad E(S_d), V(S_d), \quad E(T_d), V(T_d).$$

The average response time for each disk d is

$$E(R_d) = E(S_d) + \frac{R_d(E^2(S_d)+V(S_d))}{2(1-R_d E(S_d))} + \frac{2E(W_d)+R_d(E^2(W_d)+V(W_d))}{2(1+R_d E(W_d))} ,$$

where

$$E(S_d) = E(S_d)+E(B_d)+E(L_d)+E(T_d) ,$$

$$V(S_d) = V(S_d)+V(B_d)+V(L_d)+V(T_d) ,$$

are the moments of the service time.

The moments of the latency time are evaluated as for other models. It is assumed that the basic rotational latency takes on the average half of the revolution

$$E(B_d) = Q_d/2 ,$$

$$V(B_d) = Q_d^2/12 .$$

The successive revolutions (extra rotational latency) form a Bernoulli process with the following moments

$$E(L_d) = Q_d(1-F_d)/F_d ,$$

$$V(L_d) = Q_d^2(1-F_d)/F_d^2 .$$

F_d is the conditional probability that at least one path connecting the requested disk to the channel subsystem is free when this disk is transferring no data. This probability can be calculated from the Markov model of subsystems' paths.

3.1. A path collection model

A Markov model of a path collection has been developed to evaluate probability F_d that at least one path connecting a given disk d to the channel subsystem is free. Let $s_n = (s_{np})_{p=1}^P$ be a *path collection state* (n=1,...,N; N is the number of all possible states)

$$s_{np} = \begin{cases} 0 & \text{if path } P_p \text{ is free} \\ 1 & \text{if components of path } P_p \text{ are} \\ & \text{busy with different transfers} \\ 2 & \text{if components of path } P_p \text{ are} \\ & \text{busy with the same transfer} \end{cases}$$

Let F(d) be the set of indices of states such that at least one path connecting disk d to the channel subsystem is free, when this disk is transferring no data

$$F(d) = \left\{ n: \exists_{p \in \pi(d)} \ s_{np} = 0 \right\} .$$

Let p_n^d be the probability of state s_n when disk d is transferring no data. Then

$$F_d = \sum_{n \in F(d)} p_n^d .$$

Probabilities p_n^d may be calculated from the system of balance equations for the Markov process with the state space consisting of all possible states

$$\sum_{m=1}^N p_n^d i_{nm}^d = \sum_{m=1}^N p_m^d i_{mn}^d \qquad n=1,...,N,$$

where i_{nm}^d is a transition intensity of the path collection from state s_n to s_m, under the condition that the path collection is in state s_n, and disk d is transferring no data. Only N-1 equations are linearly independent in this system. Thus, one of them should be replaced by the normalization equation

$$\sum_{n=1}^N p_n^d = 1 .$$

Intensities i_{nm}^d are evaluated in the further on. Let us define states s_n and s_m as *related states* if the transition from s_n to s_m is caused by the initiation of a single transfer, and the transition from s_m to s_n is caused by the termination of a single transfer. Formally

(1) $s_{np} \le s_{mp}$ p=1,...,P

(2) $|\{s_{np}: s_{np}=2, p=1,...,P\}| = |\{s_{mp}: s_{mp}=2, p=1,...,P\}|-1 .$

If states s_n and s_m are not related then $i_{nm}^d=0$ and $i_{mn}^d=0$.

We assume that IO requests to different disks are stochastically independent. Thus the intensities of allocating path P_p, when disk d is transferring no data, are independent of the state of other paths. All intensities of allocating path P_p are equal and can be expressed formally as

$$i^d_{nm} = \sum_{n:\ s_{np}=0} p^d_n i^d_{nm} \Big/ \sum_{n:\ s_{np}=0} p^d_n$$

for $n,m=1,\ldots,N$ such that $s_{np}=0$ and $s_{mp}=2$.

The numerator in this equation represents the allocating rate of path P_p, when disk d is transferring no data. This is equal to the IO rate r^d_p flowing through path P_p, when disk d is transferring no data. The denominator is the probability f_p that path P_p is free. This probability includes the probability that the considered the disk is transferring no data. Thus

$$i^d_{nm} = r^d_p \big/ f_p \qquad \text{for } s_{np}=0,\ s_{mp}=2.$$

Similarly, the intensities of releasing path P_p, when disk d is transferring no data, are independent of the state of other paths. Thus all intensities of releasing path P_p are equal and can be expressed formally as

$$i^d_{mn} = \sum_{m:\ s_{mp}=2} p^d_m i^d_{mn} \Big/ \sum_{m:\ s_{mp}=2} p^d_m$$

for $m,n=1,\ldots,N$ such that $s_{mp}=2$ and $s_{np}=0$.

The numerator in this equation represents the releasing rate of path P_p, when disk d is transferring no data. This is again equal to the IO rate r^d_p flowing through path P_p, when disk d is transferring no data. The denominator is the probability t^d_p that path P_p is busy with both components transferring the same data, when disk d is transferring no data. Thus

$$i^d_{mn} = r^d_p \big/ t^d_p \qquad \text{for } s_{mp}=2,\ s_{np}=0.$$

If there is more than one path connecting disks to the channel subsystem, the IO rate R_d for disk d splits into rates R_{dp}. Thus

$$r^d_p = \sum_{d\neq d} R_{dp} \ ,$$

and

$$t^d_p = \sum_{d\neq d} R_{dp} E(T_d) \ .$$

Therefore the rate

$$i^d_{mn} = r^d_p \big/ t^d_p$$

is simply the reciprocal of the average transfer time for path P_p, when disk d is transferring no data.

Path $P_p = (c,h)$ is free when both path components, i.e., control unit c and hos controller h, are simultaneously free. These events are stochastically independent under the condition that the components are not transferring the same data. If we denote

$$t'_c = \sum_d \sum_h R_{d,(c,h)} E(T_d) \ ,$$

$$t''_h = \sum_d \sum_c R_{d,(c,h)} E(T_d) \ ,$$

then
$$t_p = \sum_d R_{dp} E(T_d) \ ,$$

$$f_p = (1-t_c')(1-t_h'') \ / \ (1-t_p) \ .$$

If, as in the considered case, each control unit is connected to each hos controller then the IO stream is uniformly distributed over all paths

$$R_{dp} = R_d \ / \ |\Pi(d)| \qquad\qquad \text{for } p \in \Pi(d) \ ,$$

$$R_{dp} = 0 \qquad\qquad \text{for } p \notin \Pi(d) \ .$$

3.2. The waiting time for a free path

Knowing the probabilities of path collection states it is possible to evaluate the moments of disk d waiting time W_d for a free path

$$E(W_d) = \sum_n p_n^d \mu_n^d \ ,$$

$$V(W_d) = \sum_n p_n^d \sigma_n^d \ .$$

where μ_n^d is the average time which takes the path collection to transit from state s_n to any state with a free path connecting disk d to the channel subsystem, when disk d is transferring no data. σ_n^d is the variance of this time.

Let i_n^d denote a transition intensity of the path collection from state s_n to any other state, under the condition that the path collection is in state s_n and disk d is transferring no data

$$i_n^d = \sum_{m=1}^N i_{nm}^d \ ,$$

and let q_{nm}^d be the probability of transition of the path collection from state s_n to s_m, when disk d is transferring no data

$$q_{nm}^d = i_{nm}^d \ / \ i_n^d \ .$$

By definition, if $n \in F(d)$ then $\mu_n^d = 0$. Otherwise, after the path collection enters state s_n, it takes on the average $1/i_n^d$ time units to exit this state. Then the path collection enters state s_m with probability q_{nm}^d. Thus

$$\mu_n^d = 1/i_n^d + \sum_{m=1}^N q_{nm}^d \mu_m^d \qquad\qquad \text{for } n \notin F(d) \ ,$$

$$\mu_n^d = 0 \qquad\qquad \text{for } n \in F(d) \ ,$$

and

$$\mu_n^d i_n^d - \sum_{m \notin F(d)} i_{nm}^d \mu_m^d = 1 \qquad\qquad \text{for } n \notin F(d) \ .$$

We assume that the variance of time elapsed before the path collection exit state s_n is $(1/i_n^d)^2$. Thus

$$\sigma_n^d i_n^d - \sum_{m \notin F(d)} i_{nm}^d \sigma_m^d = 1/i_n^d \qquad\qquad \text{for } n \notin F(d) \ .$$

3.3. Model validation

The presented model was extensively validated against simulation. The simulator being the part of the Evalnet package [GGMW91] was used. We applied the same uderlaying abstraction of IO operations as in the analytical model.

The configuration used for the validation is presented in Fig. 1. It is a logical counterpart of IBM 3880-class disks: one AA4 unit and three B4 units. Each of them contains four independent 3380 actuators. The AA4 unit is a head-of-string model with four internal data paths. The B4 units are attached to these paths.

The average seek time specified by the manufacturer for 3880 disk units is 16 msec, but this value is significantly overestimated. It is evaluated under the assumption that the average seek distance is equal to half of the number of cylinders. In fact, even under the worst scheduling discipline, i.e., FCFS, the average seek distance is equal to a third of the number of cylinders. For 3380 disk units the total number of cylinders is 885, the time to start and to terminate the motion of heads is 3 msec, and the time to reach the next cylinder by moving heads is 0.031 msec. Moreover, we assumed that only 50% of requests require heads positioning. Thus, following formulas from [Hofr80]

$$E(S_d) \approx 0.5*(3+885/3*0.031) \approx 6,$$
$$V(S_d) \approx 10.$$

The revolution time for each disk was Q_d = 16.66 msec.

In all experiments we assumed the same workload (i.e., transfer time and IO rate) for each disk. Transfer times were equal to 0.67, 1.33, and 2.67 msec. It is equivalent to 2, 4, and 8 KB sectors transferred at 3 MB/sec data rate.

Figure 3 presents the average response time evaluated analytically and produced by the simulator for the confidence level equal to 0.95. The transfer time has been constant in the simulation, while it has been exponentially distributed in the model since the exponential distribution is required by model assumptions. The relative error grows linearly to the maximum value of about 10% for a saturated system (we consider the modelled system to be saturated if the average response time is greater then 50 msec). Each confidence interval was obtained in 10 independent replications of simulation runs. In all cases a confidence interval covers the modelled response time.

Subsequently the waiting time for a free path to start the service was analyzed. The ratio of the average waiting time to the average transfer time is presented in Table 1. It can be seen that the waiting time has negligible influence on the response time.

4. BUFFERED DISKS

The small waiting time for a free path is a motivation to analyze a *buffered disks subsystem*. We assume that each disk has its own buffer wired between the disk unit and the hos controller. The buffer is large enough to keep the largest transferred amount of data. Furthermore, it is possible to empty the buffer while it is being filled. Such an operation is possible when the process of filling starts earlier and its rate is not smaller than the rate of buffer unloading.

An IO operation is different for read and write requests.

If data is to be retrieved from the disk (Fig. 2b) then, after the seek and the basic rotational latency, the data is read into the buffer. Neither the hos controller nor the control unit is required to perform this. As soon as reading into the buffer starts, the disk tries to reconnect to the channel subsystem. When it succeeds, data transfer to the main storage starts. If reading is not completed yet, this can be performed partially simultaneously with reading from the disk into the buffer.

If data is to be stored to the disk (Fig. 2c) then it is transferred into the buffer (data prefetching) immediately after the start command. Data transfer is performed simultaneously with the seek and the rotational latency. When transfer is completed the disk disconnects from the path. After the basic rotational latency the data is written to the disk. If the rotational latency terminates and data transfer to the buffer still proceeds, it is performed partially simultaneously with data writing to the disk. After completion of writing the disk tries to reconnect to the channel subsystem to signal the termination of the request service.

In both cases the channel program has to be prefetched to local disk storage (possibly the same one which constitutes the disk buffer). It is worth noting, that the RPS mechanism is not required in the buffered disk subsystem.

An additional waiting time is required in place of extra latency in the model (before data transfer in the case of reading, and after data transfer in the case of writing). Thus the moments of disk d service time are

$$E(S_d) = E(S_d) + E(B_d) + E(T_d) + E(W_d) \ ,$$
$$V(S_d) = V(S_d) + V(B_d) + V(T_d) + V(W_d) \ .$$

The results of standard and buffered disk subsystem comparison for several transfer times are presented in Figure 4. Two advantages of the buffered disk subsystem can be noticed. First, buffers reduce the average response time up to 50% for a heavy loaded subsystem. Second, IO request rate can be almost doubled, especially for high transfer times, without substantial degradation of the average response time. This is caused by the fact, that the extra rotational latency is not required in the buffered subsystem, and disks are much less utilized than in the standard subsystem. On the other hand, in the standard subsystem control units and hos controllers utilization is usually kept small to reduce the number of additional disk revolution. For example, control units utilization is much less than 50% in a heavy loaded subsystem and high transfer times, and about 30% in a medium loaded subsystem. Thus, control unit and hos controller utilizations can be easily doubled. The average waiting time grows linearly, as opposed to the extra rotational latency, and disk utilization is increased by a minor factor only.

The buffered disk subsystem has been analyzed in [Bran81, Hout85a, Hout85b]. In [Bran81] it has been concluded that buffers provide only a minor improvement. An explanation is, that in the analyzed subsystem many disks were attached to a single path, and thus an IO rate per one disk had to be low (up to 3 req/sec). The advantage of buffered subsystem can be noticed at higher IO rates. Our results confirm those of [Hout85a, Hout85b]. However, conclusions presented in those papers are based on simulation experiments and cannot be easily generalized.

5. SUMMARY

In this paper an analytical model of the waiting time to start the service of an IO request is presented. Simulation experiments show good accuracy of the model.

Numerical examples show that the waiting time has only a minor influence on the average response time of IO requests. Small average waiting time is a motivation to analyze a buffered disk subsystem. Such subsystem can also be modelled using the presented method.

Also some results of buffered disk subsystem analysis are presented in the paper. Performance indices for a buffered subsystem can be significantly improved in comparison with a standard subsystem. For example, the average response time can be decreased to 50% for a given IO rate, or throughput can be doubled for a given average response time.

It seems, that buffering can be a complementary method to caching [Teun91] to improve disk subsystem performance. In cached subsystems the response time is reduced for read requests only, thus buffers could still be used for write requests, especially if the read/write ratio is low. Moreover, reduction of the response time requires huge cache for some kinds of workload (to keep read hit ratio at a high level). In such cases buffering would be an attractive alternative. However, these assumptions require further investigations.

Bibliography

[Bran81]   Brandwajn A., "Multiple Paths Versus Memory for Improving DASD Subsystem. Performance", Performance'81, F.J. Kylstra (ed.), North-Holland, 1981, 415-434

[CoDG83]   Cormier R.L., Dugan R.J., Guyette R.R., "System/370 Extended Architecture: The Channel Subsystem", IBM Journal of Research and Development 27 (1983), 206-218

[CoHo86]   Coffman E.G., Hofri M., "Queueing Models of Secondary Storage Devices", Queueing Systems 2 (1986), 129-168; personal communication

[GaSu88]   Gavish B., Sumita U., "Analysis of Channel and Disk Subsystems in Computer Systems", Queueing Systems 3 (1988), 1-24

[GGMW91]   Grygiel K., Gruźlewski T., Mincer-Daszkiewicz J., Weiss Z., "Evalnet: A Step Towards Integrated Environment for Computer System Modelling", Fifth International Conference on Modelling Techniques and Tools for Computer Performance Evaluation, Torino, Italy, February 13-15, 1991

[Hofr80]   Hofri M., "Disk Scheduling: FCFS vs. SSTF revisited", Comm. ACM 23 (1980), 645-653

[Hout85a] Houtekamer G., "Performance Analysis of the IBM DASD Subsystem, and Some Suggestion for Improved Systems", Proceedings of 3 GI/NTG Conference, Dortmund, West Germany, October 1985, 261-276

[Hout85b] Houtekamer G., "The Local Disk Controller", Comm. ACM 28 (1985), 173-182

[Klei75]   Kleinrock L., Queueing Systems, Vol 1, J. Wiley & Sons, New York, 1975

[KrHa90]   Krzesinski A.E., Hamse H.S., "Performance Models of IBM DASD Subsystems", Performance'90, Edinburgh, Scotland, September 1990

[Lave83]   Lavenberg S.S. (ed.), Computer Performance Modelling Handbook, Academic Press, New York, 1983

[NaBa89]   Narasimha Reddy A.L., Banerjee P., "Performance Evaluation of Multiple-Disk I/O Systems', IEEE Transactions on Computers, 1989

[Smit81]   Smith A.J., "Input/Output Optimization and Disk Architectures: A Survey", Performance Evaluation 1 (1981), 104-117

[Teun91]   Teunissen P., "Cache Modelling for IBM DASD", Fifth International Conference on Modelling Techniques and Tools for Computer Performance Evaluation, Torino, Italy, February 13-15, 1991

Appendix

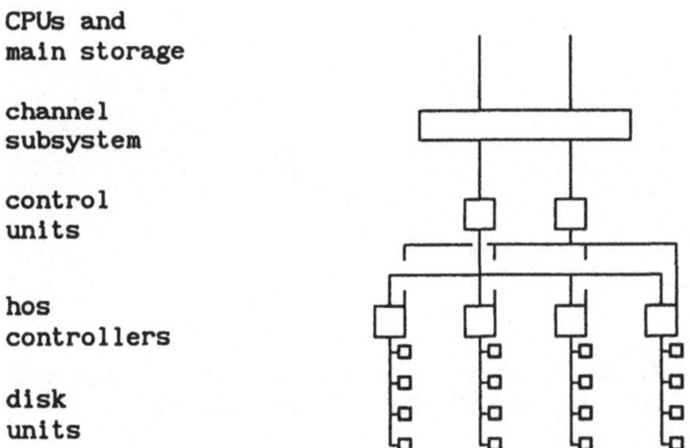

Fig. 1. An example of disk a subsystem configuration.

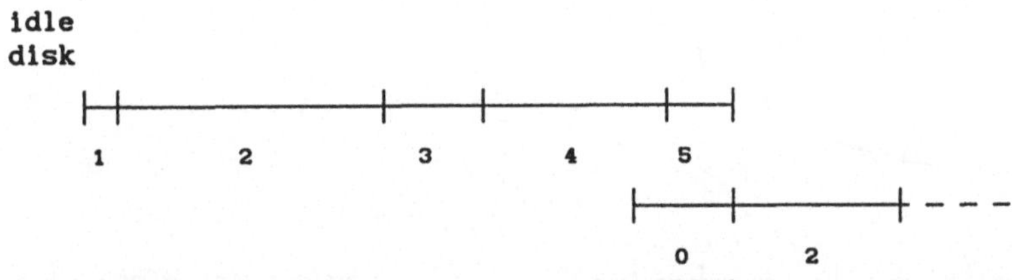

a) a sequence of two IO operations starting when the disk is idle in standard
   disk subsystems (0 - queueing, 1 - waiting for a free path, 2 - seek, 3 -
   basic rotational latency, 4 - extra rotational latency, 5 - data transfer)

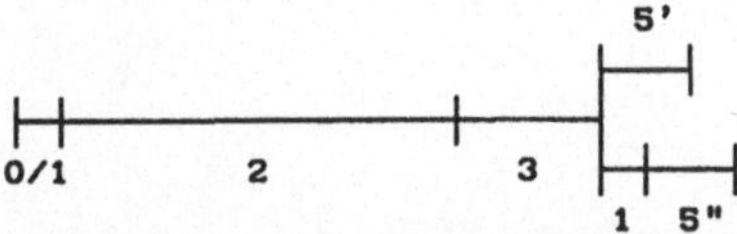

b) a read operation in buffered disk subsystems (5' - transfer from the disk
   to the buffer, 5" - transfer from the buffer to the main storage)

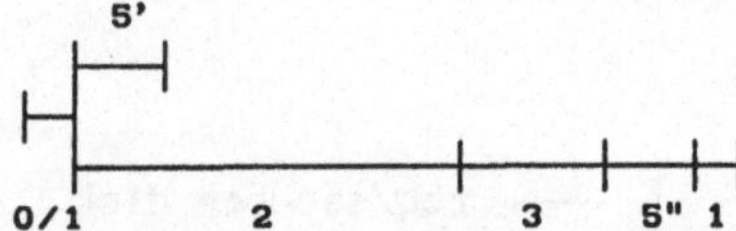

c) a write operation in buffered disk subsystems (5' - transfer from the main
   storage to the buffer, 5" - transfer from the buffer to the disk)

Fig. 2. Patterns of IO operations.

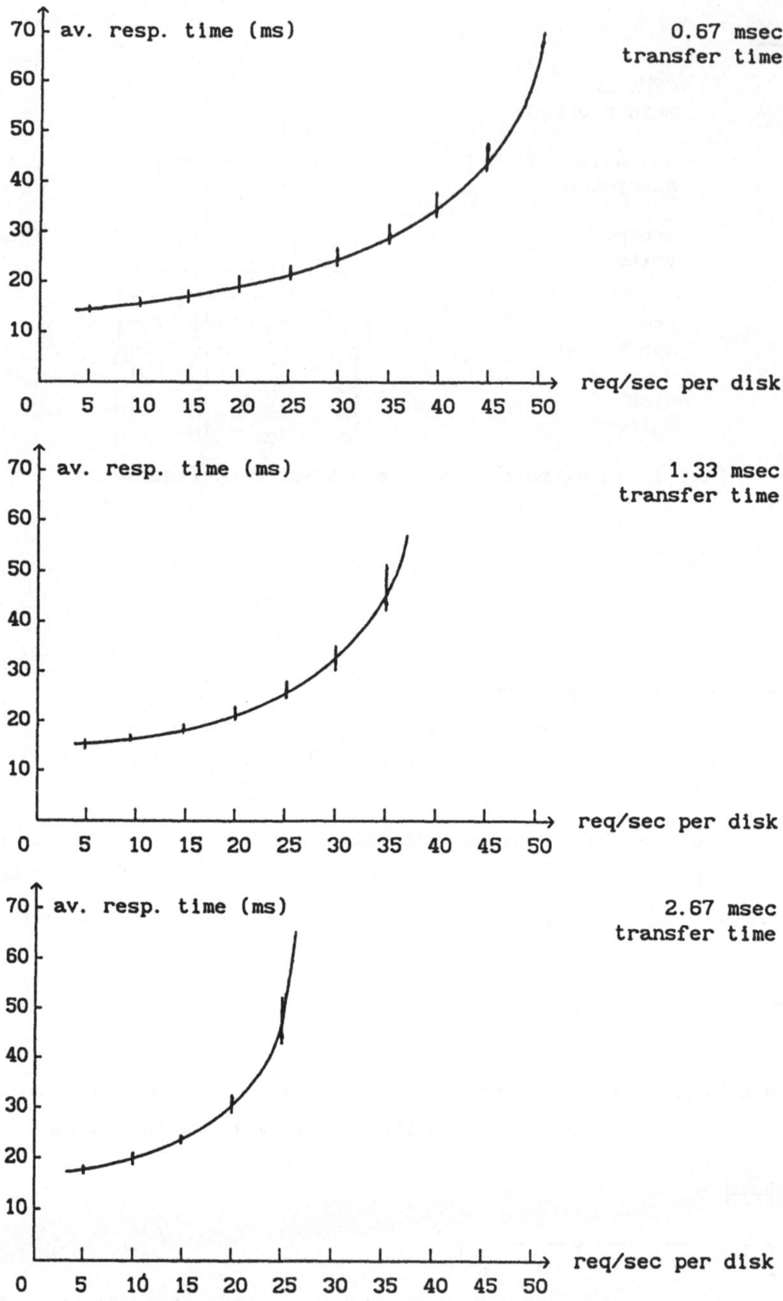

Fig. 3. A comparison of the average response time from the model (solid lines) and from simulation (0.95 confidence level).

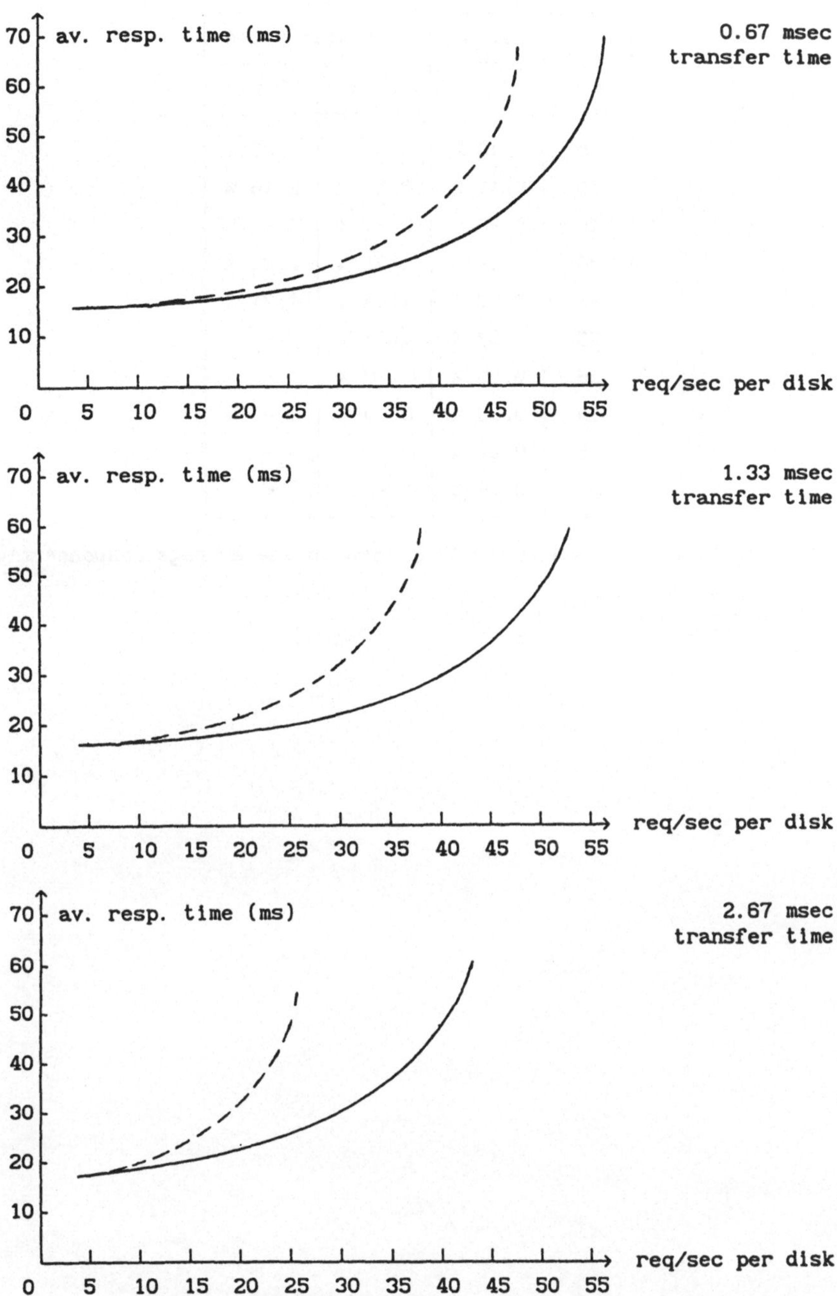

Fig. 4. The average response time in standard disk subsystems (dashed lines) and buffered disk subsystems (solid lines).

req. per sec.	ratio for transfer times		
	0.67	1.33	2.67
5	0.10 %	0.38 %	1.33 %
10	0.19 %	0.68 %	2.16 %
15	0.26 %	0.89 %	2.49 %
20	0.32 %	1.01 %	2.34 %
25	0.35 %	1.04 %	1.71 %
30	0.37 %	0.96 %	-
35	0.36 %	0.79 %	-
40	0.33 %	0.50 %	-
45	0.27 %	-	-
50	0.18 %	-	-

Table 1. Ratio of the average waiting time to the average response time.

Benchmarking: Status, Kritik und Aussichten

Reinhold Weicker

Siemens Nixdorf Informationssysteme AG, STM OS 32
Otto-Hahn-Ring 6
W-8000 München 83

Zusammenfassung

Zunächst werden heute übliche Industrie-Standards im Benchmarking kurz charakterisiert (MIPS, MFLOPS, Whetstone, Dhrystone, Linpack). Dann werden neuere Initiativen von Herstellern oder Anwendern besprochen, die sich um die Zusammenstellung von größeren, repräsentativen Programmen als Benchmarks bemühen (SPEC, TPC, Perfect, u.a.). Vor allem am Beispiel SPEC werden sowohl positive Punkte als auch Probleme solcher Benchmark-Sammlungen besprochen. Abschließend werden Fragestellungen genannt, mit denen das Benchmarking Untersuchungsgegenstand für wissenschaftliche Arbeiten werden könnte.

Schlüsselwörter

Performance, Measurement, Benchmark, MIPS, MFLOPS, Whetstone, Dhrystone, Linpack, SPEC, TPC, Perfect

1 Benchmarking in der akademischen und der praktischen Welt

Wann ist ein Gebiet der Informatik wichtig? Geht man von den Titeln von Lehrveranstaltungen oder der Bezeichnung von Lehrstühlen an Universitäten aus, dann ist Benchmarking, also der systematische Vergleich der Leistung von Rechensystemen, nicht wichtig. Geht man nach dem Urteil von Praktikern, dann ist Benchmarking durchaus wichtig, allerdings – von Rechenzentren mit Großrechnern vielleicht abgesehen – oft nur kurzzeitig. Steht gerade eine wichtige Kauf- oder Design-Entscheidung an, dann sucht das Management verzweifelt nach Daten und Methoden; anschließend wird das Ganze bis zum nächsten Mal wieder vergessen. Dies ist jedenfalls meine Erfahrung, solange ich auf der Anwenderseite der Computer tätig war.

Dabei gibt es durchaus eine ganze Menge fundiertes Know-How im Bereich Benchmarking, allerdings oft in Abteilungen, die nur für den Eigenbedarf eines Herstellers arbeiten. Dementsprechend finden sich Kunden oft mit Performance-Angaben konfrontiert, die im besten Fall schwer verständlich und im schlimmsten Fall absichtlich irreführend sind.

Meine Erfahrung ist, daß gerade die Praktiker der Informatik einen dringenden Bedarf an Information auf diesem Gebiet haben, damit sie den verschiedenen MIPS-, MFLOPS- und Dhrystone-Zahlen, die ihnen an den Kopf geworfen werden, nicht hilflos gegenüberstehen. Die „Theoretiker" dagegen, also die Hochschul-Informatiker, scheinen sich zu scheuen, in diese Niederungen, in denen sich sonst die Vertriebsleute tummeln, hinabzusteigen. Mit dem folgenden Beitrag möchte ich versuchen, die beiden Welten etwas zusammenzubringen.

2   Heutige Industrie–Standards

2.1   MIPS

Man kommt, wenn man über Leistungsmessung redet, nicht daran vorbei, kurz über MIPS–Zahlen zu reden, da sie vor allem in der Welt der Mainframe–Rechner nach wie vor weit verbreitet sind. Die wörtliche Interpretation als „Million Instructions Per Second"ist jedem geläufig; wenn man genauer hinsieht, kann man aber feststellen, daß die Bezeichnung MIPS keineswegs immer in diesem Sinn verwendet wird. Und selbst wo das so ist, ist keineswegs sicher, daß man etwas damit anfangen kann. Denn spätestens seit der Verwendung von höheren Programmiersprachen und dem Aufkommen von RISC–Architekturen ist klar, daß Befehle nicht die maßgebliche Einheit der Prozessorleistung sind. Dasselbe Programm kann auf einem CISC–Rechner in eine kleinere Anzahl von mächtigeren, aber langsameren oder auf einem RISC–Rechner in eine größere Anzahl von einfachen, aber schnellen Befehlen übersetzt werden.

Wenn man für einen Rechner eine MIPS–Zahl angegeben sieht, kann das bedeuten:

(1) MIPS–Zahlen im wörtlichen Sinn:

Diese Angabe kann etwa mit einem Hardware–Monitor beim Ablauf eines Standard–Benchmarks gewonnen werden. Innerhalb der Mainframe–Welt, wenn der Befehlssatz identisch ist (etwa bei IBM– und SNI–Rechnern), kann dies noch eine sinnvolle Vergleichsbasis sein, obwohl auch hier zu prüfen ist, ob die Messung mit vergleichbaren Programmen erfolgt ist. Zu beachten ist, daß hier meist mit Programmen gemessen wird, die keine Gleitpunktbefehle enthalten, daß also die Leistung für Numerik–Programme nicht erfaßt wird.

(2) VAX MIPS:

Wegen des Problems, daß MIPS–Zahlen im wörtlichen Sinn zum Vergleich von Rechnern mit unterschiedlichen Befehlssätzen nichts aussagen, hat sich vor allem in der Mikroprozessor– und Workstation–Welt eingebürgert, die wörtliche Interpretation einfach zu ignorieren. Statt dessen wird die weitverbreitete Anschauung zugrunde gelegt, daß die alte VAX 11/780, eine früher vor allem im akademischen Bereich weitverbreitete Maschine, eine 1–MIPS–Maschine ist. Man mißt die Ausführungszeit eines (Integer–) Benchmarkprogramms auf der eigenen Maschine und auf einer VAX 11/780 und nennt den Quotienten die MIPS–Zahl (VAX MIPS).

(3) Dhrystone–MIPS o.ä.:

Hier handelt es sich meist um einen Spezialfall von (2), nämlich um den VAX–Faktor, wobei ein bestimmtes Programm, etwa Dhrystone, zugrunde gelegt wird. Viele Workstation–Hersteller berechnen die von ihnen bekanntgegebene MIPS–Zahl in dieser Weise.

(4) Peak MIPS:

Einige Mikroprozessor–Hersteller geben auch die maximal erreichbare MIPS–Zahl an, der die Ausführungszeit des schnellsten vorhandenen Befehls - und wenn es der NOOP-Befehl ist - zugrunde liegt.

(5) MIPS ohne nähere Angabe:

Leider ist auch dies recht häufig, und dem Anwender bleibt dann nur noch, sich in eine der sarkastischen Deutungen „Marketing Instructions Per Second", „Meaningless Indication of Processor Speed"o.ä. zu flüchten.

2.2 MFLOPS

Für numerische Programme hat es sich eingebürgert, von MFLOPS (Million Floating–Point Operations Per Second) zu reden. Der wesentliche Unterschied zu MIPS–Angaben ist, daß es im allgemeinen nicht vom Befehlssatz abhängt, wieviel Floating–Point–Operationen der Compiler für ein gegebenes Programm erzeugt: Unterschiede wie RISC / CISC beeinflussen zwar z.B. die Anzahl der Load– und Store–Befehle, aber nicht die Anzahl der Floating–Point–Operationen, die von einem bestimmten Programm ausgeführt werden. Man kann oft aus dem Algorithmus und der Größe der vom Programm zu verarbeiteten Daten (z.B. Matrix–Dimension) systematisch die Anzahl der dazu nötigen Gleitpunkt–Operationen berechnen. Sehr wohl muß man aber auch hier unterscheiden zwischen MFLOPS–Zahlen, die beim Ablauf eines bestimmten (Benchmark–)Programms gemessen werden, und Peak–MFLOPS–Zahlen. Dazwischen kann eine ganze Größenordnung liegen.

2.3 Standard–Benchmarks

Die Definitionen von MIPS, die über Architekturgrenzen hinaus sinnvoll sein können, wie etwa Dhrystone–MIPS, laufen darauf hinaus, ein oder mehrere Benchmark–Programme zugrunde zu legen. Dann aber kann man auf die Umrechnung in „MIPS", die mit der wörtlichen Definition nichts mehr zu tun haben, ganz verzichten und gleich die Laufzeit des Benchmarks angeben.

In der Praxis, vor allem bei Mikroprozessoren, werden meist drei Benchmark–Programme herangezogen und deren Ergebnisse bzw. daraus abgeleitete Größen genannt:

(1) *Whetstone:* Whetstone [5] ist das erste synthetische Benchmark–Programm, also ein Programm, das explizit zum Zweck des Benchmarking konstruiert wurde. Die Basis waren statistische Daten über numerische Anwendungsprogramme, damals in ALGOL 60, die zu Beginn der 70er Jahre beim National Physical Laboratory in England benutzt wurden. Die Ergebnisse werden in KWIPS (Kilo Whetstone Instructions Per Second) angegeben. Dabei ist der Whetstone–Benchmark so konstruiert, daß bei einem Durchlauf durch das Programm genau eine Million „Whetstone Instructions"(eine abstrakte, maschinenunabhängige Einheit) ausgeführt werden.

(2) *Dhrystone:* Dhrystone [19] ist ebenfalls ein synthetisches Programm, im Gegensatz zu Whetstone enthält es aber keine Gleitpunkt–Operationen. Basis für die Konstruktion des Programms war eine Literaturstudie zur Häufigkeit von programmiersprachlichen Konstrukten (Anweisungstypen, Datentypen, Lokalität von Operanden) in Systemprogrammen (Betriebssystem, Compiler, Editor u.a.). Als Maßeinheit hat sich „Dhrystones/sec"eingebürgert, d.h. Durchläufe durch die 100 Anweisungen der Meßschleife pro Sekunde. Als Basis für VAX–relative MIPS–Zahlen dient dann oft der für die VAX 11/780 mit C als Programmiersprache gemessene Wert von 1758 Dhrystones/sec.

(3) *Linpack:* Im Gegensatz zu den beiden ersten Programmen handelt es sich hier nicht um ein zu Benchmark–Zwecken entworfenes Programm, sondern um einen Ausschnitt aus einem Programmpaket zur linearen Algebra [9]. Auf Grund des ausgeführten Algorithmus kann man aus der Größe der Eingabe–Matrix ableiten, wieviel Gleitpunkt–Operationen ausgeführt werden, und kann damit aus der Laufzeit die MFLOPS–Zahl berechnen.

In einem ausführlicheren Artikel [20] habe ich die wichtigsten Eigenschaften dieser vielbenutzten Benchmark–Programme zusammengestellt, u. a. in Form von Tabellen, die einen schnellen Vergleich ihrer programmiersprachlichen Eigenschaften gestatten. Ich will hier nur die wichtigsten Ergebnisse wiederholen:

(1) Bei Whetstone wird ein erheblicher Anteil der Rechenzeit (etwa 50 Prozent) in den Funktionen der mathematischen Laufzeit–Bibliothek (exp, sqrt, sin, usw.) verbracht. Dies entspricht vermutlich nicht der Mehrzahl der heutigen Numerik–Programme.

(2) Bei Dhrystone werden, jedenfalls in der C–Version, 20 – 40 % der Laufzeit in den String–Anweisungen verbracht. Da ihre Implementierung stark Sprach– und Compilerabhängig ist (ANSI C vs. Kernighan–Ritchie C, Optimierungen), sollte man bei Prozessor–Vergleichen prüfen, ob die String–Anweisungen durch den Compiler vergleichbar realisiert sind.

(3) Linpack verbringt etwa 80 – 90 % der Rechenzeit in einem kleinen Unterprogramm „saxpy" von nur etwa 20 Zeilen, in dem ein Vektor mit einer Konstanten multipliziert und auf einen anderen Vektor aufaddiert wird.

(4) Linpack ist das einzige der drei Programme, das auf einem größeren Datenbereich arbeitet und dadurch auch Cache Misses erzeugt. Beim Code reicht für alle drei Programme ein kleiner Cache (weniger als 2 KByte) aus, um das Programm fast vollständig im Cache ablaufen zu lassen.

(5) Dhrystone enthält einfachere arithmetische Ausdrücke, weniger Schleifen, mehr If–Anweisungen und Prozeduraufrufe als die anderen Benchmarks. Dies entspricht einem auch in der Praxis beobachtbaren Unterschied zwischen System– und Anwendungsprogrammen.

(6) Nur Dhrystone enthält eine einigermaßen repräsentative Verteilung der Lokalität der Daten (lokale, globale Variable), die für die Geschwindigkeit bei neueren Prozessoren eine große Rolle spielt (Der Zugriff zu lokalen Variablen ist meist wesentlich schneller).

(7) Bei Dhrystone sollte auf jeden Fall die neuere Version 2.1 verwendet werden, da Compiler bei Version 1.1 zu viel „Dead Code" eliminieren können.

2.4   Sonstige „Benchmarks"

Neben diesen häufig benutzten Benchmarks wurden und werden oft noch andere leicht zu portierende Programme zu Vergleichen benutzt und werden dadurch zu „Benchmarks", obwohl ihre Autoren das gar nicht immer beabsichtigt hatten. Den Ergebnissen muß man äußerst kritisch gegenüberstehen, da durch die Besonderheit solcher Programme leicht Verzerrungen entstehen können:

- Die weit verbreiteten Programme „Türme von Hanoi", „Fibonacci", „Ackermann" enthalten überproportional viel Prozeduraufrufe. Sie waren bei den ersten RISC–Rechnern für Vergleiche zur VAX 11/780 beliebt, da die VAX einen semantisch sehr komplexen und dadurch langsamen Call–Befehl hat.

- Die SSBA–Benchmark–Suite der französischen UNIX–Benutzergruppe AFUU (siehe Abschnitt 3.2.3) enthält u.a. den Benchmark „bc", der der Überlieferung nach von Bill Joey beim Segeln zwischen Stockholm und Helsinki erfunden wurde. Sein Ergebnis wird „MIPS" genannt, seine Besonderheit ist aber, daß er ganz ungewöhnlich viele Multiplikationen enthält. Rechner, die nach durchaus akzeptablen RISC–Prinzipien (Multiplikationen sind viel seltener als Additionen oder Subtraktionen) auf einen Integer–Multiplikationsbefehl verzichten (z.B. SUN SPARC), kommen bei ihm unverdient schlecht weg.

- Ein kommerzielles Benchmark–Unternehmen behauptete, daß die Floating–Point–Performance der RISC-Workstations von IBM (RS6000) längst nicht so gut sei, wie vom Hersteller angegeben; dies erregte kurzzeitig in der Handelspresse viel Aufsehen. Es stellte sich heraus, daß der Behauptung Messungen mit einem „awk"–Script zugrunde gelegen hatten und daß man in Wirklichkeit die Geschwindigkeit der „awk"–Implementierung gemessen hatte.

2.5 Probleme kleiner Benchmark–Programme

Auch wenn die in Abschnitt 2.3 genannten Standard–Benchmarks die schlimmsten Fehler von zufällig herausgegriffenen „Benchmarks"vermeiden, lassen sich doch zwei Probleme kaum beseitigen:

- Bei der Kürze der Programme fällt es Compiler–Autoren verhältnismäßig leicht, die Codeerzeugung und die Auswahl der Optimierungen auf diese Benchmarks abzustimmen; einzelne Elemente des Benchmarkprogramms können dann bei gezielt ausgewählten Codeoptimierungen die Laufzeit überproportional beeinflussen. Je populärer ein Benchmark wird, umso mehr ist ein Hersteller versucht, solche Optimierungen bevorzugt zu realisieren, auch wenn der Rest des Compilers noch zu wünschen übrig läßt.

- Da die Programme verhältnismäßig kurz sind (Whetstone: meist unter 256 Byte pro Modul; Linpack/saxpy: 240 Byte; Dhrystone: ca. 1000 Byte; Codelängen–Angaben für die Meßschleifen oder für das dominierende Unterprogramm, gemessen auf einer VAX 11), werden sie fast vollständig aus dem Cache heraus ausgeführt. Das Speichersystem wird – außer im Fall Linpack für den Datenbereich – nicht realistisch getestet.

Deshalb haben es sich die im folgenden Abschnitt zu besprechenden neueren Benchmark–Initiativen zur Aufgabe gemacht, vor allem große Anwendungsprogramme als Benchmarks zu sammeln.

3 Kurze Charakterisierung neuerer Benchmark–Initiativen

3.1 Hersteller–Initiativen

Auf den ersten Blick mag es seltsam erscheinen, daß sich Hersteller auf einem Gebiet zusammentun, das so stark mit vertrieblichen Interessen, gegenseitiger Abgrenzung und der Betonung der eigenen Überlegenheit zu tun hat. Trotzdem gehen zwei der interessantesten Benchmark–Aktivitäten auf die Initiative von Herstellern zurück.

3.1.1 SPEC

Unter dem Namen „System Performance Evaluation Cooperative"(SPEC) schlossen sich 1988 vier Herstellerfirmen vor allem aus dem Bereich der RISC–Mikroprozessoren zusammen. Ihr Ziel war es, durch eine Zusammenstellung von geeigneten Benchmarks eine einheitliche Basis für die Leistungsbewertung von Computern und speziell von Mikroprozessoren des oberen Leistungsbereichs zu schaffen. Inzwischen sind weitere bedeutende Firmen beigetreten, heute beteiligen sich an SPEC: AT&T, Bull, Compaq, Control Data, Data General, DEC, Fujitsu, Hewlett–Packard, IBM, Intel, Intergraph, MIPS, Motorola, NCR, Prime, Siemens Nixdorf, Silicon Graphics, Solbourne, Stardent, SUN, Unisys.

Ausgangspunkt für SPEC war ein weit verbreitetes Gefühl der Unzufriedenheit mit Leistungsangaben insbesondere in der Mikroprozessor- und Workstation–Welt. SPEC hat sich dementsprechend zur Aufgabe gesetzt, große Anwendungsprogramme oder Last–Generatoren zu sammeln und in einer normierten Form als Benchmark–Pakete zur Verfügung zu stellen.

SPEC selbst nimmt keine Messungen vor, Interessenten können die Benchmarks von SPEC gegen eine Schutzgebühr auf Magnetband beziehen. Die Mitgliedsfirmen von SPEC können ihre Ergebnisse im SPEC Newsletter veröffentlichen, wobei alle Daten (Hardware–Konfiguration, Compiler–Version, usw.) vollständig dokumentiert werden müssen. Die Gefahr einer geschönten Darstellung glaubt man dadurch ausgeschlossen zu haben, daß die SPEC–Benchmarks öffentlich zugänglich und damit alle

Messungen jederzeit nachvollziehbar sind; die Veröffentlichung von falschen Daten würde langfristig dem betreffenden Hersteller mehr schaden als nutzen.

3.1.2 TPC

Das Transaction Processing Council (TPC) geht auf den „Debit/Credit"–Benchmark zurück, der 1985 veröffentlicht wurde [1]. In ihm wurde versucht, eine für das „Transaction Processing"typische Anwendung zu modellieren: Das Computersystem einer Bank muß eine große Menge von Transaktionen verarbeiten, also von Operationsgruppen, die immer nur zusammen oder gar nicht wirksam werden dürfen (Abbuchen von einem Konto, Gutschrift auf ein anderes Konto). Typischerweise wird dazu ein Datenbanksystem benutzt, das solche logisch unteilbaren Operationen (Transaktionen) kennt und das auch die Operationen in einem History–File mitschreibt und damit nachträglich zu überprüfen gestattet.

Der Debit/Credit–Benchmark legte für ein solches System das Mengengerüst einer typischen Anwendung fest: Transaktionen müssen in 90 % der Fälle innerhalb von zwei Sekunden abgeschlossen sein, pro Transaktion/Sekunde muß es zehn Terminals geben, eine gewisse Anzahl von Terminals wird jeweils einer Zweigstelle zugeordnet, die Datenbank muß eine gewisse Mindestgröße haben, usw.

Der Benchmark wurde in der Datenbank–Welt sehr beliebt, Kunden fragten danach, und Hersteller machten Leistungsangaben in „transactions per second"(tps). Es zeigte sich aber, daß noch zu viel Interpretationsmöglichkeiten für den Hersteller blieben, und daß die Spezifikationen genauer gefaßt werden mußten. Deshalb wurde das „Transaction Processing Council"(TPC) gegründet, das die Aufgabe hat, genaue Meßvorschriften festzulegen. Im TPC sind heute 42 Firmen oder sonstige Institutionen Mitglied; man trifft sich etwa alle zwei Monate.

Heute gibt es zwei von TPC autorisierte Fassungen des TPC–Benchmarks (weitere Benchmarks sind in Vorbereitung):

- Beim TPC–(A) muß das zu messende System die Terminal–Eingaben von außen bekommen, d.h. es muß ein externer Treiber (Remote Terminal Emulator) angeschlossen werden.

- Beim TPC–(B) kann die Last intern erzeugt werden. Diese Form des Benchmarks ist damit etwas weniger wirklichkeitsgetreu, aber wesentlich leichter zu messen.

Öfters findet man auch Angaben von „transactions per second", die nicht auf diesen Benchmarks, sondern auf verwandten Benchmarks oder älteren Vorgängern beruhen. Da nicht garantiert ist, daß diese in ihrer Semantik den von TPC festgelegten Richtlinien entsprechen, und weil dadurch Verwirrung entstehen kann, bemüht sich TPC, durch rechtliche Absicherung (Trade Mark) seine Formen des Benchmarks als Standard durchzusetzen.

Ähnlich wie bei SPEC muß ein Ergebnis vor der Veröffentlichung bei TPC eingereicht werden und damit einer Überprüfung zugänglich sein. Bei TPC findet sogar ein formelles Auditing–Verfahren statt, eine mit der Herstellerfirma nicht identische Firma muß die Korrektheit der Ergebnisse bestätigen. Wesentlicher Unterschied zu SPEC ist aber, daß TPC nur die Spezifikationen, nicht die Programme festlegt. Dies wäre auch bei dem wesentlich höheren Abstraktionsniveau der Aufgabenstellung nicht möglich, jeder Hersteller verwendet z.B. sein eigenes Datenbanksystem mit der jeweils systemspezifischen Abfragesprache. Die Prüfung „Ist denn wirklich dasselbe abgelaufen?"ist dementsprechend schwieriger. Man kann den Ansatz von SPEC als „bottom up"charakterisieren (die Programme werden im Einzelnen vorgegeben) und den von TPC als „top down"(die Spezifikation wird vorgegeben, die Implementierung ist Sache des Herstellers).

3.2 Anwender–Initiativen

Obwohl SPEC und TPC auch Anwendern offenstehen, sind dort bisher i.a. die Hersteller doch unter sich geblieben, obwohl die Anwender eigentlich an vernünftigen Benchmarks besonders interessiert sein sollten und andere Normungsaktivitäten (z.B. COBOL und Ada) eher von Anwendern ausgegangen sind. Offenbar sind bisher nur Hersteller so stark am Benchmarking interessiert, daß sie die Kosten eines ernsthaften Engagements über längere Zeit hinweg tragen. Eine Ausnahme bildet die Welt der Großrechner und der numerischen Anwendungen, bei denen schon die Größenordnung bei Anschaffungen ein Engagement der Anwender nahelegt.

3.2.1 Perfect–Benchmarks

Die Initiative für den „Perfect Club"(Performance Effective Transformations) ging von Supercomputer–Zentren in den USA aus; es haben sich allerdings von vornherein auch Herstellerfirmen (Cray, IBM, u.a.) beteiligt. Man sammelte große Anwendungsprogramme vor allem aus den Bereichen der Physik und der Ingenieurwissenschaften; die derzeitige Sammlung besteht aus 13 Programmen mit zusammen etwa 60.000 Zeilen Fortran–Code [3]. Tabelle 1 enthält eine Liste dieser Programme.

Name	Kurzcharakterisierung	Ursprung	Maschine der Quellfassung
ADM	Hydrodynamisches Gleichungssystem	IBM	IBM 3090
ARC3D	3–dimensionales Strömungsproblem	NASA Ames	CDC 7600
BDNA	Simulation von Moleküldynamik	IBM	IBM 3090
DYFESM	2–dim. Finite–Elemente–Code	NASA Langley	Cray X–MP
FLO52Q	Strömung an Flugzeug–Flügel	Princeton	Cray 1
MDG	Dynamik von Wassermolekülen	IBM	IBM 3090
MG3D	Seismische Migration	Tel Aviv U.	Cray X–MP
OCEAN	Boussinesq–Flüssigkeitsschicht	Princeton	Cray 1
QCD	Quanten–Chromodynamik	Caltech	Mark 1
SPEC77	Atmosphärische Strömungen	Nat.Met.Ctr.	Cyber 205
SPICE	Schaltkreis–Simulation	Berkeley	CDC 6600
TRACK	Bahnbestimmung von Raketen	Caltech	Mark III
TRFD	2–Elektronen Integral–Transformation	IBM	IBM 3090

Tabelle 1: Perfect Club Benchmarks

Interessant ist am Vorgehen der Perfect-Initiative vor allem, daß man sich nicht darauf beschränkt, die Programme unverändert auf dem jeweiligen Rechner zum Ablauf zu bringen: Die Anwender werden ermuntert, neben der „Baseline"–Messung (das Programm muß unverändert vom jeweiligen Fortran–Compiler übersetzt werden) weitere Messungen vorzunehmen, wobei alle Arten von Optimierung erlaubt sind:

- Spezielle Optionen für den Compiler, z.B. zur Vektorisierung

- Schleifen–Optimierungen (Loop Unrolling)

- Änderung der Datenstrukturen

- Änderung des Algorithmus

• Optimierung der wichtigsten Unterprogramme durch Neuschreiben in Assemblercode

Wichtig ist, daß für alle diese Änderungen ein „Optimization Diary"geführt werden muß, in dem der jeweilige Aufwand und die erzielte Verbesserung einzutragen sind. Von dieser Buchführung erwartet man sich wesentliche Impulse für die Fortentwicklung der Technik.

Meßergebnisse mit den Perfect–Benchmarks liegen bisher für ca. 30 Maschinen vor allem der Supercomputer–Klasse vor, Abbildung 1 zeigt ein Beispiel der Ergebnisdarstellung.

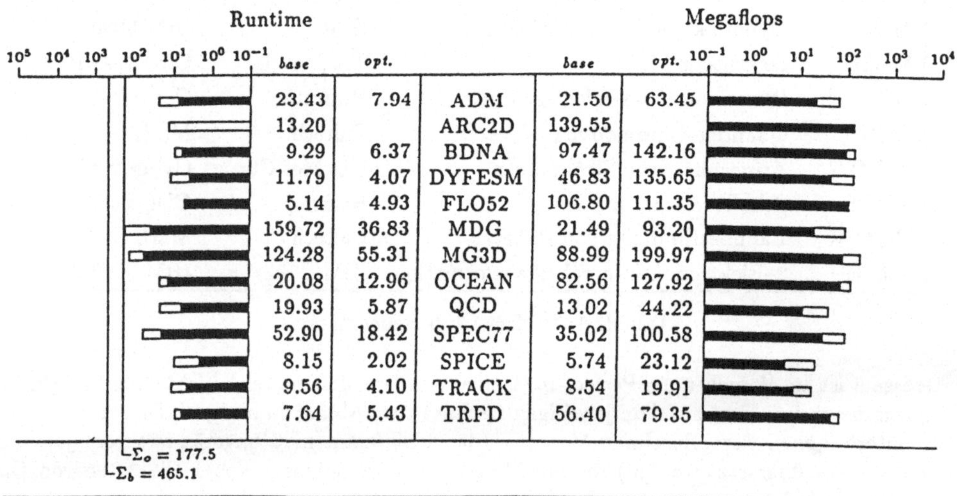

Abbildung 1: Beispiel für Perfect–Ergebnisse: CRAY Y–MP (8/1990)

3.2.2 Livermore Fortran Kernels

Beim Lawrence Livermore Laboratory in Livermore / Kalifornien wurden 24 Fortran–„Kernels", d.h. innere Schleifen von vielbenutzten Fortran–Programmen zusammengestellt. Sie sind unter dem

Namen „Livermore Fortran Kernels"oder auch „Lawrence Livermore Loops"bekannt. Im Gegensatz zu den SPEC-Benchmarks handelt es sich nicht um vollständige Programme, sondern um kurze Programmstücke, deren Größe zwischen einigen Zeilen und einer Seite liegt. Die Code–Lokalität ist dementsprechend sehr hoch, die Hit–Rate im Cache liegt für den Code bei 100 %. Die Datenbereiche sind jedoch so groß, daß für die Datenzugriffe das Speichersystem durchaus getestet wird.

Das Programm rechnet automatisch für jeden einzelnen der Kernels, und jeweils für 3 verschiedene Datengrößen, die MFLOPS-Rate aus. Der Autor F.H. McMahon, schreibt in [15]: *The net Mflops rate of many Fortran programs and workloads will be in the sub-range between the equi-weighted harmonic and arithmetic means depending on the degree of code parallelism and optimization.*

Die Livermore Fortran Kernels werden gern als Untersuchungsobjekt für Studien zur Vektorisierbarkeit herangezogen. Einige von ihnen enthalten vektorisierbaren Code, andere sind nach Änderungen im Quellcode vektorisierbar.

3.2.3 SSBA

Einige engagierte Benchmarker innerhalb von AFUU, der französischen UNIX–Benutzergruppe, haben ein UNIX–Benchmark–Paket zusammengestellt, das unter dem Namen SSBA (Suite Synthétique de Benchmarks de l'AFUU) bekannt wurde; es wird vor allem in Frankreich viel verwendet. Zu ihm gehören sowohl „klassische"CPU–Benchmarks (Whetstone, Doduc, Linpack, Dhrystone – leider die alte Version 1.1) als auch E/A– und Filesystem–Benchmarks (Saxer, BSD). Der umfangreichste Benchmark in der Suite ist wohl der MUSBUS–Benchmark, ein UNIX–Workload–Benchmark, der ursprünglich an der Monash University in Australien entwickelt wurde [14]; er ist in modifizierter Form auch in die SDM–Suite von SPEC eingegangen. Der Benchmark ist „voll automatisiert"und daher einfach in der Benutzung, die Ergebnisse umfassen etwa eine Seite. Es wird kein Mittelwert über die einzelnen Einzel–Ergebnisse gebildet. Dies wäre auch nicht sinnvoll, da die einzelnen Teil–Benchmarks von sehr unterschiedlicher Qualität sind (von Bill Joey's „Scherz–Benchmark"bis zu MUSBUS). [2] enthält 60 Resultat–Tabellen vor allem für UNIX–Workstations .

3.2.4 EuroBen

Eine kleine Gruppe von Anwendern aus fünf europäischen Ländern hat sich unter dem Namen „EuroBen"zusammengeschlossen, um Benchmarks für numerisches Rechnen zusammenzustellen [11]. Das Besondere an dieser Initiative ist ein hierarchischer Ansatz, die Benchmarks werden in vier „Module" gegliedert:

(1) Arithmetische Operationen auf skalaren Daten und auf Vektoren, Tests zur Bestimmung von Speicherzugriffszeiten, elementare Funktionen

(2) Kleinere Programmpakete der numerischen Mathematik wie z.B. Linpack, Lapack, Zufallszahlen-Generatoren

(3) Algorithmen für verschiedene numerische Problemklassen wie gewöhnliche oder partielle Differentialgleichungen, oder I/O– und System–Benchmarks

(4) Vollständige große Anwendungsprogramme

Der Gedanke hinter diesem hierarchischen Aufbau ist, daß Benchmarks nicht nur als „Black Box"dienen sollen, die als Ergebnis eine Performance–Zahl liefern, sondern daß man wissen möchte, warum bei dem einen Benchmark der eine Rechner und bei dem anderen Benchmark der andere Rechner besser abschneidet. Im Idealfall sollen die Einzelergebnisse für einen Modul dazu dienen können, die Ergebnisse für den nächsthöheren Modul zu erklären. Bisher fertiggestellt sind erst die Module der tieferen Stufen.

3.2.5 DIN

Der Normenausschuß Informationsverarbeitungssysteme im DIN Deutsches Institut für Normung hat
in einem Ausschuß zur Leistungsmessung eine Norm (DIN 66 273) erarbeitet [6], nach der die Leistungsfähigkeit insbesondere von dialogorientierten kommerziellen DV–Systemen gemessen werden
soll. Solche Systeme werden durch ihre Fähigkeit charakterisiert, eine Folge von „Aufträgen"auszuführen. Dabei kann es verschiedene Auftragsarten geben, je nach Auftragsart können gewisse Zeitanforderungen für die Abarbeitung vorgegeben werden (ein gewisser Prozentsatz innerhalb einer Zeit A,
alle Aufträge innerhalb einer Zeit B). Die Norm definiert Begriffe wie „elementarer Auftraggeber",
„Auftragskette". Sie legt fest, wie bei einer Messung mit Hilfe eines Zufallsgenerators Auftragsketten
erzeugt werden, und wie die Bewertungskriterien Durchsatz, mittlere Durchlaufzeit und Termintreue
bestimmt werden.

In dieser ersten Norm hat DIN nur das formale Gerüst für solche Benchmarks festgelegt. Die
inhaltliche Ausfüllung, d.h. die Ausarbeitung von Normlasten, mit denen dann echt gemessen und
verglichen werden kann, ist für später vorgesehen.

3.3 Kommerzielle Benchmarks

Verschiedene Firmen wie AIM, Neal Nelson und andere bieten auf kommerzieller Basis Benchmarks
an. Problematisch ist es, wenn damit nicht nur die normgerechte Messung durch einen unabhängigen
Dritten übernommen wird, sondern wenn der Benchmark selbst von der Benchmark–Firma definiert
wird. Um sich die Einnahmequelle im Benchmarking–Geschäft zu erhalten, wird sie den Benchmark
als vertraulichen Code behandeln und nur die Ergebnisse an ihre Auftraggeber weitergeben. Damit
ist aber der Benchmark selbst der öffentlichen Diskussion und Kritik entzogen, was nicht im Sinn der
Verbraucher sein kann. [18] ist ein Beispiel für eine kritische Auseinandersetzung mit einem solchen
kommerziellen Benchmark .

3.4 Sonstiges

Mehr als Kuriosität sei erwähnt, daß sich auch das Bundesamt für Wirtschaft mit Leistungsdefinitionen beschäftigen muß, wenn es zum Zweck von Exportkontrollen darum geht, festzulegen, wann
ein Computer noch in gewisse Länder exportiert werden darf und wann nicht. Die „total processing
data rate", die hierfür verwendet wird, ist definiert durch eine Formel, in die Ausführungszeiten
für Addition und Multiplikation (Festpunkt und Gleitpunkt) sowie die Operandenlängen für diese
Operationen eingehen, und zwar in einem gewichteten Mittel.

Für die im Bereich der künstlichen Intelligenz verwendeten Sprachen (LISP, Prolog) haben sich
eigene De–facto–Standards für die Leistungsmessung eingebürgert. Für LISP werden allgemein die
im Buch von Richard P. Gabriel [12] gesammelten Programme herangezogen. Zu beachten ist aber,
daß sie von ganz unterschiedlicher Qualität sind: Neben Programmen wie „browse"(Erzeugen und
Durchsuchen einer AI-Datenbasis), die vermutlich als typisch für AI-Anwendungen gelten können,
stehen Sechszeiler wie „tak", die ähnlich wie die Ackermann–Funktion nur ein einziges Sprachelement,
nämlich rekursive Prozeduren, testen. Ein ähnlicher Pseudo–Benchmark, der nur ein vermutlich gar
nicht typisches Sprachelement testet, ist das in der Prolog–Welt beliebte „naive reverse".

4 SPEC als Beispiel einer wichtigen neuen Initiative

Da ich SPEC für eine der interessantesten Initiativen halte, und da ich hier auch persönlich engagiert
bin – ich vertrete die Firma Siemens Nixdorf bei SPEC –, möchte ich in den folgenden Abschnitten

darauf etwas näher eingehen. Einige der Überlegungen gelten jedoch nicht nur für SPEC, sondern auch für andere Benchmark–Initiativen.

4.1 Bisherige SPEC–Benchmarks

Das erste SPEC–Paket („Release 1") wurde im Herbst 1989 freigegeben, es umfaßt 10 CPU–intensive Programme mit zusammen etwa 150.000 Zeilen Quellcode. Die Charakteristiken der Programme sind unterschiedlich; bei manchen hat der Code eine hohe Lokalität, bei anderen durchläuft der Befehlsstrom viele Teile des Programms relativ gleichmäßig. Die Programme wurden vom „Steering Committee"von SPEC aus über 50 Vorschlägen ausgewählt. Sie machen zwar einige Betriebssystem–Aufrufe (die Programme sind unter UNIX ablauffähig, wurden jedoch auch mit VMS gemessen), sie sind aber so CPU–intensiv, daß die Laufzeit für die Betriebssystem–Funktionen vernachlässigbar ist.

Eine kurze Charakterisierung des ersten SPEC–Pakets ist durch die folgende Tabelle 2 gegeben. Eine ausführlichere Erörterung findet sich bei Dixit [7], ein Auszug daraus (Beschreibung der Benchmarks) in [8].

Kurzname	Charakterisierung	Sprache	Daten
gcc	GNU C-Compiler	C	int
espresso	PLA-Simulator	C	int
spice2g6	Analoge Schaltkreis-Simulation	Fortran	float
doduc	Monte-Carlo-Simulation	Fortran	float
nasa7	Sammlung von kurzen Numerik-"Kernels"	Fortran	float
li	LISP-Interpreter	C	int
eqntott	Schaltfunkt.-Minimierung, viel Sortieren	C	int
matrix300	Verschiedene Matrix-Multiplikationen	Fortran	float
fpppp	Maxwell-Gleichungen	Fortran	float
tomcatv	Netzwerk-Berechnung, stark vektorisierbar	Fortran	float

Tabelle 2: SPEC CPU-Benchmarks (Release 1)

Als Maß für die Leistung eines Systems wird für jedes der 10 Programme die „SPEC Ratio"berechnet, der Kehrwert des Laufzeit–Verhältnisses zu einer Referenzmaschine. Als diese Referenzmaschine wurde die VAX 11/780 mit den VMS-Compilern von DEC gewählt. Eine zusammenfassende Charakterisierung, die „SPECmark", ist definiert als das geometrische Mittel der (zur Zeit) 10 einzelnen „SPEC Ratios". SPEC war sich darüber im Klaren, daß eine solche zusammenfassende Zahl ähnlich der MIPS–Zahl von Vertriebsabteilungen und der Handelspresse gebildet werden würde und hat deshalb selbst diesen Mittelwert definiert. SPEC rät aber dringend dazu, nicht nur diesen zusammenfassenden Wert, sondern alle 10 Wert zu betrachten, und verpflichtet die teilnehmenden Firmen zu einer Darstellung der Ergebnisse, die alle Rohdaten und alle einzelnen Relativ–Werte enthält. Der potentielle Kunde soll dann entscheiden, an welchen Werten er sich orientiert, ausgehend von einem Vergleich seines Programmprofils mit den einzelnen SPEC–Benchmarks. Abbildung 2 gibt ein Beispiel für die Veröffentlichung von SPEC–Resultaten im SPEC Newsletter. Man sieht, daß außer der graphischen Darstellung der SPECratio für alle zehn Einzelprogramme auch alle Rohdaten und die genaue Spezifikation der verwendeten Hardware und Software enthalten sind.

Ein zweites SPEC–Paket, „SDM1"genannt (Software Development Multitasking), wurde im Mai 1991 freigegeben. Es besteht aus zwei Benchmarks, die mehrere Scripts (simulierte Benutzer, die typische UNIX–Kommandos ausführen) parallel ausführen und eine sukzessive wachsende Last erzeugen.

SPEC Benchmark Release 1 Summary

RESULTS: Benchmark No. & Name	SPEC Reference Time (seconds)	DECsystem 5500 Time (seconds)	 SPEC Ratio	**Digital Equipment Corp.** **DECsystem 5500**	
001. gcc	1482	72.9	20.3	**Hardware**	
008. espresso	2266	104.6	21.7	Model	DECsystem 5500
013. spice 2g6	23951	1459.9	16.4	CPU	30MHz R3000
015. doduc	1863	88.1	21.1	FPU	30MHz R3010
020. nasa7	20093	771.3	26.1	Number of CPUs	1
022. li	6206	265.1	23.4	Cache Per CPU	64KB data/64KB instruct.
023. eqntott	1101	49.1	22.4	System Memory	32MB
030. matrix300	4525	230.7	19.6	Disk Sub-System	1 x 1.2GB SCSI RZ57
042. fpppp	3038	118.1	25.7	**Software**	
047. tomcatv	2649	135.2	19.6	OS & Version	ULTRIX v4.1
				C-Compiler	MIPS CC v2.1
				FORTRAN Compiler	MIPS F77 v2.1
				File System Type	Berkeley FFS
Geometric Mean			21.5	**System**	
				System Tuning Parameters	unlimited stack size
					cache_bulcache=1
					delay_wbuffers=1
				System State	single user
				General Availability:	Now
Tested in: Dec, 1990	By: DEC			Of: Marlboro, MA	SPEC License #2

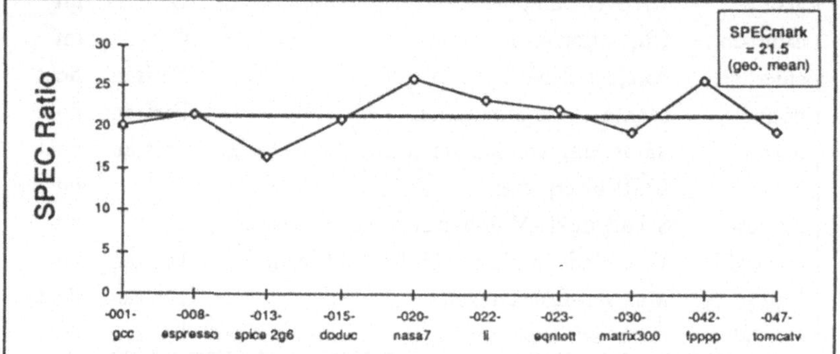

Abbildung 2: Beispiel für SPEC–Ergebnisse: DECsystem 5500 (12/1990)

Gemessen wird nicht wie beim ersten SPEC–Paket die Zeit, sondern die Anzahl der Scripts pro Sekunde für unterschiedliche Zahlen von simulierten Benutzern. Im Gegensatz zum SPEC–CPU–Paket wird hier überwiegend nicht von SPEC gelieferter Quellcode ausgeführt, sondern die Kommandos des vorhandenen UNIX–Systems. Die SDM–Benchmarks werden im Rahmen dieser Tagung in einem eigenen Kurzbeitrag [10] behandelt, so daß hier nicht weiter auf sie eingegangen wird.

Die Arbeit von SPEC hört nicht mit zwei Benchmark–Paketen auf. Zur Zeit arbeitet man an weiteren Benchmarks, sowohl an neuen CPU–/Compiler–Benchmarks als auch an solchen, die z.B. das I/O–System testen (Arbeitstitel : SPEC 3). Für später gibt es Vorschläge zu interaktiven Benchmarks, die für kommerzielle Lasten repräsentativ sein sollen. Als Programmiersprache wird dann auch COBOL auftauchen, während die bisherigen Benchmarks, der Situation bei UNIX–Rechnern entsprechend, in C und Fortran geschrieben sind.

4.2 Ergebnisse mit den SPEC–Benchmarks

Seit Herbst 1989 werden laufend Ergebnisse für die SPEC–Benchmarks veröffentlicht. Unter den ersten gemessenen Systemen waren vor allem Workstations und Mikroprozessor–Systeme mit RISC–Prozessoren, inzwischen sind auch weitere Systeme dazugekommen. Dabei zeigen sich einige Tendenzen, die allgemeine Gültigkeit zu haben scheinen:

(1) Gegenüber der Referenzmaschine VAX 11/780 – die ja inzwischen schon recht alt ist – haben die neueren RISC–Prozessoren, wie erwartet, eine erhebliche Leistungssteigerung gebracht; dabei wurde anfangs die Integer–Leistung in höherem Maße verbessert als die Floating–Point–Leistung. Später aber zeigt sich eine Tendenz, daß die Floating–Point–Leistung überproportional verbessert wurde (siehe (3)).

(2) Die zehn Einzelwerte streuen teils stärker, teils weniger stark um den Mittelwert, die SPEC–mark; dabei gibt es im Allgemeinen beim LISP–Interpreter („li") und bei manchen Floating–Point–Benchmarks die größten Schwankungen.

(3) „Superskalare"Prozessoren, die durch parallele Funktionseinheiten mehr als einen Befehl pro Zyklus anstoßen können, realisieren ihren Geschwindigkeitsvorteil überwiegend bei Floating–Point–Benchmarks, und zwar bei denen, die vektorisierbaren Code enthalten. Offenbar läßt sich die Parallelarbeit – jedenfalls bei den gegenwärtigen Prozessor–Designs, wo es vor allem um Parallelarbeit zwischen Integer– und Floating–Point–Einheit geht – im Wesentlichen nur bei solchen Programmen, die eine sehr reguläre Code–Struktur (mehr Schleifen als Sprünge) haben, in einem signifikanten Maß nutzen; dann aber trägt sie zu einer erheblichen Leistungssteigerung bei.

Insgesamt liegen SPEC–Ergebnisse derzeit für 72 Systeme vor, wobei es sich überwiegend um UNIX–Workstations handelt. Die Perfect–Benchmarks wurden nach einem Bericht vom Februar 1991 auf insgesamt 29 Systemen gemessen (11 Supercomputer, 3 massiv parallele Systeme, 5 Mini–Supercomputer, 3 Minicomputer, 7 Workstations). Der einfachere Linpack–Benchmark wurde auf mindestens 378 Systemen gemessen, die letzte Dhrystone–Ergebnisliste enthält Ergebnisse für etwa 165 Systeme (vor allem PC's und Workstations).

5 Benchmark–Initiativen: Positive Punkte

Die Benchmark–Initiativen, die über einzelne kleinere Programme hinausgehen (SPEC, TPC, Perfect), bestehen alle erst seit relativ kurzer Zeit. Trotzdem haben sich ihre Benchmarks als ein nützliches Mittel zum Leistungsvergleich von Computersystemen erwiesen, wobei SPEC vor allem im Workstation–Bereich benutzt wurde, Perfect vor allem für Supercomputer; sie stellen unbestreitbar einen Fortschritt im Gebiet Benchmarking dar.

Zu begrüßen ist, daß vor allem im Workstation–Bereich die meisten Hersteller in ihren Performance–Broschüren nunmehr SPEC-Ergebnisse nennen. Allerdings sind MIPS–Zahlen offenbar nach wie vor unausrottbar, und sie werden oft auf anderer, weniger breiter Benchmark–Basis berechnet. Die kleinen Benchmarks liefern aus den oben angeführten Gründen ein besseres Leistungsverhältnis zur VAX 11/780 („VAX MIPS"), was ihre Popularität bei Vertriebsabteilungen erklärt. Umso wichtiger ist es, daß die Anwender verstehen, was hinter den genannten Zahlen steckt.

Interessant ist auch, wie das Thema „Benchmarking"allmählich Interesse in der Informatik–Wissenschaft findet, die bisher dieses Thema weitgehend vernachlässigt hatte: Untersuchungen zu Caches [16], zu Architektur–Vergleichen [4, 13], zu Compiler–Optimierungen nehmen die SPEC–Benchmarks als Grundlage. Auch Benchmarks selbst fangen langsam an, ein Untersuchungsgegenstand auch von wissenschaftlichen Arbeiten zu werden (z.B. [17]).

6 Benchmark–Initiativen: Kritische Punkte

Man kann als allgemeine Regel nennen, daß jeder Benchmark gefährlich werden kann, wenn er zu populär wird: Hersteller sind dann immer in Versuchung, „in die Trickkiste zu greifen", damit sie bei einem bestimmten Benchmark gut aussehen. SPEC etwa versucht dem dadurch beizukommen, daß man von vornherein große Programme wählt, bei denen es schwieriger ist, Benchmark–spezifische Tricks zu realisieren. Man hofft, daß Optimierungen, die diese Programme beschleunigen, sich auch auf allgemeine Programme positiv auswirken; sie können dann als legitim betrachtet werden. Trotzdem hat sich herausgestellt, daß auch die SPEC–Benchmarks nicht ohne Probleme sind, auf sie wird in den folgenden Abschnitten eingegangen. Dabei möchte ich darauf hinweisen, daß ich hier meine eigene Meinung und nicht eine offizielle Stellungnahme von SPEC wiedergebe.

6.1 Auswahl

Benchmarks müssen ihrer Natur nach Programme aus der „Public Domain"sein, damit sie jeder nutzen kann. Es hat sich gezeigt, daß aus dem Bereich der Numerik viel mehr solche Programme zur Verfügung stehen als etwa aus dem Bereich der Systemprogrammierung. Unter den 10 Programmen des ersten SPEC–Pakets sind 6, die überwiegend oder zu einem großen Teil Gleitpunkt–Rechnungen enthalten; bei den derzeit in Untersuchung befindlichen weiteren Kandidaten für CPU–/Compiler–Benchmarks sind es 16 von 23. Auch die Integer– Programme – ausgenommen der GNU–C–Compiler, SPEC–Benchmark Nummer 1 – haben eher die Charakteristik von Anwendungsprogrammen als von Systemprogrammen. Dabei ist bekannt, daß viele Rechner die Hälfte ihrer Zeit oder mehr mit der Ausführung von System–Code verbringen, und genauere Untersuchungen haben auch ergeben, daß System–Code oft andere Charakteristiken hat als Anwendungscode. Man kann etwa – sicherlich vereinfacht, aber doch in der Tendenz meist zutreffend – die folgende Gegenüberstellung machen:

Anwenderprogramme	*Systemprogramme*
Hohe Code–Lokalität	Geringe Code–Lokalität
Große Datenbereiche	Weniger Daten
Komplexe arith. Ausdrücke	Einfache arithmetische Ausdrücke
Schleifen, oft durchlaufen	If– und Case–Abfragen
Wenig Prozeduraufrufe	Viel Prozeduraufrufe

SPEC hat auf dieses Problem schon dadurch reagiert, daß man zusätzlich zum Gesamt–Durchschnitt (SPECmark) zwei Teil–Durchschnittswerte (SPECint, SPECfp) definiert hat, die solche Unterschiede besser berücksichtigen. Man darf aber nicht ohne weiteres meinen, die Ergebnisse für die Gesamtheit der SPEC–Integer–Programme seien typisch für Systemprogramme.

Man muß offen zugeben, daß SPEC, um den Benchmark–Prozeß in Gang zu bringen, zu Beginn mehr nach dem Prinzip handelte, zu nehmen, was verfügbar war. Auch bei einem der beiden Benchmarks von SDM1 bestehen Zweifel, ob die Verteilung der UNIX–Kommandos im Workload–Script realistisch und repräsentativ ist. Mit einer gewissen Reifung des Benchmark–Prozesses muß nun die Repräsentativität einzelner Benchmarks und der Pakete als Ganzes noch einmal gründlicher untersucht werden.

Die Perfect–Sammlung hat es insofern einfacher, als man sich von vornherein auf einen Teilbereich, nämlich Numerik–intensive Programme beschränkte; man behauptet nicht, daß sich aus Messung mit den Perfect–Benchmarks Aussagen über die Geschwindigkeit von Systemprogrammen ableiten lassen. Trotzdem gibt es auch hier ein ähnliches Problem: Die derzeitige Sammlung enthält für das wichtige Gebiet „Simulationen"nur Programme mit zweidimensionaler Simulation, obwohl heute dreidimensionale Simulation Stand der Technik ist und diese Programme signifikant andere Charakteristiken haben, etwa beim Zugriff auf die Daten. Der Grund lag in nicht–technischen Beschränkungen: Solche Programme entstehen oft durch Aufträge amerikanischer Regierungsstellen und gelten als „classified", können also nicht als Benchmarks frei weitergegeben werden. Derzeit sind die Perfect–Initiatoren dabei, eine neue Gruppe von Programmen als Benchmarks zusammenzustellen, wobei man zur Überprüfung der Repräsentativität auf Statistiken aus der „Supercomputer Aplications Database"an der University of Illinois at Urbana–Champaign zurückgreift.

6.2 Compiler–Optimierungen

In alle Benchmark–Resultate geht immmer neben der Hardware–Geschwindigkeit die Güte der Codeerzeugung durch den Compiler ein, und das ist auch beabsichtigt. Problematisch wird es aber, wenn die Laufzeit eines Benchmarks so stark von einem kurzen Codestück dominiert wird, daß Compiler gezielt auf diesen Benchmark hin optimieren können. Es hat sich herausgestellt, daß beim SPEC–Benchmark „matrix300"99 % der Zeit in einer Schleife verbracht wird, die als Rumpf eine einzige Anweisung hat. Diese Schleife ist übrigens äquivalent zu der Schleife (in der Prozedur saxpy/daxpy), in der der Linpack–Benchmark 90 % seiner Zeit verbringt. Was herauskommen kann, wenn ein Compiler sich gezielt solcher Programmkonstrukte annimmt, wird aus Abbildung 3 deutlich (Graphik: Aberdeen Group, Technology Viewpoint), die die SPEC–Resultate für eines der Systeme IBM RS/6000 gegenüberstellt, die innerhalb nur eines Jahres bekanntgegeben wurden.

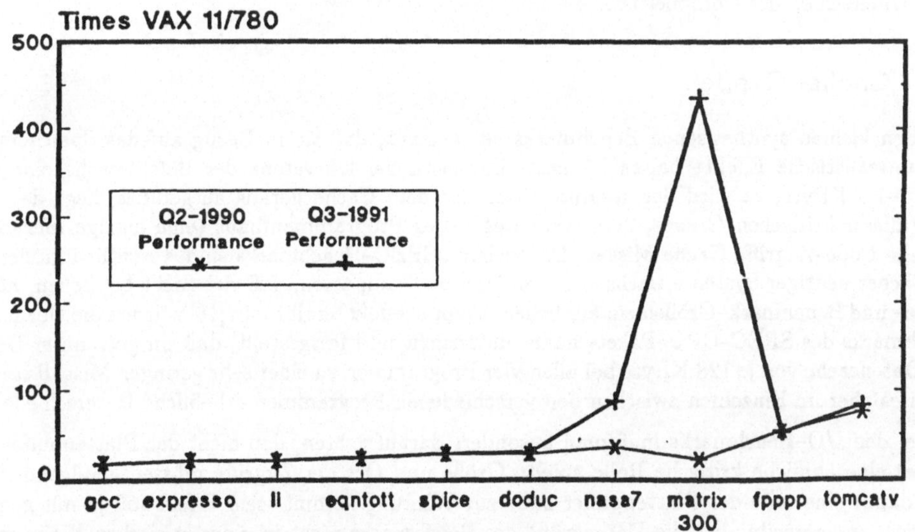

Abbildung 3: SPEC–Ergebnisse vor und nach Compiler–Optimierung

Es handelt sich in beiden Fällen um dieselbe Hardware, der einzige signifikante Unterschied ist ein neuer Präprozessor zum Fortran–Compiler. Nach Angaben von IBM (die Software wird erst im dritten Quartal 1991 ausgeliefert) sorgt der Präprozessor durch Umsortieren der Datenzugriffe dafür, daß die CPU–Pipeline bei den Cache– und Hauptspeicherzugriffen optimal ausgelastet wird. Im

Wesentlichen nur drei Benchmarks zeigen unterschiedliche Werte, vor allem die Verzwanzigfachung der SPEC Ratio für matrix300 sorgt aber dafür, daß der Floating–Point–Durchschnitt von 36.7 auf 72.5 und der Gesamt–Durchschnitt (SPECmark) von 28.9 auf 43.4 stiegen. Die Datengröße beim SPEC–Benchmark „matrix300"war bewußt größer als bei Linpack üblich gewählt worden, so daß viele Cache Misses auftreten; der Compiler sorgt nun aber durch geschicktes Umsortieren dafür, daß die entsprechenden Zugriffe frühzeitig genug angestoßen werden und so die optimale Pipeline–Geschwindigkeit kaum bremsen.

Fast gleichzeitig mit IBM hat auch HP bei seiner Serie 700 die neue Compilertechnik eingesetzt. Inzwischen zeigt sich der typische „Ausreißer"in der SPEC Ratio für den Benchmark matrix300 bei drei weiteren Systemen (CDC 4300, Silicon Graphics 4D), und der Rest wird bald nachziehen.

Es gibt zwei mögliche Reaktionen auf ein solches Ergebnis:

- *„Das ist ein wunderbarer Fortschritt der Wissenschaft, und SPEC hat dazu beigetragen, daß er richtig wahrgenommen wird".* Schließlich ist das optimale Zusammenwirken von Hardware (Caches) und Software (Compiler) ein aktueller Forschungsgegenstand, und hier wurde ein echter Durchbruch erzielt. Man kann nicht sagen, daß die Optimierung illegal ist, und es ist nicht ausgeschlossen, daß auch „echter"Code solcherart optimierbare Teile enthält; Matrix–Operationen kommen schließlich in der Numerik recht häufig vor.

- *„Die müssen doch da gemogelt haben".* Dies wird eher die Reaktion des Laien sein, wenn er plötzlich einen solchen „Zacken"in der Ergebnisdarstellung sieht. SPEC steht vor dem Problem, daß die Glaubwürdigkeit seiner Benchmark–Ergebnisse gefährdet ist, und wird den Benchmark sehr wahrscheinlich zurückziehen. Und in der Übergangsphase, in der diese Optimierung bei einigen Compilern schon realisiert ist, bei anderen aber noch nicht, wird hier tatsächlich ein Geschwindigkeits–Unterschied der Systeme suggeriert, der in Wirklichkeit nur eine temporärer Unterschied der Compiler ist.

6.3   Cache–Größe

Von den kleinen synthetischen Benchmarks ist bekannt, daß sie in Bezug auf das Speichersystem sehr unrealistische Effekte haben können: Hat etwa bei Dhrystone der Befehlscache eine Größe über 1–1.5 KByte, so wird der gesamte Code aus dem Cache heraus ausgeführt; liegt der Cache unter dieser kritischen Grenze, dann sind wegen des Programmaufbaus (eine einzige Meßschleife) fast alle Code–Zugriffe Cache Misses. Die meisten SPEC–Benchmarks sind wesentlich größer, aber die Caches heutiger Systeme wachsen auch. Man muß aufpassen, daß sich nicht bei neuen, höheren Cache– und Benchmark–Größen ein ähnlicher „Treppeneffekt"ergibt . In [16] wurden die vier Integer–Benchmarks des SPEC–CPU–Pakets näher untersucht und festgestellt, daß ein getrennter Befehls– und Datencache von je 128 KByte bei allen vier Programmen zu einer sehr geringen Miss–Rate führt, wobei es aber im Einzelnen zwischen den verschiedenen Programmen erhebliche Unterschiede gibt.

Bei den I/O–Benchmarks muß man besonders darauf achten, daß nicht der Plattenpuffer (Disk Cache) eine ähnliche kritische Rolle spielt: Größe und Ort der Zugriffe müssen genügend verteilt sein, damit einerseits der Plattenpuffer zwar zur Wirkung kommt (sein Effekt soll ja mit gemessen werden), andererseits aber die Datengröße des Benchmarks nicht in einer kritischen Weise mit der Puffergröße korreliert. Ein solcher Effekt wurde etwa in [18] für den „Bussiness Benchmark"von Neal Nelson nachgewiesen: Leistungsunterschiede, die bei einem bestimmten Vergleich in der Presse unter „RISC / CISC"subsumiert worden waren, waren in Wirklichkeit auf unterschiedlich große Plattenpuffer zurückzuführen . Bei SPEC wurde wegen solcher Probleme ein Benchmark–Kandidat für SDM1 (iobenchp) nicht verabschiedet, sondern zu weiteren Untersuchungen zurückgestellt.

6.4 Programmierstil

Um für alle gleiche Bedingungen zu schaffen, müssen die Benchmark–Programme zu einem frühen Zeitpunkt „eingefroren" werden, damit alle mit demselben Programm arbeiten. Dies und das Übergewicht von Fortran–Anwendungsprogrammen führt dazu, daß manche (zu viele?) Benchmarks aus Code bestehen, der schon recht alt ist („dusty deck"). Ein weiteres Beispiel sind die oben schon genannten 2–dimensionalen Simulationen beim Perfect Club, wo 3–dimensionale Siumulation Stand der Technik ist.

Wichtig erscheint mir vor allem die Gefahr, daß neuere Erkenntnisse des Software Engineering in älteren Programmen noch nicht berücksichtigt sind (z.B. Vermeiden der früher relativ „teuren" Prozeduraufrufe, Benutzung von globalen statt lokalen Variablen); „doduc" und „tomcatv" sind hierfür Beispiele. Damit sind sie zwar oft für die in Rechenzentren derzeit ablaufenden Programme repräsentativ, aber nicht für die Programme, die man sich eigentlich wünscht und für die zukünftige Rechner optimiert sein sollten. In [4] wurde zum Beispiel festgestellt, daß die SPEC–Benchmarks, verglichen mit anderen Programmsammlungen, wenig Prozeduraufrufe enthalten. Wäre es zu der äußerst befruchtenden Wirkung der RISC–Arbeiten von Berkeley gekommen, wenn nicht David Patterson und andere gesagt hätten „Prozeduraufrufe sind wichtig und kommen (bei uns) oft vor, also laßt uns eine Rechnerarchitektur finden, die Prozeduraufrufe schnell macht"?

Insider wissen, daß die SPEC–Benchmarks von Prozessor– und Systemherstellern intensiv für Simulationen bei der Weiterentwicklung ihrer Produkte genutzt werden. Wir sollten vermeiden, daß die Computer von morgen nur auf der Grundlage der Benchmarks von heute entwickelt werden – und daß diese Benchmarks die Programme von gestern sind.

Vielleicht sollten wir zwei Kategorien von Benchmarks haben: Solche, die die jetzige Praxis in Rechenzentren usw. wiederspiegeln, und „experimentelle "Benchmarks, die den Programmierstil der Zukunft repräsentieren sollen. Hier hätten vielleicht auch synthetische Benchmarks wieder ihren Platz, da ihre Eigenschaften im allgemeinen besser bekannt sind, so daß man weiß, an welchen Parametern man drehen kann.

6.5 Klassifizierung der Benchmarks

In der Handelspresse zeigt sich trotz der guten Absichten von SPEC eine bedauerliche Tendenz, sich nur auf den Mittelwert, die SPECmark zu konzentrieren. Dann wird, wie das in Abschnitt 4.2 genannte Beispiel von der besonderen Eignung der superskalaren Prozessoren für vektorisierbaren Code zeigt, die Auswahl der Benchmarks besonders wichtig; eine „geschickte" Auswahl kann Prozessoren in der Durchschnittswertung besser oder schlechter erscheinen lassen. Sinnvoll wäre es, über die Klassifizierung Integer / Floating Point hinaus die Benchmarks mehr in Gruppen zusammenzufassen, etwa nach den Kriterien vektorisierbar / nicht vektorisierbar, großer / kleiner Datenbereich, reguläre / nicht reguläre Codestruktur. Im Center for Supercomputing Research and Development (University of Illinois at Urbana–Champaign) wurden interessante Statistiken über Befehlszahlen, Prozentsatz der Gleitpunkt–Operationen, Prozentsatz der vektorisierbaren Gleitpunktoperationen u.a. zusammengestellt, und zwar sowohl für die Perfect–Benchmarks als auch für andere Benchmark–Sammlungen (SPEC, Livermore, Los Alamos). Das Problem ist, daß die genannten Statistiken für die Cray gewonnen wurden; und was etwa auf einer Cray vektorisierbar ist, muß es auf einem anderen Rechner noch nicht sein. Wenn man diese Kriterien quantitativ zu fassen versucht, kann man sie bisher meist nur architekturabhängig beschreiben, obwohl man gern zur Charakterisierung der Benchmarks architekturunabhängige Kriterien haben möchte. Wünschenswert wären Tools, mit denen man einseits Benchmarks, andererseits die eigenen Anwendungsprogramme in einer maschinenunabhängigen Weise charakterisieren kann. Dann wäre die Frage „Charakterisiert dieser Benchmark wirklich meine Anwendungen?" leichter objektiv zu beantworten.

7 Aussichten

Trotz der im vorigen Abschnitt relativ ausführlich behandelten kritischen Punkte muß man sagen, daß die neueren Benchmark–Initiativen einen beachtlichen Fortschritt in der vergleichenden Leistungsmessung darstellen. Die Tatsache, daß anders als bei kommerziellen Benchmark–Paketen alle Programme öffentlich zugänglich sind, kann sie zwar stärkerer Kritik aussetzen, aber diese Kritik kann letztlich nur befruchtend auf die Entwicklung einer fundierten Benchmark–Methodik wirken. Zu wünschen wäre, daß das beginnende Interesse auch der Universitäts–Informatik am Thema „Benchmarking" anhält und sich noch verstärkt. Bei den hohen Investitionskosten für die Entwicklung neuer Systeme ist schließlich zu erwarten, daß immer mehr Informatiker in ihrem Berufsleben mit der Auswahl zwischen bestehenden Systemen und nicht mit der Konstruktion neuer Systeme zu tun haben werden.

Interessante Fragestellungen für die Wissenschaft wären etwa:

- Was heißt heute „repräsentativ"?

- Welche Programme wünschen wir uns als „repräsentativ"für die Zukunft?

- Kann man die „Ähnlichkeit"von Programmen objektiv erfassen?

- Gibt es Möglichkeiten, Programme in einer Architektur–unabhängigen Weise nach Kriterien wie „vektorisierbar", „hoch–lokal"o.ä. zu charakterisieren?

- Wie können wir Benchmarks formulieren, die über den CPU–Bereich hinausgehen und doch portabel für mehrere Betriebssysteme formuliert werden können?

Literatur

[1] Anon. et al: *A Measure of Transaction Processing Power*
Datamation **31**,7 (April 1985), 112-118

[2] *Benchmarks*
Tribunix (Zeitschrift der AFUU), Dossier Special No. 2, März 1991, 168 S.

[3] M. Berry et al.: *The Perfect Club Benchmarks: Effective Performance Evaluation of Supercomputers*
International Journal of Supercomputer Applications **3**,3 (1989), 5-40

[4] Robert F. Cmelik, Shing I. Kong, David R. Ditzel, Edmund J. Kelly: *An Analysis of MIPS and SPARC Instruction Set Utilization on the SPEC Benchmarks*
4th International Conference on Architectural Support for Programming Languages and Operating Systems (ASPLOS IV), = SIGPLAN Notices **26**,4 (April 1991), 290-302

[5] H.J Curnow und B.A. Wichmann: *A Synthetic Benchmark*
The Computer Journal **19**,1 (1976), 43-49

[6] DIN Normentwurf 66 237: *Messung und Bewertung der Leistung von DV-Systemen*
März 1990, 23 S.

[7] Kaivalya Dixit: *SPECulations*
SunTech Journal **4**,1 (Jan. 1991), 53-65

[8] Kaivalya Dixit: *The SPEC Benchmarks Suite, Release 1 – What is it?*
SPEC Newsletter **2**,3 (Sommer 1990), 3-4

[9] Jack J. Dongarra: *The Linpack Benchmark. An Explanation*
In: Evaluating Supercomputers, Ed. Aad J. Van der Steen, Chapman and Hall, London 1990,
1-21

[10] S. Krishna Dronamraju und Asif Naseem: *System Level Benchmarking & SPEC SDM Release 1 Suite*
Kurzbeitrag zur Tagung „Messung, Modellierung und Bewertung von Rechensystemen", Sept.
1991

[11] Armin Friedli et al.: *A European Supercomputer Benchmark Effort*
Supercomputer **6**,6 (Nov. 1989), 14-17

[12] Richard P. Gabriel:*Performance and Evaluation of LISP Systems*
The MIT Press, Cambridge/MA 1985, 285 S.

[13] John L. Hennessy und David A. Patterson: *Computer Architecture: A Quantitative Approach*
Morgan Kaufmann, San Mateo / CA, 1990

[14] Ken J. McDonell: *Taking Performance Evaluation out of the „Stone"Age*
Proceeding Summer Usenix Conference, Phoenix/AZ, June 1987, 407-417

[15] F.H. McMahon: *The Livermore Fortran Kernels Test of the Numerical Performance Range*
In: Performance Evaluation of Supercomputers, Ed. J.L Martin, North-Holland, Amsterdam
1988, 143-186

[16] Dionisios N. Pnevmatikos und Mark D. Hill: *Cache Performance of the Integer SPEC Benchmarks on a RISC*
Computer Architecture News **18**,2 (Juni 1990), 53-68

[17] Carl Ponder: *An Analytical Look at Linear Performance Models*
Lawrence Livermore Nat. Lab., Technical Report UCRL-JC-106105, Sept. 1990, 35 S.

[18] H. Reza Taheri: *An Analysis of the Neal Nelson Bussiness Benchmark (TM)*
Performance Evaluation Review **18**,3 (November 1990), 13-18

[19] Reinhold P. Weicker: *Dhrystone: A Synthetic Systems Programming Benchmark*
Communication of the ACM **27**,10 (Okt. 1984), 1013-1030

[20] Reinhold P. Weicker: *An Overview of Common Benchmarks*
Computer (IEEE) **23**,12 (Dez. 1990), 65-75

Datenkommunikations-Benchmark LAMBDA

Markus Borchert

STO NC 433

Siemens Nixdorf Informationssysteme AG

Otto-Hahn-Ring 6

8000 München 83

Federal Republic of Germany

Andreas Sasse

Technische Universität München

Lehrstuhl für Datenverarbeitung

Arcisstraße 21

8000 München 2

Federal Republic of Germany

Zusammenfassung

In diesem Beitrag wird ein neuartiger Datenkommunikations-Benchmark vorgestellt
(LAMBDA-Benchmark). Dieser Benchmark ermöglicht die Erzeugung eines heterogenen
Lastszenarios aus verschiedenen vordefinierten, realitätsnahen Lastprofilen. Eine Vielzahl
von Meßgrößen zur detaillierten Beurteilung der Leistungsfähigkeit von Kommunikationsre-
chensystemen wird dabei erfaßt. Anhand der Bewertungsmethode nach DIN 66273 werden diese
Meßwerte auf wenige repräsentative Größen reduziert, die auf einfache Weise einen
Vergleich verschiedener Systeme ermöglichen.

Schlüsselwörter

Computer communication networks, data communication, performance of systems, measurement
techniques, test data generators, performance measures, benchmarks, DIN 66273

1. Einleitung

Die fortschreitende Entwicklung von Datenkommunikationsnetzen hat zu einer Vielfalt
von verfügbaren Kommunikationsdiensten geführt. Durch gleichzeitige Inanspruchnahme
verschiedener Kommunikationsdienste in Multiuser-/Multitasking-Systemen entstehen
heterogene Verkehrslasten, die in einer für den Anwender akzeptablen Weise bewältigt

werden müssen. Was für den einzelnen Anwender akzeptabel ist, hängt von der Art des in Anspruch genommenen Dienstes ab. So wird normalerweise bei einer Datenbankabfrage eine größere Antwortzeit toleriert als bei einer interaktiven Terminaleingabe.

In einer Kooperation zwischen dem Lehrstuhl für Datenverarbeitung an der TU München und dem Unternehmen Siemens Nixdorf Informationssysteme AG (SNI) wurde ein Benchmark entwickelt, mit dessen Hilfe heterogene Lastszenarien erzeugt werden können und eine Vielzahl von Meßgrößen erfaßt werden (LAMBDA-Benchmark: Lastgenerator zur Messung und Bewertung von DV-Leistung an Kommunikationsrechensystemen). Diese Meßgrößen ermöglichen detaillierte Aussagen über die Performance eines Kommunikationsrechensystems. Sie werden außerdem mit Hilfe der Bewertungsmethode gemäß dem Vorschlag zu DIN 66273 zur Messung und Bewertung von DV-Leistung [DIN90] auf wenige repräsentative Werte reduziert, die einen Vergleich verschiedener Kommunikationsrechensysteme ermöglichen.

Ein Kommunikationsrechensystem kann z.B. ein Front-End-Rechner oder -Board zusammen mit der darauf ablaufenden Kommunikationssoftware (häufig die OSI-Schichten 1 bis 4) sein. Es ist in der Regel über ein Bussystem (z.B. Multibus I) mit einem Hostsystem (z.B. unter UNIX® [1]) verbunden (Bild 1.1).

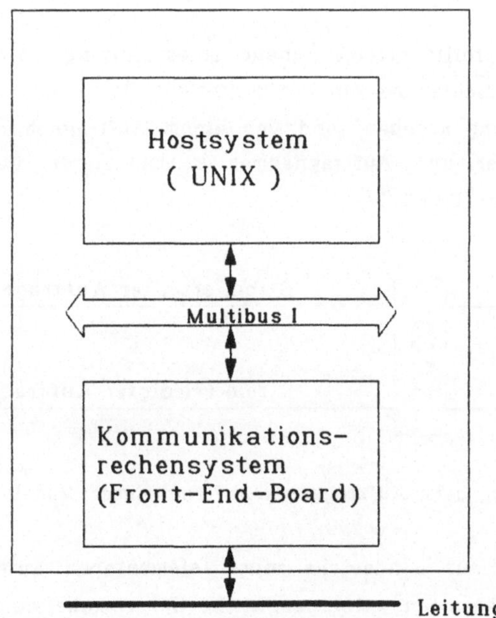

Bild 1.1: Hostsystem mit einem als "Front-End-Board" realisierten Kommunikationsrechensystem

---

1 UNIX® ist ein eingetragenes Warenzeichen der UNIX System Laboratories, Inc.

Für den Benchmark wurden Lastprofile definiert, die verschiedene Anwendungen (z.B. File-Transfer oder Datenbankabfrage) nachbilden. Aus diesen "Bausteinen" können beliebige heterogene Lastszenarien zusammengesetzt werden. Da auf vielen Kommunikationsrechensystemen OSI-Transportsysteme (OSI-Schichten 1 bis 4) implementiert sind, erfolgt die Definition der Lastprofile an der Schnittstelle zwischen den OSI-Schichten 4 und 5. Dabei werden die Reihenfolge des Sendens und Empfangens von Dateneinheiten bestimmter Art und Größe und die Pausen dazwischen festgelegt.

Die definierten Lastprofile sind unabhängig von dem in den Transportschichten verwendeten Protokoll-Stack. Sie werden in Abschnitt 2 vorgestellt. Abschnitt 3 gibt einen Überblick über die verwendeten Meßgrößen und die angewandte Bewertungsmethode. In Abschnitt 4 wird die Umsetzung der definierten Lastprofile und der Bewertungsmethode in den LAMBDA-Benchmark skizziert. Auf Anwendungsmöglichkeiten und erste Erfahrungen mit dem LAMBDA-Benchmark wird in Abschnitt 5 eingegangen.

2. Definition typischer Lasten

2.1 Auftraggeber/Auftragnehmer-Modell

Die Beschreibung der Lastprofile erfolgt anhand eines Auftraggeber/Auftragnehmer-Modells entsprechend dem Vorschlag zu DIN 66273 [DIN90]. DV-Arbeiten werden von einem Auftraggeber *AG* "in Auftrag gegeben" und von einem Auftragnehmer *AN* "ausgeführt". Die Instanzen Auftraggeber und Auftragnehmer kommunizieren über eine definierte Schnittstelle *SS* miteinander (Bild 2.1).

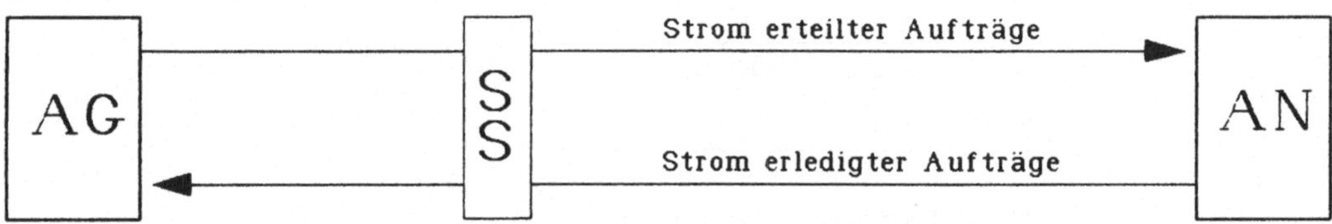

Bild 2.1: Auftragsabwicklung beim Auftraggeber/Auftragnehmer-Modell

Der Auftraggeber besteht aus mindestens einem elementaren Auftraggeber *EAG*, der Aufträge bestimmter Auftragsarten *AA* erzeugt. Mit der Abgabe eines Auftrags an der Schnittstelle *SS* beginnnt die Auftragsdurchlaufzeit *ADLZ*, die mit Vorliegen des

Ergebnisses an der Schnittstelle endet. Vor der Erzeugung des nächsten Auftrags durch den elementaren Auftraggeber fällt die Auftraggebervorbereitungszeit *AGVZ* an, die die Summe aus Reaktions-, Denk- und Eingabezeit darstellt.

Für den hier betrachteten Fall der Datenkommunikation muß das Auftraggeber/Auftragnehmer-Modell aus [DIN90] angepaßt und verfeinert werden. Zunächst wird vereinfachend angenommen, daß alle Aufträge von **einem** Auftragnehmer "bearbeitet" werden. Dies entspricht einer einfachen Kommunikationsstruktur zweier über ein Netz kommunizierender (Partner-)Systeme (Bild 2.2).

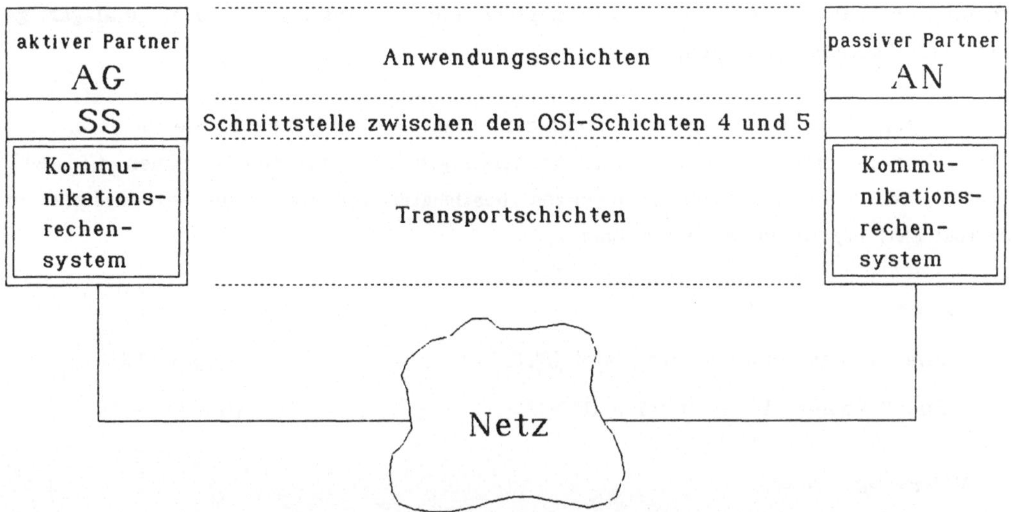

Bild 2.2: Auftraggeber/Auftragnehmer-Modell für Datenkommunikation

In den Partnersystemen sind der Auftraggeber (aktiver Partner) bzw. der Auftragnehmer (passiver Partner) lokalisiert. Die Meßschnittstelle *SS* ist identisch mit der Schnittstelle zwischen den OSI-Schichten 4 und 5 im System des Auftraggebers, an der Aufträge an das Transportsystem übergeben und Antworten entgegengenommen werden.

Bei einer Meßkonfiguration gemäß [DIN90] ist stets der Auftragnehmer das Meßobjekt. Bewertet wird die Leistungsfähigkeit der Auftrags<u>bearbeitung</u> des Auftragnehmers. Im hier betrachteten Fall zweier über ein Netz kommunizierender Systeme soll dagegen die Leistungsfähigkeit der <u>Übertragung</u> von Aufträgen des Auftraggebers und Antworten des Auftragnehmers untersucht und bewertet werden. Das Meßobjekt ist hiermit nicht der Auftragnehmer, sondern das zwischen Auftraggeber und Auftragnehmer liegende Transportsystem. Daher wird in diesem Punkt von [DIN90] abgewichen und der Auftragnehmer ebenfalls als synthetischer Lastgenerator realisiert, der die Aufträge des Auftraggebers "beantwortet". Analog zum Autraggeber besteht der Auftragnehmer aus mindestens einem elementaren Auftragnehmer *EAN*. Jedem EAG-EAN-Paar ist eine Transportverbindung zugeordnet, über die sie miteinander kommunizieren. In den elementaren Auftragnehmern ist keine Verarbeitung der Aufträge nachgebildet. Es werden lediglich Aufträge entgegengenommen und die entsprechenden Antworten gesendet. Die Art der Antwort ist im Lastprofil definiert.

2.2 Lastprofile

Durch Kommunikationsdienste erzeugte Lasten lassen sich grob einteilen in **transferorientierte** Lasten (z.B File-Transfer) und in interaktive oder **dialogartige** Lasten (z.B Datenbankabfragen).

Gemäß dieser Einteilung wurden verschiedene Lastprofile definiert. Sie basieren auf veröffentlichten Ergebnissen von Verkehrsmessungen an einzelnen Systemen ([Paw81], [Paw83]), Messungen an Implementierungen bestimmter Dienste sowie standardisierten oder (bei SNI) bereits verwendeten Lasten:

* **transferorientierte Lasten:**

  - File-Transfer einer großen Datei (FTG)　　　　　　　(Quelle: SNI)

  - File-Transfer kleiner Dateien (FTK)　　　　　　　　(Quelle: SNI)

* **dialogartige Lasten:**

  - Debit/Credit-Transaktion (DCT)　　　　　　　　　(Quelle: [TPC89])

  - Datenerfassungssystem (DES)　　　　　　　　　　(Quelle: [Paw81])

  - technisch-wissenschaftliches Time-Sharing System (TST)　(Quelle: [Paw81])

  - Touristik-Buchungssystem (TOU)　　　　　　　　　(Quelle: [Paw83])

  - Batchlast (BAT)　　　　　　　　　　　　　　　　(Quelle: SNI)

Das Lastprofil FTG stellt die Übertragung einer "unendlich großen" Datei dar. Verbindungsauf- und -abbauphase liegen außerhalb des Meßintervalls und sind nicht Teil des Lastprofils. Zwischen den Partnersystemen werden Transport-Dienstdateneinheiten (TSDU-Blöcke, siehe OSI-Referenzmodell), deren Größe und Übertragungsrichtung konfigurierbar sind, übertragen. Dabei stellt die Übertragung vom aktiven Partner (AG) zum passiven Partner (AN) die Auftragsart FTGAP, die entgegengesetzte Übertragungsrichtung die Auftragsart FTGPA dar.

Das Lastprofil FTK (Bild 2.3) ist den Bürodiensten, wie Electronic Mail oder Telefax, nachgebildet. Übertragen wird eine Datei konfigurierbarer Größe DG, die in der Regel relativ klein ist (einige Kbyte). Daher werden bei diesem Lastprofil Verbindungsauf- und -abbauphase berücksichtigt. Vor bzw. nach Übertragung der Anwenderdaten ist eine Vorbereitungs- bzw. Abschlußphase definiert, deren Lastprofile Messungen an einer FTAM-Implementierung (FTAM, s. [ISO88]) der Firma SNI entstammen.

Die Größe $ADLZ$ bezeichnet die (gemessene) Auftragsdurchlaufzeit. Die vor Erzeugung des nächsten Auftrags anfallende Auftraggebervorbereitungszeit $AGVZ$ ist gleichverteilt im Intervall $[0.5 \cdot MW; 1.5 \cdot MW[$, wobei der Mittelwert MW der Auftraggebervorbereitungszeit konfigurierbar ist.

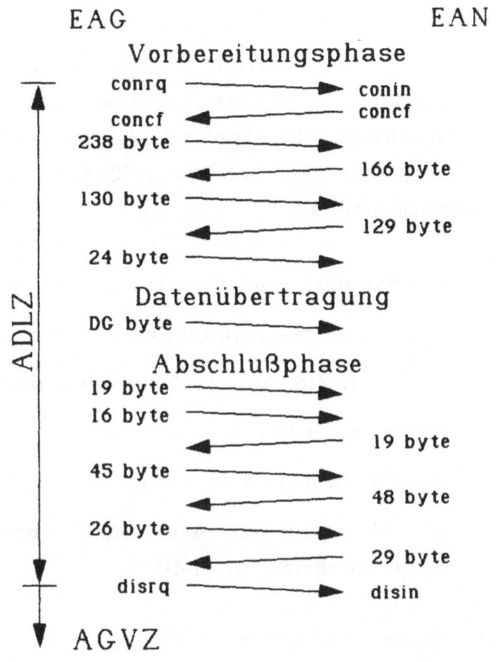

Bild 2.3: Lastprofil FTK an der Schnittstelle zwischen den OSI-Schichten 4 und 5 (DG: Dateigröße)

Die dialogartigen Lastprofile DCT, DES und TST stellen verschiedene Einschritt-Transaktionen, das Lastprofil TOU eine Mehrschritt-Transaktion dar. Die Definition der Debit/Credit-Transaktion DCT ist [TPC89] entnommen, die Lastprofile DES, TST und TOU basieren auf Verkehrsmessungen an den entsprechenden Systemen ([Paw81], [Paw83]). Das Lastprofil BAT ist keinem realen Lastprofil nachgebildet und dient Analysezwecken, wie z.B. der Effektivität der Segmentierung in Schicht 4. Es stellt eine "Ping-Pong-Last" dar, bei der ein TSDU-Block konfigurierbarer Größe ständig vom einen zum anderen Partnersystem übertragen wird. Die Art der Auftragserzeugung erinnert an die Stapelverarbeitung, da nach Beendigung eines Auftrags (Senden und Empfangen einer TSDU) sofort der nächste Auftrag erzeugt wird (also $AGVZ = 0$).

Eine genauere Definition der einzelnen Lastprofile ist in [Bor90] beschrieben.

Ebenso wie beim Lastprofil FTK, erzeugt jedes dialogartige Lastprofil genau eine Auftragsart. Diese Auftragsarten werden im folgenden mit dem Namen des Lastprofils bezeichnet.

3. Meßgrößen und Bewertungsmethode

Die elementaren Auftraggeber erzeugen unabhängig voneinander Aufträge, die sie an der Schnittstelle *SS* an das Transportsystem übergeben und die von den elementaren Auftragnehmern "beantwortet" werden. Getrennt für jeden elementaren Auftragnehmer werden an der Meßschnittstelle *SS* folgende Größen erfaßt bzw. durch Verarbeitung der Meßgrößen ermittelt:

* Auftragsdurchlaufzeiten (Verteilung, Mittelwert, Standardabweichung, Maximum)

* Auftraggebervorbereitungszeiten (Mittelwert, Standardabweichung)

* Durchsatz (in Byte, je Übertragungsrichtung)

* Anzahl erzeugter Aufträge (Auftragsdurchsatz)

* Anzahl gesendeter und empfangener Bytes

* Anzahl gesendeter und empfangener Transport-Interface-Dateneinheiten (TIDU, siehe OSI-Referenzmodell)

Mit diesen Meßgrößen, die für jeden elementaren Auftraggeber getrennt, nach Auftragsarten zusammengefaßt und über alle elementaren Auftraggeber aufsummiert ausgegeben werden, ist eine detaillierte Analyse eines Kommunikationsrechensystems für den erzeugten Lastfall möglich.

Sollen verschiedene Systeme (neue Produktgeneration, Konkurrenzprodukte etc.) miteinander verglichen werden, ist es sinnvoll, diese Vielzahl von Daten auf wenige repräsentative Werte zu reduzieren. Dabei interessiert vor allem eine Bewertung der Leistung aus Anwendersicht.

Die Methode zur Bewertung von DV-Leistung gemäß dem Vorschlag zu DIN 66273 [DIN90] wird diesen Anforderungen gerecht. Die Bewertung erfolgt getrennt für jede erzeugte Auftragsart. Kernstück dieser Bewertungsmethode ist die Definition einer Durchlaufzeitforderung für jede Auftragsart. Sie legt fest, welche Aufträge einer Auftragsart vom Anwender als zeitgerecht erledigt betrachtet werden, also in einer für den Anwender akzeptablen Zeit bearbeitet wurden. Bild 3.1 zeigt die Durchlaufzeitforderung für die Auftragsart TST.

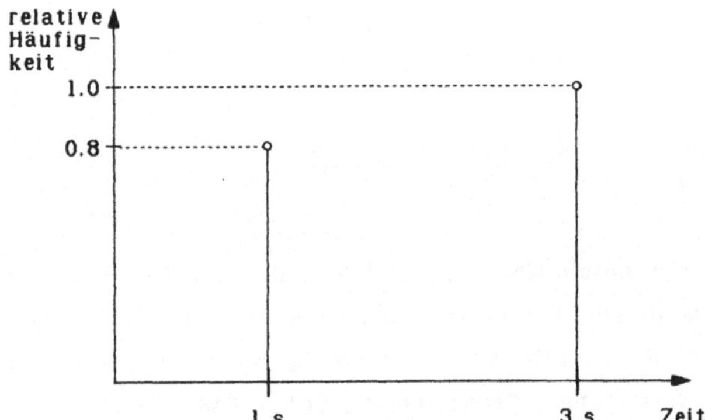

Bild 3.1: Durchlaufzeitforderung für die Auftragsart TST

Man erkennt, daß die Durchlaufzeitforderung für alle Aufträge erfüllt ist, wenn 80% der Aufträge innerhalb von einer Sekunde und alle anderen Aufträge innerhalb von drei Sekunden erledigt sind.

Aus der Definition der Durchlaufzeitforderung leitet sich die Größe der Grenzleistung (oder Referenzleistung) bezüglich dieser Auftragsart ab. Der Grenzleistungsfall stellt den fiktiven Fall dar, daß alle Aufträge gerade noch rechtzeitig, aber kein Auftrag schneller als nötig erledigt wurde. Für einen elementaren Auftraggeber, der Aufträge vom Typ TST erzeugt, bedeutet dies, daß 80% der Aufträge nach exakt einer Sekunde und 20% nach genau drei Sekunden beendet sind.

DIN 66273 führt drei Bewertungsvektoren ein, wobei jede erzeugte Auftragsart eine Vektorkomponente bildet. Definiert sind folgende Bewertungsvektoren:

* Durchsatz-Bewertungsvektor L_1

* Durchlaufzeit-Bewertungsvektor L_2

* Termintreue-Bewertungsvektor L_3

Für jede Auftragsart AA_i berechnen sich die einzelnen Vektorkomponenten wie folgt ($ADLZ$ bezeichnet die Auftragsdurchlaufzeit, s. auch Bild 2.3):

* $$L_1(AA_i) = \frac{gemessener\ Auftragsdurchsatz}{Auftragsdurchsatz\ im\ Grenzleistungfall}$$

$$* \quad L_2(AA_i) = \frac{\textit{Mittelwert der ADLZ im Grenzleistungsfall}}{\textit{gemessener Mittelwert der ADLZ}}$$

$$* \quad L_3(AA_i) = \frac{\textit{Anzahl termingerecht erledigter Aufträge}}{\textit{Anzahl erzeugter Aufträge}}$$

Die Komponenten der Bewertungsvektoren beschreiben, um welche Faktoren die durch die Durchlaufzeitforderung beschriebene minimale Anwenderanforderung an eine Auftragsart übertroffen bzw. unterschritten wurde. Haben alle Komponenten der Bewertungsvektoren den Wert 1, so kennzeichnet dies den Grenzleistungsfall, das heißt, alle Anwenderanforderungen sind gerade noch erfüllt.

Durch diese wenigen dimensionslosen Größen, die für jede Auftragsart Durchsatz, Auftragsdurchlaufzeit und Termintreue bewerten, ist auf einfache Weise ein Vergleich der DV-Leistung verschiedener Systeme relativ zueinander für ein gegebenes Lastszenario möglich.

4. LAMBDA – Benchmark

Die definierten Lastprofile, die zuvor festgelegten Meßgrößen sowie die Bewertungsmethode nach DIN 66273 wurden in den Datenkommunikations-Benchmark LAMBDA umgesetzt. Er besteht aus zwei Teilen, die die Instanzen Auftraggeber und Auftragnehmer darstellen.

Der Benchmark wurde unter einer SINIX[2]-Umgebung in der Programmiersprache C realisiert. Dabei wurde beim Design besonders auf einen hohen Portabilitätsgrad des Benchmarks Wert gelegt. Die Instanzen Auftraggeber und Auftragnehmer wurden jeweils als ein Prozeß realisiert, so daß der Benchmark auch auf zwei Einprozeß-Systemen (z.B. unter PC/MS-DOS) lauffähig ist. Ein Verzicht auf Betriebssystem-Aufrufe trägt ebenfalls zur Erhöhung der Portabilität des Benchmarks bei.

Grundsätzlich ist der LAMBDA-Benchmark von der verwendeten Transportsystem-Schnittstelle abhängig. Bei einer Portierung auf andere Systeme muß gegebenenfalls eine Anpassung bezüglich dieser Schnittstelle erfolgen.

Die Initialisierung der beiden Teile des Benchmarks erfolgt über (identische) Konfigurationsdateien. Darin wird die Meßdauer festgelegt und das zu erzeugende Lastszenario beschrieben. In der Beschreibung des Lastszenarios erfolgt die Festlegung

---

der Anzahl der Transportverbindungen (EAG-EAN-Paare), die Zuordnung von Auftragsarten zu diesen Transportverbindungen (z.B. TST) sowie die Zuordnung der Transportverbindungen (TCEPs) zu Dienstzugangspunkten (TSAPs). In der Regel werden alle Transportverbindungen, denen die gleiche Auftragsart zugeordnet ist, einem Dienstzugangspunkt zugeordnet.

5. Erste Erfahrungen

Bei Messungen mit dem LAMBDA-Benchmark geht neben der DV-Leistung der Kommunikationsrechensysteme in beiden Partnersystemen auch die Dynamik des Netzes in die Messung ein (s. Bild 2.2). Sinnvolle Meßkonfigurationen stellen daher Anordnungen dar, bei denen der Einfluß des Netzes entweder bekannt oder meßbar ist. Beim Vergleich von Messungen aus verschiedenen Meßanordnungen muß darauf geachtet werden, daß die Netzparameter (z.B. Durchsatz, mittlere Verzögerung) ebenfalls gleich sind.

Bisher wurden mit dem LAMBDA-Benchmark verschiedene Kommunikationsrechensysteme zum Anschluß an das Datenpaketnetz Datex-P verglichen und eine detaillierte Untersuchung an einem dieser Systeme durchgeführt.

In diesem System war neben den Protokollen nach X.25 in den Schichten 2 und 3 in Schicht 4 das Transportprotokoll ISO 8073 Klasse 2 realisiert. Bei den Untersuchungen wurde besonders darauf eingegangen, in welchem Maße dialogartige Lastszenarien durch File-Transfer-Lasten beeinträchtigt werden. Es zeigte sich, daß sich die Auftragsdurchlaufzeiten der Dialoge bei gleichzeitiger Belastung des Systems durch einen File-Transfer je nach Konfiguration der Kommunikationssoftware zum Teil dramatisch verschlechterten. Aus den Untersuchungen konnten folgende Empfehlungen abgeleitet werden:

* Durch ein kleines Fenster in Schicht 4 können die Auftragsdurchlaufzeiten der Dialoge auf Kosten eines schlechteren Durchsatzes des File-Transfers verbessert werden. Da nach dem Senden weniger Transportprotokoll-Dateneinheiten (TPDU) auf eine Quittung gewartet werden muß, wird die Belastung des Systems (besonders durch transferorientierte Lasten) reduziert und damit eine schnellere Bearbeitung von Dialognachrichten ermöglicht.

* Die Größe der Transportschnittstellen-Dateneinheit (TIDU) ist ein weiterer Parameter zur Verbesserung der Auftragsdurchlaufzeiten (auf Kosten eines schlechteren Gesamtdurchsatzes). Transferorientierte Auftraggeber belasten das

System bei gegebener Fenstergröße in Schicht 4 und kleiner TIDU (aufgrund des geringeren Datenaufkommens) weniger und ermöglichen daher kürzere Auftragsdurchlaufzeiten.

* Wartezeiten auf Quittungen beim Sender stellen einen wesentlichen Engpaß dar. Diese können durch sofortiges Senden von Quittungen durch den Empfänger (besonders in Schicht 2 und 3) verkürzt werden, wenn nicht gleichzeitig die Bearbeitungszeiten im Kommunikationsrechensystem durch die größere Auslastung (CPU, Speicher, Leitung) steigen. Ein Zurückhalten von Quittungselementen bis zum Empfang der maximalen Paketanzahl in Schicht 2 und 3 erhöht die Wahrscheinlichkeit, die Auslastung des Kommunikationsrechensystems durch implizites Quittieren zu reduzieren. Dies ist nur bei hoher Auslastung sinnvoll, da sonst durch das Zurückhalten von Quittungen die mittlere Wartezeit des Senders auf Quittungen steigt. Es wäre außerdem denkbar, die Wartezeiten auf Quittungen dadurch zu reduzieren, indem Quittungselemente durch priorisierte Warteschlangen bevorzugt übertragen werden.

* File-Transfer- und dialogartige Lasten sollten im System "so gut es geht" getrennt werden (verschiedene Transportdienst-Zugangspunkte, verschiedene Netzverbindungen). Durch die Trennung der verschiedenen Lastarten und die daraus resultierende getrennte Flußregelung können sporadisch sendewillige Instanzen (Dialoge) andere, auf Quittungen wartende Sendeinstanzen im System überholen.

An dieser Stelle sei kurz auf die konfliktären Betriebsziele von dialogartigen und transferorientierten Lasten (File-Transfer) hingewiesen: Während eine transferorientierte Last stets sendewillig ist und dadurch im System die Warteschlangen füllt, ist eine nur sporadisch sendewillige, dialogartige Last an kurzen Auftragsdurchlaufzeiten, also an leeren Warteschlangen im System interessiert.

Bild 5.1 zeigt einen Vergleich zwischen den Kommunikationsrechensystemen A, B und C (zum Anschluß an das Datenpaketnetz Datex-P) anhand der Bewertungsvektoren nach DIN 66273 für ein Mischlastszenario. Dabei wurden über 16 Transportverbindungen Lasten erzeugt. Auf je 4 Verbindungen waren die Auftragsarten DCT, DES bzw. TST, auf 3 Verbindungen die Auftragsart TOU und auf einer Verbindung die Auftragsart FTGAP konfiguriert. Aufgetragen ist für die dialogartigen Auftragsarten die jeweilige Komponente des Durchlaufzeit-Bewertungsvektors, für den File-Transfer FTGAP die entsprechende Komponente des Durchsatz-Bewertungsvektors.

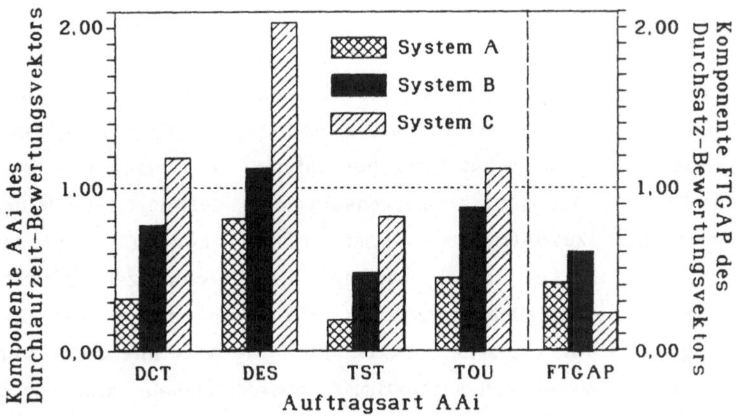

Bild 5.1: Vergleich von drei Kommunikationsrechensystemen anhand der Bewertungsvektoren nach DIN 66273. Alle drei Systeme wurden mit der gleichen Mischlast beaufschlagt.

Die Komponente der Auftragsart AA_i des Durchlaufzeit-Bewertungsvektors L_2 ist gleich 1, wenn der Mittelwert der gemessenen Auftragsdurchlaufzeit (ADLZ) gleich dem Mittelwert der ADLZ im Grenzleistungsfall ist. Für die vier Verbindungen der Auftragsart TST erfüllt keines der Systeme die Durchlaufzeitforderung für diese Auftragsart (vgl. Bild 3.1). System C verfehlt diese Forderung mit einem Wert von $L_2(TST)=0.85$ vergleichsweise nur knapp, wohingegen es bei den anderen Auftragsarten AA_i die Anwenderanforderungen übertrifft ($L_2(AA_i)>1.0$).

Bei einem File-Transfer (hier FTGAP) ist der Benutzer des Systems an einem hohen Durchsatz interessiert. Daher ist für den File-Transfer FTGAP in Bild 5.1 die Komponente $FTGAP$ des Durchsatz-Bewertungsvektors L_1 aufgetragen. Alle drei Systeme erfüllen hier die gestellten Anforderungen nicht, da $L_1(AA_i)<1.0$ ist.

Vergleicht man die Ergebnisse für die drei Systeme A, B und C, so ist für die dialogartigen Auftragsarten System C das beste und für den File-Transfer System B. System A erfüllt die gestellten Anforderungen für dialogartige Lasten am schlechtesten, ist jedoch bezüglich des File-Transfers System C überlegen.

Die einfache Anwendbarkeit der Bewertungsmethode nach DIN 66273 läßt sich an diesem Beispiel gut erkennen. Sie stellt eine sinnvolle Methode zur Bewertung der für den einzelnen Benutzer sichtbaren DV-Leistung dar. Für weitere Einzelheiten sei auf [DIN90] und [Bor90] verwiesen.

6. Zusammenfassung und Ausblick

Insgesamt steht mit dem LAMBDA-Benchmark ein umfangreiches und vielseitiges Werkzeug zur Analyse der DV-Leistung eines Kommunikationsrechensystems sowie zum Vergleich verschiedener Kommunikationsrechensysteme zur Verfügung. Erstmals wurden typische Lastprofile für Kommunikationsrechensysteme definiert, die eine gemeinsame Basis zur Bewertung zukünftiger Systeme bieten können. Für den Vergleich verschiedener Systeme ist es jedoch wichtig, die Durchlaufzeitforderungen für die Lastprofile (s. Kap. 3) einheitlich festzulegen. Für Mischlasten sollten die Anteile der einzelnen Auftragsarten für typische, praxisnahe Fälle vereinheitlicht werden. Da das Netz die Ergebnisse der Messungen mitbestimmt, müssen dessen Parameter bekannt sein. Gelingt es, die Durchlaufzeitforderungen, die Anteile der Auftragsarten für Mischlasten und die Netzparameter zu vereinheitlichen, so hätte der Anwender und Systemanalytiker mit dem LAMBDA-Benchmark ein sehr leistungsfähiges Werkzeug in der Hand.

Literatur

[Bor90] M. Borchert
Leistungsuntersuchungen an Kommunikationsrechensystemen
Diplomarbeit an der TU München, Lehrstuhl für Datenverarbeitung, Dezember 1990

[DIN90] Deutsches Institut für Normung
Messung und Bewertung der Leistung von DV-Systemen, Entwurf DIN 66273 Teil 1, März 1990

[Fer83] D. Ferrari, G. Serazzi, A. Zeigner
Measurement and Tuning of Computer Systems
Prentice Hall 1983

[Gun89] P. Gunningberg, M. Björkman
Applications Protocols and Performance Benchmarks
IEEE Communications Magazine, June 1989

[ISO88] International Organization for Standardization
Information processing systems – Open Systems Interconnection – File Transfer, Access and Management
ISO 8571-1 : 1988 (E)

[Paw81] P. Pawlita
Traffic Measurements in Data Networks, Recent Measurement Results, and Some Implications
IEEE Transactions on Communications, Vol. 29, No. 4, April 1981

[Paw83]   P. Pawlita, H.-D. Südhofen
           Analytisch-empirische Modelle des Benutzerverhaltens in Datenfernverarbei-
           tungsnetzen
           Elektronische Rechenanlagen 25 (1983), H. 5, S. 210-218

[Sch87]   M. Schwartz
           Telecommunication Networks: Protocols Modeling and Analysis
           Addison-Wesley Publishing Company, 1987

[TPC89]   Transaction Processing Performance Council
           TPC Benchmark A, Draft 6-PR Proposed Standard, August 1989

Hierarchical Evaluation of Generalized Stochastic Petri Nets based on Subnetwork Time Distribution

Reinhard Matuschka
Guenter Klas
Siemens Corporate Research and Development
Otto-Hahn-Ring 6
D-8000 Muenchen 83

Abstract

In this paper a hierarchical evaluation procedure for Generalized Stochastic Petri Nets (GSPN) is presented which is based on aggregation algorithms that are extensions of Flow Equivalent Aggregation (FEA) and that use transient analysis of Markov Chains. In order to aggregate a subnetwork to a substitute network we consider, as criterion for the similarity of the networks, the Subnetwork Time Distribution (STD) defined as the distribution of the time a token X needs to proceed through a subnetwork conditioned on the token distribution at the epoch of arrival of X and the context into which the net is embedded just for the experiment of determining a characteristic sojourn time distribution for token X in the subnetwork. The consideration of the second condition may be regarded as the major extension to previous work. The substitute network with the least discrepancy in Subnetwork Time Distribution to the original subnetwork is chosen as the aggregate. Several variants of the aggregation algorithm called FEAD (FEA based on Subnetwork Time Distribution) have been implemented and tested. Their performance is discussed by means of an example and they are shown to outperform Flow Equivalent Aggregation when applied to GSPN.

Keywords *Generalized Stochastic Petri Nets, Hierarchical Evaluation, Aggregation, Subnetwork Time Distribution.*

1 Introduction

Stochastic Petri nets are widely used for the evaluation of computing systems according to measures like performance and performability (see e.g. [Lepold 91] for further references). Since the pioneering work of Molloy [Molloy 81], Natkin [Natkin 80] and later Marsan et al. [Marsan 84], much effort was done to cope with special problems that arise with the modeling by means of Generalized Stochastic Petri Nets (GSPN). Thus, several research fields evolved which tend to broaden the applicability of GSPN, e.g. introduction of a colour formalism [Jensen 81] or relaxing the initial assumption of exponentially distributed firing times [Marsan 87]. Moreover, the handling of the state space problem seems to be crucial for the applicability of GSPN. As this problem is well known from queueing theory, decomposition and aggregation procedures initially developed in a queueing network context were mapped to GSPN [Giglmayr 87]. Besides this treatment of complexity on a matrix level, several authors proposed to decompose large models on the Petri net level in order to employ either a heterogeneous or homogeneous hierarchical solution procedure [Beilner 89]. In the first case, GSPN were combined with product form queueing networks (PFQN [Baskett 75]), an approach which brought together the modeling capabilities of GSPN and the efficient algorithms for PFQNs, [Balbo 88], [Haverkort 90], [Szczerbicka 91]. Nevertheless, this method suffers from the restriction that model parts must belong to the PFQN class. In contrast to this, a homogeneous hierarchical solution for GSPN applies the same algorithms at every level of the model hierarchy. The basic idea is still the one from [Chandy 75]: substitution of a network at level $h+1$ by an aggregate or substitute network at level h. As Agrawal et al. noted in [Agrawal 84 85], there exist two basic principles to identify a submodel to an aggregate network with a smaller state space. First, a network`s behaviour is assumed to depend on its stochastic input process. Therefore, a decomposition and submodel aggregation solution is a relatively complex iterative procedure where at each step the submodel must be analyzed with the current input flow. The main problem is still the characterization of a GSPN net depending on its input process. Second, a network`s dynamic behaviour is assumed to depend mainly on a certain token population. Therefore, the identification is performed conditioned on a certain population. Only for product form networks this approach known as aggregation by Norton`s theorem or Flow Equivalent Aggregation (FEA) [Chandy 75] is exact. Nevertheless, FEA is widely used on a heuristic basis [Beilner 89]. Several authors proposed to extend the FEA approach for queueing networks by some form of preanalysis e.g. by means of simulation [Beilner 87]. In any case the original submodel is replaced by a substitute network which shows a similar stochastic behaviour under the same stimulating conditions. A crucial point is, therefore, the definition of similarity. Little work is known to the authors as far as extensions to FEA are concerned.

In this paper, we propose a hierarchical extension of standard FEA called FEAD (FEA based on Subnetwork Time Distribution (STD)). FEAD is an analytical hierarchical solution method for computing the steady state solution of a large GSPN net. It differs from former approaches (e.g. [Beilner 87], [Szczerbicka 91]) in four respects: 1) The types of distributions used for the load dependent server are different. 2) As criterion for the similarity of original network and aggregate, a token`s load dependent sojourn time in the net under varying token distributions at the epoch of the token`s arrival is used. 3) We regard the STD conditioned on the submodel`s GSPN neighbourhood at every level of hierarchy. 4) The aggregation is applied at multiple levels of hierarchy. As it is shown, this improves the results gained by heuristically employed standard FEA for non product form GSPN. Summarizing, with FEAD the subnets of a model that is hierachically decomposed are replaced by substitute networks using the subnetwork time distribution as matching criterion. STD, in turn, is computed in dependence on the submodels context and its arrival point token distribution.

After providing notations and definitions in chapter 2, several strategies for computing the subnetwork time distribution are outlined in chapter 3. Next, the computation of a substitute network`s type and parameters is shown in chapter 4. Based on these results, the FEAD algorithm is formulated in chapter 5 and its performance analyzed in chapter 6 with respect to standard FEA and the exact solution. The paper is concluded in chapter 7 and an appendix is provided for the definition of the class of GSPN nets used here.

2 Notation and Definitions

FEAD is applied to a GSPN model G that is hierarchically decomposed in subnetworks and the main network. G is represented by a tree, the vertices of which are labelled by subnetwork names. If the pathlength from the root (labelled by the main network G) to the network N is k, then network N is said to be of hierarchy level k. Let H be the depth of the tree, so H is the maximum hierarchy level. G is of hierarchy level 0. Define for a network N $S(N)$ as set of networks that are direct successors of N. Define for all $T \in S(N)$ $P(T) = \{N\}$, which means that N is direct predecessor of T. Furthermore, we use an "is part of" semantic for the edges of the tree. So all nets $T \in S(N)$ are part of the net $P(T)$, but $\cup_{T \in S(N)} T$ is not necessarily $P(T)$.

Each subnetwork SN has to fulfill the following conditions:
- Entrance of tokens to SN occurs via exactly one place (**entry-place**) $\in$ SN. There is exactly one transition (**exit-transition**) which fires tokens from SN to the surrounding network.
- SN is neither netto-producer nor netto-consumer of tokens.
- There is no arc from the exit-transition to the entry-place.

We divide the places of a subnetwork into two disjoint classes of places: those that may contain tokens that indicate tasks (task-tokens) and those that may hold tokens that mean resources (resource-tokens). A subnetwork is not allowed to have an initial marking where tokens are contained in places for tasks. The main network must have an initial marking, where tokens are contained in places for tasks. In the following we refer to tokens as task-tokens and we will explicitly indicate when resource-tokens are meant. A few definitions follow.

Definition *Neighbourhood*
Let N be a subnetwork. The **neighbourhood** of N is defined as $P(N) \cup S(P(N)) \setminus \{N\}$.

Definition *Concatenation*
A network M is called a **concatenation** of a subnetwork N and a load dependent exponentially distributed server L, if there is an arc from the transition of L to the entry-place of N and if there is an arc from the exit-transition of N to the place of L.

Definition *Isolation*
A Subnetwork N is considered under **isolation**, if an arc is appended to N from the exit-transition to the entry-place of N.
As already mentioned, the criterion for identifying a subnetwork N with a substitute net E is the subnetwork time distribution STD of both nets. In the following chapter the STD is defined and its computation is shown.

3 Calculation of the Subnetwork Time Distribution STD

We want to solve the problem how long it takes for a token X to proceed through a subnetwork, that holds (k-1) tokens when X enters the subnetwork.

Definition *Subnetwork Time Distribution*
Let N be a subnetwork of a given GSPN model. $D_{N,k}(t,s)$ is defined as the distribution of time that a token X, initially placed in the entrance-place of N, needs to proceed through the network N when (k-1) tokens are in the subnetwork N at the time of the entrance of token X and N is embedded in a context. The strategy s fixes both the *initial distribution* of the (k-1) tokens in the subnetwork and the *context* of the network for this experiment.

We consider three strategies for the Subnetwork Time Distribution of a network N:

Strategy One : WA Worst Case Analysis

The subnetwork N is isolated. The (k-1) tokens are initially located in the entry-place of N. The strategy is called worst-case-analysis, because it is assumed that it takes a maximum of time for the token X to proceed through N due to the fact that k tokens compete with each other at the same time to get resources.

Strategy Two : SY Stationary Distribution Analysis

The subnetwork is isolated. Before computing $D_{N,k}(t,SY)$ a stationary analysis is performed for (k-1) tokens which yields the distribution of the markings of a state space Z_{k-1}. Afterwards all tokens initially have to be located in the places of N according to the stationary distribution.

Strategy Three : ND Neighbourhood Dependence Analysis

Network N is considered in the context of a load dependent exponentially distributed server L, that has been gained by means of FEA of the neighbourhood of N. Let M be the concatenation of N and L. Before computing $D_{N,k}(t,ND)$ we have to perform the following preliminary analysis in order to fix the initial distribution of the k-1 tokens in N:

If there are p tokens in M, there will be $n(p) \in \mathbb{R}$ tokens in N and p-n(p) tokens in L on an average after a stationary analysis of M. Usually $n(p) \notin$ N. Our task is to have **exactly** i $\in$ N tokens in N on an average. After performing a stationary analysis of M for p and p+1 tokens in M and assuming $n(p) <$ i and $n(p+1) >$ i, this can be achieved by a random initial marking that takes values from the state spaces Z_p and Z_{p+1} of net M with probabilities g(p) and g(p+1) respectively, such that the mean number of tokens in N at the initial marking (seen by the arriving token k=i+1) equals i $\in$ N. Furthermore, a marking within state space Z_p (Z_{p+1}) is chosen according to the stationary distribution of states of Z_p (Z_{p+1}). For example, the random initial marking of M takes a state j from Z_p with probability g(p)*P{state j occurs in Z_p}. If, after performing stationary analysis for p and (p+1) tokens of M, $n(p) <$ i and $n(p+1) >$ i , then we weigh both the result for p and (p+1). Thus, our initial marking for the computation of $D_{N,i+1}(t,ND)$ is constructed as follows:

Tokens are chosen from state space Z_p with probability

g(p) = (n(p+1) - i) / (n(p+1) - n(p)) and from state space Z_{p+1} with probability

g(p+1) := (1 - g(p)) = (i - n(p)) / (n(p+1) - n(p)) ,

because i = g(p)n(p) + g(p+1)n(p+1).

Summarizing we recall that the strategy s fixes the distribution of k-1 tokens in the net at the arrival instance of token X as the kth token and the context of net N during the travelling of token X from the entry-place of N to the exit-transition of N.

How to compute the Subnetwork Time Distribution $D_{N,k}(t,s)$

The idea is to compute $D_{N,k}(t,s)$ with transient analysis of Absorbing Continuous Time Markov Chains (CTMC). The parameters N and k are given and the strategy s is fixed as shown in the previous section. We have to consider the token X that initially is located in the entry-place of subnetwork N. If we wanted to compute $D_{N,k}(t,s)$ exactly, we should observe X until it leaves N. We would have to distinguish X from all other tokens explicitly and, therefore, would have to consider Coloured Petri Nets. Because of the difficulty of handling Coloured Petri Nets we decided to use an approximate algorithm to compute $D_{N,k}(t,s)$. Here we get to an absorbing state after the kth firing of the exit-transition of N. So we have to make sure that after the kth firing of the exit-transition no transition in N is activated. Generally, we get a CTMC with absorbing states. We cast them into one absorbing state (the token distribution is totally uninteresting if no transition is activated).

To compute approximately $D_{N,k}(t,s)$ at equidistant time points $t_i = i*\Delta t$ for $i = 0...c$ we use transient analysis of the absorbing CTMC. $D_{N,k}(t,s)$ is the probability to reach the absorbing state by time t.

As algorithm for transient analysis we used the randomization technique [Gross 84,85] and in case of an acyclic Markov Chain the algorithm ACE [Marie 86] which yields the distribution also in a symbolic representation. Now we show the constructions needed to compute $D_{N,k}(t,s)$ for the strategies WA, SY and ND, and k = 2, for an example (figure 3.1).

In this section we showed how to characterize a GSPN submodel N by means of its Subnetwork Time Distribution. The task remains to choose a substitute network which possesses the same or nearly the same Subnetwork Time Distribution as N, but yields a much smaller state space. A technique is discussed in the following chapter.

4 Choosing a Substitute Network

Problem: For a given subnetwork N with computed subnetwork time distribution $D_{N,k}(t,s)$, k = 1...K at equidistant time points $t_i = i*\Delta t$, i = 0 ... c under a strategy s, we have to find a substitute network S_N that shows similiar stochastic behaviour and that has a smaller state space than N.

As matching criterion, we choose the subnetwork time distribution $D_{N,k}(t,s)$. Therefore, substitute network types should feature first small model complexity and second practical computability of these distributions. The set of nets E should cover a very large range of subnetwork time distributions.

It is important to note that the subnetwork time distribution of both the original net N and the aggregate net E, $D_{N,k}$ and $D_{E,k}$, respectively, vary over the range of number of tokens in the net. From this point of view, a submodel is identified to a load dependent aggregate net, conditioned on the submodel's subnetwork time distribution.

For our studies we provided a lot of substitute networks types (figure 4.1). The subnetwork time distribution $D_{E,k}(p;t,s)$ for a substitute network type E is given symbolically or numerically in dependence on the parameters $p = [p_1, ..., p_d]$ with d as number of parameters of the network type E.

In order to compute the "most similar" subnetwork time distribution for a given network E and a k $\in$ (1...K) we have to solve the nonlinear squares problem for all substitute networks E with parameters p for k = 1...K:

$$ \min_p F(p) := \sum_{i=0}^{c} \left(D_{N,k}(t_i,s) - D_{E,k}(p;t_i,s) \right)^2 \qquad (*) $$

For solving that problem we apply a modified Gauss-Newton-method [Stoer 83]. Therefore we solve (*) for k = 1 for all available substitute network types (figure 4.1) and choose that substitute network type which offers the minimum F(p). For k = 2...K we solve the nonlinear squares problem only for the selected substitute network type. For example, it is not useful to generate an aggregate network that is Erlang-3 for k = 1 and hyperexponential-2 for k = 2.

As far as the manipulations of original subnetworks for the calculation of the subnetwork time distributions and steady state distributions are concerned, they are done on the Petri net level in our implementation. This is also true for the insertion of the aggregation results into the rest of a model. An alternative would be to do all manipulations on state space level, i.e. by working with the generator matrices of the submodels.

In the next section the algorithm is presented.

Network N a)

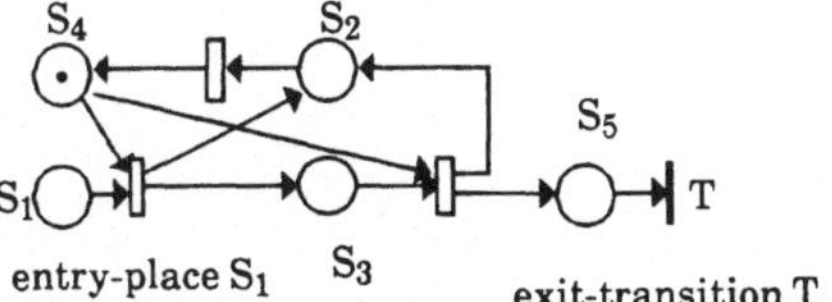

All exponential transitions have rate 1.

Strategy WA - Worst Case Analysis b)

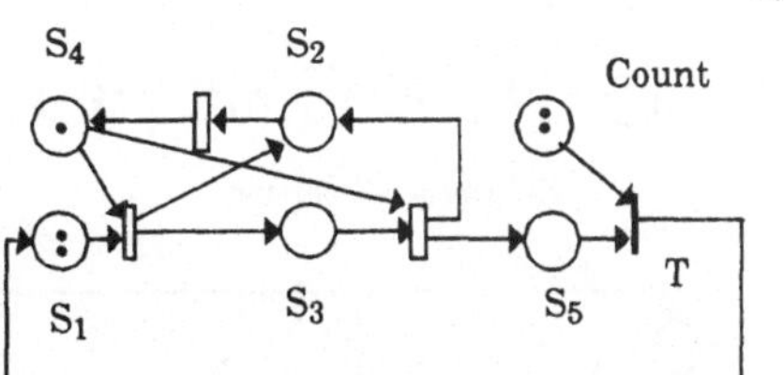

Strategy SY - Stationary Distrib. Analysis c)

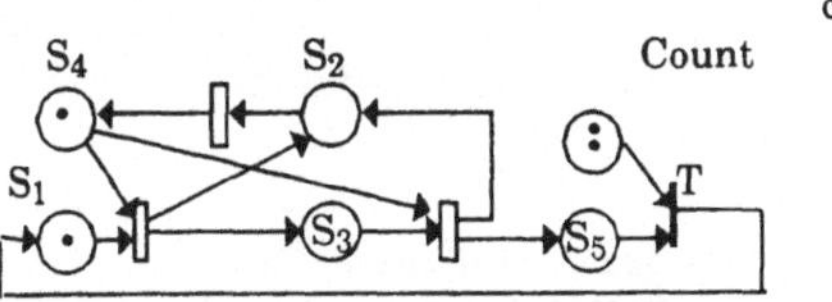

Stationary Analysis for one token of the isolated subnetwork N supplies the stationary distribution of the underlying Markov chain.

$P(a_1,a_2,a_3,a_4) :=$
        probability(a_i tokens in S_i, $i = 1..4$)

$P(0,1,1,0) = 0.25$ $P(1,1,0,0) = 0.25$
$P(0,0,1,1) = 0.25$ $P(1,0,0,1) = 0.25$

Dimension of state space Z_1: 4

For each state j there has to be produced an immediate transition t_j with probability $P(a_1,a_2,a_3,a_4)$ for the state (a_1,a_2,a_3,a_4), whose multiple arcs with weights a_i lead to places S_i. There has to be produced a place Start and arcs from Start to all transitions t_j.

Example for state (0,1,1,0)

Strategy ND - Dependence on the Neighbourhood d)

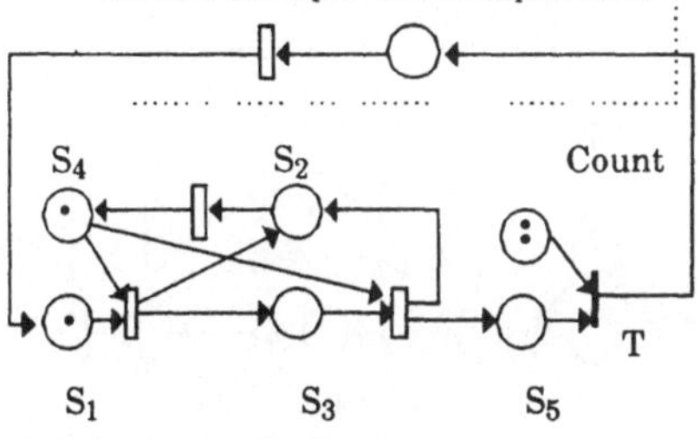

Stationary Analysis for one and two tokens of the isolated subnetwork N supplies the stationary distributions of states of the state spaces Z_1 and Z_2.

1 token : mean number of tokens in N : 0.78
2 tokens: mean number of tokens in N : 1.69

Now we proceed analoguously to Strategy SY, but for both state spaces Z_l, $l = 1,2$. For each state j_l we have to append immediate transitions $t_{j,l}$ with probability $g(l)P(j_l)$. The multiple arcs of these transitions with weights $a_{i,l}$ lead to places S_i. There has to be produced a place Start and arcs from Start to all transitions $t_{j,l}$.

For all strategies: Additionally for all transitions t of the original subnet except the exit-transition T there is an arc from the place Count to t and there is an arc from t to Count. So it is confirmed that no transition is activated after the nth firing of T.

Figure 3.1: Illustration of the constructions needed for the computation of the subnetwork time distribution $D_{N,k}$ for $k = 2$.
    a)   the subnetwork N
    b)   WA: Worst Case Analysis
    c)   SY: Stationary Distribution Analysis
    d)   ND: Dependence on the Neighbourhood

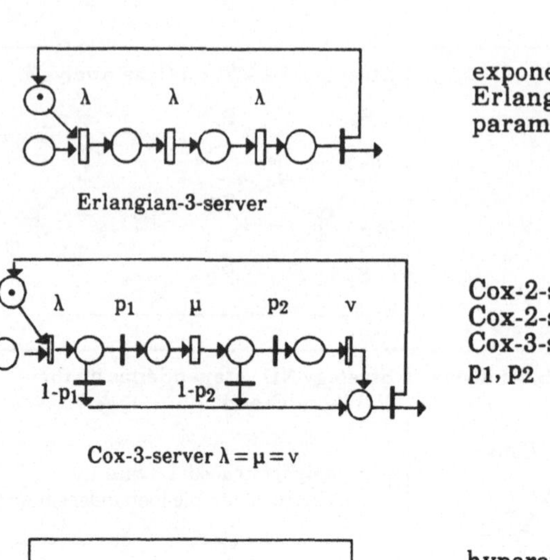

Erlangian-3-server

exponential server ; parameter λ
Erlangian-r-server; r = 2,3,4;
parameter λ

Cox-3-server $\lambda = \mu = v$

Cox-2-server ; parameter $\lambda = \mu$, p_1
Cox-2-server ; parameter λ, μ , p_1
Cox-3-server ; parameter $\lambda = \mu = v$,
p_1, p_2

hyperexponential-3-server

hyperexponential-2-server ;
parameter λ,μ,p_1
hyperexponential-3-server ;
parameter λ,μ,v,p_1,p_2

Figure 4.1:   types of substitute networks considered

5 The Algorithm

There are two variants of FEAD, which differ in their dependence on the neighbourhood of subnetworks that will be discussed.

Let N_h be the set of networks of hierarchy level h.
Variant One - FEAD *without* dependence on neighbourhood of subnetworks - Strategy s = WA or s = SY

Formal description:
for hierarchy level h = H **downto** 1 **do**
    for all N ϵ N_h **do**
        for k = 1 **to** K token **do**
        begin
            Calculate the Subnetwork Time Distribution $D_{N,k}(t,s)$ of the isolated subnetwork N.
            Choose a substitute network S_N for N that shows similar stochastic behaviour.
        end
Perform stationary analysis for the aggregated main network.

Variant Two - FEAD *with* dependence on neighbourhood of subnetworks - Strategy s = ND

Formal description:

for hierarchy level h = H **downto** 1 **do**

    for all N $\in$ N$_h$ **do**

    begin

        if | S(P(N)) | > 1 **then**

            Standard-FEA [Chandy 75] for all T $\in$ S(P(N)) \ {N}   (1)

            Standard-FEA of the now aggregated P(N) \{N} $\Rightarrow$ Load dependent server L

            (2)

        Concatenate N and L, that was calculated in (2)

        for k = 1 **to** K token **do**

        begin

            Calculate the Subnetwork Time Distribution $D_{N,k}$(t,ND) of N concatenated with L.

            Choose a substitute network S_N for N that shows similar stochastic behaviour.

        end

    end

Perform stationary analysis for the aggregated main network.

For an illustration of variant two of FEAD see figure 5.1.

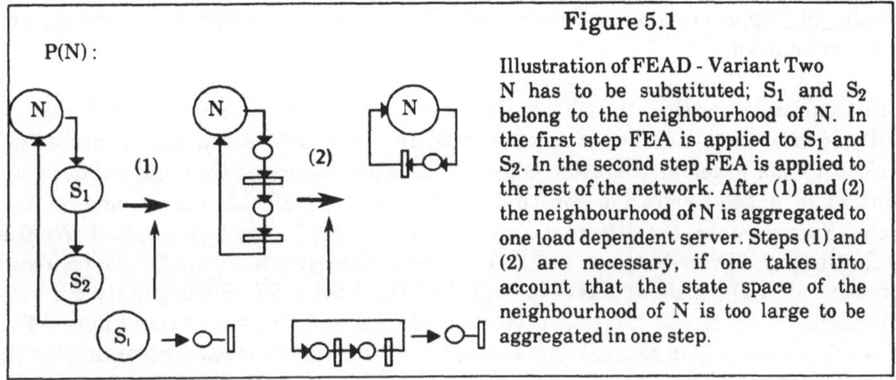

Figure 5.1

Illustration of FEAD - Variant Two
N has to be substituted; S_1 and S_2 belong to the neighbourhood of N. In the first step FEA is applied to S_1 and S_2. In the second step FEA is applied to the rest of the network. After (1) and (2) the neighbourhood of N is aggregated to one load dependent server. Steps (1) and (2) are necessary, if one takes into account that the state space of the neighbourhood of N is too large to be aggregated in one step.

6 An example

We consider the following GSPN model of hierarchy level 2 (figure 6.1).

We are testing the following algorithms:

- exact solution   (E)
- Flow Equivalent Aggregation   (F)
- FEAD - Variant One - Strategy Worst Case Analysis   (WA)
- FEAD - Variant One - Stationary Distribution Analysis   (SY)
- FEAD - Variant Two - Dependence on Neighbourhood   (ND)

We compute for the five algorithms:

- mean number of tokens in place Q
- mean throughput and mean utilization of transition T
- probability of finding i tokens in place Q prob(#Q=i) for i = 0 ... 3.

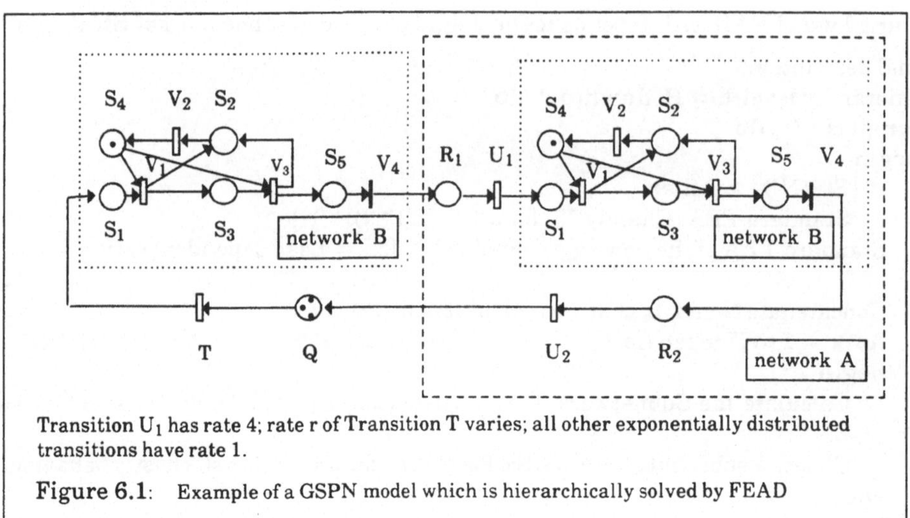

Transition U_1 has rate 4; rate r of Transition T varies; all other exponentially distributed transitions have rate 1.

Figure 6.1: Example of a GSPN model which is hierarchically solved by FEAD

Furthermore, we vary the rate r of transition T. Now we present the results graphically (figure 6.2, 6.3, 6.4). Both the results for the exact solution and the absolute error
e: = result_of_approximate_solution - result_of _exact_solution for each aggregation algorithm are shown.

In this example we find that Flow Equivalent Aggregation shows a bad performance especially in the mean number of tokens in Q, in mean utilization and in prob($\#Q=i$) in comparison to the other aggregation algorithms. This indicates that the subnetwork time distribution is a good criterion for the characterization of subnets at several levels of hierarchy. Furthermore, the different strategies with FEAD may be discussed. We find that FEAD-Stationary Distribution (SY) behaves similar to FEAD Dependence on Neighbourhood (ND), although ND is slightly better than SY. Surprisingly FEAD Worst Case Analysis (WA) shows the best performance in computing the throughput of T and for prob($\#Q=0$) and nearly is as good as ND and SY in the other values. This indicates that the positive effect gained by using the STD as criterion for network similarity is much greater than the supplementary advantage stemming from a consideration of the network`s neighbourhood. Next, the aggregation results are considered with respect to the coupling degree of the models which is heavily influenced by the firing rate of transition T. Figure 6.2 and 6.3 show that standard FEA performs worst with respect to the other algorithms when the ratio of the submodel input rate r to the submodels`internal rates ($=1.0$) is in the interval [0.1,...,1]. This effect is alleviated when FEAD with various strategies is used.
From a computational point of view FEAD Worst Case Analysis is the most efficient FEAD-variant.

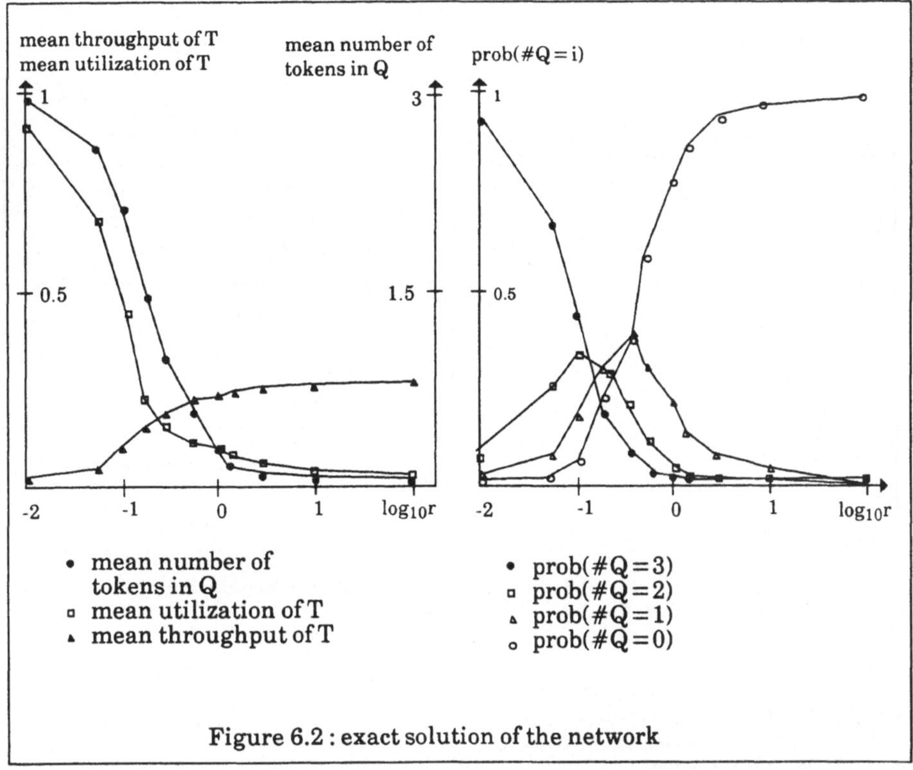

Figure 6.2 : exact solution of the network

7 Conclusion

In this paper the hierarchical solution of Generalized Stochastic Petri Nets using a step-by-step aggregation of subnetworks was shown. The aggregation was based on the identification of a subnetwork to a substitute network using the Subnetwork Time Distribution STD introduced in chapter 3 as identification criterion. This criterion characterizes the delay time of a token in a network dependent on the token distribution seen by this arriving token and dependent on the network`s neighbourhood. In chapter 4 was shown how type and parameters of the optimum substitute network can be found. The complete algorithm for the hierarchical evaluation of GSPN was stated in chapter 5 and it was shown to outperform approaches using heuristically applied standard Flow Equivalent Aggregation due to the dominating positive effect of the STD as identification criterion for the aggregation. The additional improvement introduced by taking into account a subnetwork`s neighbourhood was shown to be relatively small with respect to the dominating improvement mentioned above. In the considered example standard Flow Equivalent Aggregation yields worse results than the aggregation algorithms presented in this paper, so there is a strong motivation for the research for extending Flow Equivalent Aggregation especially using Subnetwork Time Distribution instead of using mean sojourn time of tokens in the net as matching criterion.

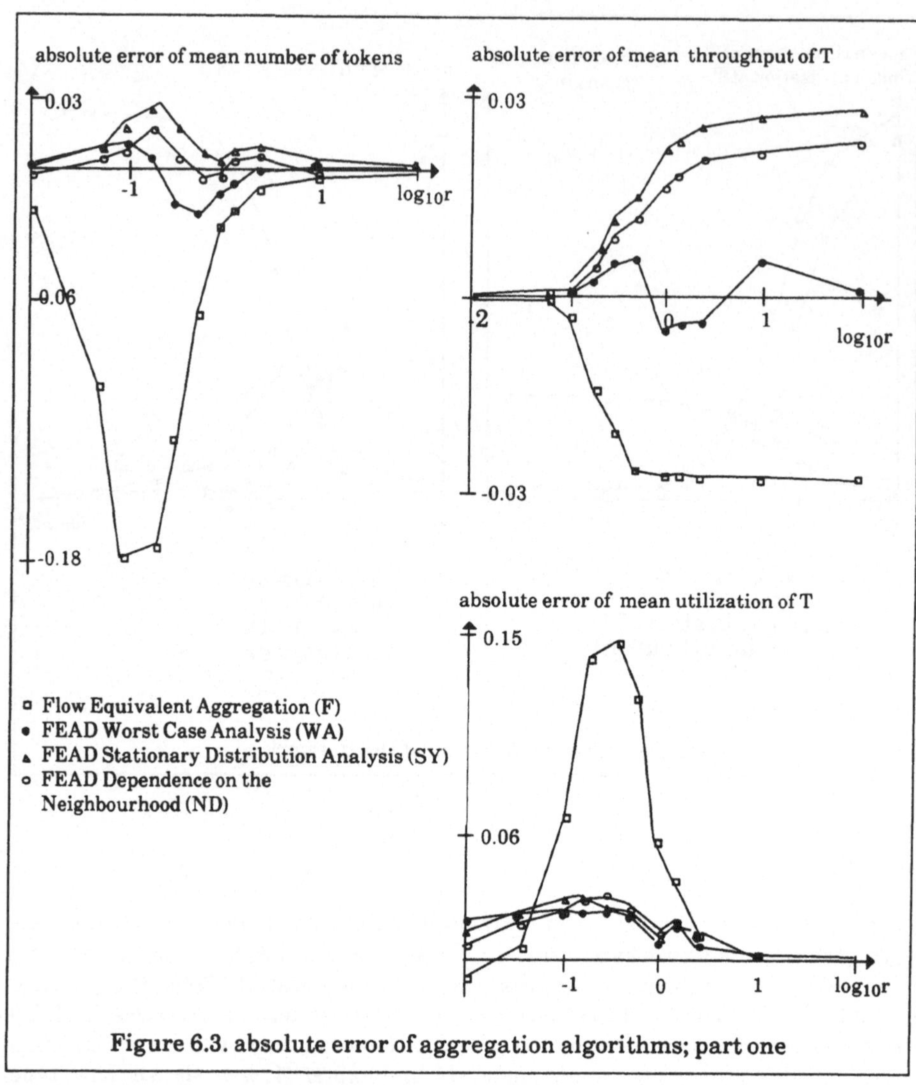

Figure 6.3. absolute error of aggregation algorithms; part one

Appendix - GSPN TERMINOLOGY

The class of stochastic Petri nets used here corresponds to the one defined in [Marsan 84] with the extension of general expressions for arc weigths including negative values. A GSPN = (P,T,A,R) with initial marking M_0 consists of

$$P = \{p_1, p_2, ..., p_n\} \quad \text{the set of places,}$$
$$T = \{t_1, t_2, ..., t_m\} \quad \text{the set of transitions,}$$
$$A \subset PxT \cup TxP \quad \text{the set of arcs,}$$
$$R = \{r_1, r_2, ..., r_m\} \quad \text{the set of firing rates.}$$

There are two types of transitions: immediate transitions (fig. A.1a) that fire in zero time (infinite firing rate) and timed transitions (fig. A.1b) that fire after an exponentially distributed enabling time. Furthermore, we introduce two extending constructs:

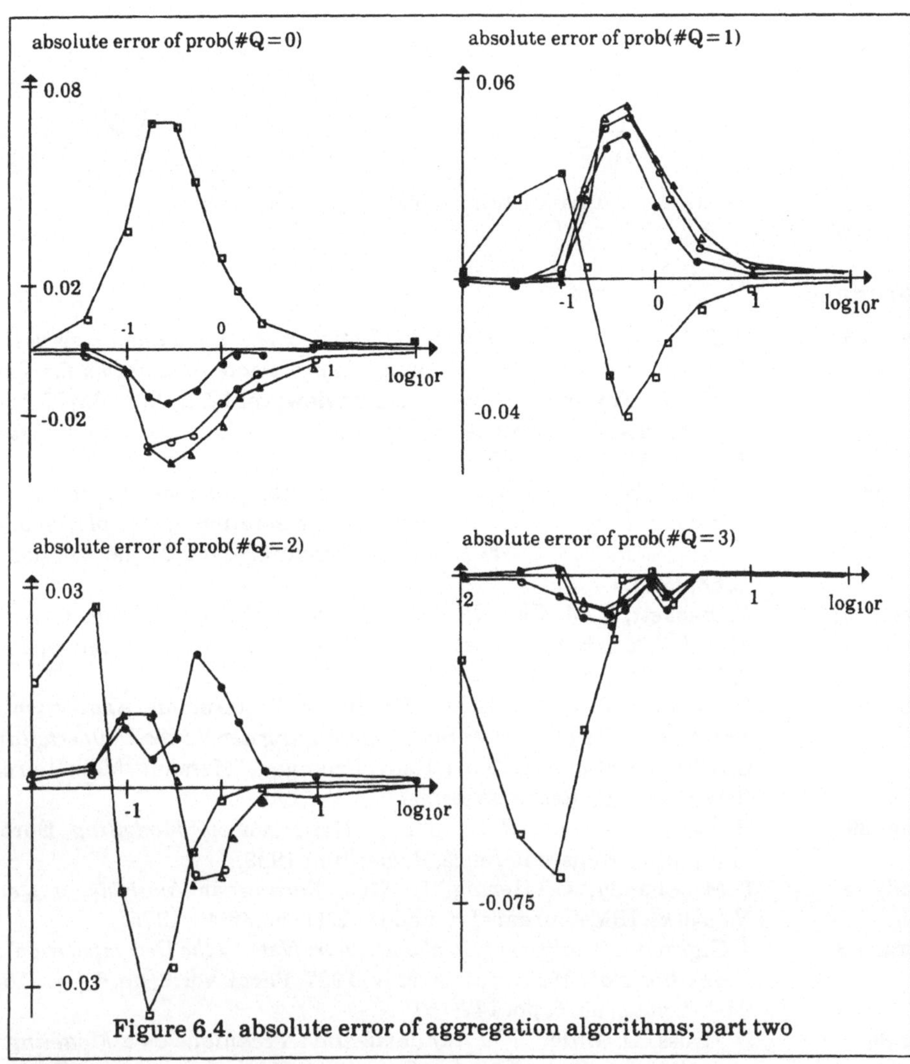

Figure 6.4. absolute error of aggregation algorithms; part two

- k-multiple arcs (fig. A.1c): transition t_1 is enabled when tokens are present in all its normal input places and at least k tokens are present in place p_1. Upon firing, k tokens are removed from place p_1.

- k-inhibitor arc (fig. A.1d): transition t_1 is enabled when tokens are present in all of its normal input places and less or equal than k tokens are present in place p_1. Upon firing, the number of tokens in place p_1 remains unchanged. The 0-inhibitor arc corresponds to the normal inhibitor arc (fig. A.1e).

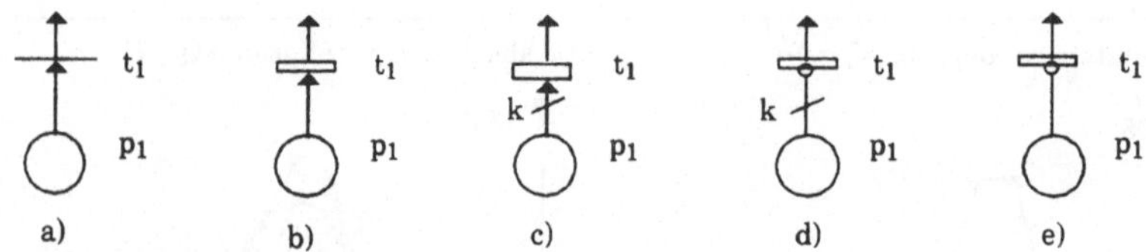

Figure A.1   Classification of GSPN transitions and arcs

References

[Agrawal 84]   S.C. Agrawal, J.P. Buzen, A.W. Shum, *Response Time Preservation: A General Technique for Developing Approximate Algorithms for Qeueing Networks*, Performance evaluation review, vol 12, no 3, pp 63-77 1984.

[Agrawal 85]   S.C. Agrawal, *Metamodeling: A Study of Approximations in Queuing Models*, MIT Press 1985.

[Balbo 88]   G. Balbo, S.C. Bruell and S. Ghanta, *Combining queueing networks and generalized stochastic Petri nets for the solution of complex models of system behaviour*, IEEE Trans. on Computers, vol. 37, no. 10, pp. 1251-1268, 1988.

[Baskett 75]   F. Baskett, K.M. Chandy, R.R. Muntz, F. Palacios, *Open, Closed and Mixed Networks of Queues with Different Classes of Customers*, Journal ACM 22(2) pp.248-260 1975.

[Beilner 87]   H. Beilner, P. Buchholz and B. Müller-Clostermann, *Experimente mit Ersatzdarstellungen unter Berücksichtigung der Verweilzeitverteilung*, 4. GI/NTG Fachtagung, 29.9-1.10.87, Erlangen, "Messung, Modellierung u. Bewertung von Rechensystemen".

[Beilner 89]   H. Beilner, *Structured Modelling - Heterogeneous Modelling*, European Simulation Multiconference, Rome, Juni 1989.

[Chandy 75]   K.M. Chandy, U. Herzog, L. Woo, *Parametric Analysis of Qeueing Networks*, IBM Journal of R. and D. 19(1) pp.36-42 1975.

[Giglmayr 87]   J. Giglmayr, *Analysis of Stochastic Petri Nets by the Decomposition of the Transition Rate Matrix*, ntz Archiv, 1987, Part I: vol. 9, no. 5, pp. 115-120, Part II: vol.9, no. 6, pp. 147-151.

[Gross 84]   D. Gross, D. Miller, *The Randomization Technique as a Modeling Tool and Solution Procedure for Transient Markov Processes*, Operations Research Vol.32 No.2 pp. 343-361 1984.

[Gross 85]   D. Gross and C.M. Harris, *Fundamentals of Queueing Theory*, John Wiley & Sons,N.Y., 1985.

[Haverkort 90]   B.R. Haverkort and I.G. Niemegeers, *Using Dynamic Queueing Networks for Performability Modelling*, Proceedings of the European Simulation Multiconference, June 10-13, 1990 Nuremberg, Germany.

[Jensen 81]   K. Jensen, *Coloured Petri Nets and the Invariant Method*, Theoretical Computer Science 14, 1981, pp.317-336.

[Lepold 91]   R. Lepold, PENPET: *A New Approach to Performability Modeling Using Stochastic Petri Nets*, Proc. of First Int. Workshop on Performability Modelling of Computer and Communication Systems, pp. 4-19, Enschede, February 1991.

[Marie 86]   R. Marie, A. Reibman, K. Trivedi, *Transient Analysis of Acyclic Markov Chains*, Performance Evaluation 7(1987) pp.175-194.

[Marsan 84]   M. Ajmone Marsan, G. Balbo, G. Conte, *A Class of Generalized Stochastic Petri Nets for the Performance Evaluation of Multiprocessor-systems*, ACM Transaction on Computer Systems, 2(2) 1984, pp.93-122.

[Marsan 87]   M. Ajmone Marsan, G. Chiola, *On Petri Nets with Deterministic and Exponentially Distributed Firing Times*, Advances of Petri Nets 1987, ed. G. Rozenberg LNCS 266 pp.132-145, Springer 1987.

[Molloy 81]   M.K. Molloy, *On the Integration of Delay and Throughput Measures in Distributed Processing Models*, Ph.D. Thesis, University of California, Los Angeles, 1981.

[Natkin 80]   S. Natkin, *Reseaux de Petri Stochastique*, Ph. D. thesis CNAM-Paris, June 1980.

[Stoer 83]   J. Stoer, *Einführung in die Numerische Mathematik I*, Springer, 4.Edition 1983.

[Szczerbicka 91]   H. Szczerbicka, *A Combined Queueing Networks and Stochastic Petri Nets Approach for Evaluating the Performability of Fault-Tolerant Computer Systems*, 1st Int. Workshop on Performability Modelling of Computers and Computing Systems, Feb. 7-8, 1991, Univ. Twente, The Netherlands.

EMPLOYING THE RANDOMIZATION TECHNIQUE FOR SOLVING STOCHASTIC PETRI NET MODELS*

Christoph Lindemann

Technische Universität Berlin
Institut für Technische Informatik
Fachgebiet Prozeßdatenverarbeitung und Robotik
(Real-Time Systems and Robotics)
Franklinstr. 28/29
1000 Berlin 10

ABSTRACT

In this paper we propose to employ the randomization technique improved by a numerically stable calculation of Poisson probabilities for computing transient solutions of Markov chains underlying stochastic Petri net models. It is shown how to employ this numerical method for calculating the time-dependent quantities required by the solution process of DSPN models. The benefit of the described method is illustrated by stochastic Petri net models for two queueing systems. The evaluation of the transient behavior of the M/M/1/K queue is performed by means of a GSPN model. The steady-state solution of the $E_{10}/D/1/K$ queue is obtained using a DSPN model. The presented results show that the model solutions are calculated with significantly less computational effort and a better error control by the refined randomization method than by an adaptive matrix exponentiation method implemented in the version 1.4 of the software package GreatSPN.

Keywords: Numerical Analysis of Markov Chains, Stochastic Petri Nets, Performance Evaluation

1   INTRODUCTION

Several classes of timed transition Petri nets have been proposed in order to define a unified modeling tool for formal description and performance analysis of computer and communication systems. Such Petri net models have been broadly accepted due to the availability of appropriate software packages (e.g. GreatSPN [7], METASAN [17], SPNP [8]) which allow to interactively validate a model and completely automate the solution process. Marsan, Balbo, and Conte defined Generalized Stochastic Petri Nets

---

* This work was supported by the Federal Ministry for Research and Technology of Germany (BMFT) and by the German Research Society (DFG) under grants ITR9003 and Ho 1257/2-1, respectively.

(GSPNs, [2]) which include timed transitions associated with exponentially distributed firing delays and immediate transitions firing without a delay. Marsan and Chiola introduced Deterministic and Stochastic Petri Nets (DSPNs, [3]) as an extension to Generalized Stochastic Petri Nets. DSPN models allow the association of a timed transition either with a deterministic or an exponentially distributed firing delay.

Dependability modeling of fault-tolerant systems without or with incomplete repair requires to calculate time-dependent state probabilities (see e.g. [14]). Moreover, realistic values for failure rates are multiples of hours whereas usual repair rates (physical repairs or processor rebooting times) are in the order of minutes. The presence of parameter values which differ in several orders of magnitude causes stiffness in stochastic Petri net models for dependability evaluation. The applicability of GSPN models for this class of problems has been severely hampered by the high computational effort and the limited consideration of stiffness. The version 1.4 of the solution package GreatSPN employs a time discretization and a direct exponentiation of the generator matrix Q. To the author´s knowledge the packages METASAN [17] and SPNP [8] are provided with an implementation of the randomization technique and an ordinary algorithm for calculating Poisson probabilities. Both analysis tools have been employed for the transient analysis of non-stiff Markov chains underlying Stochastic Activity Networks and GSPN models, respectively (see e.g. [16]).

This paper presents a numerical algorithm for efficiently computing transient solutions of GSPN models and the steady-state solution of DSPN models. The described computational method employs the randomization technique [12] improved by a numerically stable method for calculating Poisson probabilities [9]. Hence, the described solution algorithm can handle stiffness much better than the numerical algorithms implemented in GreatSPN, METASAN, and SPNP. The calculation of the steady-state solution of DSPN models which include deterministic transitions competitively or concurrently enabled with exponential transitions also requires to determine time-dependent state probabilities of the corresponding Markov chain. In this paper a computational formula is introduced for the average sojourn time in tangible DSPN markings during the enabling interval of a deterministic transition. This formula allows to employ the described method for calculating steady-state solutions of DSPN models.

The benefit of the described numerical method is illustrated by stochastic Petri net models for two queueing systems. The evaluation of the transient behavior of the M/M/1/K queue is performed by means of a GSPN model. For this model Figures are presented which relate the computational effort required for calculating the solution as a function of the model size and the mission time, respectively. Since this model has a closed-form solution, the accuracy achieved by the described numerical method can be determined. Another set of curves shows the relationship between the achieved accuracy and the pre-defined error tolerance. An additional curve shows the computational cost as a function of the error tolerance. The steady-state solution of the $E_{10}/D/1/K$ queue is obtained using a DSPN model. A Figure is presented which shows the computational effort as a function of the model size. These results are compared with the corresponding curves obtained by the adaptive matrix exponentiation method implemented in the software package GreatSPN [7]. This comparison shows that the model solutions are calculated with significantly less computational effort and a better error control by the approach described than by the adaptive matrix exponentiation method of the software package GreatSPN.

Moreover, the refined randomization method can be combined with the decomposition technique for DSPNs described in [5] to further reduce the computational effort of the solution. Thus, the described numerical method allows to solve DSPN models for which the solution process has been previously considered intractable with reasonable computational effort.

The remainder of this paper is organized as follows. Section 2 recalls the main concepts of the randomization technique. In section 3 computational formulas are introduced for efficiently calculating transient solutions of GSPN models and the steady-state solution of DSPN models. In section 4 two stochastic Petri net models are considered as empirical examples to illustrate the benefit of the proposed computational method. Finally, concluding remarks are given.

2   THE RANDOMIZATION TECHNIQUE

The calculation of transient state probabilities of a Markov chain requires to solve the Chapman-Kolmogorov equation. This linear system of first order differential equations describes the behavior of the state probability vector π as a function of the time t assuming that the initial state of the system $\pi(0) = \pi_{initial}$. Equation (1) forms an initial value problem in which Q denotes the generator matrix of the considered Markov chain.

$$\frac{\partial \pi(t)}{\partial t} = \pi(t) \cdot Q \qquad \pi(0) = \pi_{initial} \tag{1}$$

Analytically, its solution is given by

$$\pi(t) = \pi_{initial} \cdot e^{Qt} \tag{2}$$

The "matrix exponential" in formula (2) is defined as [11]

$$e^{Qt} = \sum_{k=0}^{\infty} \frac{t^k}{k!} Q^k \tag{3}$$

Hence, the solution of the Chapman-Kolmogorov equation can be numerically determined as:

$$\pi(t) = \pi_{initial} \cdot e^{Qt} = \sum_{k=0}^{R(t,\varepsilon)} \pi_{initial} \cdot Q^k \cdot \frac{t^k}{k!} \tag{4}$$

In formula (4) the right truncation point R depends on the considered instant of time t and the error tolerance ε. Due to the negative diagonal elements of the generator matrix Q this computation of the truncated series expansion may lead to severe round-off errors [10]. To overcome this problem the DSPN solution algorithm provided by the version 1.4 of the software package GreatSPN [7] employs a refined computational technique of equation (4). The time interval [0, t] is discretized in several steps depending on the rates of exponential transitions. To keep the computational effort within a reasonable range the discretization steps are bounded by constants incorporated in the source code of GreatSPN. Hence, the original algorithm can take into account the numerical nature of the model parameters only in a limited way.

Since the matrix Q is a generator matrix of a Markov chain with finite state space, this problem can be solved by exploiting the stochastic structure of Q. Define the scalar q and the matrix A as:

$$q = 1.02 \cdot \max_{1 \le k \le N} |q_{kk}|$$

$$A = \frac{1}{q} Q + I \tag{5}$$

Since negative entries in the matrix Q are restricted to its diagonal, all entries in the matrix A are non-negative. Rewriting equation (5) the matrix Q and the matrix exponential e^{Qt} can be expressed as:

$$Q = Aq - Iq \tag{6}$$

$$e^{Qt} = e^{Aqt} \cdot e^{-qt} \tag{7}$$

Thus, the transient probability vector $\pi(t)$ can be calculated by

$$\pi(t) = \pi_{initial} \cdot e^{Qt} = \sum_{k=L(qt,\varepsilon)}^{R(qt,\varepsilon)} \pi_{initial} \cdot A^k (e^{-qt} \cdot \frac{(qt)^k}{k!})$$

$$= \sum_{k=L(qt,\varepsilon)}^{R(qt,\varepsilon)} \Phi(k) \cdot \beta(k) \tag{8}$$

In formula (8) $\Phi(k)$ denotes the state probability vector of the corresponding discrete-time Markov chain at the instant of time k and $\beta(k)$ denotes the k-th Poisson probability. Thus, the computation of the transient probability vector $\pi(t)$ of the continuous-time Markov chain is reduced to the computation of the transient probability vector $\Phi(k)$ of the corresponding discrete-time Markov chain. The definition of the scalar q in (5) is due to Wallace and Rosenberg [18] and ensures that the discrete-time Markov chain is aperiodic. The function $\Phi(k)$ forms the (forward) Chapman-Kolmogorov equation for the discrete-time Markov chain assuming the system is initially in state $\pi_{initial}$. It can be efficiently computed by recursive vector-matrix multiplications [12].

$$\Phi(0) = \pi_{initial}$$

$$\Phi(k+1) = \Phi(k) \cdot A \tag{9}$$

In case the product qt < 25 the Poisson probabilities $\beta(k)$ are calculated recursively as

$$\beta(0) = e^{-qt}$$

$$\beta(k+1) = \beta(k) \cdot \frac{qt}{k+1} \tag{10}$$

If the product qt > 25 a special-purpose algorithm for calculating Poisson probabilities proposed by Fox and Glynn [9] is employed. The summation of formula (10) starts at an appropriately determined left truncation truncation point L > 0 and the left tail of the Poisson distribution is neglected. This computational method considers the smallest and largest representable machine number and ensures that numerical overflow and underflow do not occur.

In order to determine the number of iterations necessary for achieving an absolute error tolerance ε in each element of $\pi(t)$ the left and right truncation points $L = L(qt, \varepsilon)$ and $R = R(qt, \varepsilon)$ of formula (8) are determined such that

$$\sum_{k=L}^{R} \beta(k) \geq 1 - \varepsilon \tag{11}$$

Since formula (11) defines a bound on the total mass of the truncated series, it provides a conservative estimate of the truncation error of formula (8). The existence of an absolute error bound for each element of the probability vector $\pi(t)$ forms a major advantage of this computational method. From a numerical point of view the randomization technique transforms the matrix exponential e^{Qt} into a product of a scalar exponential function and a matrix exponential. Since all terms of the matrix A are non-negative and less than or equal to 1, the computation of the series expansion of e^{Aqt} is not as badly affected by round-off errors as the series expansion of e^{Qt}. As observed by Reibman and Trivedi [16] time-dependent state probabilities of continuous-time Markov chains are calculated more efficiently by the randomization technique than by general differential equation solution techniques. This is due to the fact that the randomization method not only has a sparse implementation but also exploits the probabilistic structure of the matrix Q. Its computational complexity is given by $O(\eta qt)$ [16] where η denotes the number of nonzero entries in the generator matrix Q.

A stochastic interpretation of the randomization technique is as follows. The continuous-time Markov chain is reduced to a discrete-time Markov chain which is subordinated to a Poisson process [9]. Thus, the name randomization is applied to the computational technique which exploits this construction. This computational approach is also suitable for calculating other transient quantities such as transient probabilities at multiple instants of time and average sojourn times in markings of a stochastic Petri net during a time interval. Grassmann originally proposed to employ the randomization technique without left-truncation for calculating transient solutions of Markovian queues [10]. In the next section we show how to employ the randomization technique with left-truncation for calculating time-dependent quantities of Markov chains underlying stochastic Petri net models.

3 NUMERICAL SOLUTION METHODS FOR STOCHASTIC PETRI NETS

3.1 EFFICIENT CALCULATION OF TRANSIENT SOLUTIONS FOR GSPN MODELS

Generalized Stochastic Petri Nets (GSPNs [2]) have been proposed by Marsan, Balbo and Conte in order to define a modeling tool for both formal description and quantitative analysis of computer and communication systems. Throughout this paper we assume that the reader is familiar with the basic concepts of stochastic Petri nets and refer to [1] as an introductory paper. The generator matrix Q of the continuous-time Markov chain underlying a GSPN is derived by contracting the reachability graph of the GSPN [2]. The entries of the matrix Q are determined by the weights associated with immediate transitions and the rates associated with exponential transition which cause the corresponding change of marking.

As a consequence the calculation of transient marking probabilities of a GSPN model requires to derive the corresponding transient probability vector of the underlying Markov chain. This can be performed by numerically solving the Chapman-Kolmogorov differential equation (1) as described in the previous section. Assuming the initial marking of the GSPN is M_0, the recursion (9) starts with $\Phi(0) = u_i$. Here u_i denotes the i-th row unity vector of dimension N ($u_i \in \mathbb{R}^{1 \times N}$). According to the discussion in the previous section the state probability vector of the GSPN at instant of time t can be effectively calculated by:

$$\pi_{M_0}(t) = \sum_{k=L}^{R} \Phi(k) \cdot \beta(k) \tag{12}$$

3.2 EFFICIENT CALCULATION OF STEADY-STATE SOLUTIONS FOR DSPN MODELS

Marsan and Chiola introduced Deterministic and Stochastic Petri Nets (DSPNs, [3]) as an extension to Generalized Stochastic Petri Nets. DSPN models allow the association of a timed transition either with a deterministic or an exponentially distributed firing delay. Hence, DSPN models are suited to represent system features such as timeouts, propagation delays or processor rebooting times which are naturally associated with constant delays. It has been shown that a DSPN can be mapped on a semi-Markov process because a discrete-time Markov chain can be defined by sampling the stochastic behavior of the DSPN only at appropriately selected instants of time [3]. If a deterministic transition is enabled, the continuous-time stochastic behavior of the DSPN is sampled at the instant of its firing. Otherwise the stochastic behavior of the DSPN is sampled at the instant of firing of an exponential transition.

In case a deterministic transition is competitively or concurrently enabled with some exponential transitions time-dependent state probabilities have to be calculated in order to determine the state transition probabilities $P(S_i \rightarrow S_j)$ of the embedded Markov chain. These state transition probabilities are given by [3]:

$$P(S_i \rightarrow S_j) = u_i \cdot e^{Q\tau_i} \cdot \Delta_i \cdot u_j^T \tag{13}$$

In formula (13) Δ_i denotes the state transition matrix representing the feasible changes from marking M_i to other tangible markings of the DSPN following a path of immediate transition firings which are enabled after firing the deterministic transition. Nonzero entries of Δ_i are either "1" or given by the weights associated with conflicting immediate transitions. The state transition probabilities $P(S_i \rightarrow S_j)$

from a state S_i enabling a deterministic transition with delay τ_i are derived by the transient state probability vector $\pi(\tau_i)$ with initial state vector u_i. Practically, the entire i-th row of the state transition matrix $P(i)$ is determined in one step. As in case of computing transient solutions for GSPNs the recursion (9) starts with $\Phi(0) = u_i$. Thus, with equation (10) the row vector $P(i)$ is calculated by:

$$P(i) = \pi(\tau_i) \cdot \Delta_i = \left(\sum_{k=L}^{R} \Phi(k) \cdot \beta(k) \right) \cdot \Delta_i \tag{14}$$

Moreover, in case a deterministic transition is concurrently enabled with some exponential transitions conversion factors have to be determined in order to convert the steady-state probability of the discrete-time Markov chain to the steady-state probability of the continuous-time DSPN. These conversion factors can be interpreted as the average sojourn time in the state S_i during the enabling time τ_i. They are given by [3]:

$$C(i,j) = \frac{1}{\tau_i} \int_0^{\tau_i} u_i \cdot e^{Qt} \cdot u_j^T \, dt \tag{15}$$

The conversion factors $C(i,j)$ of formula (15) can also be calculated using the randomization technique. Practically, an entire row $C(i)$ is computed. As shown in [13] the i-th row vector $C(i)$ of the conversion matrix can be efficiently calculated by:

$$C(i) = \frac{1}{q\tau_i} \sum_{k=0}^{R} \Phi(k) \cdot \left(1 - \sum_{n=L}^{k} \beta(n) \right) \tag{16}$$

4   APPLICATION EXAMPLES

Even if most problems involving modeling of computer or communication systems require to consider multiple units, the benefit of employing the refined randomization method is illustrated by two single-server queues. This is due to their linear dependence between the number of buffers and the state space cardinality. Moreover, analytical solutions exist for these models which allow to determine the achieved numerical accuracy. The experiments have been performed on a Sun 4/65 Sparcstation with 16 MByte main memory running the operating system SunOS4.1. We observed that employing the programming language C rather than Pascal already yields some reduction of the computation time required by the solution algorithm of GreatSPN. To obtain a fair comparison between the refined randomization technique and the adaptive matrix exponentiation method provided by GreatSPN this part of the source code of GreatSPN has been compiled from Pascal to C. Both numerical methods perform each calculation in double precision arithmetic. In the Figures presented below the performance indices of the adaptive matrix exponentiation method provided by GreatSPN are shown by the dashed curves and attached with the label "ME". The corresponding performance indices of the refined randomization method are shown by the dotted curves and attached with the label "RA".

Figure 1 depicts a GSPN model for a single-server queueing system with Poisson input, exponential service, and limited waiting room. According to Kendall's notation this queueing system is referred to as M/M/1/K. The corresponding Markov chain has K+1 states and its generator matrix consists of 2K nonzero entries. Initially, all customers are outside the queueing system (tokens contained in place P1). The waiting queue and the service station are represented in Figure 1 by the places P2 and P3, respectively. The Poisson arrival stream and the exponentially distributed service time are represented by the exponential transitions T1 and T3, respectively. These timed transitions are associated with the rates λ and μ, respectively. In all tests presented the model parameters are as follows: arrival rate $\lambda = 9$ and a service rate $\mu = 10$.

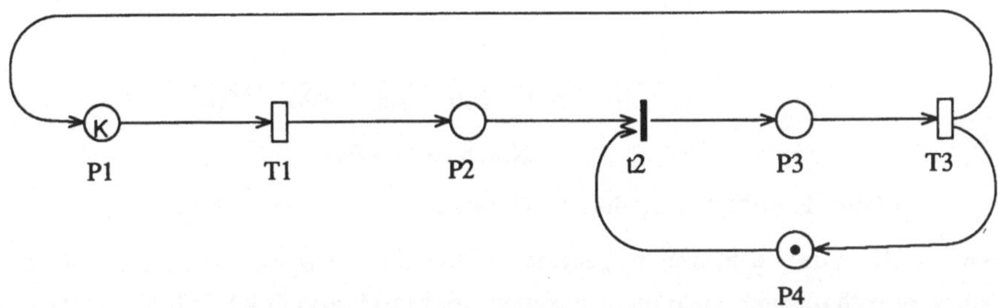

Figure 1. GSPN model for the M/M/1/K queueing system

Morse derived a closed-form expression for its transient state probabilities [15]. Assuming the system is initially empty the probability that n customers are in the system ($0 \leq n \leq K$) at time t is given by:

$$p_n(t) = P_n + \frac{2\sigma^{\frac{n}{2}}}{K+1} \sum_{s=1}^{K} \frac{1}{x_s} \left\{ \sqrt{\sigma} \sin\left(\frac{s\pi}{K+1}\right) \right\} \cdot \left\{ \sqrt{\sigma} \sin\left(\frac{s(n+1)\pi}{K+1}\right) - \sin\left(\frac{sn\pi}{K+1}\right) \right\} \cdot e^{-\gamma_s t} \quad (17)$$

In formula (22) σ is given by λ/μ and P_n denotes the steady-state probability for n customers in the system. The eigenvalues γ_s are given by:

$$\gamma_s = \mu x_s = \lambda + \mu - 2\sqrt{\lambda\mu} \cos\left(\frac{s\pi}{K+1}\right) \qquad s = 1, 2, .., K \quad (18)$$

Figure 2 plots curves for the amount of CPU time required by the adaptive matrix exponentiation method implemented in GreatSPN [7] and by the refined randomization method for calculating the transient solution of the M/M/1/K queue. The solution is calculated with an error tolerance of $\varepsilon = 10^{-12}$ and the instant of time t = 50 is considered. Note, that the computational effort of the matrix exponentiation method provided by GreatSPN depends heavily on the lower bound for the step size of the discretization. This bound has been set to 0.001 for this set of experiments.

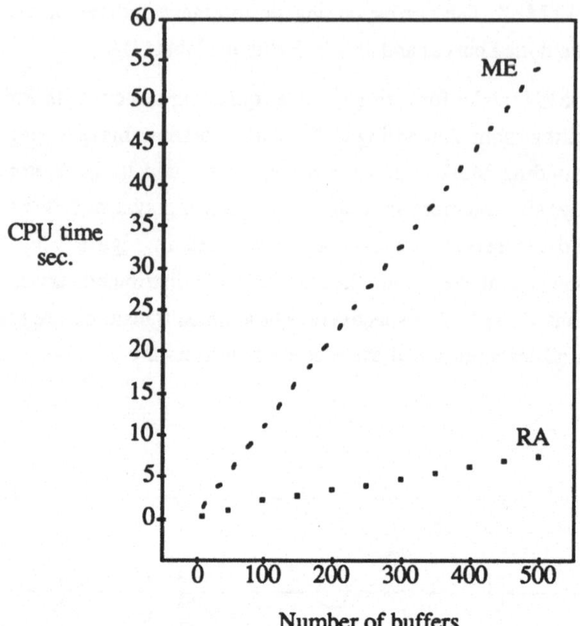

Figure 2. M/M/1/K model - CPU time versus number of buffers

Since there are 2K nonzero entries in the generator matrix Q of the Markov chain (η = 2K), the sparse implementations of both methods yield that the complexity $O(\eta)$ is also O(K). In Figure 2 the CPU time for both methods increases linear in the number of states. But the amount of CPU time required by the refined randomization method increases significantly slower than the amount of CPU time of the adaptive matrix exponentiation method implemented in GreatSPN [7].

Figure 3 shows the computational effort required for calculating the transient solution of the GSPN at instant of time t = 50 for varying error tolerance. For this experiment the number of buffers is kept fixed to K = 300. As the error tolerance increases, the computational effort of the refined randomization method increases rather slowly whereas the effort of the method provided by GreatSPN grows significantly.

Figure 4 shows the achieved numerical accuracy as a function of the initial error tolerance specification. The transient solution at time t = 50 is considered and the number of buffers is kept fixed to K = 300. We observe a maximum achievable accuracy of 10^{-14} for both numerical methods. Note, that the accuracy achieved by the method implemented in GreatSPN degrades in this application for $\varepsilon \leq 10^{-12}$ whereas the accuracy achieved by the refined randomization method remains constant due to the absolute bound for the truncation error. Hence, the refined randomization method has a better error control than the matrix exponentiation method implemented in GreatSPN.

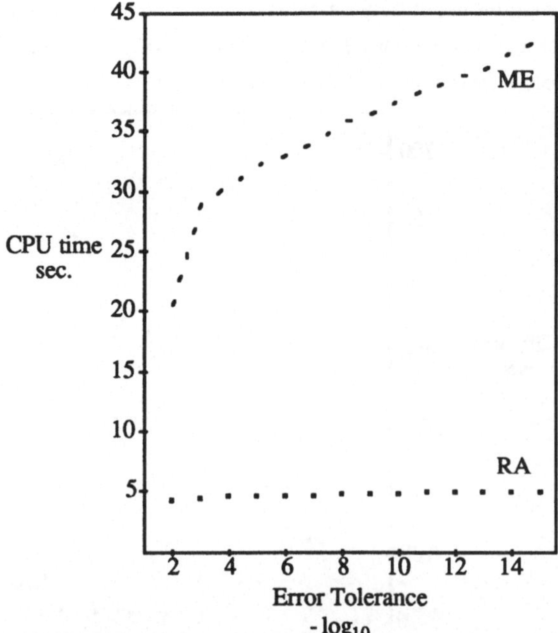

Figure 3. M/M/1/K model - Computational cost versus error tolerance

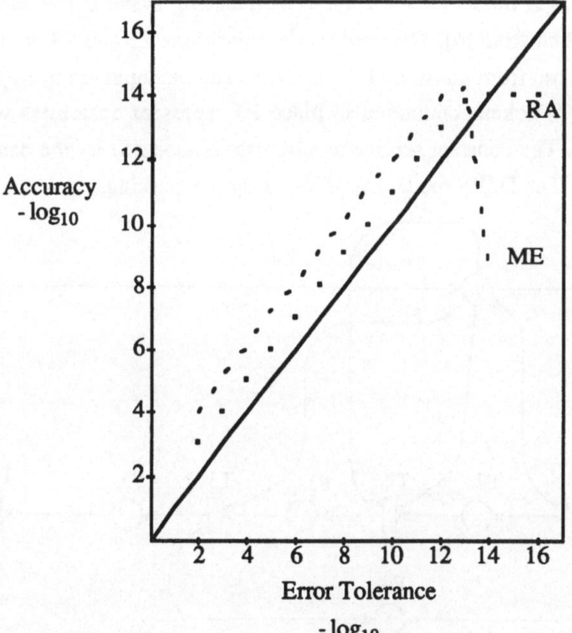

Figure 4. M/M/1/K model - Numerical accuracy versus error tolerance

Figure 5 relates the transient instant of time for which the solution is calculated (called the mission time) to the computational cost required by considered solution methods. The number of buffers is kept fixed to K =300 and an error tolerance of $\varepsilon = 10^{-12}$ is considered.

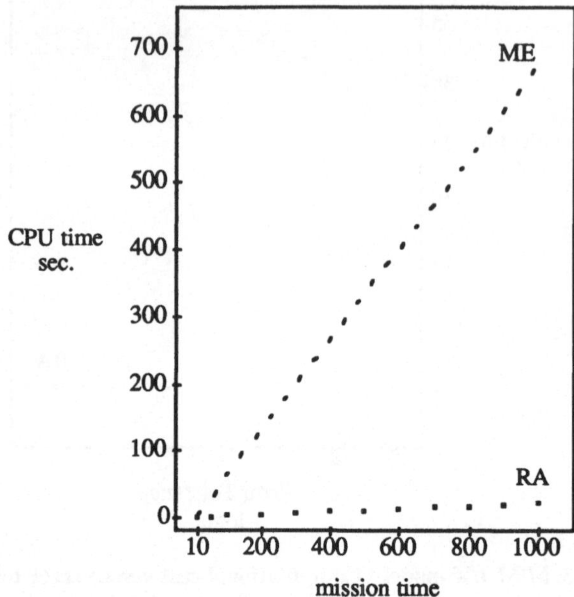

Figure 5. M/M/1/K model - Computational cost versus mission time

Figure 6 shows a DSPN model for the $E_{10}/D/1/K$ queueing system. The submodel representing the Erlangian arrivals is taken from [6]. The exponential transitions T2 and T3 are associated with a firing rate of 10λ. The output arc from transition t1 to place P2 and the input arc from place P3 to transition T3 have the multiplicity 9. Tokens contained in place P5 represent customers waiting in the queue or currently being served. The constant service requirement is modeled by the deterministic transition T4 with a firing delay of τ. The DSPN model has 10K+1 tangible markings.

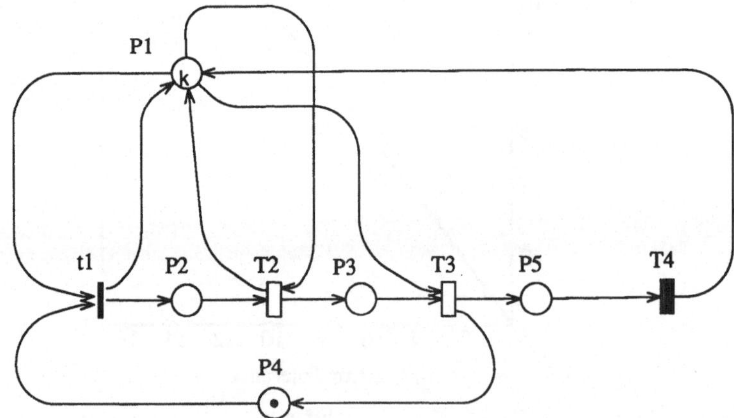

Figure 6. DSPN model for the $E_{10}/D/1/K$ queueing system

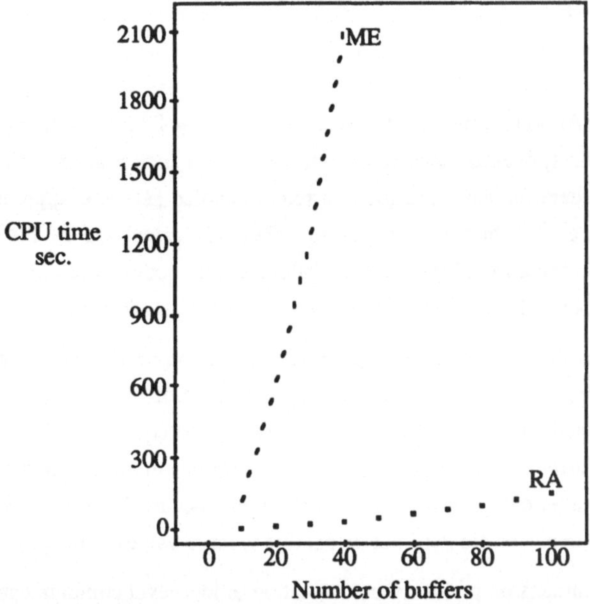

Figure 7. E_{10}/D/1/K model - CPU time versus number of buffers

In this experiments an arrival rate of $\lambda = 9$ and a mean service time of $\tau = 0.1$ is considered. Figure 7 plots the amount of CPU time required for calculating the steady-state solution of the E_{10}/D/1/K model for both computational methods. The number of buffers varies from 10 to 100. An error tolerance of $\varepsilon = 10^{-12}$ is considered and the lower bound for the discretization steps of the direct matrix exponentiation of GreatSPN is set to 0.1. We observe that the described solution method requires substantially less computation time than the adaptive matrix exponentiation method of GreatSPN. Note, that the described DSPN solution algorithm requires about 2 minutes of CPU in case of 100 buffers whereas the solution method of GreatSPN requires 35 minutes for 30 buffers. DSPN models for real systems usually incorporate several deterministic transitions (see e.g. [4]). The employment of the described computational method to such DSPN models makes its benefits even more evident. For example, the solution of compact DSPN for the Ethernet LAN introduced in [4] in case of 25 stations consists of 4601 tangible markings and requires about 70 minutes of CPU time on a Sun 4/65 Sparcstation by the described method [13].

CONCLUSIONS

This paper describes a computational method for efficiently calculating transient solutions of GSPN models and the time-dependent quantities required by the solution process of DSPN models. Since the randomization technique has an absolute bound for the truncation error, this numerical solution method has a better error control than the adaptive matrix method implemented in the version 1.4 of GreatSPN. Computational formulas for efficiently calculating the state transition probabilities of the embedded

Markov chain of a DSPN and the corresponding conversion factors have been introduced in (14) and (16), respectively. The presented results indicate that the employment of the described computational method allows to numerically solve DSPN models with a state space of order 10^4 with reasonable computational effort. Another approach for efficiently solving DSPN models lies in decomposing the model into subnets of exponential and immediate transitions such that the behavior of each subnet is independent from the deterministic transition currently enabled [5]. This approach requires to compute transient solutions of each subnet which can be effectively calculated by the refined randomization technique. Hence, a combination of the refined randomization method with the decomposition technique for DSPN models leads to a further reduction of the computational effort of the DSPN solution process.

Depending on the value of the product qt and the predefined error tolerance ε the right truncation point, R, of the randomization formula is determined. In case of the product qt > 25 a left truncation point L > 0 is determined additionally [9]. Then, the recurrence equation (10) is started at L and the left tail of the Poisson distribution is neglected. Since the implementation of this special-purpose method ensures that neither numerical underflow nor overflow can occur, the described computational method can deal with stiffness in stochastic Petri net model due to large values of the product qt (e.g. qt > 5000).

Current work concentrates on performance evaluation of low-level communication protocols by means of DSPNs. Furthermore, we are employing GSPN models for dependability modeling of concurrent software systems with limited repair.

REFERENCES

[1]   M. Ajmone Marsan, "Stochastic Petri Nets: An Elementary Introduction", in: *G. Rozenberg (Ed.) Advances in Petri Nets 1989, Lecture Notes in Computer Science 424*, pp. 1-29, Springer 1990.

[2]   M. Ajmone Marsan, G. Balbo, and G. Conte, "A Class of Generalized Stochastic Petri Nets for the Performance Analysis of Multiprocessor Systems", *ACM Trans. Comp. Systems, 2*, pp. 93-122, 1984.

[3]   M. Ajmone Marsan and G. Chiola, "On Petri Nets with Deterministic and Exponentially Distributed Firing Times", in: *G. Rozenberg (Ed.) Advances in Petri Nets 1986, Lecture Notes in Computer Science 266*, pp. 132-145, Springer 1987.

[4]   M. Ajmone Marsan, G. Chiola, and A. Fumagalli, "An Accurate Performance Model of CSMA/CD Bus LAN", in: *G. Rozenberg (Ed.) Advances in Petri Nets 1986, Lecture Notes in Computer Science 266*, pp. 146-161, Springer 1987.

[5]   M. Ajmone Marsan, G. Chiola, and A. Fumagalli, "Improving the Efficiency of the Analysis of DSPN Models", in: *G. Rozenberg (Ed.) Advances in Petri Nets 1989, Lecture Notes in Computer Science 424*, pp. 30-50, Springer 1990.

[6] P. Chen, S.C. Bruell, and G. Balbo, "Alternative Methods for Incorporating Non-exponential Distributions into Stochastic Timed Petri Nets", *Proc. 3rd Int. Workshop on Petri Nets and Performance Models, Kyoto Japan,* pp. 186-197, 1989.

[7] G. Chiola, "A Graphical Petri Net Tool for Performance Analysis", *Proc. 3rd Int. Conf. on Modeling Techniques and Tools for Performance Analysis, Paris France,* pp. 323-333, 1987.

[8] G. Ciardo, J. Muppala, K.S. Trivedi, "SPNP: Stochastic Petri Net Package", *Proc. 3rd Int. Workshop on Petri Nets and Performance Models, Kyoto Japan,* pp. 142-151, 1989.

[9] B.L. Fox and P.W. Glynn, "Computing Poisson Probabilities", *Comm. of the ACM, 31,* pp. 440-445, 1988.

[10] W. Grassmann, "Transient Solutions in Markovian Queues", *European Journal of Operational Research, 1,* pp. 392-402, 1977.

[11] D. Gross and C.M. Harris, "Fundamentals of Queueing Theory", 2nd Edition, *John Wiley & Sons,* 1985.

[12] D. Gross and D.R. Miller, "The Randomization Technique as a Modeling Tool and Solution Procedure for Transient Markov Processes", *Operations Research,* 32, 345-361, 1984.

[13] C. Lindemann, "An Improved Numerical Algorithm for Calculating Steady-State Solutions of Deterministic and Stochastic Petri Net Models", *Technical Report 91-6, Department of Computer Science Technische Universität Berlin,* 1991.

[14] J.F. Meyer, K.H. Muralidhar and W.H. Sanders, "Performability of a Token Bus Network under Transient Fault Conditions", *Proc. 19th Int. Symp. on Fault-Tolerant Computing, Chicago Illinois,* pp. 175-182, 1989.

[15] P.M. Morse, "Queues, Inventories, and Maintenance: The Analysis of Operational Systems with Variable Demand and Supply", *John Wiley & Sons,* 1958.

[16] A.L. Reibman and K.S. Trivedi, "Numerical Transient Analysis of Markov Models", *Computers & Operations Research, 15,* pp. 19-36, 1988.

[17] W.H. Sanders and J.F. Meyer, "METASAN: A Performability Evaluation Tool based on Stochastic Activity Networks", *Proc. of the ACM-IEEE Comp. Soc. Fall Joint Comp. Conf.,* pp. 807-816, 1986.

[18] V.L. Wallace and R.S. Rosenberg, "Markovian Models and Numerical Analysis of Computer Systems Behavior", *Proc. of the ACM-IEEE Comp. Soc. Spring Joint Comp. Conf.,* pp. 141-148, 1966.

Iterative Analyse von Markov-Modellen
mit alternierender Aggregation und Disaggregation

Christoph Strelen
Rheinische Friedrich-Wilhelms-Universität Bonn
Institut für Informatik
Römerstr. 164, D-5300 Bonn

Zusammenfassung

Wir schlagen eine iterative approximative Analysemethode für Markov-Ketten mit großem Zustandsraum vor, die mit Aggregation und Disaggregation durch Entropiemaximierung die Speicher- und Rechenzeitkomplexität reduziert. Sie ist universell; es werden exemplarisch Fork-Join-Netze und Pollingsysteme damit modelliert und analysiert. Dazu wird eine passende Modelliersprache und ein Programmierwerkzeug verwendet. Im diskreten Fall beruht die Iteration auf der üblichen Vektoriteration, ist also bei fast vollständig zerlegbaren Systemen zu langsam konvergent. Wir schlagen zur Abhilfe ein auf Aggregationen zugeschnittenes Verfahren für simultane Iteration vor.

CR Classification C.4 Performance of Systems
Schlüsselwörter Numerische Modelle, Markov-Ketten, Aggregation, Maximale Entropie, Simultane Iteration, Fork-Join-Modelle, Polling-Modelle

1 Einleitung

Thema unserer Überlegungen ist die numerische Analyse von Markov-Modellen, deren Eigenschaften durch eine Markov-Kette erfaßt werden. Diese Modelle sind von großer Wichtigkeit und werden über den Bereich der Modellierung von Rechensystemen hinaus viel benutzt. Im allgemeinen ist der Zustandsraum so groß, daß die Zustandswahrscheinlichkeiten weder berechnet noch gespeichert werden können, geschweige denn die Übergangswahrscheinlichkeiten. Und selbst wenn das bei nicht ganz so großen Systemen möglich ist, interessieren gar nicht die vielen Zustandswahrscheinlichkeiten, sondern nur einige wenige und im übrigen Summen davon, sogenannte *Makrowahrscheinlichkeiten*, also die Wahrscheinlichkeiten gewisser Mengen von Zuständen, auch *Aggregate* genannt. Da liegt die Idee nahe, überhaupt nur Aggregate und Makrowahrscheinlichkeiten zu betrachten und zu versuchen, die Modelle hinsichtlich dieser zu analysieren, ohne alle Zustandswahrscheinlichkeiten zu berechnen. Auf diese Weise wird das Modell nicht ganz genau erfaßt, vielmehr kommt es zu Verfahrensfehlern.

Elegant und praktisch ist es, wenn die *Lösung* eines Modells, das sind quantitative Aussagen über die seine Eigenschaften beschreibenden Parameter, in Form übersichtlicher mathematischer Ausdrücke angegeben werden kann, wenn also ein Analytisches Modell vorliegt. Sehr oft ist das nicht der Fall, und man muß nach einer anderen Möglichkeit für die Modellanalyse Ausschau halten. Im Bereich stochastischer Modelle sind das in erster Linie simulative Verfahren, die eine sehr hohe Rechenzeitkomplexität aufweisen. In zunehmenden Maße werden auch numerische Methoden betrachtet, bei denen die mathematischen Ausdrücke der Lösung eines Modells, wenn sie unübersichtlich sind, numerisch ausgewertet werden. Uns scheinen diese *Numerischen Modelle* immer wichtiger zu werden; dafür spricht z. B. die große Zahl von Arbeiten über die numerische Auswertung von Markov-Ketten mit sehr großem Zustandsraum ([2], [7]). Sicherlich kann man auf diese Weise viel mehr Aspekte in einem Modell erfassen und analysieren als in Analytischen Modellen. Vergleichbar ist das mit anderen Gebieten der Mathematik, wo der Ingenieur bei der Anwendung mathematischer Verfahren die Auswertung numerisch durchführt; man denke nur an die Gebiete Lineare Algebra und Differentialgleichungen.

Wenn man sich vor Augen führt, daß die Zustandsraumgröße vieler Markov-Modelle exponentiell mit der Größe des Modells wächst, z.B. mit der Anzahl der Knoten eines Warteschlangennetzes, sieht man sofort, daß hier die Bemühungen um immer schnellere Lösungsalgorithmen nicht weiterhelfen. Man muß statt dessen vereinfachen. Wir wollen dies durch Zusammenfassen von Zuständen, *Aggregation* , bewerkstelligen. Courtois hat eine derartige Theorie für fast-vollständig zerlegbare Markov-Modelle entwickelt ([4]).

Zwei wesentliche Merkmale kennzeichnen die Vorgehensweise, die wir hier vorschlagen. Zum einen geschieht die Auswertung numerisch, und zwar iterativ. Zum anderen spielt die Umkehrung der Aggregation, die *Disaggregation* , eine ganz wichtige Rolle und wird auf spezielle Art und Weise durchgeführt, nämlich durch Entropiemaximierung (Abschnitt 3). Bei der Aggregation (Abschnitt 2) bilden Aggregate eine Partition des Zustandsraumes, und wir behandeln mehrere solche Partitionen. Jeder Zustand ist damit Element verschiedener Aggregate, von denen jedes zu einer anderen Partition gehört. Die Makrowahrscheinlichkeit eines Aggregates ist einfach die Summe der Wahrscheinlichkeiten seiner Komponentenzustände. Diese Summierungen definieren unsere *Aggregationsfunktion* $\mathcal{A}$. Umgekehrt bekommt man durch Anwendung der *Disaggregationsfunktion* $\mathcal{D}$ zu gegebenen Makrowahrscheinlichkeiten eine Verteilung über dem Zustandsraum, die dadurch definiert ist, daß sie ihre Entropie maximiert, und daß die Makrowahrscheinlichkeiten eingehalten werden. Diese Verteilung wird natürlich nie explizit ausgerechnet, denn dann hätten wir ja wieder die hohe Komplexität.

Durch jede der Partitionen wird für eine Verteilung über dem Zustandsraum eine Zufallsvariable definiert, deren Verteilung durch die Makrowahrscheinlichkeiten gegeben ist. Wir nennen diese Verteilungen *Randverteilungen* und bezeichnen sie zusammen mit $\mathbf{R}$. Mit den Zufallsvariablen und ihren Randverteilungen wird gerechnet.

Zur Analyse (Abschnitt 4) benutzen wir ein Iterationsverfahren, das auf der Vektoriteration nach v. Mises ([8]) basiert. Direkte Methoden können wir nicht brauchen, weil unsere Gleichungen nichtlinear sind. Außerdem hat die Iteration den Vorteil, daß sie auch das transiente Verhalten der Modelle analysieren kann. Wir berechnen dabei statt der Zustandswahrscheinlichkeiten der Markov-Kette die Makrowahrscheinlichkeiten zur Zeit t, $\mathbf{R}^{(t)}$, gemäß $\mathbf{R}^{(t+1)} := \mathcal{T}(\mathbf{R}^{(t)})$, $t = 1, 2, \ldots$. Der Operator $\mathcal{T}$ hat folgende Wirkung: berechne mit Disaggregation aus den Makrowahrscheinlichkeiten der Zeit t eine Verteilung über dem Zustandsraum, berechne daraus mit den Übergangswahrscheinlichkeiten der Markov-Kette die Verteilung der Zeit $t+1$ und daraus mit Aggregation Randverteilungen $\mathbf{R}^{(t+1)}$ der Zeit $t + 1$. Realisiert wird $\mathcal{T}$ jedoch direkt, ohne explizit die Zustandswahrscheinlichkeiten zu benutzen, denn sonst wäre ja die Komplexität wieder zu hoch. Wir nennen diese Methode *Disaggregations-Aggregations (DA)-Iteration.* Sie dient der Lösung der für unsere Vorgehensweise zentralen Gleichung $\mathbf{R} = \mathcal{T}(\mathbf{R})$, durch die Näherungen für die Randverteilungen der stationären Zustandswahrscheinlichkeiten definiert werden. Eine bemerkenswerte Facette scheint uns in der Tatsache zu liegen, daß die Gleichung für Produktform-Warteschlangennetze exakt erfüllt ist.

Vektoriteration konvergiert bei fast-vollständig zerlegbaren Markov-Ketten zu langsam; folglich ist für solche Modelle auch bei den Randwahrscheinlichkeiten $\mathbf{R}^{(t)}$ langsame Konvergenz zu erwarten. Bei Vektoriteration schaffen Simultane Iterationsverfahren ([5], [16]) Abhilfe. Wir haben (Abschnitt 8) ein derartiges Verfahren vorgeschlagen, das auch für die Makrowahrscheinlichkeiten $\mathbf{R}^{(t)}$ anwendbar ist.

DA-Iteration wurde für einige Modelle erprobt, für zwei Warteschlangennetze mit einem Fork-Join-Unternetz (Abschnitt 5) und für eine ganze Reihe von Pollingsystemen (Abschnitt 6). Damit möge dargelegt sein, daß das Verfahren universell sein könnte. Diesem Aspekt messen wir besondere Bedeutung zu. Wir hoffen, daß eine allgemeine Modelliermethodik eher akzeptiert wird als die vielen einzelnen Modelle in der Literatur, so daß mit ihr vielleicht öfter schon beim Entwurf eines Systems Leistungsuntersuchungen angestellt werden, wenn noch Rückkopplung auf Entwurfsentscheidungen möglich ist.

Wichtig für die Akzeptanz einer Methode ist auch der Komfort, mit dem der Modellierer sie benutzen kann. Dazu schlagen wir eine Modelliersprache zum Erstellen der Modelle vor und ein Programmierwerkzeug zum Auswerten (Abschnitte 6 bzw. 7). Die *Stochastische Modelliersprache* (SMS) enthält mathematische Formeln und programmiersprachliche Konstrukte. Damit können die Modelle kurz, gut lesbar und genau formuliert werden, und unmittelbare Übertragung in ein Programm zur Auswertung ist möglich. Hilfreich ist dabei das Werkzeug zur Berechnung von Wahrscheinlichkeitsverteilungen *VERENA* (Verteilungs-Rechensystem zur Numerischen Analyse); es entlastet von der Programmierung umfangreicher, häufig wiederkehrender Datenstrukturen und Algorithmen.

2 Aggregation von Zuständen

Wir betrachten homogene Markov-Ketten $(Z^{(t)}, t \in I\!N)$ mit der Zustandsmenge $\mathcal{Z} = [1 : n]$. Die Zustandswahrscheinlichkeiten seien $p^{(t)}(z) \triangleq P\{Z^{(t)} = z\}$, $z \in \mathcal{Z}$, und die Übergangswahrscheinlichkeiten $p(i,j) = P\{Z^{(t+1)} = j | Z^{(t)} = i\}$, $i,j \in \mathcal{Z}$. Mit dem n-Vektor $\mathbf{p}^{(t)} = [p^{(t)}(1),\dots,p^{(t)}(n)]$ und der $n \times n$-Matrix $\mathbf{P} = [p(i,j)]_{i,j=1}^{n}$ ist dann $\mathbf{p}^{(t+1)} = \mathbf{p}^{(t)}\mathbf{P}$. Den oberen Index (t) lassen wir gelegentlich weg.

Um mit großen Zustandsräumen arbeiten zu können, aggregieren wir die Zustände auf unterschiedliche Arten. Drei Kriterien sollen uns dabei leiten: erstens sollen die Wahrscheinlichkeiten der Aggregate, *die Makrowahrscheinlichkeiten*, sinnvolle Aussagen über das System machen, z. B. Randverteilungen in Warteschlangennetzen, zweitens soll eine möglichst genaue Approximation der Wahrscheinlichkeiten $p(z)$ aus diesen Randverteilungen mit Disaggregation möglich sein, und zwar durch Maximierung der Entropie, und drittens sollen die $p(z)$, soweit sie für die Rechnung gebraucht werden, einfach und schnell berechnet werden können. Die beiden letztgenannten Gesichtspunkte werden in Abschnitt 3 besprochen.

Die Aggregation beschreiben wir so: es gebe C Partitionen $\mathcal{Z}_k = \{\mathcal{Z}_{k,j},\ j = 0,\dots,N_k\}$, $N_k \in I\!N$, $k = 1,\dots,C$, des Zustandsraumes $\mathcal{Z}$, also $\mathcal{Z} = \mathcal{Z}_{k,0} \cup \dots \cup \mathcal{Z}_{k,N_k}$, $\mathcal{Z}_{k,j} \cap \mathcal{Z}_{k,j'} = \emptyset$ für $j \neq j'$. In einem Warteschlangennetz kann ein Aggregat $\mathcal{Z}_{k,j}$ z. B. dadurch gekennzeichnet sein, daß j Kunden im Knoten k sind. Die Makrowahrscheinlichkeit für das Aggregat $\mathcal{Z}_{k,j}$ bezeichnen wir auch als Randwahrscheinlichkeit $r_k(j)$, also $r_k(j) = \sum_{z \in \mathcal{Z}_{k,j}} p(z)$, $j = 0,\dots,N_k$, $k = 1,\dots,C$, und schreiben kurz $\mathbf{r}_k = \big(r_k(0),\dots,r_k(N_k)\big)$, $\mathbf{R} = (\mathbf{r}_1,\dots,\mathbf{r}_C)$, und mit der Abbildung $\mathcal{A} : [0,1]^n \to [0,1]^{N_1+1} \times \dots \times [0,1]^{N_C+1}$ $\mathbf{R} = \mathcal{A}(\mathbf{p})$.

Durch die Partitionen wird für jedes $k \in [1 : C]$ eine Zufallsvariable $Z_k : \mathcal{Z} \to [0 : N_k]$, $z \mapsto j$ für $z \in \mathcal{Z}_{k,j}$, $j \in [0 : N_k]$, definiert. Die Randverteilung $\mathbf{r}_k$ ist ihre Verteilung.

Umgekehrt schreiben wir für die Disaggregation $\mathbf{p} \approx \mathcal{D}(\mathbf{R})$, wobei $\mathcal{D} : [0,1]^{N_1+1} \times \dots \times [0,1]^{N_C+1} \to [0,1]^n$ eine Funktion ist, die aus den Randwahrscheinlichkeiten Näherungen für die Zustandswahrscheinlichkeiten berechnet, siehe Abschnitt 3.

Wir sagen, die C Partitionen *identifizieren die Zustände vollständig* , wenn für alle Tupel $z = (z_1, \ldots, z_C) \in [0 : N_1] \times \ldots \times [0 : N_C]$ der Durchschnitt $\mathcal{Z}_{1,z_1} \cap \ldots \cap \mathcal{Z}_{C,z_C}$ entweder leer oder genau ein Zustand $z \in \mathcal{Z}$ ist. Ist er leer, so nennen wir das Zustandstupel z *unmöglich* , sonst *zulässig*. Mit $\mathcal{Z}_T$ bezeichnen wir die Menge der zulässigen Tupel. Dafür gibt es offenbar eine Bijektion $\mathcal{I} : \mathcal{Z}_T \to \mathcal{Z}$ mit $z = \mathcal{I}(z)$ für alle $z \in \mathcal{Z}_T$. Gelegentlich schreiben wir einfach $p(z)$ für $p\bigl(\mathcal{I}(z)\bigr)$ und $p(y, z)$ für $p\bigl(\mathcal{I}(y), \mathcal{I}(z)\bigr)$.

Beispiel 2.1: Modell M, ein Fork-Join-System mit $C + 1$ Bedienstationen und N Kunden. Dieses Warteschlangennetz besteht aus dem Knoten 0 und einem Fork-Join-Unternetz. Letzteres besteht aus dem Fork-Knoten, den Bedienstationen 1 bis C mit Warteraum davor, je einem Warteraum danach und dem Join-Knoten. Der Zustand des Systems wird beschrieben durch das C-Tupel $z = (z_1, \ldots, z_C)$, das für jede Bedienstation $k \in [1 : C]$ die Anzahl der Kunden, z_k, angibt. Damit ist $\mathcal{Z}_T = [0 : N]^C$, $\mathcal{Z} = [1 : n]$ mit $n = (N + 1)^C$, $\mathcal{I}(z) = \sum_{k=1}^{C} z_k (N + 1)^{k-1} + 1$. Die Anzahl z_0 der Kunden im Knoten 0 ergibt sich aus z gemäß $z_0 = N - \max_{1 \le k \le C} z_k$.

Beispiel 2.2: Modell K, dasselbe Fork-Join-System, jedoch kurzgeschlossen, d. h. ohne Knoten 0. Hier ist
$$\mathcal{Z}_T = \{z \in [0 : N]^C \mid \exists k : z_k = N\} = [0 : N]^C \setminus [0 : N - 1]^C, \quad \mathcal{Z} = [1 : n] \text{ mit } n = (N + 1)^C - N^C.$$

3 Disaggregation: Berechnung von Zustandswahrscheinlichkeiten durch Entropiemaximierung

Aggregation von Zuständen wird vorgenommen, um statt großer Zustandsräume nur eine kleine Menge von Aggregaten bearbeiten zu müssen. Im Verlauf der Rechnung werden jedoch regelmäßig Zustandswahrscheinlichkeiten oder wenigstens Wahrscheinlichkeiten von Aggregaten feineren Korns benötigt, z. B. bei einem Warteschlangennetz statt der Randwahrscheinlichkeiten $P\{Z_k = i\}$, mit denen i Kunden im Knoten k sind, die gemeinsamen Wahrscheinlichkeiten $P\{Z_k = i, Z_l = j\}$ für zwei Knoten k und l. Wir wollen die dafür notwendige Disaggregation folgendermaßen bewerkstelligen. Die gesuchten Wahrscheinlichkeiten sollen alle Bedingungen, die wir kennen, erfüllen, und ansonsten soll ihre Entropie maximal sein. Wir nennen das *entropiemaximierende (EM)-Disaggregation*.

Bei der Disaggregation sind die zu erfüllenden Bedingungen gegebene Randverteilungen[1] $r_k(j)$, $j = 0, \ldots, N_k$, $k = 1, \ldots, C$. Hier kann es vorkommen, daß man keine schön geschlossene Form für Zustandswahrscheinlichkeiten $p(z)$ mit maximaler Entropie findet. Wir werden nun zwei Sonderfälle besprechen, die für unsere Anwendungen interessant sind, bei denen wir für die benötigten Wahrscheinlichkeiten einfache Darstellungen angeben können. Dabei nehmen wir immer an, daß die Partitionen des Zustandsraumes die Zustände vollständig identifizieren.

Am einfachsten liegen die Verhältnisse, wenn kein Zustandstupel z unmöglich ist, also wenn $\mathcal{Z}_T = [0 : N_1] \times \ldots \times [0 : N_C]$. Dann haben nämlich die Wahrscheinlichkeiten $r_1(z_1) \cdot \ldots \cdot r_C(z_C)$, $z \in$

---

[1] In diesem Abschnitt lassen wie die oberen Indizes (t) immer weg.

$\mathcal{Z}_T$, die Randwahrscheinlichkeiten $r_k(z_k)$, $z_k = 0, \ldots, N_k$, $k = 1, \ldots, C$, und sie maximieren die Entropie. Beispiele hierfür sind das Fork-Join-System 2.1, Polling-Systeme mit endlichen Puffern (Abschnitt 6) und offene Warteschlangennetzwerke mit endlichen Puffern, sofern die Partitionen durch die Anzahl von Kunden in Knoten definiert werden, $\mathcal{Z}_{k,j} = \{z|$ in Knoten k sind j Kunden$\}$. Bei diesen Verteilungen maximaler Entropie sind also die Zustandswahrscheinlichkeiten der Knoten unabhängig. Es gilt

Satz 3.1 Falls $\mathcal{Z}_T = [0 : N_1] \times \ldots \times [0 : N_k]$ ist und die Partitionen des Zustandsraumes die Zustände vollständig identifizieren, erfüllen die Wahrscheinlichkeiten

$$p(z) = r_1(z_1) \cdot \ldots \cdot r_C(z_C), \quad z = \mathcal{I}(\mathbf{z}), \ \mathbf{z} \in \mathcal{Z}_T,$$

die Randwahrscheinlichkeiten $r_k(z_k)$, $k = 1, \ldots, C$, und sie maximieren die Entropie.

Beweis Mit den Indikatorfunktionen

$$h_{k,j}(z) \triangleq \begin{cases} 1 & \text{wenn} \quad z \in \mathcal{Z}_{k,j}, \\ 0 & \text{sonst} \end{cases}, \quad j = 0, \ldots, N_k, \ k = 1, \ldots, C,$$

gilt für die Randwahrscheinlichkeiten

$$r_k(j) = \sum_{z \in \mathcal{Z}} p(z) h_{k,j}(z), \ j = 0, \ldots, N_k, \ k = 1, \ldots, C. \tag{1}$$

Nach [6], Seite 409, ist deswegen

$$p'(z) \triangleq \exp\left(\lambda_0 + \sum_{k=1}^{C} \sum_{j=0}^{N_k} \lambda_{k,j} h_{k,j}(z)\right), \ z \in \mathcal{Z}, \tag{2}$$

die Verteilung, die die Entropie $-\sum_{z \in \mathcal{Z}} p(z) \ln p(z)$ maximiert, wobei die Parameter $\lambda_{k,j}$ so zu bestimmen sind, daß die Nebenbedingungen (1) erfüllt sind, und λ_0 so, daß die Normierungsbedingung $\sum_{z \in \mathcal{Z}} p(z) = 1$ gilt. Aus (2) bekommt man

$$p'(z) = \frac{1}{G} \prod_{k=1}^{C} \prod_{j=0}^{N_k} \rho_{k,j}^{h_{k,j}(z)} = \frac{1}{G} \prod_{k=1}^{C} \rho_{k,z_k}, \quad z = \mathcal{I}(\mathbf{z}), \ z \in \mathcal{Z},$$

mit $G = \exp(-\lambda_0)$, $\rho_{k,j} = \exp(\lambda_{k,j})$. Man sieht leicht, daß $G = 1$ und $\rho_{k,j} = r_k(j)$ die Normierungsbedingung und die Nebenbedingungen (1) erfüllen. Damit ist $p(z) = p'(z)$. ∎

Nun wollen wir die Verhältnisse beim Beispiel 2.2, dem kurzgeschlossenen Fork-Join-System, untersuchen, mit $C \geq 2$ Knoten. Die Menge der zulässigen Zustandstupel ist

$$\begin{aligned} \mathcal{Z}_T \quad &= \{\mathbf{z} \in [0 : N]^C \mid \exists k : z_k = N\} = [0 : N]^C \setminus [0 : N-1]^C \\ &= \bigcup_{i=1}^{C} \{\mathbf{z} \in [0 : N]^C \mid z_i = N, \ z_l < N \text{ für } l < i\}. \end{aligned} \tag{3}$$

Die letzte Darstellung erlaubt es, die Zustände bequem aufzuzählen, da die vereinigten Mengen disjunkt sind.

Vorgegeben sind Randwahrscheinlichkeiten $r_k(j)$ einer Wahrscheinlichkeitsverteilung $p(\mathbf{z})$, $\mathbf{z} \in \mathcal{Z}_T$, mit $0 < r_k(j) < 1$, $k = 1, \ldots, C$, $j = 0, \ldots, N$. Für diese gilt $\sum_{i=1}^{C} r_i(N) \geq 1$, denn sonst wären es keine Randwahrscheinlichkeiten; das kann man mit (3) zeigen. Hier gilt sogar

$$r_1(N) + \ldots + r_C(N) > 1, \tag{4}$$

da wir Verteilungen maximaler Entropie suchen, bei denen $p(z) > 0$ für alle $z \in \mathcal{Z}_T$ gelten muß. Zu den Randwahrscheinlichkeiten soll eine Verteilung $p(z)$, $z \in \mathcal{Z}$, mit maximaler Entropie berechnet werden. Das ist möglich nach folgendem

Satz 3.2

$$p(z) = \rho_{1,z_1} \cdot \ldots \cdot \rho_{C,z_C}/G, \quad z = \mathcal{I}(z),\ z \in \mathcal{Z}_T,$$

ist über dem Zustandsraum (3) eine Verteilung maximaler Entropie mit positiven Randwahrscheinlichkeiten $r_k(j)$, $k = 1, \ldots, C$, $j = 0, \ldots, N$, wenn

$$\rho_{k,j} = r_k(j)\frac{1 - Gr_k(N)}{1 - r_k(N)}, \quad j = 0, \ldots, N-1,$$

$$\rho_{k,N} = Gr_k(N), \quad k = 1, \ldots, C, \tag{5}$$

und die Normierungskonstante G Lösung der Gleichung $\varphi(G) = 0$ mit $0 < G < 1$ ist, wobei

$$\varphi(G) \triangleq 1 - \sum_{i=1}^{C} r_i(N) \prod_{l=1}^{i-1} \Big(1 - Gr_l(N)\Big).$$

$\varphi(G)$ ist streng monoton wachsend für $G \in [0,1]$ und $\varphi(0) < 0$, $\varphi(1) > 0$, so daß die Lösung mit dem Bisektionsverfahren berechnet werden kann.

Beweisskizze Für alle Zahlen $G \in (0,1]$ ist $p'(z) = \rho'_{1,z_1} \cdot \ldots \cdot \rho'_{C,z_C}/G'$, $z = \mathcal{I}(z)$, $z \in \mathcal{Z}_T$, eine Verteilung, wenn die $\rho'_{k,j}$ gemäß (5) berechnet werden, und G' die Normierungskonstante dazu ist. Aus (5) folgt

$$\rho'_{k,0} + \ldots + \rho'_{k,N} = 1. \tag{6}$$

Für $\hat{G} \triangleq \sum_{z \in [0:N]^C} \rho'_{1,z_1} \cdot \ldots \cdot \rho'_{C,z_C}$ gilt $\hat{G} = 1$. Da die Normierungskonstante $G' = \sum_{z \in \mathcal{Z}_T} \rho'_{1,z_1} \cdot \ldots \cdot \rho'_{C,z_C}$ ist und $\mathcal{Z}_T$ echte Teilmenge von $[0:N]^C$, und weil alle $\rho'_{i,j} > 0$ sind, ist $G' < \hat{G} = 1$ und $0 < G'$. Mit (5) erhält man

$$G' = G\Big(1 - \varphi(G)\Big). \tag{7}$$

Für $G = 1$ ist somit $G' = 1 - \varphi(1)$, und wegen $G' < 1$ für alle betrachteten G folgt $\varphi(1) > 0$. Ferner ist $\varphi(0) = 1 - \sum_{i=1}^{C} r_i(N)$, und mit (4) folgt $\varphi(0) < 0$. Da ferner offenbar $\varphi(G)$ für $G \in [0,1]$ streng monoton wachsend ist, sind nun die Aussagen über $\varphi(G)$ bewiesen, und es existiert eine eindeutige Lösung $G^* \in (0,1)$ der Gleichung $\varphi(G) = 0$. Für dieses G^* ist die Normierungskonstante $G' = G^*$, wegen (7). Damit ist gezeigt, daß man auf die im Satz angegebene Weise wirklich eine Wahrscheinlichkeitsverteilung erhält. Daß diese Verteilung maximale Entropie besitzt, folgt direkt aus dem Satz auf Seite 409 in [6]. Durch Ausrechnen zeigt man, daß $p(z)$ die vorgegebenen Randwahrscheinlichkeiten annimmt. ∎

Folgender Satz gibt im allgemeinen Fall die Form der Disaggregationsfunktion an.

Satz 3.3 Zu gegebenen Randwahrscheinlichkeiten $r_k(z_k)$ erhält man durch Maximierung der Entropie Zustandswahrscheinlichkeiten

$$p(z) = \rho_{1,z_1} \cdot \ldots \cdot \rho_{C,z_C}/G \tag{8}$$

für gewisse Zahlen $\rho_{k,z_k} > 0$ mit

$$\rho_{k,j} = r_k(j)g_{k,j}, \tag{9}$$

wobei

$$g_{k,j} = G / \sum_{\substack{z \in Z_T \\ z_k = j}} \prod_{\substack{i=1 \\ i \neq k}}^{C} \rho_{i,z_i}, \quad j = 0, \ldots, N_k, \quad k = 1, \ldots, C,$$

ist. Der Beweis ist einfach; alle fehlenden Beweise stehen in [15].

(8) und (9) zusammen mit der speziellen Berechnung der Zahlen $g_{k,j}$ und G ist dann die Konkretisierung der Disaggregationsfunktion. Dazu müssen im allgemeinen nichtlineare Gleichungen gelöst werden. Beispiele sind mit den Sätzen 3.1 und 3.2 gegeben.

Ein weiteres Beispiel sind die Zustandswahrscheinlichkeiten für Produktform-Warteschlangennetze. Sie haben die Form (8) und erfüllen die Gleichungen (9) für ihre Randverteilungen; die EM-Disaggregation ist also exakt. Das scheint uns wieder ein Hinweis auf die Relevanz des Prinzips der maximalen Entropie für Wahrscheinlichkeitsverteilungen zu sein.

4 Iterative Analyse der approximierenden stochastischen Prozesse

Zur Analyse benutzen wir ein Iterationsverfahren, das auf der Vektoriteration nach v. Mises ([8]) basiert. Direkte Methoden können wir nicht brauchen, weil unsere Gleichungen nichtlinear sind. Außerdem hat diese Iteration den Vorteil, daß sie auch das transiente Verhalten der Modelle analysieren kann. Wir berechnen dazu statt der Zustandswahrscheinlichkeiten der Markov-Kette die Makrowahrscheinlichkeiten $\mathbf{R}^{(t)}$, $t = 0, 1 \ldots$ solange, bis die Norm $\|\mathbf{R}^{(t+1)} - \mathbf{R}^{(t)}\|$ klein ist, also bis näherungsweise stationäres Gleichgewicht eingetreten ist.

Die Übergangsgleichungen $\mathbf{p}^{(t+1)} = \mathbf{p}^{(t)}\mathbf{P}$ werden mit Aggregation und Disaggregation durch $\mathbf{p}^{(t+1)} = \mathcal{D}\big(\mathcal{A}(\mathbf{p}^{(t)})\big)\mathbf{P}$ approximiert. Wir untersuchen aber statt dessen den durch

$$\mathbf{R}^{(t+1)} = \mathcal{T}(\mathbf{R}^{(t)}) \tag{10}$$

definierten stochastischen Prozeß für die Randverteilungen, wobei die Übergangsfunktion durch

$$\mathcal{T} : [0,1]^{N_1+1} \times \ldots \times [0,1]^{N_C+1} \to [0,1]^{N_1+1} \times \ldots \times [0,1]^{N_C+1}, \quad \mathbf{R} \mapsto \mathcal{A}\big(\mathcal{D}(\mathbf{R})\mathbf{P}\big) \tag{11}$$

definiert ist. Ihre Berechnung entspricht demnach folgendem: Mit der Disaggregationsfunktion wird eine Zustandsverteilung $\mathcal{D}(\mathbf{R})$ berechnet, diese mit der Übergangsmatrix $\mathbf{P}$ multipliziert, und dann wird aggregiert mit $\mathcal{A}$. Es muß jedoch gelingen, eine einfachere Berechnungsvorschrift für die Übergangsfunktion für $\mathcal{T}$ anzugeben, denn wenn man Schritt für Schritt nach (11) vorgeht, werden alle Zustandswahrscheinlichkeiten verwendet. Das ist wegen der hohen Speicher- und Berechnungskomplexität im allgemeinen nicht möglich. Mitunter ist es deshalb erforderlich, für $\mathcal{T}$ eine weitere Näherung außer der Disaggregation anzuwenden, so daß nur

$$\mathcal{T}(\mathbf{R}) \approx \mathcal{A}\big(\mathcal{D}(\mathbf{R})\mathbf{P}\big) \tag{12}$$

ist. In [12] sind wir so verfahren. $\mathbf{R} = \mathcal{T}(\mathbf{R})$ ist die grundlegende Gleichung unseres Verfahrens, für die iterativ stationäre Lösungen berechnet werden sollen.

Wir geben nun eine konkrete Form für die Übergangsfunktion $\mathcal{T}$ an, die auf der Disaggregationsfunktion $\mathcal{D}$ gemäß (8) und (9) beruht:

Satz 4.1

$$r_k^{(t+1)}(l) = \sum_{j=0}^{N_k} r_k^{(t)}(j)\pi_k(j,l) \tag{13}$$

mit

$$\pi_k(j,l) \stackrel{\triangle}{=} g_{k,j} \sum_{\substack{\mathbf{y}\in Z_T \\ y_k=j}} \sum_{\substack{\mathbf{z}\in Z_T \\ z_k=l}} p(\mathbf{y},\mathbf{z}) \prod_{\substack{i=1 \\ i\neq k}}^{C} \left(r_i^{(t)}(y_i)g_{i,y_i}\right)/G, \quad j,l=0,\dots,N_k, \quad k=1,\dots,C.$$

Wegen der genannten Komplexitätsprobleme muß es gelingen, in der Doppelsumme viele Summanden formelmäßig zusammenzufassen. Als hilfreich erweist sich dabei

Satz 4.2

$$\sum_{j=0}^{N_k} r_k^{(t+1)}(j) = 1 \ \text{ und } \ \sum_{j=0}^{N_k} \pi_k(l,j) = 1, \ l=0,\dots,N_k, \ k=1,\dots,C. \tag{14}$$

Die rein technischen Beweise der Sätze 4.1 und 4.2 werden ausgelassen.

Es kommt vor, daß dieses Zusammenfassen so vollständig gelingt, daß explizit keine Disaggregation gebraucht wird, z. B. in den Polling-Modellen mit Unabhängigkeitsannahme (Abschnitt 6), weil sie hier in der Faltung der Randverteilungen enthalten ist, oder es werden nur gemeinsame Verteilungen weniger Partitionen benötigt, z. B. zwei bei dem Pollingmodell mit globaler Zustandsvariable im letzten Absatz von Abschnitt 6.

Wir wollen an dieser Stelle einmal die wesentlichen Probleme zusammenfassen, die bei der Festlegung der Partitionen zu berücksichtigen sind. Sie sind zum einen inhaltlicher Art: Der durch (10) definierte Prozeß muß die ursprüngliche Markov-Kette hinreichend genau annähern. Dazu ist es notwendig, daß die Randverteilungen das Systemverhalten angemessen wiedergeben und daß T, falls nicht exakt, dann wenigstens eine genaue Näherung für $\mathcal{A}\big(\mathcal{D}(\mathbf{R})\mathbf{P}\big)$ ist. Ferner müssen alle gesuchten Leistungsmaße aus den gefundenen Wahrscheinlichkeiten berechenbar sein. Schwierigkeiten damit kann es bei eingebetteten Markov-Ketten geben, wenn die Einbettungszeitpunkte von Bedeutung sind, z. B. bei der Berechnung von Wartezeiten in Polling-Modellen. Die Probleme sind auch technischer Art: Die benötigten Disaggregationsfunktionen müssen einfach berechenbar sein – hier treten im allgemeinen nichtlineare Gleichungen für die ρ_{i,z_i} und die Normierungskonstante G auf – und möglichst soll auch T gemäß (13) exakt auszudrücken sein.

In Produktform-Warteschlangennetzen ist für die stationären Zustandswahrscheinlichkeiten die Gleichung $\mathbf{R} = T(\mathbf{R})$ exakt erfüllt, weil hier die EM-Disaggregation ohne Approximationsfehler die Zustandswahrscheinlichkeiten erzeugt.

5 Fork-Join-Modelle

In diesem und dem folgenden Abschnitt wollen wir die bisher vorgestellten Prinzipien anwenden, hier auf die Fork-Join-Beispiele 2.1 und 2.2, die ziemlich allgemein sind: die Anzahl der Teilaufgaben des Fork-Join-Unternetzes braucht nicht klein zu sein, und ihre Bearbeitungszeiten können unterschiedliche Erwartungswerte haben.

Für beide Modelle geben wir zunächst homogene Markov-Ketten an. Sodann legen wir die Zustandsraumpartitionen für die Aggregation fest und erhalten die Disaggregationsfunktionen aus den Sätzen 3.1 und 3.2. Mit Satz 4.1 werden die Operatoren $\mathcal{T}$ für die DA-Iteration ermittelt. Die damit berechneten Leistungsmaße werden mit den exakten verglichen.

Wir vermuten, daß sich auf demselben Wege auch allgemeinere Modelle analysieren lassen: solche mit hyperexponentiell oder Erlang-verteilten Bedienzeiten, mit geschachtelten Fork-Join-Unternetzen, mit zustandsabhängigen Bedienraten oder mit unterschiedlichen Kundenklassen, die jeweils nur eine Untermenge der Bedienstationen in Anspruch nehmen.

Wir beschreiben nun das Modell M, welches außer dem Fork-Join-Unternetz noch einen weiteren Knoten enthält, den Knoten 0, Beispiel 2.1. Die N Kunden zirkulieren in dem geschlossenen Netz folgendermaßen. Knoten 0 ist ein FIFO-Knoten mit einem Bediener. Verläßt ein Kunde diesen Knoten, so gelangt er in den Fork-Knoten. Dort bildet er ohne Aufenthalt C Teilaufgaben A_i, die parallel oder zeitlich versetzt ausgeführt werden können, A_1 in Knoten 1, A_2 in 2, usw. Diese Knoten haben ebenfalls je einen Bediener und einen FIFO-Warteraum. Sobald ein Auftrag A_i fertig bearbeitet ist, geht er in den anschließenden Warteraum. Sobald in diesen Warteräumen alle Teilaufgaben eines Kunden eingetroffen sind, werden sie im Join-Knoten ohne Aufenthalt wieder vereinigt, und der Kunde geht zum Warteraum des Knotens 0. Die Bedienzeiten in den Knoten 0 bis C seien unabhängig und exponentiell verteilt mit im allgemeinen unterschiedlichen Bedienraten μ_i, $i = 0, \ldots, C$.

Das kurzgeschlossene Modell K ohne Knoten 0, Beispiel 2.2, unterscheidet sich nur dadurch, daß die Kunden vom Join-Knoten aus gleich zum Fork-Knoten wechseln.

Modell K kann zur Berechnung des Durchsatzes herangezogen werden. Führt man das für verschiedene Kundenzahlen durch, so kann man mit den ermittelten zustandsabhängigen Durchsätzen einen fluß-äquivalenten Knoten in ein Produktformnetz einfügen. Umgekehrt kann man Modell M so verallgemeinern, daß Knoten 0 zustandsabhängige Bedienraten hat. Dann kann man Knoten 0 als Äquivalent eines Produktformunternetzes auffassen.

Nun betrachten wir die durch Modell M definierte Markov-Kette mit stetiger Zeit und geben die Raten an, mit denen Zustandswechsel stattfinden. Folgende Übergänge sind möglich, wenn das System sich im Zustand $\mathbf{y} = (y_1, \ldots, y_C)$ befindet.

1. In den Zustand $\mathbf{z} = \mathbf{y} - \mathbf{1}_k$, sofern $y_k > 0$, mit der Rate μ_k ($\mathbf{1}_k$: C-Tupel, k-te Komponente 1, alle anderen 0). Bei diesem Übergang wird im Knoten k ein Kunde fertig bedient. Ist dann $z_k = \max_i z_i$, so findet außerdem ein Join statt, und ein Kunde geht zum Knoten 0. $y_0 \overset{\triangle}{=} N - \max_i y_i$ ist immer die Anzahl der Kunden im Knoten 0.

2. $\mathbf{z} = \mathbf{y} + \mathbf{1}$ sofern $y_0 > 0$, mit der Rate μ_0 ($\mathbf{1} = (1, \ldots, 1), C$ Komponenten). Bei diesem Übergang wird eine Bedienung im Knoten 0 beendet, und es findet ein Fork statt.

Damit gilt für die dünn besetzte Generatormatrix $\mathbf{S} = [s_{y,z}]_{y,z=1}^n$

$$
s_{y,z} = \begin{cases} \mu_k & \text{falls } y_k > 0 \text{ und } z = \mathcal{I}(\mathbf{y} - \mathbf{1}_k), \\ \mu_0 & \text{falls } y_0 > 0 \text{ und } z = \mathcal{I}(\mathbf{y} + \mathbf{1}), \\ -\sum_{\substack{x=1, \\ x \neq y}}^n s_{y,x} & \text{falls } y = z, \\ 0 & \text{sonst,} \end{cases} \qquad \mathbf{y} = \mathcal{I}^{-1}(y), \ y, z = 1, \ldots, n.
$$

$\mathbf{S} + \mathbf{E}$ ist die Matrix der Übergangsraten ($\mathbf{E}$: $n \times n$-Einheitsmatrix). Die homogene zeitdiskrete Markov-Kette mit der Übergangsmatrix $\mathbf{P} = \mathbf{S}\Delta + \mathbf{E}$ mit $\Delta = 1/\max_x |s_{x,x}|$ hat dieselben stationären Zustandswahrscheinlichkeiten wie die Markov-Kette mit stetiger Zeit ([3], Seite 65). Wir analysieren die zeitdiskrete Markov-Kette.

Um auch Zahlenbeispiele mit großem Zustandsraum rechnen zu können, haben wir gemäß Beispiel 2.1 aggregiert: Wir betrachten die Randverteilungen $r_k(j)$, $j = 0, \ldots, N$, $k = 1, \ldots, C$, für die Anzahlen z_k in den Knoten $k = 1, \ldots, C$. Alle Tupel $\mathbf{z} \in \mathcal{Z}_T = [0 : N]^C$ sind zulässig; nach Satz 3.1 ist damit die Disaggregation einfach: $p(\mathbf{z}) = r_1(z_1) \cdot \ldots \cdot r_C(z_C)$.

Die Übergangsfunktion $\mathcal{T}$ für die Iteration der Randverteilungen läßt sich exakt gemäß (13) angeben, eine Näherung ist nicht erforderlich:

Satz 5.1 Die Randverteilungen hängen für $t \in I\!N$ gemäß $r_k^{(t+1)}(l) = \sum_{j=0}^{N} r_k^{(t)}(j)\pi_k(j,l)$ zusammen. Dabei ist mit $\beta_k = \mu_0 \Delta \prod_{\substack{i=1 \\ i \neq k}}^{C} \left(1 - r_i^{(t)}(N)\right)$

$$\pi_k(j,l) \;=\; \begin{cases} \mu_k \Delta & \text{falls } l = j - 1 \geq 0, \\ 1 - \beta_k & \text{falls } l = j = 0, \\ 1 - \mu_k \Delta - \beta_k & \text{falls } 0 < l = j < N, \\ 1 - \mu_k \Delta & \text{falls } l = j = N, \\ \beta_k & \text{falls } l = j + 1 \leq N, \\ 0 & \text{sonst,} \end{cases} \qquad j,l = 0, \ldots, N,\; k = 1, \ldots, C, \qquad (15)$$

Der Beweis besteht darin, die Übergangswahrscheinlichkeiten $\pi_k(j,l)$ mit den Sätzen 4.1 und 4.2 auszurechnen.

Nun kommen wir zur Analyse des Modells K. Zunächst betrachten wir wieder die Markov-Kette. Die Generatormatrix hat die Elemente

$$s_{y,z} = \begin{cases} \mu_k & \text{falls} & y_k > 0,\; \exists h \in [1:k] - \{k\} : y_h = N,\; z = \mathcal{I}(\mathbf{y} - \mathbf{1}_k) \\ & \text{oder falls} & y_k = N,\; y_i < N \text{ für } i = 1, \ldots, k-1, k+1, \ldots, K, \\ & & z = \mathcal{I}\{\mathbf{y} - \mathbf{1}_k + 1\}, \\ -\sum_{\substack{x=1 \\ x \neq y}}^{n} s_{y,x} & \text{falls} & y = z, \\ 0 & \text{sonst,} \end{cases}$$

$$\mathbf{y} = \mathcal{I}^{-1}(y),\; y, z = 1, \ldots, n. \qquad (16)$$

Die Übergangswahrscheinlichkeiten einer zeitdiskreten Markov-Kette mit denselben stationären Zustandswahrscheinlichkeiten erhalten wir wie bei Modell M. Dabei können mit $y = \mathcal{I}(\mathbf{y})$, $z = \mathcal{I}(\mathbf{z})$, $\mathbf{y}, \mathbf{z} \in \mathcal{Z}_T$, die Übergangswahrscheinlichkeiten nur dann verschieden von null sein, wenn

- $\mathbf{y} = \mathbf{z}$ ist oder
- wenn es ein $k \in [1 : C]$ gibt, für das $y_k > 0$,

  $z_k = y_k - 1$ und $y_i = z_i$ für $i = 1, \ldots, k-1, k+1, \ldots, C$ ist (Rate μ_k) oder
- wenn es ein $h \in [1 : C]$ gibt, für das $z_h = y_h = N$ und

  $y_i < N$, $z_i = y_i + 1$ für $i = 1, \ldots, h-1, h+1, \ldots, C$ ist (Rate μ_k). $\qquad (17)$

Satz 5.2 Die Randverteilungen hängen für $t \in I\!N$ gemäß $r_k^{(t+1)}(l) = \sum_{j=0}^{N} r_k^{(t)}(j)\pi_k(j,l)$ zusammen, wobei

$$\pi_k(j,l) \;=\; \begin{cases} \alpha_{k,j} & \text{falls } l = j - 1,\, j > 0, \\ \beta_{k,j} & \text{falls } l = j + 1,\, j < N, \\ 1 - \alpha_{k,j} - \beta_{k,j} & \text{falls } l = j, \\ 0 & \text{sonst,} \end{cases} \qquad j,l = 0, \ldots, N,\; k = 1, \ldots, C,$$

$$g_{k,j} \;=\; \frac{1 - Gr_k(N)}{1 - r_k(N)} \text{ falls } j < N, \qquad \alpha_{k,j} = \begin{cases} 0 & \text{falls } j = 0, \\ \mu_k \Delta & \text{falls } 0 < j < N, \\ \mu_k \Delta G / g_{k,N-1} & \text{falls } j = N, \end{cases}$$

$$\beta_{k,j} \;=\; \begin{cases} g_{k,j} \sum_{\substack{h=1 \\ h\neq k}}^{C} \mu_h \Delta r_h(N) \prod_{\substack{i=1 \\ i\neq h,k}}^{C} \left(1 - Gr_i(N)\right) & \text{falls } j < N, \\[2mm] 0 & \text{sonst.} \end{cases}$$

Zum Beweis werden die Übergangswahrscheinlichkeiten $\pi_k(j,l)$ mit den Sätzen 4.1 und 4.2 ausgerechnet. Dabei wird die Disaggregation gemäß Satz 3.2 bewerkstelligt.

Wir haben die Iterationen nach den Sätzen 5.1 und 5.2 für die Modelle M und K mit konkreten Zahlenwerten durchgeführt. Abbruchkriterium war $\max_{k,j} \left| r_k^{(t)}(j) - r_k^{(t+1)}(j) \right| < 10^{-6}$. Es wurden die Randwahrscheinlichkeiten und der Durchsatz, bei Modell M auch die mittlere Kundenzahl, deren Standardabweichung und die mittlere Verweilzeit im Knoten 0 berechnet, und alle Ergebnisse wurden mit den exakten Zahlen der Markov-Kette verglichen. Die Beispiele hatten bis zu 9 Knoten, bis zu 10 Kunden, gleiche oder unterschiedliche Bedienraten in den Knoten. Die Leistungsmaße wurden im allgemeinen genau berechnet, d. h. mit relativen Fehlern bis zu 10%. Größere Abweichungen traten auf bei Modell M, gleiche Bedienraten in den Knoten, wenige Kunden, nicht wenige Knoten. Der größte Fehler war eine Überschätzung der Verweilzeit im Fork-Join-Unternetz um 50% bei 8 Knoten und einer Population von einem Kunden. In all diesen Fällen haben wir ([1]) dann mit Partitionen feineren Korns, ähnlich wie in Abschnitt 6 für Pollingmodelle beschrieben, genaue Ergebnisse bekommen.

6   Anwendung auf Pollingsysteme

Hier sollen besonders drei Aspekte unserer Vorgehensweise herausgearbeitet werden, erstens, daß sie vielseitig verwendbar ist, womit gesagt sein soll, daß zahlreiche Systeme mit unterschiedlichen Merkmalen auf einheitliche Weise modelliert werden können, und zweitens, daß die durch die EM-Disaggregation induzierten Approximationsfehler, die von der mehr oder weniger realistischen Annahme der Unabhängigkeit der Randverteilungen herrühren, durch feinkörnigere Aggregation verringert werden können. Dazu erhalten die Zustandsraumpartitionen mehr Elemente. Drittens wollen wir nur kurz andeuten, wie die Modelle mit einer abstrakten Modelliersprache, der SM-Sprache, übersichtlich, kurz, lesbar und genau formuliert werden können, so daß eine Übersetzung in Programme schematisch möglich ist. Viel Mühe bei der Programmierung immer wiederkehrender Teilalgorithmen erspart dabei das in Abschnitt 7 kurz vorgestellte Analyse-Werkzeug VERENA.

Der erste Gesichtspunkt läßt sich darlegen, wenn man einmal eine Klasse von in der Literatur behandelten Modellen hernimmt; wir wählen die Pollingmodelle. Der Übersichtsarbeit von Takagi ([17]) kann man entnehmen, daß sehr viele Varianten auf unterschiedliche Art und Weise modelliert wurden. Für jede Variante wurden dazu die bekannten mathematischen Hilfsmittel durchmustert, und es wurde eine individuelle Lösung erarbeitet. Ändert man dann ein Systemmerkmal ein wenig, z. B. die Bedienungsdisziplin, dann trifft das Modell wahrscheinlich nicht mehr zu und man muß von vorne anfangen, und vielleicht findet man gar keine Lösung. Demgegenüber ist eine numerische Technik wie die hier vorgeschlagene vielseitig. Davon haben wir uns überzeugt, indem wir eine ganze Reihe von Systemen modelliert haben. Wir werden unten einige Pollingmodelle vorstellen, und auch die Fork-Join-Modelle gehören dazu. Über Modelle mit stetigen Verteilungen haben wir an anderer Stelle berichtet ([10], [11]).

Bevor wir die einzelnen Modelle erörtern, wollen wir einiges zur Stochastischen Modelliersprache erläutern. Sie ist ausführbar und damit zur Formulierung von Algorithmen geeignet. Mit ihr werden Wahrscheinlichkeitsverteilungen definiert und Zusammenhänge zwischen ihnen beschrieben. Das geschieht entweder anhand der Wahrscheinlichkeiten oder Dichten, oder aber in abstrakterer Form mit Operatoren, die für Zufallsvariablen definiert sind. Die SM-Sprache besteht aus der üblichen mathematischen Formelsprache und aus Konstrukten von Programmiersprachen. Den zentralen Datentyp nennen wir *Zufallsvariable* (ZV). Eine Inkarnation X davon ist eine Zufallsvariable, aber auch ihre Verteilung und ihre Wertemenge, mit Ω_X bezeichnet. Auf solchen Objekten ist eine Reihe von Operationen definiert; wir geben diejenigen davon an, die wir im folgenden verwenden, und deren Semantik nicht offensichtlich ist.

Seien X, Y und Z diskrete Zufallsvariablen mit reeller Wertemenge und x, y reelle Zahlen. min (X, y) und max(X, y) bezeichnen Zufallsvariablen, $X \oplus Y$ die Faltung der Verteilungen von X und Y, $X + y$ die Faltung der Verteilung von X mit einer Einpunktverteilung. Nach der Ausführung von $X := Y$ hat X die Wertemenge und die Verteilung von Y, nach $X := y$ eine Einpunktverteilung. $X|Y = y$ bezeichnet, falls $P\{Y = y\} > 0$ ist, eine Zufallsvariable, deren Verteilung $P\{X = x|Y = y\}, x \in \Omega_X$, ist, $X|Y$ die Menge $\{(X|Y = y)|y \in \Omega_Y^+\}$ aller dieser Zufallsvariablen mit $P\{Y = y\} > 0$, wobei $\Omega_Y^+ = \{y \in \Omega_Y | P\{Y = y\} > 0\}$ ist, und $Z = $ total $(X|Y, Y)$ die Zufallsvariable mit der Verteilung $P\{Z = x\} = \sum_{y \in \Omega_Y^+} P\{X = x|Y = y\}P\{Y = y\}$.

Nun wollen wir folgendes einfache Pollingmodell damit formulieren. Es besteht aus K Stationen mit je einem Warteraum für maximal ν Pakete. Die Bedienung erfolgt durch einen Bediener, der die Stationen zyklisch in der Reihenfolge ..., 1, 2, ..., K, 1, ... abfragt, wobei er für jeden Übergang t_{SO} Zeiteinheiten benötigt. Die Bedienung einer Station bearbeitet die dort vorhandenen Pakete, d. h. überträgt sie, jedoch maximal ξ Stück davon (*mit Bedienzeitlimit, limited*), wobei für jedes eine Zeiteinheit benötigt wird; dabei werden nur die zu Beginn der Bedienung , dem *Abfragezeitpunkt*, vorhandenen Pakete berücksichtigt (*mit Ausschlußterminen, gated*). An jeder Station k kommen mit unabhängig exponentiell verteilten Zwischenankunftszeiten, Rate λ_k, Aufträge mit je L Paketen an; L hat eine diskrete Verteilung.

Ein mathematisches Modell für dieses Pollingsystem ist eine eingebettete Markov-Kette ($\mathbf{V}^{(t)}, t \in I\!N_0$). Einbettungszeitpunkte sind die Abfragezeitpunkte, die wir mit $t = 0, 1, 2, ...$ so numerieren, daß bei $t = 1$ Station 1 abgefragt wird. $\mathbf{V}^{(t)} = (V_1^{(t)}, ..., V_K^{(t)})$ beschreibt die Zustände, wobei $V_k^{(t)} \in [0 : \nu]$ die Anzahl der in Station k wartenden Pakete bei deren letztem Abfragezeitpunkt ist. Die Übergangswahrscheinlichkeiten ergeben sich aus der Bedienstrategie und aus den Ankunftsprozessen, wobei der endliche Puffer zu berücksichtigen ist. Die Ankünfte werden für Station k durch Zufallsvariablen $A = \alpha(\lambda_k, L, T, \nu + 1)$ erfaßt ([12]); $P\{A = a\}$, $a = 0, ..., \nu$, ist die Wahrscheinlichkeit dafür, daß in einem Zeitintervall der Länge T (Zufallsvariable) a Pakete ankommen, wenn die Nachrichtenlänge wie die Zufallsvariable L verteilt ist, und $P\{A = \nu + 1\}$, daß es mehr als ν Pakete sind. Dabei müssen die Nachrichtenlängen, die Intervallänge und die Zwischenankunftszeiten unabhängig sein.

Der Zustandsraum der Markov-Kette ist $\mathcal{Z}_T = [0 : \nu]^K$, also ist das Modell nur für kleine Puffer und wenige Stationen lösbar; wir wenden deshalb Aggregation an. Die Partition $\mathcal{Z}_k$ ist definiert durch die Paketanzahlen v_k in Station k, $\mathcal{Z}_{k,j} = \{\mathbf{v} \in \mathcal{Z}_T \mid v_k = j\}$, $j = 0, ..., \nu$, $k = 1, ..., K$. Damit sind die Verteilungen der V_k die Randverteilungen $\left(r_k(j), \; j = 0, ..., \nu\right)$. Jeder Zustand $\mathbf{v} \in \mathcal{Z}_T$ ist zulässig, so daß Disaggregation mit Satz 3.1 bewerkstelligt wird.

Mit Satz 4.1 erhält man Übergangsgleichungen für die $V_k^{(t)}$; wir haben sie weiter unten als Algorithmus ausgedrückt. Gelegentlich wird man erst intuitiv einen derartigen Algorithmus aufschreiben; der ist dann mit Satz 4.1 zu verifizieren.

Beispiel 6.1 Modell eines Pollingsystems mit endlichen Puffern und zyklischer Bedienstrategie mit Bedienzeitlimit und Ausschlußterminen (limited gated)

K Stationen,

ν Puffergröße in jeder Station,

t zählt die Abfragen,

$V_k^{(t)}$ Anzahl der Pakete in Station k zum Abfragezeitpunkt t, Zufallsvariable (ZV)

Y_k Dauer der letzten Bedienung der Station k, ZV,

ξ Pakete werden höchstens bedient,

t_{SO} Zeit für den Übergang des Bedieners von einer Station zur nächsten,

Z Länge des Zyklus zwischen den Abfragezeitpunkten $t - K$ und t, ZV,

Z^- dasselbe, vermindert um den Anteil Y_k der Station k, ZV.

```
{Initialisierung, ein Zyklus ohne Sendungen:}
for k in [1 : K] do
        for t in [1 : K] do
                V_k^(t) := 0;
        od ;
        Y_k := t_SO;
od ;
t := K + 1;
repeat
        k = (t - 1) mod K + 1;  {Station, die abgefragt wird und für die ein neuer Zustand eintritt}
        Z^- := Y_1 ⊕ ... ⊕ Y_(k-1) ⊕ Y_(k+1) ⊕ ... ⊕ Y_K;
        for v in [0 : ν] do                        {V_k^(t-K) = v}
                y :=  min (v,ξ) + t_SO;            {Dauer der Bedienung der Station k
                                                   nach dem Abfragezeitpunkt t - K}
                n := max(v - ξ,0);                {In Station k danach verbliebene Pakete}
                Z := Z^- + y;                     {Länge des Zyklus t - K bis t}
                V_k^(t) | V_k^(t-1) = v :=  min (n + α(λ_k,L,Z,ν + 1),ν);
                        {Neuer Zustand der Station k unter der Voraussetzung eines alten Zustandes v}.
        od ;
        for i in [1 : K] do
                V_i^(t) := { total (V_k^(t) | V_k^(t-1), V_k^(t-1))  wenn i = k,
                            V_i^(t-1)                                sonst;
                        {Neuer Zustand für Station k; die Ankünfte an den Stationen i
                        werden erst zu deren Abfragezeitpunkt in den V_i^(t) berücksichtigt}
        od ;
        Y_k := min (V_k^(t),ξ) + t_SO;            {Bedienzeit für Station k}
        t := t + 1;                               {zählt die Abfragen}
until stationäres Gleichgewicht fast erreicht.
```

Dieses Modell wurde gerechnet für $K = 3$, 5, 10 Stationen, $t_{SO} = 1$, Puffergröße $\nu = 20$, Bedienlimit $\xi = 4$, 10, Auftragsgrößen L gleichverteilt über $[1{:}1]$, $[1{:}4]$, $[1{:}10]$, symmetrischen und unsymmetrischen Ankunftsraten und bei niedriger, mittlerer und hoher Last, zusammen 112 Versuche. Bei den Leistungsmaßen $E[V_k]$, $E[Z]$, $P\{V_k > 0\}$, Blockierwahrscheinlichkeit und Durchsatz ergaben sich genaue Resultate, der Fehler betrug meistens einige Prozent, selten mehr als 10%, höchstens 18%. Die höheren Fehler treten nur bei wenigen Stationen und bei mittlerer Auslastung auf.

Wir haben weitere Pollingsysteme mit derselben Methode untersucht ([12], [9], [10]); die Verfahrensfehlergenauigkeit war ganz ähnlich.

Nun zum zweiten Thema dieses Abschnittes, der Verringerung der Approximationsfehler durch Verfeinerung der Partitionen ([1], [9]). Ziel soll dabei sein, daß die in unserem Disaggregationsverfahren durch Entropiemaximierung enthaltene Unabhängigkeitsannahme besser erfüllt ist. Dazu geht der Modellierer folgendermaßen vor. Er sucht eine weitere Partition $\mathcal{S} = \{S_s, s \in \Omega_S\}$, für die die Ereignisse $\mathcal{Z}_{k,z_k} \cap S_s$ bei festem s weniger abhängig sind als die $\mathcal{Z}_{k,z_k}$. Diese Partition sei durch die *globale Zustandsvariable* $S : \mathcal{Z} \to \Omega_S$ beschrieben. Sodann muß die Disaggregationsfunktion ermittelt werden. Dabei sollen aus den Randwahrscheinlichkeiten $P\{Z_k = z_k \mid S = s\}$, $z_k \in [0 : N_k]$, $k = 1, \ldots, C$, die Wahrscheinlichkeiten $P\{Z = z \mid S = s\}$, $z \in \mathcal{Z}$, $s \in \Omega_S$, durch Entropiemaximierung berechnet werden.

Als erstes Beispiel betrachten wir ein Pollingsystem mit K Stationen. Die globale Zustandsvariable S beschreibt einen Zyklus, sie kann Werte aus $\Omega_S = [0 : 1]^K$ annehmen. Genau wenn s_k in $\mathbf{s} = (s_1, \ldots, s_K)$ eins ist, hat die Station k im beschriebenen Zyklus gesendet. Disaggregation kann nach Satz 3.1 vorgenommen werden. In ([9]) wird ausführlich über diese Vorgehensweise berichtet; es wurden zahlreiche Beispiele gerechnet. In den meisten Fällen wurden die Ergebnisse wesentlich genauer. Bei 112 untersuchten Modellen wurde unter anderem berechnet, mit welcher Wahrscheinlichkeit eine Station sendet, wenn sie das Senderecht hat. Ursprünglich war diese Wahrscheinlichkeit achtmal um mehr als 10% ungenau (bis zu 18%), mit einer globalen Zustandsvariablen jedoch um maximal 4%. Da die höheren Ungenauigkeiten über 10% überhaupt nur bei wenigen Stationen, $K = 3$, auftraten, ist der in K exponentielle Speicher- und Rechenzeitaufwand hier nicht hinderlich.

Bei einer anderen Variante beschreibt die globale Zustandsvariable S die Anzahl der in einem Zyklus gesendeten Pakete, also die Zykluslänge. Wir wollen plausibel machen, daß mit diesem S die Abhängigkeit der Stationszustände wesentlich besser erfaßt wird als ohne. Dazu mache man sich folgendes klar: Der Übergang des Zustandes einer Station k vom Zeitpunkt t zum Zeitpunkt $t + K$, wobei Station k bei der Abfrage t Senderecht hat, hängt nur von der Länge s des Zyklus zwischen t und $t + K$ ab. Man berechnet also aus den Wahrscheinlichkeiten $P\{V_k^{(t)} = v, S^{(t+K)} = s\}$ exakt die Wahrscheinlichkeiten $P\{V_k^{(t+K)} = v', S^{(t+K)} = s'\}$. Wird demgegenüber keine globale Zustandsvariable S angewendet, muß bei der Berechnung der Wahrscheinlichkeiten $P\{V_k^{(t+K)} = v'\}$ aus den $P\{V_k^{(t)} = v\}$ die Zykluslänge durch Faltung der Bedienzeiten Y_i, $i \neq k$, berechnet werden. Dabei kommt der Fehler zustande, weil die Y_i positiv korreliert sind. An anderer Stelle wird jedoch auch hierbei Disaggregation benötigt, die in diesem Falle nicht ganz so einfach wie mit Satz 3.1 ist; wir werden an anderer Stelle darüber berichten. In ([9]) wird diese Variante der globalen Variablen ausführlich behandelt, wobei die Disaggregation allerdings mit heuristischen Methoden durchgeführt wird, die für unsymmetrische Systeme nicht zuverlässig sind.

7 Programmierwerkzeug zur Berechnung von Verteilungen

Algorithmen der SM-Sprache zur Analyse von Modellen können mit einem Werkzeug zur Berechnung von Verteilungen, *VERENA*, bequem programmiert werden ([10]). Es stellt in einer Programmbibliothek den zentralen Datentyp *Zufallsvariable* und eine große Zahl von Operationen auf den inkarnierten Zufallsvariablen und ihren Verteilungen zur Verfügung. Sie ist wegen der guten Strukturierungsmöglichkeiten und der Verbreitung der Programmiersprache in Modula-2 geschrieben.

Eine Zufallsvariable besteht hier aus einem Bezeichner, der Definition ihrer Wertemenge und aus ihrer Verteilung. Die Wertemenge kann eine zusammenhängende Teilmenge von $I\!N^C$, $C \in I\!N$ oder ein Intervall aus $I\!R$ sein. Diskrete Verteilungen werden durch die Einzelwahrscheinlichkeiten dargestellt, stetige Verteilungen durch die 101-Dichten ([11]). Bei diesen wird eine Partition der

Wertmenge in einige gleichgroße Intervalle und ggf. Intervalle $(-\infty, a], [b, \infty)$ vorgenommen. Über ersteren sind 101-Dichten jeweils konstant, über letzteren exponentiell verteilt. Stetige Verteilungen werden also im allgemeinen nur näherungsweise erfaßt. Allgemeinere Verteilungen werden durch 101-Dichten in Verbindung mit Einzelwahrscheinlichkeiten zu einigen Punkten der Wertemenge dargestellt.

Das Werkzeug stellt neben diesem Datentyp häufig benötigte Wahrscheinlichkeitsverteilungen bereit und in der Wahrscheinlichkeitsrechnung häufig benutzte Operationen; im Beispiel 6.1 werden einige davon angewendet.

8 Unabhängige simultane Iteration

Die Konvergenz der Vektoriteration gegen stationäre Verteilungen kann sehr langsam sein. Dazu betrachten wir irreduzible aperiodische endliche Markov-Ketten. Die Rate, mit der die Vektoriteration $\mathbf{p}^{(t+1)} = \mathbf{p}^{(t)}\mathbf{P}$ gegen die stationäre Lösung $\mathbf{p}$ konvergiert, ist $|\lambda_2|$, d. h. der Abbruchfehler ist $O(|\lambda_2|^\tau)$, wenn nach τ Iterationen abgebrochen wird; dabei seien λ_i die Eigenwerte von $\mathbf{P}$, geordnet gemäß $\lambda_1 > |\lambda_2| \geq |\lambda_3| \geq \dots$.

Für $|\lambda_2| \approx 1$ ist die Konvergenz sehr langsam. Das ist der Fall, wenn die Markov-Kette fast vollständig zerlegbar in m Aggregate ist ([4]). Dann gibt es eine Partition $\mathcal{U}_1, \dots, \mathcal{U}_m$, $m \in I\!N$, des Zustandsraumes $\mathcal{Z}$ mit folgender Eigenschaft: Die Übergangswahrscheinlichkeiten $p_{i,j}$ und $p_{j,i}$, $i \in \mathcal{U}_k$, $j \in \mathcal{U}_l$, sind genau dann beide klein gegen eins, wenn $k \neq l$ ist. In diesem Fall ist $|\lambda_h| \approx 1$, $h = 2, \dots, m$, aber $|\lambda_{m+1}|$ ist deutlich kleiner.

Unter diesen Umständen kann man mit *simultaner Vektoriteration* die stationäre Verteilung $\mathbf{p}$ bei einer Konvergenzrate von $|\lambda_{m+1}|$ berechnen ([5], [16]). Dabei werden nebeneinander m *Versuchsvektoren* $\mathbf{u}_l^{(t)} = \left(u_l^{(t)}(0), \dots, u_l^{(t)}(n)\right)$, $l = 1, \dots, m$, statt $\mathbf{p}^{(t)}$ iteriert. Beginnen kann man die Iteration mit Einpunktverteilungen, so daß $u_l^{(0)}(z) = 1$ für ein $z \in \mathcal{U}_l$ ist, alle anderen Komponenten null, für alle Versuchsvektoren. Bei jedem Iterationsschritt wird eine *Interaktionsanalyse* durchgeführt, bei der alle m Versuchsvektoren miteinander in Beziehung gesetzt werden. Diese Vorgehensweise läßt $\mathbf{P}$ unverändert, was günstig bei großen, dünnbesetzten Übergangsmatrizen ist, und berechnet transiente Zustandswahrscheinlichkeiten. Stewart kommt in [16] bei einem Vergleich numerischer Verfahren für Markov-Ketten zu einer günstigen Beurteilung der simultanen Vektoriteration.

Wir schlagen in [13] eine Variante mit derselben Konvergenzrate vor, die *unabhängige simultane Vektoriteration für stochastische Matrizen*, die vor allem ohne Interaktionsanalyse auskommt. Dadurch wird es möglich, die Versuchsvektoren völlig unabhängig zu iterieren, also auch auf verschiedenen Rechnern parallel. Erst nach der Iteration müssen sie in einer kleinen Rechnung zur stationären Lösung $\mathbf{p}$ zusammengefaßt werden. Nur nebenbei sei angemerkt, daß diese Eigenschaft es ermöglicht, das Verfahren für massiv parallele Simulation von Markov-Modellen anzuwenden, siehe [14]. Wichtig ist hier, daß es auch bei DA-Iteration brauchbar ist.

Die Iteration läuft folgendermaßen ab. Alle m Versuchsvektoren werden gemäß $\mathbf{u}_l^{(t+1)} = \mathbf{u}_l^{(t)}\mathbf{P}$, $t = 0, \dots, \tau$, iteriert. Sodann werden m Gewichte w_l berechnet, die $\sum_{l=1}^{m} w_l \| \mathbf{u}_l^{(\tau+1)} - \mathbf{u}_l^{(\tau)} \|_2^2$ minimieren. $\|\dots\|_2$ bezeichnet die Euklidische Norm. Damit ist $\sum_{l=1}^{m} w_l \mathbf{u}_l^{(\tau)}$ die gesuchte Näherung für die stationäre Zustandsverteilung $\mathbf{p}$; die Abweichung ist $O(|\lambda_{m+1}|^\tau)$.

Wenn man die unabhängige simultane Vektoriteration bei DA-Iteration anwenden möchte, muß man beachten, daß keine Versuchsvektoren, sondern nur Näherungen für die daraus resultierenden Makrowahrscheinlichkeiten berechnet werden, also Näherungen für

$$r_{k,l}^{(t)}(j) \triangleq \sum_{z \in Z_{k,j}} u_l^{(t)}(z), \ j = 0, \ldots, N_C, \ k = 1, \ldots, C, \ l = 1, \ldots, m.$$

Nun haben wir durch Probieren festgestellt, daß man die Gewichte sehr genau berechnen kann, wenn man

$$\sum_{l=1}^{m} w_l \sum_{k=1}^{C} \sum_{j=0}^{N_C} \left(r_{k,l}^{(\tau+1)}(j) - r_{k,l}^{(\tau)}(j) \right)^2$$

minimiert, also die gewichtete Summe der quadrierten Differenzen nur der Randwahrscheinlichkeiten statt aller Zustandswahrscheinlichkeiten. Die

$$r_k(j) = \sum_{l=1}^{m} w_l \, r_{k,l}^{(\tau)}(j), \ \ j = 0, \ldots, N_C, \ k = 1, \ldots, C,$$

sind dann die iterativ berechneten Makrowahrscheinlichkeiten.

9 Konklusion

Die Vielseitigkeit einer numerischen Methode wie der vorgestellten scheint uns eine ihrer wichtigsten Eigenschaften zu sein. Beim ersten Entwurf etwa eines Pollingsystems sieht sich der Konstrukteur folgender Situation gegenüber: Für die unterschiedlichen Systeme gibt es eine Vielzahl von Modellen, die auf ganz verschiedenen mathematischen Methoden beruhen. Jedes Modell füllt mindestens eine Veröffentlichung, ein Hinweis darauf, daß es nicht einfach herzustellen und auszuwerten ist. Bei vielen wichtigen Systemen kommt man mit Analytischen Modellen gar nicht zum Ziel, z. B. solche mit endlichen Pufferspeichern, inhomogene Systeme mit Stationen unterschiedlicher Charakteristika usw. Offenbar ist der Konstrukteur nicht in der Lage, seine Entwürfe selbst zu bewerten; das muß ein Spezialist machen, und der braucht dafür in der Regel (zu) lange, wenn er überhaupt Erfolg hat. Demgegenüber scheint uns eine allgemeine numerische Methode, unterstützt durch ein komfortables Werkzeug, die Chance zu bieten, diese Situation zu verbessern, falls die Methode so einfach anzuwenden ist, daß der Konstrukteur sie erlernen kann. Dazu ist es erforderlich, daß man beim Modellieren eines speziellen Systems nicht damit beginnt, viele mathematische Methoden durchzumustern, um eine geeignete zu finden, und dann versucht, ob man damit zum Ziel kommt, sondern man muß mit den Aspekten einer einzigen Methode befaßt sein. Eine numerische Methode verspricht hier Erfolg, weil sie für eine große Klasse von Modellen brauchbar ist, wie wir dargelegt haben.

Anders als Analytische Modelle kann man also Numerische Modelle auf einheitliche Weise herstellen, und die Klasse damit modellierbarer Systeme ist viel größer. Außerdem kann man im allgemeinen die Systeme viel detaillierter untersuchen als mit Analytischen Modellen, d. h. man kann viel mehr Kenngrößen berechnen. All das trifft auch auf Simulationsmodelle zu, und wir führen deren Akzeptanz und Verbreitung darauf zurück. Der Hauptnachteil der Simulationsmodelle ist ihr großer Rechenzeitaufwand, der eine Analyse teuer oder unmöglich macht. Hier wurde ein Weg vorgeschlagen, wie das bei Numerischen Modellen vermieden werden kann. Außerdem sind die damit berechneten Resultate nicht mit statistischen Schwankungen behaftet.

Anders als mit Heuristiken kann man bei Numerischen Modellen Einfluß auf die Genauigkeit der Ergebnisse und auf den Rechenzeitbedarf nehmen; zwischen beidem besteht in der Regel ein Trade-off.

Literatur

[1] B. Bärk, Persönliche Mitteilung, 1990.

[2] V. A. Barker, Numerical solution of sparse singular systems of equations arising from ergodic Markov chains, Commun. Statist.-Stochastic Models 5,3 (1989) 335-381.

[3] G. Bolch, Leistungsbewertung von Rechensystemen (B. G. Teubner, Stuttgart, 1989).

[4] P. J. Courtois, Decomposability, queueing and computer systems applications (Academic Press, London, 1977).

[5] A. Jennings and W. J. Stewart, Simultaneous iteration for partial eigensolution of real matrices, J. IMA 15 (1975) 351-361.

[6] A. M. Kagan, J. V. Linnik, C. R. Rao, Characterization problems in Mathematical Statistics (J. Wiley, New York, 1973).

[7] U. Krieger, Generierung und Analyse Markoffscher Modelle und ihre Anwendung in der Verkehrstheorie, Interner Bericht, Forschungsinstitut der Deutschen Bundespost, Darmstadt, 1989.

[8] R. v. Mises and H. Pollaczek-Geiringer, Verfahren zur Gleichungsauflösung, ZAMM 9 (1929) 152-164.

[9] M. Schmitz, Numerische Analyse eines zyklischen Pollingsystems unter Berücksichtigung globaler Zustände, Diplomarbeit, Universität Bonn, 1990.

[10] D. Siepmann, VERENA - eine Programmbibliothek zum Rechnen mit Wahrscheinlichkeitsverteilungen und ihre Erprobung an Pollingmodellen, Diplomarbeit, Universität Bonn, 1991.

[11] J. Ch. Strelen, Piecewise approximation of densities applying the principle of maximum entropy: Waiting times in G/G/1-systems, in: R. Puigjaner und D. Potier (Hrsg.), Modelling Techniques and Tools for Computer Performance Evaluation (Plenum Press, New York, 1989) 493-512.

[12] J. Ch. Strelen, B. Bärk, An Approach to the Numerical Analysis of Multiple-Queue, Cyclic Service Systems, in: G. Stiege und J. S. Lie (Hrsg.), Messung, Modellierung und Bewertung von Rechensystemen und Netzen (Springer-Verlag, Berlin, 1989) 75-88.

[13] J. Ch. Strelen, A fast simultaneous Iteration Technique for the analysis of Markov Chains, Interner Bericht II/89/1, Institut für Informatik, Universität Bonn, 1989.

[14] J. Ch. Strelen, Massiv parallele Algorithmen für die Simulation von Markov-Modellen, in: F. Breitenecker, J. Troch und P. Kopacek (Hrsg.), Fortschritte in der Simulationstechnik, Band 1 (Vieweg, Braunschweig, 1990) 175-180.

[15] J. Ch. Strelen, Iterative Analyse von Markov-Modellen mit alternierender Aggregation und Disaggregation, Interner Bericht II/91/3, Institut für Informatik, Universität Bonn, 1991.

[16] W. J. Stewart, A comparison of numerical techniques in Markov modelling, Comm. ACM 21,2 (1978) 144-152.

[17] H. Takagi, Queueing analysis of Polling Models, ACM Computing Surveys, 20,1 (1988).

Schlüsselwörter / Keywords:

Autorenverzeichnis / Author Index: